강성태
영독해
속독편

경고!

한 번 볼 책이면
아예 펼치지도 마라!

5회독 공부표	시작한 날짜	1회독	2회독	3회독	4회독	5회독
		월 일	월 일	월 일	월 일	월 일

※ 학습을 시작한 날짜를 표기하세요.

PROLOGUE

독해 시험이 아니다, 속독 시험이다

잘 만들어진 책 한 권은 한 사람의 인생을 바꿀 수도 있다. 책이란 그 정도로 효과가 있어야 한다. 나는 확신한다. 이 책은 많은 이들의 독해 실력 그리고 영어, 더 나아가서 인생까지도 변화시킬 수 있을 것이다.

이 책은 대한민국 독해 공부 방식을 완전히 바꾸기 위해 만들어졌다. 제목에서 말했듯이 일반적인 영어 독해책이 아니다. 속독책이다. 대한민국에서 치러지는 영어 시험을 한 번이라도 본 사람들은 알 것이다. 우리가 치르는 영어 시험은 영어 시험이라기보다 영어 '속독' 시험이라는 것을 말이다.

수능이든 공무원 시험이든 토익이든 토플이든, 하다못해 중학교 중간·기말고사 영어 시험조차도 독해 문제를 매우 짧은 시간 안에 모두 풀어내야 한다. 단순히 독해만 해선 안 된다. 매우 빠르게, 즉 속독을 해야 한다. 영어 독해 평가 시험이 아니라 영어 '속독' 평가 시험으로 이름을 바꾸는 것이 시험 성격에 더 맞다. 천천히 하는 독해도 독해지만 그렇게 해서는 절대 좋은 성적을 얻을 수 없기 때문이다. 설령 모든 문장을 정확히 해석할 수 있다 해도 시간이 부족하면 말짱 꽝이다.

이처럼 고득점을 위해서는 속독 능력이 필수나 다름없지만 학생들은 늘 시간 부족을 호소한다. 지금까지의 공부 방식이 속도에 맞춰져 있지 않기 때문이다. 영어 교과서, 영어 독해 문제집 어디를 봐도 속독 훈련법을 찾을 수 없다. 단순히 해석하는 것을 넘어 속도를 높이기 위한 전략들을 체계적으로 배운 적이 있는가? 없다. 하지만 그것은 우리가 치를 시험이 우리에게 가장 원하는 능력이다.

속독은 공부법 분야에서 중요하게 다뤄지는 카테고리다. 공신닷컴 공부법 강좌에서도 오래전부터 속독법을 가르쳐 왔다. 다만 공부법, 즉 방법만 알려줬을 뿐이다. 그러다 보니 오래전부터 방법만 알려주는 것을 넘어서서 직접 영어 독해 강의를 해달라는 요청이 끊임없이 있었다. 방법은 깨달았지만 그걸 본격적으로 적용해서 공부할 만한 교재나 강의가 없다는 사실에 많은 분들이 늘 아쉬워했다.

이런 상황에서 『강성태 영단어 어원편』과 『강성태 영문법 필수편』이 나오자 독해책은 왜 없냐는 문의가 계속 쇄도했다. 많은 분들의 요청에 힘입어 지금껏 없었던, 속독에 특화된 독해책 집필을 시작하게 되었다.

영어 학습 방법을 혁신할 것이다

영단어, 영문법에 이어 세 번째 책이다. 일 년에 한 권씩 나온 셈이다. 그동안 100만에 달하는 유튜브 구독자들이 무수히 많이 물어본 질문이 있었다. 그냥 한 번에 여러 권 내줄 수 없냐고, 일 년이라도 빨리 공부를 시작하고 싶다고.

맞는 말이다. 대부분 책들은 한 번에 시리즈로 출시된다. 출판사의 투입 대비 효과 측면에서도 그게 훨씬 낫다. 한 번에 여러 권을 알릴 수 있으니 말이다. 하지만 책을 내본 분은 알 것이다. 책 세 권 모두를 공들여 한 번에 낼 수 있는 저자는 이 세상에 존재하지 않는다. 대충 페이지만 채워 팔려는 책이 아니라면 온 힘을 다해 단 한 권을 만들기도 벅차다.

이 책을 내는 목적은 많이 팔기 위함이 아니다. 영어 학습 방법을 혁신하는 것이다. 비효율적인 방법 때문에 재능이 있음에도 발휘하지 못하고 시간과 돈, 청춘까지 낭비하는 일이 얼마나 많았는가? 영어 실력이 신분이나 다름없는 한국 사회에서 영어 때문에 얼마나 많은 차별을 받았는가? 고작 영어 때문에 지금껏 재능과 잠재력을 펼쳐보지도 못한 수많은 이들을 생각하면 치가 떨릴 지경이다. 나는 그것을 끝내고 싶다. 가장 효율적인 방법으로 영어를 최단기간에 마스터할 수 있게 하는 것. 이건 나에게 사명과도 같은 일이다.

여러분의 시간을 아껴줄 것이다

나는 대한민국 학생들이 얼마나 힘든지 너무나도 잘 알고 있는 사람이다. 단 1초의 시간이라도 아껴주고 단 1%라도 좀 더 효율적으로 공부할 수 있는 책을 만들어 주어야 한다. 그래서 지금까지 검증된, 빠른 독해를 하기 위한 내가 알고 있는 모든 방법들을 검증하고 적용했다. 감히 말하건대 이 책으로 공부한다면 더 이상 독해 속도를 높이는 방법에 대해선 고민할 필요가 없을 것이다. 이것은 내가 영어책 저자이기 이전에 속독법을 포함한 공부법 전문가이기 때문에 하는 말이다.

솔직히 부담감이 컸다. 『강성태 영단어 어원편』, 『강성태 영문법 필수편』이 각 분야에서 1위를 했다. 중고생에겐 교과서만큼이나 많이 읽히는 책이 됐다. 공부법 분야에서도 10년 넘게 계속 1위를 지켜왔다. 그에 준하는 최고를 만들어야만 한다는 부담감이 컸다. 많은 분들의 기대에 부응하기 위해서라도 최고 그 이상의 최고를 만들어야 했다.

한 글자를 새길 때마다 세 번 절하고 기도를 올리며 한 치의 오차도 없이 판에 새겨 넣었던, 인류의 자랑이자 세계문화유산인 팔만대장경에 비할 바는 아니겠지만 최소한 그런 마음가짐으로 작업에 임했다는 걸 알아주면 좋겠다. 저자인 내가 이 책을 작업하는 하루하루를 죄다 보았다면 불쌍해서라도 이 책을 절대 소홀히 보지 못할 것이다.

요리사가 만들 수 있는 최고의 요리는 자기 자식에게 먹이기 위해 만드는 요리라는 말이 있다. 자식을 위해서라면 최고의 재료로 가장 정성 들여 만들 것이기 때문이다. 적절한 비유가 될지 모르겠지만 앞으로 언젠가 이 책으로 내 후손들도 공부할 것이다. 이것은 책이라기보다 나의 혼일지도 모르겠다.

빨리 책을 내달라는 요청에 부응하지 못한 점에 대해 많은 분들에게 송구스러운 마음이다. 하지만 기다리게 했던 만큼, 그 이상으로 분명한 효과를 볼 수 있을 거라고 자부한다. 이 책을 끝낼 때쯤엔 여러분은 영어에 대한 자신감이 넘쳐날 것이고 시험이 더 이상 두렵지 않을 것이다.

할 수 있다, 여러분은 할 수 있다

할 수 있다, 여러분은 할 수 있다.

제대로 된 방법을 알려준 사람이 없었을 뿐이고 아직 동기부여를 받지 못했을 뿐이다. 이제 이 책이 그 역할을 해줄 것이다.

책을 쓰는 내내 여러분의 성공을 기도했다. 이 머리말을 쓰는 지금도 마찬가지다. 이제 여러분에게 꼭 들려주고 싶은 말로 마무리를 하려 한다. 아래 문장을 여러분도 지금 소리 내어 읽으면 좋겠다. 여러분이 읽은 그대로 반드시 그렇게 될 것이다.

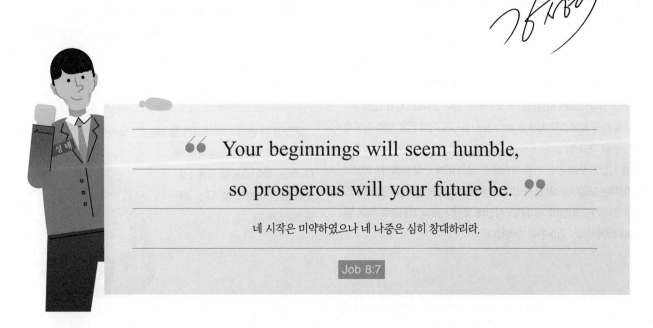

> " Your beginnings will seem humble,
> so prosperous will your future be. "
>
> 네 시작은 미약하였으나 네 나중은 심히 창대하리라.
>
> Job 8:7

왜 제대로 된 속독을 해야 하는가

✔ 제대로 된 속독을 하면 '이해'가 더 잘 된다

속독을 하면 정말 이해도가 떨어지는가? 아래 지문을 보자.

> 22. 다음 글의 요지로 가장 적절한 것은?
>
> The strange modern idea that forests are just trees is certainly one of the most striking symptoms of how disconnected our modern culture has become from the reality of nature. We have recently learned something else: trees not only shelter and provide food for other organisms, like fungi and birds, but they shelter and feed each other. Recent research has shown that some species, like stands of aspen, are united by a shared root system and thus are outgrowths of one larger organism, and that different species even aid each other in difficult times. Due perhaps to our own social paradigms, we have tended to see forest growth in terms of competition for light and space.

위 사진은 한 학생의 시험지다. 거의 한 단어 한 단어 빠짐없이 읽었다. 꼼꼼하게 읽었으니 더 이해가 잘 되고 기억에 잘 남을 것 같은가? 공교롭게도 꼭 그렇지는 않다.

이건 나의 경험담이기도 하다. 학창 시절 나는 국어든 영어든 공통된 고민이 있었다. 지문을 읽고 나서 문제를 풀려고 하면 지문이 기억이 안 났다. 방금 본 건데도 기억이 안 나니 답답하고 환장할 노릇이었다. 지문으로 돌아와 다시 읽다가 문제로 내려가고 그렇게 왔다 갔다를 반복하다 문제를 다 풀지 못하기 일쑤였다.

나는 이렇게 생각했다. '아, 지문을 더 꼼꼼하게 빠짐없이 읽어야겠구나.' 한 단어 한 단어를 거의 암기할 기세로 읽었다. 밑줄 치는 정도를 넘어서 위 시험지처럼 단어 하나하나 동그라미를 쳐가면서 읽었다.

얼마나 답답했으면 시험시간이 모자라는 한이 있어도 지지 않겠다는 심정으로 눈을 부릅뜨고 지문을 읽었다. 시험지에 거의 입을 맞출 정도로 가까이 눈을 대고 읽느라 시력이 나빠질 지경이었다.

그럼 시간이 오래 걸린 만큼 기억에 잘 남고 이해가 잘 됐을까? 이상하게 나아지는 느낌이 거의 들지 않았다. 처음엔 이렇게 한 단어 한 단어 곱씹으며 읽다가도 막판이 되어서는 시간에 쫓기다 보니 건성으로 읽어 넘기고 다 찍어버리는 악순환이 반복됐다.

> 여러분,　　　　할　　　　　수　　　　　있습니다.
> 여러분은　　　　세상에서　　　가장　　　　소중한
> 존재입니다. ····· 그리고 ····· 여러분은 ····· 혼자가
> 아닙니다. ·········· 공신 ··········· 멘토들이
> 있잖아요. ···· 그리고 ···· 최소한 ···· 강성태란 ···· 이
> 사람　　한　　　명만큼은　　　언제나　　　여러분
> 편에 ····· 있습니다.

위 문구는 내가 강의든 상담에서든 인터뷰에서든 유튜브 방송에서든 거의 매번 하는 말이다. 수천 번도 넘게 했던 말이라 나에겐 기도문 같은 존재다. 이해를 쉽게 하기 위해 영어 대신 읽기 편한 한글 문구를 예시로 들었다. 단어마다 띄어쓰기가 많아 의도하지 않아도 천천히 읽게 된다.

우리는 흔히 천천히 읽으면 이해가 훨씬 잘 될 거라고 생각한다. 하지만 평소보다 잘 읽히는가? 이제 원래 속도대로 읽을 수 있는 아래 글을 보자.

> 여러분, 할 수 있습니다.
> 여러분은 세상에서 가장 소중한 존재입니다.
> 그리고 여러분은 혼자가 아닙니다. 공신 멘토들이 있잖아요.
> 그리고 최소한 강성태란 이 사람 한 명만큼은 언제나 여러분 편에 있습니다.

무엇이 더 편하고 더 이해가 잘 되는가? 오히려 천천히 읽으니 이해가 잘 안 된다. 끊기는 느낌마저 든다. 어느 정도 속도감 있게 읽는 것이 훨씬 이해가 잘 되는 것을 느꼈을 것이다.

✅ 제대로 된 속독을 하면 '집중'이 더 잘 된다

선생님 말씀이나 강연이 너무 느려 수업시간에 졸아본 적이 있을 것이다. 유튜버가 한 단어 한 단어 느려 터지게 말하면 금방 나가서 다른 영상을 볼 것이다. 글을 느리게 읽는 것은 느려 터진 수업을 듣고 있는 것이나 마찬가지다. 느리면 지루하다. 서로 연결이 안 되어 이해도 잘 안 된다. 집중력도 떨어진다.

집중력은 자전거 타기와 흡사하다. 어느 정도 속도가 유지돼야 집중이 잘 된다. 어려운 내용을 만나 천천히 읽거나 진도가 너무 더디면 집중력은 떨어질 수밖에 없다.

집중력이 떨어지면 시험에선 끝이다. 촌각을 다투는 시험장에서 잠깐이라도 집중이 흐트러지면 앞의 내용을 기억에서 놓치게 되고 이후에 읽게 되는 글과 연결이 끊어진다. 다시 읽어야 한다.

그야말로 '정신줄'을 놓으면 안 된다. 단단히 붙들고 있어야 한다. 즉, 속도감 있는 독해가 오히려 집중력을 유지해주는 것이다. 우린 의도적으로 적당히 빠른 속도를 유지하기 위해 노력할 필요가 있다.

공신들은 그래서 글을 읽을 때 실전 연습을 하듯 스톱워치로 재면서 독해를 하는 경우가 많다. 시간을 줄이기 위함이 주된 목적이다. 실제로 해보면 이렇게 쫓기듯 연습했을 때 집중도 더 잘 되고 이해도 잘 되는 경향이 있다. 하지만 아쉽게도 대부분 그렇게 공부하지 않는다.

✅ 제대로 된 속독을 하면 '기억'이 더 잘 난다

독해라는 것은 벽돌을 쌓는 것과 비슷하다. 이미 쌓아 올린 벽돌 위에 새로운 벽돌을 한 장 쌓아 올리는 것처럼 앞에 읽은 문장들의 내용을 기반으로 하여 새로 읽는 문장을 이해하는 것이다. 그런데 앞의 내용을 기억하지 못하

면 어떻게 되겠는가? 앞에 쌓아 올린 벽돌도 없이 공중에 벽돌을 놓는 것이나 다름없다. 새로운 내용이 이해될 리 만무하다. 맥락 자체를 모른다.

그럼 어떻게 해야 앞의 내용이 잘 기억날 수 있을까? 앞에 읽은 내용을 까먹기 전에 그 다음 내용을 읽어야 한다. 방금 읽은 내용이라 안 까먹을 거라 생각할 수 있지만 그렇지 않다. 방금 읽은 지문도 막상 문제를 풀려고 하니 생각이 안 날 때가 있는 것처럼 말이다.

기껏해야 짧으면 몇 초 차이라 생각할 수 있지만 그 몇 초는 독해에서 꽤 긴 시간이다. 누군가 불러준 전화번호를 기억해보려 한 적이 있을 것이다. 즉시 되뇌지 않으면 단 1초 만에 머릿속에서 사라져 버리기도 한다.

우리가 읽는 지문은 난생처음 보는 생소한 이야기도 있을뿐더러 전화번호보다 더 많은 내용을 담고 있다. 지문을 읽는 도중에 딴생각을 하다가 나머지 부분을 읽어봐라. 흐름이 끊기고 앞서 읽은 내용들이 기억이 안 나서 처음부터 다시 읽어야 할지도 모른다. 이 때문에 가급적 빠른 독해, 속독이 필요한 것이다.

예를 들어 앞 문장과 뒤 문장을 읽는 사이에 10초가 걸리는 경우와 0.1

초가 걸리는 경우를 비교해보자. 속독을 통해 0.1초 만에 읽었다면 첫 문장 내용을 거의 잊어먹지 않기에 다음 문장과 어떤 관계인지도 쉽게 파악이 가능하다. 밥알 세듯 느리게 읽어, 다음 문장으로 넘어가는 데 10초가 걸렸다면 뒤 문장을 읽을 때쯤 첫 문장은 잘 기억나지 않을 수 있다. 특히 내용이 어렵고 지문 구조가 복잡할수록 그렇다.

물론 밑줄만 죽죽 그어대며 건성으로 넘어가면 안 되겠지만, 제대로 된 속독법을 사용한다면 오히려 기억이 더 오래 간다. 그래서 속독은 일정 단계를 넘어서면 이해와 기억을 잘 하기 위해서라도 반드시 터득해야 하는 기술이 되는 것이다.

✅ 제대로 된 속독법으로 한 줄씩만 빠르게 읽어도 된다

속독을 배워 책의 한 페이지를 읽는 데 1초가 걸리지 않는 사람, 책 한 권을 통째로 읽는 데 30초 정도면 되는 사람의 이야기를 들어본 적 있을 것이다. 우리는 그들을 부러워하고 비법을 배우고 싶어한다. 하지만 실은 많은 경우 과장된 것이다.

사람의 안구 자체가 그렇게 넓은 영역을 정확히 인식하지 못한다. 여러분은 잠자리가 아니다. 잠자리의 눈은 홑눈 3만 개가 모여진 겹눈 형태이다. 그래서 사방을 다 볼 수 있다. 이렇게 눈이 여러 개 달린 잠자리가 아니고서야 한 페이지의 텍스트를 한 번에 전부 인식하는 것은 일반적인 인간은 불가능하다.

▼

We become **more successful** when
we are **happier** and **more positive**

| 32-25% | 45% | 75% | 100% | 75% | 45% | 32-25% |

여러분은 인지하지 못하겠지만, 사실 여러분 눈에는 지금 이 책이 위와 같은 모습으로 보인다. 시선이 집중되는 중앙은 또렷하게 보이지만 바깥쪽으로 갈수록 뿌옇게 잘 보이질 않는다. 이건 능력이 부족해서가 아니라 인간의 안구 구조상 이렇게 보일 수밖에 없다. 어느 정도 훈련을 통해 넓힐 순 있지만 명확한 한계가 있다.

게다가 잠자리 같은 눈을 가져 눈을 통해 모든 정보가 한꺼번에 들어왔다 하더라도 우리의 뇌가 그것을 한꺼번에 다 처리하지 못한다. 우리 뇌는 언어적인 처리를 한 번에 하나씩밖에 할 수 없다. 언어적으로 멀티태스킹이 불가능하다. 동시에 하는 것처럼 보이는 건 하나를 하다 다른 하나로 넘어갔다 다시 돌아오는 식으로 왔다 갔다 할 뿐이다. 비효율적이다.

설령 그런 능력을 가진 사람이 있다 해도 부러워할 필요가 없다. 우리는 우리에게 맞는 방식으로 독해를 하면 된다.

심지어 아직 한 줄도 똑바로 못 읽으면서 두세 줄씩 읽으려는 학생들이 있다. 답답해서 입맛이 떨어질 지경이다. 한 번에 한 줄만 읽더라도 이 책의 속독법만 제대로 적용해도 절대 시간이 부족할 일은 없다.

빨리 읽지 못하면 듣기도 이해가 안 된다

'아는 것만 들린다. 모르는 건 안 들린다.' 듣기 공부에서 진리처럼 여겨지는 말이다. 이 말은 읽을 수 있는 내용만 들린다는 말과 별 차이가 없다.

그냥 듣기만 해선 듣기가 안 된다. 아마 이 책을 보는 성인분들은 한 번쯤은 영어 듣기를 그냥 틀어놔 본 적이 있을 것이다. 이동하거나 다른 일을 하면서 그냥 틀어놓는 것이다. 그렇게 해서 영어 듣기를 마스터하게 됐는가?

단어를 알아야 들리고 구문을 알아야 들린다. 즉 독해 자체가 가능해야 듣고 이해할 수 있다는 의미다. 스크립트 상태에서도 독해가 안 되는데 그걸 원어민이 읽어주는 게 이해가 될 리 없다.

읽을 수 있는 것만으로도 부족하다. 최소한 원어민이 말하는 속도보다 더 빨리 읽을 수 있어야 한다. 그래야 듣고 나서 정보 처리가 가능하다. 읽기 속도가 원어민이 말하는 속도를 따라잡지 못하면 들어도 이해할 수 없는 건 당연한 이치다.

독해의 경우에는 지문에 정지된 글자를 읽어내려가면 될 뿐이지만 듣기는 말하는 이의 억양, 목소리가 다 다르다. 심지어 연음과 축약이 빈번하기 때문에 무슨 단어를 말하고 있는지조차 알아듣기 힘들어 들리는 몇 마디로 유추해야 하는 경우도 있다. 이것까지 감안하면 더 빨리 내용을 파악해야 한다.

독해 실력이 올라가고 속독 능력이 생기면 듣기도 개선되는 효과를 기대할 수 있다. 다시 한 번 말하지만 무작정 듣기만 해서는 달라질 수 없다. 듣기만 해서 CNN도 듣게 됐다는 사람들은 십중팔구 이미 독해 실력이 탄탄한 상태에서 집중해서 들었거나 독해 공부도 병행했기 때문일 것이다.

속독 훈련은 다른 학습 능력도 향상시킨다

속독을 훈련하는 과정에서 주제 찾기 능력, 집중력 향상은 물론 예측 독해를 통해 논리력, 추론력 등을 기를 수 있다. 또한 이 책에서 터득한 속독법의 상당 부분은 자료를 많이 읽어야 하는 다른 과목이나 국어 영역 학습에도 도움이 될 것이다. 무엇보다 학생들에게 속독을 강의하며 좋았던 점은 학생들이 공부를 전보다 즐기게 됐고 자신감을 찾았다는 점이다.

공부는 어느 정도 속도감이 필요하다. 정체된 느낌이 들면 지루하고 지친다. 내가 발전하고 있는 느낌이 없다면 인간은 그 무엇도 지속하기가 힘들다. 공부 방법의 차이로 확연히 나아지는 게 느껴지면 학생들은 공부에 흥미를 느끼게 된다.

여러분 또한 속독법을 깨달으면 분명히 전에 느껴보지 못했던 새로운 기분을 맛보게 될 것이다. 속독을 통해 내가 그 어느 때보다 빠르게 성장한다는 느낌, 공부하는 게 신나는 일이라는 그 뿌듯한 감정을 여러분도 꼭 느껴봤으면 좋겠다.

속독은 '생존'을 위해 배워야 한다

진화학, 경영학에서 '붉은 여왕의 가설'이란 이론이 있다. 계속해서 발전하는 주변 환경에 맞서 발전하지 못하면 결국 도태된다는 가설이다. '붉은 여왕'은 『이상한 나라의 앨리스』 속편에 등장하는 인물로 그녀가 다스리는 나라는 신기하게도 주변 세계가 움직이고 있다. 내가 뛰어도 모든 것이 함께 뛰니 뛰어봤자 제자리에 있는 것과 다를 바 없다.

우리가 사는 세상이 그렇다. 세상이 너무 빨리 바뀐다. 공부를 하지 않고 제자리에 가만히 있으면, 경쟁자들을 포함한 다른 모든 이들이 앞서 나가기 때문에 뒤로 물러나지 않아도 자연스럽게 도태되는 것이다.

최신 기술과 지식을 습득해야 한다. 그 과정에서 반드시 필요한 능력이 속독이다. 남들보다 빠르게 읽는 능력은 진학이나 취업 혹은 승진으로 직결된다.

개인의 발전뿐만 아니라 문명의 발전 또한 읽기를 통해 이루어졌다. 글을 읽어 지식을 얻지 못했다면 인류 문명은 거의 발전하지 못했을 것이다. 문자와 책 덕분에 지식이 후대에 더 잘 전달될 수 있었고, 그것을 읽은 후손들은 선조들이 이룩한 발전을 한 단계 더 끌어올릴 수 있었다.

4차 산업혁명 시대가 되어서도 마찬가지다. 변화가 빠르기에 속독은 더 중요하다. 인간의 뇌에 USB 메모리를 꽂아 복사하는 수준의 기술이 개발되지 않는 이상, 읽기는 여전히 가장 빠르고 효율적인 정보 습득 방식이다. 속독 능력이 없다는 것은 요즘 시대에는 문맹과도 같다.

"The limits of my language mean the limits of my world. (나의 언어의 한계는 나의 세계의 한계를 뜻한다.)" 영국의 철학자 루트비히 비트겐슈타인(Ludwig Wittgenstein)이 한 말이다. 국내 포털에서 한글로 검색할 때와 구글에서 영어로 검색할 때 얻을 수 있는 정보의 차이는 실로 어마어마하다. 영어 독해 능력, 특히 속독 능력을 키우면, 당신의 세계가 더욱 넓어질 것이다. 여러분은 어느 때보다 빨리 원하는 정보를 효율적으로 취할 수 있을 것이다.

✓ 모든 leader는 reader 다

"오늘의 나를 만든 것은 우리 마을의 작은 도서관이었다. 나에게 소중한 것은 하버드대학의 졸업장보다 독서하는 습관이었다."

세계 1위 부자였던 빌 게이츠의 말을 인용한 것이다. 비단 빌 게이츠뿐 아니라 성공한 사람들 중 일일이 거론하기 어려울 정도로 많은 사람들이 책벌레 속독가였다.

마찬가지로 세계 1위 부자였던 역대 최고의 투자가 워런 버핏은 어떤가? 그는 10대 때 공공 도서관의 투자 분야의 모든 책을 다 독파한 것으로 유명하다. 그는 말한다. 지금도 자기가 하는 일은 하루 종일 읽는 게 전부라고. 출근해서 읽고 퇴근해서 읽고 책과 신문뿐만 아니라 사업 보고서도 읽고 투자를 결정한다. TV를 통해 뉴스도 보지만 거의 대부분이 독서를 통해 정보를 습득한다. 그의 별명 중 하나가 'learning machine(배우는 기계)'이다.

세계 최고의 부자 두 명이 책 읽는 것이 성공의 비결이라 말한다. 한 분야의 최고가 되는 확실한 방법 중 하나가 독서다. 여러분이 지금이라도 한 분야를 정해 그에 관한 모든 책을 읽는다고 생각해보자. 언젠가 그 분야에서 전문가가 될 수밖에 없을 것이다.

독서를 통해 빨리 지식을 습득하기 위해 가장 필요한 것이 바로 속독법이다. 책을 많이 읽는 사람이 성공할 확률이 높은 것은 유치원생도 아는 사실이다. 많이 읽으려면 빨리 읽어야 한다. 많이 읽는 사람 중에 속독을 못 하는 사람은 거의 없다.

✓ 하루 한 권 책 방송의 비결, 속독

나는 유튜브에서 책 방송을 진행하고 있다. 추천 도서나 신간 도서를 내가 읽고 구독자에게 꼭 필요한 부분을 요약하여 재미있게 전달하는 방송이다. 책을 읽어볼 시간이 없는 학생이나 직장인을 위해 하게 됐다.

한 달에 10권 이상을 하기도 한다. 물론 나는 책 방송만 제작하는 건 아니다. 작가로서 글도 쓰고 강연도 다니고 강의 촬영도 한다. 방송도 출연하고 믿기지 않겠지만 동기부여 랩 음원도 냈다.

이런 댓글이 많이 달린다. '이 형은 바쁠 텐데 대체 언제 책을 읽는 거야?' 물론 내가 특별나게 일이 많은 건 아니라 생각한다. 대한민국에 바쁘지 않은 사람이 어디 있는가? 수험생은 말할 것도 없고 직장인부터 가정주부까지 눈코 뜰 새가 없다.

질문에 대한 답을 하면, 나는 책 방송하는 당일에 읽는다. 미리 골라 둔 책을 아침에 읽기 시작해서 오후쯤엔 다 읽는다. 방송할 내용을 정리하고 저녁식사 이후에 바로 생방을 진행한다.

책에 따라 차이가 있지만 책 한 권을 다 읽는 데 하루가 채 걸리지 않는다. 보통 반나절 정도가 걸린다. 이게 가능했던 건 오롯이 속독법 덕분이다.

이 책에 소개한 모든 내용은 효과가 검증된 것 중에서도 내가 직접 써 본 방법이며 실제로 학생들에게 적용했을 때도 효과를 본 것들이다. 여러분에게도 분명 효과가 있을 것이다.

속독의 3가지 필수 요소 ✓ ✓ ✓

속독을 훈련시키는 많은 기관에서는 눈동자 굴리는 훈련, 시야를 확대하는 훈련 위주로 연습시킨다. 물론 시선 처리 훈련도 필요하지만 한계가 있다. 눈알만 잘 굴린다고 속독이 다 된다면 이미 전국의 모든 학교에서 눈알 굴리기를 배우고 있을 것이다.

안구 훈련을 엄청나게 많이 해 눈을 자유자재로 잘 굴리게 됐다고 치자. 눈알 잘 굴린다고 모르는 단어 뜻을 저절로 알게 되기라도 하는가? 그래 봤자 곳곳에 모르는 단어 때문에 턱턱 막히면? 속독은 불가능하다. 독해를 했다 해도 제대로 이해도 못한 채 넘어가기만 하는 것이다.

또한 어휘력이 아무리 좋다 해도 가정법이나 분사구문 등 기본 문법을 모른다면 중간중간 막힐 수밖에 없다. 어휘와 문법이 갖춰졌다 해도 배경지식이 부족해 읽어도 무슨 말인지 이해할 수 없다면 단순히 빨리 읽는 것은 아무 소용 없을 것이다.

우리는 흔히 속독을 하나의 능력으로 알고 있다. 하지만 속독은 여러 능력의 조합이다.

01 속독의 기본, 어휘력

어휘력이 안 되면 속독은 턱턱 막힌다

단어를 몰라도 문맥 속에서 유추하여 독해를 할 수 있다. 아주 좋은 방법이다. 하지만 그건 한 지문에 모르는 단어가 몇 개 안 될 때의 얘기다.

문맥에서 유추하면 된다는 소리만 듣고 모르는 단어가 수두룩한 어려운 지문을 펴놓고 폼을 잡고 있는데 정말 똥폼이 아닐 수 없다. 결국 제대로 된 독해는 못해 보고 좌절하게 될 것이다. 독해에서 어휘력의 중요성은 더 말하면 입만 아프다. 어휘력은 속독의 필수 요소임을 명심하라.

속독에 어원 학습이 필수인 이유

독해와 속독의 가장 기본은 어휘력이라고 했다. 단어 뜻 자체를 모르는데 무슨 수로 속독을 하겠는가? 그리고 어휘도 단순히 영단어와 뜻을 1:1로 외우기만 해서는 한계가 있다. 아주 쉬운 단어 introduce를 예로 들어보자. '소개하다'라고 달달 외운 학생들이 많다. 뜻을 더 외웠다면 '도입하다'라는 뜻도 있다.

그럼 아래 문장은 어떻게 독해해야 할까?

> ## He introduced the needle into a vein.

'바늘을 소개했다니 이게 무슨 말이지?'

속독은커녕 독해 자체가 불가능하다. 어려운 단어도 아니고 아는 단어인데도 의미 파악이 안 되니 더 혼란에 빠지고 읽고 싶은 의욕마저 떨어지게 된다.

만약 어원으로 학습했다면 막힘이 없다. introduce를 어원으로 외웠다면 intro '안으로', duce '이끌다'라는 뜻으로 공부했을 것이다. 어떤 상태 안으로 이끌어오는 것을 의미하기에 introduce는 '도입하다'는 뜻도 가진다. 글에서 도입부가 무엇인가? 본문 내용 '안으로' '이끌어' 오는 역

할을 담당하는 부분이다. 또한 누군가와의 만남에서 모임 '안으로' 사람을 '끌어오는' 것은 모임에 그 사람을 처음 '소개하는' 것이다.

위 문장에서도 어원 그대로 바늘을 정맥 '안으로' '끌어왔다'는 의미를 생각해보자. 바늘을 정맥 안으로 들어오게 하는 게 뭔가? 삽입(주사)한 것이다. 주사액을 바늘을 통해 신체로 이끌어 오는 장치가 주사 아닌가? 그래서 위 문장은 정맥에 주사 바늘을 '삽입하다'는 의미를 갖게 되는 것이다. introduce의 어원을 알고 있다면 굳이 introduce에 '삽입하다'는 단어가 있다는 사실을 외우지 않았어도, 심지어 '삽입하다'는 표현을 떠올리지 않았어도 해석하는 데 문제가 없다.

어원 강의에서도 여러 번 말했지만 단어장에 적힌 우리말 의미는 어원이 가진 기본 의미 중 하나를 적어 놓은 것뿐이다. 어원 의미를 기반으로 확장돼 사용되는 예는 너무나도 많다. 우리말도 '죽다'가 명이 끊기다는 것도 있지만 기가 죽거나 게임을 포기할 때 등 다양한 상황에서 쓰일 수 있는 것처럼 말이다.

하지만 대부분의 학생들은 한글 뜻 하나에 매몰되어 영문 철자와 한글 뜻을 수십 수백 번을 쓰거나 읽으며 공부를 한다. 단어장엔 마치 수학 공식처럼 영단어와 한글 의미가 1:1 대응이 되는 것처럼 적혀 있지만 완벽한 1:1 대응은 사실상 불가능하다.

운이 좋다면 그 의미 하나로만 사용된 지문을 만나 해석에 문제가 없을 수 있다. 하지만 그렇지 않은 경우 introduce의 예처럼 '소개하다'라는 의미에만 갇혀 속독은커녕 독해 자체가 안 될 것이다.

어원을 통한 단어 암기가 가장 효율적이고 재미있는 방법이다. 하지만 그것이 어원 학습의 유일한 목적은 아니다. 독해 지문에서 단어의 뜻을 정확히 모르고 어원만 알아도 이해할 수 있는 문장들이 많다. 유연하게 의미를 받아들이며 막힘없이 속독을 할 수 있게 되는 것이다. 어원 학습은 속독에 도움이 된다는 정도의 말로는 부족하다. 어원 학습을 해야 속독이 가능하다.

문법을 이해하는 것과 단순 암기하는 것의 차이

'구슬이 서 말이라도 꿰어야 보배'라는 속담처럼, 단어 하나하나를 알더라도 어떻게 해석하는지, 즉 문법을 모른다면 효과적인 독해는 불가능하다. 유감스럽게도 지금까지 영문법 공부는 독해에 오히려 걸림돌이 되는 경우가 적지 않았다. 영문법의 온갖 법칙들과 용법을 단순 암기하고 매번 독해 때마다 그 법칙들을 일일이 떠올린다. 독해 속도가 당연히 느려질 수밖에 없다.

『강성태 영문법 필수편』에서 결국 영문법은 말하는 법이고 말은 곧 생각에서 나온다고 배웠다. 그래서 영어권 사람들의 사고방식을 이해하면 외우지 않고 이해할 수 있는 부분들이 많았다.

그들의 사고방식은 우리와는 반대다. 한국어는 배경을 먼저 말한다. 영어는 배경보다 결론을 먼저 말하는 두괄식이 많다. 이름을 쓸 때도 우리는 배경인 성을 먼저 쓰지만 그들은 결론에 해당하는 자신의 이름을 먼저 쓴다. 주소를 쓸 때 우린 배경인 국가, 도시, 동네 순으로 쓰지만 그들은 정반대다. 이처럼 날짜 쓰는 방식도 반대고 자기소개 방식도 반대다.

이 사고방식은 말하는 법, 즉 영문법에도 그대로 적용된다. 한국어에서는 배경을 한참 말하고 끝에 동사가 등장하지만, 영어에서는 주체가 되는 주어 다음 바로 결론인 동사를 말해버리고 배경은 그 뒤에 중요한 순서대로 붙이곤 한다.

> 성태는 주말마다 친구들과 영화관에 **간다**. **VS** Sungtae goes to the movies with his friends every weekend.

우리는 영문법을 배우면서 영어식 어순에 익숙해지기 위한 연습을 많이 했다. 이게 익숙하지 않으면 독해에 지장이 생기게 된다. 자꾸 한국식으로 앞으로 되돌아가게 되는 것이다.

이해 없이 문법 공부를 했다면 자꾸 되돌아간다

'regression(역행)'이라 불리는 현상은 독해 초보자들에게 매우 빈번히 발생한다. 읽다가 수시로 앞으로 되돌아가 다시 읽는 것이다. 이게 해결되지 않으면 빠른 독해는 불가능하다.

역행이 일어나는 가장 큰 이유는 문법이 아직 완전히 체득되지 않았기 때문이다. 더 정확히 말하면 영어식 문장 구조를 아직 받아들이지 못한 탓이다. 어순이 반대이다 보니 우리말 어순으로 바꾸어 해석하면 나도 모르게 자꾸 되돌아가게 되는 것이다.

이건 심지어 독해 강의를 들을 때도 마찬가지다. 독해 수업을 듣다 보면 선생님들께서 화살표를 상당히 많이 사용하시는 것을 볼 수 있다. 애초에 어순이 다르기 때문에 이해를 시키려면 화살표를 안 쓸 수는 없다. 하지만 계속 이렇게 해석해선 안 된다. 조금 읽고 되돌아가고 조금 읽고 되돌아가고를 반복하는데 속도가 나올 리가 없다. 적지 않은 학생이 이게 습관으로 굳어져 있다. 반드시 고쳐야 한다.

흔히 '뒤에서 꾸며준다'는 표현을 자주 사용하게 되는데, 어떤 언어도 이렇게 뒤에서부터 해석하는 경우는 없다. 원어민은 화살표가 필요할 일이 없다. 화살표라는 게 정방향으로 차례차례 읽어도 되는 경우엔 딱히 필요하지 않기 때문이다. 한국어 어순으로 순서를 억지로 뒤집기 위해서 필요한 것이다. 영어식 순서 그 자체로 받아들여야 한다. 즉, 직독직해해야 한다. 그래서 공신에서는 책은 물론이고 강의에서도 화살표를 사실상 쓰지 않는다. 또한 이 책은 지문의 우측 페이지에 끊어읽기와 함께 직독직해 해설이 제공된다. 속독 필터를 통해 수시로 테스트해볼 수 있으니 꼭 활용해보길 바란다.

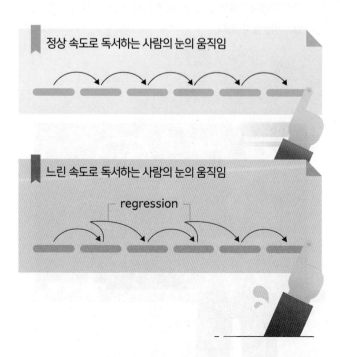

02

문법은 독해를 위해 반드시 필요하다

문법 공부를 하면서 각종 용법을 달달 외우곤 한다. 이런 용법들은 이해를 돕는 수단으로써 필요한 것이지 그것이 결코 목적은 아니다. 이게 무슨 용법으로 쓰였는지 물어보는 시험은 출제되지도 않는다.

문법을 공부하는 목적은 실제 문장을 해석해내는 것이다. 『강성태 영문법 필수편』에서 모든 문법 사항을 945개의 예문을 통해 학습하도록 한 이유도 이 때문이다.

이것은 마치 수영을 배우는 것과 같은 원리다. 처음에 수영을 배울 땐 발차기, 손동작, 호흡하는 법, 물에 뜨는 원리 등을 하나하나 배운다. 호흡은 언제 숨을 들이마시고 내뱉는지까지 자세하게 배우지만, 나중에 그것들은 사라진다. 이론적인 것들을 떠올리지 않아도 자유자재로 수영을 하게 되기 때문이다. 이런 원리들은 수영을 터득하기 위한 과정이자 수단이지 목적이 아닌 것이다.

그렇다고 호흡하는 법의 설명이 필요 없는 것이 아니다. 이런 설명이 없었다면 수영을 배우기까지 아주 오랜 시간이 걸린다. 아예 배우지 못할 수도 있다. 문법이 그런 역할을 하는 것이다.

말이 만들어지는 원리를 자연 발생적으로 배우려면 문장 하나가 만들어지기까지 엄청나게 많은 시간이 든다. 원어민과 동고동락해야 한다. 하지만 문법 원리를 배우면 그 즉시 주어, 동사에 목적어나 보어를 붙여 문장을 하나 만들 수 있다.

곧 배우게 될 속독 스킬 중 하나인 청킹 속독 또한 문법을 알아야 가능하다. 어느 부분에서 끊어야 효과적으로 이해가 되고 속도도 빨라지는지, 이 또한 어디까지가 주어고 동사인지, 전치사구가 어디서 시작되고 끝나는지 알아야만 할 수 있다.

독해에서도 동사 찾기가 먼저다

영문법을 이미 공부했다면 해석하는 법을 여기서 따로 알려줄 필요가 없을 것이다. 하지만 많은 영문법 중에서 독해에 필요한 핵심을 추린다는 차원에서 영문법의 기본 원리를 설명하고자 한다.

영문법의 절반이 '동사'라는 품사 하나로 끝난다는 것을 배웠다. 독해도 마찬가지다. 동사를 정확히 찾는 것이 독해에서도 기본 중의 기본이다.

> ❶ **동사**는 하나의 문장(절)에 하나다.
> ❷ **동사** 앞부분은 주어이며, 이는 행위의 주체다.
> ❸ **동사** 뒷부분은 목적어(행위의 대상) 혹은 보어(문장의 불완전한 의미를 보충하는 말)가 나온다.

믿기지 않겠지만 위 3가지 원리로 기본적인 영어 문장은 모두 해석 가능하다. 너무 간단한 것 같지만 원래 진리는 심플한 법이다. 여기에 맞지 않는 문장이 있다면, 그것은 생략되거나 도치된 예외적인 구문일 뿐이다.

자, 그럼 동사는 어떻게 찾을 수 있는가?

단어의 의미를 통해 알 수 있다. be동사이거나 상태/동작의 뜻을 가지면 동사다. 하나의 문장(절)에 동사는 하나이며, 동사가 추가되려면 접속사도 함께 추가되어야 한다. 그래서 여러 동사가 나열될 때 and나 or 등이 함께 쓰인 것을 많이 봤을 것이다.

평서문 기준으로 동사가 나오면 그 전까지가 동사의 주체, 즉 주어로 받아들이면 된다. 문장에서 주어는 아주 길 수도 있다. 여기서도 결론을 먼저 말하는 영어 문법의 기본 원리가 적용된다. 등장인물을 말해주고 바로 결론을 말하는 것이다. 목적어, 보어를 포함한 배경은 그 뒤에 중요한 순서대로 붙는다.

영문법에서 배운 문장 형식 5가지를 생각해보라. 1형식은 동사 뒤에 붙는 필수 성분이 없고, 2형식부터 5형식까지는 목적어나 보어가 붙었다. '주어 – 동사'가 기본이고, 여기에 동사의 의미에 따라 목적어나 보어를 붙여 함께 해석하면 된다.

| I agree. | 1형식 |
| 주어 동사 | |

| It is expensive. | 2형식 |
| 주어 동사 보어 | |

| I checked the schedule. | 3형식 |
| 주어 동사 목적어 | |

| They gave him lots of money. | 4형식 |
| 주어 동사 (간접)목적어 (직접)목적어 | |

| You make me happy. | 5형식 |
| 주어 동사 목적어 (목적격)보어 | |

03
속독의 기본, 배경지식

강성태는 어떻게 책 한 권을 1시간 만에 읽었나?

나는 1시간 만에 책 한 권을 읽을 때도 있다. 자랑 같아 보이는 이 말을 하는 이유가 있다. 1시간 만에 읽는 것보다 더 중요한 사실은 내가 모든 책을 그렇게 읽지는 못한다는 사실이다. 내가 1시간 만에 읽는 책들은 주로 공부법 책들이다. 공부법 책은 첫 문장만 보고도 내용이 다 그려질 때도 있다.

누구나 이렇게 된다. 나는 10년이 넘는 시간을 공부법 한 분야에 바쳤다. 국내외 효율적인 공부법은 다 통달했다고 자부하는 사람이 공부법 책을 1시간 안에 못 읽어내는 게 이상할 정도 아닌가?

하지만 공부법이란 장르에 배경지식이 전혀 없는 사람이 이런 공부법 책을 읽는다면 1시간이 아니라 이틀 꼬박 걸려도 다 읽기 힘들 수 있다. 이렇듯 독해 속도의 차이를 가져오는 것 중 하나가 바로 배경지식이다.

아는 지문을 만나라?!

사실 최고의 속독법은 정해져 있다. 이보다 더 나은 방법을 아직까지 발견하진 못했다. 그건 바로 '아는 지문을 만나는 것'이다. 너무나도 간단하지만 이보다 더 빠른 방법이 뭐가 있겠는가?

이미 읽어본 글이라서 내용을 다 알고 있다면 지문을 읽지 않고도 문제를 풀 수 있다. 읽더라도 확인하는 수준으로 매우 빠르게 읽으면 된다. 시간을 아껴서 다른 문제를 하나라도 더 맞힐 수 있다.

이 책 본문에 나오는 전략 중 하나가 시험 중 선택지가 우리말로 나오는 경우 '선택지를 먼저 읽고 설명 대상에 대해 파악한다'는 것이다. 우리는 한국어가 익숙하기에 단 몇 초 만에 선택지를 읽을 수 있다. 이것만 읽어도 지문에서 어떤 내용을 다루고 있는지 단번에 감을 잡을 수 있고 그 덕에 독해를 매우 빠르게 할 수 있다. 이 또한 선택지를 통해 지문에 대한 힌트, 즉 배경지식을 갖게 된 후에 읽게 되기 때문에 빠른 것이다.

그럼 어떻게 배경지식을 키울 수 있을까? 어릴 적부터 지겹도록 들은 말, '책을 많이 읽는 것만큼 좋은 것은 없다.'라는 말이 그 비법이다. 책을 많이 읽는 것이 좋은 이유 중 하나가 다양한 분야의 배경지식을 빠르게 습득할 수 있다는 것이다.

많은 책을 읽어 기본적으로 아는 게 많다면 새로운 글을 읽을 때 이해도 암기도 빠르게 된다. 모르는 단어가 나와도 유추해서 맞힐 확률이 훨씬 높아진다. 책을 안 읽고도 경험이나 강의를 통해 배경지식을 쌓을 수 있다고 하지만 일일이 다 경험하는 건 불가능하다. 책 대신 누군가의 강의를 듣는 것도 한계가 있다. 해당 분야 강사를 일일이 찾아다닐 수도 없는 노릇이다.

지문을 통해 배경지식을 넓혀라

공신들에게 일찍부터 독서 습관이 형성돼 있는 경우는 흔하다. 책을 많이 읽어 어휘력, 배경지식 등이 탄탄한 경우 국어 공부를 따로 하지 않았는데도 국어 영역은 만점 가까운 성적을 기록하는 경우도 있다. 그럼 우리는 지금부터 다방면의 독서를 해야 할까? 좋은 방법이다. 하지만 당장 중요한 시험을 앞둔 수험생이라면 지금 새로운 책들을 읽기엔 시간이 부족하다.

간혹 책을 많이 읽어야 한다는 말에 수능 시험이든 공무원 시험이든 며칠 남지도 않은 상태에서 이런저런 책들을 사다가 읽는 학생이 있다. 시간 낭비가 아닐 수 없다. 심지어 시험에 나올 글과는 거리가 먼 글을 읽는 경우도 있다.

시험을 앞둔 경우는 시험에 주로 나오는 지문을 많이 접하는 것이 가장 좋다. 지문을 읽는 것 또한 엄연히 독서다. 게다가 시험이나 모의고사에 나올 정도의 글은 아주 잘 쓰인 글이기 때문에 부족함이 없다. 분야도 치우침 없이 다양하다. 이 책 저 책 사서 많은 양의 독서를 따로 하지 않아도 된다. 열심히 이 책만 공부해도 된다.

지문 독해를 하되 그것이 습관이 돼야 한다. 하루아침에 변화를 기대해선 안 된다. 그렇기에 이 책에서 제공하는 〈66일 습관 달력〉에 맞춰 꼭 매일 지문 읽기 습관을 들이길 바란다. 그 외에도 습관 만드는 노하우들은 유튜브 영상이나 『66일 공부법』 책을 참고해보길 바란다.

결국 속독은 우리가 흔히 알고 있는 것과 달리 하나의 능력이 아니다. 여러 능력의 조합인 것이다. 그 여러 능력 중 앞서 만난 3가지, 어휘력과 문법, 그리고 배경지식은 그 여러 능력들 중에서도 가장 기본이다. 이 책이 어휘책도 문법책도 배경지식책도 아니지만 3가지를 키워주기 위한 장치가 책 곳곳에 들어있다. 자, 이 3가지 능력을 기반으로 한 본격적인 속독 방법을 이제부터 낱낱이 알려주겠다.

구성 한눈에 보기

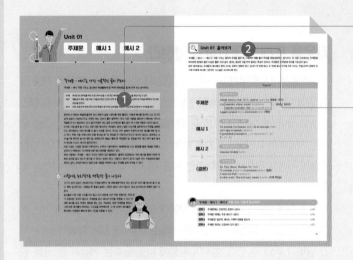

01. 영어의 원리 이해하기

지문 구조, 문제 유형을 낱낱이 분석했다! 무작정 읽지 말고 독해의 원리를 이해하라. 속독은 물론 문제도 쉽게 풀릴 것이다.

02. Unit 훑어보기

각 Unit에서 다룰 내용을 한눈에 볼 수 있으며 속독의 키가 되는 지문 속 시그널이 정리되어 있다. 지문 구조(Part 1), 문제 유형(Part 2)을 한눈에 조망하라.

---

03. 공신들의 영어 독해 전략

영어 독해 학습에 있어 개념 공부이자, 반드시 기억해야 할 전략이다. 어렴풋이 알고 있던 독해의 원리가 확실하게 정리될 것이다.

08. 첫 문장 키워드

〈첫 문장 키워드〉로 첫 문장을 집중 분석하여 첫 문장으로도 지문을 예측할 수 있게 해준다.

09. 지문 구조 / 문제 유형 완벽 분석

〈예측하며 속독하는 지문 구조(Part1)〉와 〈Step by Step 문제풀이(Part2)〉를 통해 공신들의 사고의 과정까지 낱낱이 꿰뚫어 볼 수 있을 것이다.

04. 기출(기출 변형) 지문 풀어보기

모든 지문은 기출(기출 변형) 지문으로, 수능, 평가원/교육청 모의고사 기출 지문 중에서도 엄선한 지문만을 수록했다. 실전처럼 시간을 재고 똑같이 풀어보자.

05. 난이도

'난이도'는 해당 지문의 난이도를 한눈에 파악할 수 있도록 분류했다.

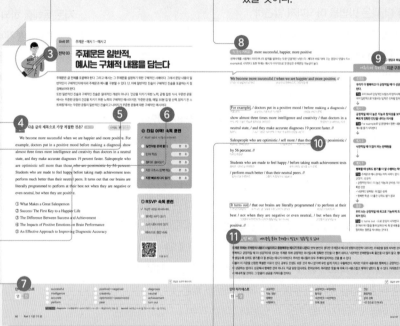

06. 타임 어택! 속독 훈련표

모든 학습 과정의 순서를 제시하였고, 각 과정을 초 단위로 측정하게 되어 있다. QR코드로 별도 제공되는 영상에 접속하여 RSVP 청킹 속독 훈련도 해보자.

07. 단어 자가 테스트

모든 페이지가 단어장이자 단어 퀴즈다. 좌우 분리 구성으로 영어→우리말, 우리말→영어로 아주 간단하고 빠르게 테스트해 볼 수 있다.

10. 끊어읽기(청킹) 속독 훈련

속독의 핵심, '끊어읽기'를 집중 훈련할 수 있다. 책과 함께 제공되는 셀로판지로 지문을 가리고 직독직해를 집중적으로 연습해본다.

11. 공신의 비결, 느낌 빡!

재미있게 술술 읽다 보면 느낌이 빡! 올 것이다. 기출 지문 전격 해부, 공신들만의 비법, 출제 위원도 경악할 만한 영어 독해 꼼수 등이 담겨있다. 저자가 바로 옆에서 멘토링 해주는 것 같은 착각이 들 것이다.

공신 강성태의 속독법 특별 강의

책 속의 책이다. 학습서지만 또 하나의 공부법 책이다. 과학적으로 검증되고 여러분이 적용할 수 있는 실전 속독법의 핵심을 담았다.

실전보다 더 실전처럼, 전략 적용 문제

앞서 예제에서 전략을 학습했다면, 이제 그 전략을 적용해서 실전 문제를 풀어볼 차례다. 반드시 시간을 재며 실제 시험처럼 풀어보도록 한다.

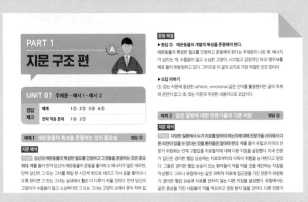

정답과 해설

정답과 해설에는 해석, 구문 분석, 문항 해설뿐만 아니라, 배경지식까지 곳곳에 들어있다. 이 책 하나로 독해, 단어, 문법(구문), 배경지식까지 쌓을 수 있는 것이다.

공신 강성태의 동기부여 빡!

공부 자극 100%! 동기부여 칼럼이 중간중간 제공된다. 지치고 해이해질 때쯤 이 글을 읽으면 정신이 번쩍 들게 될 것이다.

✓ 부가자료

셀로판지를 활용하여
직독직해 테스트하기

속독맵으로 책 한 권을 수시로
예·복습하기

자투리 시간에
휴대용 미니북 활용하기

원어민 MP3 복습으로
정확한 발음과 듣기 연습까지!

RSVP 청킹 속독 훈련용
동영상 제공

추가 실전 문제를 다운받아
실전에 한 걸음 더!

영어독해 습관 달력으로
공부 습관 완성하기

본책과 함께 활용하면
효과 대박!

200% 활용법

01 비법을 넘어 독해 꼼수까지 담았다

이 책은 학습서 이전에 비법서다. 모든 예제마다 전략과 〈느낌 빡〉 코너를 통해 실전에서 바로 적용할 수 있는 속독팁을 알려준다. 대한민국 독해책 중에 이 정도로 방대한 팁을 알려주는 책은 아마도 없을 것이다.

공신들은 저마다의 비법이 있다. 스스로는 인지하지 못할 수 있지만 하나같이 자신만의 비법, 전략을 사용하여 독해를 해나간다. 이 책은 실전에서 공신들이 독해 문제를 푸는 사고 과정을 그대로 추적한 뒤 해당 전략들을 심층 분석한 결과물이다. 그 노하우를 여러분들에게 완전히 체득시켜줄 것이다.

그뿐만 아니라 영어 지문이 어떤 원리로 채택돼 출제되는지, 출제위원들은 어떤 방식으로 문제를 고안하는지 그 비밀을 낱낱이 밝혀낸다.

이 책의 모든 비법을 여러분 것으로 만들면 영어 독해는 더 이상 지루한 공부가 아니다. 재미있는 소설책이나 잡지책을 읽는 것과 별반 다름없는 시간이 될 것이다. 성적은? 두말하면 잔소리다. 잘 나올 수밖에 없다.

활용 TIP 1

이 책 구석구석에 들어있는 전략, 느낌 빡, 각종 Tip을 적용하여 반복 훈련한다.

전략 01 주제문에는 단정적인 표현이 나온다

글이라는 것은 결국 글쓴이가 하고자 하는 말을 효율적으로 전달하기 위한 것일 뿐 그 이상도 이하도 아니다. 하고자 하는 말이 곧 주제인데 그것을 명확하게 전달하기 위해 쓰는 표현들이 정해져 있다. 우리는 이미 Unit 01 〈훑어보기〉에서 주장, 제안, 중요성을 나타내는 대표적인 주제문 시그널을 보았다. 그 시그널의 공통점은 말하는 내용에 대한 글쓴이의 확신이 묻어나는 단정적 표현이라는 것이다. 현재시제로 단정적인 뉘앙스를 나타내거나, 아예 첫 문장에서 주제문 시그널을 제시하는 것도 주제를 돋보이게 한다.

🔵 느낌 빡! 주제문은 주로 현재시제를 사용한다

현재시제는 과거에서 현재까지 이어져오며, 미래에도 그럴 것으로 생각되는 일, 상황, 행동, 습관을 모두 나타낸다. 불변의 진리를 나타낼 때도 쓰이는 아주 단정적인 뉘앙스를 가지고 있는 시제이다. **참조** 강성태 영문법 필수론, Unit 06 현재시제

주제문은 단정적이고 강한 표현으로 나타내야 효과적이기에, 현재시제는 주제를 제시하기에 가장 적합한 시제이다. 실제로 시험에 나오는 지문에서 대부분의 주제문이 현재시제를 사용한다.

---

02 이원목적분류표로 설계된 목차

모든 시험은 그냥 출제되는 것이 아니다. 수능 시험이든, 공무원 시험이든, 아무런 기준 없이 내면 어떻게 되겠는가? 극단적으로 출제위원이 전부 SF소설 매니아라면? 외계인이 지구를 침공했다가 치킨으로 평화가 찾아온다는 이런 SF소설 지문들로만 출제해버릴 수도 있는 노릇이다. 출제위원이 추론 유형을 유독 좋아하는 경우는 전부 추론 문제만 출제할지도 모른다.

그래서 존재하는 것이 '이원목적분류표'라 불리는 것이다. 학생들은 모르지만 출제위원들은 다 알고 있는 개념이다. 이를 근거로 하여 특정 영역에 치우침 없이 영어에 필요한 각 능력을 평가하는 문제를 제작한다. 다음은 수능 영어 시험의 이원목적분류표이다.

내용영역	행동영역		어휘	문법성 판단	이해			적용	문항수	비율 (%)
					사실적	추론적	종합적			
이해 기능	듣기	대화								
		담화								
	읽기	논설문								
		설명문								
		문학								
		실용문								
		기타								
표현 기능	말하기	대화								
		담화								
	쓰기	문장								
		문단								
문항수										
비율(%)										

이 표는 크게 두 영역으로 나뉜다. 세로는 내용 영역으로, 말 그대로 지문의 내용이다. 크게 설명문인지 논설문인지 등 지문의 종류로 구성되어 있다. 가로는 행동 영역이다. 행동 영역은 직접 문제를 푸는 행위에 관한 것이다.

흔히 시험을 보면 지문과 문제로 구성돼 있다. 내용 영역은 지문에 해당되고 문제는 행동 영역에 해당된다고 보면 된다. 내용 영역에서는 지문 유형을 선택하고, 행동 영역에서는 문제 유형을 선택하여 하나의 문제가 탄생하는 것이다. 각각의 문제는 이 표에 존재하는 하나의 칸에 소속된다.

이 책은 정확히 이원목적분류표에 근거하여, Part 1은 내용 영역인 '지문 구조 편'으로, Part 2는 행동 영역인 '문제 유형 편'으로 구성되어 있다. 영어 독해 지문으로 주로 나올 수 있는 10개의 지문 구조와 독해 문제의 유형을 크게 7개로 분류하여 학습하게 된다. 이 책 한 권으로 영어 독해 시험의 모든 영역이 커버될 수 있도록 구성한 것이다.

활용 TIP 2

시험을 구성하는 두 요소인 지문과 문제, 두 가지의 모든 유형을 정복한다.

03 기출 문제의 폰트와 사이즈까지도 흡사하다

가장 좋은 독해 재료는 바로 '기출 문제'이다. 물론 기출 지문이 다시 똑같이 출제되는 일은 없다. 하지만 기출 지문 구조와 문제 유형, 그리고 기출 단어, 구문, 표현들은 다시 시험에 나올 확률이 매우 높다.

영어는 결국 언어이기에 자주 쓰이는 표현, 자주 등장하는 지문 구조는 정해져 있기 때문이다. 여러분이 일상에서 주로 쓰는 한국어 표현도 그리 많지 않다. 시험은 학생이 이렇게 자주 쓰이는 표현들을 잘 알고 있는지 검증하는 것이므로 나온 것이 또 나올 수밖에 없다.

안타깝게도 많은 이들은 기출 문제를 제대로 활용하지 못한다. 심지어 독해 공부를 할 때 흔히 양으로 승부하는 '양치기' 공부를 한다. 실력자들에게는 이런 방법도 좋지만, 지금 우리에게 더 효과적인 것은 질 좋은 기출 문제의 표현들을 '집중적으로 반복'하는 것이다. 공신들은 이미 기출된 표현이나 문구들이 머릿속에 들어 있다. 그렇기에 속독이 가능한 것이다.

이 책은 기출 문제 중에서도 가장 양질의 기출 문제만을 엄선했다. 시험이 아니라 영어를 공부하는 모든 이들이 외울 정도로 봐도 좋을 지문들이다.

그리고 이 책의 모든 문제는 실제 수능 시험지가 낯설지 않도록 가장 비슷한 폰트로 제작되었다.

시험 성적이 제일 잘 나오는 학습 환경은 정해져 있다. 바로 시험 보는 바로 그 장소다. 여러 실험을 통해 시험 공간과 동일한 환경에서 공부한 학생들의 성적이 높은 것으로 입증되었다. 비단 장소뿐만 아니라 시간대, 문제를 푸는 공간의 온도 혹은 냄새까지도 최대한 동일할수록 제 실력을 발휘할 가능성이 높아진다.

이런 사소한 것도 영향을 미치는데 시험 그 자체라 할 수 있는, 시험 시간 내내 바라봐야 하는 지문의 폰트나 사이즈가 영향이 없을 수 없다. 기출과 동일한 조건에서 했던 속독 훈련은 실제 시험에서 최고의 실력을 발휘하게 해줄 것이다.

활용 TIP ③

양질의 기출 문제를 반드시 실전처럼 풀어라.

> **1** 다음 글의 제목으로 가장 적절한 것은? [기출]   난이도 ★★
>
> Sometimes we find a piece of writing hard to understand and we need to make the meaning clear, which is possible through simulation. A classic example is car insurance people. They read the reports of accidents and have

04 집중력을 확실히 높여주는 지문-해설 동시 구성

보통의 독해 책들의 경우, 공부하려면 문제집을 펼쳐놓고 책에서 따로 분리된 답안지를 펼쳐놓아야 한다. 문제지의 영어 지문을 보고 답안지의 우리말 해석을 봤다가 다시 문제지의 문제와 선택지를 보고 다시 답안지의 해설을 본다. 수도 없이 고개와 눈동자를 왔다 갔다 해야 한다.

이 방법은 초보자들에겐 좋은 방법이 될 수 없다. 지문과 해설지를 왔다 갔다 하며 시선이 이동하는 동안 집중력은 현저히 떨어지기 때문이다. 시간도 많이 걸리고 쉽게 지친다.

이 책의 모든 예제들은 오른쪽 페이지에서 바로 지문과 직독직해 해석을 한눈에 확인할 수 있도록 구성되었다. 이런 구성은 여러분의 시간을 단축시켜주고 집중을 유지시켜줄 것이다.

물론 해설도 있다. 속독팁을 넘어 더욱 꼼꼼한 해설을 원하면 분권으로 제공되는 정답과 해설을 얼마든지 활용할 수 있다.

또한 우측 페이지에 있는 끊어읽기(청킹) 속독 훈련을 위한 속독 필터가 제공된다. 좌측 페이지에서 아무 가이드 없는 상태로 읽어보고, 우측 페이지에 필터를 대고 끊어읽기된 상태로 읽어 본다. 필터를 빼고 직독직해 해설을 확인할 수 있다. 보다 구체적인 학습 전략은 〈오리엔테이션〉을 참고하길 바란다.

활용 TIP ④

속독 필터(셀로판지)로 가린 후 직독직해를 연습해보면
자가 테스트 효과까지 누릴 수 있다.

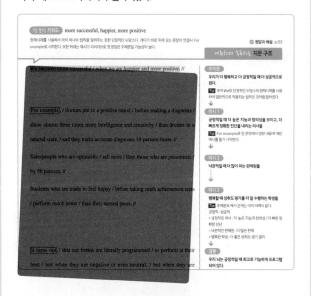

05　모든 페이지 하단에 영어 단어 퀴즈를 제공한다

'예문을 활용해 단어를 외우는 것이 좋다'는 이야기를 한번쯤은 들어 봤을 것이다. 어떤 상황에서 이 단어가 사용되는지 파악할 수 있고, 예문의 상황과 함께 암기되기 때문에 기억에 더 잘 남는다는 것이다.

단어장에 예문이 함께 제공되기도 하지만, 아무래도 부족함이 있다. 우리가 단어장에서 만나는 예문은 길어야 한 문장 정도로 짧다. 앞뒤 맥락을 모르니 어떤 상황, 어떤 분위기, 어떤 뉘앙스에서 이 단어가 사용됐는지 제대로 알기가 쉽진 않다.

하지만 독해 공부를 하면서 외우는 단어는 지문 전체가 예문이 된다. 그냥 예문이 아니다. 여러분이 고민해서 풀고 정답을 찾는 과정을 통해 집중해서 공부한 바로 그 지문이다.

독해 문제를 풀고 답만 맞히고 끝나면 그건 너무 아깝다. 아주 효과적으로 단어를 학습할 기회를 놓치는 것이다. 독해 공부를 했으면 지문의 상황을 떠올려가며 반드시 그 지문에서 모르는 단어를 복습하여 꼭 여러분 것으로 만들길 바란다.

이 책은 모든 지문 아래에 단어 학습 영역을 만들어놨다. 게다가 단순히 읽어서 외우는 단어 암기보다 2배 이상 효율적인 '테스트' 방식으로 학습할 수 있도록 좌우측 페이지에 각각 단어와 뜻이 분리돼 있다. 필수 단어 중 일부는 『강성태 영단어 어원편』에 제공된 어원들을 힌트로 제공하여 보다 쉽게 외울 수 있을 것이다. 더불어 단어 학습에 걸리는 시간도 계속 측정하도록 해놓았다. 이런 속독 훈련 과정을 거치다 보면 큰 노력을 들이지 않아도 단어들이 자연스럽게 여러분 것이 될 수밖에 없다.

활용 TIP 5

지문 하단의 단어 테스트를 활용하며 독해 지문 자체를
예문으로 활용한다.

06　이제 첫 문장에서 승부를 내버릴 것이다

공신닷컴 강의에서도 엄청나게 강조했지만 글에서 가장 중요한 것은 '첫 문장'이다. 결론 또한 중요하다고 배우지만 가장 마지막 문장부터 거꾸로 읽을 수는 없는 노릇이다.

좋은 글은 독자가 빠르고 쉽게 내용을 이해할 수 있는 글이다. 그러기 위해 저자들은 보통 첫 문장에서부터 글의 방향을 제시한다.

저자 입장에서도 가장 고민하는 것이 첫 문장이다. 첫 부분에서 관심을 못 끌면 읽지도 않고 덮어버리기 때문이다.

게다가 영어권 사람들은 중요한 것을 가장 먼저 말하는 두괄식 글쓰기 방식에 익숙하다 했다. 『강성태 영문법 필수편』에서 영어의 기본 원리 중 가장 강조한 내용이다. 영어 지문에서도 마찬가지로, 첫 문장은 많은 의미를 담고 있다.

지문에서 도입부에 해당하는 첫 문장을 별생각 없이 지나치는 경우가 많다. 이 책의 모든 핵심 지문에는 〈첫 문장 키워드〉 코너가 있다. 핵심 키워드(소재)는 무엇인지, 지문이 어떻게 전개될지 등 첫 문장에는 많은 힌트가 숨어 있다는 것을 알게 될 것이다.

이 책을 통해 공부하다 보면 첫 문장을 통해 지문에 대한 엄청난 힌트를 얻게 되는 눈이 생길 것이다. 첫 문장으로 지문 구조가 머릿속에 펼쳐지는 기적 같은 일을 경험해보자.

활용 TIP 6

첫 문장을 읽고 첫 문장의 키워드를 통해
앞으로 전개될 내용을 예측하는 습관을 만든다.

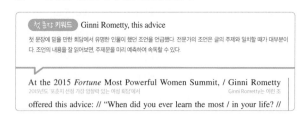

07 속독맵으로 책의 모든 개념을 외워버린다

어원맵, 문법맵이 무엇인가? 어원과 문법을 지도처럼 표현한 것이다. 지도는 넓은 세상을 한눈에 볼 수 있게 나타낸 그림이다. 문법맵은 마인드맵 기법으로 모든 문법 요소를 그림으로 나타낸 것이다. 각 내용이 시각적으로 어느 위치에 있는지 기억되어 훨씬 효율적인 학습이 가능하다. 어원맵은 영어시험에 필요한 모든 어원을 이미 아는 단어와 연결하여 지도처럼 나타낸 것이다. 수천 수만 개의 단어를 단어의 근원인 어원을 통해 한눈에 보는 듯한 효과를 낼 수 있었다.

이런 맵을 식탁이나 벽 등 곳곳에 붙여놓고 틈틈이 봐주면 이미 배운 내용이기에 어렵지 않게 외울 수 있다. 나중에 내용이 바로 생각나지 않더라도 조금만 힌트가 있으면 곧 생각이 나게 된다.

속독맵도 마찬가지다. 속독맵은 이 책의 모든 속독 전략들과 Unit별로 꼭 알아두어야 할 연결사 등으로 구성되어 있다. 이 책을 학습하며 지문 하나하나를 보는 연습을 했다면, 학습 후에 속독맵으로 전체 숲을 조망하며 틈나는 대로 학습할 수 있다.

이 속독맵 하나면 책 한 권의 개념을 다 외울 수도 있다. 어원맵이든 문법맵이든 여러 곳에 붙일 경우, 키출판사 영어 교육 사이트(www.englishbus.co.kr), 공신닷컴 영어독해 강좌 페이지(www.gongsin.com), 강성태 블로그(blog.naver.com/gongsin_com)에서 검색하여 다운받아 사용하면 된다.

활용 TIP 7

눈에 잘 띄는 곳에 속독맵을 붙여 놓고 수시로 본다.
단 몇 분만에 책 전체를 복습하는 효과를 얻게 될 것이다.

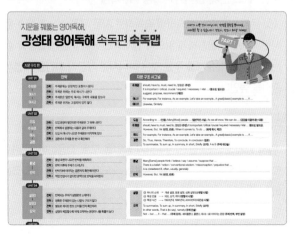

08 원어민 MP3와 RSVP 속독 훈련 동영상

이 독해책은 모든 지문마다 원어민 MP3가 제공된다. 독해책에 안 해도 되는 일이다. 없다고 해도 아무도 뭐라 하지 않는다. 제작비만 더 들어갈 뿐이다. 하지만 여러분의 영어 실력을 높여주게 될 것이다.

MP3뿐 아니라 RSVP 청킹 훈련을 할 수 있는 영상까지 제공한다. 이 영상은 원어민이 읽어주는 음성에 맞춰 화면에 단어 덩어리들을 빠르게 띄워준다.

음성을 들으며 화면을 보고 읽을 수도 있고 영상을 끄고 단어들이 넘어가는 화면만 보고 읽을 수도 있다. 배속 기능을 활용해 속도를 점차 올리며 읽기 속도를 조절해나갈 수 있다.

속독의 필수 요소는 직독직해다. 읽는 그대로 순서대로 의미를 받아들이는 것. 이 훈련은 직독직해를 안 할 수가 없다. 그냥 읽으면 다시 뒤로 돌아가 다시 읽게 될 수도 있지만 화면에서 한번 지나간 단어 덩어리는 돌아오지 않는다. 원어민의 어순 감각대로 의미를 받아들일 수밖에 없다.

게다가 MP3와 영상을 통해 꼭 책을 들고 다니지 않더라도 언제 어디서든 휴대폰으로도 속독 훈련을 할 수 있다. 자세한 학습법은 〈여기서 잠깐〉 p.18을 참고해보자.

활용 TIP 8

원어민 MP3와 함께 배속 기능을 활용한 끊어읽기(청킹) 속독 훈련을 수시로 한다.

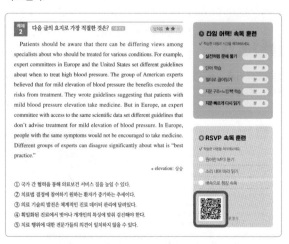

▶ ▶ ▶

여기서 잠깐!

5+3단계
속독 훈련법

09 게임처럼 공부하는 5+3단계 속독 훈련법

이 책은 가장 효과적인 학습법을 총망라했다. 어떤 과정을 거쳐서 공부를 해야 가장 효율적인지 검증된 방식을 기반으로 하여 단계별 학습 방식을 알려준다. 더불어 그 방법을 반드시 적용할 수밖에 없도록 해놓았다. 아래는 지금까지 소개된 속독 전략들을 적용하여 설계한 가장 효과적인 속독 학습법이다.

분류	순서	학습 내용	회독
독해 단어	1	실전처럼 문제 풀기	1
	2	단어 학습	
	3	필터로 끊어읽기	2
	4	지문 구조[문제 풀이] + 느낌 빡! 학습	
	5	지문 빠르게 다시 읽기	3
듣기 말하기	6	원어민 MP3 듣기	
	7	소리 내어 따라 읽기	4
	8	배속으로 청킹 속독	5

위 표를 따라 학습하면, 자연스럽게 지문을 5회독하게 된다. 매 회독마다 방식이 다 다르다. 처음엔 실전처럼 시간을 재며 읽고, 두 번째는 속독 필터를 활용해서 읽는다. 세 번째는 속독팁을 적용하여 읽고, 네 번째는 소리 내어 읽는다. 다섯 번째는 배속으로 읽는다. 5회독을 지루함 없이 눈, 귀, 입에 각인하며 해낼 수 있을 것이다. 그리고 이 모든 과정의 소요 시간을 측정하게 된다.

활용 TIP 9

게임에서 기록 경신하듯 지문 우측표를 이용해 학습 소요 시간을 단축시켜 나간다.

타임 어택! 속독 훈련

1 실전처럼 풀기

어떠한 힌트도 보지 않고 시간을 재며 실전과 동일하게 문제를 푼다. 모든 지문은 1분 이내에 푸는 것을 목표로 한다. 실전과 똑같이 푸는 과정이 있어야 실력이 빠르게 향상될 수 있다.

2 단어 학습

교재 하단에 있는 〈단어 자가 테스트〉 코너를 활용한다. 좌측 페이지에는 단어, 우측 페이지에는 뜻, 이렇게 나뉘어 있어 가리개로 가릴 필요도 없다. 『강성태 영단어 어원편』에서 가장 효율적인 암기 방식이었던 '테스트' 방식의 암기를 바로 시작할 수 있다.

이 과정 또한 시간을 재서 기록한다. 그렇지 않으면 마냥 늘어지기 십상이다. 모르는 단어가 제시된 것보다 많다면 하단에 여러분이 추가하면 된다. 이 단계까지 끝나면 해석이 안 되는 부분이 없어질 것이다.

3 필터로 끊어읽기

우측 페이지에 필터를 대면 해석이 보이지 않고 영문과 끊어읽기를 도와주는 슬래시(/)만 보이게 된다. 그것을 가이드 삼아 끊어읽기로 독해를 한다. 이 또한 시간을 잰다. 처음 실전 풀이 때 소요된 시간과 비교해본다. 빨라진 속도에서 자신감을 얻을 수 있다.

4 지문 구조[문제 풀이] + 느낌 빡! 학습

〈첫 문장 키워드〉, 〈예측하며 속독하는 지문 구조〉, 〈느낌 빡!〉 등 제시된 속독팁을 꼼꼼하게 읽으며 실제 지문에서 어떻게 활용할 수 있는지 확인한다. 문제를 푸는 것은 아니지만 가급적 시간을 재면서 집중력을 높인다.

5 지문 빠르게 다시 읽기

앞서 알게 된 속독팁과 끊어읽기 방법을 모두 적용하여 지문을 빠르게 다시 읽어본다. 시간을 측정해 속도가 얼마나 더 빨라졌는지 비교해본다.

플러스 3단계, RSVP 속독 훈련

우리는 실전처럼 풀고, 단어 학습을 한 후, 끊어읽기를 해보고, 속독팁들과 지문 구조를 공부했다. 이렇게 3회독을 하는 과정에서 지문에 어느 정도 익숙해졌다. 여기까지 공부한 것만으로도 매우 훌륭하다.

이제 단순히 잘하는 수준을 넘어서 최고가 될 수 있는 공부법을 알려주겠다. 우리는 지금까지 독해 공부에는 적용되지 않았던 듣기와 말하기, 그리고 RSVP 속독 훈련으로 속독 능력을 한층 더 끌어올릴 것이다. 이 방식으로 공부를 해보면 독해를 끝장내는 것이 무엇인지 알게 될 것이다.

듣기와 말하기가 나와서 의아해할 수 있다. 우리는 지금까지 단어, 문법, 독해, 듣기, 말하기 등을 따로 공부해왔기 때문이다. 마치 여러 과목을 공부하는 느낌이다. 그러나 실은 그렇지 않다. 영어는 하나일 뿐이다. 그리고 각 영역의 공부가 시너지를 낼 수 있어야 한다.

1 원어민 MP3 듣기

듣기 평가하듯 들어본다. 당연히 듣기 실력 향상에도 도움이 된다. 이미 단어 공부도 했고 몇 차례 읽었기 때문에 거의 다 들릴 것이다. 대부분은 들리겠지만 여러분이 생각했던 것과 아예 다른 발음도 있을 것이다.

우리는 독해 공부를 하지만 제대로 된 발음도, 억양도 모른 채 넘어가는 게 현실이다. 외국인이 한글책을 독해하며 '철수야 영희야'로 적힌 것을 '챌뿌햐 왱해햐' 이런 식으로 잘못된 발음으로 읽고 넘어간 뒤 공부를 끝내는 것과 같다. 말도 안 되는 현실이다.

이렇게 듣는 것 또한 복습이다. 지금까지 읽는 데 '시각'을 썼다면 이제는 '청각'을 통해 복습한다. 각 끊어읽기 단위(청킹)들이 훨씬 기억에 잘 남게 된다. 반복해서 읽은 것을 또 읽으면 지루할 수밖에 없지만 듣기로 복습하기에 상당히 새롭고 덜 지루하다.

2 소리 내어 따라 읽기

이제 소리를 내서 읽어볼 차례다. 이미 수차례 눈으로 읽고 원어민 MP3까지 들었기에 여러분 생각보다 훨씬 유창하게 읽을 수 있을 것이다.

속독 실력을 키우는 데 듣고 소리 내어 읽는 방법까지 도입한 이유가 있다. 한 번이라도 소리 내어 입을 움직여 말해본 것은 확실히 기억에 잘 남는다. 그리고 여러분이 입으로 직접 읽기 때문에 여러분이 마치 글쓴이가 된 듯한 느낌이 든다. 왜 이런 순서로 문장을 배열했는지 지문 구조를 이렇게 하는 게 왜 효율적인지 함께 생각하며 읽어볼 수 있다. 이것은 소리 내지 않고 읽을 때와는 또 다른 자극과 경험을 제공해준다. 청킹이 더욱 익숙해질 것이다.

만약 여기서 좀 더 도전하고 싶다면 쉐도우 스피킹 방법을 활용해볼 수 있다. 쉐도우 스피킹은 말하기에서 주로 쓰이는 학습법으로, 원어민의 발음을 듣는 동시에 그대로 바로 따라 말하는 것이다. 원어민이 말하는 것에 그림자처럼 완전히 붙어서 말하는 방식이어서 '쉐도우 스피킹'이란 이름이 붙었다.

단순히 내 속도에 맞춰 읽는 것이 아니라 원어민 속도에 그대로 따라 읽어야 하기에 더 정신을 바짝 차려야 한다. 말 그대로 소리 내는 속독이 된다.

이 쉐도우 스피킹은 듣기·말하기 학습에 사용되는 좋은 방법이지만 사실 처음 듣는 글을 따라 읽는 것은 거의 불가능에 가깝다. 듣자마자 바로 따라 말하는 게 쉬운가? 하지만 우린 이미 여러 차례 읽은 글이기에 충분히 가능하다.

3 배속으로 청킹 속독

이제 속독 훈련의 최종 단계까지 왔다. 읽고, 듣고, 말하고 할 건 다 해봤다. 눈, 귀, 입을 다 썼다. 이제 본격적으로 속도를 올릴 시점이다. 유튜브 '공부의 신 강성태' 채널(https://www.youtube.com/user/gongsin)에 업로드 된 RSVP 청킹 영상을 활용할 시간이다. 이 영상은 본문에 있는 QR코드로도 접속할 수 있다. RSVP는 'Rapid Serial Visual Presentation(신속 순차 시각 제시)의 약자이다. 화면에 의미 단위로 뭉쳐진 여러 개의 단어들이 제시되며, 정해진 시간이 지나면 바로 다음 단어 덩어리들이 제시된다. 한번 지나간 단어 덩어리는 다시 볼 수 없어서 의식적/무의식적으로 자꾸 앞부분으로 돌아가는 버릇도 교정할 수 있다. 유튜브 영상 설정에서 속도를 조절할 수 있으니, 여러분에게 적합한 속도에서 시작하여 점차 속도를 높여본다.

이렇게 배속 기능을 활용하면 속독 능력이 더욱 향상된다. 집중이 안 될 때도 도움이 된다. 청킹들이 화면에서 바뀔 때마다 저절로 읽게 되기 때문이다. 딴생각을 할 틈조차 없다. 실제로 쫓기듯 집중하며 읽게 될 것이다. 반복 학습을 통해 2배속으로 읽게 됐다는 뜻은 불과 1시간 정도에 이 책의 모든 지문을 읽을 수 있다는 의미가 된다. 기적 같은 일이다.

CONTENTS 강성태 영어독해 속독편

PART 1 지문 구조 편

PART 2

PART 2 문제 유형 편

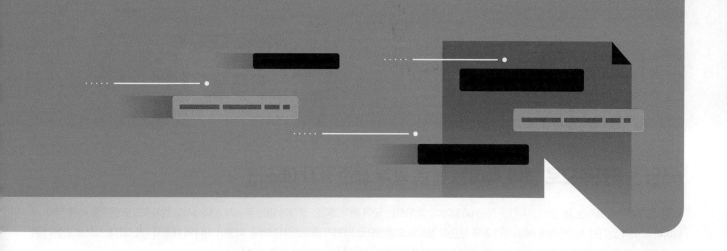

스터디 플랜

66일

66일간 5회독으로 영어 독해는 물론 공부 습관까지 마스터

한 가지 습관을 들이는 데 걸리는 시간은 평균 66일이다. 그 뒤로는 굳이 해야겠다는 생각이 없는 무의지 상태에서도 반사적으로 행위를 하게 된다. 사람마다 차이가 있지만 학생들에게 66일이면 공부 습관이 잡히고 모범생으로 바뀌기 충분한 시간이다. 더불어 하나의 내용을 완전히 내 것으로 만들기 위해선 5회 정도의 반복이 필요하다. 또한 하나의 책을 5회독하면 그 책의 내용이 머릿속에서 거의 그려진다.

영어 독해에 온전히 매진한다고 했을 때 이 책의 모든 유닛을 보는 데 34일이 걸린다. 2회독을 할 때는 절반의 시간이면 충분히 볼 수 있다(17일). 세 번째 볼 때는 절반의 절반(9일), 네 번째는 그것의 절반(4일), 마지막 5회독째는 이틀이면 된다. 그렇게 되면 정확히 66일 만에 이 책을 5회독할 수 있다.

함께 제공되는 영어 독해 습관 달력(p.295)과 5회독 공부표(p.1)를 활용한다. 어차피 해야 할 영어 독해 공부, 이 기회에 습관까지 잡으면 공부는 물론 여러분 인생에 큰 보탬이 될 것이다.

(※ 학습자마다 하루에 쓸 수 있는 시간과 영어 실력이 다르다. 아래 계획을 참고하여 각자 수준과 학습 상황에 맞춰 자유롭게 조정하도록 한다.)

66일 PLAN

DAY	학습 내용		DAY	학습 내용		DAY	학습 내용
✓ 1	Unit 1 예제		23	Unit 12 예제		45	Unit 11
2	Unit 1 전략 적용 문제		24	Unit 12 전략 적용 문제		46	Unit 12
3	Unit 2 예제		25	Unit 13 예제		47	Unit 13
4	Unit 2 전략 적용 문제		26	Unit 13 전략 적용 문제		48	Unit 14
5	Unit 3 예제		27	Unit 14 예제		49	Unit 15
6	Unit 3 전략 적용 문제		28	Unit 14 전략 적용 문제		50	Unit 16
7	Unit 4 예제		29	Unit 15 예제		51	Unit 17
8	Unit 4 전략 적용 문제		30	Unit 15 전략 적용 문제		52	Unit 1, 2
9	Unit 5 예제		31	Unit 16 예제		53	Unit 3, 4
10	Unit 5 전략 적용 문제		32	Unit 16 전략 적용 문제		54	Unit 5, 6
11	Unit 6 예제		33	Unit 17 예제		55	Unit 7, 8
12	Unit 6 전략 적용 문제		34	Unit 17 전략 적용 문제		56	Unit 9, 10
13	Unit 7 예제		35	Unit 1		57	Unit 11, 12
14	Unit 7 전략 적용 문제		36	Unit 2		58	Unit 13, 14
15	Unit 8 예제		37	Unit 3		59	Unit 15, 16
16	Unit 8 전략 적용 문제		38	Unit 4		60	Unit 17
17	Unit 9 예제		39	Unit 5		61	Unit 1~4
18	Unit 9 전략 적용 문제		40	Unit 6		62	Unit 5~8
19	Unit 10 예제		41	Unit 7		63	Unit 9~12
20	Unit 10 전략 적용 문제		42	Unit 8		64	Unit 13~17
21	Unit 11 예제		43	Unit 9		65	Part 1 (Unit 1~10)
22	Unit 11 전략 적용 문제		44	Unit 10		66	Part 2 (Unit 11~17)

☞ 66일 영어독해 습관 달력 p.295

ORIENTATION

시험에 바로 써먹는 속독법

강성태

오리엔테이션 강의 보기

속독 비법 1

일부만 읽어도 내용이 파악되는
예측 독해 속독법

01 어떻게 공신들은 다 읽기도 전에 내용을 알아채는가?

> 백전백승은 최선이 아니오,
> 싸우지 않고 적을 굴복시키는 것이 최선의 방법이다.
> 百戰百勝, 非善之善者也. 不戰而屈人之兵, 善之善者也.

우리는 흔히 '백 번 싸워 백 번 이기는 것'을 최고라고 여긴다. 물론 싸워서 이기는 것도 좋지만 싸우지 않고 이기는 것이 최상이다. 대부분 싸워서 고생스럽게 이길 생각만 하고 그보다 더 좋은 방법은 생각하지 못한다.

영어 독해 시험이 이렇다면 어떨까? 읽기도 전에 내용을 파악할 수 있다면? 만약 여가 시간에 독서를 한다면 느긋하게 읽어도 된다. 하지만 시험은 한마디로 전쟁이다. 우리는 뒤처지지 않고 보다 나은 성과를 내기 위해 독해를 하는 것이다. 가능한 한 우리의 모든 능력을 다 동원해야 한다.

읽지 않고 내용 파악이 가능하다니? 말도 안 되는 이야기라 생각할 수도 있다. 하지만 공신들은 이미 그렇게 하고 있다. 글을 많이 읽은 사람은 첫 문장만 보고도 그 뒤 내용을 어느 정도 예측할 수 있다. 마치 드라마를 많이 보다 보면 여기서 이런 장면이 나오겠거니 예측하는 것과 흡사하다. 게다가 영어 독해 지문은 드라마만큼 다양한 전개가 나올 수가 없다. 시험이기 때문에 개연성이 없는, 일명 막장 스토리는 나오지 않는다. 드라마와는 비교할 수 없이 뻔한 전개의 지문이 나온다.

어느 정도 읽다 보면 그 다음 내용이 뻔하게 '예측'되기에 나는 이런 속독 능력을 예측 독해라 표현해왔다. 글을 많이 읽다 보면 생기는 능력 중 하나이다. 하지만 이것을 터득하는 데에는 매우 긴 시간의 지속적인 독서가 필요하다. 게다가 어떻게 터득해야 하는지 방법조차 잘 알려져있지 않다.

예측 독해가 가능한 공신들에게 물어봐도 어떻게, 무슨 수로 예측 가능한지 설명하지 못한다. '어린 시절부터 글을 많이 읽어서 그런 것 같아요.', '글 흐름상 이런 내용이 나와야 할 것 같았어요.'라는 정도의 답변만 들을 수 있다. 마치 세계 1위 피겨 스케이팅 선수에게 어떻게 트리플 악셀이 가능하냐고 하면 그냥 그게 된다고 말하는 것과 흡사하다. 대답은 멋있어 보이지만 그걸 배우려는 사람에게는 환장할 노릇이다.

02 읽지 않고 내용을 파악할 수 있는 이유

몇 해 전 나는 수능 시험이 치러지기 전 수학 주관식 문제 정답을 예측한 적이 있다. 정답이 수도 없이 많은 주관식을 도대체 어떻게 맞혔을까? 유튜브에 올라간 영상을 보면 자세한 과정을 알 수 있겠지만 결국 비결은 '기출 문제'다. 기출 문제를 분석하면 어떤 문제가 나올지를 넘어서 어떤 답이 나올지도 예측할 수 있다는 것을 보여주고 싶었다.

그렇다면 영어는 어떨까? 시험에 나오는 글은 어느 정도 정해져 있다. 시험에 나오는 지문의 '내용'은 수도 없이 다양하지만, 시험에 나오는 지문의 '구조'는 몇 개 되지 않아서 충분히 예측 가능하다는 뜻이다. 글의 내용은 무궁무진하다. 어떤 글은 '강성태는 잘생겼다'는 내용일 수도 있고, 또 어떤 글은 '모든 시험은 폐지돼야 한다'는 내용일 수도 있다. 셀 수 없이 많은 소재로 글을 쓸 수 있다. 하지만 어떠한 글이든지 전달하고자 하는 바를 설득하거나 설명하는 논리의 구조는 정해져 있다.

특히 시험은 더욱더 그러하다. 시험에는 매우 짜임새 있는 글만 나온다. 수많은 글 중에서 논리적으로 빈틈이 없고 조리 있는 글만 출제된다. 두서없고 중언부언하는 글은 절대 나올 수 없다. 교육적이지도 않고 논리적이지도 않기에 문제로 출제하기 어렵다.

'한반도에 더 이상의 전쟁이 있어선 안 된다.'라는 주제문에 뜬금없이 '내 애인이 나한테 김밥을 싸줬는데 단무지가 빠져서 서운했다.' 이런 문장이 튀어나올 리 없다. 앞뒤 연결이 안 되고 횡설수설하는 글은 나오지 않는다.

좋은 글이라면, 글을 쓴 목적에 부합해야 한다. 논설문이라면 독자가 설득되어야 하며, 설명문이라면 지식이 명확하게 전달되어야 한다. 글의 존재 이유는 글쓴이가 하고자 하는 말, 즉 주제를 전달하기 위함이다. 주제를 명쾌하게 전달하기 위해서는 글의 구조가 쉽고 단순하고 분명해야 한다. 한마디로 뻔할 수밖에 없다.

예를 들어 보자. 글의 첫 부분을 읽었다. 어떤 문제점에 대한 내용이 나왔다. 그럼 그 뒤엔 뭐가 올 수 있겠는가? 그 문제점에 대한 해결책이 나오겠다는 걸 예상해볼 수 있다. 혹은 첫 문장에 주장이 나왔으면 그 뒤는 근거, 주로 예시가 나오겠다는 걸 예측할 수 있다. 근거 없이 주장만 하고 끝나는 글은 좋은 글이 아니기에 지금까지 나온 적이 없다.

게다가 장문 독해를 제외한다면 시험에 출제되는 지문은 고작 한 단락이다. 보통 10문장도 되지 않는다. 그 짧은 글 안에서 복잡한 구조가 나올 수 없다. 나올 수 있는 지문 구조의 수는 지극히 제한적이다.

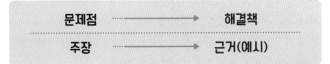

문제점	———→	해결책
주장	———→	근거(예시)

이렇게 지문 구조가 확실히 각인되면 첫 부분만 읽어도 그 뒤에 어떤 식의 글이 전개될지 예측이 가능하다. 그래서 공신들은 앞부분만 읽고 전체적인 글의 가닥을 잡을 수 있는 것이다.

예측 독해는 점 보듯 '운빨'로 찍는 것이 아니다. 시험에 나올 정도로 좋은 글에 반드시 담겨 있어야 하는 조건들(통일성, 일관성, 응집성 등)을 근거로 예측하는 것이다.

이런 예측 독해를 좀 더 발전시키면 문장 단위 예측도 가능하다. 예를 들어 '비록 그는 가난했지만'이란 문구가 시작됐다면 그 뒤의 내용은 무엇이 되겠는가? 가난을 이겨내고 성공하거나 부자가 됐다거나 하는 긍정적인 내용이 나올 것이다. '비록 가난했지만 계속 가난했다.' 이렇게 문장의 앞뒤가 맞지 않는 문장은 시험에 나올 리가 없다. 문법에서 배운 것처럼 앞에 not only가 나오면 뒤에 but also가 나올 수 있다는 것을 염두에 두는 것처럼 말이다.

공신들은 이렇게 다음에 무슨 이야기가 나올지 예측하면서 읽는다. 그래서 속독이 가능하고 이해력도 높다. 반면, 초보자들은 별다른 생각 없이 읽는 경우가 허다하다. 고수들은 장기나 바둑을 둘 때 몇 수 앞을 내다보지만 초보자들은 당장의 수를 두기도 버거워하는 것과 같다.

03 시험에 나오는 **지문 구조는 10가지로 정리된다**

'시험에 나오는 지문 구조는 몇 개 되지 않고 지극히 제한적이다'라는 이야기는 공신닷컴 강의 중 공신 멘토들도 자주 했던 이야기다. 그것을 찾아 유형별로 훈련하면 매우 빠른 시간 안에 독해 실력을 높일 수 있다. 하지만 말이 쉽지 수도 없이 많은 지문을 어느 세월에 분류하겠는가. 걱정할 필요는 없다. 이 책이 알려줄 것이기 때문이다.

그 많은 기출 문제들을 분석하고, 공신들의 의견을 반영하고, 소위 쪽집게라 알려진 전문가들의 의견을 모아 지문 구조를 유형화했다. 여러분이 시험에서 만나는 지문의 구조는 사실상 우측 상단의 10가지 유형으로 이루어져 있을 것이다.

이것은 특정 시험에 국한된 것이 아니다. 광고문이나 도표 같은 특수 지문을 제외한다면 모든 영어 독해 시험에 나오는 거의 대부분의 지문에 해당된다. 물론 이 기본 구조에서 '변화형' 혹은 '융합형'이 나올 수 있다. 지문 구조가 혼재되어 있는 것이다. 예를 들면, 비교/대조 구조인데 시작은 질문으로 할 수도 있다. 융합된 형태일지라도 사실 본질은 같다. 다음 기본 유형들을 확실히 익혀 응용하면 속독에 큰 도움이 될 것이다.

지문 구조 1	주제문 - 예시 1 - 예시 2
지문 구조 2	도입 - 주제문 - 예시 - 결론
지문 구조 3	통념 - 반박
지문 구조 4	설명 1 - 설명 2 - 요약
지문 구조 5	현상 - 문제 제기 - 해결책
지문 구조 6	원인 - 결과
지문 구조 7	연구 내용 - 연구 결과 - 결론
지문 구조 8	비교/대조
지문 구조 9	질문 - 답변
지문 구조 10	도입 - 전개 - 결말 (시간순)

이미 독해 시험을 마스터한 사람이라면 위 10가지 지문 구조에 고개가 끄덕여질 것이다. 우리는 위 10가지 지문 구조를 하나씩 차근차근 파고들어 완벽하게 마스터하게 될 것이다. 밑도 끝도 없이 무작정 공부하는 것보다 유형을 알면 실력이 금방 늘게 된다.

이런 접근 방식은 마치 응급 처치와 같다. 구조대원들은 사고자가 숨을 쉬지 않을 때, 심장이 뛰지 않을 때, 출혈이 과다할 때, 혈압이 급격히 올랐을 때 등등 유형별로 응급 처치법을 명확히 갖고 있다. 각 유형별로 훈련을 했기에 거의 반사적으로 판단하고 신속히 조치하여 사람의 목숨을 구한다. 만약 각 유형별로 나눠져 있지 않고 그에 맞춘 훈련을 하지 않았다면 사람의 목숨을 살리기는커녕 현장에 출동했어도 우왕좌왕하게 될 것이다. 시간을 단축시켜 효율을 높이고자 한다면 유형별 집중 훈련은 필수다.

그런데 지금까지 영어 독해는 어땠는가? 지문 구조보다는 무작정 문제 풀이 자체에만 치중하지 않았는가. 지문 자체를 보는 훈련 없이 출동만 했고 그래서 실력이 빨리 오르지 않았다. 이 책은 문제 유형뿐 아니라 지문 구조 유형까지도 분석하여 하나하나 훈련하도록 만들었다.

지금까지는 적이 누구인지, 그 적이 어떤 유형에 해당되고, 어떤 방법을 써야 이길 수 있는지도 모르고 싸워왔다. 이제 적을 만나면 누구인지 아는 것은 물론 어떤 방법으로 싸워야 하는지도 알게 될 것이다. 여러분은 당연히 이기게 될 것이다.

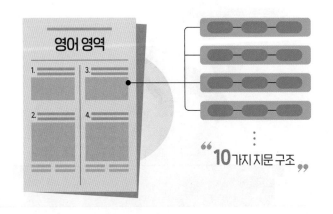

영어 영역

"10가지 지문 구조"

04 글 읽기가 재미있어지는 예측 독해

대표적인 지문 구조의 틀이 머릿속에 잡힌 상태에서 첫 부분을 읽으면 어떤 일이 벌어질까? 그 뒤 내용이 그려진다. 숲속의 나무 한 그루만 보고 이해하는 것이 아니라 하늘 위에서 숲 전체를 내려다보는 격이다. 당연히 이해도 잘 되고 읽는 속도도 빨라진다.

글을 많이 써본 사람이 독해력도 좋은 이유가 여기에 있다. 글의 구조나 흐름에 대해 많이 고민해봤기 때문이다. 그 과정을 거쳐 개요를 짜는 것인데 방금 확인한 10가지 지문 구조가 다름 아닌 시험 지문의 개요다.

물론 시험 지문은 글의 전체가 아니라 일부만 나오긴 하지만 구조를 미리 알면, 읽으면서 '아, 저자가 이런 식으로 개요를 짜서 글을 썼구나'라고 저자 입장에서 독해하게 된다.

그래서 예측 독해 속독법은 독해뿐 아니라 글쓰기에도 큰 도움이 된다. 만약 여러분이 짧은 글을 쓰게 될 일이 있다면 위 10가지 중에 하나의 구조를 골라서 쓰면 도움이 될 것이다. 시험에 나올 정도로 이미 검증된 구조들이기에 이 구조에 맞춰 쓴다면 논리적으로 부족함이 없을 것이다.

어렸을 때부터 책을 많이 읽어 온 학생이라면 자기도 모르게 이미 글의 구조들이 머릿속에 유형화되어 자리 잡고 있을 것이다. 그게 안 된 경우라도 괜찮다. 이제부터 우리는 글의 구조를 완전히 머릿속에 새기는 독해 연습을 하게 될 테니까 말이다. 나중엔 첫 문장만 읽어도 전체 구조가 그려지는 경험을 할 것이다. 여러분은 공신들이 어린 시절부터 독서를 통해 오랜 시간 터득한 예측 독해 능력을 이 책을 통해 몇 주 만에 터득하게 될 것이다.

무엇보다 '내가 나올 만한 지문 구조는 이미 꿰고 있지'라는 생각, 이 자신감은 여러분의 실력으로 이어지게 될 것이다. 여러분이 예측 독해의 재미를 느꼈으면 좋겠다. 예측한 내용이 딱딱 맞아떨어지는 뿌듯함 혹은 쾌감을 느끼기를 바란다. 지금까지는 별생각 없이 눈으로만 읽어 왔다면, 예측 독해를 하면서는 끊임없이 생각하며 읽게 될 것이다. 독해가 훨씬 재미있어지고 실력이 향상되는 것이 확 느껴질 것이다.

05 예측 독해 속독법이면 추론 문제도 쉽게 해결된다

속독을 위해서 우리는 시험에 나올 지문 구조 10개를 미리 파악했다. 이는 속독을 위해서만 필요한 건 아니다. 정답을 고르기 위해서도 필요하다. 지문 구조는 곧 글의 흐름이다. 지문 구조를 모르고 답을 찾는 것은 글의 흐름을 모르고 답을 찾는 것이니 사실상 찍는 것과 다름없다. 특히 추론 문제를 풀 때 절실히 느끼게 될 것이다.

- What is suggested/implied about Shannon? 〔토익〕
  Shannon에 대해 시사되는/추론되는 것은 무엇인가?

- What can be inferred from this passage? 〔텝스〕
  이 글에서 추론할 수 있는 것은 무엇인가?

- What can be inferred from paragraph 3 about Cuicuilco prior to 200 B.C.? 〔토플〕
  기원전 200년 이전의 Cuicuilco에 대해 세 번째 단락에서 추론할 수 있는 것은?

- What can be concluded from this passage? 〔공무원 시험〕
  이 글에서 결론 내릴 수 있는 것은 무엇인가?

- What can be inferred from this passage below? 〔무역 영어 1급〕
  아래 글에서 추론할 수 있는 것은 무엇인가?

추론 문제는 토익, 텝스, 토플 등 어떤 시험이건 어려운 문제에 속한다. 오답률이 높다. 단순 사실 파악만 하면 되는 것이 아니라 한 단계 더 생각해야 하기 때문이다.

반갑게도 예측 독해가 추론 그 자체다. 추론이 무엇인가? 주어진 내용을 보고 주어지지 않은 내용을 생각해내는 것이다. 빈칸 추론은 빈칸을 주고 나머지 부분을 통해 들어갈 적절한 말을 골라내는 것이다. 이런 상황을 제시해줬으니 더 나아가 생각할 수 있는 것이 무엇인지를 묻는 것이다. 아직 읽지 않은, 없는 내용을 미루어 짐작하는 게 예측 독해 아닌가? 추론과 다를 게 없다. 추론 자체가 예측 행위다.

문장을 올바른 순서대로 배열하는 문제는 또 어떤가? 지문 구조를 파악하고 있다면 그 구조에 따라 올바른 순서를 찾는 건 순식간에 풀린다. 문제라고 여기기 어려울 정도로 쉽게 해결된다.

단순히 사실 확인만 하는 문제라면 이런 추론이나 예측이 필요 없을 수도 있다. 하지만 변별력 있는 문제는 죄다 추론과 예측을 요구한다. 예측 독해를 통해 독해 속도가 빨라질 뿐만 아니라 문제 푸는 실력과 논리력도 같이 늘 것이다.

06 읽지 않고도
다음 문장을 짐작할 수 있게 해주는 '연결사'

다음 지문을 보자.

A

One outcome of motivation is behavior that takes considerable effort. If you are motivated to buy a good car, you will research vehicles online, look at ads, visit dealerships, and so on. If you are motivated to lose weight, you will buy low-fat foods, eat smaller portions, and exercise. Motivation not only drives the final behaviors that bring a goal closer but also creates willingness to expend time and energy on preparatory behaviors. Someone motivated to buy a new smartphone may earn extra money for it, drive through a storm to reach the store, and then wait in line to buy it.

B

One outcome of motivation is behavior that takes considerable effort. For example, if you are motivated to buy a good car, you will research vehicles online, look at ads, visit dealerships, and so on. Likewise, if you are motivated to lose weight, you will buy low-fat foods, eat smaller portions, and exercise. Motivation not only drives the final behaviors that bring a goal closer but also creates willingness to expend time and energy on preparatory behaviors. Thus, someone motivated to buy a new smartphone may earn extra money for it, drive through a storm to reach the store, and then wait in line to buy it.

지문 A를 읽어보자. 의미를 파악할 수는 있다. 하지만 문장 간의 관계가 한눈에 드러나지는 않는다. 의미를 완전히 파악해야만 문장 간의 관계를 알 수 있다.

지문 B는 동일한 지문이다. 한 가지 중요한 차이는 연결사가 있다는 것이다. 이를 통해 '주제문'으로 시작해서 '예시' 그리고 그 다음 '예시'로 이어짐을 문장을 읽기도 전에 연결사만 보고도 알 수 있다.

10가지 지문 구조와 더불어 예측 독해에 큰 도움이 되는 것이 바로 '연결사'다. 연결사란 말 그대로 문장과 문장을 연결해주는 표현이다. 동시에 앞과 뒤의 관계를 한눈에 나타내 준다.

이렇게 연결사가 독해에서 중요한 역할을 하기 때문에 그 자체로도 시험 문제에 출제된다. 빈칸을 주고 적절한 연결사를 고르라는 시험 문제를 본 적이 있을 것이다.

연결사가 없어도 문제가 되지는 않는다. 하지만 연결사가 있으면 문장 간의 관계가 분명해지고 확실히 이해도 잘 된다.

연결사 단 하나만으로도 매우 빠르게 글의 구조를 파악하고 주제를

파악할 수도 있다. 뒤 혹은 앞의 내용을 읽지 않아도 내용 예측이 가능하기 때문이다. 따라서 연결사는 속독과 내용 이해에 필수다.

문장을 연결하기 위해 사용하는 모든 표현을 '연결사'라고 말할 수 있다. 영문법에서 배웠던 접속사도 연결사의 한 종류이다. 모두가 잘 알고 있는 접속사 but이 등장하면 어떤가? 앞뒤 내용이 반전임을 알 수가 있다.

다음 페이지에는 모든 영어 시험에 필요한 연결사를 모아 두었다. 반드시 짚고 넘어가자. 이 책의 본문에서는 여러분이 연결사를 통한 속독이 가능할 수밖에 없도록 연결사에 대한 팁을 줄 것이다.

연결사 | 문장과 문장을 자연스럽게 이어주는 연결 고리. 연결사를 통해 앞뒤 글의 관계를 쉽게 파악하고 이어질 내용의 논리적 흐름을 알 수 있다.
(*우리 책에서는 접속부사와 유사한 역할을 하는 접속사까지 함께 연결사로 모아 두었다.)

1. 순접 연결사
앞에서 서술한 내용을 그대로 이어주는 연결어구

① 결론 / 결과 / 결말

So 그래서
Thus 그래서
Hence 그래서
Therefore 그러므로
As a result 결과적으로
Consequently 그 결과
In consequence 그 결과
Then 그러고 나서
That's why[how] 그렇기 때문에
In this way 이런 방식으로
To conclude 결론을 말하자면
In conclusion 결론적으로
Accordingly 따라서
Finally 마침내
Eventually 결국

② 예시

For example 예를 들어
For instance 예를 들어
As an example 한 예로서

③ 첨가 / 부연

In addition 게다가
Also 또한
Besides 게다가
Moreover 더욱이
Furthermore 더 나아가
Additionally 게다가
What's more 더욱이

④ 비교

Similarly 마찬가지로
Likewise 마찬가지로
In the same way 같은 방법으로
Equally 똑같이

⑤ 강조

Indeed 정말로
In fact 사실상

⑥ 환언 / 재진술

In other words 다시 말해, 즉
that is (to say) 즉, 말하자면
namely 즉
To put it differently 다르게 말하면

⑦ 요약

To summarize 요약하면
To sum up 요약하면
In summary 요약하면
In short 요약하면
Briefly 간추리면
In brief 간단히 말해서
Altogether 전체적으로

⑧ 원인 / 이유

Because 왜냐하면
Since 왜냐하면
As 왜냐하면
For ~때문에, ~을 위하여
Now that ~때문에

⑨ 전후관계 / 시간 / 순서

Before ~전에
After ~후에
When ~할 때
While ~하는 동안에, ~하면서
As ~하는 동안, ~하면서, ~함에 따라
As soon as ~하자마자
Once ~하자마자, 일단 ~하고 나면
Since ~한 이래로
Until ~까지
By the time ~할 때까지
Every time ~할 때마다
Whenever ~할 때마다
First / Second / Third 첫 번째로 / 두 번째로 / 세 번째로
Above all 무엇보다도
Previously 이전에
Formerly 이전에
Subsequently 그 후에
Next 다음에
Afterwards 나중에

⑩ 조건 / 가정

If 만약 ~라면
In case 만약 ~한 경우에 대비하여
In this case 이 경우에는
In that case 그런 경우에는
Unless ~하지 않는다면
Provided (만약) ~라면

⑪ 일반화

As a (general) rule 일반적으로
In general 일반적으로
Generally 일반적으로
For the most part 대개, 보통
In most cases 대개의 경우
On the whole 대체로
Overall 전반적으로

2. 역접 연결사
앞에서 서술한 내용과 반대되거나 일치하지 않는 내용이 이어짐을 나타내는 연결어구

① 반전 / 반론

However 그러나, 하지만
But 그러나
Yet 그러나

② 대조

While 반면에
Whereas 반면에
In[By] contrast 대조적으로
On the other hand 반면에
On the contrary 반대로
Conversely 반대로
Unlike ~와 달리

③ 양보

Although ~에도 불구하고
Even though ~에도 불구하고
Though ~에도 불구하고
Even if 만약 ~할지라도
Nevertheless 그럼에도 불구하고
Nonetheless 그럼에도 불구하고
Notwithstanding 그럼에도 불구하고

07 영어에선 **문장 부호** 하나도 소홀히 할 수 없다

위의 문장을 보면 콤마가 있고 없고에 따라 의미가 완전히 달라진다. (1)번 문장은 할아버지에게 뭔가를 먹자고 이야기하고 있다. 여기서 콤마 하나를 빼자 어떻게 되었는가? (2)는 끔찍하게도 할아버지를 먹자는 의미다. 마치 우리말로 '아버지가 방에 들어가신다.'를 '아버지 가방에 들어가신다.'로 표현하는 것과 비슷하다.

문장 부호가 이렇게 큰 의미의 차이를 가져오는데도, 대부분은 문장 부호를 제대로 배워본 적이 거의 없을 것이다. 영문에서는 우리나라에 없는 문장 부호도 자주 나온다. 이 책의 본문에서는 필요한 경우 해당 지문에서 문장 부호가 어떤 역할을 하는지 설명했다. 그와 별개로 여기에서는 여러분이 한눈에 볼 수 있도록 지문에서 만나게 될 문장 부호의 가장 대표적인 용법을 아래 표에 정리했다. 한국어 글에서는 거의 사용되지 않는 아래쪽 5개의 문장 부호도 꼭 알아두자.

마침표 period	**.**	문장이 끝날 때 사용 ex) Dreams come true.
물음표 question mark	**?**	의문문의 마지막에 사용 ex) Do you like reading books?
느낌표 exclamation mark	**!**	감탄사, 감탄문, 강한 명령문 마지막에 사용 ex) Wait!
쉼표 comma	**,**	문장에서 절이나 열거되는 항목을 구분할 때 사용 ex) If you have time, go to a local library.
큰따옴표 double quotation mark	**" "**	직접 인용문 앞뒤에 사용 ex) On hearing this news, he said, "Well done," with a smile.
아포스트로피 apostrophe	**'**	소유격이나 축약형을 만들 때 사용 ex) It's never too late to start again.
콜론 colon	**:**	목록을 나열할 때, 부연 설명, 예시, 인용문을 표시할 때 사용 ex) We have two designs: one with stripes and the other with a checkered pattern.
세미콜론 semicolon	**;**	의미상으로 밀접하게 관련된 절을 연결할 때 사용 ex) English is the most commonly spoken language in official public life; however, it is only the fifth most spoken language at home.
대시 dash	**—**	목록을 나열하거나 어구나 절을 삽입할 때, 부연 설명할 때 사용 ex) Our journal — as I mentioned earlier — is marketed toward professional journalists.
하이픈 hyphen	**-**	둘 이상의 단어를 연결하여 복합어를 만들 때 사용 ex) It is the most well-known among his works.

08 지문을 **다 읽지 않아도** 되는가?

중요한 이야기가 남았다. 여기까지 읽은 사람들은 예측 독해를 하면 예측되는 내용은 읽지 않아도 된다고 생각하는 사람들이 있을 것이다.

어떤 영어 시험이냐에 따라, 어떤 상황인지에 따라 다를 수 있다. 시간이 부족한 상황에선 앞 문장, 뒷 문장만이라도 읽어서 답을 골라야 할 것이다. 하지만 이런 특수한 경우가 아니라면 나는 추천하지 않는다. 논리적으로 다음 내용을 미리 파악할 수 있어 속도를 더 높일 수 있다는 것이지, 읽지 말라는 의미가 아니다.

안 읽어도 된다는 말은 상당히 좋아 보이고 홍보하기도 좋다. 문제는 제대로 독해를 못 하는 학생들, 초보자가 이 말에 더 현혹된다는 사실이다. 밑도 끝도 없이 안 읽을 궁리만 한다.

사실 건너뛰지 않고 읽어도 큰 시간 차이가 나지 않는다. 뒤 내용이 어느 정도 예측된 상태라면 그 예측이 맞는지 확인하는 정도의 수준으로 빠르게 읽을 수 있기 때문이다. 중요한 시험에서 안 읽고 답을 찍으면 찜찜한 느낌도 든다.

무엇보다 이 책을 제대로 공부하면 지문의 모든 내용을 읽고도 시간이 남을 것이다. 최소한 이 책을 완전히 마스터하기 전까지는 예측만 하고 안 읽는 것은 꿈도 꾸지 마라.

09 **속독**은 모든 지문을 다 빨리 읽는 것이 아니다

우리는 속독을 통해 빠르게 글의 '모든' 것을 파악할 수도 없고, 또 그럴 필요도 없다. 모든 문장이 다 중요한 글은 없기 때문이다. 어떤 문장은 예를 든 것뿐이다. 그것이 빠져도 주장이 달라지거나 전달이 안 되진 않는다.

흔히 알려진 20/80 법칙은 글쓰기와 독해에도 적용된다. 글의 20% 미만의 분량에 80% 이상의 내용이 담겨 있다. 우린 20%에 해당하는 것을 우선 건져야 한다. 나머지 80%는 빠르게 읽어도 된다. 이제 지문 구조를 파악해 어떤 부분이 중요한지, 어떤 부분은 빨리 읽어도 되는지 알게 되어 보다 효율적인 독해를 할 수 있게 될 것이다.

예측 독해 속독법은 마치 내비게이션을 사용해서 운전하는 것과 같다. 앞으로 커브가 나올지 고속도로가 나올지 갈 길이 보인다. 그에 따라 훨씬 효과적으로 독해를 할 수 있다. 길이 뻥 뚫렸을 때는 신나게 달리는 것이다. 한 치 앞도 내다볼 수 없어 불안해하며 천천히 달릴 때보다 훨씬 빠르고 탄탄대로일 것이다.

속독에 관해 흔히 하는 착각이 있다. 속도가 일정하게 항상 빨라야 한다는 것이다. 절대 그렇지 않다. 빨리 읽을 수 있는 부분은 빨리, 천천히 읽어야 하는 부분에선 신중히 읽는 것이다. 쉬운 지문에선 최대한 빨리 읽어 시간을 벌고 어려운 지문에서 그 시간을 쓰는 것이다. 이런 속도 조절은 속독에서 필수다. 여러분도 곧 그렇게 될 것이다.

속독 능력이 곧 주제 찾는 능력

01 속독으로 얻으려는 것은 다름 아닌 주제다

속독이란 글을 빨리 읽는 것이다. 단순히 빨리 읽기만 해선 안 된다. 내용 파악도 안 된 상태에서 눈만 맞추고 넘어가는 건 눈알 굴리기일 뿐 독해가 아니다.

글을 왜 읽는가. 글쓴이가 전하고자 하는 바를 이해하기 위함이다. 그럼 글쓴이가 전하고자 하는 말은 무엇인가? 그게 바로 주제다. 속독의 목적은 단순히 빨리 읽는 게 아니라 '주제를 파악하면서 빨리 읽는 것'이다. 그렇기 때문에 주제 찾기에 익숙해지지 않으면 반쪽짜리 속독법이라 할 수 있다. 속독의 목적은 빨리 주제를 파악하는 것이라 해도 과언이 아니다.

이 책에서 다른 어떤 책보다 주제를 빠르게 찾아낼 수 있는 기술을 체계적으로 정리한 이유가 그 때문이다.

02 입시나 공시 취업 시험에서 떨어뜨려야 할 1순위는?

입시에서 왜 영어 능력을 평가하는가? 대학 이상의 교육 과정에서 교재든 논문이든 영어로 된 글을 읽어야 하는 일이 빈번하다. 그런데 그 글을 읽고 글쓴이가 하려는 말이 무언지 알 수 없다면 그 수업을 따라갈 수 없다. 어차피 따라가지 못할 학생이기에 불합격 1순위다.

업무에서도 마찬가지다. 외국 거래처와 이메일을 주고받고 있다. 메일의 주제는 납품 제안을 정중히 거절하는 내용인데 제안을 받아들이는 것으로 주제를 이해했다면 회사에 큰 손실을 끼칠 수도 있다.

비단 업무나 시험뿐만이 아니다. 매번 말의 주제를 엉뚱하게 받아들이는 사람이 있다. 핵심 내용을 못 잡고 지엽적인 것만 잡고 늘어진다거나 숨겨진 본래 뜻을 파악하지 못하고 비유적인 표현도 이해 못 한다면 처음엔 봐줄 수 있지만 나중엔 대화를 나누는 것 자체가 피곤한 일이 된다.

주제 찾기 능력은 영어든 국어든 모든 시험에서 가장 핵심이 되는 능력이다. 그래서 모든 영어 시험에 주제 찾기 유형이 반드시 나온다. 시험이 아니더라도 글쓴이가 하려는 말, 즉 주제를 파악하는 것은 글 읽기의 주된 목적이다.

03 주제를 찾으면 문제는 거의 풀린 것과 다름없다

주제나 요지, 제목을 맞히는 유형은 시험에 빠지지 않고 나온다. 대다수는 그저 많은 문제 유형 중 하나라고만 생각하곤 한다. 과연 주제를 찾는 문제는 '다음 중 주제를 고르시오.' 이것이 전부일까?

'전체 흐름과 관련 없는 문장은 무엇인가?', '주어진 문장이 들어가기 적절한 곳은 어디인가?', '다음에 이어질 글의 순서는 무엇인가?', '다음에 나올 내용으로 적절한 것은 무엇인가?' 등 시험에 등장하는 여러 유형 중에 주제를 몰라도 풀 수 있는 문제는 거의 없다.

글쓴이가 하고자 하는 말, 즉 주제를 파악하지 않으면 글의 흐름과 관련되지 않은 문장을 어떻게 찾을 수 있겠는가? 어떤 문장이 어느 위치에 들어가는지 맞히는 것 또한 쉽지 않다.

다음에 올 내용을 맞히는 것도 마찬가지다. 글 쓴 사람이 무슨 말을 하려는 건지도 파악하지 못했는데 그걸 무슨 수로 맞히겠나?

반대로 주제를 파악했다면 문제는 거의 풀린 것이나 다름없다. 문제는 상당히 쉬워진다. 주제가 미리 주어진 상태에서 이런 유형의 문제들을 풀라고 하면 정답률은 확연히 올라갈 수밖에 없다.

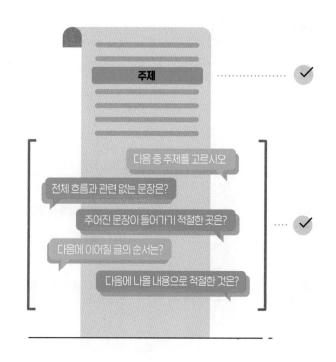

04 공신에서는 독해를 어떻게 가르쳐왔나?

공신은 소외 계층 학생들을 멘토링하는 대학생 교육 봉사 동아리로 시작했다. 원래 공신의 의미도 이 학생들의 '공부를 신나게' 도와주자는 뜻이었다. 정말 많은 성과들이 있었다. 좌절하고 공부를 포기했던 학생들이 기적 같은 성장을 이루곤 했다. 그렇다면 이 학생들에게 영어 독해를 가르칠 때 어떤 식으로 도움을 줬을까? 가장 먼저 하는 것은 다양한 문제 유형을 풀게 하지 않는 것이다.

아니, 영어 독해 공부를 하는데 이게 맘이 되는가? 이 말은 학원 한 번 안 다니고 수석했다는 말처럼 거짓말로 들릴 수도 있다. 정확히 말하면 다양한 문제 대신 '주제 찾기 문제'만 집중적으로 풀게 했다.

영어 독해 공부를 할 때 학생들이 가장 많이 쓰는 전략은 '문제 양치기'다. 문제를 엄청나게 많이 푼다. 책꽂이마다 독해 문제집이 한 박스씩 진열돼 있다. 풀지 않았어도, 보고만 있어도, 뿌듯할 때도 있지만 그게 무슨 소용이겠는가. 주제를 파악하는 능력을 갖추지 않은 채 무작정 문제 풀이만 하는 것은 모래 위에 집을 짓는 격이다.

05 기본에 충실하라, 이것은 거의 모든 것의 해결책이다

수영을 예로 들어보자. 처음 수영을 배울 땐 발차기만 죽어라 한다. 지겨울 정도로 발만 찬다. 어느 정도 익숙해져서 신경을 안 써도 발차기가 자동으로 나올 정도가 되면 그제야 팔 동작을 배운다. 물 밖이든 물속이든 팔만 넌덜머리가 날 정도로 연습한다. 호흡도 마찬가지다. 호흡을 배울 차례에선 최대한 호흡만 집중해서 연습한다. '음파'하며 호흡 연습을 하도 해서 꿈에서도 나올 지경이다. 물에만 들어가면 자동으로 이렇게 호흡할 경지에 이른다. 이렇게 따로따로 충분히 연습하며 동작들을 하나하나 합친 후에야 자유형이 나온다.

만약 처음부터 모든 동작들을 한꺼번에 연습하게 하면 어떻게 될까? 뒤죽박죽 어느 것 하나 제대로 배우기 힘들 것이다. 머리가 복잡해서 기억에 남지도 않고 까먹는다. 팔을 신경 쓰다 보면 다리 동작이 무너지고, 다리 동작 신경 쓰다 호흡을 못 해 물을 한 바가지 마시게 될 것이다. 배우는 사람은 자기에게 재능이 없다고 포기하기에 십상이다.

한 번에 팔 동작, 다리 동작, 호흡법을 알려주고 물에 바로 들어가는 것보다 하나하나 차근차근 다지고 올라가는 게 나중에 돌이켜보면 훨씬 빠르다는 것을 알게 될 것이다. 스트레스도 덜 받는다.

축구도 무작정 다양한 경기를 뛰는 것보다 드리블, 헤딩, 패스 등 기본 연습이 다 된 뒤에 다양한 경기를 뛰는 것이 좋다. 트래핑, 드리블, 패스, 슛뿐만 아니라 혼자가 아닌 동료 선수와 함께 하는 다양한 세트플레이가 있다. 이것들을 하나하나 나누어 집중적으로 갈고 닦아야 한다. 시합만 해서는 실력은 절대 빨리 늘지 않는다. 정신없이 뛰어다닐 뿐이다. 슛이면 슛을 집중적으로 연습하는 시간이 반드시 필요하다. 이렇게 하면 좋은 정도가 아니라 이렇게 해야만 한다. 모든 전문 훈련 프로그램은 다 이렇게 구성돼 있다.

게다가 이런 기본기는 한번 터득한다고 끝이 아니다. 국가 대표도,

세계 최고의 프로 선수도 슛 연습을 매일같이 한다. 기본이 튼튼하지 않으면 모든 것이 무너지기 때문이다.

06 독해 공부가 힘들었던 이유

주제 찾기는 가장 기본기이다. 야구로 치면 공 던지기다. 이게 안 되는 상황에서 실전 게임에 나가는 것은 의미가 없다. 주제 찾기라는 핵심 기본기를 확실히 잡고 나서 다양한 유형을 풀어야 한다. 그래야 실력이 빨리 오를 수 있다.

하지만 대부분의 학생들이 주제 찾기도 못 하는데 빈칸 추론을 한다거나 멀쩡히 있는 지문의 주제도 못 찾으면서 문장마다 순서가 뒤죽박죽된 지문을 올바르게 배열하라는 문제를 풀고 있다. 마치 호흡도 제대로 익히지 못한 상태에서 접영을 하고 평영을 하는 것과 같다.

학생, 학부모님 할 것 없이 마음이 조급하다. 기본기를 다질 시간이 없다. 자기 수준을 훌쩍 넘는 문제를 풀고, 한꺼번에 다양한 유형을 다 섭렵하려 한다. 실력도 안 쌓이고 성취감도 없고 오히려 시간은 더 걸린다.

그래서 공신에서는 주제 찾기의 달인이 될 때까지 그것만 연습을 시킨 것이다. 어떤 글이 주어져도 크게 당황하지 않고 주제를 찾는 수준이 되게 한다.

주제 찾기 훈련이 다 된 이후, 마치 수영에서 발차기는 눈 감고도 할 수 있을 정도로 주제 찾기에 달인이 된 이후에 유형을 하나하나 정복해나간다.

한 가지 유형, 한 가지 능력에 파고드니 학생들은 부담이 훨씬 적다. 집중도 잘 된다. 초반만 견디면 곧 실력이 쑥쑥 느는 게 느껴진다.

실제로 학생들에게 '다른 유형은 안 해도 된다. 일단은 신경 쓰지 마. 우린 주제 찾기 딱 하나만 판다. 주제 찾기의 신이 될 정도로.' 이렇게 이야기하면 학생들은 상당히 기뻐한다. 엄청나게 많은 유형을 다 잡아야 한다는 부담감이 사라져 버렸기 때문이다. 집중하기에 더 좋다. 사실 주제 찾기 능력을 기르는 것만으로도 대단한 일이다.

그렇게 되면 시험에서 큰 부분을 차지하는 주제, 요지, 제목 찾기 유형의 문제는 마스터할 수 있을 뿐만 아니라 다른 유형의 문제를 풀 때도 훨씬 쉽게 풀리는 것을 느낄 수 있다. 그래서 이 책은 Part 1 전체가 주제 찾기 유형으로만 구성되어 있다. 기출 문제를 주제 찾기 유형으로 일일이 바꿨다. 주제 찾는 가장 빠르고 확실한 Tip들이 함께 제시된다. 그야말로 주제 찾기의 신이 될 것이다.

영어 독해가 이렇게 재밌다니!

강성태

07 효과적인 독해 공부 순서

효과적인 독해 공부 순서를 간단히 나타내면 다음과 같다.

① 주제 파악 집중 훈련
② 문제 유형별 맞춤 훈련
③ 유형 종합 문제 풀이

아쉽게도 이와 같은 순서로 훈련하는 경우는 좀처럼 없다. 오히려 가장 마지막 단계부터 시작한다. 대체로 모든 유형이 모여 있는 3단계부터 시작한다. 초보자도 처음부터 모든 유형의 문제들을 만난다. 주제 찾기에 온전히 집중할 수가 없다. 하나씩 맞춤으로 유형별 훈련을 하지도 않는다. 매 문제마다 다른 유형의 문제를 푼다. 효율은 늘 선택과 집중에서 나오는 법이지만, 선택도 집중도 안 되는 것이다.

초보자들은 모든 유형을 다 챙겨야 하니 혼란스럽다. 실력도 빨리 늘지 않는다. 물론 실력자에겐 그런 접근도 나쁘지 않고 결국 실전 연습은 이런 식으로 해야 한다. 하지만 스스로 실력자라 생각하는 사람조차도 주제 찾기 훈련이 부족하거나 유형별로 제대로 된 학습이 이뤄지지 않은 경우가 태반이다.

'왜 속독법에서 주제 찾는 훈련을 이 정도로 집요하게 하지'라는 생각이 들 수도 있다. 명심하길 바란다. 빨리 읽는 것은 글쓴이의 의도, 즉 주제를 제대로 파악하는 것이 전제다. 그게 안 되면 속독은 빨리 읽는 독서(讀)가 아니라 빨리 읽는 시능만 하는 독(毒)일 뿐이다.

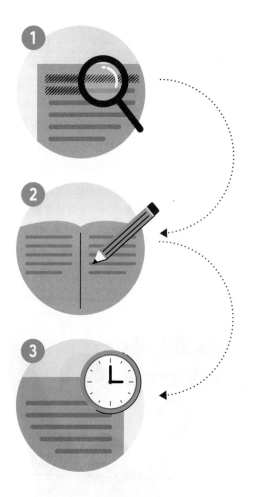

08 한 단락에 주제는 단 하나뿐이다

한 지문에서 주제를 두 개 찾으라는 문제는 단 한 번도 본 적이 없을 것이다. 시험이 아니라 일상생활에서라도 만약 그런 지문을 만난다면 도대체 무슨 말을 전하려는 건지 알 수가 없을 것이다.

주제가 두 개인 글을 본 적이 있다면 그건 아마 유치원생 조카가 쓴 글일 것이다. 정규 교육을 제대로 받은 사람은 그런 글을 쓸 리가 없고 써서도 안되며, 그런 글은 시험에 안 나온다. 그럼 어떤 글들이 좋은 글이고 어떤 글이 출제될까? 시험엔 좋은 글만 나오기에 역으로 좋은 글이란 어떤 글인지를 알면 시험에 대비할 수 있다.

William Strunk, Jr. 교수는 미국의 아이비리그 중 하나인 코넬 대학에서 평생 영어를 가르쳤다. 당시만 해도 제대로 된 작문 책이 없던 시절이었다. 글쓰기에 어려움을 겪는 학생들을 위해 자신의 비용을 들여 글 쓰는 법에 대한 책을 냈다. 3·1운동이 일어난 1919년에 출간됐으니 무려 100년이 넘은 책이다. 이후 1,000만 부가 넘게 판매되며 영미권 글쓰기의 표준이 됐다. 이후 출간된 글쓰기 책에도 지대한 영향을 준 것은 물론 지금 좋은 글로 손꼽히는 영문 대부분이 그가 제시한 가이드에 따라 써졌다고 봐도 과언이 아니다.

> Make the paragraph the unit of composition:
> one paragraph to each topic.
>
> 작문의 단위는 한 단락이다. 한 단락에 한 주제만을 다룬다.
>
> -William Strunk, Jr. 『The Elements of Style』

이 책에서 제시하는 작문의 원칙 중 첫 번째이면서 가장 강조되는 것이 있다. 바로 한 단락에 한 주제만 다루는 것이다.

그렇게 해야 글이 명확하고 읽는 사람들이 이해하기 쉽기 때문이다. 우리는 독해하며 단락이 바뀌는 경우 새로운 내용이 시작됨을 미리 알 수 있다. 이렇게 주제가 단락마다 분리되지 않는다면 글 읽기가 매우 혼란스러울 것이다.

이 원칙대로 쓰인 글만 시험에서 만난다고 생각하면 된다. 대부분의 문제들이 이것을 전제로 출제된다. 이는 시험이라는 게임의 룰이자 가장 중요한 약속 중의 하나다.

시험에서 만나는 지문은 장문 지문을 제외한다면 한 단락이기 때문에 주제는 하나만 존재하는 것이 원칙이다. 우리는 단 하나의 주제를 찾으면 된다. 즉, 지문 전체를 한마디로 표현할 수 있어야 한다. 그렇지 않은 글은 잘못된 글이고 시험에 출제되지도 않는다.

09 첫 부분에 주제문이 올 확률이 가장 높다

> As a rule, begin each paragraph with a topic sentence;
> end it in conformity with the beginning.
> 일반적으로 주제문으로 단락을 시작하고
> 그 주제문에 부합하도록 단락을 마무리한다.
>
> (A) The topic sentence comes at or near the beginning.
> 주제문은 첫 문장 혹은 첫 부분에 온다.
>
> (B) The succeeding sentences explain or establish or
> develop the statement made in the topic sentenece.
> 이어지는 문장들은 주제문의 진술을 설명하거나 입증하거나 발전시
> 킨다.
>
> (C) The final sentence either emphasizes the thought
> of the topic sentence or states some important
> consequence.
> 마지막 문장은 주제문의 생각을 강조하거나 중요한 결과에 대해
> 기술한다.
>
> William Strunk, Jr. 『The Elements of Style』

William Strunk, Jr. 교수가 한 단락에 하나의 주제문이 존재한다는 원칙 다음으로 강조하는 내용이다. 설명문과 논설문 모두 이 구조로 글을 작성하길 추천한다. 실제로 많은 지문들이 이 원칙을 따르고 있다. 주제문이 지문의 초반부에 위치하고 그에 대한 설명이 이어지며 마지막엔 주제문을 표현을 달리해 다시 한 번 전달하며 마무리하는 방식이다.

영문법은 결국 영미인의 사고방식에서 나오기에 그들의 사고방식을 이해하면 쉽게 해결할 수 있었다. 그들은 늘 중요한 것을 먼저 말한다. 그래서 결론에 해당하는 동사가 한국어처럼 맨 뒤에 오지 않고 주어 바로 뒤에 온다.

이 사고방식은 글쓰기에도 영향을 미쳐서 주제문이 주로 초반부에 오는 경향이 있다. 그 뒤로 그 주제를 위한 설명이나 근거들이 이어진다. 그 후, 전달하려는 주제를 기억에 남도록 다시 한 번 표현하며 마무리하는 것이 가장 효율적인 글의 형태이다. 많은 선생님들께서 첫 문장과 끝 문장이 중요하다고 강조하신 것도 이 때문이다. 주제가 처음과 끝에 가장 많이 드러나기 때문이다.

물론 세상에 존재하는 모든 글이 이런 구조는 아니다. 시험에 출제되는 글은 이 구조가 아닐 수도 있다. 하지만 가장 기본적인 틀을 알고 있다면 독해에 분명히 도움이 된다.

10 지문에 주제와 무관한 문장이 있으면 안 된다

주제가 무엇인가? 핵심이다. 나머지 문장들은 주제문을 보충해주는 들러리일 뿐이다. 모든 문장들은 예외 없이 주제에 연결되어 있다. 만약 주제문과 무관하다면 그 문장은 나오지 말았어야 할 문장이다. 그런 지문은 시험에 나오지 않는다. 누차 강조하지만 시험엔 논리적으로 완벽한, 잘 쓰인 글만 나온다.

이 절대 원칙을 기반으로 출제되는 대표적인 문제 유형이 어색한 문장을 고르는 것이다. 지문에 주제와 관련 없는 문장이 하나 들어 있고 그것을 찾아야 하는 유형이다. 만약 모든 글이 주제와 반드시 연결될 필요가 없다면 시험에 이 유형 자체가 존재할 수 없었을 것이다.

11 주제문은 원래 이해하기 어렵다, 하지만 괜찮다

지문에 어떤 문장도 주제문을 벗어나는 내용이 있어서는 안 된다는 말은 주제문은 지문의 모든 내용을 포괄하고 있어야 한다는 말이기도 하다. 당연히 구체적일 수가 없다. 상대적으로 추상적이다. 그래서 주제문만 보고 한 번에 머릿속에 떠올리기가 쉽지 않을 때가 있는 것이다.

영어는 특성상 두괄식이 많다. 그러다 보니 첫 문장부터 주제문으로 시작되기도 하는데, 처음부터 추상적이고 머릿속에 그려지지 않을 때가 많아 당황하고 겁을 먹는다.

괜찮다. 원래 주제는 일반적이고 포괄적이라는 것을 미리 알고 있다면 당황할 필요가 없다. 그 뒤로 그에 대한 구체적인 예시나 근거가 반드시 나와 주제문을 이해할 수 있게 도와줄 것이다.

12 주제문임을 암시하는 단서들

글쓴이는 주제를 일부러 꼭꼭 숨겨놓지 않는다. 물론 대놓고 주제를 말하지 않고 에피소드나 우화를 통해 교훈을 일깨워주는 글도 있지만, 글을 쓰는 이유가 자기 생각을 잘 전달하기 위함인데 왜 어렵게 적겠는가? 주제를 대놓고 직설적으로 말하거나 혹은 단서를 제시한다. 우리는 이 책에서 이러한 단서를 Signal(신호)이라고 부르겠다. 지문 구조를 보여주는 강력한 신호이기 때문이다.

아래와 같은 표현이 주제문의 단서가 된다. 대표적인 예만 들었다. 본문을 공부하며 더 자세하고 확실히 익히게 될 것이다.

> • should, have to, must, need to ⋯⋯⋯⋯ 주장
>
> • It is important, critical, crucial, required,
>   necessary, vital ⋯⋯⋯⋯ 중요성, 필요성
>
> • However, But, Yet ⋯⋯⋯⋯ 반전, 반론

속독 비법 3

청킹(끊어읽기) 속독법

01 공신은 **덩어리로** 읽는다

속독이 가능한 사람은 왜 빠른가? 간단하다. 같은 시간에 남들보다 더 많이 읽기 때문이다. 초보자는 한 번에 한 단어를 읽을 때 이들은 두세 단어 이상씩 읽는다. 그럼 어떻게 하면 한 번에 많이 읽을 수 있을까?

초보자의 안구 운동

A defining element of catastrophes is the magnitude of their harmful consequences. To help societies prevent or reduce damage from catastrophes, a huge amount of effort and technological sophistication are often employed to assess and communicate the size and scope of potential or actual losses.

VS

공신의 안구 운동

A defining element of catastrophes is the magnitude of their harmful consequences. To help societies prevent or reduce damage from catastrophes, a huge amount of effort and technological sophistication are often employed to assess and communicate the size and scope of potential or actual losses.

위 그림은 속독이 가능한 공신과 초보자의 안구 운동을 분석한 결과이다. 박스로 표시된 지점이 눈동자가 멈춘 곳이다.

우린 책을 읽는 동안 눈동자가 쉼 없이 계속 움직인다고 생각하곤 하는데 그렇지 않다. 사람은 눈동자가 움직일 땐 글을 사실상 읽지 못한다. 시험을 보는데 지문이 이리저리 움직이고 있으면 읽기 어려운 것과 같은 이치다. 우리가 글을 읽는 순간은 눈동자가 정지했을 때이다. 살짝 움직이고 잠깐 멈추어서 읽는 과정을 계속 반복하는 것이다.

그림에 나타난 대로 속독가들은 정지한 횟수가 훨씬 적고 정지한 상태에서 한 번에 더 많은 양을 인식한다. 반면 초보자는 모든 단어에 시선이 멈춘다. 정지 횟수가 매우 많다.

이건 생각해보면 당연한 것이다. 독해에 생초보인 사람을 생각해보자. 한 단어 한 단어 끊어서 봐야 한다. 매번 눈동자가 멈추기 때문에

속도가 빠를 수가 없다. 하지만 어느 순간부터 두세 단어씩 받아들이며 읽게 된다. 더 발전하면 여러 단어를 한 번에 받아들일 수 있게 된다.

글자 정보	멈춘 횟수	정지 당 받아들인 정보
The / concert / starts / at / nine / in / the / morning. //	8회	단어 1개
The concert starts / at nine / in the morning. //	3회	단어 2~3개
The concert starts at nine in the morning. //	1회	문장 1개

한 단어 한 단어 읽을 때보다 멈추는 곳이 1/3 이상으로 줄었다면 속도는 3배 정도 더 빨라질 수 있다. 속독을 하려면 한 번에 읽는 양을 늘려서 시선 멈춤을 최소화해야 한다. 이때 한 가지 걱정되는 것이 있을 것이다. 한 번에 많이 읽으면 놓치는 것이 있는 것은 아닐까? 또한 어떻게 해야 시선 멈춤을 최소화할 수 있을까?

02 긴 구절을 한 호흡으로 읽게 된다

여러분이 처음 영어를 접했을 땐 단어를 어떻게 읽었는가? a book을 예로 들어보자. a, book으로 따로 읽었다. 하지만 이젠 한 번에 읽는다. 이렇게 단어 하나하나 읽는 것에서 한 번에 읽는 것이 길어져 두세 단어를 한 번에 읽는 것처럼, 긴 구절을 한 호흡으로 읽을 순 없을까?

바로 이것이 또 하나의 속독 비결이다. 누군가는 a book만 한 번에 읽을 수 있지만, 누군가는 read a book 혹은 더 긴 구절을 마치 한 단어 읽듯 한 번에 읽는다. 남들보다 속도가 빠를 수밖에 없다.

이렇게 된 이유는 당연히 read a book을 반복해서 접했기 때문이다. 마치 한 단어를 여러 번 접하다 보면 바로 뜻을 떠올릴 수 있게 되듯, 단어들의 묶음도 바로 뜻을 떠올릴 수 있게 되는 것이다.

이것을 인지 심리학에서 청킹(chunking)이라고 한다. 청킹은 우리말로 '덩어리 짓기'라는 뜻이다. 이 뜻을 몰라도 청크(chunk)는 아마 들어본 적이 있을 것이다. 초코칩 쿠키에 박힌 초콜릿 '덩어리'를 초콜릿 청크라고 한다.

공신들에겐 단어 덩어리인 청킹이 머릿속에 무수히 많이 저장돼 있다. 그래서 공신들은 초보자들과 지문을 다르게 본다.

다음은 기출 문제의 문장 일부를 가져온 것이다.

① Researchers / in / psychology / follow /
　연구자들은　　~안의　심리학　　　　따른다

the / scientific / method. //
그　　과학적인　　　방법을

② Researchers / in psychology / follow /
　연구자들은　　　심리학의　　　　따른다

the scientific method. //
과학적인 방법을

③ Researchers in psychology /
　심리학의 연구학자들은

follow the scientific method. //
과학적인 방법을 따른다

초보자들은 1번처럼 모든 단어에서 여러 번 멈춰서 의미를 파악한다. '연구자들인데 뭐 안의 연구자들이지? 아 심리학 안의 연구자들. 따르는데 뭘 따른다는 거지?' 이런 식이다. 그러다가 2번, 3번으로 점점 더 크게 끊을수록 전체적인 의미가 한 번에 머릿속에 들어와 이해도 급격히 빨라지게 되는 것이다.

여러분도 충분히 가능하다. 우리는 가장 좋은 기출 지문으로 가장 효율적인 횟수와 방법으로 이책에 수록된 많은 청킹을 모조리 흡수하게 될 것이다. 독해 속도가 비약적으로 향상되는 것은 더 말할 나위가 없다.

" Chunking "

03 청킹 훈련을 통해 더 넓은 영역이 보이게 된다

3
294
60851
8273045
...
92605473824

반복 학습을 통해 많은 청킹이 머릿속에 자리 잡으면 한 번에 큰 덩어리도 읽어낼 수 있게 된다.

흔히 말하는 시폭, 눈으로 한번에 보는 폭이 넓어진다.

좌측 표는 시폭을 넓히는 훈련을 할 때 쓰는 것이다. 눈동자를 가운데 숫자에 두고 읽을 때 일반인이 좌우측의 3번째 숫자까지만 읽을 수 있다면 속독가들은 더 외곽의 숫자도 읽을 수 있다는 것이다.

여러분은 몇 번째 숫자까지 읽을 수 있겠는가? 물론, 처음부터 외곽까지 잘 읽을 수 있는 능력을 타고난 사람도 있다. 하지만 사람마다 그 차이는 근소하다. 시폭을 눈동자 굴리는 연습으로 확장할 수 있다는 전문가도 있는데 안구 연습만으로는 한계가 있다.

결정적인 차이는 청킹을 얼마나 많이 알고 있느냐에 따라 갈린다. 덩어리를 많이 알고 있으면 가운데 글자와 양옆의 일부만 봐도 흐릿하게 보이는 내용까지 자동으로 읽히기 때문이다. 마치 시력이 더 좋아진 것처럼 속독 훈련을 통해 시야가 더 넓어진 듯한 느낌이 들 것이다.

04 덩어리째로 읽어내기 vs. 한 단어씩 읽어내기

깃발	인형	의자

이 단어들을 외워보자. 3개밖에 안 되니 금방 외울 수 있을 것이다. 하지만 시간이 조금만 지나면 금세 사라지고 만다. 인형이랑 또 뭐가 있었더라. 한 두개가 생각나지 않는 경우가 많다. 그렇다면 3가지를 연결해 이렇게 만들어서 외워보자.

의자 위에서 인형이 깃발을 흔들고 있다.

하나의 스토리로 연결되면서 훨씬 더 잘 기억된다. 즉 단어 하나하나를 밥알 세듯 읽는 것이 오히려 기억이 잘 안 된다는 것이다.

건성으로 글을 대충 읽지도 않고 넘어가라는 건 아니지만, 오히려 빠르게 속도를 내어 이야기가 있는, 쭉 이어지는 이야기로 받아들였을 때 이해도 빠르고 기억도 잘 된다.

이렇게 스토리로 묶이게 되면 우리 머릿속에 걸리는 부하는 세 개가 아니라 한 개로 수렴된다. 즉, 청킹이 되는 것이다.

덩어리째 읽지 않고 단어 하나하나 따로 읽어내면 머리에 더 큰 부하가 걸릴 수밖에 없고, 너무 많은 것들이 따로따로 저장되다 보니 정작 기억이 잘 안 난다. 지문을 읽고 문제로 넘어가게 되면 뭔가 본 건 많은

데 다 기억도 안 나고 따로 노는 듯한 느낌이 있는 것이다.

밥알 세듯 천천히 읽었을 때 속도도 느리고 이해도 안 된 나의 경험을 앞서 이야기했는데 이 또한 청킹이 전혀 안 되고 있어서 그런 것이었다.

독해 기법 중 하나로 '끊어읽기'라는 전략을 대부분 알고 있을 것이다. 흔히 '끊어읽기가 되어야 한다'는 말을 쓰는데 청킹 속독법과 같은 전략이다. 여러 단어를 뭉쳐서 덩어리를 짓는다고 보면 '청킹'이고 하나의 완벽한 문장을 끊어내서 부분부분 덩어리를 짓는다고 보면 '끊어읽기'이다.

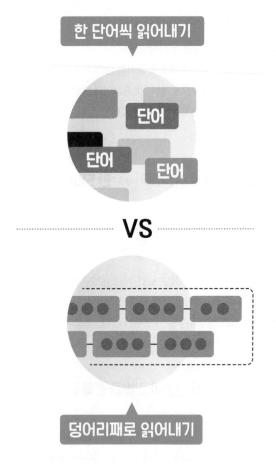

05 여러분은 이미 끊어읽기를 하고 있다

모든 사람은 이미 끊어읽기로 독해를 하고 있다. 긴 문장 하나를 통째로 읽을 순 없기 때문이다. 사람마다 정도의 차이는 있지만 어디선가는 끊어서 읽는다. 여러분이 인지하지 못할 뿐이다.

어린아이가 아직 독해 실력이 부족해 한 단어 한 단어 읽을 수도 있다. 이것도 끊어읽기다. 두 단어 이상도 길어서 끊어읽기 전략을 쓰는 것이다.

문제는 어디서 끊어 읽느냐에 따라 읽는 속도가 완전히 달라진다는 점이다. 잘못된 곳에서 끊어 읽으면 속독은커녕 해석마저 틀어져 버릴 수 있다. 직독직해도 불가능하다. 간단한 예를 들어보자.

> 대한민국 학생들이 / 강성태 영어독해로 / 공부한 뒤로 / 영어 공부를 / 재미있어 해요.
>
> 대한민국 / 학생들이 강성태 / 영어독해로 공부한 / 뒤로 영어 / 공부를 재미있어 해요.

아래 문장을 보면 어색하다. '학생들이 강성태' 학생들이 강성태가 됐다는 소린가? '뒤로 영어' 이건 또 무슨 말인가? 실제로 저렇게 끊어서 소리 내어 읽어보면 뭔가 어색하고 의미도 잘 와닿지 않는다. 한글도 이 정도인데 한국어보다 익숙지 않은 영어는 오죽하겠는가?

아래 제시된 문장을 보자.

> ❶ Jack closed his eyes and took a deep breath.
> ❷ Jack closed his eyes / and took a deep breath.
> ❸ Jack closed his / eyes and took a deep / breath.

셋 중 의미 파악이 가장 쉬운 것은 무엇인가? 당연히 2번일 것이다. 의미 단위에 맞게 청킹한 것이기 때문이다.

머릿속에 저장된 청킹이 없으면 3번처럼 문장을 끊어서 파악할지도 모른다. 최악이다. 1번 문장을 2번으로 청킹하여 읽을 수 있는지 여부가 독해 속도를 좌우한다. 공신들 눈에는 1번 문장이 자동적으로 2번처럼 보인다.

애써 단어도 다 외우고 문법도 모르는 게 없는데 그럼에도 속도가 느려 답도 제시간에 못 적어 낸 경험이 많았다면 청킹 훈련이 충분히 이루어지지 않았던 것이 원인일지도 모른다.

1 5개 형식의 문장 성분대로 끊기

가장 기본적인 끊어읽기를 해보겠다. 전혀 어렵지 않다. 영어 문장은 다섯 가지 형식 안에서 만들어진다는 것을 영문법에서 확인했을 것이다. 그 내용을 속독에 그대로 활용할 것이다.

5개 형식의 문장 성분은 주어, 동사, 보어, 목적어 이렇게 4개가 전부였다. 각 성분 뒤에서 끊으면 된다.

I / agree. //
주어 동사 **1형식**

It / is / expensive. //
주어 동사 보어 **2형식**

I / checked / the schedule. //
주어 동사 목적어 **3형식**

They / gave / him / lots of money. //
주어 동사 (간접)목적어 (직접)목적어 **4형식**

You / make / me / happy. //
주어 동사 목적어 (목적격)보어 **5형식**

2 긴 수식어구 앞뒤에서 끊기

『강성태 영문법 필수편』에서 영어 문장이 길어지는 원리는 직관적으로 알 수 있는 접속사로 연결된 문장이나 형용사/부사를 제외하면 '전치사구, 준동사구, 관계사절' 단 3가지 때문이라고 했다.

즉, 여러분이 만나는 긴 문장은 앞서 말한 4가지 성분(주어, 동사, 보어, 목적어)에 수식어구 3가지(전치사구, 준동사구, 관계사절)가 붙어서 긴 문장이 되는 것이다.

청킹 단위로 끊어읽기 할 때는 덧붙여진 이 수식어구를 하나의 청킹으로 생각하면 된다. 간단하다. 즉 긴 수식어구(전치사구, 준동사구, 관계사절) 앞뒤에서 일단 끊어서 해석하면 된다.

여기까진 이미 공부한 영문법이다. 늘 강조했듯 영문법에서 배운 내용이 영문법으로 끝나서는 안 된다. 제대로 배운 영문법은 독해에, 더 나아가 속독에 요긴하게 쓰인다.

단어 / 수식어구 단어

전치사구, 준동사구, 관계사절

3 짧은 성분이 이어지면 붙이기

앞서 말한 성분들이 매우 짧을 때가 있다. 'I am a boy.' 정도의 간단한 문장이라면 주어, 동사, 보어로 이루어져 있더라도 'I / am / a boy.' 이렇게 끊을 필요가 없다. 한번에 읽어버리면 된다.

어느 정도를 끊고 붙일지는 각자 수준과 상황에 맞추면 된다. 주어가 한 단어로 이루어져 있고 동사도 한 단어뿐이라면 고작 두 단어이기에 한꺼번에 덩어리로 묶어서 읽는 것이 낫다. 하지만 어떤 경우는 주어 부분이 길고 동사 부분도 조동사에 현재완료까지 와서 여러 단어가 되는 경우도 있다. 이때는 주어까지 끊어 읽고 다시 동사 부분까지 끊어 읽는 게 좋다.

이 책의 지문들은 전부 끊어읽기가 제시된다. 구체적으로 어떻게 끊기는지 수많은 사례를 보게 될 것이다. 어느 순간부터는 의식하지 않아도 가장 효율적인 단위로 끊어 읽는 청킹 속독을 하고 있는 자신을 발견할 것이다.

속독 비법 4

뇌를 2배로 활용하는 이미지 속독법

01 인간에게 가장 **발달된** 감각은?

우리의 오감 중에 생존과 가장 직결된 감각이 어디일까? 단연코 시각이다. 몸이 1,000냥이면 눈이 900냥이라는 속담이 있다. 신체 가치의 90%가 시각이란 뜻이다. 하루 일과를 생각해보라.

깨어 있는 시간은 사실상 전부 눈을 뜨고 있다. 우리가 느끼는 모든 감각을 컴퓨터 파일처럼 데이터로 환산했을 때 듣는 것보다 눈을 통해 받아들이는 정보의 양이 압도적으로 많다. 누군가 생을 다했다는 소식을 '눈을 감았다'라는 관용 표현으로 전달하기도 한다.

인류가 현대 문명 시기에 진입한 것은 매우 최근 일이다. 대부분은 자연에서 살아온 기간이었다. 시각은 매우 중요했다. 잘 보지 못하면 포식자로부터 달아날 수도 없고 먹이를 찾을 수도 없다. 그런 만큼 인간은 시각에 관한 능력이 발달할 수밖에 없었고 기억 또한 시각적인 기억이 발달했다.

그러니 백문불여일견(百聞不如一見) 같은 말이 있는 것이다. '백 번 듣는 것보다 한 번 보는 것이 더 확실히 이해되고 더 기억에 잘 남는다'는 뜻이다.

인류 전체 역사상 인류가 문자를 발명하고 읽기라는 활동을 한 기간은 매우 짧은 시간이었다. 인간은 여전히 이런 언어적인 능력보다 시각적인 능력이 월등히 우세하다. 우리는 이 발달된 시각적 능력을 속독에도 활용해 볼 것이다.

A

The addax is a kind of antelope found in some areas in the Sahara Desert. It has twisted horns and short, thick legs. It is an endangered mammal and there are only about 500 left in the wild. The head and body length of the addax measures 150 - 170 centimeters. Males are slightly taller than females. The coat of the addax changes in color depending on the season. In winter, the addax is grayish-brown with white legs. During summer, their coat gets lighter, and is almost completely white. The addax prefers sandy desert areas and stony deserts. The addax is mostly active at night due to the heat of the desert.

B

A만 읽는 경우와 B를 보면서 A를 읽는 경우 둘 중 어떤 것이 기억에 더 잘 남겠는가? 당연히 그림과 함께 제공됐을 때이다. 그래서 우리는 그림이 있는 책을 본능적으로 좋아하는 경향이 있다.

그림과 함께 텍스트가 제공되면 글자만 읽었을 때보다 이해도 더 잘 되고 기억에도 더 잘 남는다. 장면을 떠올리면 되기 때문이다. 시험장에서 공부한 내용은 안 떠오르고 그 내용이 들어있는 페이지 이미지만 떠오르는 경우가 있다. 내용을 외우려고 그렇게 노력했는데도 생각이 안 나고 따로 외우려 애쓰지도 않은 이미지만 떠오르기도 한다.

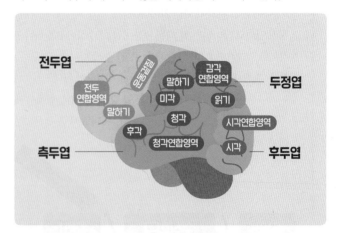

우리 뇌는 각 신체 기능별로 분화되어 있다. 대표적으로 언어를 관장하는 뇌는 전두엽과 측두엽으로 각각 뇌의 앞쪽과 옆쪽에 위치한다. 시각은 후두엽으로 뇌의 뒤쪽에 위치한다. 읽기를 할 때 그림과 함께 보는 경우 언어를 담당하는 뇌뿐만 아니라 시각을 담당하는 뇌도 함께 기능하게 된다.

이와 비슷한 것이 쓰면서 단어를 외우는 경우다. 이때 손으로 쓰면 기억이 더 잘 난다고 펜으로 쓰면서 외운 단어를 상기시키는 학생도 있다. '손에 뇌가 있는 것도 아닌데 뭔 소리인가' 싶지만 완전히 틀린 말이 아니다. 단어가 언어 뇌뿐만 아니라 손가락 운동을 관장하는 뇌에 함께 저장되기 때문이다.

그러니 독해를 할 때 여러 뇌를 활용한다면 지문 내용이 기억에도 잘 남아 문제를 풀 때 훨씬 수월해질 것이다.

02 뇌를 2배로 활용할 순 없는가?

독해를 할 때 언어적인 뇌뿐만 아니라 시각적인 뇌까지 같이 활용할 수 있으면 당연히 좋을 것이다. 다만 문제가 있다. 시험에 제공되는 지문에는 그림이 제공되지 않는다.

그러면 우리가 직접 만들면 된다. 머릿속에 그려보는 것이다. 글로 된 상황을 머릿속에서 이미지화하면 된다. 마음속에 형상을 그린다고 하여 '심상'이라 부른다. 나선형 뿔과 짧고 두꺼운 다리, 회갈색 몸, 흰색 다리, 사막에 사는 모습까지 생생하게 떠올려보는 것이다.

나선형 뿔과 짧고 두꺼운 다리,
회갈색 몸, 흰색 다리,
사막에 사는 모습

시험지에 그림은 제시돼 있지 않지만, 이렇게 머릿속에 대략의 이미지를 함께 떠올리면 시각적인 뇌에도 기억이 저장된다. 이것은 마치 컴퓨터의 CPU를 하나만 사용하다가 2개를 쓰게 되는 것과 비슷한 효과이다.

그렇다고 시간을 많이 할애해서 지문에 집중도 안 될 정도로 그림 그리는 것에 빠져서는 안 된다. 그저 잠깐이라도 머릿속으로 이미지를 떠올려보는 것이다. 추상적인 글의 경우 일종의 구조도 혹은 마인드맵을 그려볼 수도 있다. 필요하면 잠깐 여백에 써봐도 좋다. 이렇게 떠올리는 과정 자체만으로도 지문에 더 몰입할 수 있게 된다. 더 적극적인 독해가 이뤄지는 것이다.

03 청킹 속독법을 더 효과적으로

앞서 단어를 따로따로 읽을 때보다 청킹으로 한 번에 받아들이는 게 속도도 빠를 뿐만 아니라 이해나 암기에도 효과적인 것을 확인했다. 한 단계 더 효율적인 방법을 적용해보자. 청킹을 하면서 동시에 머릿속에 이미지화를 시키는 것이다.

구체적인 이미지로 그려보게 되면 이미지에 관한 뇌에도 기억이 저장되기 때문에 잊어버릴 확률이 줄어든다.

앞서 〈인형, 깃발, 의자〉 단어를 이렇게 이미지로 생각해보면 더 선명하고 오래 기억된다.

04 영어 독해 시간은 상상의 시간이다

마인드맵은 중심에 핵심 내용을 쓰고, 사방으로 뻗어나가며 파생되는 사고를 정리하는 기법이다. 이렇게 되면 각 내용이 오른쪽 위인지 아래인지 이미지 혹은 공간으로 떠올릴 수 있어서 그냥 기억할 때보다 훨씬 더 효과적이다. 시험을 치르며 생각이 안 날 때 교과서 안의 해당 내용의 위치를 떠올리며 기억을 되짚어보는 것과 같은 원리다.

이렇게 머릿속에 그림을 그려보는 방법은 창의력을 기르는 훈련법으로도 사용된다. 이미지를 떠올리는 과정이 상상의 날개를 펼치는 과정으로 이어지기 때문이다.

이런 방식을 잘 활용한 사람이 바로 아인슈타인이다. 인류 역사상 많은 천재들 중에서도 아인슈타인의 두뇌는 특히 더 집중적인 관심을 받았는데, 일반인의 두뇌와 다른 점은 수학적 사고와 공간 지각력, 이미지 처리를 돕는 영역이 발달했다는 점이다.

이미지 처리 능력은 상상력과도 연결된다. '상상하다'는 말은 머릿속에 '그려보는' 것을 표현하기도 한다. 머릿속에 그려봐야 상상이 가능하다. 실제로 아인슈타인이 상대성이론을 고안하게 된 것은 빛을 타고 여행하는 것을 그려보거나 우주로 올라가는 엘리베이터를 타는 것을 그려보며 탄생하게 된 것으로 알려져 있다.

이처럼 이미지 처리 훈련은 상상력과 창의력이 개발되는 것은 물론 지루함도 줄여준다. 어느 순간 영어 독해가 상상의 시간이 되어 버린다. 독해 시간이 미술 시간이 되는 것이다. 머릿속의 도화지에 지문을 그려보자.

못 그렸다고 놀리는 사람도 없고 종이나 물감이 필요한 것도 아니다. 기대되지 않는가? 신나게 그려보자.

속독 비법 5

속독으로 가는 집중력 향상법

01 결국 집중력이다

속독을 하려면 집중력은 필수다. 집중이 안 되면 독해 자체가 불가능하다. 집중력은 속독과 시험 점수에 직결된다. 더 나아가 집중은 삶의 질에도 영향을 미친다. 음식의 맛을 느끼는 것도 친구와 수다를 떠는 것도 집중하고 있을 때와 그렇지 않을 때 경험할 수 있는 깊이와 폭이 다르다. 여기서는 『강성태 66일 공부법』에 소개한 집중력 높이는 법 중 일부를 소개해보겠다.

많은 학생들이 집중력이 부족하다는 고민을 이야기한다. 그건 공신들도 마찬가지다. 공신들은 특히 집중하는 습관을 매우 중요하게 생각한다. 공신 멘토 1,000명을 분석한 결과인 『공부의 신, 천 개의 시크릿』 책에서는 공신들에게서 '스스로가 생각하는 가장 좋은 습관'과 '스스로가 생각하는 가장 나쁜 습관'을 수집하여 분석했다.

공신들의 좋은 습관 VS 나쁜 습관

👍 좋은 습관	👎 나쁜 습관
집중해 공부한다 **29.4%**	집중력이 부족하다 **20.7%**
계획을 짜서 공부한다 **17.7%**	공부 방해 요소에 넘어간다 **14.3%**
끈기와 근성으로 포기하지 않는다 **16.6%**	과목을 편식한다 **11.3%**
효율적으로 공부한다 5.3%	시간 관리를 못 한다 6.8%
절제, 성실 4.9%	의지가 부족하다 6.0%
필기를 잘한다 4.5%	잠을 조절하지 못 한다 5.6%
잠을 잘 조절한다 4.5%	과욕, 조급 5.6%

가장 좋은 습관은 '집중해 공부한다'였는데, 놀라운 사실은 가장 나쁜 습관 또한 '집중력이 부족하다'는 것이었다. 분석 결과를 처음 접했을 때 데이터에 오류가 생긴 줄 알았다. 그러나 몇 번을 검토해봐도 오류는 없었다.

이 아이러니한 결과는 무엇을 뜻하는가? 국내외를 통틀어 최고의 대학에 진학하고 올림피아드에 국가 대표로 출전해 수상까지 한 공신들이 집중을 안 하는 건 아니다. 공부에 있어 집중하는 습관을 매우 중요하게 여긴다고 해석할 수 있다. 즉 공신들은 이미 집중해서 공부하고 있는데도 좀 더 집중하는 습관을 들이기 위해 스스로를 채찍질하고 애를 쓰고 있다는 뜻이다. 그럼 어떻게 하면 잡념을 없애고 집중할 수 있을까?

02 잡념을 없애는 유일한 방법

여러분은 아무 생각 없이 10분을 버틸 수 있는가? 불가능하다. 인간은 가만히 있으면 어떤 생각이라도 하게 되어 있다.

하다못해 '생각을 하지 말아야지'라는 생각을 하거나 '춥다. 추울 땐 붕어빵이지.' 하면서 첫사랑과 나눠 먹던 붕어빵의 표정까지 떠올릴 수도 있다. 그리고 언제나 그렇듯 잡념은 꼬리에 꼬리를 물고 이어진다.

사람은 읽거나 말하는 것보다 생각이 더 빠르다. 생각하는 속도는 빠른데 공부하고 책을 읽는 속도가 느리니 생각의 용량은 남아돈다. 다른 생각, 즉 잡생각이 들 여지가 남아도는 것이다. 당연히 잡생각이 들 수밖에 없다.

생각을 없애 잡념을 없앤다는 접근부터 잘못됐다. 앞으로는 잡념을 없애지 말고 잡념을 이길 수 있는 작은 과제를 만들어라. 이것이 잡념을 이겨 낼 유일한 방법이다.

지금 내가 '10분간 영어 단어 10개만 외워 보세요'라고 말한다면 다들 단어를 외우기 위해 소리 내어 읽든 펜으로 써 보든 할 것이다. 잡념이 들어올 틈이 없다. 그러니 잡념을 줄일 생각 대신 목표를 만들어라.

"저는 잡생각이 너무 많아요.", "공부에 집중을 못 해요."라고 말하는 사람들이 있다. 이 말은 '단기 목표가 없어요'라는 말과 같은 것이다.

학창 시절 엄청난 집중력을 발휘했을 때가 언제인가? 아무래도 시험이 바로 코앞에 닥친 시기였을 것이다. 똑같은 하루인데 시험을 많이 남겨둔 시점과 닥친 시점에 발휘되는 집중력은 차이가 크다. 당장에 해야할 분명한 단기 목표가 있었기 때문이다.

이 책은 모든 문제마다 단기목표가 정해져 있다. 60초 안에 푸는 것이다. 그리고 66일간 하루하루 공부할 분량의 일일 목표도 정해져 있다. 이 책뿐 아니라 어떤 독해 공부를 하더라도 단기 목표를 설정하기 바란다. 단 10분을 공부하더라도 '10분 동안 10문제를 풀 거야.' 이런 식으로 목표를 정하고 스톱워치를 재보라. 집중력은 확연히 올라갈 것이다.

위와 같은 단기 목표는 집중력을 높여주고 결국 속독에 도움이 된다. 그리고 속독은 다시 집중력을 높여줄 수 있다. 선순환이 되는 것이다.

03 인간은 **독서에 적합한 존재가 아니다**

인간의 눈은 독서에 적합하도록 진화하지 않았다. 인류가 지구에 출현한 것은 약 300만 년 전이다. 현재 알려진 것 중 가장 최초의 문자는 수메르인이 점토판에 새긴 쐐기 문자인데, 그건 고작 기원전 3000년경이다.

종이가 발명되고 인쇄술이 발명되는 과정을 거쳐 일반 대중이 책이나 읽을거리를 흔하게 접할 수 있게 된 것은 산업혁명 이후다. 우리나라의 경우 서양 문물이 들어온 지 100년이 좀 더 됐다. 그 전까지 일반인들은 책을 만져 보기도 쉽지 않았다. 인류의 전체 역사를 24시간, 즉 하루라고 친다면 우리가 독서를 시작한 것은 한두 시간 전도 아니고 0.0008시간 전에 시작한 것이다.

이 과정에서 인류는 무엇에 적합하게 진화했는가? 인류가 독서보다 훨씬 오랜 시간 동안 적응한 것은 바로 수렵 채집이다. 농경이 시작된 것 또한 고작 1만 년 전쯤으로 299만 년 정도는 야생에서 열매를 따먹고 사냥을 했다.

사냥에서 가장 중요한 것은 움직임을 포착하는 것이다. 아주 작은 움직임까지도 포착해야 했으며 이것이 생존을 좌우했다. 그날 사냥을 못 했다면 편의점에서 삼각김밥을 살 수 있는 것이 아니라 식구들이 전부 굶을 수밖에 없었다. 자칫 사냥하려던 멧돼지가 나를 먼저 발견해

서 돌진해오면 사냥하던 모든 이들의 목숨이 위태로워질 수도 있었다.

생존을 위해 인간의 눈은 정적인 것보다 움직이는 것에 더 집중하도록 적응되어 왔다. 하다못해 텔레비전에서 가수가 노래하는데 가만히 서서 미동조차 안 하고 입만 벙긋하면서 노래만 하면 지루해 채널을 돌릴 것이다. 하지만 아이돌 그룹이 화려한 댄스를 추며 노래를 하면 멍때리고 보게 된다.

하지만 독서는 어떤가? 책 속의 글자들은 움직이지 않는다. 활자는 검은색이요, 배경은 흰색이다. 그것이 지루하게 이어진다. 그림책이야 좀 낫지만 우리는 문자 위주의 독서를 하는 경우가 대부분이다.

04 읽는 속도가 바로 올라가는 방법

그렇다면 어떻게 조금이라도 더 집중력을 높일 수 있을까? 보다 독서에 특화된 방법으로는 책에 움직임을 만들어 내는 것이다.

가만히 있는 책이 움직일 리는 없으니 우리가 만들어 내는 것이다. 그렇다고 책을 흔들거나 종이를 펄럭대는 것이 아니다. 글자 위에 움직임을 만드는 것인데 아주 간단하다. 읽고 있는 글자 밑에 손가락을 대거나 펜을 들어 가이드 삼아 글자 밑에 대고 읽어 나가는 대로 움직이는 것이다. 비록 글자 자체는 멈춰 있지만 글자와 함께 있는 손가락이나 펜이 움직이면서 그 위에 있는 글자도 함께 움직이는 듯한 효과를 내는 것이다.

사실 이 방법은 여러분도 써본 적이 있을 것이다. 시험을 볼 때나 글을 읽을 때 정말 집중이 필요하면 나도 모르게 펜으로 밑줄을 긋거나 긋는 시늉을 하며 읽어 내려간다. 집중을 위해 본능적으로 나오는 행동이다. 그리고 정말 집중에 도움이 된다.

그렇다고 모든 줄마다 밑줄을 그어가며 읽을 필요는 없다. 그럼 오히려 복잡해지고 전체 내용 중 뭐가 중요한 부분인지를 알 수가 없다. 밑줄을 긋는 것은 중요하지 않다. 오히려 밑줄을 긋는 것에 신경을 쓰게 되어 집중이 흐트러지면 주객이 전도되는 꼴이다. 밑줄이 모든 줄에 있으면 다시 볼 때도 산만해진다.

모두 선을 긋진 않되 선 긋는 듯 가이드를 활용하여 읽다가 중요한 부분만 밑줄을 치고 동그라미, 네모, 물결 표시 등 나만의 기호를 표시해두면 된다. 아무런 동작도 없이 읽을 때보다 이렇게 펜이나 손을 쓰는 게 덜 졸리고 집중에 더 도움이 된다. 복습을 할 때는 중요한 부분, 혹은 내가 모르는 부분만 추려볼 수도 있다.

또한 시험을 볼 때 어차피 모든 지문의 내용을 한 번 읽고 암기할 수는 없다. 보통 읽고 난 뒤 문제를 풀며 확인하는 과정을 거치는데, 밑줄을 치거나 도형으로 표시한 것 위주로 빠르게 내용을 확인하면 시간 절약에 도움이 될 것이다.

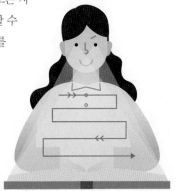

이런 조치는 시선을 잡아두는 효과가 있다. 예를 들어 내가 허공에 손으로 강(姜)이라는 한자를 써보겠다. 여러분이 그 한자를 눈으로 따라 쓰는 건 어렵지 않다. 내 손을 따라 보기만 하면 된다. 정확하다. 가이드가 있으니 빠르고 정확한 것이다. 하지만 이런 손놀림 없이 허공을 보며 글자를 써 보라고 하면 쉽지 않을 것이다. 한자가 기억 안 나는 건 둘째 치고 눈동자가 생각만큼 민첩하게 잘 움직이지 않을 것이다.

지문을 읽다가 잠시 딴생각을 하다 나머지 부분을 읽어봐라. 이전에 읽은 내용이 기억이 안 나서 처음부터 다시 읽어야 할 판이다. 촌각을 다투는 시험장에서 처음 보는 생소한 글을 접하는 경우, 잠깐이라도 집중력이 흐트러지면 앞의 내용을 놓치게 되고 이후 읽게 되는 글과 연결이 끊어진다. 지문은 빽빽하게 알파벳으로 가득 채워져 있다. 자칫하면 읽고 있던 줄이 어디였는지도 놓치기 십상이다.

가이드가 있는 경우는 잠시 집중이 안 되더라도 읽던 부분에서 다시 시작할 수 있다. 가이드가 없이는 어디까지 읽다 말았는지부터 다시 찾아야 한다. 사소해 보이지만 이런 상황이 쌓이면 상당한 시간을 잡아 먹는다.

05 역행(Regression)을 막아라

앞서 속독의 나쁜 습관인 역행(regression) 습관을 줄일 수 있는 RSVP 청킹 훈련을 소개했다. 가이드를 통해서도 역행 습관을 줄여볼 수 있다. 역행이 일어나는 이유가 어순이 우리말과 반대인 탓도 있지만 읽어도 이해가 안 되는 부분이 지문에 있을 수 있기 때문이다.

예를 들어 어떤 영화는 처음엔 이해 안 되는 것 투성이다. 하지만 시간이 지날수록 의문점들이 풀리기 마련이다. 심지어 마지막 장면까지 봐야 전체 내용이 다 이해되는 영화도 있다. 이해가 안 돼 찜찜하지만 계속 영화를 보면, 나중에 알게 될 것이다.

주제문이 첫 문장으로 나오고 그 뒤에 예시가 나오는 지문 구조를 떠올려 보자. 주제문은 예시보다 포괄적이어서 첫 문장만 읽으면 감이 잘 안 온다. 하지만 예시를 읽으면 구체적으로 이해가 된다. 예시를 읽기 전까진 주제문이 무슨 소린지 못 알아들을 수 있다. 뒤에 나오는 예시를 보면 금방 이해될 걸 첫 문장만 보고 뭔 말인지 확실히 모르겠다고 계속 주제문만 붙들고 있는 것은 잘못된 습관이다.

이때 가이드를 정방향으로만 움직이면 앞으로 되돌아갈 일이 없을 것이다. 손이나 펜이 가이드가 되니 나도 모르게 되돌아가는 일을 막을 수 있다.

자꾸 되돌아가는 건 집중력과도 연관이 있다. 집중력이 흐려져 내용 파악을 못 하고 넘어가면 다시 앞으로 되돌아가 읽어야 하는 것이다. 가이드를 통해 집중력이 올라가면 역행 습관 또한 줄일 수 있다.

두말할 것 없이 실제 효과가 있는지는 지금 확인해보자. 펜이나 손을 가이드 삼아 이 책을 읽어보면 된다. 대부분은 속도가 올라가고 이해가 좀 더 잘 될 것이다.

06 속독하기 좋은 환경인가?

속독은 다른 어떤 공부보다 집중력을 필요로 한다. 단 1초라도 정신이 흐트러지면 속독 흐름이 끊긴다. 우리는 이런 집중력이 학습자의 능력과 의지력에 달려 있다고 판단한다. 과연 그럴까?

아무리 공부에 집중하겠다고 다짐을 해도 옆에서 친구가 괴성을 지르며 게임을 하고 있다면 절대 집중할 수 없다. 아무리 집중력이 대단한 사람이라도 좋아하는 아이돌 그룹 춤이 바로 옆 TV에서 나오고 있고, 갓 튀긴 치킨에서 고소한 냄새가 풍기며 바삭삭 소리까지 난다면 집중하기 어렵다.

이 책에서 소개하는 많은 학습 전략은 분명 효과적이고 검증된 것들이다. 하지만 모든 전략을 총동원한다고 하더라도 애초에 집중이 불가능한 환경이라면 한계가 있다.

집에서 속독을 하는데 집중이 안 된다고 토로하는 학생들이 있다. 집이란 공간은 기본적으로 휴식을 취하는 곳이다. 잠을 자고 식사를 하거나 가족끼리 대화를 하는 곳이다. 보는 사람도 없으니 편한 차림으로 뒹굴곤 한다.

그런 습관이 집이라는 환경과 붙어 있다. 그러다 보니 집에서 공부하려 하면 얼마 되지 않아 냉장고에서 뭔가를 꺼내 먹고 있거나 잠을 자기 십상이다. 수시로 물을 마시고 화장실을 들락거린다. 의지력과 집중력이 대단하지 않은 이상 많은 학생들이 이렇게 될 게 뻔하다. 그 학생에게 심각한 문제가 있다기보다 습관이 환경의 지배를 받기 때문이다. 여러분 탓이 아니다.

집중을 하기 위해선 집중이 잘 되는 환경으로 이동해야 한다. 환경이란 주변 사람 외에도 온갖 물건과 주변 상황까지 포함한다. 공부하기 위해 절에 들어가거나 독서실을 등록하는 이유도 환경을 바꾸기 위해서다.

속독을 하려고 하는데 집중이 안 된다고 한탄하지 말고 메시지가 왔다고 울려대는 폰부터 치우거나 그게 없는 곳으로 가라. 오는 메시지 다 확인하고 답장하면서 집중이 되겠는가? 어지간한 서비스센터보다 응대가 빠를 지경인데 그건 공부를 하는 게 아니라 놀고 있는 것이다.

집중한다는 것은 하나만 남기는 것이다. 나머지는 다 사라져야 한다. 지금 보고 있는 그 내용 외에는 모든 것이 다 방해 요소이자 잡념의 원인이다. 내가 『강성태 영어독해 속독편』 책을 공부하고 있다면 다른 영어 책들조차 집중을 못 하게 하는 방해 요소일 수 있다.

학창 시절 유독 수학 시험 기간만 되면 평소 거들떠보지도 않던 한국문학 단편선집이 재미있어 보인다. 그거 읽다가 시험을 망치기도 했다. 독서는 좋은 것이지만 이것도 방해거리일 뿐이다.

여러분이 잘 아는 토끼와 거북이 이야기를 잠깐 해보겠다. 토끼의 자만과 게으름을 죄악시하고 거북이의 꾸준함을 배워야 한다고 들었다. 한 가지 생각해 볼 점이 있다. 만약 경주를 숲이 아니라 100m 트랙에서 했다면 어떻게 됐을까? 토끼가 당연히 이겼을 것이다. 숲은 토끼 입장에서 경주하기 좋은 환경이 아니다. 나무 그늘도 있어서 쉬기 좋고 온 사방에 풀이 널려 있다. 사람으로 치면 먹을 것으로 가득 찬 공간이다. 친구들도 많다. 반대로 바다에 살던 거북이는 풀을 뜯어 먹을 일도 없고 방해할 친구들도 없다. 애초에 불공정한 경기였다. 토끼는 처음부터 질 곳에서 경주를 한 것이다.

여러분의 잠재된 능력은 토끼의 달리기 실력만큼이나 부족함이 없다. 지금 어디에서 경주하는지 확인해 보기 바란다. 숲인가 트랙인가? 혹시 발도 빼기 힘든 펄에서 달리기를 하고 있는 건 아닌가? 지금 당장 트랙으로 가길 바란다.

07 집중력을 높이는 2분 명상

쉬는 시간에 친구와 신나게 떠들다가, 아이돌 댄스 영상을 보며 따라 추다가, 학원에 늦을까 지하철역부터 숨넘어갈 정도로 전력 질주하다가, 갑자기 책상에 앉아서 공부를 하려면 집중이 되는가? 안 된다. 마음이 들뜬 상태이기에 공부를 시작해도 오래가지 못한다.

운동을 할 때도 준비 운동을 하고 본 운동을 시작한다. 아무리 세계적인 운동선수라 해도 몸을 풀지 않고 경기장에 뛰어들면 부상의 위험도 높고 세 실력이 나오지도 않는다. 뛰어난 선수일수록 준비 과정에 더 철저하다.

공부를 시작하기 전 집중력을 높이기 위해 내가 항상 하는 준비 과정이 있다. 바로 '뇌파 내리기'. 쉽게 말해 명상으로, 수험생 시절에는 이 과정 없이는 절대 공부를 시작하지 않았다. 이름이 어려워 보이지만 여러분도 지금 당장 실행해 볼 수 있을 정도로 쉽고 효과가 좋다. 일단 2분만 투자해 보자. 오래 해도 좋지만 2분만 해도 확실히 달라진다.

먼저 앉은 자세를 바르게 한다. 허리를 곧게 펴고 눈은 지그시 감는다. 호흡은 천천히 편하게 한다. 그리고 머리 위에 빛이 하나 떠 있다고 상상한다. 이 빛은 모든 진리, 지식과 지혜를 담고 있는 긍정의 빛이다. 이제 그 빛이 정수리를 통과해서 여러분의 머릿속으로 들어온다. 천천히, 천천히 내려온다. 이 빛이 몸 아래로 내려가면서 내 몸에 쌓였던 나쁜 기운들 즉 피로, 스트레스, 불안, 흥분 등을 아래로 밀어낸다고 상상한다. 이 빛은 천천히 아래로 내려가며 눈을 맑게 하고 코와 입을 거쳐 목을 지나고 가슴을 지나고 배를 지나고 허리와 다리를 지나 결국 발밑으로 빠져나간다.

자, 해 보니 어떠한가? 이로써 여러분의 정신과 신체는 공부를 위한 최적의 상태가 되었다. 온몸에 좋은 기운이 가득 찼으며 머릿속의 뇌파도 공부에 적합한 알파파로 바뀌었다. 마음도 차분해졌다. 나는 이 뇌파 내리기를 공부 시작 전 꼭 하는 습관으로 만들었다. 공부에 돌입하기 전 무조건 거쳐야 하는 통과 의례처럼 만든 것이다.

뇌파 내리기를 한 뒤 공부를 하면 쉽게 집중할 수 있었고 한번 집중하면 오래 지속할 수 있었다. 공부할 때뿐만 아니라 시험 볼 때도 항상 이 방법으로 마음을 다잡아 실수를 줄일 수 있었다. 마음도 가뿐해지고 상쾌해지는 뇌파 내리기를 여러분도 지금 당장 해 보길 권한다.

08 놀면서 공부하고 **토익 만점받은 비결**

외국 한 번 나가지 않았으며 지방에서 살았고 변변한 영어 사교육을 받지도 않았지만 수능 영어는 늘 만점이었고 대학에서 친 토익 시험도 만점인 공신이 있다.

이 공신 멘토의 경우 엄청나게 많은 영어책을 읽었다. 특히 어렸을 때부터 영어 동화책에서 시작해 소설을 많이 읽었는데, 소설이 무엇인가? 드라마나 영화가 텍스트로 쓰여 있는 것이다. 재미있고 흥미진진하다. 본인 스스로도 영어는 스트레스 없이 공부했다고 한다.

더 중요한 비결은 이게 아니다. 이 공신의 영어 만점 비결은 바로 어려운 것은 읽지 않았다는 데 있다. 그게 어떻게 비결이냐고 의아해할지도 모르지만 사실이다. 그는 전체 글의 80% 이상 완벽히 해석할 수 있는 소설만 읽었다. 만약 이해가 되지 않으면 던져 버리고 그보다 쉬운 것을 읽었다. 줄거리 파악이 되고 인물을 이해하니 재미가 있을 수밖에 없었다. 모르는 단어가 가끔 나오지만 내용을 알고 있으니 유추하여 그 뜻을 파악할 수 있었다. 이 정도 되니 소설을 읽는 것이 공부가 아니라 놀이였던 것이다. 실제로 그는 공부하다 지겨울 때면 영어 소설을 보곤 했다.

흥미를 가지고 쉬운 책들을 읽다 보면 기본적인 영어의 어순과 구조가 머리에 잡히게 된다. 영어에서 빠른 독해를 가로막는 것이 바로 어순인데, 수도 없이 읽다 보니 영어 문장이 한국어처럼 자연스럽게 느껴지기 시작한 것이다. 자주 나오는 표현들에 익숙해지고 실력이 쌓이다 보니 나중엔 이후 어떤 표현이 나올지 저절로 예측이 되는 수준에 도달했다. 영어로 속독이 가능해진 것이다.

많은 학생들이 이와 정반대로 공부한다. 학습도 제대로 안 된 상태에서 선행 학습을 하고 수준에 맞지 않는 교재로 공부하고 있다. 전교꼴등이 전교 1등이 푸는 어려운 교재를 따라 사서 공부한다. 어려운 지문으로 공부한다고 실력이 더 늘지 않는다. 자기 수준에 맞아야 한다.

반면 공신들은 자신의 수준을 정확히 파악하고 그에 맞춰 차근차근 공부한다. 점차 성취감을 느끼게 되니 큰 스트레스도 없다. 작게 시작해서 크게 키우라는 습관의 원칙과도 흡사하다. 학부모님들은 조급함 때문에라도 선행 학습을 원할 때가 많다. 하지만 내 수준에 맞지 않는 무리한 선행 학습은 효율이 떨어질 뿐 아니라, 학생이 흥미를 잃어 포기하게 만든다.

특히 속독은 어려운 것으로 하면 훈련 자체가 의미 없어진다. 아예 해석이 안 될 정도로 어려운데 무슨 훈련이 가능하겠는가?

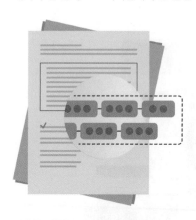

당장 큰 욕심을 내거나 조급해하기보다 필요한 단계를 밟아 올라가기 바란다. 어쩌면 그게 유일한 방법이자 최고의 전략일지 모른다. 공부에 효과적인 방법은 있지만 자기 수준에 맞는 공부를 안 하고 건너뛸 수 있는 방법은 없다.

09 **집중력을 높여주는 음악**

최근 집중력을 높이기 위해 많이 활용되는 것이 ASMR이다. 아무 ASMR이면 안 되고 계곡 물소리, 비 오는 소리, 밤의 숲속 소리 등 자연의 소리가 좋다. 듣고 있으면 마음이 차분해져서 집중이 잘되고 잡념이 덜 생긴다. 지루함도 덜하다. ASMR은 Autonomous Sensory Meridian Response의 약자로, 그대로 해석하면 '자율 감각 쾌락 반응'이며 뇌를 자극해 심리적 안정을 유도하는 소리나 영상을 뜻한다.

실제로 ASMR을 듣고 있는 사람의 뇌파와 감정 상태를 측정해보면 불안함이 사라지고 집중 상태일 때 나오는 알파파가 증가하는 것을 확인할 수 있다. 작업 능력 또한 향상된다. 꼭 공부할 때가 아닌 평상시에 들어도 마음이 편안해지고 차분해지는 것이다.

특히 이런 음악은 속독 능력을 높이고 독해의 안 좋은 습관을 줄이는 데 활용되기도 한다. 속독을 가로막는 요인 중 하나가 subvocalization (하위 발성)으로 알려져 있다. 작게 중얼거리면서 읽거나 속으로 소리를 내면서 읽는 것이다. 이렇게 읽으면 속독이 불가능하다. 소리 내 읽으면 속으로 읽는 것보다 속도가 느린 것과 같은 이치다.

보통 글을 배운 지 얼마 안 된 유아기에 이렇게 읽다가 성장하면서 이런 현상이 사라진다. 물론 이해가 안 되는 부분을 꼼꼼히 읽어보기 위해 의도적으로 특정 부분을 이렇게 읽기도 하지만 모든 지문을 이렇게 읽는 학생도 있다. 본인 스스로 그걸 못 느끼는 경우도 있다. 이때 ASMR과 같은 소리를 들으며 공부하면 소리 내서 읽는 것이 대부분 차단된다.

모차르트 효과라고 클래식 음악을 들으면 집중력이 향상된다는 연구 결과도 있다. 이에 대해 반론도 있지만 단조롭고 잔잔하게 반복되는, 특히 피아노 음악을 학생들이 공부할 때 듣게 하면 확실히 효과가 좋다.

꼭 자연의 소리나 클래식 음악이 아니어도 카페 같은 곳에서 공부를 하면 집중이 더 잘 되는 것을 느꼈을 것이다. 카페에서의 수다 떠는 소리, 약간의 음악 소리 등등이 합쳐진 단조로우면서 튀지 않는 백색소음들이 모차르트 효과를 만들어 주는 것이다.

그럼 영어 독해를 하면서 아무 음악이나 들어도 될까? 여러분이 집중이 잘 된다고 느끼면 상관없지만, 중요한 것은 가사가 인지되면 절대안 된다. 사람의 뇌는 언어적인 처리를 한 번에 한 가지밖에 하지 못한다. 노랫말의 의미가 인지되고 있다면 독해를 하고 있는 것이 아니다.

학생들의 요청으로 집중이 잘 될 수 있는 ASMR을 제작해 유튜브에 업로드하고 있다. 실제 시험 시간에 맞춰 감독관 안내 멘트까지 들어간 시험장 소리, 카페 소리, 공신 멘토가 서울대 등 대학 도서관에서 녹음한 도서관 소리도 있으니 사용하기 바란다. 사실 나도 거의 매일 들으면서 작업한다. 이 책을 쓰면서도 각종 ASMR과 클래식 음악을 들었다.

이외에도 비행기, 열차, 눈길 걷는 소리, 장작 타는 소리, 시원한 폭포 소리, 키보드 타이핑 소리 등 여러분에게 편하고 집중이 잘되는 것을 찾아보기 바란다.

마음이 편해지는 자연의 소리와 백색소음 TOP 5

- 빗소리 효과음 백색소음 ASMR

- 밤의 숲 소리 효과음 백색소음 ASMR

- 공부가 너무 잘 되는 산속 사찰 ASMR

- 공부 집중력 올려준다는 진짜 100% 백색소음

- 장작 소리 효과음 백색소음 ASMR

집중력 향상 클래식만 모은 공부 음악 TOP 5

- 강성태가 공부할 때 듣는 음악
  (Music for Improving Concentration, Focus, Memory)

- 5분 안에 반드시 잠드는 수면 음악 ASMR

- 강성태가 매일 듣는 공부 집중 백색소음
  (잔잔한 빗소리와 영화 음악)

- 집중이 너무 잘 되는 4시간 순삭 클래식 음악
  (모차르트 효과 심포니 1번~9번)

- 시험공부 할 때 듣기 좋은 음악
  (10시간 집중 가능한 피아노)

실제 상황 싱크로율 100% ASMR TOP 5

- 수능 시험장 ASMR 실제 고사장 소음과 감독관 멘트까지
  (각 교시 쉬는 시간 포함)

- 서울대학교 중앙도서관 직촬 집중력 백색소음 ASMR

- 공무원 시험 응시자 필수 시험 시간 100분, 집중 훈련
  (타이머 포함 ASMR, 카페 백색소음)

- 비행기 1등석에서 공부할 사람! 백색소음 ASMR

- 학습 의욕이 불타는 ASMR 학생들이 원하던 집중력 상승 팩폭!

초단위
속독 훈련

01 초 단위로 재지 않으면 공부한 것이 아니다

'실전을 연습처럼, 연습을 실전처럼' 이것은 모든 시험과 경기에 통하는 훈련 규칙이다. 하지만 이것을 늘 실천하는 학생은 별로 없다. 오늘도 독해 문제를 풀고 있지만 실전 같은 긴장감은 없다. 긴장감은커녕 꾸벅꾸벅 졸게 되는 경우도 많다.

나중엔 긴장감 없이 느긋하게 푸는 게 습관이 되어 버린다. 이렇게 공부해놓고 시험장에서 시간이 왜 부족한지 모르겠다고 하소연을 한다. 훈련을 안 했으니 못 하는 건 당연하다.

여러분 탓이 아니다. 아무도 알려주지 않았기 때문이다. 독해 수업 자체가 실전과는 다르다. 선생님이 속독하는 속도로 수업을 빨리 해버릴 순 없지 않은가? 수업 시간에는 한 지문을 한 문장 한 문장씩 공들여 설명해주신다. 길게는 몇십 분간 설명이 필요하기도 하다. 하지만 여러분 스스로 독해 문제를 풀 땐 그렇게 느긋하게 해선 안 된다.

'막상 시험 때는 긴장하고 빨리하게 돼요.'라고 생각할지도 모른다. 하지만 이건 마치 100미터 달리기 선수가 연습을 하는데, 시간 기록을 재면서 전력 질주하는 연습 없이 느긋하게 결승선에 들어오는 연습만 백날 한 것과 다름없다. 이건 아예 훈련을 안 한 것이나 마찬가지다.

적지 않은 학생들은 실전 연습을 두려워한다. 자신의 실력을 알게 되는 것이 두렵고 무섭다. 이해한다. 하지만 연습 때 기록이 두려워서 측정하지 않고 훈련하는 국가 대표를 봤는가? 자신을 냉정하게 측정하는 데 어떤 거부감도 없어야 한다.

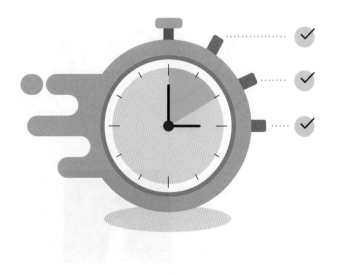

이 책에 나온 지문들은 시간을 재고 풀게 되어 있다. 아니, 문제를 푸는 시간뿐만 아니라 해설을 확인해보는 과정, 암기 과정 등 모든 학습을 시간으로 기록하도록 구성되어 있다. 이제부터 모든 연습은 실전이 될 것이다. 실제로 국가 대표 선수들의 기록 단축을 위한 훈련 방식과 같은 방법이 적용되어 있다. 여러분 자신을 국가 대표 선수라고 생각하면 된다.

02 1시간 동안 60문제 이상을 풀 수 있었던 비결

수험생 시절 나는 1시간에 영어 독해 문제 60개 이상을 풀곤 했다. 1분에 한 문제 이상을 푼 것이다. 한 문제를 빠르면 30초 안에 푸는 경우도 많았다. 당시 이 정도 속도면 시험 시간이 부족하진 않았다. 어떻게 이것이 가능했을까?

나는 문제마다 푸는 시간을 초 단위로 쟀다. 독해 문제를 풀기 시작할 때 지금 시각을 분과 초만 빠르게 적는다. 예를 들어 지

37	:	35
38	:	39

금 시각이 3시 37분 35초이다. 그럼 문제 상단에 37:35라고 적는다. 적자마자 바로 문제로 달려들어 사력을 다하여 문제를 푼다. 답을 체크한 뒤 다시 시각을 확인한다. 3시 38분 39초에 다 풀었다면 문제 하단에 38:39라고 적는 것이다. 그러곤 곧바로 다음 문제로 돌입하는 것이다.

이렇게 하면 내가 문제를 풀 때마다 1분 안에 문제를 풀었는지 못 풀었는지 바로바로 알 수 있다. 나는 한 문제당 언제나 1분 내에 풀 수 있도록 훈련을 했다. 항상 이렇게 초 단위로 체크를 해가며 공부한 것이다.

'한 시간 동안 영어 독해를 풀어야지' 이런 식의 공부가 아니다. '몇 분간 공부해야지' 이것도 아니다. 그야말로 초 단위로 체크하는 것이다. 단 1초도 허투루 보내지 않는 것이다.

1분 안에 풀어야 한다는 생각은 한 문제 한 문제 풀 때마다 엄청난 집중력을 발휘시켰다. 자습할 때도 시험 볼 때와 다름없는 집중력을 유지할 수 있었다. 이렇게 공부를 하고 난 뒤엔 얼마나 에너지를 쏟고 집중을 했던지 이 공부만 하고 나면 급격히 허기가 질 정도였다. 머리가 풀로 가동된 느낌이 든다. 힘들지만 무척이나 뿌듯했다.

물론 이렇게 문제를 풀고 난 뒤엔 채점하고 다시 문제를 읽어봐야 한다. 정독하며 해석 안 되는 문장, 모르는 단어를 체크하고 공부하는 과

정이 꼭 필요하다. 하지만 적어도 처음 문제를 풀 땐 실전처럼 풀었다.

여러분도 실전처럼 문제를 풀 때 1분 안에 푸는 것을 목표로 하길 바란다. 이 책에서는 매 문제의 시간을 측정하게 되어 있다. 책을 따라 연습하다 보면 나중엔 1분이 아니라 30초 안에 푸는 경우도 생길 것이다.

03 애매하게 맞힌 것은 틀린 것이다

실전처럼 연습하지만 실전과는 다르게 해야 할 것이 하나 있다. 진짜 시험에선 100% 확신이 없더라도 확률이 높아 보이는 답을 체크하곤 한다. 하지만 연습할 때는 그래서는 안 된다. 연습할 때도 적당히 찍는 학생들이 많다. 그러다 운이 좋아 그게 정답이 되기도 한다.

그러나 이건 말 그대로 운이 좋아서 맞힌 것이지 결코 실력이 아니다. 실력이라고 착각하고 있는 것일 뿐이다. 그 내용이 실전 시험에서 다시 나오면 어떻게 되겠는가? 또 찍어야 한다. 그 때도 맞힌다는 보장이 있는가? 안심하고 방심하다가 큰 시험에서 미끄러질 수 있다.

나중엔 이렇게 찍는 게 습관이 된다. 제대로 된 단서도 없는데 대충 찍는 버릇이 생기는 것이다. 찍어 놓고 맞게 해달라고 산신령님께 기도라도 올려야 할 판이다. 여러분은 실력을 평가하는 시험을 보는 것이지 로또 번호를 찍는 것이 아니다.

애매하게 맞힌 것은 틀린 것이다. 확실한 단서가 없다면 연습할 때 아예 답을 적지 마라. 그건 틀린 것이다. 답을 적더라도 이건 확실히 모르는데 답을 표시한 것이라고 체크를 해놓아야 한다.

자신감은 갖되 자기 자신에게 끝없이 냉정해져야 한다. 이런 마음가짐은 결국 실력으로 이어진다. 실력은 다시 자신감으로 이어지게 되는 법이다. 이는 영어를 포함한 다른 과목을 공부할 때도 마찬가지다. 명백한 근거 없이 애매하게 맞힌 건 틀린 것임을 명심하라.

04 독해 시험은 냉정하기 짝이 없는 시험이다

흔히 영어 시험은 언어 과목이기에 감이 중요하다고 한다. 앞으론 이 말을 믿지 마라. 감이 무엇을 의미하는지에 따라 다를 수 있지만 그게 '느낌'을 의미하는 것이라면 완벽히 틀린 말이다.

느낌이란 사람마다 다 다르다. 같은 사람도 기분에 따라 달라지는데 정답이란 게 어떻게 존재하겠는가? 감으로 풀 수 있는 문제는 시험에 나오지 않는다. 감으로 푸는 것은 달리 표현하면 찍는 것이다.

여러분이 푸는 영어 문제는 냉정하기 이를 데 없는 시험이다. 정답이 되는 것은 반드시 정답이 될 수밖에 없는 근거가 지문에 반드시 존재한다. 오답들은 오답이 될 수밖에 없는 이유가 반드시 있다.

근거를 찾아야 한다. 절대 여러분의 주관으로 체크하면 안 된다. 이건 증거도 없는데 대충 아무나 적당한 사람을 고른 다음에 범인이라고 실형을 선고하는 것과 마찬가지다. 얼마나 끔찍한가?

05 단어 학습도 실전이다

해석하다 중간중간 모르는 단어를 찾아보고 이어서 읽는 방식으로 학습하는 학생들도 있다. 속독 훈련에는 좋은 방법이 될 수 없다. 시간도 많이 잡아먹는다. 이런 식으로는 시험과 동일한 실전 연습을 할 수가 없다. 시험장에 사전을 들고 가서 중간중간 찾아보며 독해할 것도 아니지 않은가?

또한 이렇게 되면 어원과 앞뒤 문맥을 통해 유추하는 훈련을 해볼 수 없다. 독해하며 온전히 지문에만 집중해야 하는데 단어 찾느라 맥이 계속 끊긴다.

사전과 지문 사이에 시선이 왔다 갔다 해야 하기 때문에 쉽게 지치는 데다 시간이 오래 걸리고 잡념이 들게 된다. 특히 속독 훈련에 맞지 않는다.

지문을 실전처럼 다 읽어 본 다음에 모르는 단어를 전부 추려 한 번에 인터넷이나 전자사전으로 찾아보는 것이 실전 연습에도 도움이 되고 훨씬 효과적이다.

그때그때 하나하나 단어를 찾고 다시 읽고 또 나오면 찾고 하는 방식으로 하는 경우와, 집중해서 지문만 읽고 그 이후 단어를 찾는 경우에 걸리는 시간을 측정해보면 후자의 방식이 훨씬 적은 시간이 걸릴 수밖에 없다.

단 1초도 허투루 보내지 않는다.

06 레이싱 게임처럼 재미있게 하는 속독 훈련

독해를 초 단위로 공부하게 되면 독해와 속독 연습이 '게임'이 될 수 있다. 사실 진짜 게임이랑 다를 게 없다. 매 판마다 점수를 내기 위한 게임을 해본 적이 있을 것이다. 레이싱 게임을 할 때 정해진 시간 안에 코스를 다 돌아야 살아남는다. 신기록을 세우거나 판을 깨면 희열을 느낀다.

매 지문을 독해할 때 소요 시간이 이 게임의 점수다. 최대한 짧은 시간에 미션을 완수해야 한다. X초 안에 답을 맞히면 미션 성공, 이런 식으로 여러분 수준에 맞춰 적당한 레벨의 게임을 하면 된다. 미션을 완수하면 초콜릿 한 조각씩 보상으로 줘도 좋다. 실제 게임에선 현실에 주어지는 보상이 없지만 이 공부법은 현실에 보상까지 있는 것이다.

독해 문제를 푸는 것은 마치 퍼즐 놀이와도 비슷하다. 지문에 주어진 조건들에 맞게 빈칸에 무엇이 들어갈지 알맞은 퍼즐 조각을 찾아내는 것이다.

사실 다른 과목에 비해 참으로 재미있는 공부다. 학창 시절 나는 다른 과목 공부를 하다가 쉴 때 독해 문제를 풀곤 했다. 물론 공부가 힘들기는 하지만 상대적으로 어려운 수학 문제를 붙들고 끙끙대다 영어 독해 문제를 풀면 기분 전환이 되곤 했다.

지문 내용을 보면 딱딱한 내용도 있지만 재미있는 지문도 있고 감동적이거나 소소한 에피소드도 있다. 국어 시험처럼 지문이 엄청 길지도 않다. 수학처럼 스토리도 없이 꼬아 놓지도 않는다.

물론 그래픽 효과도 없고 사운드도 없으니 완전히 게임처럼 자극적이진 않을 것이다. 하지만 게임이라는 생각을 하는 것만으로도 공부 효율이 올라가고 느끼지 못했던 재미를 느끼게 될 것이다. 최소한 독해 공부에 대해 부담감이나 두려움을 내려놓았으면 좋겠다. 즐기려면 즐길 준비가 되어 있어야 한다.

07 속독의 문제점을 더 정밀하게 진단하는 방법

여러분이 공부가 안되고 성적도 안 나온다면 반드시 이유가 있다. 그 이유를 개선하면 된다. 그런데 많은 학습자들이 자신의 문제점 자체를 모른다. 어디에 문제점이 있는지 모르니 뭘 개선해야 할지 모른다. 뭘 개선해야 할지도 모르는데 개선이 되겠는가?

자신의 공부에 대해 명확하게 아는 것. 이것이 바로 IQ보다 성적과 더 밀접하게 관련된 메타인지 능력이다. 자기 자신을 알아야 자기를 개선할 수 있기 때문이다.

우리는 공부의 모든 과정을 초 단위로 체크하면서 메타인지를 끌어올릴 것이다. 우리는 더 구체적으로 우리 스스로의 문제를 파악할 필요가 있다. 학습 과정을 더 쪼개서 문제점을 찾아보자.

10초도 안 되어 끝나는 그 짧은 올림픽 100미터 달리기조차도 스타트, 가속 질주, 중간 질주, 피니시를 따로 본다. 쪼개지 않고 그냥 통으로 재기만 하면 스타트에 문제가 있는지 피니시에서 속도가 떨어지는지 알 수가 없기 때문이다. 만약 스타트에 문제가 있다고 측정되면 스타트에 걸리는 시간을 0.01초라도 단축시키기 위해 스타트 연습을 죽도록 하는 것이다.

10초 안에 끝나는 100m 달리기가 이런데 마라톤을 포함한 대부분의 기록 경기는 말할 것도 없다. 우리는 이 특별한 방법을 독해 공부에 적용해 볼 것이다.

독해 문제를 틀리는 원인으로 어휘력 부족, 문법 부족 등 여러 가지가 있을 수 있다. 정확히 문제점을 파악할 수 있는 방법이 있다. 앞서 속독 훈련 5스텝 중에 2번째 단계를 다시 3단계로 쪼개 문제점을 파악하는 것이다.

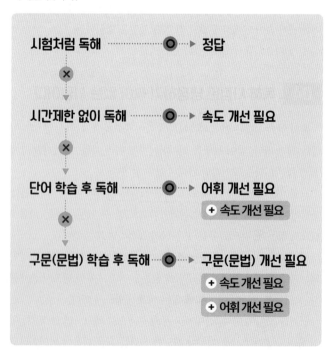

① 당신의 독해 문제점 : 속도

독해 문제를 푼 뒤 틀렸을 때 시간제한 없이 독해를 해보자. 이때 정답을 맞혔다면 독해 속도가 문제라고 보면 된다. 시간만 넉넉히 주어지면 독해에 문제가 없는 것이다. 좀 더 속도를 올릴 수 있는 훈련이 필요하다. 앞으로 나올 각종 속독 스킬을 배우면 개선이 될 것이다.

② 당신의 독해 문제점 : 어휘

하지만 시간을 충분히 가지고도 해결이 되지 않을 수 있다. 해석이 안 되는 부분이 있기 때문이다. 이때는 지문에서 모르는 단어만 표시해서 그 단어를 학습하고 다시 독해를 한다. 그 뒤 모르는 단어가 없는 상태에서 읽어서 완벽히 독해가 되면 어휘가 문제였던 것이다.

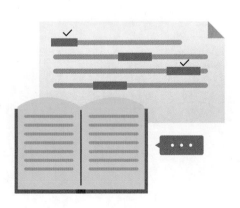

③ 당신의 독해 문제점 : 구문(문법)

만약 그렇게 해도 여전히 독해가 안 된다면 단어가 아닌 구문(문법)에 문제가 있다고 봐야 한다. 그때는 해석이 안 되는 구절을 모두 표시해놓고 문법적으로 어떻게 해석해야 하는지 공부한다.

이렇게 학습 스텝을 나누어 자신의 문제점을 파악한다면 향후 학습할 때 어떤 부분에 더 중점을 두어야 하는지 알 수 있어 좀 더 효율적으로 공부할 수 있게 되는 것이다.

모든 지문을 이 정도로 세밀하게 쪼개서 분석할 필요는 없다. 몇 개 지문이라도 체크해볼 수 있다면 독해 시 문제점을 정확히 알게 될 것이다.

이런 과정이 집요하다 생각할 수 있다. 하지만 이런 집요함이 여러분을 최고로 만들어 줄 것이다. 지금까지 나는 집요할 정도로 여러분의 공부의 문제점을 파고들어 왔다. 그 끝엔 늘 해결책이 있었다. 소위 꼴통이라는 학생조차도 얼마든지 개선될 수 있었다. 그래서 어떤 상황이든 어떤 문제가 있든 나는 절대 여러분을 포기하지 않을 것이다. 여러분도 부디 여러분의 꿈을 포기하지 않길 바란다.

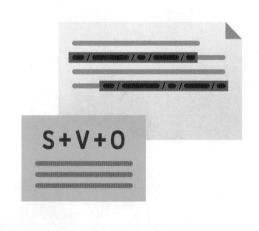

강성태 영독해 속독편

PART 1

지문 구조 편

10개 지문 구조로
빠르게 예측하며 읽는다!

Unit 01

주제문	예시 1	예시 2

☑ '주제문 – 예시'는 가장 기본적인 글의 구조다

'주제문 – 예시' 지문 구조는 공신에서 학생들에게 동기부여 멘토링을 할 때 자주 쓰는 방식이다.

주제문	제대로 된 공부법을 배우고 동기부여 받을 수 있다면, 여러분도 단기간에 성적을 향상시킬 수 있다.
예시 1	예를 들어, 학창 시절 내내 7~8등급이었던 군인이 전역 후 불과 4개월 만에 수능에서 한 과목을 제외하고 전 과목 1등급을 받았다.
예시 2	또한, 부동산에 대해 전혀 모르던 학생이 효과적인 공부법을 적용해 6개월 만에 공인중개사 자격증을 땄다.

공부의 신 유튜브 채널에 출연한 공신 멘토의 실제 스토리를 예로 들었다. 이렇게 예시를 든다면 그냥 '단기간 성적 상승이 가능하다'라고 주장만 하는 것보다 훨씬 설득력이 있다. 다른 사람을 설득하기 위해서는 반드시 적절한 근거가 필요하다. 근거 없이 주장만 있는 글은 논리적으로 좋은 글이 아니기에 시험에 나오지 않는다. 근거로 가장 쉽게 쓸 수 있는 것은 바로 예시이다. 여러분이 글이나 말로 누군가를 설득하거나 무엇을 설명한다고 생각해보자. 아마 예시를 안 들기 어려울 것이다. 우리는 모두 삶에서 주장의 근거로 예시를 매우 잘 쓰고 있다. 학창 시절 어머니께서 우릴 혼내실 때 "또 약속을 안 지켰구나!"라고만 하시지 않는다. 공부하고 나서 놀기로 했지만 놀기만 했던 일, 숙제하기로 해놓고 몰래 폰 게임했던 일, 양말을 아무 데나 벗어 놓은 일까지 예시로 드신다. 예시의 달인이시다.

모든 수업도 수많은 예시로 이루어진다. 수학이나 영어에서도 예제(예시로 드는 문제)를 통해 개념을 익힌다. 심지어 이 책에서도 각 전략에 따른 예시 문제를 제공하고 있다.

독해 시험에도 '주제문 – 예시' 구조의 지문이 많이 출제된다. 출제자 입장에서는 여러 예시를 통해 다양한 어휘와 표현을 알고 있는지 평가할 수 있다는 장점이 있다. 그렇다고 예시가 길거나 많은 것이 수험생에게 불리하지는 않다. 오히려 예시가 많은 만큼 내용을 이해하기 쉽고 주제를 쉽게 파악할 수 있다.

☑ 시험에는 논리적으로 명확한 글이 나온다

'단기간 성적 상승이 가능하다'라는 주장을 하면서 '몇 년째 불합격하고 있는 장수생' 이야기를 예시로 들 리 없다. 특히 공신력 있는 시험일수록 횡설수설하는 지문은 절대 나오지 않는다. 항상 논리적으로 명확한 글이 나온다.

공신들은 이런 지문 구조를 이미 알고 있기 때문에, 빈칸 추론 유형이든, 주제 찾기 유형이든 개의치 않는다. 주제문을 읽고 예시의 빈칸을 추론할 수 있고 반대로 예시를 읽고 주제나 제목을 찾는 것도 가능하다. 또한 주제문을 찾았고 그에 따른 예시들이 뒤따르는 구조임을 파악했다면, 그 뒤 나머지 예시들은 확인하는 차원에서 빠르게 읽어 시간을 단축할 수 있다.

Unit 01 훑어보기

'주제문 – 예시 1 – 예시 2' 지문 구조는 필자의 주장을 펼친 후, 구체적인 예를 들어 주장을 뒷받침해주는 방식이다. 이 지문 구조에서는 주제문을 파악하면 문제의 절반 이상은 풀린 것과 같다. 영어는 중요한 것을 먼저 말하는 특성이 있어서, 주제문은 앞부분에 위치할 가능성이 높다.

또한 영어에서는 주제문과 예시에서 흔히 쓰이는 표현이 정해져 있다. 심지어 첫 번째 예시, 두 번째 예시 각각에 자주 쓰이는 연결사까지 정해져 있기에 아래에 제시된 기본적인 시그널은 숙지하도록 한다.

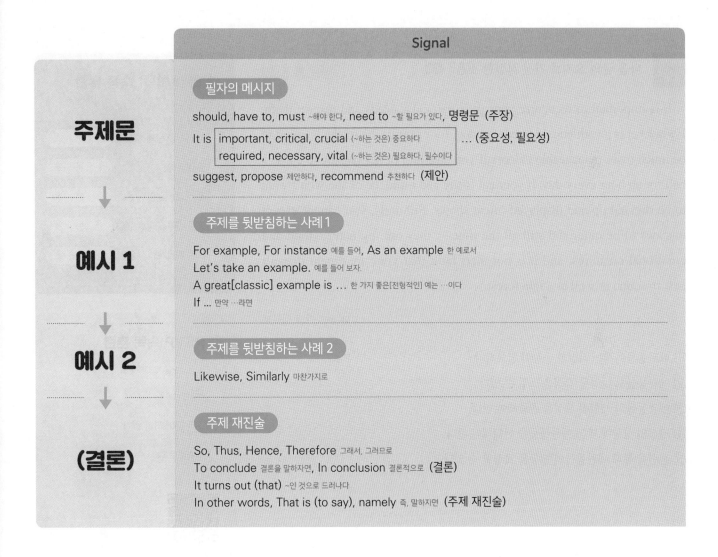

Signal

주제문

필자의 메시지

should, have to, must ~해야 한다, need to ~할 필요가 있다, 명령문 (주장)

It is important, critical, crucial (~하는 것은) 중요하다 ... (중요성, 필요성)
required, necessary, vital (~하는 것은) 필요하다, 필수이다

suggest, propose 제안하다, recommend 추천하다 (제안)

예시 1

주제를 뒷받침하는 사례 1

For example, For instance 예를 들어, As an example 한 예로서
Let's take an example. 예를 들어 보자.
A great[classic] example is … 한 가지 좋은[전형적인] 예는 …이다
If … 만약 …라면

예시 2

주제를 뒷받침하는 사례 2

Likewise, Similarly 마찬가지로

(결론)

주제 재진술

So, Thus, Hence, Therefore 그래서, 그러므로
To conclude 결론을 말하자면, In conclusion 결론적으로 (결론)
It turns out (that) ~인 것으로 드러나다
In other words, That is (to say), namely 즉, 말하자면 (주제 재진술)

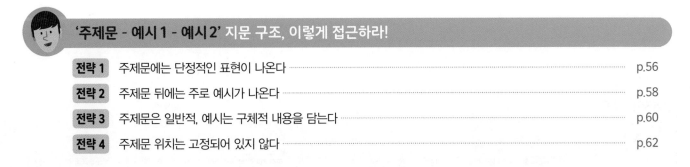 ### '주제문 - 예시 1 - 예시 2' 지문 구조, 이렇게 접근하라!

전략 01 주제문에는 단정적인 표현이 나온다

글이라는 것은 결국 글쓴이가 하고자 하는 말을 효율적으로 전달하기 위한 것일 뿐 그 이상도 이하도 아니다. 하고자 하는 말이 곧 주제인데 그것을 명확하게 전달하기 위해 쓰는 표현들이 정해져 있다. 우리는 이미 Unit 01 <훑어보기>에서 주장, 제안, 중요성을 나타내는 대표적인 주제문 시그널을 보았다. 그 시그널의 공통점은 말하는 내용에 대한 글쓴이의 확신이 묻어나는 단정적인 표현이라는 것이다. 현재시제로 단정적인 뉘앙스를 나타내거나, 아예 첫 문장에서 주제문 시그널을 제시하는 것도 주제를 돋보이게 한다.

예제 1 다음 글의 요지로 가장 적절한 것은?   난이도 ★ ☆ ☆

It is important to recognize your pet's particular needs and respect them. If your pet is an athletic, high-energy dog, for example, he or she is going to be much more manageable indoors if you take him or her outside to chase a ball for an hour every day. If your cat is shy and timid, he or she won't want to be dressed up and displayed in cat shows. Similarly, you cannot expect macaws to be quiet and still all the time — they are, by nature, loud and emotional creatures, and it is not their fault that your apartment doesn't absorb sound as well as a rain forest.

* macaw: 마코 앵무새

① 애완동물에게는 적절한 운동이 필요하다.
② 애완동물도 다양한 감정을 느낄 수 있다.
③ 애완동물의 개별적 특성을 존중해야 한다.
④ 자신의 상황에 맞는 애완동물을 선택해야 한다.
⑤ 훈련을 통해 애완동물의 행동을 교정할 수 있다.

⏱ 타임 어택! 속독 훈련

✓ 학습한 내용과 시간을 체크해보세요.

● 실전처럼 문제 풀기   분 초
● 단어 학습   분 초
● 필터로 끊어읽기   분 초
● 지문 구조+느낌 빽! 학습   분 초
● 지문 빠르게 다시 읽기   분 초

➕ RSVP 속독 훈련

✓ 학습한 내용을 체크해보세요.

● 원어민 MP3 듣기
● 소리 내어 따라 읽기
● 배속으로 청킹 속독

지문 듣기

✓ 정답은 오른쪽 페이지에

단어 자가 테스트

recognize	respect	athletic
manageable	chase	timid
by nature	creature	absorb

어원 Hint **recognize**: re(다시)+cogn(알다)+ize(~이 되게 하다) → 다시 알아보다   **manageable**: man(손)+age(상태)+able(할 수 있는) → 손으로도 할 수 있는

첫 문장 키워드 important, pet's particular needs

첫 문장부터 아주 중요한 내용을 알려준다고 important를 써서 강조하고 있다. 문법적으로는 현재시제를 사용해서 마치 하나의 법칙을 알려주는 뉘앙스를 풍긴다. 게다가 바로 뒤 문장에 for example이 나오는 것을 보니 이 문장이 주제문일 가능성이 높다.

예측하며 속독하는 지문 구조

It is |important| / to recognize your pet's particular needs / and respect them. //
중요하다　　　　당신의 애완동물의 특정한 필요를 인정하고　　　　그것들을 존중하는 것은

주제문

애완동물의 특정한 필요를 인정하고 존중해야 한다.

Tip to recognize 이하 내용이 중요함을 강조하기 위해 important와 현재시제를 써서 단정적으로 표현하였다.

|If| your pet is an athletic, high-energy dog, / |for example|, / he or she is
만약 당신의 애완동물이 운동을 좋아하고 에너지가 많은 개라면　　예를 들어　　그 또는 그녀는 실내

going to be much more manageable indoors / if you take him or her outside /
에서 훨씬 더 다루기 쉬울 것이다　　　　만약 당신이 그 또는 그녀를 밖으로 데리고 간다면

to chase a ball / for an hour every day. //
공을 쫓아다니도록　　매일 한 시간씩

예시 1

에너지가 넘치는 개

Tip If로 구체적인 상황을 가정한 다음, for example로 앞에서 말한 내용에 대한 예시를 들기 시작한다.

|If| your cat is shy and timid, / he or she won't want / to be dressed up and
만약 당신의 고양이가 수줍음이 많고 소심하다면　그 또는 그녀는 원하지 않을 것이다　고양이 쇼에서 옷이 차려 입혀지고

displayed in cat shows. //
보여지는 것을

예시 2

수줍음이 많고 소심한 고양이

Tip 첫 번째 예시와 마찬가지로 If로 구체적인 상황을 가정하여 예시를 들었다.

|Similarly|, / you cannot expect / macaws to be quiet and still all the time / —
마찬가지로　　당신은 기대할 수 없다　　마코 앵무새가 항상 조용하고 가만히 있을 것이라고

they are, / by nature, / loud and emotional creatures, / and it is not their fault
그들은　　천성적으로　　시끄럽고 감정적인 동물이다　　그리고 그들의 잘못이 아니다

/ that your apartment doesn't absorb sound / as well as a rain forest. //
당신의 아파트가 소리를 흡수하지 못하는 것은　　열대 우림만큼 잘

예시 3

시끄럽고 감정적인 마코 앵무새

Tip Similarly로 문장이 시작한다. 앞에서 든 예시들과 마찬가지로 애완동물의 특별한 필요를 인정하고 존중해야 한다는 비슷한 내용의 예시가 나올 것을 예측할 수 있다.

느낌 빡! 주제문은 주로 현재시제를 사용한다

현재시제는 과거에서 현재까지 이어졌으며, 미래에도 그럴 것으로 생각되는 일, 상황, 행동, 습관을 모두 나타낸다. 불변의 진리를 나타낼 때도 쓰이는 아주 단정적인 뉘앙스를 가지고 있는 시제이다. **참고** 『강성태 영문법 필수편』 Unit 06 현재시제

주제문은 단정적이고 강한 표현으로 나타내야 효과적이기에, **현재시제는 주제를 제시하기에 가장 적합한 시제이다.** 실제로 시험에 나오는 지문에서 대부분의 주제문이 현재시제를 사용한다.

✓ 정답은 왼쪽 페이지에

단어 자가 테스트

한 → 영

○ 인정하다, 알아보다　　○ 존중하다　　○ 운동을 좋아하는
○ 다루기 쉬운, 관리하기 쉬운　○ 쫓아다니다　　○ 소심한, 겁 많은
○ 천성적으로　　○ 생명체, 동물　　○ 흡수하다

전략 02

주제문 뒤에는 주로 예시가 나온다

주제문은 설명이나 이유, 근거, 예시를 함께 제시할 때 힘이 실린다. 그 중에서도 특히 예시가 많이 사용되며, 대개 주제문 뒤에 바짝 붙어 나온다. 대부분의 영어 지문은 말하고자 하는 핵심 내용을 먼저 제시하는 두괄식 구조를 취하므로 첫 문장 바로 다음에 그에 대한 예시가 나오면 '주제문 – 예시' 구조일 가능성이 높다.

예제 2 다음 글의 요지로 가장 적절한 것은? 난이도 ★★

  Patients should be aware that there can be differing views among specialists about who should be treated for various conditions. For example, expert committees in Europe and the United States set different guidelines about when to treat high blood pressure. The group of American experts believed that for mild elevation of blood pressure the benefits exceeded the risks from treatment. They wrote guidelines suggesting that patients with mild blood pressure elevation take medicine. But in Europe, an expert committee with access to the same scientific data set different guidelines that don't advise treatment for mild elevation of blood pressure. In Europe, people with the same symptoms would not be encouraged to take medicine. Different groups of experts can disagree significantly about what is "best practice."

* elevation: 상승

① 국가 간 협력을 통해 의료보건 서비스 질을 높일 수 있다.
② 치료법 결정에 참여하기 원하는 환자가 증가하는 추세이다.
③ 의료 기술의 발전은 체계적인 진료 데이터 관리에 달려있다.
④ 획일화된 진료에서 벗어나 개개인의 특성에 맞춰 검진해야 한다.
⑤ 치료 행위에 대한 전문가들의 의견이 일치하지 않을 수 있다.

🕐 타임 어택! 속독 훈련

✓ 학습한 내용과 시간을 체크해보세요

- 실전처럼 문제 풀기   분   초
- 단어 학습   분   초
- 필터로 끊어읽기   분   초
- 지문 구조+느낌 빽 학습   분   초
- 지문 빠르게 다시 읽기   분   초

➕ RSVP 속독 훈련

✓ 학습한 내용을 체크해보세요

- 원어민 MP3 듣기
- 소리 내어 따라 읽기
- 배속으로 청킹 속독

지문 듣기

✓ 정답은 오른쪽 페이지에

단어 자가 테스트

영 → 한

○ patient	○ condition	○ committee
○ blood pressure	○ benefit	○ exceed
○ treatment	○ take medicine	○ symptom
○ encourage	○ disagree	○ significantly

어원 Hint **benefit**: bene(좋은)+fit(만들다) → 좋게 만드는 것   **exceed**: ex(밖으로)+ceed(가다) → (경계) 밖으로 가다

첫 문장 키워드   should be aware, differing views

첫 문장에 충고·의무를 나타내는 표현인 조동사 should가 나왔다. 게다가 바로 뒤에 예시 시그널 For example이 나왔으
니 첫 문장이 주제문일 확률이 높다.

정답과 해설 p.02

예측하며 속독하는 **지문 구조**

Patients should be aware / that there can be differing views among
환자들은 알아야 한다   전문가들 사이에서 다른 의견이 있을 수 있다는 것을

specialists / about who should be treated / for various conditions. //
                누가 치료를 받아야 하는지에 대해   다양한 질환에서

For example , / expert committees in Europe and the United States / set
예를 들어   유럽과 미국의 전문가 위원회는   다른

different guidelines / about when to treat high blood pressure. // The group
지침을 설정했다   언제 고혈압을 치료할지에 대해   미국 전문가 집단

of American experts believed / that for mild elevation of blood pressure / the
은 믿었다   경미한 혈압 상승에는   이득

benefits exceeded the risks / from treatment. // They wrote guidelines /
이 위험을 능가한다고   치료로부터의   그들은 지침을 작성했다

suggesting that patients with mild blood pressure elevation take medicine. //
경미한 혈압 상승이 있는 환자들이 약을 먹을 것을 제안하는

But in Europe, / an expert committee with access to the same scientific data
그러나 유럽에서는   같은 과학적 자료에 접근권을 가진 전문가 위원회가

/ set different guidelines / that don't advise treatment for mild elevation of
  다른 지침을 설정했다   경미한 혈압 상승에 치료를 권하지 않는

blood pressure. // In Europe, / people with the same symptoms / would not
            유럽에서는   같은 증상을 가진 사람들이   약을 먹으라고 권

be encouraged to take medicine. //
장 받지 않을 것이다

Different groups of experts / can disagree significantly / about what is "best
다른 전문가 집단들은   상당히 동의하지 않을 수 있다   무엇이 '최선의 (의료) 행위'인지

practice." //
에 대해

주제문

전문가들 사이에서 치료 대상에 대한 다른 의견이
있을 수 있음

Tip 주제문 시그널 should를 써서 환자들과 관련된
글쓴이의 주장을 제시하였다.

예시

경미한 고혈압 환자의 치료에 대한 미국 전문가 위
원회와 유럽 전문가 위원회의 의견 차이

· **미국** 경미한 혈압 상승 환자에게 약을 먹을 것
  을 제안함
· **유럽** 경미한 혈압 상승에는 치료를 권하지 않음

Tip 글쓴이의 견해가 나타난 문장 바로 다음에 예시
연결사 For example이 나왔다. 주제를 뒷받침하는
예시가 나올 것을 알 수 있다.

Tip 연결사 But을 기점으로 상반되는 예시가 나온
다. 앞에 나온 미국 전문가 위원회의 의견과 유럽 전문
가 위원회의 의견이 다를 것이라고 예측할 수 있다.

결론

서로 다른 전문가 집단은 무엇이 '최선의 (의료) 행
위'인가에 대해 동의하지 않을 수 있음

Tip 맨 처음에 제시된 주제와 같은 내용을 담은 문장
이 결론으로 되풀이되었다.

느낌 빡!   주제문이 바로 이해가 안 돼도 풀 필요 없다

앞으로 우리가 보게 될 많은 지문들은 이 지문처럼 마지막에 결론을 통해 주제를 다시 한번 이야기한다. 그 정도로 저자들은 자신이 하고픈 이야기, 즉 주제를 확실히
전달하려 애를 쓴다. 그래서 지문의 첫 문장이나 마지막 문장에 주제가 있을 확률이 높다. 하지만 주제문이 어디 있는지 알아도 해석이 잘 안 될 때도 많다. 걱정할 필
요 없다. 우리는 Unit 01 <훑어보기>에서 예시는 주장을 뒷받침한다고 배웠다. 이를 이용하여 구체적인 예시를 보고 글쓴이의 주장이 무엇인지 역으로 추론하면 된
다. 출제 위원도 그걸 의도한 것이다.

처음과 끝에 주제를 써 주는 이유는 그 위치가 가장 기억에 잘 남기 때문이다. 공부할 때도 처음에 본 내용과 마지막에 본 내용이 가장 기억에 잘 남는다. 심리학에서
이를 각각 초두 효과, 최신 효과라고 한다. 그래서 공신들은 중요한 내용을 이때 공부하기도 한다. 또한 중간중간 적절히 쉬는 시간을 갖는다. 집중력이 떨어지는 것을
방지하기 위함도 있지만 쉴 때마다 시작과 끝이 새로 생겨 이 효과들을 여러 번 활용할 수 있기 때문이다. 그렇다고 매번 5분 공부하고 50분씩 쉬라는 뜻은 아니다.

참고 결론으로 마무리되는 지문 구조에 대한 내용은 **Unit 02** '도입 - 주제문 - 예시 - 결론'에서 더 자세히 설명하였으므로, 반드시 참고할 것!

✔ 정답은 왼쪽 페이지에

전략 03

주제문은 일반적, 예시는 구체적 내용을 담는다

주제문은 글 전체를 포괄해야 한다. 그리고 예시는 그 주제문을 설명하기 위한 구체적인 사례이다. 그래서 문장 내용이 일반적인지 구체적인지에 따라 주제문과 예시를 구분할 수 있다. 단, 이때 일반적인 진술이 구체적인 진술을 포괄하는지 점검해보아야 한다.

또한 일반적인 진술과 구체적인 진술은 절대적인 개념이 아니다. '건강을 지키기 위한 노력, 균형 잡힌 식사, 꾸준한 운동'에서는 꾸준한 운동이 건강을 지키기 위한 노력의 구체적인 예시이지만, '꾸준한 운동, 매일 30분 집 앞 산책, 잠자기 전 스트레칭'에서는 꾸준한 운동이 일반적인 진술이고 나머지가 꾸준한 운동에 대한 구체적인 예시이다.

예제 3 다음 글의 제목으로 가장 적절한 것은? 난이도 ★

We become more successful when we are happier and more positive. For example, doctors put in a positive mood before making a diagnosis show almost three times more intelligence and creativity than doctors in a neutral state, and they make accurate diagnoses 19 percent faster. Salespeople who are optimistic sell more than those who are pessimistic by 56 percent. Students who are made to feel happy before taking math achievement tests perform much better than their neutral peers. It turns out that our brains are literally programmed to perform at their best not when they are negative or even neutral, but when they are positive.

① What Makes a Great Salesperson
② Success: The First Key to a Happier Life
③ The Difference Between Success and Achievement
④ The Impacts of Positive Emotions on Brain Performance
⑤ An Effective Approach to Improving Diagnostic Accuracy

🕐 타임 어택! 속독 훈련

✓ 학습한 내용과 시간을 체크해보세요.

● 실전처럼 문제 풀기	분	초
● 단어 학습	분	초
● 필터로 끊어읽기	분	초
● 지문 구조+느낌 빽 학습	분	초
● 지문 빠르게 다시 읽기	분	초

➕ RSVP 속독 훈련

✓ 학습한 내용을 체크해보세요.

○ 원어민 MP3 듣기

○ 소리 내어 따라 읽기

○ 배속으로 청킹 속독

지문 듣기

✓ 정답은 오른쪽 페이지에

첫 문장 키워드 more successful, happier, more positive

현재시제를 사용해서 마치 하나의 법칙을 알려주는 듯한 단정적인 뉘앙스다. 게다가 바로 뒤에 오는 문장이 연결사 For example로 시작한다. 또한 뒤에는 예시가 이어지므로 첫 문장은 주제문일 가능성이 높다.

정답과 해설 p.03

예측하며 속독하는 지문 구조

We become more successful / when we are happier and more positive. //
우리는 더 성공적으로 된다   우리가 더 행복하고 더 긍정적일 때

주제문

우리가 더 행복하고 더 긍정적일 때 더 성공적으로 된다.

Tip 주어 We와 단정적인 뉘앙스의 현재시제를 사용하여 일반적으로 적용되는 법칙인 것처럼 말하였다.

For example, / doctors put in a positive mood / before making a diagnosis /
예를 들어   긍정적인 기분이 된 의사들은   진단을 내리기 전에

show almost three times more intelligence and creativity / than doctors in a
거의 3배 더 높은 지능과 창의성을 보여준다   중립적인 상태에 있는 의사

neutral state, / and they make accurate diagnoses 19 percent faster. //
들보다   그리고 그들은 19퍼센트 더 빠르게 정확한 진단을 내린다

예시 1

긍정적일 때 더 높은 지능과 창의성을 보이고, 더 빠르게 정확한 진단을 내리는 의사들

Tip For example로 앞 문장에서 말한 내용에 대한 예시를 들기 시작한다.

Salespeople who are optimistic / sell more / than those who are pessimistic /
낙관적인 판매원들은   더 많이 판다   비관적인 판매원들보다

by 56 percent. //
56퍼센트만큼

예시 2

낙관적일 때 더 많이 파는 판매원들

Students who are made to feel happy / before taking math achievement tests
행복한 기분이 된 학생들은   수학 성취도 평가를 보기 전에

/ perform much better / than their neutral peers. //
훨씬 더 잘 수행한다   그들의 중립적인 또래들보다

예시 3

행복할 때 성취도 평가를 더 잘 수행하는 학생들

Tip 주제문과 예시 관계는 마치 비례식 같다.
긍정적 : 성공적
= 긍정적인 의사 : 더 높은 지능과 창의성 / 더 빠른 정확한 진단
= 낙관적인 판매원 : 더 많은 판매
= 행복한 학생 : 더 좋은 성취도 평가 결과

It turns out / that our brains are literally programmed / to perform at their
(~라고) 드러난다   우리 뇌는 말 그대로 프로그램되어 있다고   최고로 기능하도록

best / not when they are negative or even neutral, / but when they are
그것들이 부정적이거나 심지어 중립적일 때도 아니라   그것들이 긍정적일 때

positive. //

결론

우리 뇌는 긍정적일 때 최고로 기능하게 프로그램되어 있다.

Tip It turns out ~으로 문장이 시작한다. 앞에서 든 여러 예시들을 통해 밝혀진 바, 즉 앞 내용을 하나로 정리하는 결론을 제시하는 것이다.

느낌 빡! 예시문을 통해 주제문이 맞는지 검증할 수 있다

주제문 뒤에는 주제문의 내용이 사실이라고 증명해주는 예시가 주로 나온다. 만약 본인이 생각한 주제문과 예시의 방향이 완전히 다르다면, 주제문을 잘못 파악한 것이다.
행복하고 긍정적일 때 더 성공적으로 된다는 주제문 뒤에 긍정적인 의사일수록 정확한 진단을 더 빨리 내리고, 낙관적인 판매원일수록 물건을 더 많이 팔고, 행복한 학생일수록 성취도 평가를 더 잘 본다는 예시가 이어진다. 주어진 예시들이 모두 주제와 일치하는 것을 볼 수 있다.
더불어 이 지문을 선정한 특별한 이유가 있다. 공부도 인생도 쉬운 것이 하나 없기에 우린 쉽게 지치고 우울해진다. 하지만 지문의 내용대로 행복하고 긍정적인 사람이 성공하는 법이다. 성공해서 행복한 것이 아니다. 지금 당장 잠시라도 웃어보아라. 여러분은 웃을 때 더욱 더 사랑스럽고 매력이 넘친다. 할 수 있다. 여러분은 반드시 해내게 될 것이다. 그 믿음이 성공을 가져다줄 것이다.

✓ 정답은 왼쪽 페이지에

단어 자가 테스트

한 → 영

- 성공적인
- 지능, 정보
- 정확한
- 수행하다
- 긍정적인(↔부정적인)
- 창의성
- 낙관적인(↔비관적인)
- 또래, 동료
- 진단
- 중립적인
- 성과, 성취
- ~인 것으로 드러나다

전략 04 ## 주제문 위치는 고정되어 있지 않다

영어로 쓰인 글은 두괄식이 압도적으로 많지만 시험에서 주제문은 문단 끝(미괄식), 심지어는 문단 중간(중괄식)에도 나올 수도 있다. 원래는 두괄식인데 일부러 주제문을 쏙 빼고 문제를 내기도 한다. 그러니 주제문의 위치가 정해져 있다고 생각하지 말고, 주제문(전체를 포괄하는 문장)이 있는지, 있다면 어디에 있는지부터 확인해야 한다. 주제문 없이 예시로 시작하는 글은 예시를 요약하고 정리하는 방식으로 주제가 뒤에서 제시된다.

예제 4 ### 다음 글의 요지로 가장 적절한 것은? 기출 변형   난이도 ★★★

A snack with the label "99% natural" seems more appealing than it would if labeled "1% unnatural." A frozen dinner labeled "75% fat free" would sell better than it would with the label "25% fat." The less appealing labeling option is just as accurate as the more appealing option. It also makes us reflect more about what we might be eating. Similarly, bets sound less appealing when framed in terms of the chances of losing or the amount of money one might lose, rather than the chances of winning or the amount of money one would win. Medical procedures may sound scarier when presented in terms of the risk of dying, rather than the likelihood of coming through unharmed. Therefore, it is a useful exercise to recompute losses in terms of gains or gains in terms of losses.

① 환경 문제의 심각성에 대한 인식은 친환경 제품 구매로 이어진다.
② 이익을 얻기 위해 위험을 감수하는 경향이 증가하고 있다.
③ 객관적인 수치로 물건의 가치를 판단하는 것이 중요하다.
④ 영양 성분 의무 표시 대상 식품을 확대할 필요가 있다.
⑤ 손실과 이득의 측면을 둘 다 고려하는 것이 현명하다.

⏱ 타임 어택! 속독 훈련
✔ 학습한 내용과 시간을 체크해보세요.

● 실전처럼 문제 풀기   분 초
● 단어 학습   분 초
● 필터로 끊어읽기   분 초
● 지문 구조+느낌 빽! 학습 분 초
● 지문 빠르게 다시 읽기   분 초

➕ RSVP 속독 훈련
✔ 학습한 내용을 체크해보세요.

○ 원어민 MP3 듣기
○ 소리 내어 따라 읽기
○ 배속으로 청킹 속독

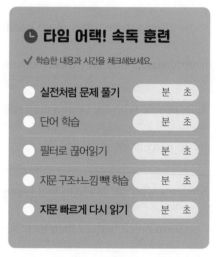
지문 듣기

✔ 정답은 오른쪽 페이지에

단어 자가 테스트

○ label	○ appealing	○ reflect
○ similarly	○ bet	○ frame
○ in terms of	○ procedure	○ likelihood
○ come through	○ unharmed	○ recompute

어원 Hint **recompute**: re(다시)+com(함께)+pute(생각하다) → 다시 모아서 생각하다

62   **Part 1** 지문 구조 편

첫 문장 키워드 99% natural, more appealing, 1% unnatural

'99% 천연'이 '1% 인공'보다 더 매력적으로 보인다는 내용이다. 똑같은 것도 어디에 초점을 두고 말하는지에 따라 다르게 다가온다는 내용이 이어질 것으로 예측할 수 있다.

예측하며 속독하는 지문 구조

A snack with the label "99% natural" / seems more appealing / than it would
'99% 천연' 표시가 붙은 간식은 　　더 매력적으로 보인다 　　'1% 인공'이라고 표시

if labeled "1% unnatural." // A frozen dinner labeled "75% fat free" / would
될 때보다 　　'무지방 75%'라고 표시된 냉동식품은 　　더 잘 팔릴

sell better / than it would with the label "25% fat." // The less appealing
것이다 　　'25% 지방'이라는 표시가 붙을 때보다 　　덜 매력적인 표시의 선택사항은

labeling option / is just as accurate as / the more appealing option. // It also
　　~만큼이나 정확하다 　　더 매력적인 선택사항 　　그것은 또한

makes us reflect more / about what we might be eating. //
우리를 더 많이 숙고하게 만든다 　　우리가 먹게 될 것에 대해

Similarly, / bets sound less appealing / when framed / in terms of the
마찬가지로 　　내기는 덜 매력적으로 들린다 　　틀이 씌워질 때 　　질 가능성 또는 한 사람이

chances of losing or the amount of money one might lose, / rather than the
잃을지도 모르는 돈의 액수의 관점에서 　　이길 가능성 또는 한 사

chances of winning or the amount of money one would win. //
람이 얻을 수도 있는 돈의 액수보다는

Medical procedures may sound scarier / when presented / in terms of the risk
의료 시술은 더 무섭게 들릴 수 있다 　　제시될 때 　　사망 위험의 관점에서

of dying, / rather than the likelihood of coming through unharmed. //
　　다치지 않고 회복할 가능성보다

Therefore, / it is a useful exercise / to recompute / losses in terms of gains /
그러므로 　　유용한 활동이다 　　다시 계산하는 것은 　　이득의 관점에서 손실을

or gains in terms of losses. //
또는 손실의 관점에서 이득을

예시 1

식품

천연 / 무지방 성분 관점에서 표시될 때
vs. 인공 / 지방 성분 관점에서 표시될 때

Tip 간식인데 표시가 있고 거기에 99% 천연… 이런 식으로 구체적인 이야기가 나온다면 그 문장은 주제 문일 가능성이 극히 희박하다.

↓

예시 2

내기

이길 가능성의 관점에서 볼 때
vs. 질 가능성의 관점에서 볼 때

Tip Similarly가 나왔다. 앞과 비슷한 예시 문장이 나올 것으로 예측할 수 있다.

↓

예시 3

의료 시술

회복 가능성 관점에서 제시될 때
vs. 사망 위험의 관점에서 제시될 때

↓

주제문

이득의 관점에서 손실 혹은 손실의 관점에서 이득 을 다시 계산해보는 것이 유용하다.

◎ 손실과 이득을 각각의 관점에서 살펴봐야 한다.

Tip 결론을 나타내는 연결사 Therefore가 나왔다. 앞에 나온 예시들을 하나로 정리하여 주제를 제시할 것이라고 예측 가능하다.

느낌 빡! 주제문으로 시작하지 않는 글은 예시의 공통점을 찾으며 읽어라

지문 앞부분에 주제문 없이 예시만 나열되며 시작하더라도 당황하지 마라. 차분히 예시의 공통점을 생각해보자. 99% 천연이 1% 인공보다, 75% 무지방이 25% 지 방보다, 이길 확률이 질 확률보다 더 매력적이라는 예시들이 모두 공통적으로 말하는 것이 무엇인가. 결과적으로 같은 말일지라도 내가 얻을 것, 장점이 부각된 표현 이 더 매력적이라는 것이다. 역시 결론 부분에는 이득의 관점과 손실의 관점 모두를 따져보라는 내용이 나온다. 우리가 찾아낸 예시들의 공통점과 일맥상통하는 내용 이므로 이 글의 주제문임을 확신할 수 있다.

✔ 정답은 왼쪽 페이지에

단어 자가 테스트

한 → 영

- ◯ 표시, 라벨; 표시를 붙이다
- ◯ 마찬가지로, 비슷하게
- ◯ ~의 관점에서
- ◯ 회복하다, 살아남다
- ◯ 매력적인
- ◯ 내기
- ◯ 절차, 시술
- ◯ 다치지 않은, 무사한
- ◯ 반영하다, 숙고하다
- ◯ 틀에 넣다
- ◯ 가능성
- ◯ 다시 계산하다

전략 적용 문제

1 다음 글의 제목으로 가장 적절한 것은? 기출 난이도 ★ ★ ☆

Sometimes we find a piece of writing hard to understand and we need to make the meaning clear, which is possible through simulation. A classic example is car insurance people. They read the reports of accidents and have to figure out who is legally responsible for the accidents. While nowadays they probably use computer simulation, at one time they would use toy cars and drawings of the roads. They would move the toy cars and note the damage that would occur according to the reports from the drivers making claims. In this case the simulation makes the written material more understandable by presenting it in a visual way. To study a text better, you can use simulation with any convenient objects.

① Complexity of Writing Process
② Limits of Simulation Technology
③ How to Expand Word Knowledge
④ Understanding Texts Through Simulation
⑤ Recording and Reporting Accidents

⏱ 타임 어택! 속독 훈련

✓ 학습한 내용과 시간을 체크해보세요.

- 실전처럼 문제 풀기 ⟮ 분 초 ⟯
- 단어 학습 ⟮ 분 초 ⟯
- 필터로 끊어읽기 ⟮ 분 초 ⟯
- 지문 구조+느낌 빽! 학습 ⟮ 분 초 ⟯
- 지문 빠르게 다시 읽기 ⟮ 분 초 ⟯

➕ RSVP 속독 훈련

✓ 학습한 내용을 체크해보세요.

- 원어민 MP3 듣기
- 소리 내어 따라 읽기
- 배속으로 청킹 속독

지문 듣기

✓ 정답은 오른쪽 페이지에

단어 자가 테스트 1 ○ simulation ○ insurance ○ figure out
영 → 한 ○ legally ○ nowadays ○ damage
  ○ claim ○ present ○ convenient
 2 ○ numerous ○ identity ○ politically (a. political)
  ○ welfare ○ particular ○ arise
  ○ gender ○ famine ○ threaten
  ○ kinship ○ ancestor ○ humanitarian

어원 Hint **present**: pre(앞에)+sent(존재하다) → 지금 내 앞에 존재하다 **ancestor**: an(전에)+cest(가다)+or(~하는 사람) → 앞서 걸어간 사람

2 다음 글의 주제로 가장 적절한 것은? 기출 변형   난이도 ★ ★ ★

⏱ 타임 어택! 속독 훈련
✔ 학습한 내용과 시간을 체크해보세요.

● 실전처럼 문제 풀기   분   초
● 단어 학습   분   초
● 필터로 끊어읽기   분   초
● 지문 구조+느낌 빽 학습   분   초
● 지문 빠르게 다시 읽기   분   초

✚ RSVP 속독 훈련
✔ 학습한 내용을 체크해보세요.

○ 원어민 MP3 듣기
○ 소리 내어 따라 읽기
○ 배속으로 청킹 속독

지문 듣기

Although most people, including Europe's Muslims, have numerous identities, few of these are politically salient at any moment. It is only when a political issue affects the welfare of those in a particular group that identity assumes importance. For instance, when issues arise that touch on women's rights, women start to think of gender as their principal identity. Whether such women are American or Iranian or whether they are Catholic or Protestant matters less than the fact that they are women. Similarly, when famine and civil war threaten people in sub-Saharan Africa, many African-Americans are reminded of their kinship with the continent in which their ancestors originated centuries earlier, and they lobby their leaders to provide humanitarian relief. In other words, each issue calls forth somewhat different identities that help explain the political preferences people have regarding those issues.

* salient: 두드러진

① the rise of nationalism in Europe
② ways to build a strong brand identity
③ problems of politics becoming impersonal
④ the importance of people's ancestors to them
⑤ the impacts of politics on people's social identities

✔ 정답은 왼쪽 페이지에

단어 자가 테스트
한 → 영

1		
○ 시뮬레이션, 모의실험	○ 보험	○ (문제 등을) 해결하다, 알아내다
○ (합)법적으로	○ 요즘에는	○ 손상, 피해
○ 청구, 주장	○ 제출하다, 제시하다	○ 편리한

2		
○ 수많은	○ 정체성, 신원	○ 정치적으로 (a. 정치적인)
○ 안녕, 행복	○ 특정한, 특별한	○ 발생하다
○ 성, 성별	○ 기근, 굶주림	○ 위협하다
○ 혈족 관계	○ 조상, 선조	○ 인도주의적인

Unit 02

도입 주제문 예시 결론

✓ 도입은 왜 필요한가?

속독의 중요성을 전달하는 글을 쓴다고 해보자. 글의 시작부터 '속독이 반드시 필요하다'라고 시작하면 주제는 빨리 전달할 수 있다. 하지만 밑도 끝도 없이 들어오기 때문에 읽는 사람 입장에선 거부감이 들지도 모른다. 주장이 강할수록, 주제가 낯설수록 더욱 그렇다. 하지만 다들 경험해봤을, 영어 시험에서 독해 속도가 느려 후반부 문제들은 다 찍어야 했던 이야기로 시작한다면 공감을 먼저 얻고 시작하기 때문에, 속독이 필요하다는 주장을 더 쉽게 이어갈 수 있다.

영어 독해 지문에도 서론에 해당하는 도입부가 있다. 도입부의 가장 중요한 목적은 '독자의 흥미를 끄는 것', 다시 말해 독자의 마음을 여는 것이다. 이것은 글이든 영화든 유튜브 영상이든 마찬가지다. 여러분도 유튜브 영상을 틀었다가 처음이 지루하고 설득력이 없어서 오래 버티지 못하고 꺼버린 적이 있을 것이다. 그래서 유튜버들은 영상의 시작인 '도입' 부분에 신경을 많이 쓴다.

✓ 도입은 어떻게 시작하나?

'강성태 영단어 어원편' 강의를 할 때 '영단어는 어원으로 학습하는 것이 효과적이다'라는 말부터 먼저 하지 않았다. '33개 어원에서 14,000개의 영단어가 나왔다'는 미네소타 대학 James Isaac Brown 교수의 연구 결과를 인용하여 시작했다. 이 도입부 덕분에 갑자기 '어원 학습은 효과적이다'라는 말로 훅 들어갔을 때보다 훨씬 많은 신뢰를 얻으면서 이야기를 시작할 수 있었다.

도입부는 이렇게 전문가의 말을 인용해서 신뢰감을 주거나, 공감되는 말로 시작해서 '나와 관련된 이야기구나'라고 느끼게 하며 시작하는 경우가 많다. 공감대를 형성하는 말로 시작하는 경우 도입부는 별 의미 없이 주의만 끄는 내용이고, 주제문의 내용은 그와 다를 수도 있다. 하지만 전문가의 말을 인용하는 경우라면 보통 그 말이 주제와 직결될 때가 많다는 것을 꼭 기억하자. 전문가가 한 말을 인용해 놓고, 이와 무관한 소릴 하면 논리적인 글도 아니고 심지어 전문가의 권위에 도전하는 꼴이 되기 때문이다.

'도입 – 주제문 – 예시 – 결론' 지문 구조는 글의 도입부에서 독자의 흥미를 끌기 위해 서론을 제시하고, 그 다음에 비로소 필자의 메시지인 주제문이 나오는 유형이다. 최근 영어 지문의 출제 경향은 이와 같은 도입 문장이 앞에 나오고 주제문이 중간에 위치하는 중괄식 구조가 많아지고 있다. 도입부의 성격과 주제문의 시그널을 숙지하여, 도입부와 주제문을 혼동하지 않도록 한다. 끝에 결론이 추가될 경우, 주제문과 사실상 같은 내용이므로, 주제의 재진술이라고 봐도 무방하다.

각 요소에는 아래와 같은 표현들이 주로 사용된다. 숙지해 놓으면 해당 문장이 도입인지, 주제문인지, 예시인지, 결론인지 금세 파악하는 것은 물론, 이후 내용을 읽기도 전에 예측할 수 있게 된다.

Signal

도입

전문가의 말 인용, 일반적인 사실 / 흥미롭거나 공감이 가는 내용 등

According to … …에 따르면 (인용)
Many[Most] people … 많은[대부분]의 사람들은 … (일반적인 사실)
As we all know 우리 모두 알다시피, We can do … 우리는 …할 수 있다 (공감을 이끌어내는 내용)

주제문

필자의 메시지

should, have to, must ~해야 한다, need to ~할 필요가 있다, 명령문 (주장)
It is important, critical, crucial (~하는 것은) 중요하다 …(중요성, 필요성)
required, necessary, vital (~하는 것은) 필요하다, 필수이다
However, But, Yet 그러나 (반전, 반론)
When it comes to ~하는 데 있어서, To do … …하기 위해서 (화제 제시, 제안)

예시

주제를 뒷받침하는 사례

For example, For instance 예를 들어, As an example 한 예로서
Let's take an example. 예를 들어 보자.
A great[classic] example is … 한 가지 좋은[전형적인] 예는 …이다
If … 만약 …라면

결론

주제 재진술

So, Thus, Hence, Therefore 그래서, 그러므로
To conclude 결론을 말하자면, In conclusion 결론적으로 (결론)
To summarize, To sum up, In summary, In short 요약하면, Briefly 간추리면 (요약)
A is B A는 B다 (주제 재진술)

 '도입 – 주제문 – 예시 – 결론' 지문 구조, 이렇게 접근하라!

전략 01 도입 문장이 발견되면 주제문은 그 뒤에 나온다

도입문은 사람들의 관심을 끌기 위한 문장이다. 독자가 공감할 수 있는 일반적인 사실 또는 유명 인사가 했던 말이나 속담, 격언 등으로 독자의 호기심을 유발한다.

하지만 도입문은 강력하게 독자의 관심을 끌 뿐, 그 자체가 주제문은 아니다. 진짜 핵심은 도입 다음에 등장하는 주제문이다. 보통 도입문의 강한 약발을 이어받아 바로 뒤에 등장하는 경우가 많다.

예제 1 다음 글에서 필자가 주장하는 바로 가장 적절한 것은? 기출

난이도 ★ ★

At the 2015 *Fortune* Most Powerful Women Summit, Ginni Rometty offered this advice: "When did you ever learn the most in your life? What experience? I guarantee you'll tell me it was a time you felt at risk." To become a better leader, you have to step out of your comfort zone. You have to challenge the conventional ways of doing things and search for opportunities to innovate. Exercising leadership not only requires you to challenge the organizational status quo but also requires you to challenge your internal status quo. You have to challenge yourself. You have to venture beyond the boundaries of your current experience and explore new territory. Those are the places where there are opportunities to improve, innovate, experiment, and grow. Growth is always at the edges, just outside the boundaries of where you are right now.

* status quo: 현재 상태

① 지도자는 실현 가능한 목표를 설정해야 한다.
② 지도자는 새로운 제도를 적극적으로 도입해야 한다.
③ 지도자는 조직의 현재 상태를 철저히 분석해야 한다.
④ 지도자는 현재의 자신을 넘어서는 도전을 해야 한다.
⑤ 지도자는 기존의 방식과 새로운 방식을 조화시켜야 한다.

⏱ 타임 어택! 속독 훈련

✔ 학습한 내용과 시간을 체크해보세요.

● 실전처럼 문제 풀기 ⟶ 분 　초
● 단어 학습 ⟶ 분 　초
● 필터로 끊어읽기 ⟶ 분 　초
● 지문 구조+느낌 빽! 학습 ⟶ 분 　초
● 지문 빠르게 다시 읽기 ⟶ 분 　초

➕ RSVP 속독 훈련

✔ 학습한 내용을 체크해보세요.

● 원어민 MP3 듣기
● 소리 내어 따라 읽기
● 배속으로 청킹 속독

지문 듣기

✔ 정답은 오른쪽 페이지에

단어 자가 테스트

영 → 한

○ summit ○ guarantee ○ conventional
○ search for ○ innovate ○ organizational
○ internal ○ venture ○ territory

어원 Hint **innovate**: in(안에)+nov(새로운)+ate(~게 하다) → 안에서부터 새롭게 하다 　**territory**: terr(i)(대지)+tory(장소) → 영토

68 **Part 1** 지문 구조 편

첫 문장 키워드 Ginni Rometty, this advice

첫 문장에 믿을 만한 회담에서 유명한 인물이 했던 조언을 언급했다. 전문가의 조언은 글의 주제와 일치할 때가 대부분이다. 조언의 내용을 잘 읽어보면, 주제문을 미리 예측하여 속독할 수 있다.

 정답과 해설 p.06

예측하며 속독하는 지문 구조

At the 2015 *Fortune* Most Powerful Women Summit, / Ginni Rometty
2015년도 '포춘지 선정 가장 영향력 있는 여성 회담'에서　　　　　　　Ginni Rometty는 이런 조

offered this advice: // "When did you ever learn the most / in your life? //
언을 했다　　　　　　"여러분은 지금까지 언제 가장 많은 것을 배웠습니까　　여러분의 인생에서

What experience? // I guarantee / you'll tell me / it was a time you felt at
어떤 경험이었나요　　　　　저는 장담하건대　　여러분은 제게 말할 것입니다　그것은 여러분이 위험에 처했다고 느

risk." //
꼈을 때였다고"

To become a better leader, / you have to step out of your comfort zone. //
더 훌륭한 지도자가 되기 위해서　　　　　여러분은 자신의 안락 구역으로부터 걸어 나와야 한다

You have to challenge / the conventional ways of doing things / and search
여러분은 도전해야 한다　　　　일을 하는 기존 방식들에　　　　　　　그리고 찾아야 (한

for / opportunities to innovate. // Exercising leadership / not only requires
다)　　혁신할 수 있는 기회들을　　　　　　리더십을 발휘하는 일은　　　여러분에게 요구할 뿐만 아니라

you / to challenge the organizational status quo / but also requires you / to
여러분이　조직의 현재 상태에 도전하도록　　　　　　또한 여러분에게 요구한다

challenge your internal status quo. // You have to challenge yourself. // You
여러분의 내적인 현재 상태에 대해서도 도전하도록　　여러분은 여러분 자신에게 도전해야 한다　　여러분

have to venture / beyond the boundaries of your current experience / and
은 위험을 무릅쓰고 가야 한다　현재 경험의 한계를 넘어　　　　　　　　　　　　　그리고

explore new territory. // Those are the places / where there are opportunities /
새로운 영토를 탐험해야 (한다)　　　그런 곳들은 장소이다　　　기회들이 있는 (장소)

to improve, innovate, experiment, and grow. //
개선하고, 혁신하고, 실험하며 성장할

Growth is always at the edges, / just outside the boundaries / of where you
성장은 항상 가장자리에 있다　　　　　　한계 바로 바깥에　　　　　　여러분이 바로 지금 있

are right now. //
는 곳의

도입

Ginni Rometty의 조언 인용

Tip 도입부에서 굳이 따옴표까지 붙여가며 다른 사람의 말을 끌어다 쓰는 이유가 뭘까? 전문가의 말을 빌리면 독자의 관심도 끌어내고 신뢰를 주며 시작할 수 있기 때문이다.

주제문

더 훌륭한 지도자가 되기 위해서는 안락 구역으로부터 걸어 나와야 한다.

Tip 앞에 나온 유명 인사의 조언이 글쓴이의 주장으로 연결되었다. 이렇게 하니 주제문이 보다 설득력 있게 들린다.

시그널을 대입해보면 목적을 나타내는 to부정사와 have to가 동시에 들어간 문장이 주제문임을 알 수 있다. '~하기 위해 …해야 한다'라고 말함으로써, 주장하는 바를 강한 어조로 나타낸 것이다.

예시

안락 구역을 벗어나는 것의 예시
1) 업무 방식에서의 도전과 혁신
2) 조직적, 내적인 상태에 도전
3) 경험의 한계를 넘어 새로운 영토를 탐험

Tip 주제문의 내용을 구체화한 예시를 들고 있다. for example 같은 분명한 시그널은 없지만 문맥을 통해 예시임을 파악할 수 있다.
참고 Unit 01-3 '주제문은 일반적, 예시는 구체적 내용을 담는다' p.60

결론

성장은 항상 한계 바로 바깥에 있다.
❍ 성장하기 위해서는 자신의 한계를 넘어 나아가야 한다.

💡 느낌 빡! 첫 문장에 큰따옴표가 나오면 도입 문장일 가능성이 높고, 그 뒤는 주제문이다

누군가의 말을 인용할 때 쓰는 문장부호가 큰따옴표(Double Quotation Mark)다. 첫 문장에 꽤 긴 문구가 큰따옴표로 돼 있다면 누군가의 말, 특히 전문가의 의견을 인용해, 신뢰를 주면서 시작하려는 의도인 경우가 많다.

도입부에 나오는 전문가의 말은 당연히 도입부 이후에 나올 주제를 뒷받침할 가능성이 가장 높다. 이 지문도 마찬가지다. 'Fortune'이 무슨 잡지인지 Ginni Rometty가 누구인지 몰라도 된다. 나도 이 사람이 누군지 모른다. 유명한 사람이니 도입부에 썼을 거라 짐작하면 그만이다. 도입부는 독자의 관심을 이끌어내는 수단일 뿐 중요한 건 **전문가의 말 그 이후에 나오는 글쓴이의 말, 즉 '주제문'이다.**

✅ 정답은 왼쪽 페이지에

단어 자가 테스트

한 → 영

- ⬤ 산꼭대기, (정상)회담
- ⬤ ~을 찾다
- ⬤ 내적인, 체내의
- ⬤ 보장[장담]하다; 보증서
- ⬤ 혁신하다
- ⬤ 벤처 (사업), 모험; (위험을 무릅쓰고) 가다
- ⬤ 관습적인, 전통적인
- ⬤ 조직의, 기관의
- ⬤ 영토, 영역

전략 02　반복해서 설명하는 내용이 글의 주제이다

대부분의 글에는 주제문이 있다. 주제문은 글의 가장 주된 내용이기 때문에 그 부분만 읽어도 전체 내용이 무엇인지 감이 온다. 그런데 주제가 모호하게 제시되었거나 무슨 말인지 헷갈린다면? 이 글에서 공들여서 반복적으로 설명하고 있는 내용이 무엇인지 살펴보자. 그게 바로 주제에 대한 설명이니까.

예제 2　다음 글의 제목으로 가장 적절한 것은? 기출 변형　　난이도 ★★

　　Changing our food habits is one of the hardest things we can do, because the impulses governing our preferences are often hidden, even from ourselves. And yet adjusting what you eat is entirely possible. We do it all the time. Were this not the case, the food companies that launch new products each year would be wasting their money. After the fall of the Berlin Wall, housewives from East and West Germany tried each other's food products for the first time in decades. It didn't take long for those from the East to realize that they preferred Western yogurt to their own. Equally, those from the West discovered a liking for the honey and vanilla wafer biscuits of the East. From both sides of the wall, these German housewives showed a remarkable flexibility in their food preferences.

① Why Most People Eat the Same Foods Daily
② Popular Foods in East and West Germany
③ German Housewives and Food Products
④ Can Food Preferences Really Change?
⑤ You Are What You Eat!

⏱ 타임 어택! 속독 훈련

✓ 학습한 내용과 시간을 체크해보세요.

● 실전처럼 문제 풀기　　분　초
● 단어 학습　　분　초
● 필터로 끊어읽기　　분　초
● 지문 구조+느낌 빽 학습　　분　초
● 지문 빠르게 다시 읽기　　분　초

➕ RSVP 속독 훈련

✓ 학습한 내용을 체크해보세요.

● 원어민 MP3 듣기
● 소리 내어 따라 읽기
● 배속으로 청킹 속독

지문 듣기

✓ 정답은 오른쪽 페이지에

단어 자가 테스트

영 → 한

● impulse	● govern	● preference
● adjust	● entirely	● be the case
● launch	● decade	● equally

어원 Hint　impulse: im(안에 in)+pul(se)(끌어냄) → (어떤 행동을) 안에서 끌어냄　　preference: pre(미리)+fer(운반하다)+ence(~것) → 미리 챙겨놓는 것

'our' food habits라고 말하며 글쓴이와 독자를 함께 '우리'라고 지칭했다. 공감을 얻는 도입이다. 하지만 공감을 얻거나 독자의 주의를 끌기 위한 도입은 보통 주제와 직접적인 관련은 없다. 여기서도 마찬가지로 뒤에 And yet이 나오며 바로 내용을 뒤집어 버린다.

◉ 정답과 해설 p.06

예측하며 속독하는 지문 구조

Changing our food habits / is one of the hardest things / we can do, / because
우리의 식습관을 바꾸는 것은　　가장 어려운 일들 중 하나인데　　우리가 할 수 있는　왜냐하면 (음

the impulses governing our preferences / are often hidden, / even from
식에 대한) 우리의 선호를 지배하는 충동은　　종종 숨겨져 있기 (때문이다)　심지어 우리 자신

ourselves. //
으로부터도

And yet / adjusting what you eat / is entirely possible . // We do it all the
그렇지만　여러분이 무엇을 먹을 것인지 조정하는 것은　전적으로 가능하다　　우리는 항상 그렇게 한다

time. // Were this not the case, / the food companies / that launch new
　　　이것이 사실이 아니라면　　　　식품 회사들은　　　매년 신제품을 출시하는

products each year / would be wasting their money. //
　　　　그들의 돈을 낭비하고 있는 셈이다

After the fall of the Berlin Wall, / housewives from East and West Germany /
베를린 장벽 붕괴 후에　　　　　동독과 서독의 주부들은

tried each other's food products / for the first time in decades. // It didn't take
서로의 식품을 먹어보았다　　　　수십 년 만에 처음으로　　　　오래 걸리지 않았다

long / for those from the East / to realize / that they preferred Western yogurt
　　　동독의 주부들이　　　깨닫는 것은　자신들이 서독의 요구르트를 더 좋아한다는 것을

/ to their own. // Equally, / those from the West / discovered / a liking for the
　자신들의 것보다　똑같이　서독의 주부들은　　발견했다　동독의 꿀과 바닐라 웨이

honey and vanilla wafer biscuits of the East. //
퍼 비스킷에 대한 취향을

From both sides of the wall, / these German housewives showed / a
그 장벽의 양쪽에서　　　　　이 독일 주부들은 보여주었다

remarkable flexibility / in their food preferences. //
상당한 유연성을　　　　그들의 음식 선호에 있어

도입
식습관을 바꾸는 것은 어렵다.

Tip 도입부의 역할은 일반적으로 독자의 관심을 끄는 것이라 했다. 여기서는 '우리(our, we)'라는 표현을 사용하여 독자와 공감대를 형성한다.

주제문+부연 설명
(그렇지만) 무엇을 먹을 것인지는 조정할 수 있다.

Tip 도입부 이후 문장이 'And yet'으로 시작한다. 우린 연결사로 속독하는 법을 배웠기 때문에 그 뒤를 읽기도 전에 느낌이 빡 왔을 것이다. '아, 도입과 반대되는 내용이 오겠구나. 그리고 이게 주제문이구나!'

Tip entirely possible은 '전적으로 가능하다'라는 뜻이다. 강조 부사를 쓴 단정적인 표현이 들어갔으므로, 이를 통해 주제문임을 다시 한 번 확인할 수 있다.

참고 Unit 01-1 '주제문에는 단정적인 표현이 나온다' p.56

예시
동독/서독의 음식 선호 변화

1) 동독 주부들은 서독 요구르트를 더 좋아하게 됨
2) 서독 주부들은 동독의 꿀과 바닐라 웨이퍼 비스킷에 대한 취향을 발견하게 됨

Tip 부연 설명에 이어 예시에서도 자세하게 주제를 설명했다. 주제를 전달하는 것이 글의 최종 목적이므로 뒤에 요약에서도 한 번 더 주제와 연결 지어 정리해 준다.

요약
동독/서독 주부들은 음식 선호에 있어 유연성을 보여주었다.
➊ 무엇을 먹는지는 바꿀 수 있다.

❗ 느낌 빡! 자꾸 반복해서 설명하고 예시를 들어서 또 다시 설명하는 이유

And yet 이후를 보자. 전적으로 가능하다고(entirely possible) 말하고, 항상(all the time) 그렇게 한다고 말하고, 만약 그것이 아니라면 식품 회사들은 돈을 낭비하고 있는 것이라고까지 말했다. 왜 이토록 반복하고 강조해서 말하는 것인가? 이유는 하나다. And yet 이후가 주제문이기 때문이다.

여기서 끝나지 않는다. 이 지문의 경우 주제문이 구체적이지 않기 때문에 부연 설명이 있으며, 예시도 한 편의 이야기라 할 만큼 자세하다. 따라서 내가 주제를 제대로 이해한 것이 맞는지 확인하고 싶다면 설명과 예시를 통해서도 확인할 수 있다. 어떤 경우에도 당황하거나 쫄지 마라. 정답이 되는 이유는 반드시 지문 안에 있다. 우리 눈앞에 있다.

✔ 정답은 왼쪽 페이지에

단어 자가 테스트
한 → 영

- 충동, (외부)자극, 욕구
- 조정[조질]하다
- 시작하다, 출시하다
- 지배하다, 통치하다
- 전적으로, 완전히
- 10년, 10개 단위
- 선호(도), 애호
- ~이 사실이다
- 동등하게, 똑같이

전략 03 도입 뒤 예시가 나오면 주제문은 마지막에 있다

영어 지문에서는 두괄식, 즉 주제문을 먼저 언급하고 예시로 그 주제를 뒷받침하는 것이 일반적이다. Unit 01에서도 설명한 내용이다. 그런데 간혹 그 반대의 방법도 있다. 확실하고 분명한 예시를 먼저 보여주고 독자 스스로 주제를 예측하게 하는 것이다. 매우 생생하고 효과적인 예시라면 독자는 예시를 통해 글에 더 몰입됐을 것이고, 예시를 통해 이미 예측한 내용이 주제로 제시되기 때문에 그것을 더 잘 받아들일 수 있다. 이 경우 '도입 - 예시 - 주제문'의 순서가 된다. 영어의 글쓰기가 대부분 두괄식이기 때문에 시험에선 의도적으로 이런 글을 한두 개라도 배치하곤 한다.

예제 3 다음 글의 요지로 가장 적절한 것은? 기출

난이도 ★ ★ ☆

If you're an expert, having a high follower count on your social media accounts enhances all the work you are doing in real life. A great example is a comedian. She spends hours each day working on her skill, but she keeps being asked about her Instagram following. This is because businesses are always looking for easier and cheaper ways to market their products. A comedian with 100,000 followers can promote her upcoming show and increase the chances that people will buy tickets to come see her. This reduces the amount of money the comedy club has to spend on promoting the show and makes the management more likely to choose her over another comedian. Plenty of people are upset that follower count seems to be more important than talent, but it's really about firing on all cylinders. In today's version of show business, the business part is happening online. You need to adapt, because those who don't adapt won't make it very far.

① 성공하는 데 소셜 미디어에서의 인기가 중요하다.
② 코미디언에게 인기에 대한 지나친 집착은 독이 된다.
③ 온라인 상황과 실제 상황을 구별하는 것이 필요하다.
④ 소비자의 성향을 파악하는 것이 마케팅의 효과를 높인다.
⑤ 공연을 완성하기 위해서는 다양한 분야의 협조가 필요하다.

정답은 오른쪽 페이지에

⏱ 타임 어택! 속독 훈련

✓ 학습한 내용과 시간을 체크해보세요.

- 실전처럼 문제 풀기 ___분 ___초
- 단어 학습 ___분 ___초
- 필터로 끊어읽기 ___분 ___초
- 지문 구조+느낌 빽 학습 ___분 ___초
- 지문 빠르게 다시 읽기 ___분 ___초

➕ RSVP 속독 훈련

✓ 학습한 내용을 체크해보세요.

- 원어민 MP3 듣기
- 소리 내어 따라 읽기
- 배속으로 청킹 속독

지문 듣기

단어 자가 테스트

영 → 한

- account
- market
- fire on all cylinders
- enhance
- promote
- adapt
- work on
- reduce
- make it

어원 Hint **reduce**: re(뒤로)+duc(e)(이끌다) → 뒤로 끌어내리다   **adapt**: ad(~에)+apt(맞추다) → 기준에 적절하게 맞추다

공감을 얻는 내용으로 첫 문장이 시작됐고 A great example로 예시 내용이 길게 이어진다. 분량상으로도, 지문 구조상으
로도, 주제문이 나온다면 맨 마지막 문장일 것을 예측해볼 수 있다.

정답과 해설 p.07

예측하며 속독하는 **지문 구조**

__If you__'re an expert, / having a high follower count / on your social media
만약 당신이 전문가라면   높은 팔로워 수를 가지고 있는 것은   당신의 소셜 미디어 계정에

accounts / enhances all the work / you are doing in real life. //
            모든 일을 향상시킨다   당신이 실제 생활에서 하고 있는

도입

당신이 전문가라면 높은 팔로워 수를 가지고 있는
것이 좋다.

Tip If you ~(만약 당신이)라는 표현 또한 공감을 얻
고자 도입부에서 요긴하게 쓰이는 표현이다. 이렇게
가정하여 말해주면 '정말 내가 팔로워 수 200만 명인
상황이라면 어떨까'하고 상상하며 글을 읽게 된다.

↓

예시+부연 설명

__A great example__ is a comedian. // She spends hours each day / working on
한 가지 좋은 예는 코미디언이다   그녀는 매일 시간을 보낸다   그녀의 기술에 힘쓰

her skill, / but she keeps being asked / about her Instagram following. // This
며,   하지만 그녀는 계속해서 질문 받는다   그녀의 Instagram 팔로잉에 대해   이는 ~

is because / businesses are always looking for / easier and cheaper ways / to
때문이다   비즈니스는 항상 찾고 있기 (때문이다)   더 쉽고 더 값싼 방법을   그

market their products. // A comedian with 100,000 followers / can promote
들의 상품을 마케팅할   10만 팔로워가 있는 코미디언은   그녀의 다가오는

her upcoming show / and increase the chances / that people will buy tickets /
쇼를 홍보할 수 있다   그리고 가능성을 높일 (수 있다)   사람들이 티켓을 구매할

to come see her. // This reduces the amount of money / the comedy club has
그녀를 보러 오기 위해   이것은 금액을 줄인다   코미디 클럽이 쇼를 홍보하는 데

to spend on promoting the show / and makes the management / more likely
써야 하는   그리고 운영사가 (~하게) 만든다   그녀를 선택할

to choose her / over another comedian. // Plenty of people are upset / that
가능성을 더 많게   다른 코미디언을 제치고   많은 사람들은 속상해한다   팔로워

follower count seems to be more important / than talent, / but it's really
수가 더 중요한 것처럼 보이는 것에   재능보다   하지만 그것은 사실

about firing on all cylinders. // In today's version of show business, / the
전력을 다하고 있는가에 관한 것이다   오늘날의 쇼 비즈니스 형태에서   비즈

business part is happening online. //
니스 부분은 온라인에서 일어나고 있다

- **예시** 코미디언이 인스타그램을 통해 자신을 홍
  보하는 예시
- **부연 설명** 오늘날의 쇼 비즈니스 형태에서 비
  즈니스 부분은 온라인에서 일어난다.

Tip A great example이라는 표현이 나왔다. 이제
부터 소셜 미디어로 성공한 '좋은 예가 나오겠구나 느
낌이 빡 온다. 그럼 망설이지 말고 주제문의 시그널이
나올 때까지 빠르게 읽고 넘어가라. 중요한 건 예시가
아니라 주제이니까.

Tip '도입 - 주제문 - 예시 - 결론'에서 변형되어 도입
뒤에 예시가 바로 나오면 보통 예시와 주제문 사이에
는 부연 설명이 들어간다. 어느 정도 예시에 대한 정리
를 해준 다음 주제문을 써주어야 주제문을 임팩트 있
는 한 문장으로 말할 수 있기 때문이다.

⋮
↓

주제문

__You__ __need to__ adapt, / because those who don't adapt / won't make it very far. //
당신은 적응할 필요가 있다   왜냐하면 적응하지 않는 사람들은   크게 성공하지 못할 것이기 때문이다

여기에 적응하지 못한다면 크게 성공하지 못할 것
이다.

Tip need to도 should, have to처럼 주제문이나
결론에 자주 쓰이는 표현이다.

🎧 느낌 빡! 진짜 주제가 나올 때까지 긴장을 늦추지 말아라!

이 글의 도입부는 SNS를 하는 사람이라면 누구나 관심을 가질 만한 내용으로 시작한다. '팔로워 수가 많으면 좋다'니 누구나 한 번쯤 상상해 본 것이며, 뒤이어 나오는
코미디언 예시는 주제를 거의 확신시킨다.

하지만 긴장을 늦춰서는 안 된다. 아직 구체적인 주제가 안 나왔다. 팔로워 수가 많으면 좋단 이야기로 시작은 했지만, 나중에 가선 말실수로 한순간에 망한 유튜버 이
야기가 나올지도 모를 일이다. **따라서 예시가 먼저 나오는 지문 구조에서는 나쁜 예가 추가되지는 않는지, 그래서 주제가 무엇인지 끝까지 읽어야 한다.** 시간이 허락
되는 한 한 문장도 빼놓지 말고 읽고, 최소한 맨 마지막 문장은 꼭 읽는 것이 좋다.

✔ 정답은 왼쪽 페이지에

단어 자가 테스트

한 → 영

- ○ 계정, 계좌
- ○ 시장; (시장에) 홍보하다, 상품을 내놓다
- ○ 전력을 다하다
- ○ 높이다, 향상시키다
- ○ 홍보하다
- ○ 적응하다, 조정하다
- ○ 애쓰다, 공들이다
- ○ 줄이다, 감소시키다
- ○ 성공하다, 해내다

전략 04 결론에서 주제를 한 번 더 확인해라

'도입 - 주제문 - 예시'를 통해 조금씩 결론에 도달한 다음 이를 종합한 '결론'이 어떻게 나오는지에 주목하자. 보통은 주제문을 다른 어휘로 바꾸어 핵심 주장을 반복하는 경우가 대부분이지만, 독자에게 해결책을 제시하거나 구체적인 행동을 요구(명령)하는 식으로 주제문을 조금 더 심화한 내용이 오기도 한다. 특히 명령문으로 된 마지막 문장은 주제를 더 직접적으로 표현한 것이니, 흐름을 확인할 때 반드시 고려되어야 한다. 마지막 문장이 명령문인 경우 그 하나의 문장만 보고도 주제를 파악할 수 있다.

예제 4 다음 글의 제목으로 가장 적절한 것은? 기출 변형   난이도 ★★★

Many writers make the common mistake of being too vague when picturing a reader. When it comes to identifying a target audience, *everyone* is *no one*. You may worry about excluding other people if you write specifically for one individual. Relax — that doesn't necessarily happen. A well-defined audience simplifies decisions about explanations and word choice. Your style may become more distinctive, in a way that attracts people beyond the target reader. For example, Andy Weir wrote *The Martian* for science fiction readers who want their stories firmly grounded in scientific fact, and perhaps rocket scientists who enjoy science fiction. I belong to neither audience, yet I enjoyed the book. Weir was so successful at pleasing his target audience that they shared it widely and enthusiastically. Because Weir didn't try to cater to everyone, he wrote something that delighted his core audience. Eventually, his work traveled far beyond that sphere. It may be counterintuitive, but if you want to broaden your impact, tighten your focus on the reader.

① Everyone Can Be a Writer
② Writers under Heavy Pressure
③ How to Identify Your Core Audience
④ The Value of Writing for a Target Reader
⑤ Science Fiction: A Popular Literary Genre

⏱ 타임 어택! 속독 훈련

✓ 학습한 내용과 시간을 체크해보세요.

● 실전처럼 문제 풀기 　분　초
● 단어 학습 　분　초
● 필터로 끊어읽기 　분　초
● 지문 구조+느낌 빽 학습 　분　초
● 지문 빠르게 다시 읽기 　분　초

➕ RSVP 속독 훈련

✓ 학습한 내용을 체크해보세요.

○ 원어민 MP3 듣기
○ 소리 내어 따라 읽기
○ 배속으로 청킹 속독

지문 듣기

✓ 정답은 오른쪽 페이지에

단어 자가 테스트

영 → 한

○ vague
○ specifically
○ ground
○ counterintuitive

○ identify
○ simplify
○ enthusiastically
○ broaden

○ exclude
○ distinctive
○ sphere
○ tighten

어원 Hint **specifically**: spec(i)(보다)+fic(만들다)+al(~의)+ly(~하게) → 눈에 보이게　　**distinctive**: di(떨어져)+stin(c)(막대)+tive(~한) → 막대로 갈라놓는

작가들이 많이 하는 '실수'라고 말했으니, 이 글의 글쓴이는 그것을 좋지 않은 시각으로 보고 있다. 그 실수를 하지 않으려면 어떻게 해야 하는지가 이후에 나올 것임을 예측해볼 수 있다.

정답과 해설 p.08

예측하며 속독하는 지문 구조

Many writers make the common mistake / of being too vague / when
많은 작가들은 흔한 실수를 한다   너무 모호해지는 (실수)   독자를 떠

picturing a reader. //
올릴 때

When it comes to identifying a target audience, / *everyone is no one*. // You
대상 독자층을 규정하는 데 있어서   '모두'는 '아무도 아니다'   여러분

may worry about excluding other people / if you write specifically for one
은 다른 사람들을 배제하는 것에 대해 걱정할지도 모른다   여러분이 특별히 한 개인을 위해 글을 쓴다면

individual. // Relax — / that doesn't necessarily happen. // A well-defined
개인   안심해라   그것이 반드시 일어나지는 않는다   잘 규정된 독자층은 단순

audience simplifies / decisions about explanations and word choice. // Your
화한다   설명과 단어 선택에 대한 결정을   여러분

style may become more distinctive, / in a way that attracts people / beyond
의 문체는 더 독특해질지도 모른다   사람들을 끌어당기는 방식으로   대상 독자층

the target reader. //
을 넘어서는

For example, / Andy Weir wrote *The Martian* / for science fiction readers /
예를 들면   Andy Weir는 'The Martian'을 썼다   공상 과학 소설 독자들을 위해

who want their stories firmly grounded in scientific fact, / and perhaps rocket
자신들이 읽고 있는 이야기가 확고하게 과학적 사실에 기반을 두기를 원하는   그리고 아마도 로켓 과학자들을

scientists / who enjoy science fiction. // I belong to neither audience, / yet I
(위해)   공상 과학 소설을 즐기는   나는 둘 중 어느 독자층에도 속하지 않는다   하지만

enjoyed the book. // Weir was so successful / at pleasing his target audience /
나는 그 책을 즐겼다   Weir는 매우 성공적이었다   그의 대상 독자층을 기쁘게 하는 일에

that they shared it widely and enthusiastically. // Because Weir didn't try to
그들은 그것을 널리 그리고 열정적으로 공유했다   Weir는 모두를 대접하려고 하지 않았기 때문

cater to everyone, / he wrote / something that delighted his core audience. //
에   그는 썼다   그의 핵심 독자층을 즐겁게 하는 무언가를

Eventually, / his work traveled / far beyond that sphere. //
결국   그의 작품은 전해졌다   그 분야를 훨씬 뛰어넘어

It may be counterintuitive, / but if you want to broaden your impact, /
그것은 직관에 어긋날지도 모른다   하지만 만약 여러분이 영향력을 넓히기를 원한다면

tighten your focus on the reader. //
독자층에 대한 여러분의 초점을 좁혀라

도입

많은 작가들은 독자를 떠올릴 때 너무 모호해지는 실수를 한다.

Tip 도입부 시그널인 'Many+명사'가 주어이다. 흔히 발생하는 일반적인 사실로 글을 시작했다.

↓

주제문+부연 설명

모두는 아무도 아니다.

✪ 대상 독자층을 '모두'로 규정하는 것은 '아무도 아닌' 것과 같다.

Tip When it comes to는 '~에 있어서, ~로 말하자면'이라는 뜻이다. 이건 뭐 대놓고 말하려는 주제를 꺼내고 있다. 눈 감고도 주제문을 찾을 수 있을 지경이다. 다만 'everyone is no one'이라는 표현이 함축적이므로 뒤에 부연 설명이 붙었다.

↓

예시

Andy Weir 작가의 소설 'The Martian' 예시

Tip 연결사 For example로 예시를 시작하고 있다. 예시가 구체적이고 장황하기 때문에 후반부에 나오는 Eventually로 예시의 결론을 정리했다. (전체 글의 결론이 아니므로 주의)
이 경우 예시의 첫 문장과 끝 문장만 읽어도 예시의 내용은 충분히 이해가 가능하다. 연결사가 들어간 문장은 시간을 더 투자해서 읽되 나머지 부분은 빠르게 읽고 넘어가라. 속독에서 이런 강약 조절은 필수다.

↓

결론

독자층을 좁혀라.

Tip 명령문의 형태로 독자들의 구체적인 행동 방향을 제시했다. 얼핏 보면 주제문과 달라 보이지만 형태만 바꿨을 뿐 내용상 같은 맥락이다.

💡 느낌 빡! 결론이 있는 글은 힘이 있다

'도입 - 주제문 - 예시 - 결론' 구조는 앞에서 배운 '주제문 - 예시' 구조에 도입과 결론을 추가한 것이다. 그냥 예시만 이야기하다 끝나면 글에 힘이 없을 수 있다. **도입의 역할이 독자의 관심과 집중을 높이기 위한 것이라면, 결론의 역할은 주제문의 재진술이다.** 하지만 아예 똑같을 수는 없다. 어휘를 바꾸든지, 더 강조하든지, 하다못해 더 웃기게라도 써야 한다. 그래야 한 번 더 쓰는 의미가 있는 것이다.
'도입 - 주제문 - 예시 - 결론' 구조는 내가 공부법 글을 쓸 때, 자주 쓰는 방식이기도 하다. 공부가 잘 안 될 때가 있을 것이라며 공감할 수 있는 내용으로 시작하고**(도입)**, 그때 어떻게 하라고 효율적인 공부법을 알려주고**(주제)**, 그 예를 들어 이해되게 설명하고**(예시)**, 마지막으로 할 수 있다는 말과 함께 그걸 당장이라도 실천하라고 마무리를 하는 식이다**(결론)**. 이런 마무리가 없다면 글이 쓰다 만 것 같고 임팩트가 떨어진다.

✔ 정답은 왼쪽 페이지에

단어 자가 테스트

한 → 영

- 모호한, 희미한
- 특히, 구체적으로
- 근거를 두다, 땅 위에 놓다; 땅
- 직관에 어긋나는

- (신원을) 확인하다, 밝혀내다
- 단순화하다
- 열광적으로, 열심히
- 넓히다

- 제외[배제]하다
- 구별되는, 독특한
- 분야, 범위, 영역
- 조이다, 좁히다

전략 적용 문제

1 다음 글의 주제로 가장 적절한 것은? 기출

난이도 ★ ★

Textiles and clothing have functions that go beyond just protecting the body. Dress and textiles alike are used as a means of nonverbal communication. Obvious examples would be the use of uniforms to communicate a particular social role and the modern white wedding dress Western cultures use to mark this rite of passage. Both types of clothing communicate important information nonverbally to the onlooker. The female wearing the white dress is about to be married and change her status and role in society. The person in the uniform has some specialized function in society, such as police officer, nurse, or soldier. Therefore, it can be said that clothing visually communicates information about group membership and functions as an identity marker.

① educational functions of uniforms
② ways to diversify styles of clothing
③ gender differences in choosing clothing
④ different cultural norms of Western society
⑤ nonverbal communicative functions of clothing

⏱ 타임 어택! 속독 훈련

✓ 학습한 내용과 시간을 체크해보세요.

● 실전처럼 문제 풀기 　분　초
● 단어 학습 　분　초
● 필터로 끊어읽기 　분　초
● 지문 구조+느낌 빽 학습 　분　초
● 지문 빠르게 다시 읽기 　분　초

➕ RSVP 속독 훈련

✓ 학습한 내용을 체크해보세요.

● 원어민 MP3 듣기
● 소리 내어 따라 읽기
● 배속으로 청킹 속독

지문 듣기

✓ 정답은 오른쪽 페이지에

단어 자가 테스트

영 → 한

1			
○ textile	○ function	○ nonverbal	
○ rite	○ passage	○ onlooker	
○ be about to	○ status	○ membership	
2 ○ diverse	○ recognition	○ set aside	
○ preconception	○ misconception	○ fungus (pl. fungi)	
○ reptile	○ hardwired	○ innate	

어원 Hint **nonverbal**: non(아닌)+verb(말)+al(~의) → 말이 아닌
preconception: pre(미리)+con(완전히)+cept(생각하다)+(t)ion(~것) → 미리 생각이 굳어진 것
misconception: mis(잘못된)+con(완전히)+cept(생각하다)+(t)ion(~것) → 잘못된 생각

2 다음 글의 요지로 가장 적절한 것은? 기출   난이도 ★★

   Plant and animal species are so diverse that the old saying "beauty is in the eye of the beholder" could be the perfect slogan for nature's bounty. It's easy for most people to see the breathtaking beauty found in the brightly colored wings of butterflies, a field of blooming wildflowers, or a forest of hardwood trees in their autumn glory. But what about snails and their trails of slime, rats with yellow teeth, or spiders that look like fierce aliens? These species are beautiful in their own right — just not in a traditional sense. Recognition of their unique beauty may require setting aside any preconceptions — or misconceptions — people may have about fungi, insects, or reptiles. People seem to be hardwired to see warm and fuzzy mammals as cute, while often lacking this innate and immediate attraction to the cold-blooded, eight-legged, or egg-laying members of the animal kingdom. Yet beauty is in no short supply among these animals.

* bounty: 풍요로움   ** slime: (끈끈한) 점액

① 편견을 버리면 모든 생물의 고유한 아름다움을 볼 수 있다.
② 보호할 생물 종을 선정할 때 객관적인 기준이 필요하다.
③ 자연과의 상호 작용을 통해 미적 감각을 기를 수 있다.
④ 특정 생물 종에 대한 선호는 인간 진화의 산물이다.
⑤ 자연 모방 기술은 다양한 분야에 활용될 수 있다.

✓ 정답은 왼쪽 페이지에

단어 자가 테스트

1 ○ 옷감, 직물
○ 의례, 의식
○ 곧 ~할 예정이다

2 ○ 다양한
○ 선입견
○ 파충류

○ 기능; 기능하다
○ 통과, 통로
○ 지위, 신분
○ 알아봄, 인식
○ 편견, 오해
○ 내장된, 타고난

○ 비언어적, 말을 쓰지 않는
○ 보는 사람, 구경꾼
○ 회원 자격
○ 한쪽에 제쳐 놓다
○ 균류, 곰팡이류
○ 내재된

☑ 어떻게 하면 내 주장이 더 빛이 날까?

글을 쓸 때 내가 하고 싶은 이야기가 첫 문장에 가장 먼저 나오면 내 주장을 빠른 시간에 명확하게 전달할 수는 있다. 하지만 많은 사람들이 인정하는 통념을 먼저 제시한 후에 그것을 반박하는 방식을 사용하여 주장을 내세운다면, 주제를 더 강조할 수 있고 밋밋했던 글이 살아날 수 있다.

> ❶ 커피는 몸에 좋아. 커피를 적당량 섭취하면 업무 능력이 좋아지고 피로가 줄어들며 염증이나 암을 억제하는 효과가 있어.
> ❷ 많은 사람들이 커피는 무조건 몸에 안 좋을 거라고 생각해. 하지만 그렇지 않아! 커피를 적당량 섭취하면 업무 능력이 좋아지고 피로가 줄어들며 염증이나 암을 억제하는 효과가 있어.

무엇이 더 설득력 있게 들리는가?
❷에서는 반전을 통해 글에 임팩트가 생기며 확실히 각인된다. 그냥 빛을 볼 때보다 암흑에 있다가 빛을 보면 더 밝아 보이는 것과 비슷한 이치다. 특히 일반적이지 않은 내용을 알리거나 주장할 경우 매우 효과적이다.

☑ 반전에 주목하라!

사람들은 반전을 좋아한다. 놀랍고 재미있어서다. 그래서 모든 영화나 드라마에는 어느 정도 반전이 있다. 독해 지문에서도 마찬가지로 반전이 핵심이다. 시험 볼 때 시간 부족으로 앞부분만 보고 문제를 푼다면, 글의 핵심인 반전을 놓치게 되어, 출제자가 파놓은 함정에 제 발로 걸어 들어가는 셈이 된다. 반전의 메시지가 필자가 진짜 하고 싶은 말임을 명심하라.

Unit 03 훑어보기

'통념 – 반박' 지문 구조는 보통 도입부에 필자의 생각이 아닌 일반적인 생각을 제시한 후, 그 일반적인 생각을 비판하면서 비로소 자기 주장을 펼치는 방식이다.

이 유형은 10가지 지문 구조 중에서도 쉽지 않게 느껴질 수 있는 유형이다. 주제문 부분만 읽으면 되는 것이 아니라 통념 부분과 반박 부분을 다 이해해야만 제대로 된 주제를 도출할 수 있기 때문이다. 하지만 지문 구조를 알아챌 수 있는 표현들이 정해져 있으니, 다음 시그널을 기억해두면 쉽게 이해할 수 있을 것이다.

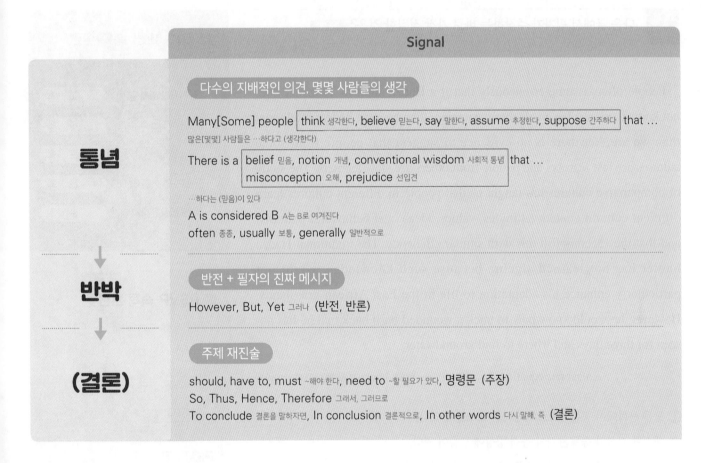

Signal

통념 → 반박 → (결론)

다수의 지배적인 의견, 몇몇 사람들의 생각

Many[Some] people | think 생각한다, believe 믿는다, say 말한다, assume 추정한다, suppose 간주하다 | that …
많은[몇몇] 사람들은 …하다고 (생각한다)

There is a | belief 믿음, notion 개념, conventional wisdom 사회적 통념
misconception 오해, prejudice 선입견 | that …

…하다는 (믿음)이 있다
A is considered B A는 B로 여겨진다
often 종종, usually 보통, generally 일반적으로

반전 + 필자의 진짜 메시지

However, But, Yet 그러나 (반전, 반론)

주제 재진술

should, have to, must ~해야 한다, need to ~할 필요가 있다, 명령문 (주장)
So, Thus, Hence, Therefore 그래서, 그러므로
To conclude 결론을 말하자면, In conclusion 결론적으로, In other words 다시 말해, 즉 (결론)

'통념 – 반박' 지문 구조, 이렇게 접근하라!

전략 01 통념 표현이 나오면 반박을 예측하라

'통념 – 반박' 구조는 파악이 어렵지 않다. 도입부에 보통 자신의 생각이 아닌 여러 사람들의 일반적인 생각이나 통념을 제시한다. 여러 사람 생각이라고 꼭 many people과 think만 쓰는 것은 아니다. 그밖에 belief, misconception처럼 통념을 의미하는 다양한 표현이 나올 수 있다. 이런 표현이 나오면 뒤이어 등장하는 내용을 읽기도 전에 아마 반박하는 내용이 나올 거라고 예측할 수 있다. 특히 통념 뒤에 but, yet 같은 역접 연결사가 등장하면 거의 100% 반박이다.

예제 1 다음 글에서 필자가 주장하는 바로 가장 적절한 것은? 기출 변형

난이도 ★ ★

People often assume erroneously that if a Hadza adult of Tanzania does not know how to solve an algebraic equation, then he must be less intelligent than we are. Yet there is no evidence to suggest that people from some cultures are fast learners and people from others are slow learners. The study of comparative cultures has taught us that people in different cultures learn different cultural content (attitudes, values, ideas, and behavioral patterns) and that they accomplish this with similar efficiency. The traditional Hadza hunter has not learned algebra because such knowledge would not particularly enhance his adaptation to life in the East African grasslands. However, he would know how to track a wounded bush buck that he has not seen for three days and where to find groundwater.

* algebraic equation: 대수 방정식　** bush buck: 부시벅(아프리카 영양)

① 모든 문화에서 공통적으로 학습하는 요소들이 있다.
② 대수학 지식의 습득은 사냥 능력 향상에 도움이 된다.
③ 수학 지능이 발달한 학생일수록 성취도 평가에서 유리하다.
④ 의사소통 능력을 발달시키기 위해 다양한 문화를 경험해야 한다.
⑤ 문화권마다 다른 종류의 지식 습득이 지적 능력 차이는 아니다.

⏱ 타임 어택! 속독 훈련

✔ 학습한 내용과 시간을 체크해보세요.

● 실전처럼 문제 풀기　　분　초
● 단어 학습　　분　초
● 필터로 끊어읽기　　분　초
● 지문 구조+느낌 빽! 학습　　분　초
● 지문 빠르게 다시 읽기　　분　초

➕ RSVP 속독 훈련

✔ 학습한 내용을 체크해보세요.

● 원어민 MP3 듣기
● 소리 내어 따라 읽기
● 배속으로 청킹 속독

지문 듣기

✔ 정답은 오른쪽 페이지에

단어 자가 테스트

영→한

○ assume
○ evidence
○ accomplish
○ erroneously
○ comparative
○ adaptation
○ intelligent
○ content
○ track

어원 Hint **comparative**: com(함께)+par(동등한, 같은)+ative(~한) → 함께 같은지 대어보는
adaptation: ad(~에)+apt(맞추다)+ation(~것) → 기준에 맞추는 것

80　**Part 1** 지문 구조 편

첫 문장에서는 사람들이 잘못 추정하는 내용을 말하고 있다. 따라서 이 내용이 왜 잘못되었는지, 올바른 것은 무엇인지에 관한 이야기가 이어질 것을 알 수 있다.

정답과 해설 p.11

예측하며 속독하는 지문 구조

People often assume erroneously / that if a Hadza adult of Tanzania / does
사람들은 종종 잘못 추정한다　　　　　만약 탄자니아의 한 Hadza 부족 성인이　　　대수 방

not know how to solve an algebraic equation, / then he must be less
정식 푸는 방법을 모른다면　　　　　　그는 덜 똑똑함에 틀림없다고

intelligent / than we are. //
우리보다

통념

Hadza 부족 사람이 대수 방정식 풀이법을 모르면 우리보다 덜 똑똑하다고 잘못 추정한다.

Tip 첫 문장이 통념을 나타내는 People often assume이라는 문구로 시작됐다. 이 지문에서는 첫 문장에 erroneously(잘못되게)라는 힌트까지 주어져서 통념에 반박하고자 하는 글쓴이의 태도를 바로 알 수 있다.

↓

Yet there is no evidence to suggest / that people from some cultures are fast
그러나 시사하는 증거는 없다　　　　　어떤 문화의 사람들은 빠른 학습자라고

learners / and people from others are slow learners. // The study of
그리고 다른 문화의 사람들은 느린 학습자라고　　　비교 문화 연구는

comparative cultures / has taught us / that people in different cultures learn
우리에게 가르쳐왔다　　　다른 문화의 사람들은 다른 문화적 내용을 배운다고

different cultural content / (attitudes, values, ideas, and behavioral patterns) /
　　　　　　　　　　(태도, 가치관, 생각, 그리고 행동 양식)

and that they accomplish this with similar efficiency. //
그리고 그들은 이것을 비슷한 효율로 성취한다고

반박

다른 문화의 사람들은 다른 문화적 내용을 배울 뿐 그들의 학습 효율은 비슷하다.

Tip 통념 바로 뒤 문장이 연결사 Yet으로 시작하며 반박이 이어진다. 이 부분부터 글쓴이의 주장이 본격적으로 전개된다.

The traditional Hadza hunter has not learned algebra / because such
전통적인 Hadza 부족 사냥꾼은 대수학을 배우지 않았다　　　　　왜냐하면 그러한 지식은

knowledge would not particularly enhance / his adaptation to life in the East
특별히 향상시키지 않을 것이기 때문이다　　　　동아프리카 초원에서의 삶에 적응을

African grasslands. // However, / he would know / how to track a wounded
　　　　　　　　그러나　　　그는 알 것이다　　어떻게 부상당한 부시벅을 추적하는지

bush buck / that he has not seen for three days / and where to find
그가 사흘 동안 본 적 없는　　　　　　　그리고 어디에서 지하수를 찾는지

groundwater. //

부연 설명

Hadza 부족 사냥꾼은 대수학을 배우진 않았지만, 동물을 추적하고 지하수 찾는 법을 알 것이다.

❂ Hadza 부족 사냥꾼은 그에게 필요한 지식을 충분히 익혔다.

💡 느낌 빡! 특정 집단을 비하하는 주제의 지문은 시험에 절대 출제되지 않는다

한 가지 속독 팁을 주자면 시험 지문에 특정 인종/성별/종교 등을 비하하는 주제의 글은 절대로 출제되지 않는다. 만약 그런 내용이 나온다면 바로 그 통념을 비판하기 위해서이다. 지문 내용은 항상 교육적이어야 한다. 첫 문장에서 특정 부족의 지능이 낮을 것으로 추정한다는 말이 나왔다면 거의 100% 뒤에서 아니라는 말이 나올 수밖에 없다. 문제를 많이 풀어본 공신은 이런 원리를 적용하여 예측한다. 위 지문에서도 마찬가지로 'Hadza 부족 사람이 대수 방정식 푸는 방법을 모르므로 덜 똑똑하다'라는 내용은 절대로 주제가 될 수 없는 것이다.

✓ 정답은 왼쪽 페이지에

단어 자가 테스트
한 → 영

- 추정하다
- 증거
- 성취하다
- 잘못되게, 틀리게
- 비교의, 상대적인
- 적응
- 총명한, 똑똑한
- 내용
- 길; 추적하다

Unit 03 통념 – 반박

전략 02 반박 이후에 주제가 드러난다

통념과 반박 중 글쓴이가 진짜 하고 싶은 말은 반박이다. '통념 – 반박' 구조에서 통념 부분에 주제문이 나오는 경우는 절대 없다. 항상 글의 주제는 통념 부분이 아니라 통념을 뒤엎은 부분과 그 이후 내용에서 찾아야 한다.

예제 2 다음 글의 요지로 가장 적절한 것은? [기출 변형]　난이도 ★★★

　　The importance of science has led people to think that 'objectivity' is the best way to see the world — to see the facts without any feelings. However, from a human point of view, objectivity is just another attitude. It is an interpretation that deliberately ignores our feelings. It is very useful to ensure that scientific measurements are taken accurately and so on, but as far as life is concerned, it is a bit like turning the color off on your TV so that you see everything in black and white and then saying that is more truthful. It is not more truthful; it is just a filter that reduces the richness of life. When you turn down the feelings, you also turn down the possibility of enjoyment.

① 감정의 동요는 이성적 판단을 방해한다.
② 지나친 TV 시청은 객관적 판단 능력을 마비시킨다.
③ 객관성만으로는 삶의 풍부함을 충분히 누릴 수 없다.
④ 명상은 생각과 감정의 불순물을 거르는 필터가 될 수 있다.
⑤ 과학적 연구에서 주관을 완전히 배제하는 것은 불가능하다.

⏱ 타임 어택! 속독 훈련

✓ 학습한 내용과 시간을 체크해보세요.

- 실전처럼 문제 풀기　분　초
- 단어 학습　분　초
- 필터로 끊어읽기　분　초
- 지문 구조+느낌 빽 학습　분　초
- 지문 빠르게 다시 읽기　분　초

➕ RSVP 속독 훈련

✓ 학습한 내용을 체크해보세요.

- 원어민 MP3 듣기
- 소리 내어 따라 읽기
- 배속으로 청킹 속독

지문 듣기

✓ 정답은 오른쪽 페이지에

단어 자가 테스트

영 → 한

- objectivity
- deliberately
- measurement
- attitude
- ignore
- accurately
- interpretation
- ensure
- turn down

어원 Hint **ignore**: i(in 아닌)+gno(re)(알다) → 알아보지 못하다　**ensure**: en(~하게 만들다)+sure(확실한) → 확실하게 만들다

첫 문장 키워드 think, objectivity

사람들이 객관성에 대해 뭐라고 생각하는지 제시하며 글을 시작하였다. 통념 표현이 나왔으니 반박을 미리 예측하고 속독할 수 있다.

정답과 해설 p.11

예측하며 속독하는 지문 구조

The importance of science / has led people to think / that 'objectivity' is the
과학의 중요성은   사람들이 생각하도록 만들었다   '객관성'이 최고의 방법이라고

best way / to see the world / — to see the facts without any feelings. //
         세상을 보는   아무 감정도 없이 사실을 보도록

However, / from a human point of view, / objectivity is just another attitude. //
그러나   인간의 관점에서 볼 때   객관성은 그저 또 하나의 태도일 뿐이다

It is an interpretation / that deliberately ignores our feelings. // It is very
그것은 하나의 해석이다   의도적으로 우리 감정을 무시하는   그것은 아주 유

useful / to ensure that scientific measurements are taken accurately and so
용하다   과학적 측정이 정확하게 이루어지는 것 등을 확실하게 하는 데는

on, / but as far as life is concerned, / it is a bit like turning the color off on
온, / 그러나 삶에 관한 한   그것은 여러분의 TV에서 색상을 끄는 것과 약간 흡사하다

your TV / so that you see everything in black and white / and then saying /
여러분이 모든 것을 흑백으로 보도록   그리고 나서 말하는 것과 (흡

that is more truthful. // It is not more truthful; / it is just a filter / that reduces
사하다) 그것이 더 진실하다고   그것은 더 진실하지 않다   그것은 그저 필터일 뿐이다   삶의 풍부함을 줄이

the richness of life. // When you turn down the feelings, / you also turn down
는   여러분이 감정을 거부할 때   여러분은 또한 즐거움의 가능성

the possibility of enjoyment. //
도 거부하는 것이다

통념

객관성은 세상을 보는 최고의 방법이다.

Tip 통념 표현이 목적어(people)와 목적격보어(to think) 형태로 제시되어 곧바로 보이지 않았을 수도 있지만 첫 문장은 과학의 중요성으로 인해 생겨난 통념을 소개하고 있다.

Tip the best way, without any feelings라는 극단적인 표현이 나왔다. 극단적인 표현이 사용된 통념은 반박 가능성이 아주 높다.

↓

반박

객관성은 세상을 보는 여러 태도 중 하나일 뿐이다.

↓

부연 설명

객관성은 감정을 무시하는 해석이며, 삶의 풍부함을 줄이는 필터이다.

Tip 무조건 통념이 잘못되었다고만 하면 사람들을 설득할 수 없다. 반박에 대한 설득력을 높이기 위해 객관성을 'TV에서 색상을 끄는 것'에 비유하여 설명을 추가하였다.

느낌 빡! **극단적인 표현이 나오면 반박 가능성이 더 커진다**

극단적인 표현에는 늘 예외와 반론이 있기 마련이다. 그런데 **통념을 서술하며 극단적인 표현을 썼다면 뒤에 반박이 나올 확률이 더 높아진다.** always, never, all, best, necessary와 같은 100% 확신에 찬 표현들이 도입부의 통념에 나오면 거의 무조건 통념에 대한 반박이 이어진다고 예측해도 좋다.
어차피 뒤집힐 거라고 해서 통념 부분을 안 읽어도 되는 것은 아니다. 통념에서는 중심 소재를 찾을 수 있으며, 통념을 이해해야 반박의 내용을 정확하게 파악할 수 있다.

✔ 정답은 왼쪽 페이지에

단어 자가 테스트

한 → 영

○ 객관성	○ 태도, 자세	○ 해석
○ 의도적으로, 고의로	○ 무시하다	○ 확실하게 하다, 보장하다
○ 측정	○ 정확하게	○ ~을 거절[거부]하다

전략 03 반박 뒤에 이어지는 결론까지 확인해야 한다

통념에 대한 반박이 나오면 반박이 곧 주제일 때가 많다. 그러나 항상 그런 것은 아니다. 뒤에 추가적인 내용이 나올 수 있다. 반박을 더욱 강화하는 내용이 나오거나 간혹 통념과 반박의 절충안이 나오기도 한다. 통념 뒤의 반박을 찾았다고 해서 그것이 주제라고 단언하는 것은 위험하다. 반박을 통해 말하고자 하는 바가 무엇인지 정확히 찾으려면 결론 부분까지 확인하도록 하자.

예제 3 다음 글의 요지로 가장 적절한 것은?   난이도 ★ ★ ☆

I am sure you have heard something like, "You can do anything you want, if you just persist long and hard enough." Perhaps you have even made a similar assertion to motivate someone to try harder. Of course, words like these sound good, but surely they cannot be true. Few of us can become the professional athlete, entertainer, or movie star we would like to be. Environmental, physical, and psychological factors limit our potential and narrow the range of things we can do with our lives. "Trying harder" cannot substitute for talent, equipment, and method, but this should not lead to despair. Rather, we should attempt to become the best we can be within our limitations. We try to find our niche. By the time we reach employment age, there is a finite range of jobs we can perform effectively.

* assertion: 주장, 단언   ** niche: 적소(適所)

① 수입보다는 적성을 고려해 직업을 선택해야 한다.
② 성공하려면 다양한 분야에서 경험을 쌓아야 한다.
③ 장래의 모습을 그리며 인생의 계획을 세워야 한다.
④ 자신의 재능과 역량을 스스로 제한해서는 안 된다.
⑤ 자신의 한계 내에서 최고가 되려고 시도해야 한다.

타임 어택! 속독 훈련

✓ 학습한 내용과 시간을 체크해보세요

● 실전처럼 문제 풀기   분   초
● 단어 학습   분   초
● 필터로 끊어읽기   분   초
● 지문 구조+느낌 빽! 학습   분   초
● 지문 빠르게 다시 읽기   분   초

RSVP 속독 훈련

✓ 학습한 내용을 체크해보세요

● 원어민 MP3 듣기

● 소리 내어 따라 읽기

● 배속으로 청킹 속독

지문 듣기

✓ 정답은 오른쪽 페이지에

단어 자가 테스트

영 → 한

○ persist
○ entertainer
○ range
○ despair

○ motivate
○ potential
○ substitute
○ limitation

○ athlete
○ narrow
○ equipment
○ finite

어원 Hint **potential**: pot(힘)+ent(~한)+ial(~것) → 힘이 있음   **substitute**: sub(아래에)+stit(ute)(서다) → 아래에 대신 세우다

첫 문장 키워드 have heard, persist, long and hard

독자가 누구인지도 모르면서 이미 들어봤을 것이라고 말하고 있다. 큰따옴표 안에 있는 내용이 누구든지 알 만큼 널리 알려진 통념이라는 뜻이다. 뒤에서는 이에 대한 반박이 이어질 수 있음을 예측하고 속독할 수 있다.

정답과 해설 p.11

예측하며 속독하는 지문 구조

I am sure / you have heard something like, / "You can do anything you
나는 확신한다   당신이 ~와 같은 말을 들어봤을 거라고   "너는 네가 원하는 무엇이든 할 수 있어

want, / if you just persist long and hard enough." // Perhaps you have even
네가 충분히 오랫동안 열심히 지속하기만 한다면"   아마도 당신은 심지어 비슷한 주장을

made a similar assertion / to motivate someone to try harder. //
했을지도 모른다   다른 사람이 더 열심히 노력하도록 동기 부여하기 위해

Of course, / words like these sound good, / but surely they cannot be true. //
물론   이러한 말은 좋게 들린다   그러나 분명히 그것들은 사실일 리가 없다

Few of us can become the professional athlete, entertainer, or movie star /
우리 중 프로 운동선수, 예능인, 또는 영화배우가 될 수 있는 사람은 거의 없다

we would like to be. // Environmental, physical, and psychological factors
우리가 되기를 원하는   환경적, 신체적, 심리적인 요인들이 우리의 잠재력을 제한한다

limit our potential / and narrow the range of things / we can do with our
                    그리고 어떤 것들의 범위를 제한한   우리가 살아가면서 할 수 있는

lives. //

"Trying harder" cannot substitute for talent, equipment, and method, / but
'더 열심히 노력하는 것'은 재능, 장비, 그리고 방법을 대체할 수 없다   하지만

this should not lead to despair. // Rather, / we should attempt to become the
이것이 절망으로 이어져서는 안 된다   오히려   우리는 최고가 되려고 시도해야 한다

best / we can be / within our limitations. // We try to find our niche. // By the
우리가 될 수 있는   우리의 한계 내에서   우리는 적소를 찾으려고 노력한다   우리가 취업

time we reach employment age, / there is a finite range of jobs / we can
연령에 도달할 때쯤이면   한정적인 범위의 직업이 있다   우리가 효과

perform effectively. //
적으로 수행할 수 있는

통념

사람들은 열심히 노력하면 원하는 것을 이룰 수 있다고 생각한다.

Tip 독자가 이미 들어본(have heard) 내용이라고 확신(sure)하고 있다. 통념을 제시하는 방법 중 하나이다.

반박

실제로는 우리가 할 수 있는 것의 범위를 제한하는 환경적, 신체적, 심리적 요인들이 존재한다.

결론

우리가 할 수 있는 것 내에서 최고가 되려고 시도해야 한다.

Tip 시작 부분과 비슷하게 열심히 노력하는 것의 중요성을 인정해주는 듯하다가, 역접 의미를 가진 Rather 뒤에 진짜 말하고 싶었던 결론을 내리고 있다.

느낌 빡! '통념 – 반박'에 이어지는 '결론'의 유형

'통념 – 반박'에 이어지는 결론의 성격은 크게 두 가지로 나눌 수 있다.

1 반박 강화
보통 통념에 대한 반박 주장을 한 후, 그 뒤에 설명이나 예시를 추가하여 반박에 대한 근거를 탄탄하게 세운다. 그리고 글을 마무리하기 전에 다시 한 번 반박하는 내용을 정리하여 쐐기를 박는 말로 지문을 마무리한다.

2 통념과 반박의 절충안
반박에서는 통념이 내포하는 문제점을 지적한 후, 결론에서 그러한 문제점을 해결하는 타협안을 제시하는 지문 전개 방식이다. 철학에서 말하는 정반합(正反合)의 논리 구조다. 쉽게 말해 정(正)은 통념, 반(反)은 반박, 합(合)은 통념과 반박을 적절히 합친 절충안으로 보면 된다. 위 지문이 바로 통념과 반박의 절충안이 결론에 제시된 예이다.

✔ 정답은 왼쪽 페이지에

단어 자가 테스트
한 → 영

지속하다, 집요하게 계속하다	동기 부여하다	운동선수
예능인	잠재력	좁은; 좁히다
범위	대체하다	장비
절망	한계	한정된, 유한한

Unit 03   85

전략 04　역접 연결사가 없다면 문맥으로 반박을 파악한다

반박을 제시할 때는 앞부분에 제시한 것과 정반대 내용을 극적으로 강조하기 위해서 명확한 역접 연결사를 사용하는 경우가 많지만, 역접 연결사 없이 반박이 제시되기도 한다. 자연스러운 글의 흐름을 따라가다 앞과 다른 내용이 나오면 그 부분에서 속도를 줄이더라도 더 집중해서 읽도록 한다. 속독은 모든 글을 똑같은 속도로 읽는 것이 아니라, 빨리 읽어도 되는 부분에서 시간을 벌고 집중해야 할 부분은 좀 더 신중히 읽는 것이다.

예제 4 다음 글의 제목으로 가장 적절한 것은? 기출　난이도 ★★★

Even though media coverage of sports is carefully edited and represented in total entertainment packages, most of us believe that when we see a sport event on television, we are seeing it "the way it is." We don't usually think that what we see, hear, and read is a series of narratives and images selected for particular reasons and grounded in the social worlds and interests of those producing the event, controlling the images, and delivering the commentary. Television coverage provides only one of many possible sets of images and narratives related to an event, and there are many images and messages that audiences do *not* receive. If we went to an event in person, we would see something quite different from the images selected and presented on television, and we would develop our own descriptions and interpretations, which would be very different from those carefully presented by media commentators.

① Televised Sports: A Partial Reflection of a Sports Event
② How Media Limits the Popularity of Some Sports
③ Can We Get Better at Sports Just by Watching?
④ What Makes Sports Fans So Enthusiastic?
⑤ Sports Can Tear Down Social Barriers

🕐 타임 어택! 속독 훈련

✓ 학습한 내용과 시간을 체크해보세요.

● 실전처럼 문제 풀기　　분　초
● 단어 학습　　분　초
● 필터로 끊어읽기　　분　초
● 지문 구조+느낌 빽 학습　　분　초
● 지문 빠르게 다시 읽기　　분　초

➕ RSVP 속독 훈련

✓ 학습한 내용을 체크해보세요.

● 원어민 MP3 듣기
● 소리 내어 따라 읽기
● 배속으로 청킹 속독

지문 듣기

✓ 정답은 오른쪽 페이지에

단어 자가 테스트

영 → 한

○ coverage	○ represent	○ narrative
○ grounded in	○ deliver	○ commentary (cf. commentator)
○ provide	○ audience	○ description

어원 Hint　audience: audi(듣다) + ence(~것) → 듣고 있는 것

media coverage of sports, believe

사람들은 스포츠 보도를 볼 때 있는 그대로를 본다고 믿는다고 한다. 이러한 통념을 반박한 다음 보도가 실제와 얼마나 다른지를 설명하는 흐름이 자연스럽다.

정답과 해설 p.12

예측하며 속독하는 지문 구조

Even though media coverage of sports / is carefully edited / and represented
비록 매체의 스포츠 보도가 ~함에도 불구하고　　주의 깊게 편집되고　　완전한 오락 프로그램으로

in total entertainment packages, / most of us believe / that when we see a
제시됨에도 (불구하고)　　우리 중 대부분은 믿는다　　우리가 텔레비전에서 스포츠 행

sport event on television, / we are seeing it "the way it is." // We don't
사를 볼 때　　우리는 그것을 '있는 그대로' 보고 있다고　　우리는 보통 생

usually think / that what we see, hear, and read / is a series of narratives and
각하지 않는다　　우리가 보고, 듣고, 읽는 것이　　일련의 이야기와 이미지라고

images / selected for particular reasons / and grounded in the social worlds
특정한 이유로 선택되고　　사회적 세계와 이해관계에 근거를 둔

and interests / of those producing the event, controlling the images, and
행사를 제작하고, 이미지를 통제하고, 해설을 전달하는 사람들의

delivering the commentary. //

통념
사람들은 편집된 매체 보도를 보면서 있는 그대로를 보고 있다고 믿는다.

Tip Even though가 이끄는 종속절이 먼저 나오기 때문에 처음에 바로 보이지는 않지만 주절이 most of us believe로 시작하므로 우리 대부분의 믿음, 즉 통념을 먼저 제시하는 지문 구조임을 파악할 수 있다.

Television coverage provides / only one of many possible sets of images
텔레비전 보도는 제공한다　　여러 가지 가능한 일련의 이미지 및 이야기 중 딱 하나만

and narratives / related to an event, / and there are many images and
행사와 관련된　　그리고 많은 이미지와 메시지가 있다

messages / that audiences do *not* receive. //
시청자가 받지 '않는'

반박
텔레비전 보도에는 시청자가 받지 않는 이미지와 메시지가 많다.

Tip 역접 접속사는 없지만 앞부분과 흐름이 달라졌다. 매체 스포츠 보도를 설명하는 표현이 the way it is에서 only one ~ narratives라고 바뀐 것에서 알 수 있다.

If we went to an event in person, / we would see something quite different /
만약 우리가 직접 어떤 행사에 가면　　우리는 상당히 다른 무언가를 볼 것이다

from the images selected and presented / on television, / and we would
선택되어 제시되는 이미지와는　　텔레비전에서　　그리고 우리는 우리만의

develop our own descriptions and interpretations, / which would be very
묘사와 해석을 전개할 것이다　　그리고 이것은 매우 다를 것이다

different / from those carefully presented by media commentators. //
매체 해설자들에 의해 신중하게 제시된 것들과는

부연 설명
만약 우리가 어떤 스포츠 행사에 직접 간다면 텔레비전에서 제시되는 것과는 상당히 다른 것을 볼 것이고 우리만의 묘사와 해석을 할 것이다.

느낌 빡! 긴 문장에서는 동사 찾기가 우선이다

이 지문은 문장이 단 4개뿐이다. 그만큼 문장이 길다는 의미다. 문장이 길면 대부분 당황하거나 헤맨다. 하지만 문장의 핵심은 동사이니, 차분하게 앞서 말한 **동사 찾기 원리를 적용해 동사만 찾으면 된다.** 참고 <속독의 3가지 필수 요소> '독해에서도 동사 찾기가 먼저다' p.10
그 앞은 동사의 주체인 주어이고, 그 뒤는 동사와 연결되는 보어나 목적어이다. 문장이 길면 그만큼 문장 수가 적어 지문 구조를 쉽게 파악할 수 있다는 장점도 있다.
이 지문도 통념에 대한 2문장 그리고 반박이자 주제문 1문장 그리고 그에 대한 부연 설명 1문장, 이렇게 단순하게 이루어졌다는 것을 금방 파악할 수 있었을 것이다.

✔ 정답은 왼쪽 페이지에

단어 자가 테스트
한 → 영
- 보도
- ~에 근거를 둔
- 제공하다
- 나타내다, 표현하다
- 전달하다, 출산하다, 산출하다
- 청중, 시청자
- 이야기, 묘사
- 해설 (cf. 해설자)
- 묘사

전략 적용 문제

1 다음 글의 제목으로 가장 적절한 것은? [기출]   난이도 ★ ★ ★

Many people suppose that to keep bees, it is necessary to have a large garden in the country; but this is a mistake. Bees will, of course, do better in the midst of fruit blossoms in May and white clovers in June than in a city where they have to fly a long distance to reach the open fields. However, bees can be kept with profit even under unfavorable circumstances. Bees do very well in the suburbs of large cities since the series of flowers in the gardens of the villas allow a constant supply of honey from early spring until autumn. Therefore, almost every person — except those who are seriously afraid of bees — can keep them profitably and enjoyably.

① The Best Season for Honey Harvest in Cities
② Myth and Truth about Where to Keep Bees
③ How Can We Overcome Fear of Bees?
④ Benefits of Bee Farming on Nature
⑤ Bee Farming: Not an Easy Job

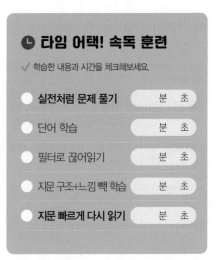

⏱ 타임 어택! 속독 훈련

✓ 학습한 내용과 시간을 체크해보세요.

● 실전처럼 문제 풀기 ___ 분 ___ 초
● 단어 학습 ___ 분 ___ 초
● 필터로 끊어읽기 ___ 분 ___ 초
● 지문 구조+느낌 빽! 학습 ___ 분 ___ 초
● 지문 빠르게 다시 읽기 ___ 분 ___ 초

➕ RSVP 속독 훈련

✓ 학습한 내용을 체크해보세요.

● 원어민 MP3 듣기
● 소리 내어 따라 읽기
● 배속으로 청킹 속독

지문 듣기

✓ 정답은 오른쪽 페이지에

단어 자가 테스트
영 → 한

1			
	in the midst of	profit	unfavorable
	circumstance	suburb	constant
2	notion	with regard to	constraint
	hinder	innovative	agency
	startup	intentionally	take advantage of

어원 Hint **circumstance**: circum(원)+stance(서 있는 곳) → 서 있는 곳을 둘러싼 원 **suburb**: sub(가까운)+urb(도시) → 도시 근처
notion: not(알다 know)+ion(~것) → 아는 것

2 다음 글의 요지로 가장 적절한 것은? 기출 난이도 ★★★

A popular notion with regard to creativity is that constraints hinder our creativity and the most innovative results come from people who have "unlimited" resources. Research shows, however, that creativity loves constraints. In our own agency, we did the best work when we had limited time and client resources. You had to be more creative just to make everything work harder. I have often said our marketing teams were more creative on $5 million accounts than $100 million accounts. Today, when working with startups, I am amazed at the creativity you have to have when you only have $25,000. Perhaps companies should do just the opposite — intentionally apply limits to take advantage of the creative potential of their people.

① 창의성은 성공적인 마케팅을 위한 필수 요소이다.
② 조직 내 활발한 소통이 창의적인 결과를 낳는다.
③ 방향성이 결여된 창의성은 기업 발전을 저해한다.
④ 성과를 강조하는 기업 문화는 구성원의 창의성을 억압한다.
⑤ 사용할 수 있는 자원이 제한적일 때 창의성이 더 잘 발현된다.

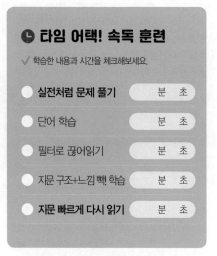

✓ 정답은 왼쪽 페이지에

단어 자가 테스트

한 → 영

1 ~의 한가운데에 / 이익 / 호의적이 아닌, 불리한
상황 / 교외 / 끊임없는
2 개념, 견해 / ~에 관해 / 제약
방해하다 / 혁신적인, 획기적인 / 대리점, (서비스 제공) 회사
신생 업체 / 의도적으로 / ~을 이용하다

Unit 03   89

✓ 설명문에서 주제는 어떻게 제시될까?

앞에서 우리는 주제문이나 결론 등 핵심 문장이 존재하는 지문 구조를 공부했다. 하지만 어떤 설명문은 설명만 하다 지문이 끝나기도 한다. 글의 목적이 설득이나 주장이 아니라 설명 자체에 있기 때문이다. 이런 경우 주제문이 명확하게 드러나지 않기 때문에 설명 속에 숨겨진 글쓴이의 의도를 찾아내야 한다. 다음 글을 예로 들어 보겠다.

> **설명 1** 강성태는 소외 계층 학생들을 위해 효율적으로 공부할 수 있는 공부법 강의를 하기 시작했다.
> **설명 2** 이후 공부법을 알고도 공부를 안 하는 학생들이 생기자 그는 동기부여 팩트 폭행 강의를 제작했다.
> **설명 3** 최근엔 잘못된 영어 공부법을 없애고 학생들의 글로벌 진출을 돕고자 영어 강의에 사력을 다하고 있다.

이 글의 제목과 주제를 생각해보자.

앞서 말한 대로 제목·주제는 포괄적이다. 글의 모든 내용을 담고 있어야 한다. 그렇다면 제목은 '그가 공부 강의를 찍게 된 이유와 과정' 정도가 되겠다. 주제는 '그는 소외 계층 학생들을 위해 강의를 시작했으며, 강의 내용을 계속해서 확장해왔다.' 정도일 것이다. 어떠한가? 설명만 나열한 짧은 글이지만 제목과 주제는 존재한다. 단지 한 문장으로 된 주제문이 생략됐을 뿐이다.

✓ 속독의 전제 조건, 배경지식을 십분 활용하라!

설명문이 무엇인가? 남들이 잘 모르는 내용, 어렵거나 새로운 내용을 이해할 수 있도록 알려주는 글이다. 당연히 생소한 내용이 등장할 수 있다. 그런데 그 내용이 나의 관심 분야이거나 이전에 들어봤던 내용이라면? 동일한 영어 실력이어도 지문에 대한 이해도가 확연히 차이 날 것이다. '전기 자동차의 장점'에 대해 설명하는 글인데 이전에 친환경 차, 전기 자동차 기사를 본 적이 있고 실제로 타본 적도 있다면 쉽게 문제가 풀리지 않겠는가. 어쩌면 그 지문을 만난 것이 반가울지도 모른다. 여러분이 지금껏 쌓아온 배경지식을 풀가동하라.

✓ 반복되는 대상을 알아차려라!

설명문의 경우 설명하려는 대상이 반복되어 나타날 수밖에 없다. 다만 영어 지문은 같은 표현을 반복해서 쓰는 것을 꺼리기 때문에, 설명 대상이 대명사나 다른 표현으로 나와도 그것을 알아챌 수 있어야 한다. 설명하려는 것이 무엇인지 파악하는 것에 중점을 두고 읽도록 하자.

Unit 04 훑어보기

'설명 1 – 설명 2 – 요약' 지문 구조는 어떤 주제, 사건, 인물 등을 독자가 잘 이해할 수 있도록 자세하게 설명하는 방식이다. 이러한 경우에는 지문 구조를 나타내는 명확한 시그널이 없다. 설명 대상이 무엇이냐에 따라 몇 가지 대표적인 설명 방식이 있을 뿐이다.

예를 들어, 하나의 소재(주제)에 대한 각각의 설명, 특정 인물에 대한 특징 설명, 혹은 특정 사건에 대한 시간순 설명이 여기에 속한다. 이들의 공통점은 모두 나열 방식이라는 점이다. 지문의 내용이 달라지는 지점을 기준으로 내용을 구분한다면 지문 구조를 파악하는 것은 어렵지 않다.

설명이 복잡한 지문의 경우 끝에 요약문이 추가되므로, 요약문에 자주 쓰이는 표현을 확실히 알아두면 금세 주제를 찾을 수 있을 것이다.

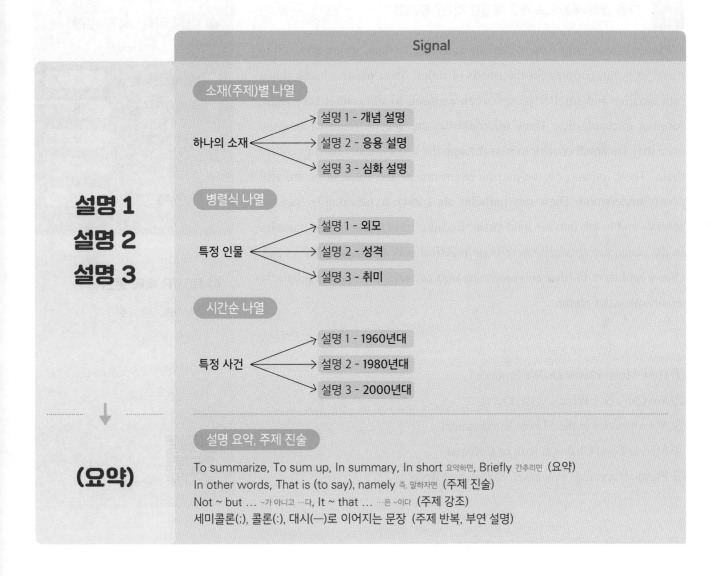

전략 01 # 반복되는 주어가 설명문의 소재이다

일반적인 영어 문장은 문장 맨 앞에 주어가 온다. 그리고 동사구에서 주어가 무엇인지, 무엇을 했는지, 어떤 것인지를 말한다. 즉 설명하고자 하는 대상이 '주어' 자리에, 그에 대한 설명은 동사구 이하에 오는 것이다. 설명 지문 구조에서 주어 자리에 같은 어휘가 반복된다면 그것이 바로 그 글의 소재, 설명하고자 하는 대상이다.

예제 1   다음 글의 제목으로 가장 적절한 것은? 기출 변형   난이도 ★★☆

Plastic is extremely slow to degrade and tends to float, which allows it to travel in ocean currents for thousands of miles. Most plastics break down into smaller and smaller pieces when exposed to ultraviolet(UV) light, forming microplastics. These microplastics are very difficult to measure once they are small enough to pass through the nets typically used to collect them. Their impacts on the marine environment and food webs are still poorly understood. These tiny particles are known to be eaten by various animals and to get into the food chain. Because most of the plastic particles in the ocean are so small, there is no practical way to clean up the ocean. One would have to filter enormous amounts of water to collect a relatively small amount of plastic.

* degrade: 분해되다

① How Much Plastic Do We Produce?
② We Can't See What's in the Ocean
③ Microplastics in the Marine Environment
④ Marine Food Chains at Risk of Collapse
⑤ Plastic Recycling: Processes, Stages, and Benefits

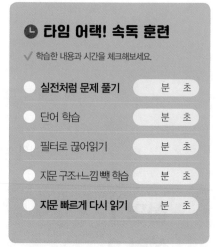

🕐 타임 어택! 속독 훈련

✓ 학습한 내용과 시간을 체크해보세요.

● 실전처럼 문제 풀기   분   초
● 단어 학습   분   초
● 필터로 끊어읽기   분   초
● 지문 구조+느낌 빽 학습   분   초
● 지문 빠르게 다시 읽기   분   초

➕ RSVP 속독 훈련

✓ 학습한 내용을 체크해보세요.

● 원어민 MP3 듣기
● 소리 내어 따라 읽기
● 배속으로 청킹 속독

지문 듣기

✓ 정답은 오른쪽 페이지에

단어 자가 테스트

영 → 한

○ extremely   ○ tend to   ○ current
○ break down   ○ form   ○ measure
○ particle   ○ enormous   ○ relatively

어원 Hint   **particle**: part(i)(부분)+cle(~것) → 부분을 쪼갠 것   **enormous**: e(밖으로 ex)+norm(규범)+ous(~한) → 규범을 벗어난

92   **Part 1** 지문 구조 편

플라스틱은 분해되어 떠다닌다고 한다. 어디에서? 바다(해류)에서. 플라스틱과 바다라는 어휘를 통해 환경 문제에 관한 내용임을 추측해볼 수 있다. 환경 문제에 관한 지문은 시험에 자주 출제된다. 이후 내용은 환경 문제의 심각성 혹은 해결책이 나오기 마련이다.

정답과 해설 p.15

예측하며 속독하는 지문 구조

Plastic / is extremely slow to degrade / and tends to float, / which allows it
플라스틱은　　　극도로 느리게 분해된다　　　　　그리고 떠다니는 경향이 있다　　이는 플라스틱을 이동하게

to travel / in ocean currents / for thousands of miles. //
한다　　　　해류를 따라　　　　수천 마일을

설명 1

플라스틱의 느린 분해 속도와 넓은 이동 반경

Tip 첫 문장이 Plastic is ~로 시작한다. 주어는 '플라스틱', 동사는 성질/특징을 나타내는 be동사이다. 즉 이 글은 첫 문장부터 플라스틱의 특징을 설명하고 있다.

Most plastics break down / into smaller and smaller pieces / when exposed
대부분의 플라스틱은 분해된다　　　점점 더 작은 조각으로　　　　　자외선(UV)에 노출될 때

to ultraviolet(UV) light, / forming microplastics. // These microplastics / are
　　　　　(그리고) 미세 플라스틱을 형성한다　　이런 미세 플라스틱들은　　　측정

very difficult to measure / once they are small / enough to pass through the
하기 매우 어렵다　　　　일단 그것들이 작아지면　　그물망을 통과할 만큼 충분히

nets / typically used to collect them. //
　　　그것들을 수거하는 데 전형적으로 사용되는

설명 2

플라스틱이 미세 플라스틱으로 분해되는 과정

Tip 주어가 Most plastics(대부분의 플라스틱), These microplastics(이런 미세 플라스틱들)로 바뀌었다. 플라스틱 중에서도 '미세 플라스틱'에 대해 설명하겠다는 얘기다.

Their impacts / on the marine environment and food webs / are still poorly
그것들의 영향은　　　해양 환경과 먹이 그물에 (미치는)　　　아직 이해가 부족하다

understood. // These tiny particles are known / to be eaten by various
　　　　　이런 작은 입자들은 알려져 있다　　　다양한 동물에 의해 먹힌다고

animals / and to get into the food chain. //
　　　그리고 먹이 사슬 속으로 들어간다고

설명 3

미세 플라스틱이 해양 먹이 사슬에 들어가는 과정

Tip 주어에 계속 집중하자. Their impacts(미세 플라스틱의 영향), These tiny particles(이런 작은 입자들)이니까 여전히 미세 플라스틱에 대한 설명이다.

Because / most of the plastic particles / in the ocean / are so small, / there is
왜냐하면　　대부분의 플라스틱 입자들은　　바다에 있는　　　매우 작기 때문에　　실질적인 방

no practical way / to clean up the ocean. // One would have to filter /
법이 없다　　　　바다를 청소할　　　　사람은 걸러내야 할 것이다

enormous amounts of water / to collect a relatively small amount of plastic. //
엄청난 양의 물을　　　　　비교적 적은 양의 플라스틱을 수거하기 위해

설명 4

바다에 있는 미세 플라스틱을 청소하기 어려운 이유

Tip 갑자기 'One'이라는 주어가 나왔다. 여기서 one은 사람을 뜻한다. 바닷속 미세 플라스틱에 관하여 사람의 입장에서 해야 할 일을 설명하는 부분이기 때문이다.

느낌 빡! 주제와 관련된 키워드는 반복된다

주어만 보자. 첫 문장이 Plastic is ~(플라스틱은 ~이다), 즉 플라스틱이 어떤 것인지에 대한 설명으로 시작한다. 그 다음 문장이 Most plastics(대부분의 플라스틱)로 시작하고 그 다음 문장은 These microplastics(이런 미세 플라스틱들)로 시작한다. 그 다음은 Their impacts(그것들의 영향)로 시작한다. 그 다음은 These tiny particles(이런 작은 입자들), 그 다음은 most of the plastic particles(대부분의 플라스틱 입자들)이다.

위 주어들만 봐도 우린 무슨 글인지 충분히 알 수 있다. 도대체 플라스틱에 관한 내용이 주어로 몇 번이나 나오는가? 필자가 플라스틱에 대한 내용이니 제발 정답을 맞히라고 애원하는 느낌이 들 정도다. **주제와 관련된 키워드는 반복된다.** 특히 하나의 대상에 대한 설명문일 경우, 그 대상에 대해 계속 이야기를 해야 하다 보니, 거의 모든 주어가 그 대상이 될 만큼 반복되는 경우가 많다.

✔ 정답은 왼쪽 페이지에

단어 자가 테스트

한 → 영

- 극도로, 매우
- 분해하다, 쪼개다
- 입자, 조각
- ~하는 경향이 있다
- 형성하다
- 막대한, 거대한
- 흐름; 현재의
- 측정하다, 재다
- 상대적으로, 비교적으로

전략 02　명확한 주제문이 없는 나열식 구조가 많다

설명 지문 구조라고 하여 반드시 하나의 이야기만 하는 것은 아니다. 하나의 주제에 묶인 여러 가지 대상을 설명할 수도 있고, 하나의 대상을 기준에 따라 여럿으로 분류할 수도 있다. 이럴 경우 글은 보통 두세 개의 부분으로 대등하게 나뉘며 각각의 부분은 각각의 소재를 설명한다. 이 경우에 보통은 주제문이 없고 설명만 일정한 순서로 나열된다. 설명이 나열되는 순서는 일반적인 것에서 구체적인 것으로, 개념에서 응용으로 이어지는 경우가 많다.

예제 2　다음 글의 제목으로 가장 적절한 것은? 기출　　난이도 ★

The baobab tree is leafless for most of the year and looks very much like it has its roots sticking up in the air. There are numerous stories offering explanations of how the tree came to be stuffed in the ground upside down. One of the stories says that after it was planted by God it kept moving, so God replanted it upside down. There are also countless superstitions among native African people regarding the powers of the tree. Anyone who dares to pick its flower, for instance, will be eaten by a lion. On the other hand, if you drink water in which the seeds have been soaked, you will be safe from a crocodile attack.

① Myths of Baobab Trees
② The Use of Baobab Trees
③ Life Cycle of Baobab Trees
④ Baobab Trees' Bad Fortune
⑤ Baobab: The Shelter for Animals

⏱ 타임 어택! 속독 훈련
✓ 학습한 내용과 시간을 체크해보세요.

● **실전처럼 문제 풀기**　　분　초
● 단어 학습　　분　초
● 필터로 끊어읽기　　분　초
● 지문 구조+느낌 빽 학습　　분　초
● **지문 빠르게 다시 읽기**　　분　초

➕ RSVP 속독 훈련
✓ 학습한 내용을 체크해보세요.

● 원어민 MP3 듣기
● 소리 내어 따라 읽기
● 배속으로 청킹 속독

지문 듣기

✓ 정답은 오른쪽 페이지에

단어 자가 테스트

영 → 한

● leafless
● stuff
● superstition
● stick up
● upside down
● regarding
● explanation
● countless
● dare to

어원 Hint　**superstition**: super(넘어서)+stit(서다)+ion(~것) → 초월하여 서 있는 존재

첫 문장 키워드 The baobab tree, leafless, looks

첫 문장은 주어가 The baobab tree이므로 바오밥 나무에 대한 설명이다. 하지만 설명 기준이나 설명 대상은 바뀔 수도 있으므로, 주어가 동일하게 유지되는지 주의하며 읽어보자.

예측하며 속독하는 지문 구조

The baobab tree is leafless / for most of the year / and looks very much / 바오밥 나무는 잎이 없다　　　일 년 중 대부분　　　그리고 몹시 (~처럼) 보인다 like it has its roots sticking up in the air. // 뿌리가 공중으로 솟아 있는 것처럼	**설명 1(도입)** **바오밥 나무의 특징(생김새)** **Tip** The baobab tree is ~로 시작한다. 잎이 없고 뿌리가 공중으로 솟아 있는 듯한 바오밥 나무의 생김새에 대해 설명하였다.
There are numerous stories / offering explanations / of how the tree came to 수많은 이야기가 있다　　　설명을 제공하는　　　어떻게 이 나무가 땅에 박히게 되었는 be stuffed in the ground / upside down. // One of the stories says / that after 지에 대한　　　거꾸로　　　그 이야기들 중 하나는 말한다　　　그것이 신에 의 it was planted by God / it kept moving, / so God replanted it upside down. // 해 심어진 후　　　그것이 계속 움직였다고　　　그래서 신이 그것을 거꾸로 다시 심었다고	**설명 2** **바오밥 나무에 얽힌 이야기** **Tip** 주어가 numerous stories(수많은 이야기) ~로 바뀌었다. 여기서부터는 바오밥 나무 자체가 아닌 바오밥 나무에 얽힌 이야기를 설명할 것이다.
There are also countless superstitions / among native African people / 또한 많은 미신들이 있다　　　아프리카 원주민들 사이에는 regarding the powers of the tree. // Anyone who dares to pick its flower, / for 그 나무의 위력에 대한　　　누구든 감히 그것의 꽃을 꺾으려는 사람은 instance, / will be eaten by a lion. // On the other hand, / if you drink water 예를 들어　　　사자에게 잡아먹힐 것이다　　　반면에　　　당신이 물을 마신다면 / in which the seeds have been soaked, / you will be safe / from a crocodile 안에 그 씨앗들이 잠겨 있던　　　당신은 안전할 것이다　　　악어의 공격으로부터 attack. //	**설명 3** **바오밥 나무에 대한 미신들** **1)** 꽃에 관한 미신 **2)** 씨앗에 관한 미신 **Tip** 주어가 이번에는 countless superstitions (많은 미신들)이다. 이것에 대한 두 가지 예시가 for instance와 On the other hand로 연결되었다. On the other hand는 원래 역접이나 반론을 의미하지만, 여기서는 내용을 추가하는 의미로 쓰였다.

느낌 빡! 핵심 정보는 '주어-동사'로 보여준다 - 중요한 것을 먼저 말하는 영어의 원리 (1)

The baobab tree is ... → 바오밥 나무의 특징

There are numerous stories ... → 바오밥 나무에 대한 이야기들

There are also countless superstitions ... → 바오밥 나무에 대한 미신들

주어 - 동사만 읽고도 설명할 대상이 어떤 것들인지 충분히 이해가 간다. **설명문에서 가장 중요한 것은 '설명 대상'과 그것에 대한 '설명'이기 때문에 문장의 앞머리인 '주어 - 동사' 자리에 그 핵심 정보를 배치한다.** 『강성태 영문법 필수편』에서도 엄청나게 강조했던 '중요한 것을 먼저 말하는' 영어의 원리가 여기에도 적용된다.

✔ 정답은 왼쪽 페이지에

단어 자가 테스트

한 → 영

○ 잎이 없는 ○ 솟다, 불쑥 튀어나오다 ○ 설명, 이유

○ 물건, 일; 채워 넣다 ○ 거꾸로, 위아래가 바뀐 ○ 많은, 셀 수 없는

○ 미신 ○ ~에 관하여 ○ 감히 ~하다

전략 03　별표로 제시된 힌트 단어를 먼저 확인하라

지문을 읽기 전, 반드시 별표 단어부터 확인하는 습관을 들여라. 특히 설명 지문 구조는 새롭거나 어려운 내용을 알려주는 '정보 전달'이 목적이어서 지문 아래에 별표 단어가 자주 제시된다. 몰랐던 단어라고 할지라도 그 뜻이 한글로 주어지기에 소재를 즉시 파악할 수 있어서 오히려 유리하다.

예제 3　다음 글의 제목으로 가장 적절한 것은? `기출 변형`　난이도 ★★☆

Even though the first successful appendectomy was said to have been performed by a British army surgeon in 1735, it wasn't until the 1880s that the procedure was described in medical journals and taught in medical schools. It was a welcome solution to an age-old disease and, by the turn of the century, was becoming so popular that many surgeons in Europe and America made a reasonable amount of money. Shortly before he died in 1902, the German physician-turned-politician Rudolf Virchow was asked, "Is it true that a human being can survive without an appendix?" Even though he had not practiced medicine for many years, Virchow stayed in touch with developments in the field. Aware of the increasing popularity of the procedure, he wittily remarked: Human beings, yes, but not surgeons.

* appendectomy: 충수[맹장] 절제술　** appendix: 충수, 맹장

① A Major Advance in Medical Education
② Dr. Rudolf Virchow: A Famous Physician
③ The Role Money Plays in Medical Science
④ How the Appendectomy Saved Countless Lives
⑤ The Swift Rise in Popularity of the Appendectomy

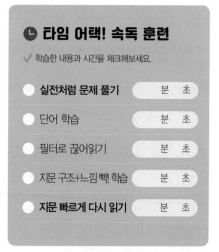

⏱ 타임 어택! 속독 훈련

✓ 학습한 내용과 시간을 체크해보세요.

- 실전처럼 문제 풀기　　분　초
- 단어 학습　　분　초
- 필터로 끊어읽기　　분　초
- 지문 구조+느낌 빽 학습　　분　초
- 지문 빠르게 다시 읽기　　분　초

➕ RSVP 속독 훈련

✓ 학습한 내용을 체크해보세요.

- 원어민 MP3 듣기
- 소리 내어 따라 읽기
- 배속으로 청킹 속독

지문 듣기

✓ 정답은 오른쪽 페이지에

단어 자가 테스트

영 → 한

- army
- journal
- aware of
- surgeon (cf. physician)
- politician
- popularity
- describe
- stay in touch
- remark

`어원 Hint` **describe**: de(아래로)+scrib(e)(적다) → 적어 내려가다

첫 문장 키워드 first successful appendectomy, in 1735, not until the 1880s

first라는 단어는 '최초'를 뜻한다. 또한 시간을 나타내는 표현이 연달아 나왔으니 이 글은 '어떤 것'의 역사나 발달 과정을 설명하는 글이 될 수 있음을 예측해볼 수 있다. appendectomy는 별표 단어에 나왔듯이 '충수[맹장] 절제술'을 의미한다.

정답과 해설 p.16

예측하며 속독하는 지문 구조

Even though the first successful appendectomy / was said to have been
비록 최초의 성공적인 충수 절제술이   시행되었다고는 하지만

performed / by a British army surgeon in 1735, / it wasn't until the 1880s /
                1735년 영국 군의관에 의해   1880년대가 되고 나서였다

that the procedure was described in medical journals / and taught in medical
그 수술이 의학 잡지에 기술되었던 것은   그리고 의과 대학에서 교육되었던

schools. // It was a welcome solution / to an age-old disease / and, by the
것은   그것은 반가운 해결책이었다   아주 오래된 질병에 대한   그리고 세기가 바뀔

turn of the century, / was becoming so popular / that many surgeons / in
즈음에는   아주 인기를 얻고 있었기 때문에   많은 외과 의사들은   유

Europe and America / made a reasonable amount of money. //
럽과 미국의   상당한 액수의 돈을 벌었다

Shortly before he died in 1902, / the German physician-turned-politician
1902년에 그가 죽기 직전   의사에서 정치인으로 전향한 독일인 Rudolf Virchow는 질문 받았다

Rudolf Virchow was asked, / "Is it true / that a human being can survive /
                            "사실인가요   인간이 살 수 있는 것이

without an appendix?" // Even though he had not practiced medicine / for
충수 없이"   비록 그가 의술을 수행해오고 있지 않았지만   다년간

many years, / Virchow stayed in touch / with developments in the field. //
            Virchow는 계속 접하고 있었다   그 분야의 발전들에 대해

Aware of the increasing popularity of the procedure, / he wittily remarked: /
점점 높아지는 그 수술의 인기를 알고 있었기 때문에   그는 재치 있게 발언했다

Human beings, yes, but not surgeons. //
인간은 그렇습니다, 네, 하지만 외과 의사는 아니지요

설명 1

충수 절제술이 인기를 얻기까지의 과정

1) 1735년 - 충수 절제술 시행
2) 1880년대 이후 - 의학 잡지에 기술됨,
   의과 대학에서 교육됨
3) 20세기로 바뀔 즈음 - 상당한 인기를 얻음

Tip in 1735, not until the 1880s, by the turn of the century …. 첫 문장부터 계속해서 시간의 흐름을 나타내는 표현이 등장하므로, 이 글은 시간순으로 소재(충수 절제술)에 대해 설명하는 글이다.
참고 시간순 지문 구조에 대한 내용은 Unit 10 '도입 - 전개 - 결말 (시간순)'에서 더 자세히 설명하였으므로, 반드시 참고할 것!

설명 2

당시 충수 절제술의 인기를 알 수 있게 해주는 대표적인 일화

Human beings, yes, but not surgeons.

 사람은 충수를 떼어내도 살 수 있지만, 떼어낼 충수가 없다면 외과 의사들이 충수 절제술을 수행하지 못하므로 돈을 못 번다는 의미

Tip 첫 문장을 통해 충수[맹장] 수술에 대한 내용이 나올 것임을 예측했다. 그런데 맹장 수술이 뭘 하는 수술인지 전혀 모른다면? 첫 문장 키워드도 별표 단어도 아무 소용이 없을 것이다.
배경지식이 속독에 꽤 중요하다고 말해왔지만, 특히 설명문 지문 구조에서는 더더욱 영향을 많이 받는다. 이 지문의 경우 맹장 수술로 맹장을 제거해도 사람이 살 수 있다는 배경지식이 없다면, 웃고 넘겨야 하는 마지막 문장을 붙잡고 이게 왜 재치 있는 문장인지 알기는커녕 무슨 뜻인지 아예 감이 안 올 수도 있다.

느낌 빡! 힌트 단어로 핵심 소재를 1초 만에 파악한다

별표 단어부터 봤다면 이 글이 충수[맹장] 수술과 관련된 내용임을 즉시 알아챌 수 있었을 것이다. 특히 이 지문의 경우 그 단어들이 각각 첫 문장(appendectomy)과 후반부 인용문(appendix)에 들어 있어 절대 의미를 놓쳐서는 안 되는 단어다.
만약 그 뜻이 아래 주어졌다는 걸 모르고 끙끙 헤맸다면? 가방 안에 우산이 있는데도 안 가져온 줄 알고 비를 쫄딱 맞는 꼴이나 다름없다. 중요한 시험에서 긴장하거나 시간에 쫓긴 나머지, 별표 단어도 못 본 채 뜻 모르는 문장만 붙여잡고 있는 경우가 발생한다.

✔ 정답은 왼쪽 페이지에

단어 자가 테스트

한 → 영
- 군대, 육군
- 잡지, 학술지
- ~을 알고 있는
- 외과 의사 (cf. 내과 의사)
- 정치인
- 인기, 인지도
- 묘사하다, 기술하다
- 연락을 취하다, 접촉하다
- 발언하다

전략 04 설명이 복잡할수록 뒤에 요약하는 문장이 나올 확률이 높다

말을 잘하는 사람들은 자기가 하고 싶은 말을 한 문장으로 잘 정리해서 설명한다. 듣는 사람이 이해하기 쉽게 하는 것이다. 설명문에서도 마찬가지이다. 애초에 설명문이라는 글의 형식 자체가 복잡하거나 어려운 내용을 이해하기 쉽게 풀어 쓴 것이기 때문에, 설명을 더 명확하게 전달하기 위해 끝에 한두 문장의 요약문을 추가한다.

 예제 4 다음 글의 요지로 가장 적절한 것은? 기출 변형 난이도 ★★★

According to Skinner, we, too, in most aspects of our lives, are like pigeons pecking at a button to receive little snacks. And this, according to the cognitive scientist Tom Stafford, explains the check-in impulse behind email and other online technologies. Unlike food, email isn't always rewarding; in fact, it is often annoying. Once upon a time, there could be no new email for days at a time. Much of what we get is uninteresting or indeed difficult to deal with. But every so often we get a message we are very glad to have. That such "rewarding" email comes unpredictably does not dim its attractiveness or keep us from looking for it. On the contrary, the most effective way of maintaining a behavior is not with a consistent, predictable reward, but rather with what is termed "variable reinforcement" — that is, rewards that vary in their frequency or magnitude.

① 실행에 옮기기 전에 세부적인 계획을 점검해야 한다.
② 사람들은 이메일보다는 동시성이 강한 의사소통을 선호한다.
③ 예측 가능한 보상이 주어질 때 학습자의 수행 능력이 향상된다.
④ 인간이 다른 종에 비해 특별히 중요한 존재라는 생각은 위험하다.
⑤ 행동에 대한 보상은 빈도나 규모 면에서 다양할 때 더 효과적이다.

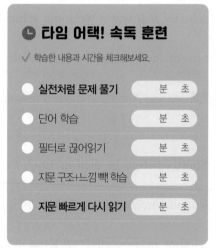

🕐 타임 어택! 속독 훈련
✓ 학습한 내용과 시간을 체크해보세요.

● **실전처럼 문제 풀기** | 분 초
● 단어 학습 | 분 초
● 필터로 끊어읽기 | 분 초
● 지문 구조+느낌 빽! 학습 | 분 초
● **지문 빠르게 다시 읽기** | 분 초

➕ RSVP 속독 훈련
✓ 학습한 내용을 체크해보세요.

○ 원어민 MP3 듣기
○ 소리 내어 따라 읽기
○ 배속으로 청킹 속독

지문 듣기

✓ 정답은 오른쪽 페이지에

단어 자가 테스트
영 → 한

○ cognitive	○ rewarding	○ dim
○ consistent	○ predictable(↔unpredictable)	○ reinforcement
○ vary in	○ frequency	○ magnitude

어원 Hint **cognitive**: cogn(i)(알다) + tive(~한) → 알아보는　　**reinforcement**: re(다시) + in(en)(~하게 하다) + force(힘) + ment(~것) → 다시 힘을 들이는 것

첫 문장 키워드 our lives, like pigeons, to receive little snacks

우리의 삶을 비둘기에 비유했다. 우리의 삶이 간식을 받으려는 비둘기와 같다니, 이렇게 특이한 내용이 나오면 독자의 흥미를 이끌고 궁금증을 자아내는 도입 문장일 가능성이 높다. 유튜브 영상도 처음엔 이렇게 궁금증을 유발시키는 경우가 매우 흔하다.

예측하며 속독하는 지문 구조

According to Skinner, / we, too, / in most aspects of our lives, / are like
Skinner에 따르면　　　　　　우리 역시　　　대부분의 삶의 측면에서　　　　　　비둘기와 같다

pigeons / pecking at a button to receive little snacks. // And this, / according
　　　작은 간식을 받기 위해 버튼을 쪼는　　　　　그리고 이것은　　인지 과학자 Tom

to the cognitive scientist Tom Stafford, / explains the check-in impulse /
Stafford에 따르면　　　　　　　　　확인하려는 충동을 설명해준다

behind email and other online technologies. //
이메일과 다른 온라인 기술들 뒤에 있는

도입

비둘기가 간식을 받으려고 하는 행위와 사람이 이메일을 확인하러 들어가는 행위는 비슷하다.

Tip 이 지문은 설명 앞에 '도입'이 추가된 형태이다. According to(~에 따르면)를 두 번 써서 Skinner의 유명한 비둘기 실험, Tom Stafford의 견해를 인용하였다. 이로써 독자의 호기심을 유발하고 신뢰성을 높이는 한편, 설명할 내용을 효과적으로 언급할 수 있다.

Unlike food, / email isn't always rewarding; / in fact, / it is often annoying. //
음식과 달리　　이메일이 항상 보상을 주는 것은 아니다　　사실　　그것은 자주 성가시다

Once upon a time, / there could be no new email / for days / at a time. //
옛날에는　　　　　새 이메일이 없을 수도 있었다　　　며칠 동안　　한 번에

Much of what we get / is uninteresting / or indeed difficult to deal with. //
우리가 받는 것의 대다수는　　재미가 없다　　　또는 처리하기가 정말 어렵다

설명 1

이메일의 특징

이메일의 내용은 항상 보상을 주지는 않으며, 재미없거나 처리하기 어려운 것도 있다.

But / every so often / we get a message / we are very glad to have. // That
하지만　가끔　　　우리는 메시지를 받는다　　우리가 받아서 아주 기쁜　　　그러한

such "rewarding" email comes unpredictably / does not dim its attractiveness
'보상을 주는' 이메일이 예상치 못하게 온다는 사실은　　　　　그것의 매력을 낮추지 않는다

/ or keep us / from looking for it. //
또는 우리를 막지 않는다　그것을 기대하지 못하게

설명 2

보상을 주는 이메일을 기대하게 되는 심리

보상을 주는 이메일이 예상치 못하게 온다고 해서 우리가 그것을 기대하지 않는 것은 아니다.

On the contrary, / the most effective way of maintaining a behavior / is not
반대로　　　　어떤 행위를 유지시키는 가장 효과적인 방법은　　　　　　지속적이

with a consistent, predictable reward, / but rather with what is termed
고 예상 가능한 보상을 주는 것이 아니다　　　오히려 '변동 강화'라고 불리는 것을 주는 것이다

"variable reinforcement" / — that is, rewards / that vary in their frequency
　　　　　　　　　　　　　즉 보상이다　　　　빈도나 규모 면에서 다양한

or magnitude. //

요약

어떤 행위를 유지시키는 가장 효과적인 방법은 '변동 강화'의 형태로 보상을 제공하는 것이다.

Tip the most effective way라는 최상급 표현으로 설명을 마무리 짓고 있다. 앞에서 설명한 내용을 '변동 강화'의 개념으로 연결 지어 요약하면서(— that is 이후 부연 설명), 이를 가장 효과적인 행위 유지 방법이라고 소개했다.

「not A but rather B」는 but rather 다음에 오는 내용을 강조하는 표현으로 요약문, 주제문에 자주 쓰인다. On the contrary는 대조, 역접의 연결사이지만 여기서는 이어지는 내용을 강조하는 역할을 한다. 모두 핵심 문장에 자주 쓰이는 표현들이다.

느낌 빡! 글을 요약하면 주제문이 된다

첫 문장만큼은 아니어도 주제문이 될 확률이 높은 문장은 마지막 문장이다. Unit 14의 <요약문 완성 유형>에서 더 자세히 다루겠지만, **요약문은 핵심 어휘를 넣어 엑기스만 뽑은 문장이기 때문이다.** 설명문 지문 구조에서 마지막에 '요약'이 추가되는 지문은 요약 부분만 제대로 이해해도 주제를 이해할 수 있다. 요약문은 단락의 마지막 위치에 온다는 단서로도 알아볼 수 있지만, 요약문에 자주 쓰이는 연결사, 동사, 관용 표현 등의 시그널을 통해서도 확인할 수 있다. 이 지문의 마지막 문장에도 이게 주제라는 증거가 너무도 많다. On the contrary라는 대표적인 핵심 문장 연결사, The most effective라는 최상급 표현, not A but B 강조 구문, 덧붙여 말하는 대시(—)와 that is까지 나왔다. 이렇게 증거가 많은데 주제문을 못 찾는다면 수많은 증거가 있는데도 독도가 어느 나라 땅인지 모르는 것과 마찬가지다.

✔ 정답은 왼쪽 페이지에

단어 자가 테스트

한 → 영

○ 인식의, 인지의
○ 지속적인, 일관된
○ ~에 있어 다르다[다양하다]

○ 보상을 주는
○ 예상할 수 있는(↔예상할 수 없는)
○ 빈도

○ 낮추다: 어둑한
○ 강화, 보강
○ 규모, 등급

전략 적용 문제

1 다음 글의 요지로 가장 적절한 것은? 기출 변형 난이도 ★★ ★

　The problem of amino acid deficiency is not unique to the modern world by any means. Preindustrial humanity probably dealt with protein and amino acid insufficiency on a regular basis. Sure, large hunted animals such as mammoths provided protein and amino acids aplenty. However, living off big game in the era before refrigeration meant humans had to endure alternating periods of feast and famine. Droughts, forest fires, superstorms, and ice ages led to long threat. The human inability to synthesize such basic things as amino acids certainly worsened those crises and made surviving on whatever was available that much harder. During a famine, it's not the lack of calories that is the ultimate cause of death; it's the lack of proteins and the essential amino acids they provide.

* synthesize: 합성하다

① 단백질 섭취와 규칙적인 운동은 성장에 도움이 된다.
② 단백질 식품을 냉장 보관하면 장기 보존에 효과적이다.
③ 현대 시대의 인류는 단백질을 과도하게 섭취하고 있다.
④ 동물의 아미노산 합성 능력은 유전적 특성과 관련이 있다.
⑤ 필수 아미노산의 부족은 인간 생존에 치명적 영향을 준다.

⏱ 타임 어택! 속독 훈련

✔ 학습한 내용과 시간을 체크해보세요.

- 실전처럼 문제 풀기　　분　초
- 단어 학습　　분　초
- 필터로 끊어읽기　　분　초
- 지문 구조+느낌 빽 학습　　분　초
- 지문 빠르게 다시 읽기　　분　초

➕ RSVP 속독 훈련

✔ 학습한 내용을 체크해보세요.

- 원어민 MP3 듣기
- 소리 내어 따라 읽기
- 배속으로 청킹 속독

지문 듣기

✔ 정답은 오른쪽 페이지에

단어 자가 테스트
영 → 한

1		
amino acid	deficiency(↔sufficiency)	not ~ by any means
humanity	aplenty	game
refrigeration	alternate	feast(↔famine)

2		
roam	empire	fierce
martial art	predator	depict
mimic	execute	discipline

어원 Hint　**alternate**: alter(n)(다른)+ate(~하게 하다, ~한) → 다르게 나오다　**execute**: ex(밖으로)+(s)ec(ute)(따라가다) → 왕의 명령을 밖에서 따르다

2 다음 글의 제목으로 가장 적절한 것은? 난이도 ★ ★ ★

According to Cambodian legends, lions once roamed the countryside attacking villagers and their precious buffalo, and long before the great Khmer Empire began in the 9th century, farmers developed a fierce martial art to defend themselves against the predator. These techniques became *bokator*. Meaning 'to fight a lion,' *bokator* is a martial art depicted on the walls of Angkor Wat. There are 10,000 moves to master, mimicking animals such as monkeys, elephants and even ducks. King Jayavarman VII, the warrior king who united Cambodia in the 12th century, made his army train in *bokator*, turning it into a fearsome fighting force. Despite its long tradition in Cambodia, *bokator* disappeared when the Khmer Rouge took power in 1975 and executed most of the discipline's masters over the next four years.

① Old Tales from the Countryside
② How to Survive a Wild Animal Attack
③ The History of a Cambodian Martial Art
④ The Fight to Save Disappearing Traditions
⑤ Angkor Wat: A Majestic Historical Monument

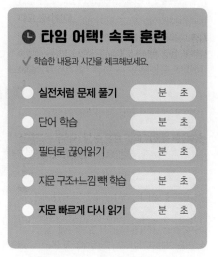

⏰ **타임 어택! 속독 훈련**

✓ 학습한 내용과 시간을 체크해보세요.

● **실전처럼 문제 풀기**　　분　초
● 단어 학습　　　　　　　분　초
● 필터로 끊어읽기　　　　분　초
● 지문 구조+느낌 빽! 학습　분　초
● **지문 빠르게 다시 읽기**　분　초

➕ **RSVP 속독 훈련**

✓ 학습한 내용을 체크해보세요.

● 원어민 MP3 듣기
● 소리 내어 따라 읽기
● 배속으로 청킹 속독

지문 듣기

✓ 정답은 왼쪽 페이지에

단어 자가 테스트

1
○ 아미노산
○ 인류[인간], 인문학
○ 냉장 보관
2
○ 돌아다니다
○ 무술
○ 흉내내다

○ 부족(↔충분)
○ 많은, 풍부한; 많이
○ 번갈아 나오다
○ 제국
○ 포식자, 약탈자
○ 실행하다, 처형하다

○ 결코 ~ 아니다
○ 게임, 사냥감
○ 풍요로움(↔빈궁, 기근)
○ 사나운, 격렬한
○ 그리다, 묘사하다
○ 훈련, 수련

Unit 05

현상   문제 제기   해결책

☑ **시험에 나오는 모든 지문은 논리적이다**

첫 문장에 필자의 주장이 나왔다면 그 뒤엔 무엇이 나와야 할까? 그 주장에 대한 근거나 예시가 나와야 할 것이다. 또한 잘못된 통념이 나왔다면, 그 뒤엔 반박이 나오지 않겠는가. 마찬가지로, 어떤 현상에 대한 문제점을 지적하는 내용이 나오면 해결책이 나오는 것이 논리적인 구조이다.

현상	대한민국 학생들은 영단어 암기에 엄청나게 많은 시간을 쏟아붓고 있다.
문제점	하지만 무작정 외우다 보니, 영단어가 잘 외워지지 않고 외워도 금세 까먹는다.
해결책	어원을 통해 영단어를 '이해'하면서 공부해야 쉽게 암기되고 효율적이다.

이렇듯 어떤 현상의 문제점이 있다면 해결책을 제시하는 것은 매우 논리적이다.
공신들은 문제를 제기하는 내용이 나오면 이후 내용을 읽기도 전에 예측한다. 문제점이 등장하는 순간 이미 해결책이 나올 것을 예상하면서 읽는 것이 가능하다는 말이다. 다음에 올 내용을 미리 예상하며 읽으니 당연히 이해도 잘 되고 읽는 속도도 빠르다.

☑ **유연한 사고를 가져라!**

지문 구조는 필자의 의도에 따라 달라진다. 어떤 현상에 대해 '문제' 그 자체에 중점을 두면, 현상과 문제점에 대한 이야기만 나오고 어떠한 해결책 제시 없이 글이 끝날 수도 있다. 한 현상에 대한 여러 가지 문제점이 제기될 수 있는 반면 한 문제에 대한 여러 가지 해결책이 제시될 수도 있다.
이처럼 기본 지문 구조에서 조금씩은 바뀔 수 있다는 것을 기억하고, 지문 구조에 드러난 필자의 의도를 읽어 내는 연습을 하도록 한다.

Unit 05 훑어보기

'현상 – 문제 제기 – 해결책' 지문 구조는 어떤 현상에 얽힌 문제(Problem)를 제기한 후, 그에 대한 해결책(Solution)을 제시하는 방식이다.
문제점 이후에 해결책이 제시된다면 해결책이 필자의 주장이며, 해결책이 제시되지 않는다면 문제 제기 자체가 주제임을 기억하도록 한다. 다음 시
그널을 기억해둔다면 아주 쉽게 문제점과 해결책을 알아챌 수 있고 이후 내용도 예측하여 속독할 수 있을 것이다.

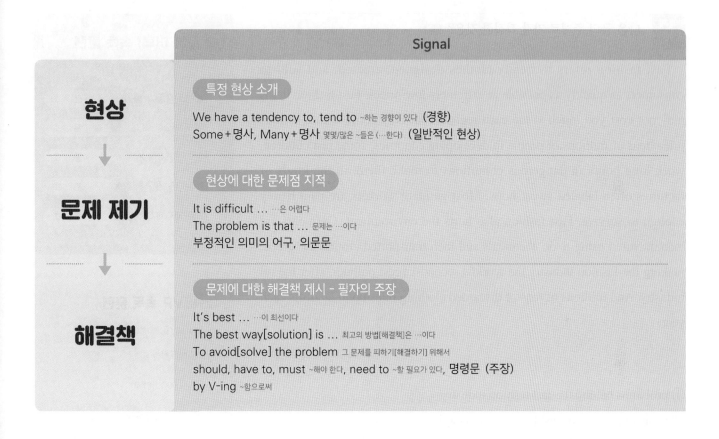

Signal
특정 현상 소개
We have a tendency to, tend to ~하는 경향이 있다 (경향)
Some + 명사, Many + 명사 몇몇/많은 ~들은 (…한다) (일반적인 현상)
현상에 대한 문제점 지적
It is difficult … …은 어렵다
The problem is that … 문제는 …이다
부정적인 의미의 어구, 의문문
문제에 대한 해결책 제시 – 필자의 주장
It's best … …이 최선이다
The best way[solution] is … 최고의 방법[해결책]은 …이다
To avoid[solve] the problem 그 문제를 피하기[해결하기] 위해서
should, have to, must ~해야 한다, need to ~할 필요가 있다, 명령문 (주장)
by V-ing ~함으로써

현상 → 문제 제기 → 해결책

 ### '현상 – 문제 제기 – 해결책' 지문 구조, 이렇게 접근하라!

전략 01 '현상 – 문제 제기' 중 주제는 문제점이다

어떤 현상을 소개하고 그에 대한 문제를 지적하는 구조로 글이 전개된다면, 그 글의 목적은 문제점을 널리 알리는 것이다. 무엇에 대한 어떤 문제점을 지적하고 있는지에 주목하여 글을 읽어야 빠르게 글의 핵심 내용을 파악할 수 있다.

예제 1 다음 글의 주제로 가장 적절한 것은? 기출

난이도 ★ ☆ ☆

Fast fashion refers to trendy clothes designed, created, and sold to consumers as quickly as possible at extremely low prices. Fast fashion items may not cost you much at the cash register, but they come with a serious price: tens of millions of people in developing countries, some just children, work long hours in dangerous conditions to make them, in the kinds of factories often labeled sweatshops. Most garment workers are paid barely enough to survive. Fast fashion also hurts the environment. Garments are manufactured using toxic chemicals and then transported around the globe, making the fashion industry the world's second-largest polluter, after the oil industry. And millions of tons of discarded clothing piles up in landfills each year.

* sweatshop: 노동착취공장

① problems behind the fast fashion industry
② positive impacts of fast fashion on lifestyle
③ reasons why the fashion industry is growing
④ the need for improving working environment
⑤ the seriousness of air pollution in developing countries

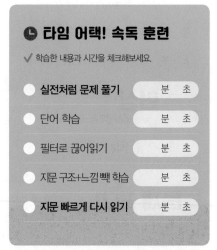

⏱ 타임 어택! 속독 훈련
✔ 학습한 내용과 시간을 체크해보세요.

● 실전처럼 문제 풀기 　　분　초
● 단어 학습 　　분　초
● 필터로 끊어읽기 　　분　초
● 지문 구조+느낌 빽! 학습 　　분　초
● 지문 빠르게 다시 읽기 　　분　초

➕ RSVP 속독 훈련
✔ 학습한 내용을 체크해보세요.

● 원어민 MP3 듣기
● 소리 내어 따라 읽기
● 배속으로 청킹 속독

지문 듣기

✔ 정답은 오른쪽 페이지에

단어 자가 테스트

영 → 한

○ refer to ○ consumer ○ garment
○ manufacture ○ chemical ○ transport
○ discarded ○ pile up ○ landfill

어원 Hint **garment**: gar(덮다)+ment(~것) → 몸을 덮어주는 것　**transport**: trans(가로질러)+port(운반하다) → 가로질러 운반하다

첫 문장 키워드 fast fashion

첫 문장에서 의류 소비 현상 중 하나인 패스트 패션을 소개하고 있다. 여기까지는 지문 구조가 '현상-문제 제기'일지 '설명'일지 무엇일지 확실히 알 순 없지만, 패스트 패션이 지문의 핵심 소재인 건 충분히 예측할 수 있다.

예측하며 속독하는 지문 구조

Fast fashion refers to trendy clothes / designed, created, and sold to
패스트 패션은 유행 의류를 말한다 　　　　 디자인되고, 만들어지고, 소비자에게 판매되는

consumers / as quickly as possible at extremely low prices. //
　　　 가능한 한 빨리 극도로 낮은 가격에

현상

패스트 패션은 극도로 낮은 가격에 가능한 한 빨리 소비자에게 유통되는 유행 의류이다.

↓

Fast fashion items may not cost you much / at the cash register, / but they
패스트 패션 상품은 당신에게 많은 비용을 들게 하지 않을지도 모른다 　 계산대에서 　　　 그러나 그것들

come with a serious price : / tens of millions of people in developing
은 심각한 대가가 딸려 있다 　　　　　 개발도상국 사람들 수천만 명이

countries, / some just children, / work long hours in dangerous conditions /
(그들 중) 일부는 아이에 불과한데　 긴 시간 위험한 환경에서 일한다

to make them, / in the kinds of factories often labeled sweatshops. // Most
그것들을 만들기 위해 　　 노동착취공장이라고 종종 이름 붙여진 종류의 공장에서 　　　　 대부분의

garment workers are paid / barely enough to survive. //
의류 작업자들은 급여를 받는다 　　 겨우 먹고살 정도로

문제 제기 1

패스트 패션의 문제점 1 - 노동 착취

 Tip 패스트 패션의 특징 중 하나인 저렴한 가격을 언급한 후 but이 나왔다. 앞에서 장점을 서술하였으니 이후는 단점이나 문제점에 관한 언급이 이루어질 것을 예측할 수 있다. 글쓴이가 진짜 하고 싶은 말은 여기서부터 나온다.

Tip 패스트 패션이라는 현상에 대해 심각한 대가가 딸려 있다고 문제를 제기하는 것이 이 글의 목적이다. 패스트 패션의 이점은 조동사 may를 써서 확신의 정도를 낮추었고, 문제점은 현재시제 동사 come을 써서 단정적으로 표현하였다. 현상에 대한 글쓴이의 단호한 문제의식을 알 수 있다.

↓

Fast fashion also hurts the environment. // Garments are manufactured /
패스트 패션은 또한 환경을 훼손한다 　　　　　 의류는 제조된다

using toxic chemicals / and then transported around the globe, / making the
독성 화학물질을 사용하여 　　 그리고 전 세계로 운송된다 　　　　　(이것은) 패션 산업

fashion industry the world's second-largest polluter, / after the oil industry. //
을 세계에서 두 번째로 큰 오염원으로 만든다 　　　　 석유 산업 다음으로

And millions of tons of discarded clothing / piles up in landfills each year. //
그리고 수백만 톤의 버려진 의류가 　　　　　 매년 매립지에 쌓인다

문제 제기 2

패스트 패션의 문제점 2 - 환경 오염

 Tip 패스트 패션을 주어로 하는 문장에 also가 나왔다. 앞의 내용과 마찬가지로 패스트 패션의 문제점이 추가로 나올 것임을 예측할 수 있다.

💡 느낌 빡! **문장 부호를 속독에 활용하자**

콜론 뒤에 나오는 문장은 앞 문장의 예시이거나 보충 설명인 경우가 많다. 이 지문에서도 but they come with a serious price 뒤에 콜론이 나왔다. 콜론 뒤는 어떤 심각한 대가인지 구체적인 내용이 나올 것을 예측하고 읽으면 되니 children, work, dangerous 등 주요 단어들만 뽑아내듯 확인하며 속독한다. 영어에서는 우리말보다 문장 부호가 더 많이, 자주 쓰이므로 이를 활용하면 속독에 도움이 될 때가 꽤 있다.

참고 <시험에 바로 써먹는 속독법> '영어에선 문장 부호 하나도 소홀히 할 수 없다' p.31

✔ 정답은 왼쪽 페이지에

단어 자가 테스트

한 → 영

- ~을 언급하다, 나타내다
- 제조하다
- 버려진, 폐기된
- 소비자
- 화학적인; 화학물질
- 쌓이다, 많아지다
- 의복, 옷
- 운송하다
- 쓰레기 매립지

전략 02 문제 제기에 해결책이 이어지면 해결책이 주제다

어떤 상황에 대한 문제를 지적하고 있다면, 문제 제기로 글이 마무리되는지, 해결책까지 제시되는지 빠르게 파악하자. 만약 문제 제기로 글이 그친다면 문제를 제기하는 것 자체가 글을 쓴 목적이지만, 문제 상황에 따른 해결책이 이어진다면 해결책 제시가 글을 쓴 목적이다. 해결책이 등장하는 지문에서는 해결책이 곧 필자의 주장이나 다름없으며 가장 눈여겨봐야 할 부분이다.

예제 2 다음 글에서 필자가 주장하는 바로 가장 적절한 것은? 기출

난이도 ★

We all have a tendency to look at our own flaws with a magnifying glass. If you continually tell yourself that this or that part of you is not up to standard, how can you expect it to get any better? Focus on the things you like about yourself. You will see how much better it feels to praise yourself rather than put yourself down. With this good feeling, you can do more for yourself and others than you could ever do with the negative energy of self-criticism. Choose to see the good. The choice is yours alone.

① 자신의 결점보다는 좋은 점을 찾으라.
② 결점을 지적받으면 고치려고 노력하라.
③ 다른 사람이 하는 칭찬에 자만하지 말라.
④ 완벽함을 추구하기보다는 과정을 즐기라.
⑤ 다른 사람의 비판을 자기 발전의 계기로 삼으라.

타임 어택! 속독 훈련

✓ 학습한 내용과 시간을 체크해보세요.

● 실전처럼 문제 풀기 ___분 ___초
● 단어 학습 ___분 ___초
● 필터로 끊어읽기 ___분 ___초
● 지문 구조+느낌 빽! 학습 ___분 ___초
● 지문 빠르게 다시 읽기 ___분 ___초

RSVP 속독 훈련

✓ 학습한 내용을 체크해보세요

● 원어민 MP3 듣기
● 소리 내어 따라 읽기
● 배속으로 청킹 속독

지문 듣기

✓ 정답은 오른쪽 페이지에

단어 자가 테스트

영 → 한

○ tendency   ○ flaw   ○ magnify
○ up to   ○ standard   ○ expect
○ praise   ○ negative   ○ self-criticism

어원 Hint **tendency**: tend(뻗다)+ency(~것) → 뻗어 나가는 것   **magnify**: mag(ni)(큰)+fy(~하게 하다) → 크게 키우다

결함을 확대해서 보는 일반적인 현상에 대해 말하고 있다. 그렇다면 이어지는 내용은 이 현상에 대한 추가적인 설명이나
문제 제기일 것임을 충분히 예측해볼 수 있다.

정답과 해설 p.20

예측하며 속독하는 지문 구조

We all |have a tendency| to look at our own flaws / with a magnifying glass. //
우리는 모두 자신의 결함을 보는 경향이 있다   확대경으로

현상

우리는 자기 자신의 결함을 확대하여 보는 경향이 있다.

 Tip have a tendency라는 표현을 사용하여 사람들이 일반적으로 경험하는 현상을 소개하고 있다.

If you continually tell yourself / that this or that part of you is not up to
만약 당신이 계속 자신에게 말한다면   당신의 이런저런 부분이 기준에 미치지 않는다고

standard, / how can you expect it to get any better? //
              어떻게 그것이 조금이라도 더 좋아질 거라고 기대할 수 있겠는가?

문제 제기

자신의 결함을 계속 지적하면 더 좋아질 수 없다.

 Tip 현상에 대한 의문을 제기하였다. 그런 현상이 과연 올바른지 문제를 제기하는 것이다. 글쓴이가 현상에 대해 긍정적으로 생각하지 않음을 짐작할 수 있다.

|Focus| on / the things you like about yourself. // You will see / how much
~에 집중하라   당신이 자신에 대해 좋아하는 것들   당신은 보게 될 것이다 얼마나 기분을 더

better it feels / to praise yourself rather than put yourself down. // With this
좋게 하는지   자신을 깎아내리기보다 칭찬하는 것이   이 좋은 기분으

good feeling, / you can do more for yourself and others / than you could ever
로   당신은 자신과 다른 사람들을 위해 더 많은 일을 할 수 있다   당신이 자기비판의 부정적인 에

do with the negative energy of self-criticism. //
너지로 할 수 있었던 것보다

해결책

자기 자신에 대해 좋아하는 점에 집중하면 더 많은 일을 할 수 있다.

 Tip 문제 제기 바로 뒤에 명령문이 나왔다. 문제를 제기한 뒤에 나오는 명령문은 그에 대한 해결 방안을 제시하기 위해 나온다고 봐야 한다. 처음 만나는 사람이 갑자기 '~해!' 라고 명령하면 정신이 번쩍 들지 않겠나? 그만큼 강조하고 싶은 것이다.

|Choose| to see the good. // The choice is yours alone. //
좋은 것을 보기로 선택하라   그 선택은 오직 당신의 몫이다

결론

좋은 것을 보기로 선택하라.

Tip 앞서 해결책으로 언급했던 주제를 다시 한번 명령문으로 강조하며 마무리하고 있다.

🎙 느낌 빡! 국어 시간에 배운 개념을 영어 속독에도 써먹어라

If you continually ~ better? 이 질문을 글쓴이가 정말 여러분의 대답이 궁금해서 한 말이라 생각하는 사람은 없을 것이다. **일부러 강조하고 집중도를 높이려고 의문문 형태를 쓴 것이다.** 이것이 바로 국어 시간에 배운 설의법(누구나 알 만한 뻔한 사실을 질문하여 상대방이 스스로 결론을 내리도록 하는 수사법)이다. 국어 시간에 배운 개념이나 논리는 빠른 영어 독해에 요긴하게 쓰인다. 그 반대도 마찬가지이다. 지금 배우는 영어 속독법 중 상당수는 국어를 포함한 다른 독해의 영역에 응용할 수도 있을 것이다.

✔ 정답은 왼쪽 페이지에

단어 자가 테스트

한 → 영

○ 경향	○ 결점, 흠	○ 확대하다
○ ~까지	○ 기준, 수준	○ 예상하다, 기대하다
○ 칭찬하다	○ 부정적인	○ 자기비판

전략 03 부정적 어조가 나올 때 문제 제기임을 파악하라

문제점을 제기할 때 직접적으로 이런 점이 문제라고 명백하게 말하지 않을 수도 있다. 너무 단정적인 어조는 읽는 사람의 반감을 살 수도 있기 때문이다. 어떤 상황을 부정적으로 언급한 표현이 나온다면 이는 그 상황에 대한 문제를 지적하는 것임을 알아차릴 수 있어야 한다.

예제 3 다음 글에서 필자가 주장하는 바로 가장 적절한 것은? 기출

난이도 ★ ★ ☆

Whenever you find yourself reacting differently than you would if you had unlimited time, you're acting out of neediness and won't be reading people clearly. Stop and consider alternative courses of action before you go forward. It's often best to find a temporary solution to begin with, and decide on a permanent one later. The parents urgently seeking child care could put their immediate efforts into convincing a friend or family member to help out for a week or two, buying them time to look for permanent help. If they can afford it, they can hire a professional nanny for a while. Temporary solutions may be more expensive or inconvenient in the short run, but they'll give you the time you need to make a wise choice about your long-term selection.

① 시급한 상황일수록 원칙에 따라 행동하라.
② 집단의 성공을 위해 개인의 불편을 감수하라.
③ 자신의 능력에 맞는 단기적 목표를 수립하라.
④ 의사 결정 시 시간과 비용을 최우선으로 고려하라.
⑤ 임시방편을 통해 현명한 선택을 할 시간을 확보하라.

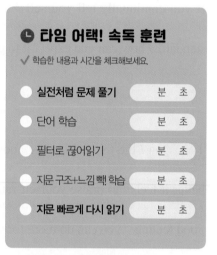

🕐 타임 어택! 속독 훈련

✓ 학습한 내용과 시간을 체크해보세요.

● **실전처럼 문제 풀기** ___ 분 ___ 초
● **단어 학습** ___ 분 ___ 초
● **필터로 끊어읽기** ___ 분 ___ 초
● **지문 구조+느낌 빽 학습** ___ 분 ___ 초
● **지문 빠르게 다시 읽기** ___ 분 ___ 초

➕ RSVP 속독 훈련

✓ 학습한 내용을 체크해보세요.

● 원어민 MP3 듣기
● 소리 내어 따라 읽기
● 배속으로 청킹 속독

지문 듣기

✓ 정답은 오른쪽 페이지에

단어 자가 테스트

영 → 한

○ react ○ neediness ○ alternative
○ temporary ○ solution ○ permanent
○ urgently ○ immediate ○ convince

어원 Hint **immediate**: im(아닌 not)+medi(중간)+ate(~한) → 중간에 끼어든 것이 없는

시간이 충분할 때와는 다르게 행동하는 경우에 대하여 neediness(곤궁함), won't ~ clearly(분명하지 못하게)라는 부정적인 표현을 사용하여 위기감을 주고 있으므로 이 상황의 해결책을 제시하는 글이 전개될 확률이 높다.

정답과 해설 p.21

예측하며 속독하는 지문 구조

Whenever you find yourself reacting differently / than you would if you had
당신이 다르게 반응하고 있는 자신을 발견할 때마다   당신이 무제한의 시간을 가졌다면 당신이

unlimited time, / you're acting out of neediness / and won't be reading
(반응)했을 것과는   당신은 곤궁함에서 행동하고 있는 것이며   사람들을 분명하게 이해하지 못하고.

people clearly. //
있을 것이다

Stop and consider alternative courses of action / before you go forward. //
멈춰서 대안적인 행동 방침을 고려하라   더 나아가기 전에

It's often best / to find a temporary solution to begin with, / and decide on a
종종 최선이다   우선 임시적인 해결책을 찾는 것이   그리고 나중에 영구적인 해

permanent one later. //
결책을 결정하는 것이

The parents urgently seeking child care / could put their immediate efforts /
아이 돌봐 줄 사람을 급하게 찾고 있는 부모는   그들의 즉각적인 노력을 쏟아부을 수 있다

into convincing a friend or family member / to help out for a week or two, /
친구나 가족 구성원을 설득하는 데   한두 주 동안 도와달라고

buying them time / to look for permanent help. // **If they can afford it, / they**
(이는) 그들에게 시간을 벌어준다 영구적인 도움을 찾을 수 있는   만약 그들이 여유가 된다면   그들은

can hire a professional nanny for a while. //
한동안 전문 보모를 고용할 수 있다

Temporary solutions may be more expensive or inconvenient / in the short
일시적인 해결책은 더 비싸거나 불편할지도 모른다   단기적으로는

run, / but they'll give you the time / you need / to make a wise choice / about
그러나 그것들은 당신에게 시간을 줄 것이다 당신이 필요로 하는 현명한 선택을 하도록 당신의 장

your long-term selection. //
기적인 선택에 관해

현상＋문제 제기

시간이 없을 때, 당신은 곤궁함에서 행동하게 되며 사람들을 분명하게 이해하지 못한다.

Tip neediness, won't ~ clearly는 우리가 바라지 않는 부정적인 상황이다. 부정적인 어휘로 상황을 가정함으로써 간접적으로 문제를 제기하고 있다.

↓

해결책

더 나아가기 전에 멈추고 우선 임시방편을 찾아라.

Tip 문제 상황 바로 뒤에 Stop으로 시작하는 명령문이 나왔다. 명령문으로 문제 상황에 대한 해결책을 강력한 어조로 제시하는 것이다. 그다음 문장은 It's often best가 나온다. 이게 최고의 방법이라고 해결책을 말하는 것이다. 이 정도로 강조를 했는데도 이 부분이 필자의 핵심 주장임을 눈치 못 채면 정말 곤란하다.

↓

예시

아이 돌봐 줄 사람을 급하게 찾고 있는 상황

Tip 웬 아기 보는 상황이 갑자기 제시되어 있다. 그런데 잘 보니 urgently(급하게), immediate(즉각적인)라는 표현들이 눈에 띈다. 앞서 가정한 시간이 없는 상황과 일시적인 해결책을 찾는 상황에 대한 예시를 드는 것이다.

↓

결론

일시적인 해결책은 단기적으로는 더 비싸거나 불편할지라도 현명한 장기적 선택을 할 시간을 준다.

💡 느낌 빽! 두 개 이상 지문 구조가 합쳐질 수 있다

이 지문은 '현상 - 문제 제기 - 해결책 - 예시 - 결론' 구조로 되어 있다. 이 지문의 구성을 좀 더 자세히 설명하자면 사실 '현상 - 문제 제기 - 해결책' 구조와 '주제문 - 예시 - 결론' 구조의 결합이다.

현상 - 문제 제기 - 해결책(주제문) - 예시 - 결론
　　　　　　　지문 구조1　　　지문 구조2

'주제문 - 예시' 구조에서는 일반적이고 포괄적인 내용을 담은 주제를 이해할 수 있게 뒤에 구체적인 예시를 들었다. 마찬가지로 '현상 - 문제 제기 - 해결책'에서는 해결책이 곧 주제이니 해결책을 더 명확히 설명하기 위해 해결책의 예시가 뒤에 추가될 수 있는 것이다.

실제 시험에는 우리가 배우는 10가지 지문 구조만 그대로 출제되는 것은 아니다. 그렇지만 기본 뼈대가 되는 지문 구조를 잘 익혀 놓으면 이렇게 융합된 지문 구조나 변형된 지문 구조까지 이해할 수 있게 된다.

✓ 정답은 왼쪽 페이지에

단어 자가 테스트

한 → 영

- 반응하다
- 일시적인
- 긴급하게
- 궁핍, 곤궁
- 해결책
- 즉각적인, 당면한
- 대안의, 대체의
- 영구적인
- 설득하다, 확신시키다

문제점이나 해결책이 여러 개 언급될 수 있다

한 지문에서 문제점과 해결책은 여러 개 언급될 수 있다. 어떤 현상의 심각성을 더 효과적으로 전달하기 위해 그 현상의 문제점을 여러 개 제시할 수도 있다. 또한 하나의 문제에 꼭 하나의 해결책만 나오는 것은 아니다. 하나의 문제에 대한 다양한 해결책이 나열될 수도 있고, 여러 문제에 모두 통하는 해결책 하나가 제시될 수도 있다.

예제 4   다음 글의 주제로 가장 적절한 것은? 기출   난이도 ★★★

Some city planning experts called for legislation against texting while walking that would be followed by a deep change of norms. This recommendation is based on the assumption that this change is welcomed, but laws banning texting while walking failed in Toronto, Arkansas, Illinois, Nevada, New Jersey and New York. Meanwhile, high-tech firms are developing technological solutions to the problem, offering a transparent screen that allows pedestrians to see what is going on in front of them while texting. Another direction for adaptation to the problem was provided by city councils via better urban planning and interventions to generate awareness. Some towns and college campuses have put 'look up' signs in dangerous stairwells and intersections. Hong Kong added announcements in its subway system recommending that passengers look around; New York City reduced speeds for cars, and San Francisco fosters pedestrian-only corridors.

① the urgent necessity of regular safety drills in urban areas
② the serious effects of tech-addiction on cognitive abilities
③ different strategies to address the problem of texting walkers
④ unexpected reasons why legislation against texting while walking failed
⑤ major conflicts between advanced technology and outdated traffic systems

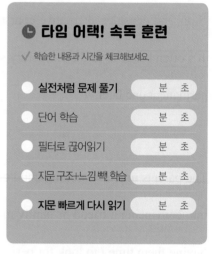

⏱ 타임 어택! 속독 훈련

✓ 학습한 내용과 시간을 체크해보세요.

- 실전처럼 문제 풀기   분 초
- 단어 학습   분 초
- 필터로 끊어읽기   분 초
- 지문 구조+느낌 빽 학습   분 초
- 지문 빠르게 다시 읽기   분 초

➕ RSVP 속독 훈련

✓ 학습한 내용을 체크해보세요.

- 원어민 MP3 듣기
- 소리 내어 따라 읽기
- 배속으로 청킹 속독

지문 듣기

✓ 정답은 오른쪽 페이지에

단어 자가 테스트

◯ call for	◯ legislation	◯ ban
◯ transparent	◯ pedestrian	◯ intervention
◯ awareness	◯ passenger	◯ foster

어원 Hint **legislation**: leg(is)(법)+lat(제안하다)+ion(~것) → 법을 제안함   **pedestrian**: ped(estr)(발)+ian(사람) → 발로 다니는 사람

첫 문장 키워드) against, texting while walking

보행 중 문자 보내기에 반대한다는 내용이 제시되었다. 반대하는 대상은 이 글에서 다루고자 하는 문제점과 관련되어 있을
확률이 높다.

정답과 해설 p.21

예측하며 속독하는 지문 구조

Some city planning experts called for legislation / against texting while
몇몇 도시 계획 전문가들은 입법을 요구했다   보행 중 문자 보내기에 반대하는

walking / that would be followed by a deep change of norms. // This
극심한 규범 변화가 뒤따를 수 있는   이 권고

recommendation is based on the assumption / that this change is welcomed,
는 가정에 기반을 둔다   이 변화가 환영받는다는

/ but laws banning texting while walking failed / in Toronto, Arkansas,
그러나 보행 중 문자 보내기를 금지하는 법은 실패했다   토론토, 아칸소, 일리노이, 네바다, 뉴

Illinois, Nevada, New Jersey and New York. //
저지, 그리고 뉴욕에서

Meanwhile, / high-tech firms are developing technological solutions / to the
한편   첨단 기술 기업들은 기술적 해결책을 개발하고 있다   그 문제에

problem, / offering a transparent screen / that allows pedestrians to see /
대해   투명한 화면을 제공하는   보행자들이 볼 수 있게 해주는

what is going on in front of them / while texting. //
그들 앞에 무슨 일이 벌어지고 있는지   문자를 보내는 동안

Another direction for adaptation to the problem / was provided by city
그 문제를 개선하기 위한 또 다른 방침이   시 의회에 의해 제공되었다

councils / via better urban planning and interventions / to generate
더 나은 도시 계획과 개입을 통해   인식을 불러일으키기

awareness. // Some towns and college campuses / have put 'look up' signs /
위한   어떤 마을과 대학 교정은   '위를 보시오'라는 표지판을 세웠다

in dangerous stairwells and intersections. // Hong Kong added
위험한 계단통과 교차로에   홍콩은 지하철 시스템에 공지를 추가

announcements in its subway system / recommending that passengers look
했다   승객들이 주위를 둘러볼 것을 권고하는

around; / New York City reduced speeds for cars, / and San Francisco fosters
뉴욕시는 자동차 제한 속도를 낮췄다   그리고 샌프란시스코는 보행자 전용 통로

pedestrian-only corridors.
를 조성한다

현상＋문제 제기

보행 중 문자 보내기를 금지하는 법안은 많은 대도
시에서 실패했다.

Tip 어떤 법안을 요구했다는 내용이 나왔다. 무언가
를 금지하는 법안이라는 것은 그 문제 상황을 바로잡
을 수 있는 수단이므로 보행 중 문자 보내기를 글쓴이
가 문제로 여기고 있음을 알 수 있다.

해결책 1

기술적 해결책

- 기술 기업의 투명한 화면 개발

Tip 실패한 법안 뒤에 Meanwhile로 흐름을 반전
시켰다. 한 해결책의 실패에도 불구하고 계속해서 시
도되는 해결책이 나올 것을 예측할 수 있다.

Tip 문제에 대한 해결책을 제시하고 있다고
solutions와 problem이라는 표현을 써서 대놓고
알려주고 있다.

해결책 2

도시 계획과 개입을 통한 해결책

- 마을과 대학 교정의 표지판 설치
- 홍콩의 지하철 시스템 공지 추가
- 뉴욕시의 자동차 제한 속도 하향
- 샌프란시스코의 보행자 전용 통로 조성

Tip Another direction이라는 표현은 계속해서
또 다른 방향의 해결책이 나열됨을 알려주는 단서이다.

느낌 빡! 주제 찾기 유형의 선택지에 출제되었던 '문제점/해결책' 뜻을 가진 어휘

문제점이나 해결책을 여러 개 제시하는 경우, 문제 제기나 해결책 제시 자체가 글을 쓴 목적이자 주제가 되는 경우가 많다. 글의 주제가 문제 제기나 해결책 제시일 때
보기에 자주 등장하는 어휘들을 살펴보자.

1 **문제점**을 나타내는 표현: side effect(부작용), disadvantage(단점), limit(한계), problem(문제), seriousness(심각성), difficulty(어려움), risk(위험성),
negative(결점, 부정적 측면), drawback(결점)

2 **해결책**을 나타내는 표현: how to V(~하는 방법), way(방법), method(방법), strategy(전략), solution(해결책), adaptation(개선), improvement(향상)

✔ 정답은 왼쪽 페이지에

전략 적용 문제

1 다음 글의 요지로 가장 적절한 것은? 기출   난이도 ★★★

Too many companies advertise their new products as if their competitors did not exist. They advertise their products in a vacuum and are disappointed when their messages fail to get through. Introducing a new product category is difficult, especially if the new category is not contrasted against the old one. Consumers do not usually pay attention to what's new and different unless it's related to the old. That's why if you have a truly new product, it's often better to say what the product is not, rather than what it is. For example, the first automobile was called a "horseless" carriage, a name which allowed the public to understand the concept against the existing mode of transportation.

① 과도한 광고 경쟁이 제품의 가격을 상승시킨다.
② 기존 제품과의 대비가 신제품 광고에 효과적이다.
③ 신제품 개발을 위해 정확한 수요 예측이 필요하다.
④ 수익 향상을 위해 새로운 고객 관리 방식이 요구된다.
⑤ 제품에 대한 올바른 정보 제공이 소비자의 신뢰를 높인다.

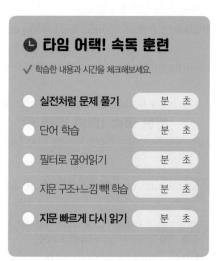

🕐 타임 어택! 속독 훈련

✔ 학습한 내용과 시간을 체크해보세요.

● 실전처럼 문제 풀기   분   초
● 단어 학습   분   초
● 필터로 끊어읽기   분   초
● 지문 구조+느낌 빽 학습   분   초
● 지문 빠르게 다시 읽기   분   초

➕ RSVP 속독 훈련

✔ 학습한 내용을 체크해보세요.

● 원어민 MP3 듣기
● 소리 내어 따라 읽기
● 배속으로 청킹 속독

지문 듣기

✔ 정답은 오른쪽 페이지에

단어 자가 테스트

영 → 한

1	advertise	competitor	vacuum
	contrast	attention	concept
2	accessibility	relevant	material
	selective	useless	due date
	significant	transportable	foreign

어원 Hint **competitor**: com(함께)+pet(it)(찾다)+or(~하는 사람) → 함께 찾아다니는 사람   **contrast**: contra(반대하여)+st(서다) → 반대로 세우다

2 다음 글의 제목으로 가장 적절한 것은? 기출   난이도 ★ ★ ★

With the general accessibility of photocopiers in student libraries, students tend to copy the relevant material for later use. In such cases the students are not always selective about what they copy. Often useless material is gathered that may seem important at the time but does not seem so in their study room on the night before an exam or essay due date. In addition, when most people photocopy material from books, they feel as if they have actually accomplished something. After all, a few photocopied pages in their notebook now represent information that used to be in a big, thick book. The reality of the situation is that nothing significant has been accomplished yet. The student only has the information in a transportable form. He or she has not learned anything from the material. The information content of the photocopied sheets is just as foreign as if it had been left on the library shelf.

① Information Accessibility Leads to Intellectual Advances
② Reasons You Should Keep Study Material After Exams
③ Photocopied Material: Not a Sign of Accomplishment
④ Careless Photocopying May Be Considered a Crime
⑤ Photocopier: A Contributor to Information Spread

✓ 정답은 왼쪽 페이지에

단어 자가 테스트	**1**	광고하다		경쟁자		진공, 공백
한 → 영		대조하다, 대비하다		관심, 주목		개념
	2	사용 가능성, 접근성		관련된		자료
		선택적인, 선별적인		쓸모없는		기한, 만기일
		중요한, 의미 있는		운반 가능한		외국의, 이질적인

Unit 06

원인   결과

✓ 결과에는 반드시 원인이 있다

'여러분들은 공부를 안 해요.' 멘토링을 오래 하다 보니 의도치 않게 이런 유행어를 만들게 됐다. 온갖 커뮤니티에 '당신이 공부를 못하는 이유'라는 제목으로 많이 퍼졌었다. 이게 다름 아닌 '원인 – 결과' 구조다. 공부를 안 한 것이 원인이고 공부를 못하는 것이 결과다.

성적이 안 나오는 데는 반드시 이유가 있다. 그리고 독해 속도가 느린 데도 반드시 이유가 있다. 여러분 앞에 있는 이 속독편 책의 존재조차도, 여러분이 치르게 될 시험이 모두 속독 능력을 평가하는 시험이기 때문에 존재한다. 세상 모든 일에는 원인이 있기에 '원인 – 결과' 구조는 흔하게 볼 수 있다.

시험의 지문은 길이가 제한되어 있으므로 보통 '원인 – 결과'가 한 번만 언급되는데, 사실 알고 보면 어떤 원인은 또 다른 원인의 결과일 때도 있다. 공부를 못하는 이유는 공부를 안 해서고, 공부를 안 한 것은 게임을 했기 때문이다. 공부를 안 한 것은 공부를 못하는 것의 '원인'이자, 게임을 한 것의 '결과'도 된다.

원인 1 게임을 했다	→	결과 1 그래서 공부를 안 했다		
		원인 2 공부를 안 한다	→	결과 2 그래서 공부를 못한다

✓ 원인과 결과는 글의 맥락 속에 있다

우리는 because나 as a result 같이 원인과 결과를 나타내는 연결사에 이미 익숙하다. 그럼 연결사만 알면 '원인 – 결과' 지문 구조는 뻔할까? 그렇지 않다. 우리는 연결사로 지문 구조에 대한 중요한 힌트를 얻을 수 있다. 하지만 특정 연결사나 표현 없이 내용만 가지고도 충분히 원인과 결과를 나타낼 수 있음을 명심하라. '그는 그 어려운 시험에서 만점을 받았다. 그는 원하는 곳에 합격할 수 있었다.' 이런 문장은 연결사는 없지만 명백한 '원인 – 결과' 구조다. 글의 맥락 속에서 무엇이 원인이고 무엇이 결과인지를 연결할 수 있다면, 주제는 이미 찾은 것이나 다름없다.

'원인 – 결과' 지문 구조는 어떤 현상에 대한 원인(Cause)을 제시하고 그에 대한 결과(Effect), 즉 인과 관계를 밝히는 유형이다. 결과에 따른 '원인'에 중점을 둔 경우, '결과 – 원인' 순으로 제시되기도 한다. 이 지문 구조는 각종 독해 시험뿐만 아니라, 영미권 학술문 쓰기(Academic Writing) 혹은 토플 에세이에도 자주 등장하는 대표적인 지문 구조다.

'원인 – 결과' 지문 구조의 시그널을 숙지하되, 특정한 시그널 없이도 내용상 원인과 결과를 나타낼 수 있음에 유의한다.

Signal
원인 → **결과**

원인

어떤 현상/사건을 일으킨 원인

Because, Since, As 왜냐하면

result from, arise from, be caused by ~에서 비롯되다

어떤 원인으로 발생한 결과

Then 그러고 나서, So, Thus, Hence, Therefore 그래서, 그러므로
That's why[how] 그렇기 때문에, For this reason 이런 이유로
As a result 결과적으로, Consequently, In consequence 그 결과
In this way 이런 방식으로

result in, end in, lead to, cause ~의 결과를 낳다, 초래하다
bring about, give rise to ~을 일으키다
influence, affect, have an impact[effect, influence] on ~에 영향을 미치다

결과

 '원인 - 결과' 지문 구조, 이렇게 접근하라!

Unit 06 원인 – 결과

전략 01 원인과 결과를 나타내는 명확한 표현이 있다

여러분이 우리말로 '원인 – 결과'에 대한 글을 쓴다고 해 보자. '~해서(원인) …되었다(결과)' 혹은 '원인은 ~이고, 그 결과 …했다'와 같은 표현이 반드시 들어갈 것이다.

영어에서도 마찬가지다. Because, That's why[how], Therefore 등 인과 관계를 나타내는 말 또는 reason, cause, result 같은 원인/결과를 직접적으로 의미하는 말이 나오기 마련이다. 이런 표현이 전혀 없다면 글쓴이가 독자에게 무엇이 원인이고 그 결과가 무엇인지를 이해시키기 쉽지 않다. '원인 – 결과' 지문에 거의 꼭 나오는 단어나 표현들을 기억하자.

예제 1 **다음 글의 주제로 가장 적절한 것은?** 기출 변형   난이도 ★★

Why doesn't the modern American accent sound similar to a British accent? After all, didn't the British colonize the U.S.? Experts believe that British residents and the colonists who settled America all sounded the same back in the 18th century, and they probably all sounded more like modern Americans than modern Brits. The accent that we identify as British today was developed around the time of the American Revolution by people of low birth rank who had become wealthy during the Industrial Revolution. To distinguish themselves from other commoners, these people developed new ways of speaking to set themselves apart and demonstrate their new, elevated social status. In the 19th century, this distinctive accent was standardized as Received Pronunciation and taught widely by pronunciation tutors to people who wanted to learn to speak fashionably.

* Received Pronunciation: 영국 표준 발음

① ways to improve an American accent
② reasons why Americans speak English
③ adverse effects of the Industrial Revolution
④ how the modern British accent developed
⑤ differences between American and British accents

⏱ 타임 어택! 속독 훈련
✓ 학습한 내용과 시간을 체크해보세요.

● 실전처럼 문제 풀기   분 초
● 단어 학습   분 초
● 필터로 끊어읽기   분 초
● 지문 구조+느낌 빽 학습   분 초
● 지문 빠르게 다시 읽기   분 초

✚ RSVP 속독 훈련
✓ 학습한 내용을 체크해보세요.

● 원어민 MP3 듣기
● 소리 내어 따라 읽기
● 배속으로 청킹 속독

지문 듣기

✓ 정답은 오른쪽 페이지에

단어 자가 테스트

영 → 한

○ accent   ○ British(→Brit)   ○ colonize
○ colonist   ○ settle   ○ revolution
○ industrial   ○ distinguish   ○ demonstrate
○ elevate   ○ standardize   ○ fashionably

어원 Hint **revolution**: re(다시)+vol(u)(돌다)+tion(~하는 것) → 다시 돌리는 것

미국식 악센트와 영국식 악센트가 '비슷하다'고? 다시 첫 문장을 보자. 이건 부정 의문문(Why doesn't ~?)이다. 미국식 악센트와 영국식 악센트가 비슷하지 '않다'는 것이 핵심이다.

정답과 해설 p.24

예측하며 속독하는 **지문 구조**

Why doesn't the modern American accent sound similar / to a British
왜 현대 미국식 악센트는 비슷하게 들리지 않는가   영국식 악센트와

accent? // After all, / didn't the British colonize the U.S.? //
                    어쨌든   영국이 미국을 식민화하지 않았는가

Experts believe / that British residents and the colonists who settled America
전문가들은 믿는다   영국 거주민들과 미국에 정착한 식민지 주민들은

/ all sounded the same / back in the 18th century, / and they probably / all
    모두 똑같이 발음했다고   지난 18세기에만 해도   그리고 그들은 아마도   모두

sounded more like modern Americans / than modern Brits. // The accent /
더 현대 미국인들처럼 발음했을 것이라고   현대 영국인들보다는   악센트는

that we identify as British today / was developed / around the time of the
오늘날 우리가 영국식이라고 인식하는   개발되었다   미국 혁명 시기 즈음에

American Revolution / by people of low birth rank / who had become
                  출신 계층이 낮은 사람들에 의해   산업혁명 동안 부유해진

wealthy during the Industrial Revolution. // To distinguish themselves from
                                        그들 자신을 다른 일반 사람들과 구별하기 위해서

other commoners, / these people developed new ways of speaking / to set
            이 사람들은 새로운 말하기 방식을 개발했다   그들

themselves apart / and demonstrate their new, elevated social status. //
자신을 분리하기 위해서   그리고 자신들의 새로운 상승된 사회적 지위를 표현하기 위해서

In the 19th century, / this distinctive accent was standardized / as Received
19세기에   이 독특한 악센트는 표준화되었다   영국 표준 발음으로

Pronunciation / and taught widely by pronunciation tutors / to people who
            그리고 발음 교사들에 의해 널리 가르쳐졌다   세련되게 말하는 것을 배

wanted to learn to speak fashionably. //
우고 싶어 하는 사람들에게

도입

왜 현대 미국식 악센트는 영국식 악센트와 다른가?

 Tip 첫 문장이 원인을 묻는 의문사 Why로 시작한다. 이 질문에 대한 답(원인)을 찾는 방식으로 글이 전개될 것이라고 예측할 수 있다.

원인이나 결과는 전체 글의 주제일 때가 많은데, 이 지문도 첫 문장의 질문이 주제문이다. 첫 문장을 질문으로 시작해 그 답을 찾아 나가는 지문 구조는 Unit 09에서 더 자세히 공부하자.

참고 Unit 09 질문 - 답변 <훑어보기> p.151

↓

원인

원래 영국/미국 발음은 똑같았으나, 산업혁명 시기 동안 부유해진 영국 사람들이 새로운 말하기 방식을 개발했다.

 Tip to부정사구가 문장 맨 앞으로 갑자기 튀어나왔다. 주어보다 앞에 있으니 강조하는 것이다. 이처럼 '원인 - 결과' 지문 구조에는 to부정사 부사적 용법이 유용하게 쓰이는데, '~하기 위해서'라는 말 자체가 이유나 원인을 나타내기 때문이다.

↓

결과

19세기에 이 새로운 말하기 방식은 영국 표준 발음이 되었다.

💡 느낌 빡! to부정사도 원인과 결과를 나타낸다!

왜 갑자기 독해하다 말고 문법 이야기를 하냐고? 문법과 독해는 서로 별개의 것이 아니다. 위에서도 말했지만, 여러분이 잘 알고 있는 to부정사 부사적 용법의 해석 '~하기 위해서'는 '목적'의 의미로 그 자체가 어떤 행위에 대한 이유나 원인을 나타낸다. 또한 to부정사의 부사적 용법에는 '~하게 되다'라는 '결과'의 의미도 있다. to부정사 자체가 '원인'이나 '결과'를 나타내는 것이다. 둘 중 무엇일지는 해당 문장의 내용과 앞뒤 문맥으로 확실하게 알 수 있으니 걱정할 것 없다. 아래 두 번째 문장의 경우 앞뒤 문맥 없이 문장 자체의 의미만 봐도 '그는 선생님이 되기 위해 컸다'는 의미상 매우 어색하므로 '그는 커서 선생님이 되었다'라는 '결과'의 의미로 해석한다. 이처럼 '원인 - 결과' 지문 구조에 to부정사 부사적 용법이 쓰였다면, 그 문장을 기준으로 '원인'과 '결과'를 구분하는 것도 좋은 방법이다.

I have been there / **to hear** your speech. 나는 거기에 갔었어 / 네 연설을 들으려고
          결과   원인(목적)
He grew up / **to be** a teacher. 그는 커서 / 선생님이 되었다
    원인(과정)   결과

사실 to부정사가 이런 다양한 의미를 가지는 데는 이유가 있다. to부정사 어원이 전치사 to(~으로, ~을 향하여)이다. 편지에서 미래에 도착할 목적지에 to를 쓰듯 to는 '목적'이나 미래의 '결과'라는 의미가 있다. 이렇게 단어의 어원을 통해 문법을 이해하면 독해도 쉬워진다. **참고** 『강성태 영문법 필수편』 Unit 22 to부정사의 부사적 용법

✓ 정답은 왼쪽 페이지에

단어 자가 테스트

한 → 영

- ○ 악센트[억양], 말씨
- ○ 식민지 주민
- ○ 산업의, 공업용의
- ○ 올리다, 상승시키다
- ○ 영국(인)의; 영국인
- ○ 정착하다
- ○ 구별하다
- ○ 표준화하다
- ○ 식민화하다
- ○ 혁명
- ○ (보여주며) 설명하다
- ○ 유행에 맞게, 세련되게

전략 02　원인과 결과는 주제/제목 찾기 정답에 그대로 나온다

원인과 결과는 그 자체가 인과 관계라서 항상 주제로 연결된다. 원인이나 결과 둘 중 하나는 십중팔구 주제이다. 글에서 무얼 더 강조하느냐, 어느 것으로 독자의 호기심을 유발하느냐가 다를 뿐이다.

따라서 문제 유형이 주제/제목 찾기일 경우, '~이 일어난 이유, ~원인, ~과정' 혹은 '~에 의한 결과, ~영향, ~효과'와 같은 형식이 될 수밖에 없다. 지문에서 나온 원인/결과 표현을 정답 선택지에도 그대로 적용하면 된다.

예제 2　다음 글의 제목으로 가장 적절한 것은? 기출 변형　　난이도 ★ ★

　　Over the course of the past forty years, no country on earth has cut its alcohol consumption more than France. While consumption of beer and spirits has stayed basically steady in France, the per capita consumption of alcohol from wine fell from 20 liters in 1962 to about 8 in 2001. One reason for the dwindling wine consumption is the acceleration of the French meal. In 1978, the average French meal lasted 82 minutes. Plenty of time for half a bottle, if not a whole bottle. Today, the average French meal has been slashed down to 38 minutes. Wine is a victim of the disappearance of the leisurely meal. It is not the target of the change, but the decline in wine consumption is a by-product of the emergence of the faster, more modern, on-the-go lifestyle.

* spirits: 독한 술

① Which is Healthier: Beer or Wine?
② The World's Biggest Wine Drinkers
③ France and Its Love Affair with Wine
④ Long Meals: They Don't Exist Anymore
⑤ Why Are the French Drinking Less Wine?

✓ 정답은 오른쪽 페이지에

단어 자가 테스트

영 → 한

○ consumption	○ steady	○ per capita
○ dwindling	○ acceleration	○ slash down
○ victim	○ leisurely	○ decline
○ by-product	○ emergence	○ on-the-go

어원 Hint　**consumption:** con(완전히)+sum(p)(취하다)+tion(~것) → (돈을 써서) 완전히 취하는(얻는) 것
acceleration: ac(ad ~으로)+celer(빠른)+ation(~하는 것) → 빠르게 만드는 것
emergence: e(ex 밖으로)+merg(빠지다)+ence(~하는 것) → 물 밖으로 나오는 것

프랑스보다 술 소비를 줄인 곳이 '지구상에 없다'고 강조를 했다. 이렇게 극단적인 강조 표현은 주제문이거나 주제와 밀접한 관련이 있는 문장(원인, 결과)임을 알려주는 시그널이다.

정답과 해설 p.24

예측하며 속독하는 지문 구조

Over the course of the past forty years, / no country on earth / has cut its
지난 40년 동안   지구상 어떤 나라도   알코올 소비량이

alcohol consumption / more than France. // While consumption of beer and
줄지 (않았다)   프랑스보다 더   맥주와 독한 술의 소비는 (~한) 반면

spirits / has stayed basically steady / in France, / the per capita consumption
기본적으로 꾸준히 유지되었던   프랑스에서   와인에서의 1인당 알코올 소비는

of alcohol from wine / fell from 20 liters in 1962 to about 8 in 2001. //
1962년 20리터에서 2001년 약 8리터로 떨어졌다

One reason / for the dwindling wine consumption / is the acceleration of the
한 가지 이유는   줄어드는 와인 소비에 대한   프랑스 식사의 빨라진 속도이다

French meal. // In 1978, / the average French meal lasted 82 minutes. //
    1978년에   평균 프랑스 식사는 82분 걸렸다

Plenty of time for half a bottle, / if not a whole bottle. // Today, / the average
(그것은) 와인 반병을 먹기에 충분한 시간(이다)   한 병 전체는 아니더라도   오늘날   평균 프랑스 식사는

French meal / has been slashed down to 38 minutes. // Wine is a victim of
38분까지 뚝 떨어졌다   와인은 여유 있는 식사가 사라진

the disappearance of the leisurely meal. //
것의 희생양이다

It is not the target of the change, / but the decline in wine consumption / is a
그것이 변화의 목표는 아니지만   와인 소비의 감소는   더 빠

by-product of the emergence of the faster, more modern, on-the-go lifestyle. //
르고 더 현대적인 바쁜 생활 방식이 등장한 것의 부산물이다

도입

프랑스에서 알코올 소비량, 특히 와인 소비량이 크게 줄어들었다.

Tip 도입에서 프랑스의 알코올 소비량 변화에 대해서 객관적인 수치를 제시하였다. 앞으로 전개될 내용에 대해 신뢰성을 높이면서, 독자의 흥미를 유발하고 있다.

참고 Unit 02 도입 - 주제문 - 예시 - 결론 <훑어보기> p.67

원인

프랑스에서 와인 소비가 줄어든 이유는 빨라진 식사 속도이다.

Tip 원인과 결과는 보통 주제로 직결된다고 했다. One reason(원인)으로 시작하는 문장은 프랑스 와인 소비 감소 현상의 원인을 알려주는 문장이다. 즉 이 지문의 주제문에 해당한다.
정답에서 줄어든 와인 소비의 원인을 나타내는 보기는 ⑤ 'Why(왜) Are the French Drinking Less Wine?'이다. 지문을 다 읽지 않고도 정답을 정확하게 고를 수 있다.

결과

식사 속도 변화의 부산물(결과)로서 와인 소비가 감소했다.

Tip by-product는 '부산물'이라는 뜻으로, 결과를 나타내는 시그널 중 하나이다. 의도하지 않은 결과, 부수적으로 발생한 결과를 뜻할 때 by-product라는 표현을 쓸 수 있다.

느낌 빡! 원인과 결과, 인과 관계를 나타내는 표현

원인과 결과를 나타낼 때 자주 쓰이는 표현을 모아 놓았다. 여기 있는 표현들은 '원인 - 결과' 지문 구조에서뿐만 아니라 다른 지문 구조의 정답과 오답 선택지에도 자주 활용되므로 익숙해질 때까지 반복해서 봐 두는 것이 좋다.

1. **원인 뜻을 가진 명사**: reason/why(이유), how(이유, 사정), cause(원인), explanation(이유, 해명), grounds(근거), rise(발생, 근원), drive(압력, 추진력)
2. **결과 뜻을 가진 명사**: effect(결과, 효과), consequence(결과), outcome(결과물), result(결과, 성과), end(끝, 결과), fruit(결실, 결과), product(결과물), by-product(부산물, 부작용)
3. **연결사/접속사**: Because/Since(왜냐하면, ~이기 때문에), That's why[how](그래서 ~한 결과이다), In consequences/As a result(그 결과), So(그래서), Hence/Therefore(그러므로)
4. **동사**: cause(야기하다), result in(그 결과 ~가 되다), influence/affect(영향을 주다), impact(충격을 주다)

✔ 정답은 왼쪽 페이지에

단어 자가 테스트

한 → 영

- 소비(량)
- 줄어드는
- 피해자
- 부산물, 부작용
- 꾸준한, 변동이 없는
- 가속(도)
- 여유 있는, 느긋한
- 출현, 발생
- 1인당
- 베다[자르다], 대폭 줄이다
- 감소; 감소하다, 거절하다
- 분주한, 계속 일하는

전략 03 원인과 결과의 순서는 얼마든지 바뀔 수 있다

원인은 항상 결과보다 먼저 일어난다. 하지만 글쓴이가 글을 전개해나가는 순서는 다를 수 있다. 결과를 먼저 제시해놓고 원인을 구체적으로 분석하거나, 아니면 모든 사람들이 관심을 가질 만한 어떤 사건을 제시하고 실마리를 풀 듯 이유나 근거에 조금씩 접근할 수도 있다.

예제 3 다음 글의 제목으로 가장 적절한 것은? 기출   난이도 ★ ★

Many parents do not understand why their teenagers occasionally behave in an irrational or dangerous way. At times, it seems like teens don't think things through or fully consider the consequences of their actions. Adolescents differ from adults in the way they behave, solve problems, and make decisions. There is a biological explanation for this difference. Studies have shown that brains continue to mature and develop throughout adolescence and well into early adulthood. Scientists have identified a specific region of the brain that is responsible for immediate reactions including fear and aggressive behavior. This region develops early. However, the frontal cortex, the area of the brain that controls reasoning and helps us think before we act, develops later. This part of the brain is still changing and maturing well into adulthood.

* frontal cortex: 전두엽

① Use Your Brain to the Fullest
② Exercise Boosts Kids' Brain Health
③ Fear Leads to Aggressive Behaviors
④ Teen Brains: On the Way to Maturity
⑤ Kids' Emotional Attachment to Parents

✔ 정답은 오른쪽 페이지에

타임 어택! 속독 훈련

✔ 학습한 내용과 시간을 체크해보세요

● 실전처럼 문제 풀기   분 초
● 단어 학습   분 초
● 필터로 끊어읽기   분 초
● 지문 구조+느낌 빽 학습   분 초
● 지문 빠르게 다시 읽기   분 초

RSVP 속독 훈련

✔ 학습한 내용을 체크해보세요

● 원어민 MP3 듣기
● 소리 내어 따라 읽기
● 배속으로 청킹 속독

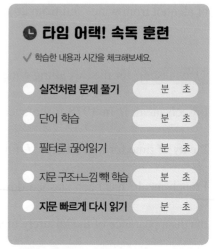

지문 듣기

단어 자가 테스트

영→한

○ occasionally   ○ irrational   ○ differ from
○ biological   ○ mature   ○ adolescence
○ adulthood   ○ aggressive   ○ reasoning

어원 Hint **occasionally**: oc(~을 향하여)+cas(떨어지다)+ion(~것)+al(~의)+ly(~하게) → 툭 떨어진 상황처럼
aggressive: ag(~에 ad)+gress(걸어가다)+ive(~한) → 상대에게 먼저 (치러) 나가는

첫 문장 키워드) Many parents, do not understand, their teenagers

많은 부모님들이 그들의 십 대 자녀들을 이해하지 못한다고 한다. 이 얼마나 보편적이고 공감이 가는 내용인가. 그런데 문장 중간에 'why'가 있다. 이 당연한 듯 보이는 사실을 '원인 - 결과' 구조로 분석하는 글임을 예측해볼 수 있다.

정답과 해설 p.25

예측하며 속독하는 지문 구조

Many parents do not understand / why their teenagers occasionally behave /
많은 부모는 이해하지 못한다   왜 그들의 십 대 자녀들이 이따금 행동하는지

in an irrational or dangerous way. // At times, / it seems like / teens don't
비합리적이거나 위험한 방식으로   때때로   ~인 것처럼 보인다   십 대들은 일들을

think things through / or fully consider the consequences of their actions. //
충분히 생각하지 않는 (것처럼)   혹은 자신들의 행동의 결과를 충분히 고려하지 (않는 것처럼)

Adolescents differ from adults / in the way they behave, solve problems, and
청소년들은 어른들과 다르다   그들이 행동하고, 문제를 해결하고, 결정을 내리는 방식에 있어서

make decisions. //

There is a biological explanation for this difference. // Studies have shown /
이러한 차이에 대한 생물학적 이유가 있다   연구는 보여주었다

that brains continue to mature and develop / throughout adolescence / and
뇌가 계속해서 성숙하고 발달하는 것을   청소년기를 거쳐   그리고

well into early adulthood. // Scientists have identified a specific region of the
곧잘 성인기 초기까지도   과학자들은 뇌의 특정한 영역을 확인했다

brain / that is responsible for immediate reactions / including fear and
뇌의   즉각적인 반응을 담당하는   공포와 공격적인 행동을 포함한

aggressive behavior. // This region develops early. // However, / the frontal
공격적인 행동   이 영역은 일찍 발달한다   그러나   전두엽은

cortex, / the area of the brain / that controls reasoning and helps us think
뇌의 영역   논리를 지배하고 우리가 행동하기 전에 생각하게 도와주는

before we act, / develops later. // This part of the brain is still changing and
나중에 발달한다   뇌의 이 부분은 여전히 변화하고 성숙하고 있다

maturing / well into adulthood. //
곧잘 성인기까지도

결과

십 대 자녀들은 어른들과 달리 비합리적이거나 위험한 방식으로 행동한다.

Tip why라는 단어는 '왜' 즉, 이유를 묻는 말이지만 why가 이끌고 있는 내용 자체는 결과에 해당한다. 즉 십 대 자녀들이 비합리적이고 위험한 방식으로 행동하는 것은 '결과'이고, 부모들은 자녀가 '왜' 그렇게 행동하는지 그 '원인'을 이해하지 못한다는 것이다.

원인

십 대 아이들의 논리와 생각이 미성숙할 수밖에 없는 이유

Tip explanation for는 '~에 대한 이유(설명)'라는 뜻이다. '결과'를 먼저 말한 다음, 거기에 대한 '이유, 원인'을 나중에 밝힐 때 reason for, explanation for 같은 표현이 나오게 된다.

참고 Unit 06-2 <느낌 빡!> '원인과 결과, 인과 관계를 나타내는 표현' p.119

Tip 여기에 쓰인 However는 이후 내용을 강조하는 역할이지 역접이나 반론을 나타내는 것은 아니므로 주의한다.

느낌 빡! 첫 문장에 why가 있다면 '원인 - 결과' 구조이다 - 중요한 것을 먼저 말하는 영어의 원리 (2)

첫 문장의 주어 Many parents를 보고 이 지문이 '통념 - 반박' 구조라고 착각할 수도 있다. 하지만 절대 통념(일반론)일 수 없다. 일단 주어 뒤에 나오는 동사를 보면 believe, think가 아니다. 그리고 뒤이어 나온 why가 중요하다. 왜(why) 자녀들이 그렇게 행동하는지 부모들이 이해하지 못한다는 내용이다. 그 뒤로 무엇이 나오겠는가? 그 '왜'가 무엇인지, 그 행동의 이유가 나올 것임을 읽기도 전에 예측할 수 있다.
이처럼 다른 문장도 아닌 첫 문장에 why가 나왔다면 그건 '원인 - 결과' 지문 구조일 확률이 매우 높다. 두괄식 말하기를 좋아하는 영어 지문에서 첫 문장이나 도입부에 이유를 물으면서 시작한다는 것은 그것이 곧 주제이며, 이 글이 '원인 - 결과' 지문 구조임을 미리 알려준 거나 다름없다. 자기가 글을 쓰면서 독자에게 '왜'냐고 묻는 것은, 그 답(원인)도 자기가 말하겠다는 뜻이다. 다만 이 문제의 경우 주제가 아닌 제목을 찾으라 했기에, '~의 이유/결과'가 아니라 비유적이거나 임팩트 있는 다른 표현이 정답이 될 수 있다. **참고** Unit 11-2 <느낌 빡!> 제목 선택지의 5가지 유형 p.183

✔ 정답은 왼쪽 페이지에

단어 자가 테스트

한 → 영

- 가끔, 이따금
- 생물학적인
- 성인(기)
- 비합리적인
- 성숙한; 성숙하다
- 공격적인
- ~와 다르다
- 청소년기, 사춘기
- 논리, 추론

전략 04 **'원인 - 결과' 뒤에 필자의 주장이 나오면 그게 주제다**

글쓴이는 '원인 - 결과'를 자신의 주장을 뒷받침하기 위해 사용할 수도 있다. 어떤 현상이나 결과의 원인(이유)을 분석한 다음, 거기에 기반을 둔 자신의 생각을 밝히는 것이다. 더 나아가 그 결과에 대한 대응책이나 평가를 내놓을 수도 있고 새로운 관점을 제시할 수도 있다.

'원인 - 결과 - 주장'의 구조에서는 '원인 - 결과'는 주장의 근거일 뿐, 주장에 무게를 두어 독해해야 한다.

예제 4 다음 글의 제목으로 가장 적절한 것은? 기출
난이도 ★★★

Because the Internet is free space where anybody can post anything, it can be full of all sorts of useless data. As a result, organized knowledge could easily get corrupted or lost in a sea of junk data. For books, there are various filters that help readers distinguish between reliable and unreliable information. On the Internet, the relation between the producer and the consumer of information tends to be direct, so nothing protects the consumer from polluted information. There are, of course, advantages to the free exchange of information, and I do believe any producers of data should have the freedom to make them available online. However, I am also convinced that users should be protected from corrupt knowledge by intermediary services. There need to be some forms of guides and filters provided by responsible individuals and organizations. Otherwise, we may no longer be able to distinguish between the intellectual space of information and a polluted environment of meaningless data. Thus, reliable intermediary services will be needed in the future.

* intermediary: 중개의

① Why Do People Shop Online?
② War Against Internet Addiction
③ We Need Guides on the Internet
④ How to Build Your Own Website
⑤ Cyber Space: Creating a New Identity

🕘 **타임 어택! 속독 훈련**
✓ 학습한 내용과 시간을 체크해보세요.

● 실전처럼 문제 풀기 ___분 ___초
● 단어 학습 ___분 ___초
● 필터로 끊어읽기 ___분 ___초
● 지문 구조+느낌 빽! 학습 ___분 ___초
● 지문 빠르게 다시 읽기 ___분 ___초

➕ **RSVP 속독 훈련**
✓ 학습한 내용을 체크해보세요.

● 원어민 MP3 듣기
● 소리 내어 따라 읽기
● 배속으로 청킹 속독

지문 듣기

✓ 정답은 오른쪽 페이지에

단어 자가 테스트
영 → 한

○ organized   ○ corrupted   ○ reliable(↔unreliable)
○ advantage   ○ filter   ○ intellectual

어원 Hint **advantage**: adv(~에서)+ant(앞에)+age(~것) → 앞서 있는 것

첫 문장부터 원인을 나타내는 접속사 Because가 나왔다. 인터넷이 자유로운 공간이기 '때문에' 발생하는 결과가 무엇일지 '원인 - 결과' 구조를 예측하며 읽어 보자.

정답과 해설 p.25

예측하며 속독하는 지문 구조

Because the Internet is free space / where anybody can post anything, / it
인터넷은 자유로운 공간이기 때문에   누구라도 무엇이든 게시할 수 있는   그

can be full / of all sorts of useless data. // As a result, / organized knowledge
곳은 가득 찰 수 있다   모든 종류의 쓸모없는 자료로   그 결과   체계적인 지식은 쉽게 오염되거나

could easily get corrupted or lost / in a sea of junk data. //
분실될 수 있다   쓰레기 자료의 바다에서

원인 1 + 결과 1 (문제 제기 1)

인터넷에는 쓸모없는 자료가 가득해서(원인), 체계적인 지식은 오염되거나 분실될 수 있다(결과).

Tip Because는 원인, As a result는 결과를 나타내는 연결사이다. 글의 처음을 '원인 - 결과'로 시작한다는 것은 이 인과 관계가 글 전체의 전제라는 뜻이다.

↓

For books, / there are various filters / that help readers distinguish / between
책의 경우에는   다양한 필터들이 있다   독자들이 구별할 수 있게 도와주는   신뢰할 수 있

reliable and unreliable information. // On the Internet, / the relation between
는 정보와 신뢰할 수 없는 정보 사이에서   인터넷상에는   정보의 생산자와 소비자의 관계가

the producer and the consumer of information / tends to be direct, / so
직접적인 경향이 있다   그래서

nothing protects the consumer from polluted information. //
아무것도 오염된 정보로부터 소비자를 보호하지 않는다

원인 2 + 결과 2 (문제 제기 2)

인터넷은 정보의 생산자와 소비자 관계가 직접적이라(원인), 아무것도 오염된 정보로부터 소비자를 보호하지 않는다(결과).

Tip 등위접속사 so(그래서)도 원인과 결과를 대등하게 연결하는 역할을 한다. 한 문장 안에서의 인과 관계를 밝힐 때 쓴다.

↓

There are, of course, advantages to the free exchange of information, / and I
물론, 자유로운 정보 교환에는 장점들이 있다   그리고

do believe / any producers of data should have the freedom / to make them
나는 정말로 믿는다   자료의 생산자 누구나 자유를 가져야 한다고   그것들을 온라인에서 이

available online. // However, / I am also convinced / that users should be
용할 수 있게 만들 (자유)   하지만   나는 또한 확신한다   사용자들이 오염된 지식으로부터

protected from corrupt knowledge / by intermediary services. // There need
보호받아야 한다고   중개 서비스에 의해   어떤 형태의 지침이

to be some forms of guides and filters / provided by responsible individuals
나 필터가 있어야 한다   책임 있는 개인이나 단체에 의해 제공되는

and organizations. // Otherwise, / we may no longer be able to distinguish /
    그렇지 않으면   우리는 더 이상 구별할 수 없을지도 모른다

between the intellectual space of information and a polluted environment of
정보가 있는 지적인 공간과 무의미한 자료가 있는 오염된 환경을

meaningless data. // Thus, / reliable intermediary services will be needed /
    따라서   신뢰할 수 있는 중개 서비스가 필요할 것이다

in the future. //
미래에

주장 (해결책)

인터넷 사용자들은 신뢰할 수 있는 중개 서비스에 의해 오염된 지식으로부터 보호받아야 한다.

Tip of course는 뻔하고 당연한 얘기, 즉 필자의 주장을 본격적으로 말하기에 앞서 한 번쯤 인정해줘야 하는 이야기를 꺼낼 때도 쓴다. 읽기 지문에 of course가 들어간 문장은 읽지 않아도 일반적으로 다 아는 이야기일 때가 많다.

Tip However, should, need to, Thus는 주제문, 결론을 나타내는 시그널이라고 배웠다. 위에서 언급한 '원인 - 결과'(문제 상황)에 대한 해결책을 주장의 형태로 제시하고 있다.

느낌 빡!   독해에서 지문 구조가 복잡해지는 이유

'원인 - 결과'만 생각하기에도 머리가 복잡한데, 글쓴이는 왜 굳이 자신의 주장까지 추가하는 것일까? 왜 '원인 - 결과' 분석에서 글을 끝내주지 않는가? 이유는 간단하다. 그 결과가 글쓴이의 맘에 들지 않기 때문이다. 글쓴이는 그 결과를 문제점으로 보고 해결책까지 제시하고 싶은 것이다.

이러한 지문 구조는 앞에서 배운 '문제 제기 - 해결책' 구조에 '원인 - 결과' 구조가 합쳐진 것이라 볼 수 있다. **이처럼 글쓴이의 마음에 따라 여러분이 시험에서 만나게 되는 지문 구조는 얼마든지 합쳐지고 변형될 수 있다.** 하지만 처음 보는 지문 구조라고 해도, 10가지 기본 구조 안에서 서로 합쳐지거나 요소가 한두 개 추가되는 정도지 완전 새로운 것은 아니다. 10가지 패턴이 익숙해질 때까지 반복해라. 어느 순간 글쓴이가 말하고 싶은 내용, 주제문이 저절로 눈에 들어올 것이다.

✓ 정답은 왼쪽 페이지에

단어 자가 테스트
한 → 영

  ○ 정리된, 체계적인   ○ 오염된, 손상된   ○ 신뢰할 수 있는(↔신뢰할 수 없는)
  ○ 이점, 장점   ○ 필터, 여과 장치; 거르다   ○ 지능의, 지적인

전략 적용 문제

1 다음 글의 요지로 가장 적절한 것은? 기출 변형   난이도 ★★★

Unlike the modern society, the primitive society has less specialized knowledge to transmit, and since its way of life is enacted before the eyes of all, it has no need to create a separate institution of education such as the school. Instead, the child acquires the heritage of his culture by observing and imitating adults in such activities as rituals, hunts, festivals, cultivation, and harvesting. As a result, there is little or none of that alienation of young from old so marked in modern industrial societies. A further reason for this alienation in modern societies is that in his conception of reality the modern adult owes less to his direct experience and more to the experience of his culture than does primitive man. Clearly, his debt to culture will vary with the nature of his education. Hence, the contemporary child must travel much further than the offspring of primitive man to acquire the world view of his elders. He is, therefore, that much more removed from the adults of his society.

① 원시 사회와 현대의 가장 큰 차이는 자원의 풍요이다.
② 아이들은 전문 교육 기관을 통해 예절을 습득해야 한다.
③ 어른과 아이 간 의사소통은 모든 문화에서 매우 중요하다.
④ 현대 사회는 문화 경험보다 직접적인 경험에 더 많이 의존한다.
⑤ 현대 아동은 어른들을 보며 학습하지 않기 때문에 어른들로부터 소외된다.

⏱ 타임 어택! 속독 훈련
✔ 학습한 내용과 시간을 체크해보세요.

- 실전처럼 문제 풀기   분   초
- 단어 학습   분   초
- 필터로 끊어읽기   분   초
- 지문 구조+느낌 빽 학습   분   초
- 지문 빠르게 다시 읽기   분   초

➕ RSVP 속독 훈련
✔ 학습한 내용을 체크해보세요.

- 원어민 MP3 듣기
- 소리 내어 따라 읽기
- 배속으로 청킹 속독

지문 듣기

✔ 정답은 오른쪽 페이지에

2 다음 글의 제목으로 가장 적절한 것은? 기출 변형   난이도 ★★★

Until the mid-20th century, only a few immigrants paid a visit to their homeland once or twice before they died, but most never returned to the land of their birth. This pattern has completely changed with the advent of globalization, coupled with the digital revolution that has enhanced communication. As a result, immigration is a very different experience from what it was in the past. The ability of immigrant families to reconnect to their old culture via phone, television, and the Internet has changed their approach to integration into mainstream American society. This has also greatly influenced immigrant practices of socialization with children. Contacts with the country of origin are now more frequent, and result in more immigrant families being influenced to maintain cultural patterns from the homeland, and to attempt to influence their children to keep them.

① Immigrants Are Going Back Home
② Why Immigration Is Good for Culture
③ American Immigrants: A Touching Story
④ Immigration's Effect on Economic Growth
⑤ How Globalization Is Changing Immigration

🕒 타임 어택! 속독 훈련

✓ 학습한 내용과 시간을 체크해보세요.

- 실전처럼 문제 풀기　분　초
- 단어 학습　분　초
- 필터로 끊어읽기　분　초
- 지문 구조+느낌 빽! 학습　분　초
- 지문 빠르게 다시 읽기　분　초

➕ RSVP 속독 훈련

✓ 학습한 내용을 체크해보세요

- 원어민 MP3 듣기
- 소리 내어 따라 읽기
- 배속으로 청킹 속독

지문 듣기

✓ 정답은 왼쪽 페이지에

단어 자가 테스트　**한 → 영**

1
- ○ 원시 사회의, 초기의
- ○ 행하다
- ○ (문화) 유산
- ○ 의식, 의례
- ○ 뚜렷한, 주목되는

2
- ○ 이민자, 이주민 (cf. 이민)
- ○ 통합

- ○ 전문적인
- ○ 분리된, 떨어진
- ○ 관찰하다
- ○ 경작, 재배
- ○ 동시대의, 현대의
- ○ 도래, 출현
- ○ 주류, 대세; 주류의

- ○ 전달하다
- ○ 기관, 단체
- ○ 흉내내다
- ○ 소외
- ○ 자손, 새끼
- ○ 세계화
- ○ 영향을 미치다; 영향(력)

Unit 07

연구 내용   연구 결과   결론

✓ 연구를 인용하는 것은 가장 만만한 방법이다

대학은 연구 기관이다. 연구에서 엄청나게 많은 부분을 차지하는 것이 기존에 진행된 연구 결과를 분석하는 것이다. 기존의 연구를 분석하지 않으면 100년 전 실험부터 다시 시작해야 할지도 모른다. 보고서 하나를 쓰려고 해도 기존의 무수히 많은 연구 결과를 참고해야 한다. 그러니 수능 시험, 편입 시험, 대학원 수업 자료 등에 연구 지문 구조가 안 나올 리가 없다. 또한 요즘은 지식 기반 사회이기 때문에 꼭 대학과 같은 연구 기관이 아니라 기업이나 정부에서도 논문이나 연구 결과를 봐야 할 일이 많다. 즉, 어떤 시험이건 연구 지문을 싫어할 이유가 없다.

연구 지문 구조는 사실상 '인용'이다. 누군가의 연구 결과를 가져다 쓰는 것이기 때문이다. 흔히 쓰는 말로 출처를 밝히고 퍼 온 것이다. 아무리 글쓰기에 자신 없는 사람들도 이건 할 수 있다. 내 주장을 뒷받침해주는 연구를 인용해서 신뢰도를 높인 후, 비로소 내 진짜 주장을 하는 것이다. 얼마나 손쉽고 효과적인 방법인가.

✓ 연구의 본질을 파악하라

연구 지문 또한 본질을 파악하면 어려울 게 없다. 일반적인 논문의 흐름을 떠올려보면 연구의 지문 구조를 단번에 이해할 수 있다.

> 연구 배경 (Background) → 연구 내용 및 방법 (Method) → 연구 결과 (Result) → 결론 (Conclusion)

연구의 특성이나 분야에 따라 유동적이기는 하나, 대부분의 연구는 이 틀을 벗어나지 않는다.

어떠한 연구라도 연구 내용 혹은 연구 방법이 빠지는 연구는 없다. 또한 연구 과정이 나열된 후, 반드시 연구 결과가 뒤따라오게 되어 있다. 또한 마지막에는 연구 결과로 얻게 된 결론, 즉 필자의 진짜 주장이 나오기 마련이다.

시험에 나오는 연구 지문 구조도 똑같다. '연구 내용 → 연구 결과 → 결론' 순서로 구성된다. 연구 내용, 연구 결과와 더불어 마지막에 결론이 꼭 등장한다. 연구에 대한 이야기를 시작했는데 연구 결론을 말하지 않으면 말을 하다 마는 꼴이 된다. 그래서 일부러 꼬아놓은 지문이 아닌 한, 첫 문장에서 연구 지문 구조임을 확인한 후, 후반부를 보면 바로 문제가 풀리기도 한다. (물론 확인 차원에서 중간 문장들도 반드시 빠르게 읽어줘야 한다.) 연구 지문에서 연구 결과와 결론이 핵심임을 염두에 두도록 한다.

Unit 07 훑어보기

'연구 내용 – 연구 결과 – 결론' 지문 구조는 구체적으로 어떤 실험이나 조사 방법으로 연구가 진행되었는지 소개하고, 연구 결과를 제시한 후, 마지막에 그 결과를 바탕으로 필자의 주장을 펼치는 유형이다. 연구 지문임을 파악하는 것은 아주 간단하다. 연구에 관련된 시그널이 거의 첫 부분에 십중팔구 등장하니, 다음 시그널을 발견하는 즉시 '연구 내용 – 연구 결과 – 결론'의 지문 구조를 염두에 두고 지문을 빠르게 읽어 내려가도록 한다.

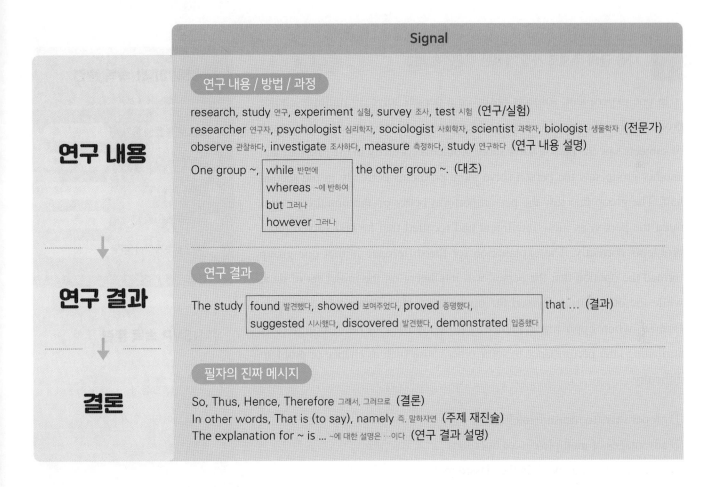

Signal

연구 내용

연구 내용 / 방법 / 과정

research, study 연구, experiment 실험, survey 조사, test 시험 (연구/실험)
researcher 연구자, psychologist 심리학자, sociologist 사회학자, scientist 과학자, biologist 생물학자 (전문가)
observe 관찰하다, investigate 조사하다, measure 측정하다, study 연구하다 (연구 내용 설명)

One group ~, | while 반면에 | the other group ~. (대조)
| whereas ~에 반하여 |
| but 그러나 |
| however 그러나 |

↓

연구 결과

연구 결과

The study | found 발견했다, showed 보여주었다, proved 증명했다, | that ... (결과)
| suggested 시사했다, discovered 발견했다, demonstrated 입증했다 |

↓

결론

필자의 진짜 메시지

So, Thus, Hence, Therefore 그래서, 그러므로 (결론)
In other words, That is (to say), namely 즉, 말하자면 (주제 재진술)
The explanation for ~ is ... ~에 대한 설명은 …이다 (연구 결과 설명)

'연구 내용 - 연구 결과 - 결론' 지문 구조, 이렇게 접근하라!

전략 01 연구 지문에 나올 수밖에 없는 키워드들이 있다

실험이나 연구 내용이라고 밝히는 표현을 쓰지 않으면 이어지는 내용이 연구 내용인지 뭔지 알릴 방법이 없다. 마치 퍼온 글에 꼭 출처를 밝히듯 연구 지문에는 앞 페이지 <훑어보기>에 나왔던 표현들이 초반부터 등장한다. 그래서 연구 지문임을 매우 쉽게 파악할 수 있다.

연구를 소재로 하는 지문은 연구를 소개하고, 과정을 순차적으로 설명한 후, 연구 결과와 함께 그것이 의미하는 바가 무엇인지 정리하는 결론으로 마무리되는 것이 일반적인 순서임을 기억하고 읽도록 하자.

예제 1 다음 글의 주제로 가장 적절한 것은? 기출 변형 난이도 ★ ☆ ☆

　In one experiment, subjects observed a person solve 30 multiple-choice problems. In all cases, 15 of the problems were solved correctly. One group of subjects saw the person solve more problems correctly in the first half and another group saw the person solve more problems correctly in the second half. The group that saw the person perform better on the initial examples rated the person as more intelligent and recalled that he had solved more problems correctly. The explanation for the difference is that one group formed the opinion that the person was intelligent on the initial set of data, while the other group formed the opposite opinion. Once this opinion is formed, when opposing evidence is presented it can be discounted by attributing later performance to some other cause such as chance or problem difficulty.

① proper ways to measure intelligence
② advantages of multiple-choice questions
③ examples of group work in the classroom
④ reasons why finding strong evidence is difficult
⑤ the impact of an initial set of data on opinion formation

⏱ 타임 어택! 속독 훈련

✓ 학습한 내용과 시간을 체크해보세요.

● 실전처럼 문제 풀기	분	초
● 단어 학습	분	초
● 필터로 끊어읽기	분	초
● 지문 구조+느낌 빽! 학습	분	초
● 지문 빠르게 다시 읽기	분	초

✚ RSVP 속독 훈련

✓ 학습한 내용을 체크해보세요.

● 원어민 MP3 듣기

● 소리 내어 따라 읽기

● 배속으로 청킹 속독

지문 듣기

✓ 정답은 오른쪽 페이지에

○ subject	○ solve	○ initial
○ rate	○ recall	○ opposite
○ discount	○ attribute	○ difficulty

어원 Hint　opposite: op(~에 맞서)+pos(놓다)+ite(~한) → 마주 보고 놓은　discount: dis(not)+count(계산하다) → 계산에 넣지 않다

첫 문장에서 이미 연구에 관한 글임을 알려주는 명확한 표현이 나왔다. 연구가 어떤 방식으로 수행되었고, 어떤 결과가 나왔는지 뒤에서 밝혀줄 것임을 예측하며 속독할 수 있다.

정답과 해설 p.28

예측하며 속독하는 지문 구조

In one experiment, / subjects observed / a person solve 30 multiple-choice
한 실험에서   실험 대상자들은 관찰했다   한 사람이 30개의 다지선다형 문제를 푸는 것을

problems. // In all cases, / 15 of the problems were solved correctly. // One
모든 경우에   15개 문제가 정확하게 풀렸다   한 실험

group of subjects saw / the person solve more problems correctly in the first
대상자 집단은 보았다   그 사람이 전반부에 더 많은 문제를 정확하게 푸는 것을

half / and another group saw / the person solve more problems correctly in
그리고 다른 집단은 보았다   그 사람이 후반부에 더 많은 문제를 정확하게 푸는 것을

the second half. //

The group / that saw the person perform better on the initial examples / rated
집단은   그 사람이 초반 예제에서 더 잘 수행하는 것을 본   그 사람

the person as more intelligent / and recalled / that he had solved more
을 더 똑똑하다고 평가했다   그리고 기억했다   그가 더 많은 문제를 정확하게 풀었다고

problems correctly. //

The explanation for the difference / is that one group formed the opinion /
그 차이에 대한 설명은   한 집단은 의견을 형성했다는 것이다

that the person was intelligent / on the initial set of data, / while the other
그 사람이 똑똑하다는   일련의 초반 정보들로   반면 다른 집단은 그 반대

group formed the opposite opinion. // Once this opinion is formed, / when
의 의견을 형성했다   한번 이 의견이 형성되면   반대되는

opposing evidence is presented / it can be discounted / by attributing later
증거가 제시될 때   그것(증거)은 무시될 수 있다   나중의 수행을 어떤 다른 원인

performance to some other cause / such as chance or problem difficulty. //
탓으로 돌림으로써   운이나 문제 난이도 같은

실험 내용

두 실험 대상자 집단이 다지선다형 문제 풀이 과정을 관찰

1) 첫 번째 집단: 전반부에 더 많은 문제를 정확하게 푸는 것을 봄
2) 두 번째 집단: 후반부에 더 많은 문제를 정확하게 푸는 것을 봄

Tip One group과 another group은 실험이나 연구를 소재로 하는 지문에서 흔히 나오는 표현이다. 두 집단이 나왔으므로 서로 다른 조건으로 대조하는 실험임을 알 수 있다. 연구 지문은 대부분 마지막 부분에 결론이자 실험의 요약이 나온다. 사실 마지막만 읽어도 실험 결과와 주제는 파악이 가능하다.

실험 결과

초반 문제를 더 잘 푼 사람을 본 집단은 그 사람을 더 똑똑하다고 평가했고, 그 사람이 더 많은 문제를 정확하게 풀었다고 기억

결론

초반 정보를 바탕으로 의견이 형성되면 이후에 제시되는 반대되는 증거는 무시될 수 있다.

Tip 연구 결과 뒤에 explanation이라는 어휘가 나왔으므로 연구 결과를 설명하고 결론이 이어질 것임을 알 수 있다.

느낌 빡! 실험/연구가 언급되었다면 그 결과까지 반드시 나온다

첫 문장에서 연구를 언급하며 글을 시작했다면, 순차적으로 연구 내용이 서술될 것이고, 끝에서 연구 결과가 나오는 것이 논리적인 흐름이다. 연구는 어떤 결과를 얻기 위해 하는 것이고 가장 중요한 것이 연구 결과인데, 결과를 말해주지 않을 거라면 실험을 언급할 필요가 없다. 도입부에서 미리 결과를 알려주고 시작하는 구조에서도 마지막에 한 번 더 결론을 정리해주는 것이 연구 지문의 특징이다. 도입부에 연구와 관련된 표현이 나오면 곧 결과가 제시될 것을 염두에 두고 읽어라.

위 지문도 '실험 내용 - 실험 결과 - 결론' 순서로 글이 정리되었고, 결론 부분에서 초반 정보를 기반으로 사람들은 의견을 형성하며 한번 형성된 의견은 좀처럼 바뀌지 않는다는 글의 주제가 드러났다. 연구 지문의 시그널만 잘 따라서 읽으면 아주 쉽게 주제를 파악할 수 있다.

✔ 정답은 왼쪽 페이지에

단어 자가 테스트
한 → 영

- 주제, 실험 대상
- 평가하다; 속도
- 할인하다, 무시하다
- 풀다
- 기억하다, 상기하다
- ~의 탓으로 하다; 특성
- 초기의, 처음의
- 반대의, 맞은편의
- 어려움, 난이도

전략 02

연구 결과를 필자의 말로 바꾼 것이 주제다

글에 실험이나 연구를 인용하는 것은 보통 연구를 소개하는 것 자체에 목적이 있다기보다는 객관적인 연구 결과를 통해 말하고자 하는 내용에 신뢰를 얻기 위함이다. 글쓴이가 말하고자 하는 바는 연구 결과와 밀접하게 연관이 있다. 기껏 연구 내용과 결과를 한참 설명해 놓고 갑자기 딴소리로 끝나는 지문은 논리적이지 않고 출제되지도 않는다. 연구 지문에서는 연구 결과를 필자의 관점에서 해석하여 필자의 말로 바꾼 것이 바로 주제인 것이다.

예제 2 다음 글의 요지로 가장 적절한 것은? 기출   난이도 ★★★★★

An interesting study about facial expressions was recently published by the American Psychological Association. Fifteen Chinese people and fifteen Scottish people took part in the study. They viewed emotion-neutral faces that were randomly changed on a computer screen and then categorized the facial expressions as happy, sad, surprised, fearful, or angry. The responses allowed researchers to identify the expressive facial features that participants associated with each emotion. The study found that the Chinese participants relied more on the eyes to tell facial expressions, while the Scottish participants relied on the eyebrows and mouth. People from different cultures perceive happy, sad, or angry facial expressions in different ways. That is, facial expressions are not the "universal language of emotions."

① 문화에 따라 표정을 인식하는 방식이 다르다.
② 동서양을 막론하고 선호하는 표정이 있다.
③ 노력을 통해 좋은 인상을 줄 수 있다.
④ 사람마다 고유한 감정 표현 방식이 있다.
⑤ 지나친 감정 표현은 오해를 불러일으킬 수 있다.

⏱ 타임 어택! 속독 훈련

✓ 학습한 내용과 시간을 체크해보세요.

- 실전처럼 문제 풀기 　분　초
- 단어 학습 　분　초
- 필터로 끊어읽기 　분　초
- 지문 구조+느낌 빽 학습 　분　초
- 지문 빠르게 다시 읽기 　분　초

➕ RSVP 속독 훈련

✓ 학습한 내용을 체크해보세요

- 원어민 MP3 듣기
- 소리 내어 따라 읽기
- 배속으로 청킹 속독

지문 듣기

✓ 정답은 오른쪽 페이지에

단어 자가 테스트

○ expression	○ take part in	○ emotion
○ categorize	○ response	○ feature
○ rely on	○ participant	○ universal

어원 Hint **expression**: ex(밖으로)+press(누르다)+ion(~것) → (생각) 밖으로 밀어낸 것　**universal**: uni(하나)+vers(변하다)+al(~의) → 하나로 변한 것 같은

첫 문장 키워드 study, facial expressions

'연구'를 뜻하는 study는 연구 지문의 대표적인 시그널이다. 얼굴 표정에 대한 흥미로운 '연구'가 있다고 간단히 소개하며 시작하고 있다. 첫 문장에서 연구 소재만 제대로 파악해도 이어지는 구체적인 내용을 더 잘 이해할 수 있다. 연구 지문이기에 뒤이어 연구 결과가 소개될 것도 예측할 수 있다.

예측하며 속독하는 지문 구조

An interesting study / about facial expressions / was recently published by
한 흥미로운 연구가 　　　　얼굴 표정에 관한 　　　　　최근 미국 심리학회에 의해 발표되었다

the American Psychological Association. // Fifteen Chinese people and
　　　　　　　　　　　　　　　　　　　　　　　　15명의 중국인과 15명의 스코틀랜드인이

fifteen Scottish people / took part in the study. // They viewed emotion-
　　　　연구에 참여했다　　　　　　　　　그들은 감정 중립적인 얼굴들을 보았다

neutral faces / that were randomly changed / on a computer screen / and then
　　　　　　　무작위로 바뀐　　　　　　　컴퓨터 화면에서　　　　그런 다음 그

categorized the facial expressions / as happy, sad, surprised, fearful, or angry.
표정들을 분류했다　　　　　　　　　　행복한, 슬픈, 놀란, 두려운, 화난 (표정)으로

//

연구 내용

15명의 중국인과 15명의 스코틀랜드인에게 감정 중립적인 얼굴을 보여주고 어떤 표정인지 분류하게 함

Tip study는 '연구 내용 - 연구 결과 - 결론' 지문 구조를 알려주는 시그널이다. 뒤에 전치사 about을 써서 연구가 무엇에 관한 것인지 밝히고 있다.

The responses allowed researchers / to identify the expressive facial features
그 반응은 연구자들로 하여금 ~할 수 있게 했다　　　표정을 나타내는 얼굴 부위를 알 (수 있게)

/ that participants associated with each emotion. // The study found / that
　　참가자들이 각 감정과 연관시킨　　　　　　　　그 연구는 발견했다　　　중국인

the Chinese participants relied more on the eyes / to tell facial expressions, /
참가자들은 눈에 더 의존했다는 것을　　　　　　　얼굴 표정을 구별하기 위해

while the Scottish participants relied on the eyebrows and mouth. //
반면에 스코틀랜드인 참가자들은 눈썹과 입에 의존했다

연구 결과

표정을 인식하는 얼굴 부위

1) 중국인 참가자들: 눈
2) 스코틀랜드인 참가자들: 눈썹과 입

Tip 중국인 참가자들로부터 알아낸 결과를 제시하고 대조 접속사 while로 다음 절을 시작하고 있다. 스코틀랜드인 참가자들을 대상으로 한 연구 결과가 앞선 것과 사뭇 다를 것을 예측할 수 있는 단서이다.

People from different cultures / perceive happy, sad, or angry facial
다른 문화 사람들은　　　　　　행복하거나 슬프거나 화난 얼굴 표정을 인식한다

expressions / in different ways. // That is, / facial expressions are not the
　　　　　　　다른 방식으로　　　　즉　　　　얼굴 표정은 '감정의 보편적인 언어'가 아니다

"universal language of emotions." //

결론

문화에 따라 다른 방식으로 표정을 인식한다.

Tip That is는 앞에서 한 얘기에서 중요한 내용을 다시 한 번 명확하게 정리하겠다는 의도가 보이는 표현이다. 특별히 중요한 내용이니 눈여겨보라고 주의를 끄는 것이나 다름없다. 정 시간이 없으면 이 연결사 부분을 중점적으로 읽으면 된다.

느낌 빡! 지문에 대한 호기심은 곧 속독으로 이어진다

능동적 읽기와 수동적 읽기의 결과는 천지 차이이다. 연구를 언급하며 글이 시작할 때 이 연구의 의도가 무엇인지 궁금해하면서 읽어야 한다는 말이다. 왜 표정을 연구하면서 중국인과 스코틀랜드인을 대상으로 했지? 이 연구를 통해 알 수 있는 것은 무엇이지? 이렇게 읽다 보면 눈에 팍 꽂히는 부분이 있다. 다른 문화권 사람들은 다른 방식으로 표정을 받아들인다는 부분에서 느낌표가 찍힐 것이다. '아, 바로 이 부분을 말하고 싶었던 거구나! 그래서 문화적으로 차이가 크게 나는 두 집단을 실험 대상으로 삼았던 거구나!' 어떤가. 지문 핵심 내용이 이해도 잘 되고 속도도 빨라지지 않았는가. **연구 지문에서는 연구 결과 및 결론에 해당하는 문장이 주제문인 경우가 많은데,** 지문에 대한 호기심을 가지고 읽으면 이 부분이 더 잘 보인다.

✔ 정답은 왼쪽 페이지에

단어 자가 테스트

한 → 영

○ 표현, 표정 　　　　○ ~에 참가하다 　　　　○ 감정
○ 분류하다 　　　　　○ 반응, 대답 　　　　　○ 특징, 이목구비
○ ~에 의존하다 　　　○ 참가자 　　　　　　 ○ 보편적인

전략 03 주제 뒤에 나오는 연구 결과는 반드시 주제와 일치한다

연구를 소개하면서 시작하는 지문이라면, 결과가 어떤 방향으로 나올지 확신하기 힘들다. 그런데 만약 주제를 먼저 이야기한 후 연구가 등장한다면 그 연구가 주제를 뒷받침하기 위해 나왔을 것이 너무나도 분명하다. 읽지 않아도 주제와 일치하는 방향의 결과가 나올 것을 예측할 수 있다.

예제 3 다음 글의 제목으로 가장 적절한 것은? 기출   난이도 ★

Several studies have found that pet owners have lower blood pressure, a reduced risk of heart disease, and lower levels of stress. Pets can also be a plus in the workplace. A study found that in the course of workday, stress levels decreased for workers who brought in their dogs. The differences in perceived stress between days the dog was present and absent were significant. The employees as a whole had a higher job satisfaction than industry norms. Having a dog in the office had a positive effect on the general atmosphere, relieving stress and making everyone around happier. Pet presence may serve as a low-cost wellness solution readily available to many organizations.

① Why Your Pets Need Special Care
② Pets as Stressors in Organizations
③ Safer Choice: Let Dogs Stay at Home
④ Having Pets: Well-being in the Workplace
⑤ Train Your Dogs to Get Along with People!

⏱ 타임 어택! 속독 훈련

✓ 학습한 내용과 시간을 체크해보세요.

● 실전처럼 문제 풀기 ___분 ___초
● 단어 학습 ___분 ___초
● 필터로 끊어읽기 ___분 ___초
● 지문 구조+느낌 빽 학습 ___분 ___초
● 지문 빠르게 다시 읽기 ___분 ___초

➕ RSVP 속독 훈련

✓ 학습한 내용을 체크해보세요.

● 원어민 MP3 듣기
● 소리 내어 따라 읽기
● 배속으로 청킹 속독

지문 듣기

✓ 정답은 오른쪽 페이지에

단어 자가 테스트

영 → 한

○ workplace   ○ in the course of   ○ perceived
○ norm   ○ atmosphere   ○ relieve
○ presence   ○ wellness   ○ readily

어원 Hint **relieve**: re(다시)+lieve(올리다) → 상태를 다시 올리다

첫 문장 키워드 studies, have found, pet owner

연구 결과부터 대뜸 밝히면서 시작하는 글이다. 당연히 무슨 연구였는지가 나오지 않겠는가. 애완동물이 주인에게 미치는 영향과 관련된 내용이 전개될 것으로 예측할 수 있다.

예측하며 속독하는 지문 구조

Several studies have found / that pet owners have / lower blood pressure, /
몇몇 연구들은 발견했다　　애완동물 주인들이 가진다는 것을　더 낮은 혈압

a reduced risk of heart disease, / and lower levels of stress. //
감소된 심장병 위험　　　그리고 더 낮은 수준의 스트레스를

도입

몇몇 연구는 애완동물 주인이 건강상의 이점을 가진다는 것을 발견

Pets can also be a plus / in the workplace. //
애완동물은 또한 이점이 될 수 있다　직장에서

주제문

애완동물은 또한 직장에서도 이점이 될 수 있다.

Tip 애완동물의 이점을 말하는 문장 뒤에 also가 나왔으므로, 이 문장도 애완동물이 주는 이점을 얘기하고자 하는 것이다.

A study found / that in the course of workday, / stress levels decreased for
한 연구는 발견했다　근무일 동안　　직원들에게 스트레스 수준이 감소되었음을

workers / who brought in their dogs. // The differences in perceived stress /
　　자신들의 개를 데리고 온　　인지된 스트레스의 차이는

between days the dog was present and absent / were significant. // The
개가 있는 날과 없는 날 사이의　　　　상당했다　　그 직

employees as a whole / had a higher job satisfaction / than industry norms. //
원들은 전체적으로　　더 높은 업무 만족도를 가졌다　업계 기준보다

Having a dog in the office / had a positive effect on the general atmosphere, /
사무실에 개를 두는 것은　　전반적인 분위기에 긍정적인 영향을 미쳤다

relieving stress and making everyone around happier. //
스트레스를 완화하고 주위 모든 사람을 더 행복하게 만들면서

연구 결과

직장에 애완동물(개)이 있으면 스트레스가 감소되고 업무 만족도가 올라갔으며, 전반적인 분위기에 긍정적인 영향을 미침

Tip 한 연구를 언급하면서 바로 연구 결과로 들어가고 있다. 앞에서 주제를 언급했기 때문에 연구 내용이나 방법에 대해 설명하면 지루해질 것이기 때문이다. found 뒤에는 앞에서 언급한 주제와 같은 맥락의 연구 결과가 이어질 게 읽지 않아도 뻔하다.

Pet presence may serve / as a low-cost wellness solution / readily available /
애완동물의 존재는 역할을 할 수도 있다　저비용 건강 해결책으로서의　　손쉽게 이용할 수 있는

to many organizations. //
많은 조직에게

결론

애완동물의 존재는 쉽게 이용할 수 있는 저비용 건강 해결책일 수 있다.

Tip 앞에 이미 주제문이 나왔다면 결론에서는 주제가 다른 어휘로 바뀌어 반복되거나, 조금 더 심화한 내용이 나온다. 이 지문에서도 조동사 may를 써서 부드럽게 주제를 한 번 더 반복했다.

참고 Unit 02-4 '결론에서 주제를 한 번 더 확인해라' p.74

💡 느낌 빡! 연구는 주제에 대한 예시 역할을 할 수도 있다

Unit 01에서 주제는 뒷받침 문장이 필요하다고 했다. 주제를 뒷받침할 수 있는 것 중 가장 흔하게 사용되는 것이 예시인데, **연구 결과도 예시의 일종으로 주제를 뒷받침하기 위해 사용될 수 있다.** 위 지문에서도 애완동물은 직장에서 이점이 된다는 주제를 뒷받침하기 위해 회사에 애완동물을 데리고 왔더니 스트레스가 감소하고 만족도가 올라갔다는 실험 결과가 등장했다.

✔ 정답은 왼쪽 페이지에

단어 자가 테스트

한 → 영

- 직장
- 기준, 규범
- 존재
- ~ 동안에
- 분위기
- 건강
- 인지된
- 완화하다
- 손쉽게

전략 04 # 실험 대상 간 차이를 파악하라

실험 대상자 집단이 둘 이상으로 나뉘는 연구에서는 실험 대상자 집단끼리 어떤 차이가 있는지 잘 구분하며 읽어야 한다. 실험 대상자 집단 사이의 차이가 연구 결과의 차이로 이어질 때가 많고, 연구 결과는 곧 주제로 직결되기 때문이다. 둘 이 상의 실험 대상 집단을 제시할 때는 대조의 연결사나 비교급 표현을 많이 사용한다.

예제 4 다음 글의 주제로 가장 적절한 것은? 기출 변형   난이도 ★ ★ ★

Some researchers investigated the effects of different media on children's ability to produce imaginative responses. In one study, children in grades one through four were separated randomly into two groups and presented with the same fictional story. One group listened to the story via radio, while the other group watched the story on a television. Afterward, all of the children were asked what they thought would happen next in the story. The researchers rated children's imaginativeness by recording the novel elements (such as characters, setting, dialogue, and feelings) they used in their responses. The children who listened to the radio produced more imaginative responses, whereas the children who watched the television produced more words that repeated the original story. Media scholars have used this study to illustrate the "visualization hypothesis," which states that children's exposure to ready-made visual images restricts their ability to generate novel images of their own.

① similarities between watching TV and listening to the radio
② advances in children's digital storybooks
③ the power of children's imaginations
④ why children like to listen to and watch stories
⑤ how digital media affects children's imaginative process

✔ 정답은 오른쪽 페이지에

첫 문장 키워드 researchers, investigated, different media, children

researchers는 대표적인 연구 지문 시그널이다. 각기 다른 미디어가 아이들의 응답에 미치는 영향을 조사했다고 소개하였다. 어떤 방식으로 연구가 진행되었으며, 미디어마다 어떻게 다른 영향을 미치는지가 이어질 것이다.

Some researchers investigated / the effects of different media on children's
몇몇 연구자들은 조사했다　　　　　　아이들의 능력에 미치는 각기 다른 미디어의 영향을

ability / to produce imaginative responses. // In one study, / children in
상상력이 풍부한 응답을 하는　　　　　　　한 연구에서　　　1학년에서 4학년까

grades one through four / were separated randomly into two groups / and
지의 아이들은　　　　　　무작위로 두 집단으로 분리되었다　　　　　　그리고

presented with the same fictional story. // One group listened to the story via
똑같은 허구적인 이야기를 제공받았다　　　　　한 집단은 라디오를 통해 이야기를 들었고

radio, / while the other group watched the story on a television. // Afterward,
반면 다른 집단은 텔레비전으로 이야기를 시청했다　　　　　　　그 후에

/ all of the children were asked / what they thought would happen next in the
모든 아이들은 질문 받았다　　　이야기에서 다음에 어떤 일이 일어날 것으로 그들은 생각하는지

story. // The researchers rated children's imaginativeness / by recording the
연구자들은 아이들의 상상력의 풍부함을 평가했다　　　　　새로운 요소들을 기록함으

novel elements / (such as characters, setting, dialogue, and feelings) / they
로써　　　(등장인물, 배경, 대화, 그리고 감정 같은)　　　　　그들이

used in their responses. //
응답에서 사용한

The children who listened to the radio / produced more imaginative
라디오를 들었던 아이들은　　　　　　　더 상상력이 풍부한 응답을 했다

responses, / whereas the children who watched the television / produced
반면 텔레비전을 봤던 아이들은　　　　　　　더 많은 말을 했

more words / that repeated the original story. //
다　　　　원래 이야기를 반복하는

Media scholars have used this study / to illustrate the "visualization
미디어 학자들은 이 연구를 사용해왔다　　　'시각화 가설'을 설명하기 위해

hypothesis," / which states / that children's exposure to ready-made visual
이것은 말한다　　이미 만들어진 시각적 이미지에 대한 아이들의 노출이

images / restricts their ability to generate novel images of their own. //
자신만의 새로운 이미지를 만드는 능력을 제한한다고

연구 내용

각기 다른 미디어가 아이들의 상상력이 풍부한 응답을 하는 능력에 미치는 영향을 조사함

Tip researchers(연구자들), investigated(조사했다), study(연구)라는 표현으로 연구 지문임을 파악했으니 이후 지문이 '연구 내용 - 연구 결과 - 결론'의 순서로 전개될 것을 안 읽어도 예측할 수 있다.
게다가 뒤 문장에는 두 집단으로 나눴다는 내용이 나온다. 이 두 집단이 어떻게 다른지가 연구 결과와 이어지게 되어 있다.

⋮
↓

연구 결과

1) 라디오를 들었던 아이들: 더 상상력이 풍부한 응답을 함
2) 텔레비전을 시청한 아이들: 원래 이야기를 반복하는 말을 더 많이 함

Tip 역접 접속사 whereas로 앞에 나온 아이들 집단과 대조적인 결과를 제시한다.

↓

결론

이미 만들어진 시각적 이미지에 노출되는 것은 아이들이 새로운 이미지를 만드는 능력을 제한한다.

💡 느낌 빡! 무엇이 결과의 차이를 가지고 있는지가 중요하다

일반적으로 연구나 실험에서 다른 조건을 설정하면, 결과가 달라지기 마련이다. 만약 조건이 달라도 결과가 같다면 조건을 어찌하든 영향을 미치지 못한다는 것 자체가 **결론이자 시사점이다.** 어떤 아이들에게는 라디오로, 다른 아이들에게는 TV로 이야기를 제공한 결과 라디오로 들은 아이들이 더 상상력이 풍부한 응답을 했다. 라디오와 TV의 차이가 무언가? 하나는 소리만, 하나는 영상과 소리가 둘 다 나온다는 것이다. 그렇다면 소리로만 이야기를 들려주는 것이 상상력 발달에 더 도움이 된다는 결론을 지문 뒷부분을 읽기 전에 예측할 수 있다.

✓ 정답은 왼쪽 페이지에

단어 자가 테스트

한 → 영

- 조사하다
- 새로운; 소설
- 설명하다, 예증하다
- 노출
- 상상의
- 성격, 등장인물
- 시각화
- 제한하다
- 허구적인
- 반복하다
- 가설, 가정
- 발생시키다, 만들어 내다

전략 적용 문제

1 다음 글의 제목으로 가장 적절한 것은? 기출 변형　　난이도 ★ ★ ★

　　Some years ago, a psychologist named Richard Lippa called a group of introverts to his lab and asked them to act like extroverts while pretending to teach a math class. Then he and his team, with video cameras in hand, measured the length of their strides, the amount of eye contact they made with their "students," the percentage of time they spent talking, and the volume of their speech. They also rated how generally extroverted those fake extroverts appeared, based on their recorded voices and body language. Then Lippa did the same thing with actual extroverts and compared the results. He found that although the latter group came across as more extroverted, some of the fake extroverts were surprisingly convincing. It seems that most of us know how to fake it to some extent. Whether or not we're aware that the length of our strides and the amount of time we spend talking and smiling mark us as introverts and extroverts, we know it unconsciously.

① What Makes Introverts Great Teachers?
② Why Should We Be More Extroverted than We Are?
③ Common Misconceptions about Introverts and Extroverts
④ How Well Do We Know the Characteristics of Extroverts?
⑤ Finding out the Hidden Meanings behind People's Gestures

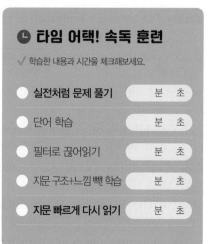

⏱ 타임 어택! 속독 훈련

✓ 학습한 내용과 시간을 체크해보세요.

● 실전처럼 문제 풀기　　분　초
● 단어 학습　　분　초
● 필터로 끊어읽기　　분　초
● 지문 구조+느낌 빽! 학습　　분　초
● 지문 빠르게 다시 읽기　　분　초

➕ RSVP 속독 훈련

✓ 학습한 내용을 체크해세요.

● 원어민 MP3 듣기
● 소리 내어 따라 읽기
● 배속으로 청킹 속독

지문 듣기

✓ 정답은 오른쪽 페이지에

단어 자가 테스트				
영 → 한	**1** ○ introvert(↔extrovert)	○ pretend	○ stride
	○ fake	○ compare	○ come across
	○ convincing	○ to some extent	○ unconsciously
	2 ○ associated	○ critic	○ team up with
	○ statistician	○ economist	○ proper
	○ fine	○ bias	○ imperceptible

어원 Hint　**introvert**: intro(안으로)+vert(돌리다) → 안쪽으로 돌리는 사람　　**fine**: fin(e)(끝내다) → 가장 끝 지점에 있는

2 다음 글의 요지로 가장 적절한 것은? 기출 난이도 ★★★

Consumers like a bottle of wine more if they are told it cost ninety dollars a bottle than if they are told it cost ten. Belief that the wine is more expensive turns on the neurons in the medial orbitofrontal cortex, an area of the brain associated with pleasure feelings. Wine without a price tag doesn't have this effect. In 2008, American food and wine critics teamed up with a statistician from Yale and a couple of Swedish economists to study the results of thousands of blind tastings of wines ranging from $1.65 to $150 a bottle. They found that when they can't see the price tag, people prefer cheaper wine to pricier bottles. Experts' tastes did move in the proper direction: they favored finer, more expensive wines. But the bias was almost imperceptible. A wine that cost ten times more than another was ranked by experts only seven points higher on a scale of one to one hundred.

* medial orbitofrontal cortex: 내측 안와(眼窩) 전두 피질

① 소비자는 와인 구매 시 전문가의 평가를 적극적으로 참고한다.
② 가격 정보는 소비자의 와인 상품 선호도에 영향을 미친다.
③ 비싼 와인의 대량 구매는 소비자의 쾌감 신경을 자극한다.
④ 와인의 판매 가격은 와인의 품질과 비례하여 결정된다.
⑤ 와인의 품질은 원산지와 생산 연도에 따라 달라진다.

⏱ 타임 어택! 속독 훈련

√ 학습한 내용과 시간을 체크해보세요.

● 실전처럼 문제 풀기 　분　초
● 단어 학습 　분　초
● 필터로 끊어읽기 　분　초
● 지문 구조+느낌 빽 학습 　분　초
● 지문 빠르게 다시 읽기 　분　초

⊕ RSVP 속독 훈련

√ 학습한 내용을 체크해보세요.

○ 원어민 MP3 듣기
○ 소리 내어 따라 읽기
○ 배속으로 청킹 속독

지문 듣기

√ 정답은 왼쪽 페이지에

단어 자가 테스트
한 → 영

1
○ 내향적인 사람(↔외향적인 사람)
○ 가짜의; 꾸미다
○ 설득력 있는
2 ○ 관련된
○ 통계학자
○ 질 높은

○ ~인 척하다
○ 비교하다
○ 어느 정도까지
○ 비평가
○ 경제학자
○ 편견, 편향

○ 보폭, 걸음걸이; 성큼성큼 걷다
○ 우연히 발견하다, 인상을 주다
○ 무의식적으로
○ ~와 팀을 이루다
○ 적절한
○ 감지할 수 없는

Unit 08

비교/대조

✓ **비교/대조로 단번에 이해된다**

> ⓐ 태양의 지름은 약 140만km이다.
> ⓑ 태양의 지름은 약 140만km이고, 지구의 지름은 약 1만3천km이다. 태양의 지름은 지구 지름의 무려 109배에 달한다.

ⓐ처럼 단순히 태양에 대해서만 말하는 것보다 ⓑ처럼 지구와 견주어 말하면 태양이 어마어마하게 크다는 느낌이 빡 온다. 또한 지구에 대한 정보까지도 추가로 알려줄 수 있다. 비교와 대조는 하나의 대상을 설명하든 두 개의 대상을 설명하든 각각을 모두 효과적으로 설명할 수 있게 해준다.

✓ **비교는 공통점, 대조는 차이점을 설명한다**

사실 태양의 크기를 설명하는 방식은 여러 가지가 있을 것이다. 140만km가 얼마나 큰 것인지 '예시'를 들 수도 있고, 태양의 지름, 부피, 질량을 수치로 '나열'할 수도 있다. 글쓴이는 이 다양한 방식 중에서 공통점과 차이점에 초점을 맞춰서 설명하는 '비교/대조' 방식을 선택한 것뿐이다.

'공통점'에 초점을 맞추어 설명하면 '비교'가 되며, '차이점'에 초점을 맞추어 설명하면 '대조'가 된다. 지문을 볼 때 공통점 위주로 비교하는 글인지, 대상 간의 차이점에 초점을 맞추어 대조하는 글인지, 혹은 비교와 대조를 동시에 하고 있는지 살펴본다면 지문 구조와 주제를 더 명확히 파악할 수 있다.

✓ **비교와 대조를 하는 이유에 주목하라!**

누차 강조하지만 글을 읽을 때 아무 생각 없이 읽는 것은 금물이다. 비교/대조 지문에서 서로 견주는 대상을 찾았다고 거기서 만족하면 안 된다. A와 B가 어떤 면에서 비슷하거나 다른지, 필자가 비교/대조를 통해 무슨 말을 하고자 하는지 글을 쓴 의도를 찾아야 한다. 그것이 바로 그 지문의 핵심이자 주제이다.

더 나아가서는 각 대상의 공통점과 차이점을 머릿속에 지문 구조로 그려보라. 그러면 주제를 찾는 문제이든, 세부 내용을 파악하는 문제이든, 추론하는 문제이든 틀릴 일이 없을 것이다.

'비교/대조' 지문 구조는 둘 이상의 대상을 견주어 공통점 혹은 차이점을 보여주는 방식으로 글이 전개된다. 비교/대조를 나타내는 표현은 거의 정해져 있다. 아래 시그널을 중심으로 비교/대조 대상을 나타내는 표현부터 찾고, 그들의 공통점이나 차이점이 주제와 연결됨을 예상하고 읽도록 한다.

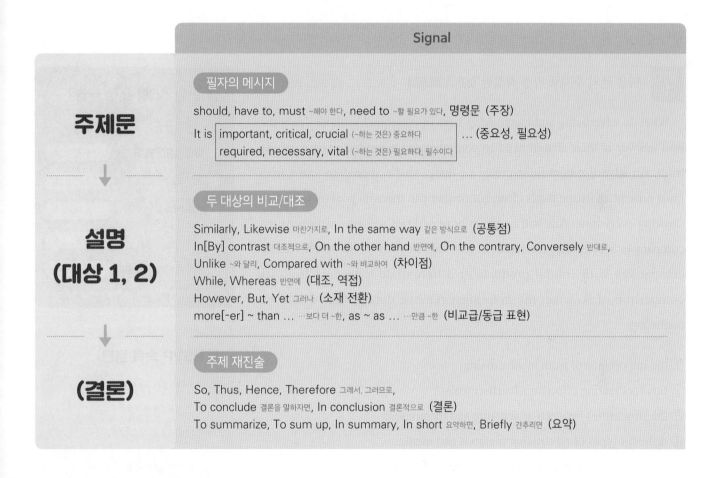

Signal

주제문

필자의 메시지

should, have to, must ~해야 한다, need to ~할 필요가 있다, 명령문 (주장)
It is important, critical, crucial (~하는 것은) 중요하다 … (중요성, 필요성)
required, necessary, vital (~하는 것은) 필요하다, 필수이다

**설명
(대상 1, 2)**

두 대상의 비교/대조

Similarly, Likewise 마찬가지로, In the same way 같은 방식으로 (공통점)
In[By] contrast 대조적으로, On the other hand 반면에, On the contrary, Conversely 반대로,
Unlike ~와 달리, Compared with ~와 비교하여 (차이점)
While, Whereas 반면에 (대조, 역접)
However, But, Yet 그러나 (소재 전환)
more[-er] ~ than … …보다 더 ~한, as ~ as … …만큼 ~한 (비교급/동급 표현)

(결론)

주제 재진술

So, Thus, Hence, Therefore 그래서, 그러므로,
To conclude 결론을 말하자면, In conclusion 결론적으로 (결론)
To summarize, To sum up, In summary, In short 요약하면, Briefly 간추리면 (요약)

'비교/대조' 지문 구조, 이렇게 접근하라!

전략 01 첫 문장에 두 대상이 언급되면 보통 그 둘은 비교/대조의 대상이 된다

여러분이 비교/대조하는 글을 쓴다고 생각해보자. 'A와 B가 있는데'와 같이 비교/대조할 대상을 처음부터 명시하고 시작하는 게 흔한 방식일 것이다. 그래서 영어 시험에 나오는 비교/대조 지문 구조에서도 먼저 첫 문장에 비교/대조하는 두 대상을 언급하는 경우가 많다. 우선 첫 문장에서 화제를 파악한 다음, 두 대상이 어떻게 다른지 같은지는 글을 읽으면서 이해해야 한다.

예제 1 다음 글의 주제로 가장 적절한 것은? 기출 변형   난이도 ★☆☆

What do advertising and mapmaking have in common? Without doubt the best answer is their shared need to communicate a limited version of the truth. An advertisement must create an image that's appealing and a map must present an image that's clear, but neither can meet its goal by telling or showing everything. Ads will cover up or play down negative aspects of the company or service they advertise. In this way, they can promote a favorable comparison with similar products or differentiate a product from its competitors. Likewise, the map must remove details that would be confusing.

① the importance of truth in advertising
② tips for creating effective advertisements
③ the similarities between advertising and mapmaking
④ different types of advertising methods and media
⑤ reasons why mapmakers limit the amount of details

✓ 정답은 오른쪽 페이지에

단어 자가 테스트

영 → 한

○ have ~ in common	○ doubt	○ meet a goal
○ cover up	○ play down	○ comparison
○ differentiate	○ remove	○ confusing

어원 Hint **doubt**: dou(bt)(둘의) → 양쪽의 성질을 가진 상태(양쪽 편에 걸친 상태)   **remove**: re(뒤로)+mov(e)(움직이다) → 뒤로 움직여 빼놓다

광고하는 것, 지도를 만드는 것이라는 두 개의 대상이 언급되었다. 게다가 '공통으로(in common)'라는 표현이 사용되었다.
이 둘을 비교하여 공통점을 언급하는 글일 가능성이 높다.

정답과 해설 p.32

예측하며 속독하는 지문 구조

What do [advertising and mapmaking] [have in common]? //
광고를 하는 것과 지도를 만드는 것은 무슨 공통점을 가지는가?

도입

광고를 하는 것과 지도를 만드는 것은 무슨 공통점을 가지는가?

Tip 첫 문장에 '명사+and+명사' 구조로 두 대상이 언급된 다음 have in common(공통점을 가지다)이라는 비교/대조의 확실한 표현까지 나왔으니 이 글은 두 대상의 공통점을 분석하는 글이다.

↓

Without doubt / the best answer / is [their shared need] / to communicate a
의심할 바 없이   최고의 대답은   그것들의 공통된 필요성이다   제한된 형태의 진실을 전달해

limited version of the truth. // An advertisement must create an image that's
야 하는   광고는 매력적인 이미지를 만들어야 한다

appealing / and a map must present an image that's clear, / but [neither] can
그리고 지도는 명확한 이미지를 보여주어야 한다   하지만 둘 중 어느 것도

meet its goal / by telling or showing everything. //
목표를 달성할 수 없다   전부를 말하거나 보여주는 것으로는

주제문+부연 설명

광고와 지도는 둘 다 제한된 형태의 진실을 전달해야 하는 공통된 필요성이 있다.

Tip their shared(그것들의 공통된), neither(둘 중 어느 것도)라는 대명사 표현이 계속해서 나온다. 첫 문장에서 말한 두 대상을 계속해서 비교하는 것이다.

Tip Without doubt(의심할 바 없이), the best answer(최고의 대답) 같은 단정적인 표현, 최상급 표현은 대표적인 주제문 시그널이다.

참고 Unit 01 주제문-예시1-예시2 <훑어보기> p.55

↓

[Ads] will cover up or play down negative aspects / of the company or service
광고는 부정적인 측면들을 가리거나 작게 취급할 것이다   그것들이 광고하는 회사 또는 서비스의

they advertise. // In this way, / they can promote a favorable comparison with
                이런 방식으로   그들은 비슷한 제품들과의 더 나은 비교점을 홍보할 수 있다

similar products / or differentiate a product from its competitors. //
또는 어떤 제품을 경쟁 제품들과 차별화할 (수 있다)

[Likewise], / [the map] must remove details / that would be confusing. //
마찬가지로   지도는 세부 사항을 제거해야 한다   혼란을 줄 수 있는

상세 설명(비교)

광고와 지도의 공통점

1) 광고: 회사나 서비스의 부정적 측면을 가리거나 작게 취급하여 홍보한다.
2) 지도: 혼란을 줄 수 있는 세부 사항을 제거한다.

Tip 둘을 계속 같이 설명하다가 각각에 대한 상세 설명은 따로 분리했다. 공통점을 언급하는 지문의 대표적인 형태이다.

이 지문에서는 하나의 대상을 먼저 설명한 다음 공통점을 나타내는 연결사 Likewise(마찬가지로)를 써서 다음 대상을 이어서 설명했다.

🔵 느낌 빡! : 비교/대조 대상을 가리키는 대명사 표현에 주의해라!

영어에서는 우리말보다 대명사를 훨씬 더 많이 쓴다. 그 이유에 대해서는 영문법 책에서도 목이 터져라 설명했다. 영어는 반복을 싫어하고 효율성을 중시하기 때문에 한번 언급된 명사는 좀처럼 그대로 반복하지 않는다. 비교/대조 지문 구조에서도 마찬가지다. 첫 문장이나 도입부에서 비교/대조할 두 대상을 A and/or B 혹은 'two types of …, two different …' 같은 표현으로 명시해 준다. 그리고 각각이 무엇인지, 어떤 특징을 지니는지 밝힌다. 그렇게 한두 번 일반명사로 반복한 다음에는 이제 그 둘을 통칭하기 위해 우리말에서 빈도가 낮은 '대명사'를 등장시키는 것이다. '그것들의' 차이점 혹은 공통점을 한꺼번에 말할 때는 they, their 같은 표현이 자주 등장한다. '둘 다' 그렇다, '둘 다' 그렇지 않다는 내용이 오면 부정대명사 both, neither가 나온다. 하나는 그런 반면 다른 하나는 그렇지 않다는 식으로 각각을 말할 때는 one과 the other가 나온다.

참고 『강성태 영문법 필수편』 Unit 77 <느낌 빡!> 영어는 우리말보다 대명사를 훨씬 더 많이 쓴다, Unit 80 부정대명사 ①

✓ 정답은 왼쪽 페이지에

단어 자가 테스트
한 → 영

- ~을 공통으로 지니다
- 덮다, 가리다
- 차별화하다
- 의심, 의혹
- 경시하다, 작게 취급하다
- 제거하다
- 목표를 달성하다
- 비교
- 혼란을 주는

전략 02   **첫 문장에 비교급 표현이 나오면 주제문일 가능성이 높다**

두 대상의 공통점, 차이점을 나타내는 방식은 여러 가지가 있다. 그 중 하나가 비교급 표현이다. 비교급 표현을 쓰면 하나의 기준을 가지고 두 대상을 상대적으로 비교할 때 효과적이다. 비교/대조 지문 구조에서 비교급 표현이 들어간 문장이 첫 문장으로 나오면 그 문장은 주제문일 가능성이 높다.

예제 2   다음 글의 요지로 가장 적절한 것은? 기출   난이도 ★★★

When people expect to see someone again, they are more likely to find that person attractive, regardless of the individual's behavior, than if they do not have expectations of future interaction. The expectation of future interaction motivates people to look for positive qualities in someone so that they will look forward to future interactions rather than dread them, and increases the chances that people will find the individual attractive. Conversely, when people interact with someone whom they do not foresee meeting again, they have little reason to search for positive qualities. In fact, doing so may be depressing, given that they may not have the opportunity to get to know the person better in future interactions. Indeed, people are sometimes motivated to find negative qualities in individuals whom they do not expect to see again.

① 다시 만날 가능성 여부가 상대방을 평가하는 데 영향을 준다.
② 바라는 것이 많을수록 상대방에 대한 단점을 발견하기 쉽다.
③ 상대방을 배려하는 자세가 원만한 대인 관계를 가능케 한다.
④ 타인에 대한 평가 기준으로 성격이 외모보다 우선시된다.
⑤ 첫인상은 상대방과의 향후 관계를 예측하는 기준이 된다.

⏱ 타임 어택! 속독 훈련

✓ 학습한 내용과 시간을 체크해보세요.

● 실전처럼 문제 풀기 ____ 분 ____ 초
● 단어 학습 ____ 분 ____ 초
● 필터로 끊어읽기 ____ 분 ____ 초
● 지문 구조+느낌 빽! 학습 ____ 분 ____ 초
● 지문 빠르게 다시 읽기 ____ 분 ____ 초

➕ RSVP 속독 훈련

✓ 학습한 내용을 체크해보세요.

● 원어민 MP3 듣기
● 소리 내어 따라 읽기
● 배속으로 청킹 속독

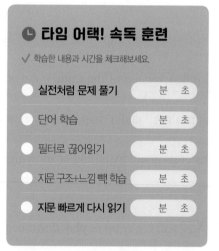

지문 듣기

✓ 정답은 오른쪽 페이지에

단어 자가 테스트

영 → 한

○ likely   ○ attractive   ○ regardless of
○ expectation ○ interaction   ○ look forward to
○ dread   ○ foresee   ○ given that

어원 Hint **attractive** at(~쪽으로 ad)+tract(끌다)+ive(~한) → 다른 쪽으로 이끄는   **foresee** fore(미리)+see(보다) → 미리 보다

142   **Part 1** 지문 구조 편

첫 문장 키워드 people, see someone again, person attractive, individual's behavior

첫 문장이 무려 3줄이다. 절도 여러 개고 비교급 표현까지 있다. 그럼 일단 눈에 들어오는 쉬운 단어부터 훑어본다. people, someone, person, individual … '사람'을 뜻하는 단어만 4번이 나왔다. 거기다 see, attractive, behavior까지 나왔으니 사람이나 인간 행동에 대해 설명하는 글이라고 예측해볼 수 있다.

예측하며 속독하는 지문 구조

When people expect to see someone again, / they are more likely to find
사람들은 누군가를 다시 만날 것을 기대할 때   그들은 그 사람이 매력적임을 발견할 가능성이

that person attractive, / regardless of the individual's behavior, / than if they
더 있다   그 개인의 행동과 상관없이   그들이 미래의 교류

do not have expectations of future interaction. //
를 기대하지 않는 경우보다

The expectation of future interaction / motivates people / to look for positive
미래의 교류에 대한 기대는   사람들을 동기 부여한다   어떤 사람의 긍정적인 특성을

qualities in someone / so that they will look forward to future interactions /
찾아내도록   그래서 그들이 미래의 교류를 기대할 수 있게끔

rather than dread them, / and increases the chances / that people will find the
그것들을 두려워하기보다는   그리고 가능성을 증가시킨다   사람들이 그 개인이 매력적임을 발견할

individual attractive. //
(가능성을)

Conversely, / when people interact with someone / whom they do not
반대로   사람들이 누군가와 교류할 때   사람들이 다시 만날 것을 예견하

foresee meeting again, / they have little reason to search for positive
지 않는 (누군가)   그들은 긍정적인 특성을 찾아야 할 이유가 거의 없다

qualities. // In fact, / doing so may be depressing, / given that they may not
              사실   그렇게 하는 것은 우울한 일일지도 모른다   그들이 기회가 없을지도 모른다는 점에

have the opportunity / to get to know the person better in future interactions.
서   미래의 교류에서 그 사람을 더 잘 알게 될 (기회)

// Indeed, / people are sometimes motivated to find negative qualities / in
   실제로   사람들은 때때로 부정적인 특성을 발견하도록 동기 부여된다   그

individuals whom they do not expect to see again. //
들이 다시 만날 것을 기대하지 않는 개인들에게서

주제문

누군가를 다시 만날 것을 기대할 때, 기대하지 않는 경우보다 그 사람이 매력적임을 발견할 가능성이 더 있다.

Tip 첫 문장에 비교급 표현(more likely ~ than)이 나왔다. than은 비교 대상을 연결하는데 여기서는 than 뒤에 명사가 아닌 if절이 왔다. 문맥상 When이 이끄는 시간 부사절의 상황과 if절의 상황을 비교하는 것으로 볼 수 있다.

설명(대조)

다시 만날 것을 기대할 때와 안 할 때의 차이점

1) 다시 만날 것을 기대하는 경우: 상대방의 긍정적인 특성을 찾는다.
2) 다시 만날 것을 기대하지 않는 경우: 상대방의 부정적인 특성을 찾는다.

Tip 첫 문장의 비교 표현에 이어 대조를 나타내는 연결사 Conversely까지 추가되었다. 이 글이 비교/대조 지문 구조임을 명확히 알았을 것이다.
원래 Conversely는 역접의 연결사이지만 여기서처럼 대조(차이점을 설명)하는 글에서 반대되는 상황을 언급할 때도 쓰인다.

느낌 빡! 비교/대조를 나타내는 연결사로 A와 B의 내용을 구별한다

비교/대조 지문 구조에서는 화제를 반전시킬 때 연결사를 유용하게 사용한다. 연결사를 중심으로 앞에서 A, 뒤에서 B를 설명하는 것이 일반적이다. 또한 연결사의 종류에 따라 이후 공통점이 언급되는지 차이점이 언급되는지도 예측할 수 있다. 공통점/차이점을 서술할 때 일반적으로 쓰이는 표현을 알아보자.

1 **공통점이 있을 때:** Likewise(마찬가지로), Similarly(비슷하게), In the same way(같은 방식으로)
2 **차이점이 있을 때:** In contrast(대조적으로), On the other hand(반면에), On the contrary(반대로), Unlike(~와 달리), Conversely(반대로), Compared with(~와 비교하여, ~에 비하여)

✓ 정답은 왼쪽 페이지에

단어 자가 테스트

한 → 영

○ ~할 가능성이 있는   ○ 매력적인   ○ ~에 상관없이
○ 예상, 기대   ○ 상호작용, 교류[교제]   ○ ~을 기대하다
○ 몹시 무서워하다   ○ 예견하다   ○ ~라는 점에서, ~라는 사실을 고려하면

공통점과 차이점이 함께 언급된 지문에 유의한다

공통점과 차이점을 동시에 언급하는 경우도 있다. 두 대상 간에 공통점과 차이점이 모두 존재하는 경우에 그렇다. 이 경우 일반적으로 지문은 세 부분으로 나눌 수 있는데 '화제 제시(두 대상 언급) → 공통점(왜 같이 비교/대조하는지 밝힘) → 차이점(그럼에도 두 대상이 다른 이유)'의 순서가 된다. 공통점과 차이점의 순서는 달라질 수도 있지만 보통은 공통점을 먼저, 차이점을 나중에 언급한다.

예제 3 다음 글의 제목으로 가장 적절한 것은? 난이도 ★ ★

By likening the eye to a camera, elementary biology textbooks help to produce a misleading impression of what perception entails. Only in terms of the physics of image formation do the eye and camera have anything in common. Both eye and camera have a lens that focuses light rays from the outside world into an image, and both have a means of adjusting the focus and brightness of that image. Both eye and camera have a light-sensitive layer onto which the image is cast (the retina and film, respectively). However, image formation is only the first step towards seeing. Superficial analogies between the eye and a camera obscure the much more fundamental difference between the two, which is that the camera merely records an image, whereas the visual system interprets it.

① Where Physics Meets Biology
② How to Record Your Life Story
③ Do Our Eyes Work Just Like a Camera?
④ You Don't Have to Photograph Everything!
⑤ Which Is Better: The Human Eye or a Camera?

✓ 정답은 오른쪽 페이지에

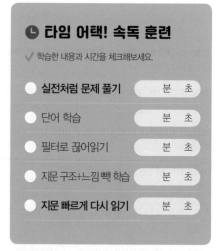

⏱ 타임 어택! 속독 훈련
✓ 학습한 내용과 시간을 체크해보세요.

● 실전처럼 문제 풀기 | 분 초
● 단어 학습 | 분 초
● 필터로 끊어읽기 | 분 초
● 지문 구조+느낌 빽! 학습 | 분 초
● 지문 빠르게 다시 읽기 | 분 초

➕ RSVP 속독 훈련
✓ 학습한 내용을 체크해보세요.

● 원어민 MP3 듣기
● 소리 내어 따라 읽기
● 배속으로 청킹 속독

지문 듣기

단어 자가 테스트

영 → 한

○ liken ○ misleading ○ perception
○ entail ○ formation ○ light ray
○ retina ○ respectively ○ superficial
○ analogy ○ obscure ○ fundamental

어원 Hint **fundamental**: fund(a)(기반)+ment(~것)+al(~의) → 기반을 이루는 것의

eye, a camera, a misleading impression

misleading(잘못된)은 부정적 의미를 가진 형용사다. 필자는 눈과 카메라를 비유하는 것을 부정적으로 생각하고 있다. 눈과 카메라의 차이점과 공통점을 미리 생각해보면서 이 둘이 왜 비유 대상으로 적절치 않은지 예측하며 읽어본다.

정답과 해설 p.33

예측하며 속독하는 지문 구조

By likening the ｜eye to a camera｜, / elementary biology textbooks help to
눈을 카메라에 비유함으로써　　　　　　　　초급 생물학 교과서는 잘못된 인상을 생산하는 것을 돕는다

produce a misleading impression / of what perception entails. //
　　　　　　　　　　　　　　　　(시각적) 인식이 무엇을 수반하는지에 대한

Only in terms of the physics of image formation / do the eye and camera
이미지 형성에 관한 물리학의 관점에서만　　　　　　　　　눈과 카메라는 공통점을 가진다

｜have anything in common｜. // Both eye and camera have a lens / that focuses
　　　　　　　　　　　눈과 카메라 둘 다 렌즈를 가지고 있다　　　　외부 세계의 광선

light rays from the outside world into an image, / and both have a means / of
(빛)을 이미지에 집중시키는　　　　　　　　그리고 둘 다 수단을 가지고 있다　　초

adjusting the focus and brightness / of that image. // Both eye and camera
점과 밝기를 조정하는　　　　　　　　그 이미지의　　　　눈과 카메라 둘 다 감광층을 가지고

have a light-sensitive layer / onto which the image is cast / (the retina and
있다　　　　　　　　그 위에 이미지가 잡히는　　　　　(각각 망막과 필름)

film, respectively). //

｜However｜, / image formation is only the first step towards seeing. //
하지만　　　　이미지 형성은 보기 위한 첫 단계일 뿐이다

Superficial analogies / between the eye and a camera / obscure the much
피상적인 비유는　　　　눈과 카메라 사이의　　　　　훨씬 더 근본적인 차이를 불분

more fundamental ｜difference｜ / between the two, / which is that the camera
명하게 한다　　　　　　　그 둘 사이의　　　이는 카메라는 단지 이미지를 기록한다는

merely records an image, / ｜whereas｜ the visual system interprets it. //
점이다　　　　　　　반면 시각 체계는 그것을 해석한다는 (점이다)

주제문

눈을 카메라에 비유하는 것은 잘못된 인상을 준다.

Tip 첫 문장에서 눈과 카메라라는 두 대상을 언급했고, likening(비유함)이라는 표현이 나왔으니 이 글은 비교/대조 지문일 것이다.

Tip misleading(잘못된)처럼 부정이나 긍정을 나타내는 단정적 표현은 주제문에 자주 등장한다.

참고 Unit 01 주제문 - 예시 1 - 예시 2 <훑어보기> p. 55

↓

설명 1(비교)

눈과 카메라의 공통점 - 물리학적 관점

1) 빛을 이미지에 집중시키는 렌즈가 있다.
2) 초점과 밝기를 조정하는 수단이 있다.
3) 감광층(눈은 망막, 카메라는 필름)이 있다.

Tip have ~ in common(공통점을 가지다)이라는 표현을 통해 여기서부터 공통점이 언급될 것을 단번에 알 수 있다. 아니나 다를까 이후 문장의 주어 부분에는 공통점을 언급할 때 쓰는 대명사 Both(둘 다)가 계속해서 등장한다.

↓

설명 2(대조)

눈과 카메라의 차이점 - 이미지 관점

1) 눈(시각 체계): 이미지를 해석
2) 카메라: 이미지를 기록

Tip However가 나왔으니 앞 내용과 다르거나 상반된 내용이 나올 것이다. 앞에서 공통점을 말했으니 이제 차이점이 나오는 것이다. difference, whereas라는 어휘를 통해 '차이, 반대되는 내용'을 대조하고 있음을 알 수 있다.

이처럼 공통점과 차이점을 둘 다 언급하는 지문에서는 공통점을 먼저 언급하고 차이점이나 개별적 특성은 보통 나중에 말한다.

느낌 빡! 공통점과 차이점을 함께 언급할 경우 지문 구조도 변한다!

두 대상 A, B가 있다고 할 때 '비교/대조' 지문은 그들의 공통점이나 차이점을 설명하는 지문 구조를 말한다. '비교/대조'의 일반적인 전개 방식은 <그림 1>이다. 도입부에서 두 대상이 무엇인지 언급한 다음 A, B 각각에 대해 공통점이나 차이점에 맞추어 차례대로 설명한다. 그런데 **공통점과 차이점을 둘 다 언급하는 경우도 있다.** 이런 경우 <그림 2>처럼 보통은 처음에 두 대상을 언급하고, 공통점에 대해 비교적 자세히 설명한 후, 차이점(각각의 특성)을 A와 B로 나누어 설명한다.

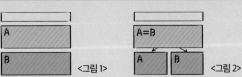

정답은 왼쪽 페이지에

단어 자가 테스트

한 → 영

- 비유하다
- ~을 수반하다, 포함하다
- 망막
- 비유, 유사점

- 호도[오도]하는, 잘못된
- 형성
- 각각, 제각기
- 불분명하게 하다; 모호한

- 인식, 지각
- 광선
- 피상적인
- 근본적인

전략 04 　비교/대조 지문에 주로 등장하는 어휘가 정해져 있다

첫 문장이나 도입부에 비교할 두 대상을 언급하지 않는 경우도 있다. 이 경우 다음 비교 대상을 언급하기 전까지는 비교/대조 지문인지 알기 어렵다. 하지만 당황할 필요 없다. 비교/대조를 나타내는 어휘는 정해져 있기 때문에, 두 번째 비교 대상이 등장하는 부분을 찾는 것은 어렵지 않다. 이를 테면 different, same과 같은 형용사 표현, though/however/similarly 와 같은 연결사 표현 등이 등장하여 비교/대조의 지문 구조를 명확하게 보여준다.

예제 4 　다음 글의 주제로 가장 적절한 것은? 　　난이도 ★ ★

　　Errors and failures typically corrupt all human designs. Indeed, the failure of a single component of your car's engine could force you to call for a tow truck. Similarly, a tiny wiring error in your computer's circuits can mean throwing the whole computer out. Natural systems are different, though. Throughout Earth's history, an estimated 3 million to 100 million species have disappeared, which means that this year somewhere between three and a hundred species will vanish. However, such natural extinctions appear to cause little harm. Over millions of years the ecosystem has developed an amazing insensitivity to errors and failures, surviving even such drastic events as the impact of the Yucatan meteorite, which killed tens of thousands of species.

* meteorite: 운석

① research on predicting natural disasters
② good and bad examples of human nature
③ information and facts about mass extinctions
④ ways to prevent and reduce human errors and failures
⑤ a difference between ecosystems and human-made systems

⏱ 타임 어택! 속독 훈련

✓ 학습한 내용과 시간을 체크해보세요.

● 실전처럼 문제 풀기　　분　초
● 단어 학습　　분　초
● 필터로 끊어읽기　　분　초
● 지문 구조+느낌 빽! 학습　　분　초
● 지문 빠르게 다시 읽기　　분　초

➕ RSVP 속독 훈련

✓ 학습한 내용을 체크해보세요.

● 원어민 MP3 듣기
● 소리 내어 따라 읽기
● 배속으로 청킹 속독

지문 듣기

✓ 정답은 오른쪽 페이지에

단어 자가 테스트

 영 → 한

○ corrupt 　　　　○ component 　　　○ force
○ tow truck 　　　○ wiring 　　　　　○ circuit
○ throughout 　　 ○ estimated 　　　○ vanish
○ extinction 　　　○ drastic 　　　　 ○ tens of thousands

어원 Hint 　**corrupt**: cor(완전히 com) + rupt(깨다) → 완전히 깨다　　**circuit**: circu(원) + it(가다) → 원을 도는 것

첫 문장 키워드 Errors and failures, corrupt, human designs

실수와 실패가 인간의 설계를 망친다는 것은 당연한 사실이다. '통념 - 반박'에서 배웠듯이 당연하고 일반적인 사실 뒤에는
의외의 내용이 뒤따라올 때가 많다. 반전에 대비하며 글을 읽어보자.

예측하며 속독하는 지문 구조

Errors and failures typically corrupt all human designs. // Indeed, / the
실수와 실패는 일반적으로 인간의 모든 설계들을 망친다　　　　　　　실제로　　　　자동

failure of a single component of your car's engine / could force you / to call
차 엔진의 단 한 부품의 고장은　　　　　　　　　당신이 (~하도록) 만들 수 있다

for a tow truck. // Similarly, / a tiny wiring error in your computer's circuits /
견인 트럭을 부르도록　　마찬가지로　　당신의 컴퓨터 회로에서의 작은 배선 오류가

can mean throwing the whole computer out. //
컴퓨터 전체를 내다버리는 것을 의미할 수 있다

Natural systems are different, / though. // Throughout Earth's history, / an
자연계는 다르다　　　　　그렇지만　　　지구의 역사를 통틀어서

estimated 3 million to 100 million species / have disappeared, / which means
약 3백만에서 1억 종이　　　　　　　　　사라져 갔다　　　　이는 의미한다

/ that this year somewhere / between three and a hundred species will vanish. //
올해 어딘가에서　　　　　3에서 100 사이의 종이 사라질 것을

However, / such natural extinctions appear / to cause little harm. // Over
하지만　　그러한 자연 멸종은 ~인 것 같다　　　　거의 해를 끼치지 않는 (것 같다)　　수백만

millions of years / the ecosystem has developed an amazing insensitivity / to
년이 넘도록　　　생태계는 놀라운 무감각을 발달시켜 왔다　　　　　실

errors and failures, / surviving even such drastic events / as the impact of the
수와 실패에 대한　　　급격한 사건에서조차도 살아남았다　　　유카탄 운석의 충돌과 같은

Yucatan meteorite, / which killed tens of thousands of species. //
그것(유카탄 운석의 충돌)은 수만 종을 죽게 했다

설명 1

인간계: 실수와 실패는 인간의 모든 설계를 망친다.

↻ 자동차 엔진의 부품 고장, 컴퓨터 회로의 배선
오류 예시

Tip 일반적인 비교/대조 지문과 달리, 두 개의 비교
대상을 처음에 명시하지 않고 바로 설명 1부터 들어갔
다. 비교/대조의 기본 구조 '주제문 - 설명 1 - 설명 2'에
서 주제문이 중간에 제시되는 구조이다.

Tip 세 번째 문장의 Similarly(마찬가지로)를 통해
인간계의 두 예시(자동차 엔진, 컴퓨터 회로)가 비슷한
관점에서 제시되었음을 알 수 있다.

설명 2(대조)

자연계: 자연 멸종이나 급격한 사건은 자연계에 해
를 끼치지 않는다.

↻ 유카탄 운석 충돌 예시

Tip 내용의 전환, 반전을 나타내는 부사 though와
'다르다'는 의미의 형용사 different가 한 문장에 다
나왔다. 대놓고 이제부터 앞 내용과 다른 내용을 말하
겠다고 외친 격이다.

이 문장을 통해서 이 글이 상반된 두 개의 설명 부분으
로 나뉘는 '대조'의 지문임을 알 수 있다.

○ 느낌 빡! 정답 보기에 자주 등장하는 '공통점/차이점' 뜻을 가진 어휘

이 글은 인간계와 자연계를 대조하여, 그 차이점에 초점을 맞춘 글이다. 이 글이 '대조'의 형식을 취한다는 것은 연결사, 주제문, 예시 등의 여러 단서들을 통해 쉽게 알
수 있다. 이 단서들을 통해서 비교/대조의 글인 것을 알았으니, 이제 비교/대조를 나타내는 정답 보기가 무엇인지 익혀보자.

1 공통점 뜻을 가진 어휘: similarity, things in common …

2 차이점 뜻을 가진 어휘: difference, distinction, contrast …

3 중립적 표현: comparison(비교/대조), relationship(관계), some/another/others(부분 비교), various+명사(다양한 부분), connection/link to(연결점)

✓ 정답은 왼쪽 페이지에

단어 자가 테스트
한 → 영

○ 부패시키다, 못 쓰게 하다; 부패한
○ 견인 트럭
○ 도처에, 쭉, 내내
○ 멸종

○ 구성 요소, 부품
○ 배선
○ 예상되는, 약
○ 급격한, 강렬한

○ ~를 강요하다, ~하게 만들다
○ 회로
○ 사라지다
○ 수만의

전략 적용 문제

1 다음 글의 제목으로 가장 적절한 것은? 기출 변형

난이도 ★ ★ ★

The movie industry is obviously affected by personal recommendations. Even though well over a billion dollars is spent every year on promoting new movies, people talking to people is what really counts. According to Marvin Antonowsky, head of marketing for Universal Pictures, "Word of mouth is like wildfire." This point is well illustrated by the number of low-budget movies that have succeeded with little or no advertising — and by the number of big-budget flops. Like the movies, book publishing is another industry where lots of money is traditionally spent on advertising but can't begin to compete with the power of friends telling friends about their discoveries. Twenty-five years ago, *The Road Less Traveled*, by psychiatrist M. Scott Peck, was just another psychology/relationship book lying unnoticed on bookstore shelves. Then a few people read it, told their friends, and started a chain reaction that is still going on. Today, there are well over two million copies in print.

* flop: 실패작

① Free Marketing Ideas for Small Businesses
② Do Film Adaptations Influence Book Sales?
③ Why Some Movies Succeed While Others Fail
④ Would You Like to Write a Bestselling Book?
⑤ Word of Mouth: More Powerful than Advertising

🕐 타임 어택! 속독 훈련

✓ 학습한 내용과 시간을 체크해보세요.

● 실전처럼 문제 풀기 　분　초
● 단어 학습 　분　초
● 필터로 끊어읽기 　분　초
● 지문 구조+느낌 빽! 학습 　분　초
● 지문 빠르게 다시 읽기 　분　초

➕ RSVP 속독 훈련

✓ 학습한 내용을 체크해보세요.

○ 원어민 MP3 듣기
○ 소리 내어 따라 읽기
○ 배속으로 청킹 속독

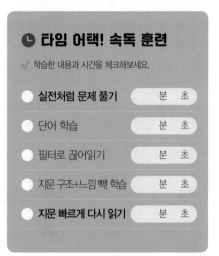

지문 듣기

✓ 정답은 오른쪽 페이지에

단어 자가 테스트

영 → 한

1
○ obviously
○ count
○ discovery

○ recommendation
○ budget
○ psychiatrist

○ billion
○ publishing
○ chain reaction

2
○ functional
○ skilled
○ generalist(↔specialist)

○ firm
○ element
○ oversee

○ department
○ transform
○ coherent

어원 Hint **obviously**: ob(~에 맞서) + vi(길 via) + ous(~한) + ly(~하게) → 길에서 자주 마주치는 정도로
　　　　　recommendation: re(다시) + com(완전히) + mend(명령하다) + ation(~하는 것) → 다시 완전히 명령하는 것
　　　　　transform: trans(가로질러) + form(형태) → 형태를 바꾸다
　　　　　oversee: over(위에) + see(보다) → 위에서 살펴보다

2 다음 글의 주제로 가장 적절한 것은? 기출 변형 난이도 ★★★

There are two types of managers in business organizations: functional managers and project managers. Both types of managers have different roles and qualities. Functional managers head one of a firm's departments such as marketing or engineering, and they are specialists in the area they manage. They are skilled at breaking the components of a system into smaller elements, knowing something of the details of each operation for which they are responsible. On the other hand, project managers begin their career as specialists in some field. When promoted to the position of project manager, they must transform from technical caterpillar to generalist butterfly. They oversee many functional areas, each with its own specialists. Therefore, what is required is an ability to put many pieces of a task together to form a coherent whole. Thus, to understand a frog, for example, functional managers cut it open to examine it, but project managers watch it swim with other frogs and consider the environment.

* caterpillar: 애벌레

① differences between leadership and management
② the importance of the ability to lead people as a manager
③ a comparison between functional and project managers
④ types of projects that require managers to lead them
⑤ ways for workers to obtain management positions

⏱ 타임 어택! 속독 훈련

✓ 학습한 내용과 시간을 체크해보세요.

- ● 실전처럼 문제 풀기   분   초
- ● 단어 학습   분   초
- ● 필터로 끊어읽기   분   초
- ● 지문 구조+느낌 빽 학습   분   초
- ● 지문 빠르게 다시 읽기   분   초

➕ RSVP 속독 훈련

✓ 학습한 내용을 체크해보세요.

- ● 원어민 MP3 듣기
- ● 소리 내어 따라 읽기
- ● 배속으로 청킹 속독

지문 듣기

✓ 정답은 왼쪽 페이지에

단어 자가 테스트
한 → 영

1
- ○ 분명히, 명백히
- ○ 계산에 넣다, 중요하다
- ○ 발견(물)
- ○ 추천, 권고
- ○ 예산
- ○ 정신과 의사
- ○ 10억, 막대한 수
- ○ 출판, 발행
- ○ 연쇄 반응

2
- ○ 기능적인
- ○ 숙련된, 노련한
- ○ 다방면에 지식이 많은 사람
  (↔ 특정 분야의 전문가)
- ○ 회사; 단단한
- ○ 요소, 부품
- ○ 감독하다
- ○ 부서
- ○ 변형[탈바꿈]하다
- ○ 일관성 있는

Unit 09

질문   **답변**

✓ '질문 – 답변'의 핵심은 결국 답변이다

> ⓐ 방법이 틀렸다면 노력해도 성과는 없다. 공부법이 잘못된 것이다.
> ⓑ 매일 18시간을 공부했는데 꼴등인 이유가 뭘까? 방법이 틀렸다면 노력해도 성과는 없다. 공부법이 잘못된 것이다.

ⓐ처럼 바로 본론부터 들어가는 것보다 ⓑ처럼 임팩트 있는 질문을 본론 앞에 추가한 다음 그 대답을 본론과 결론에서 이끌어내면 독자들을 훨씬 더 집중시킬 수 있다.

수업 시간을 떠올려보라. 선생님께서 여러분에게 질문을 던졌다고 생각해보자. 질문 없이 바로 결론을 말씀하실 때보다 정신이 번쩍 들고 구부정한 자세가 확 펴지며 긴장이 빡 될 것이다.

'질문 – 답변' 구조도 그걸 노리는 것이다. 그러니 질문에 대해 스스로 답변해보려고 우왕좌왕할 필요 없다. 대부분의 경우 질문에 대한 답변은 지문에 다 나와 있으며, 결국 글쓴이가 전하려는 주된 메시지도 답변에 다 들어있다.

✓ 질문을 던지는 의도를 파악하라

모든 질문에는 의도가 있다. "성태형 언제까지 떡만 먹고 있을 겁니까?" 인터넷 생방송 중 올라오는 이 질문의 의도는 무엇인가? 정말 몇 시 몇 분까지 떡 취식을 종료할 건지 묻는 것이 아니다. 그만 먹고 빨리 멘토링 방송을 시작하란 의미다. "이 성적에 잠이 옵니까?" 이 질문은 잠이 잘 오는지 안 오는지 묻는 질문이 아니다. 정신 차리란 소리다. 말하는 사람의 의도를 잘못 파악하고 "네, 꿀잠 잡니다."라고 대답하면 글의 주제를 잘못 이해한 것과 같다.

질문의 의도를 파악하는 것은 멘토링뿐만 아니라 모든 관계에서도 기본 중의 기본이다. 독해에서도 마찬가지다. 필자가 질문을 한 의도를 파악하지 못하고는 절대 속독은 불가능하다. 질문을 보는 즉시 의도를 파악하라. 의도를 파악하면 앞으로 나올 내용을 예측할 수 있고, 이러한 습관이 또한 속독을 가능하게 해줄 것이다.

Unit 09 훑어보기

'질문 – 답변'은 가장 단순한 지문 구조로, 도입부에서 5W1H(What, Who, When, Where, Why, How) 의문사로 시작하거나 Have you ~?, Do you ~? 등으로 시작하는 의문문이 나온 후 친절하게 답변이 나오는 구조이다. 다만, '질문 – 답변'은 앞서 배운 다른 지문 구조와 합쳐지는 경우가 빈번하다. '통념 – 반박'과 합쳐지거나 '주제문 – 예시'와 합쳐지는 등 다른 지문 구조와 통합되어 다양하게 나올 수 있다.
아래 질문과 답변을 나타내는 시그널을 기억하고, 필자가 질문을 하는 의도를 생각하여 이후 내용을 예측하며 독해하도록 하자.

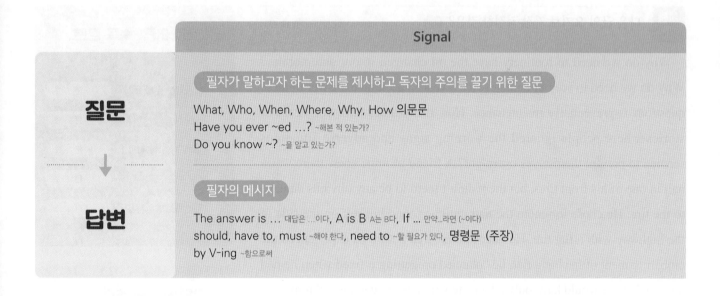

	Signal
질문 ↓ **답변**	필자가 말하고자 하는 문제를 제시하고 독자의 주의를 끌기 위한 질문 What, Who, When, Where, Why, How 의문문 Have you ever ~ed …? ~해본 적 있는가? Do you know ~? ~을 알고 있는가? 필자의 메시지 The answer is … 대답은 …이다, A is B A는 B다, If … 만약…라면 (~이다) should, have to, must ~해야 한다, need to ~할 필요가 있다, 명령문 (주장) by V-ing ~함으로써

'질문 - 답변' 지문 구조, 이렇게 접근하라!

Unit 09 질문 - 답변

전략 01 **질문에 대한 답변이 곧 글의 주제다**

글쓴이는 때때로 자기가 하고 싶은 말을 질문과 답변 형태로 드러내기도 한다. 이때는 질문에 대한 답변이 곧 주제일 확률이 높다. 다른 구조와 마찬가지로 글의 주제를 강화하기 위해 답변에 대한 예시나 설명이 추가될 수도 있고, 역접 연결사를 통해 답변 흐름이 반전될 수도 있다.

예제 1 **다음 글의 요지로 가장 적절한 것은?** 기출 난이도 ★★★

Why do we need to routinely have the oil changed in our automobiles? Why do we need to see our dentist twice a year? The simple answer to these questions is preventative maintenance. How many times have you heard of stories where people ignored the warning signs and adverse situations seemed to present themselves overnight? A friend of mine knew there was a nail in one of his front tires, but there didn't seem to be any obvious damage to the tire. He chose to ignore the nail until he found himself on the side of the highway with a flat tire. He later told me that before he experienced the embarrassment of having a flat, he "planned on getting it fixed when he had the time". If he would have only taken a few minutes to get the nail removed, he most likely would not have received a flat tire on that particular day.

① 문제 발생을 막기 위해 사전 예방이 필요하다.
② 안전 장비 착용을 의무화하는 것이 중요하다.
③ 사고 발생 시 침착한 대응이 바람직하다.
④ 어려운 일은 여럿이 함께 해결하는 것이 좋다.
⑤ 안전사고 예방에 대한 철저한 교육이 요구된다.

⏱ 타임 어택! 속독 훈련

✔ 학습한 내용과 시간을 체크해보세요.

● 실전처럼 문제 풀기   분 초
● 단어 학습   분 초
● 필터로 끊어읽기   분 초
● 지문 구조+느낌 빽! 학습   분 초
● 지문 빠르게 다시 읽기   분 초

➕ RSVP 속독 훈련

✔ 학습한 내용을 체크해보세요.

● 원어민 MP3 듣기
● 소리 내어 따라 읽기
● 배속으로 청킹 속독

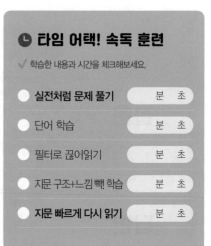 지문 듣기

✔ 정답은 오른쪽 페이지에

단어 자가 테스트

 영 → 한

○ routinely   ○ automobile   ○ preventative
○ maintenance   ○ warning   ○ adverse
○ highway   ○ flat tire   ○ embarrassment

어원 Hint **automobile**: auto(스스로)+mob(움직이다)+ile(~할 수 있는) → 스스로 움직일 수 있는

152   **Part 1** 지문 구조 편

자동차의 오일을 정기적으로 교환해야 하는 이유가 무엇인지, 치과 진찰을 주기적으로 받아야 하는 이유가 무엇인지 묻고 있다. 그에 대한 답변이 나올 수밖에 없으며 그 답변이 주제가 될 가능성이 높다.

정답과 해설 p.37

예측하며 속독하는 **지문 구조**

Why do we need to routinely have the oil changed / in our automobiles? //
왜 우리는 정기적으로 오일을 교환할 필요가 있는가   우리의 자동차에

Why do we need to see our dentist / twice a year? //
왜 우리는 치과 의사에게 진찰을 받을 필요가 있는가   일 년에 두 번

The simple answer to these questions / is preventative maintenance. //
이 질문에 대한 단순한 대답은   예방 관리이다

질문 1

왜 우리는 정기적으로 자동차의 오일을 교환하고 치과 진찰을 받을 필요가 있는가?

답변

답은 예방 관리이다.

Tip 이렇게 친절할 수가 있나? 첫 문장에 자기가 질문을 던져 놓고 그다음 문장을 The simple answer 로 시작하여 답을 말한다. 답으로 말한 게 바로 주제다.

How many times / have you heard of stories / where people ignored the
얼마나 많이   당신은 이야기를 들어봤는가   사람들이 경고 신호를 무시한

warning signs / and adverse situations seemed to present themselves
                그러고 나서 불운한 상황이 하룻밤 사이에 나타난 것으로 보이는

overnight? //

질문 2

경고 신호를 무시해서 곤경에 처한 이야기를 얼마나 많이 들어봤는가?

A friend of mine knew / there was a nail / in one of his front tires, / but there
내 친구 한 명은 알았다   못이 있다는 것을   그의 앞 타이어 중 하나에   그러나 어떠한

didn't seem to be any obvious damage / to the tire. // He chose to ignore the
눈에 띄는 손상이 있는 것처럼 보이지 않았다   그 타이어에   그는 못을 무시하기로 했다

nail / until he found himself / on the side of the highway / with a flat tire. //
       그가 자신을 발견하게 될 때까지   고속도로 한쪽에 있는   타이어가 펑크 난 채

He later told me / that before he experienced the embarrassment / of having
나중에 그는 나에게 말했다   그가 당황스러움을 겪기 전에   타이어에 펑크가

a flat, / he "planned on getting it fixed / when he had the time". // If he
나는   그는 '그것을 고치기로 계획했다   그가 시간이 있을 때'라고   만약 그가

would have only taken a few minutes, / to get the nail removed, / he most
몇 분만 시간을 들였더라면   못을 제거하기 위해   그는 아마도

likely would not have received a flat tire / on that particular day. //
타이어에 펑크가 나는 일을 겪지 않았을 것이다   바로 그날

예시

경고 신호를 무시해서 곤경에 처한 예시

Tip 두 번째 질문에 대해서는 직접적인 답변 대신 질문과 관련된 특정 인물의 경험담을 제시하고 있다.

느낌 빡! **질문의 의도를 파악하는 눈치를 기르자**

"여러분은 사람들이 경고 신호를 무시하고 나서 하룻밤 사이에 불운한 상황이 나타난 것처럼 보이는 이야기를 얼마나 많이 들어봤는가?" 이 질문이 무슨 뜻일까? 몇 번 들어봤는지 여러분한테 진짜 세어보라는 뜻이겠는가? 여러분이 대답해도 어차피 글쓴이는 들을 수도 없다. **질문 뜻을 곧이곧대로 받아들이면 곤란하다. 그 속뜻을 간파해야 제대로 독해하는 것이다.** 이 질문은 경고 신호를 무시해서 불운한 상황이 갑자기 나타난 적이 정말 많다고 강조하는 거나 다름없다. 그 뒤에 나온 구체적인 예시로 확신할 수 있다. 이처럼 문장 형태는 의문문이지만 굳이 대답을 요구하지 않으면서 서술 효과를 가지는 의문문을 수사 의문문이라고 한다. 국어 시간에 배운 설의법과 같은 것이다.

✓ 정답은 왼쪽 페이지에

단어 자가 테스트

한 → 영

- 일상적으로, 정기적으로
- 유지, 관리
- 고속도로
- 자동차
- 경고, 주의
- 펑크 난 타이어
- 예방을 위한
- 부정적인, 불리한
- 당혹감

전략 02

질문을 던지는 의도를 파악하라 ①
– 해결책 모색

글 도입부에서 질문을 던지는 것은 여러 가지 의도가 있을 수 있다. 의문문 형태이지만 실제로는 그 자체가 주장을 담고 있을 수도 있고, 단순히 독자의 주의를 끌기 위해 도입 역할을 하는 의문문일 수도 있다.

만약 도입부에 나온 질문이 어떤 문제에 대한 해결책을 묻고 있거나, 어떤 현상에 대해 문제를 제기하는 내용이라면, 그 문제에 대한 해결책이 뒷부분에 답변으로 이어질 것임을 예측할 수 있다.

예제 2 다음 글의 주제로 가장 적절한 것은?   난이도 ★★

How can we access the nutrients we need with less impact on the environment? The most significant component of agriculture that contributes to climate change is livestock. Globally, beef cattle and milk cattle have the most significant impact in terms of greenhouse gas emissions(GHGEs), and are responsible for 41% of the world's CO_2 emissions and 20% of the total global GHGEs. The atmospheric increases in GHGEs caused by the transport, land clearance, methane emissions, and grain cultivation associated with the livestock industry are the main drivers behind increases in global temperatures. In contrast to conventional livestock, insects as "minilivestock" are low-GHGE emitters, use minimal land, can be fed on food waste rather than cultivated grain, and can be farmed anywhere thus potentially also avoiding GHGEs caused by long distance transportation. If we increased insect consumption and decreased meat consumption worldwide, the global warming potential of the food system would be significantly reduced.

① the necessity of a dietary shift toward eating insects
② effects of supply and demand on farming insects
③ the importance of reducing greenhouse gas emissions
④ technological advances to prevent global warming
⑤ some ways to enhance productivity in agriculture

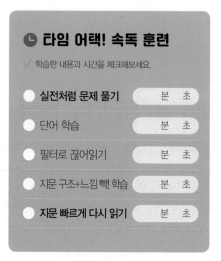

⏱ 타임 어택! 속독 훈련

✓ 학습한 내용과 시간을 체크해보세요.

● 실전처럼 문제 풀기   분 초
● 단어 학습   분 초
● 필터로 끊어읽기   분 초
● 지문 구조+느낌 빽 학습   분 초
● 지문 빠르게 다시 읽기   분 초

➕ RSVP 속독 훈련

✓ 학습한 내용을 체크해보세요

○ 원어민 MP3 듣기
○ 소리 내어 따라 읽기
○ 배속으로 청킹 속독

지문 듣기

✓ 정답은 오른쪽 페이지에

단어 자가 테스트

영 → 한

○ nutrient   ○ agriculture   ○ contribute
○ livestock   ○ cattle   ○ emission
○ driver   ○ insect   ○ global warming

어원 Hint **nutrient**: nutr(i)(양분을 주다)+ent(~것) → 양분을 주는 물질   **agriculture**: agri(밭)+cult(경작하다)+ure(~것) → 밭을 경작하는 것

어떻게 환경에 미치는 영향을 줄이면서 영양분을 얻을 수 있을지 물으며 글을 시작하고 있다. 그에 대한 답변이 나올 것임을 예측해볼 수 있다. 질문에 대한 답변은 주제가 될 가능성이 높다.

 정답과 해설 p.37

예측하며 속독하는 **지문 구조**

How can we access the nutrients / we need / with less impact on the
어떻게 우리는 영양분에 접근할 수 있을까   우리가 필요한   환경에 더 적은 영향을 미치면서

environment? //

The most significant component of agriculture / that contributes to climate
농업에 있어서 가장 중대한 요소는   기후 변화의 원인이 되는

change / is livestock. // Globally, / beef cattle and milk cattle / have the most
         가축이다   전 세계적으로   육우와 젖소는   가장 중대한 영향을 미

significant impact / in terms of greenhouse gas emissions(GHGEs), / and are
친다   온실가스 배출 측면에서   그리고 책임

responsible / for 41% of the world's CO_2 emissions / and 20% of the total
이 있다   세계 이산화탄소 배출의 41%에 대해   그리고 전 세계 총 온실가스 배출의

global GHGEs. // The atmospheric increases in GHGEs / caused by the
20%(에 대해)   대기의 온실가스 배출 증가는   운송, 토양 개간, 메탄 배

transport, land clearance, methane emissions, and grain cultivation /
출, 그리고 곡물 경작으로 야기된

associated with the livestock industry / are the main drivers behind increases
가축 산업과 연관된   지구 온도 증가 뒤의 주된 요인이다

in global temperatures. //

In contrast to conventional livestock, / insects as "minilivestock" / are low-
전통적인 가축과 대조적으로   '작은 가축'으로서의 곤충은   온실가스를

GHGE emitters, / use minimal land, / can be fed on food waste rather than
적게 배출한다   최소의 땅을 사용한다   재배된 곡물 말고 음식물 쓰레기를 먹이로 할 수 있다

cultivated grain, / and can be farmed anywhere / thus potentially also
                  그리고 어디에서나 길러질 수 있다   따라서 잠재적으로 온실가스 배출도

avoiding GHGEs / caused by long distance transportation. //
피할 수 있다   장거리 운송으로 야기되는

If we increased insect consumption and decreased meat consumption
만약 우리가 전 세계적으로 곤충 소비를 늘리고 육류 소비를 줄인다면

worldwide, / the global warming potential of the food system / would be
                   식량 체계의 지구 온난화 가능성은   상당히 감소될

significantly reduced. //
것이다

질문(문제 제기)

어떻게 환경에 더 적은 영향을 미치면서 필요한 영양분에 접근할 수 있는가?

Tip 질문의 내용은 사실상 환경 문제를 언급하는 것으로 질문은 문제 제기, 답변은 해결책의 형태가 된다.

참고 Unit 05 현상 - 문제 제기 - 해결책

설명 1

가축 산업이 배출하는 온실가스의 양

Tip '환경에 미치는 영향'이 '기후 변화에 미치는 영향'이라는 더 세부적인 소재로 구체화되었다.

설명 2

가축과 대비되는 곤충 재배의 환경적 이점

Tip 연결사 In contrast to에 주목해야 한다. 지금까지 기후 변화에 큰 영향을 미치는 가축(livestock)의 폐해에 대해 말했으니 이와 다르거나 상반된 대상이 나올 것을 알 수 있다. 역시나 insects가 등장했다. 여기까지만 읽고도 곤충이 가축의 대안(해결책)으로 제시되었음을 알았으니, 나머지는 빠르게 읽어 나갈 수 있다.

답변(해결책)

곤충 소비를 늘리고 육류 소비를 줄인다면 식량 체계로 인한 지구 온난화 가능성이 감소될 것이다.

Tip If we increased ~ 로 시작하는 가정법 과거 문장이다. 가정법 과거로 현재 상황과 반대되는 내용의 해결책을 제시했다.

느낌 빡! 모르는 단어가 나와도 당황할 필요가 전혀 없다

기후 변화에 가장 중대한 영향을 끼치는 게 livestock이라고 나왔다. livestock이 상당히 중요한 단어다. 그런데 이 단어를 모르면 어떻게 해야 하나? 쫄 필요 없다. 어원을 보자. livestock은 '살아 있는(live) 비축물(stock)'이라는 뜻이다. 농경 사회에서 살아 있는 비축물이나 재산이 무엇인가? 바로 소와 말 같은 '가축'이다. 또한 문맥에서 보면, 바로 이어지는 다음 문장에서 beef cattle and milk cattle을 주어로 하며 그것들이 가장 큰 영향을 미친다고 한다. 여기서 우린 beef cattle이나 milk cattle 같은 것이 livestock임을 알아챌 수가 있다. 해석을 못 하겠다고 망했다고 떨고 있지 말고 어원과 문맥에서 의미를 찾으면 된다.

✓ 정답은 왼쪽 페이지에

단어 자가 테스트

한 → 영

- 영양소, 영양분
- 가축
- 추진 요인
- 농업
- 소
- 곤충
- 기부[기여]하다, ~의 원인이 되다
- 배출
- 지구 온난화

전략 03 질문을 던지는 의도를 파악하라 ②
- 원리/개념 설명

현상에 담긴 원리나 개념을 설명하는 글은 다소 딱딱하게 느껴질 수 있다. 하지만 질문을 던지고 시작하면 독자에게 더 친숙하게 다가갈 수 있고 설명하고자 하는 내용에 호기심을 갖게 할 수 있다. 질문에 전문 지식과 관련된 표현이 나온다면, 이어지는 내용은 그것의 원리나 개념을 차분히 풀어주는 내용일 것으로 예측하고 읽자.

예제 3 다음 글의 주제로 가장 적절한 것은? 기출 난이도 ★ ☆ ☆

Have you ever wondered why a dog doesn't fall over when he changes directions while running? When a dog is running and has to turn quickly, he throws the front part of his body in the direction he wants to go. His back then bends, but his hind part will still continue in the original direction. Naturally, this turning movement might result in the dog's hind part swinging wide. And this could greatly slow his rate of movement or even cause the dog to fall over as he tries to make a high-speed turn. However, the dog's tail helps to prevent this. Throwing his tail in the same direction that his body is turning serves to reduce the tendency to spin off course.

* hind: 뒤쪽의

① effects of a dog's weight on its speed
② role of a dog's tail in keeping balance
③ factors causing a dog's bad behaviors
④ importance of training a dog properly
⑤ reasons why a dog jumps on people

⏱ 타임 어택! 속독 훈련
✓ 학습한 내용과 시간을 체크해보세요.

● 실전처럼 문제 풀기 ⬭ 분 초
● 단어 학습 ⬭ 분 초
● 필터로 끊어읽기 ⬭ 분 초
● 지문 구조+느낌 빽! 학습 ⬭ 분 초
● 지문 빠르게 다시 읽기 ⬭ 분 초

➕ RSVP 속독 훈련
✓ 학습한 내용을 체크해보세요.

● 원어민 MP3 듣기
● 소리 내어 따라 읽기
● 배속으로 청킹 속독

지문 듣기

✓ 정답은 오른쪽 페이지에

단어 자가 테스트

◯ wonder	◯ direction	◯ bend
◯ continue	◯ original	◯ movement
◯ result in	◯ swing	◯ prevent

어원 Hint **original**: ori(gin)(일어나다, 떠오르다)+al(~의) → 떠오르는, 시작의   **prevent**: pre(먼저)+vent(오다) → 예상하고 먼저 오다

첫 문장 키워드 wondered, doesn't fall over

개가 방향을 바꿀 때 넘어지지 않는 이유를 궁금해했던 적 있냐고 물었다. 독자의 경험을 물으며 공감을 얻어냈다. 그에 대한 답인 움직임과 관련된 과학 원리를 설명하는 글이 이어질 것임을 예측해볼 수 있다. 과학 원리가 아닌, '넘어지면 아프니까'와 같은 장난스런 답이 시험에 나올 확률은 사실상 없다.

예측하며 속독하는 지문 구조

Have you ever wondered / [why] a dog doesn't fall over / when he changes
당신은 궁금해했던 적 있는가   왜 개가 넘어지지 않는지   그가 방향을 바꿀 때

directions / while running? //
              달리는 동안

질문

왜 개는 달리면서 방향을 바꿀 때 넘어지지 않을까?

Tip 개는 달릴 때 갑자기 방향을 바꿔도 왜 넘어지지 않는지 첫 문장부터 질문을 던졌다. 그 답을 알려주려는 것이 글을 쓴 이유다. 이렇게 '질문 - 답변' 구조는 첫 문장에서 주제에 대해 대놓고 말한다. 그것도 평서문으로 말하는 게 아니라 느낌이 빡 오게 질문을 던진다.

↓

When a dog is running and has to turn quickly, / he throws the front part of
개가 달리고 있다가 빠르게 방향을 바꿔야 할 때   그는 자기 몸의 앞부분을 던진다

his body / in the direction he wants to go. // His back [then] bends, / but his
그가 가고 싶은 방향으로   그때 그의 등은 휜다   그러나 그의

hind part will still continue / in the original direction. // [Naturally], / this
뒷부분은 여전히 계속 갈 것이다   원래의 방향으로   당연히   이 회전

turning movement / might result in the dog's hind part swinging wide. //
동작은   개의 뒷부분이 넓게 흔들리는 결과로 이어질 수 있다

[And] this could greatly slow his rate of movement / or even cause the dog to
그리고 이것은 그의 움직임 속도를 크게 늦출 수도 있다   또는 심지어 개가 넘어지게 할 (수도 있

fall over / as he tries to make a high-speed turn. //
다)   그가 급회전을 하려고 할 때

설명

개가 달리다 방향을 바꿀 때 일어날 수 있는 일

Tip then, Naturally, And로 문장이 이어지는 것을 보아 개가 빠르게 방향을 바꿀 때 어떤 일이 일어날 수 있는지 순차적으로 설명하는 부분임을 알 수 있다.

⋮
↓

[However], / the dog's tail helps to prevent this. // Throwing his tail in the
그러나   개의 꼬리는 이것을 방지하도록 돕는다   그의 꼬리를 같은 방향으로 던지는 것은

same direction / that his body is turning / serves to reduce the tendency / to
그의 몸이 회전하고 있는   경향을 줄이는 역할을 한다

spin off course. //
경로를 이탈하려는

답변

개가 넘어지지 않게 하는 꼬리의 역할

Tip 역접 연결사 However가 등장했으니 앞 내용과 반대되거나 결정적인 내용이 이어질 것을 예측할 수 있다. 위에서 개가 넘어질 수도 있는 상황을 먼저 설명한 다음, 개가 '넘어지지 않게' 해주는 꼬리의 역할을 답변으로 임팩트 있게 제시한 것이다.

💡 **느낌 빡!** **답변은 임팩트 있게 제시된다**

주인공은 화려하게 등장하는 것처럼 '질문 - 답변' 구조에서 가장 중요한 답변도 그냥 아무렇게나 나오지 않는다. 이 지문에서는 답이 질문 뒤에 바로 뒤따라오지 않았다. 개가 달리다가 갑자기 방향을 바꿀 때의 상황을 연속 동작처럼 처음부터 차근차근 설명하고 있다. then, Naturally, And ... 등 연결사만 봐도 비슷한 설명이 이어지고 있음이 분명하다. **가장 중요한 답변은 독자를 확 집중시키면서 등장한다.** 특히 답변이 질문 바로 뒤이어 나오지 않는 경우 더욱 그렇다. 여기에서는 역접 연결사 However로 이목을 끌었다. 질문에 대한 답변이 한마디로 압축할 수 있는 종류라면 꼭 역접 연결사가 아니더라도 앞에서 보았듯 가정법이라는 특별한 형식을 쓰거나, The answer is 같이 독자의 이목을 끌 수 있는 표현을 써서 답변이 제시되곤 한다.

✓ 정답은 왼쪽 페이지에

단어 자가 테스트

한 → 영

○ 궁금해하다
○ 계속하다
○ ~의 결과를 낳다
○ 방향
○ 원래의
○ 흔들리다
○ 굽히다, 구부리다
○ 움직임, 동작
○ 막다, 방지하다

전략 04 질문을 던지는 의도를 파악하라 ③ – 흥미 유발

질문으로 시작했는데 그에 대한 답변이 없을 수 있다. 오로지 독자의 주의를 끌기 위해서 질문을 던지는 경우이다. 질문을 통해 직접적으로 독자(you)에게 말을 건네며 시작하면 독자와의 거리를 좁히고 글에 몰입하게 할 수 있기 때문이다. 이러한 질문은 당연히 질문 자체보다 이어지는 문장이 더 중요한 내용을 담고 있다. 또한 질문에 대한 답이 꼭 제시되지 않고 그냥 본론으로 넘어가는 것이 일반적이므로 굳이 답변을 찾으려고 하지 말아라.

예제 4 다음 글의 제목으로 가장 적절한 것은? [기출 변형]   난이도 ★ ★

How funny are you? While some people are natural humorists, being funny is a set of skills that can be learned. Exceptionally funny people don't depend upon their memory to keep track of everything they find funny. In the olden days, great comedians carried notebooks to write down funny thoughts or observations and scrapbooks for news clippings that struck them as funny. Today, you can do that easily with your smartphone. If you have a funny thought, record it as an audio note. If you read a funny article, save the link in your bookmarks. The world is a funny place and your existence within it is probably funnier. Accepting that fact is a blessing that gives you everything you need to see humor and craft stories on a daily basis. All you have to do is document them and then tell someone.

① Breaking into the Comedy Industry
② The Funniest Stuff on the Internet
③ You Can Become Funnier If You Want
④ The Effect of Humor on Memory
⑤ Modern-Day Humor: Not As Funny As in the Past

⏱ 타임 어택! 속독 훈련

✓ 학습한 내용과 시간을 체크해보세요.

- 실전처럼 문제 풀기   분   초
- 단어 학습   분   초
- 필터로 끊어읽기   분   초
- 지문 구조+느낌 빽! 학습   분   초
- 지문 빠르게 다시 읽기   분   초

➕ RSVP 속독 훈련

✓ 학습한 내용을 체크해보세요.

- 원어민 MP3 듣기
- 소리 내어 따라 읽기
- 배속으로 청킹 속독

지문 듣기

✓ 정답은 오른쪽 페이지에

단어 자가 테스트

영 → 한

- a set of
- keep track of
- existence
- exceptionally
- clipping
- blessing
- depend on[upon]
- strike
- document

어원 Hint exceptionally: ex(밖으로)+cept(취하다)+ion(~것)+al(~의)+ly(~하게) → 밖으로 취해진 것 같게

당신이 얼마나 재미있는 사람인지 질문하면서 글을 시작했다. 진짜 이에 대한 답을 원하는 것일까? '당신은 23.5만큼 재미있다.' 이런 식의 답이 이어질 가능성은 거의 없을 것이다. 단지 주의를 집중시키기 위한 질문이다.

예측하며 속독하는 지문 구조

How funny are you? // While some people are natural humorists, / being
당신은 얼마나 재미있는가?　어떤 사람들은 타고난 익살꾼이기도 하지만　　재미있다

funny is a set of skills / that can be learned. //
는 것은 일련의 기술이다　학습될 수 있는

질문(도입)+주제문

재미있다는 것은 학습될 수 있는 기술이다.

Tip 당신이 얼마나 재미있는 사람인지에 대한 답변은 없다. 그저 독자의 주의를 환기시키는 질문이다.

Exceptionally funny people don't depend upon their memory / to keep track
뛰어나게 재미있는 사람들은 그들의 기억력에 의존하지 않는다　　모든 것을 놓치지 않기

of everything / they find funny. // In the olden days, / great comedians carried
위해　그들이 재미있다고 생각하는　예전에는　훌륭한 코미디언들이 공책을 가지고

notebooks / to write down funny thoughts or observations / and scrapbooks /
다녔다　재미있는 생각이나 관찰을 적기 위한　　그리고 스크랩북을

for news clippings that struck them as funny. //
자신들에게 재미있다는 생각이 들게 하는 뉴스 조각을 위한

예시 1

예전 훌륭한 코미디언들이 재미있는 것을 기록했던 방법들

1) 공책 2) 스크랩북

Tip 뛰어나게 재미있는 사람들이 하지 않는 것과 하는 것을 대조하여 제시함으로써 재미있다는 특성과 기록 습관을 연결했다.

Today, / you can do that easily / with your smartphone. // If you have a
오늘날　당신은 그것을 쉽게 할 수 있다　당신의 스마트폰으로　만약 당신이 재미있는

funny thought, / record it as an audio note. // If you read a funny article, /
생각이 있다면　그것을 음성 기록으로 녹음해라　만약 당신이 재미있는 기사를 읽었다면

save the link in your bookmarks. //
그 링크를 당신의 북마크에 저장해라

예시 2

오늘날 스마트폰을 이용해 재미있는 것을 기록할 수 있는 방법들

1) 음성 기록 2) 기사 링크를 북마크에 저장

Tip In the olden days ~ 다음 문장은 Today로 시작한다. 예전 방식을 오늘날에 적용한 실용적인 방법들이 나오겠다고 예측할 수 있다.

The world is a funny place / and your existence within it / is probably
세상은 재미있는 곳이다　그리고 그 속에서 당신의 존재는　아마도 더 재미있을

funnier. // Accepting that fact / is a blessing that gives you everything / you
것이다　그 사실을 받아들이는 것은　당신에게 모든 것을 주는 축복이다　당신이

need to see humor and craft stories / on a daily basis. // All you have to do /
유머를 발견하고 이야기를 만들어내는 데 필요한　매일　당신이 해야 하는 전부는

is document them and then tell someone. //
그것들을 기록한 다음 누군가에게 이야기하는 것이다

결론

재미있어지기 위해서는 재미있는 것들을 발견하고 기록하여 누군가에게 말하기만 하면 된다.

Tip 독자에게 강하게 권장하고 싶은 것을 have to로 전달한다. have to는 주제문이나 결론의 대표적인 시그널로, 이 문장에서는 주제의 구체적인 행동 방법을 제시했다. 주제문이 마지막에 결론으로 연결되는 '도입 - 주제문 - 예시 - 결론' 구조이다.

참고 Unit 02-4 '결론에서 주제를 한 번 더 확인해라' p.74

느낌 빡! 주의를 환기시킨 다음에는 곧바로 본론을 예측한다

의문문은 호기심을 유발하고 흥미를 끌어 글을 읽고 싶게 만들 수 있는 아주 좋은 수단이다. 일단 도입에서 의문문을 던져서 흥미를 끌었다. 그러면 다음에는 무엇을 해야 하나? **곧바로 내가 왜 이 글을 썼는지 내가 하고자 하는 말을 해야 한다.** 그렇지 않으면 애써 전략적으로 끌어온 관심이 금방 흩어질지도 모른다. 위 지문에서는 질문 바로 뒤에 '재미있다는 것은 학습될 수 있는 기술'이라는 내용이 나왔다. 이게 바로 이 글의 핵심 문장이다. 그러면 여기서 한 발짝 더 나아가 예측해 보자. 학습될 수 있는 기술이라고 말한 뒤에는 뭐가 나올 수 있을까? 그렇다. 재미있어질 수 있는 실제적인 방법들이 나올 것임을 예측해 볼 수 있다.

✔ 정답은 왼쪽 페이지에

단어 자가 테스트

한 → 영

- 일련의
- ~을 기록[추적]하다, ~을 놓치지 않다
- 존재
- 예외적으로, 특별히
- 오려 낸 조각
- 축복
- ~에 의존하다
- 치다, (생각이) 들다
- 문서; 기록하다

전략 적용 문제

1 다음 글의 주제로 가장 적절한 것은? 기출   난이도 ★ ★ ★

When we hear a story, we look for beliefs that are being commented upon. Any story has many possible beliefs inherent in it. But how does someone listening to a story find those beliefs? We find them by looking through the beliefs we already have. We are not as concerned with what we are hearing as we are with finding what we already know that is relevant. Picture it in this way. As understanders, we have a list of beliefs, indexed by subject area. When a new story appears, we attempt to find a belief of ours that relates to it. When we do, we find a story attached to that belief and compare the story in our memory to the one we are processing. Our understanding of the new story becomes, at that point, a function of the old story. Once we find a belief and connected story, we need no further processing; that is, the search for other beliefs stops.

① the use of a new story in understanding an old story
② the limits of our memory capacity in recalling stories
③ the influence of new stories on challenging our beliefs
④ the most efficient strategy to improve storytelling skills
⑤ the role of our existing beliefs in comprehending a new story

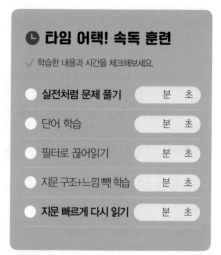

⏱ 타임 어택! 속독 훈련

✓ 학습한 내용과 시간을 체크해보세요

- 실전처럼 문제 풀기   분 초
- 단어 학습   분 초
- 필터로 끊어읽기   분 초
- 지문 구조+느낌 빽! 학습   분 초
- 지문 빠르게 다시 읽기   분 초

➕ RSVP 속독 훈련

✓ 학습한 내용을 체크해보세요

- 원어민 MP3 듣기
- 소리 내어 따라 읽기
- 배속으로 청킹 속독

지문 듣기

✓ 정답은 오른쪽 페이지에

단어 자가 테스트

영 → 한

1
- belief
- concerned

2
- saying
- outfit
- behave

- comment
- index
- impression
- out-of-place
- surface

- inherent
- relate to
- lecture
- write ~ off
- weave(-wove-woven)

어원 Hint   **comment**: com(함께)+ment(마음 mind) → 함께 마음에 떠오르는 것   **impression**: im(안으로 in)+press(누르다)+ion(~것) → 마음속을 누른 것

2 다음 글에서 필자가 주장하는 바로 가장 적절한 것은? 기출

난이도 ★ ★ ★

You know the old saying about having only one chance to make a first impression? Forget about it for once and give people a second chance. Even if you didn't like someone's question at yesterday's lecture or you thought his outfit was out-of-place for the event, don't immediately write that person off as a potential friend. This is a time in your life to dig deeper and allow yourself to find out what makes people behave the way they do. Forget about surfaces and look for what's inside. And remember, it takes time for new friendships to develop. As you get to know each other, shared experiences and interests will become woven into the friendship. Keep working on the relationship, even if it feels uncomfortable at times.

① 사고의 폭을 넓히려면 다양한 사람들과 교류하라.
② 친구의 단점을 지적하기보다 장점을 찾아 칭찬하라.
③ 인기 있는 사람이 되려면 먼저 자신의 인격을 기르라.
④ 처음 만난 사람에게 지나치게 개인적인 질문을 삼가라.
⑤ 친구를 사귀려면 내면의 모습에 주목하여 꾸준히 노력하라.

⏱ **타임 어택! 속독 훈련**

✓ 학습한 내용과 시간을 체크해보세요.

● 실전처럼 문제 풀기	분	초
● 단어 학습	분	초
● 필터로 끊어읽기	분	초
● 지문 구조+느낌 빽! 학습	분	초
● 지문 빠르게 다시 읽기	분	초

➕ **RSVP 속독 훈련**

✓ 학습한 내용을 체크해보세요

● 원어민 MP3 듣기

● 소리 내어 따라 읽기

● 배속으로 청킹 속독

지문 듣기

✓ 정답은 왼쪽 페이지에

단어 자가 테스트
한 → 영

1 ○ 신념
○ 관심 있는
2 ○ 속담, 격언
○ 복장
○ 행동하다

○ 논평하다, 의견을 말하다; 논평, 의견
○ 색인을 달다
○ 인상
○ 어울리지 않는, 부적절한
○ 표면, 외관

○ 내재하는
○ ~와 관련되다
○ 강의
○ ~을 단념하다
○ 짜다, 엮다

Unit 09   161

Unit 10

| 도입 | 전개 | 결말 | (시간순) |

✓ **시간순 지문은 한 편의 소설이다**

소설의 3요소를 들어본 적 있는가? 바로 등장인물, 사건, 배경이다. 따라서 등장인물, 등장인물에게 발생하는 구체적인 사건, 사건이 일어나는 시간과 공간인 배경을 파악해야 진짜 소설을 이해한 것이다. 영어 지문에서의 시간순 지문도 하나의 작은 소설이다. 시간순 지문을 읽을 때도 등장인물, 사건, 배경을 염두에 두고 읽도록 한다. 분량이 매우 짧기에 아마 수백 페이지 되는 소설보다 몇백 배는 쉬울 것이다.

✓ **모든 이야기에는 기승전결이 있다**

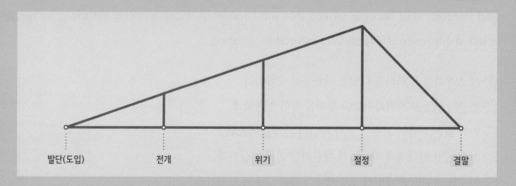

| 발단(도입) | 전개 | 위기 | 절정 | 결말 |

통상적으로 소설이나 영화는 '발단(도입) – 전개 – 위기 – 절정 – 결말'로 이루어진 5단 구성을 따른다. 물론 작품에 따라서 '절정'에서 끝이 나기도 하고, 맨 처음부터 '위기'를 먼저 보여주기도 한다. 그건 작가가 무엇을 강조하고 싶은지에 따라 달라지는 것이지, 이야기의 흐름은 위에서 크게 벗어나지 않는다.

영어 시험의 독해 지문도 똑같다. 시간순 지문의 경우, 주로 '도입 – 전개 – 위기 – 절정 – 결말'의 단계를 따른다. 다만, 2시간 분량의 영화, 수백 페이지 분량의 소설과 달리, 영어 지문은 기껏해야 십수 줄로 이야기를 전달해야 하다 보니 '위기'와 '절정'이 '전개'나 '결말'로 축약되어 '도입 – 전개 – 결말'의 3단 구성인 경우가 많다. 새로운 지문 구조로 받아들이지 말고, 어린 시절 읽었던 전래 동화, 명작, 위인전을 떠올려라. 이미 여러분이 숱하게 많이 봐온 지문 구조이다.

Unit 10 훑어보기

'도입 – 전개 – 결말(시간순)' 지문 구조는 흔히 어떤 사건을 시간의 흐름에 따라 전달하는 구조이다. 필자의 주장이 드러나는 다른 지문 구조와 달리, 시간의 흐름에 따라 구성되어 있기 때문에 주제문이 없는 경우가 대부분이다.

이러한 이유로 '도입 – 전개 – 결말(시간순)' 지문 구조는 글의 전반적인 흐름을 파악해야 하는 글의 순서 배열 유형이나, 문맥 속 어휘 추론, 글의 심경/분위기 추론, 지칭 추론 유형에 더 자주 등장한다. 순서, 시간을 나타내는 아래 표현을 알아두면 아주 쉽게 지문을 이해할 수 있다.

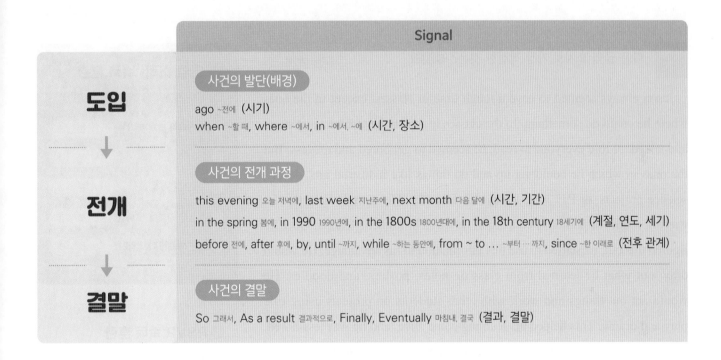

Signal

도입

사건의 발단(배경)

ago ~전에 (시기)
when ~할 때, where ~에서, in ~에서, ~에 (시간, 장소)

전개

사건의 전개 과정

this evening 오늘 저녁에, last week 지난주에, next month 다음 달에 (시간, 기간)
in the spring 봄에, in 1990 1990년에, in the 1800s 1800년대에, in the 18th century 18세기에 (계절, 연도, 세기)
before 전에, after 후에, by, until ~까지, while ~하는 동안에, from ~ to … ~부터 … 까지, since ~한 이래로 (전후 관계)

결말

사건의 결말

So 그래서, As a result 결과적으로, Finally, Eventually 마침내, 결국 (결과, 결말)

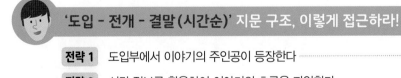 ### '도입 - 전개 - 결말(시간순)' 지문 구조, 이렇게 접근하라!

전략 01 도입부에서 이야기의 주인공이 등장한다

'도입 – 전개 – 결말' 구조의 지문에는 항상 도입부에 주인공이 등장한다. 주인공이 맞이하는 사건이나 상황, 이것을 극복하는 과정이 지문의 전체 내용을 이룬다. 글쓴이는 사실상 주인공을 내세워 자기가 하고 싶은 이야기를 하는 것이다. 영화든 소설이든 드라마든 주인공이 누구인지를 모른다면 줄거리를 안다고 할 수 없다.

'도입 – 전개 – 결말' 지문 구조에서도 먼저 주인공이 누구인지(무엇인지) 파악해야 한다. 주인공은 보통 첫 문장의 주어로 등장하며, 이후 2-3문장에 주인공에 대한 정보, 특징, 성격 등이 서술된다.

예제 1 다음 글의 요지로 가장 적절한 것은? 기출 변형 난이도 ★ ★

Jason always seemed to have a tough time in classes, except in the ones where he could do something. In the classes in which the teachers just stood and talked, or told everyone to read, he seemed to get bored and restless. But the ones in which he could get up and do things like industrial arts, drama, science projects, or P.E. were always his favorites. He soon realized that he was not a slow or unmotivated learner; he was a kinesthetic learner. Once he figured this out, he started to use this information to his advantage. He would draw out what he learned from class on notes, posters, and doodles. He would act out things and work with other students on projects using role play and drama. This helped his learning come alive, and he was less bored. As a result, he not only enjoyed school more, but his grades also went up.

＊ kinesthetic: 운동 감각의

① 과목별로 공부 시간을 배분해야 한다.
② 자신에게 맞는 학습 방법으로 공부해야 한다.
③ 현실적인 목표를 설정하는 것은 동기 부여에 효과적이다.
④ 자신의 학습 단계에 맞추어 학습 속도를 조절해야 한다.
⑤ 학교 생활에서는 교과 학습과 교우 관계가 모두 중요하다.

지문 듣기

✓ 정답은 오른쪽 페이지에

단어 자가 테스트

영 → 한

- seem
- unmotivated
- doodle
- restless
- to one's advantage
- act out
- realize
- draw out
- come alive

어원 Hint **realize**: real(진짜의)+ize(~하게 하다) → 진짜를 알게 하다

구체적인 인물의 이름이 등장했고 그 인물이 힘든 시간을 보냈다고 했다. 그 힘든 점이 무엇인지, 주인공이 그 어려움을 어떻게 극복해 나가는지가 하나의 스토리로 전개될 것을 예상할 수 있다.

정답과 해설 p.41

예측하며 속독하는 지문 구조

Jason always seemed to have a tough time in classes, / except in the ones
Jason은 항상 수업에서 힘든 시간을 보내는 것 같았다   그가 뭔가를 할 수 있었던 수업

where he could do something. // In the classes / in which the teachers just
이외에는   수업에서   선생님들이 그저 서서 말하거나 모든 사람에

stood and talked, or told everyone to read, / he seemed to get bored and
게 읽으라고 말하는   그는 지루해져서 가만히 못 있는 것 같았다

restless. // But / the ones in which he could get up and do things / like
          그러나 그가 일어나서 뭔가를 할 수 있었던 수업은   산업 기

industrial arts, drama, science projects, or P.E. / were always his favorites. //
술, 연극, 과학 프로젝트, 또는 체육 같은   항상 그가 가장 좋아하는 것들이었다

He soon realized / that he was not a slow or unmotivated learner; / he was a
그는 곧 깨달았다   그가 느리거나 동기 부여가 되지 않는 학습자가 아니라는 것을   그는 운동 감각

kinesthetic learner. //
적 학습자임을

Once he figured this out, / he started to use this information / to his
일단 그가 이것을 이해하자   그는 이 정보를 사용하기 시작했다   자신에게

advantage. // He would draw out / what he learned from class / on notes,
유리하게   그는 자세히 설명했다   그가 수업에서 배운 것들을   쪽지, 포스터, 낙

posters, and doodles. // He would act out things / and work with other
서 위에   그는 (배운) 것들을 실행에 옮겼고   다른 학생들과 작업했다

students / on projects using role play and drama. // This helped his learning
          역할극이나 연극을 이용하는 프로젝트에서   이것은 그의 학습이 활기를 띠게

come alive, / and he was less bored. //
도와주었다   그리고 그는 덜 지루해졌다

As a result , / he not only enjoyed school more, / but his grades also went up. //
그 결과   그는 학교를 더 즐거워했을 뿐 아니라   성적도 올라갔다

도입

Jason은 활동적인 수업은 좋아했지만, 그렇지 않은 수업에서는 항상 힘든 시간을 보냈다.

Tip 시험 지문은 소설과 달리 전체 글이 몇 줄 안되기 때문에 보통 첫 문장부터 주인공이 등장한다. 이 지문에서는 첫 문장의 주어 Jason이 주인공이다. 도입부 2-3 문장의 내용을 통해 이야기의 주인공은 Jason이라는 학생이며, 이 학생은 학교 생활에 어려움을 겪고 있음을 파악할 수 있다.

전개 1

그는 자신이 운동 감각적 학습자임을 깨달았다.

Tip soon, Once 등의 표현에서 이야기가 시간의 흐름에 따라 전개되고 있음을 알 수 있다.

전개 2

그는 활동적인 방식으로 학습하기 시작했다.
1) 쪽지, 포스터, 낙서 위에 자세히 설명하기
2) 배운 것들을 실행에 옮기기
3) 다른 학생들과 역할극, 연극 작업하기

결말

그 결과, 학교도 더 즐거워지고, 성적도 올랐다.

느낌 빡! 시간순 지문 구조에는 보통 과거시제가 쓰인다

앞에서도 말했듯이, 한 편의 이야기나 다름없는 시간순 구조에는 인물, 사건, 배경이 등장한다. 소설과 차이가 있다면, 소설은 '도입 - 전개 - 위기 - 절정 - 결말'의 순서를 몇십, 몇백 페이지에 걸쳐서 표현한다는 점이다. 그렇기 때문에 현재시제도 많이 쓰인다. 그 이야기 속에 글쓴이와 독자가 함께 들어가서 이야기의 전개를 지켜보는 느낌이다.

반면 시간순 지문은 그 중에 어느 한 사건만 잘라온 것이기 때문에 '옛날에 이런 일이 있었는데' 하면서 그 일화를 소개하는 형식을 취하는 것이 보통이다. **그래서 시간순 지문 구조에는 '10년 전 - 5년 전 - 1년 전', '사건 전 - 사건 후' 같은 시간의 흐름이 분명 존재하지만 모든 단계는 공통적으로 과거시제로 표현되는 경우가 많다.**

✓ 정답은 왼쪽 페이지에

단어 자가 테스트

한 → 영

- ~인 것 같다
- 동기 부여가 되지 않은
- 낙서; 낙서하다
- 가만히 못 있는
- ~에게 유리하게
- 실행에 옮기다
- 깨닫다
- 자세히 설명하다, 끄집어 내다
- 활기를 띠다, 즐거워하다

Unit 10 도입 - 전개 - 결말(시간순)

전략 02 시간 정보를 활용하여 이야기의 흐름을 파악한다

'도입 - 전개 - 결말'이라는 지문 구조는 애초에 시간순 구조일 수밖에 없다. 사건이 발생해서 어떻게 전개가 되고, 그 결말이 어떠한지를 적은 것이니 당연하다. 더구나 한 문단뿐인 지문 분량에서 시간을 역순으로 나열한다면 효과적으로 내용을 전달하기는 더욱 어렵다. 영화처럼 회상을 통해 과거로 갔다 돌아오는 방식 또한 분량상 쉽지 않다. 따라서 시간 표현을 기준으로 내용을 나누면 지문 구조를 쉽게 파악할 수 있다.

예제 2 다음 글의 제목으로 가장 적절한 것은? 기출 변형   난이도 ★ ★

Ignorance about the African continent has led to some enormous errors in mapmaking. One of the errors happened in the 1700s, when a European explorer reported having seen mountains in southern Mali. From that report, a mapmaker drew in a long line of mountains. As a result, these "Kong Mountains," as he called them, were drawn on almost all maps of Africa in the 19th century, and they seemed to be an important feature of the continental geography. European politicians and traders made decisions based on their belief in the existence of these mountains. However, in the late 1880s, a French explorer proved that there were no mountains in that part of Africa. Following that discovery, the "Kong Mountains" disappeared from maps of Africa.

① How We Use Geographical Information
② The Kong Mountains That Never Existed
③ Explorers from Europe Find Southern Africa
④ South Africa Needs International Cooperation
⑤ Africa: Home to an Abundance of Natural Resources

⏱ 타임 어택! 속독 훈련

✓ 학습한 내용과 시간을 체크해보세요.

● 실전처럼 문제 풀기   분 초
● 단어 학습   분 초
● 필터로 끊어읽기   분 초
● 지문 구조+느낌 빽! 학습   분 초
● 지문 빠르게 다시 읽기   분 초

➕ RSVP 속독 훈련

✓ 학습한 내용을 체크해보세요

● 원어민 MP3 듣기
● 소리 내어 따라 읽기
● 배속으로 청킹 속독

지문 듣기

✓ 정답은 오른쪽 페이지에

단어 자가 테스트

영 → 한

○ ignorance   ○ continent (a. continental)   ○ explorer
○ report   ○ geography   ○ prove

어원 Hint **geography**: geo(땅)+graph(쓰다, 그리다)+y(~것) → 땅에 대해 쓴 글

166   **Part 1** 지문 구조 편

정답과 해설 p.42

African continent, mapmaking

첫 문장의 고유명사와 동명사는 항상 눈여겨봐야 한다. 주인공이나 핵심 소재일 확률이 높으며, 보통 이를 중심으로 이야기가 펼쳐지곤 한다. '아프리카 대륙'과 '지도 제작'이라는 키워드가 나왔으니, 아프리카의 특정 지역이나 지리와 관련된 이야기가 나올 것이다.

예측하며 속독하는 지문 구조

Ignorance about the African continent / has led to some enormous errors / in
아프리카 대륙에 대한 무지는   몇 가지 엄청난 실수들을 초래했다   지

mapmaking. //
도 제작에 있어서

도입

아프리카에 대한 무지는 지도 제작 실수를 초래했다.

Tip 처음 2-3 문장까지 읽어보면 이 지문의 소재는 아프리카의 어떤 산맥(mountains)이고, 이에 얽힌 지도 제작 실수가 이야기의 중심 내용임을 알 수 있다.

↓

One of the errors happened / in the 1700s, / when a European explorer
그 실수들 중 하나가 발생했다   1700년대에   그때는 한 유럽 탐험가가 산맥을 봤다고 보고했

reported having seen mountains / in southern Mali. // From that report, / a
을 때였다   Mali 남부에서   그 보고로부터   한

mapmaker drew in / a long line of mountains. //
지도 제작자는 그려 넣었다   긴 산맥 선을

전개 1

(1700년대) 한 유럽 탐험가가 Mali 남부에서 산맥을 봤다고 보고했다.

Tip 연도와 세기를 나타내는 구체적인 숫자 표현을 기점으로 내용을 구분하면 시간순 지문의 줄거리를 파악하는 데 도움이 된다.

↓

As a result, / these "Kong Mountains," / as he called them, / were drawn on
그 결과   이 'Kong 산맥'은   그가 그것들을 (~라고) 불렀던   거의 모든 아프리카 지도

almost all maps of Africa / in the 19th century, / and they seemed to be an
위에 그려졌다   19세기에   그리고 그것들(산맥)은 중요한 특징으로 보

important feature / of the continental geography. // European politicians and
였다   그 대륙의 지리에서의   유럽의 정치인들과 무역인들은 결정을

traders made decisions / based on their belief in the existence of these
내렸다   이 산맥이 존재한다는 그들의 믿음에 근거하여

mountains. //

전개 2

(19세기) 아프리카 지도에 Kong 산맥이 표시되었다.

⋮

↓

However, / in the late 1880s, / a French explorer proved / that there were no
하지만   1880년대 후반에   한 프랑스 탐험가는 증명했다   산맥이 없다는 것을

mountains / in that part of Africa. // Following that discovery, / the "Kong
아프리카 그 지역에   그 발견을 따라서   'Kong 산맥'은 아

Mountains" disappeared from maps of Africa. //
프리카 지도에서 사라졌다

전개 3

(1880년대 후반) 한 프랑스 탐험가가 산맥이 없음을 증명했고, 지도에서 Kong 산맥이 사라졌다.

Tip 연결사(As a result, However)를 통해서도 글의 흐름이 바뀌어가는 것을 알 수 있다. 연결사로 지문 구조를 파악하면, 아래와 같이 사건의 발생순 전개로 정리할 수도 있다.

1) 사건 1(Kong 산맥 보고)
2) 사건 2(Kong 산맥이 지도에 표시됨)
3) 사건 3(Kong 산맥이 없음을 증명)

느낌 빡! 시간의 흐름을 나타내는 표현은 사실상 3가지뿐이다

1 연도, 숫자 등 시간 표현 - 시간순 지문을 알 수 있는 가장 기본적인 단서이다.
예 in 1990, at the beginning of the century, this evening, last week, next month …

2 연결사 - 접속사나 접속부사, 연결사 등은 논리적 흐름뿐만 아니라 시간의 전후 관계를 나타내준다.
예 **사건의 결말** As a result, so, finally, eventually …
   시간의 전후 관계 before, after, by, until, while, from ~ to, since …

3 시제 - 영어에서 시제야말로 시간을 나타내는 대표적인 표현이다. '대과거(과거완료) - 과거 - 현재 - 미래' 등의 시제 형식과 조동사, 시제와 함께 쓰이는 부사 (never, ever …) 등 시제 관련 표현을 통해 시간의 흐름을 알 수도 있다.

✔ 정답은 왼쪽 페이지에

단어 자가 테스트

한 → 영

○ 무시, 무지
○ 보고하다; 보고
○ 대륙 (a. 대륙의, 대륙풍의)
○ 지리(학), 지형
○ 탐험가
○ 증명하다

전략 03 시간순 지문은 마지막 문장에 답이 있다

시간순 지문에는 여러 개의 사건이나 장면이 차례대로 등장한다. 그중에서도 주제를 암시하는 가장 핵심적인 사건이 있는데, 그것은 보통 마지막 사건이다. 그 사건을 중심으로 상황이 역전되거나, 주인공의 심리가 변하거나, 내용이 위기로 치닫는다. 중요한 것은 이야기의 결말이므로, 마지막 시간대를 중점으로 내용을 파악하는 것이 속독의 지름길이다. 보통 마지막 사건이나 사건의 결말은 지문의 맨 마지막 문장에 나온다.

예제 3 다음 글의 제목으로 가장 적절한 것은? [기출 변형]   난이도 ★★☆

What story could be harsher than that of the Great Auk, the large black-and-white seabird that in northern oceans took the ecological place of a penguin? Its tale rises and falls like a Greek tragedy, with island populations savagely destroyed by humans until almost all were gone. Then the very last colony found safety on a special island, one protected from the destruction of humankind by vicious and unpredictable ocean currents. These waters presented no problem to perfectly adapted seagoing birds, but they prevented humans from making any kind of safe landing. After enjoying a few years of comparative safety, disaster of a different kind struck the Great Auk. Volcanic activity caused the island refuge to sink completely beneath the waves, and surviving individuals were forced to find shelter elsewhere. The new island home they chose lacked the benefits of the old in one terrible way. Humans could access it with comparative ease, and they did! Within just a few years the last of this once-plentiful species was entirely eliminated.

* savagely: 잔혹하게

① How the Last Great Auks Died
② Differences between Great Auks and Penguins
③ Can Animals Really Predict Natural Disasters?
④ What Happens When Animals Evolve in Isolation?
⑤ A Sense of Danger: One of the Instincts to Survive

⏱ 타임 어택! 속독 훈련

✓ 학습한 내용과 시간을 체크해보세요.

● 실전처럼 문제 풀기 ___ 분 ___ 초
● 단어 학습 ___ 분 ___ 초
● 필터로 끊어읽기 ___ 분 ___ 초
● 지문 구조+느낌 빽! 학습 ___ 분 ___ 초
● 지문 빠르게 다시 읽기 ___ 분 ___ 초

➕ RSVP 속독 훈련

✓ 학습한 내용을 체크해보세요.

○ 원어민 MP3 듣기
○ 소리 내어 따라 읽기
○ 배속으로 청킹 속독

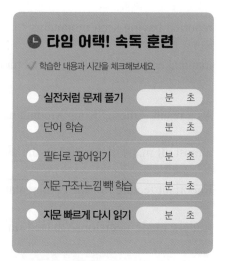

지문 듣기

✓ 정답은 오른쪽 페이지에

단어 자가 테스트

영 → 한

○ ecological
○ destroy (n. destruction)
○ landing
○ refuge

○ tragedy
○ colony
○ disaster
○ shelter

○ population
○ vicious
○ volcanic
○ eliminate

어원 Hint **population**: popul(사람들 people)+at(~하다)+ion(~것) → 사람들이 사는 것   **disaster**: dis(떨어져)+aster(별) → 별의 상태가 좋지 않음(불길함의 징조)

첫 문장 키워드 What story could be harsher

'What could+비교급' 의문문은 최상급 표현이다. '어떤 이야기가 이보다 더 가혹할 수 있을까?'는 '가장 가혹한' 이야기라는 뜻. 주인공이 겪게 될 엄청나게 가혹한 상황이 나올 것을 예측하며 속독할 수 있다.

예측하며 속독하는 지문 구조

What story could be harsher / than that of the Great Auk, / the large black-
어떤 이야기가 더 가혹할 수 있을까   Great Auk의 이야기보다   커다란 흑백 바닷새인

and-white seabird / that in northern oceans took the ecological place of a
                          북쪽 대양에서 펭귄의 생태적 위치를 차지했던

penguin? //

Its tale rises and falls like a Greek tragedy, / with island populations savagely
그것의 이야기는 그리스 비극처럼 부흥하고 쇠퇴한다   섬 개체수가 잔인하게 파괴되면서

destroyed / by humans / until almost all were gone. //
              인간에 의해   거의 전부가 사라질 때까지

Then / the very last colony found safety on a special island, / one protected
그런 다음   가장 마지막 군집은 특별한 섬에서 안전을 찾았다   인류의 파괴로부터 보

from the destruction of humankind / by vicious and unpredictable ocean
호받은 섬   사납고 예측할 수 없는 해류에 의해

currents. // These waters presented no problem / to perfectly adapted
          이런 바다는 아무런 문제도 주지 않았다   완벽하게 적응한 해양 조류에게는

seagoing birds, / but they prevented humans / from making any kind of safe
          하지만 그런 바다는 인간을 막았다   (그곳에) 저히 안전하게 내리지 못하도록

landing. //

After enjoying a few years of comparative safety, / disaster of a different
상대적으로 안전하게 몇 년을 즐긴 후에   다른 종류의 재앙이 Great Auk를 덮

kind struck the Great Auk. // Volcanic activity caused the island refuge to
쳤다   화산 활동은 섬 피난처가 가라앉게 만들었다

sink / completely beneath the waves, / and surviving individuals were forced
파도 밑으로 완전히   그리고 살아남은 개체들은 다른 곳에서 안식처를 찾아야 했다

to find shelter elsewhere. // The new island home they chose / lacked the
                          그들이 선택한 새로운 섬 서식지는   옛것의 이점들이

benefits of the old / in one terrible way. // Humans could access it with
없었다   한 가지 끔찍한 측면에서   인간들은 상대적으로 쉽게 그곳에 접근할 수

comparative ease, / and they did! //
있었다   그리고 그들은 그렇게 했다

Within just a few years / the last of this once-plentiful species was entirely
단지 몇 년 이내에   한때 많았던 이 종의 마지막은 완전히 제거되었다

eliminated.

도입

Great Auk에 대한 가혹한 이야기가 있다.
↓
전개 1
(첫 번째 섬) Great Auk의 개체수는 거의 전부가 사라질 때까지 인간에 의해 파괴되었다.
↓
전개 2
(두 번째 섬) Great Auk는 인간이 접근할 수 없는 안전한 섬을 찾았다.
↓
전개 3(위기)
(세 번째 섬) 몇 년 후, 그 섬에 화산 폭발이 발생했고, Great Auk는 서식지를 다시 옮겨야 했다.

Tip until, Then, After, Within just a few years … 일정하게 시간 표현이 나오며 이야기가 전개되고 있다. 이러한 시간 정보만 가지고도 이야기가 시간순 지문 구조로 진행되고 있음을 쉽게 파악할 수 있다.

Tip 각각에 등장하는 어휘도 분위기가 다르다. 첫 번째 섬은 savagely destroyed(잔인하게 파괴되는), 안전했던 두 번째 섬은 protected(보호받은), Great Auk가 멸종된 세 번째 섬은 다시 terrible(끔찍한)로 표현된다. 이처럼 어휘를 통해서도 변화되는 상황을 확인할 수 있다.
↓
결말
몇 년 이내에, 마지막 남은 Great Auk는 완전히 제거되었다.

Tip 마지막 문장에 슬픈 결말이 나왔다. 전개부를 통해 파악한 내용(Great Auk가 점점 위기에 처하는 과정)이 반전 없이 비극적인 결말로 끝났음을 마지막 문장만 읽고도 알 수 있다.

 느낌 빡! 시간순 지문은 마지막 문장을 반드시 읽어야 한다

영화의 마지막 5분을 보면 주인공이 살았는지, 죽었는지, 범인은 누구인지 내용을 다 알 수 있다. 빨리 내용을 알고 싶을 땐 뒤를 먼저 보면 된다. 직접 볼 필요도 없이 단 한 줄의 문장만으로 결론이 다 드러나기도 한다. 1년간 기다린 영화를 보러 가기 직전에 누가 댓글로 '누구와 누가 죽는다 메롱' 이렇게 적어 놓은 걸 보게 되면 갑자기 김이 다 새버리고 속세를 뜨고 싶은 지경이다. 흔히 말하는 '스포'다. 왜 매번 이런 댓글을 보게 되는지 정말 깨물어 버리고 싶다. **'도입 - 전개 - 결말(시간순)' 구조**에서 이렇게 한 줄만으로 내용을 파악하게 해주는 것이 바로 마지막 문장이다. 지금 유닛에서 배우는 지문들의 마지막 문장을 빼고 읽어보라. 아마 답을 고르지 못할 것이다. 반대로 마지막 문장만 읽고도 주제나 정답을 거의 맞힐 수 있는 문제는 꽤 있을 것이다. 그러니 시험에서 어떤 지문이 시간순 지문 구조임을 알았다면, 반드시 아무리 급해도 마지막 문장의 내용을 확인해야 한다.

✓ 정답은 왼쪽 페이지에

단어 자가 테스트
한 → 영

○ 생태상의, 생태학의	○ 비극	○ 인구, 개체수
○ 파괴하다, 죽이다 (n, 파괴)	○ 집단, 식민지	○ 사나운, 사악한
○ 상륙, 착륙	○ 재앙	○ 화산의
○ 피난처, 피난	○ 피난처	○ 제거하다, 없애다

전략 04 이야기의 주제는 거의 다 교훈적인 내용이다

앞에서도 말했듯이 '도입 - 전개 - 결말' 구조에서 주제문은 보통 드러나지 않는다. 하지만 주제는 존재한다. '공부 열심히 해라!' 같은 식으로 직접적으로 말하지 않을 뿐 '성태가 공부를 안 하더니, 시험 점수가 오르지 않았습니다'라고 간접적으로 돌려 말한다. 너무 직접적으로 말하면 이야기도 재미없고, 독자로부터 공감을 얻기도 힘들기 때문이다. 사건이 진행되어 가는 과정이나 인물의 행동이 변화되어 가는 과정을 보여주면서 자연스럽게 교훈이나 배울 점을 느끼게 만든다.

예제 4 다음 글의 요지로 가장 적절한 것은? 기출 난이도 ★

Wilt never needed — or even wanted — a high school education. But when he tried to get a part-time job after retirement, he couldn't because he didn't have a high school diploma. And that annoyed him. He set out to get his General Education Diploma (GED), which certifies high school-level academic competence. Month after month, year after year, he took the GED tests. He'd fail them, and study harder, only to fail each of them repeatedly for eight years. "He had amazing persistence — to have that goal and not let loose of it," recalled his tutor. Since it was such a tough road for him, Wilt is still saving the special message on his answering machine. "I was your proctor for the GED exam. I just called to congratulate you. You passed both of the tests," said the voice.

* proctor: 시험 감독관

① Honesty is the best policy.
② The pot calls the kettle black.
③ Slow and steady wins the race.
④ A little learning is a dangerous thing.
⑤ All work and no play makes Jack a dull boy.

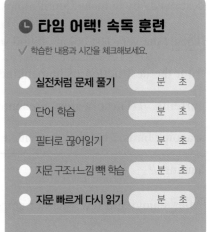

✓ 정답은 오른쪽 페이지에

단어 자가 테스트

영 → 한

- retirement
- certify
- repeatedly
- diploma
- academic
- persistence
- set out
- competence
- loose

어원 Hint diploma: di(둘)+plo(접다)+ma(종이) → 양쪽으로 접힌 종이   persistence: per(완전히)+sist(서다)+ence(~것) → 완전히 굳게 서서 움직이지 않음

특정 인물의 이름이 등장했고, '고등학교 교육'이라는 구체적인 소재가 나왔다. 고등학교 교육과 관련해서 그가 겪은 어려움이나 인상적인 경험담이 나올 것임을 예측해볼 수 있다.

정답과 해설 p.43

예측하며 속독하는 지문 구조

Wilt never needed — or even wanted — / a high school education. //
Wilt는 전혀 필요로 하지 않았다   심지어 원하지도 않았다   고등학교 교육을

But / when he tried to get a part-time job / after retirement, / he couldn't /
하지만   그가 파트타임 일자리를 얻으려고 했을 때   은퇴 후   그는 할 수 없었다

because he didn't have a high school diploma. // And that annoyed him. //
왜냐하면 그는 고등학교 학위를 가지고 있지 않았기 때문이다   그리고 그것은 그를 화나게 했다

He set out to get his General Education Diploma (GED), / which certifies
그는 일반 교육 학위(GED)를 얻고자 했다   그것은 고등학교 수준의

high school-level academic competence. //
학업 능력을 증명하는 것이다

Month after month, / year after year, / he took the GED tests. // He'd fail
다달이   해마다   그는 GED 시험을 쳤다   그는 그것들을

them, and study harder, / only to fail each of them / repeatedly for eight
실패했고 더 열심히 공부했다   매번 실패할 뿐이었다   계속해서 8년 동안

years. // "He had amazing persistence — / to have that goal and not let loose
"그는 놀라운 끈기를 가지고 있었어요   그 목표를 가지고 그것을 놓아주지 않는"

of it," / recalled his tutor. //
그의 선생님은 회상했다

Since it was such a tough road for him, / Wilt is still saving the special
그것은 그에게 아주 힘든 길이었기 때문에   Wilt는 특별한 메시지를 아직도 저장하고 있다

message / on his answering machine. // "I was your proctor for the GED
그의 (전화) 응답기에   "저는 GED 시험 때 당신의 시험 감독관이었습니다

exam. / I just called to congratulate you. // You passed both of the tests," /
저는 다만 당신에게 축하하기 위해 전화했습니다   당신은 시험을 둘 다 통과했습니다"

said the voice. //
음성은 말했다

도입

Wilt는 고등학교 교육을 받지 않았다.

Tip 첫 문장의 주어 Wilt가 주인공이다. 또한 지금껏 고등학교 교육을 받지 않았을 것이라는 이야기의 배경도 파악할 수 있다.

전개 1

(은퇴 후) Wilt는 고등학교 학위를 따기로 했다.

Tip after retirement(은퇴 후)라는 표현을 통해 은퇴를 기점으로 주인공의 인생에 변화가 생겼음을 알 수 있다. 이처럼 이야기에서 중요한 사건이 발생할 때는 사건이 발생한 시점을 함께 나타내는 경우가 많다.

전개 2

(이후 8년간) Wilt는 고등학교 학위 시험에 계속하여 도전했다.

Tip for eight years(8년 동안)라는 시간 표현을 통해 주인공이 시험을 위해 긴 시간 노력했음을 알 수 있다. 이러한 사실은 '끈기, 인내심'이라는 글의 주제와도 연결된다.

결말

(그 후) Wilt는 고생 끝에 합격 메시지를 받는다.

Tip Wilt가 노력을 해서 원하는 결과를 얻었다는 훈훈한 결말이다. 결국 '꾸준히 노력하라!'라는 교훈을 Wilt의 합격 성공담을 통해 간접적으로 전달한다.

 느낌 빡!   시험에 나오는 내용은 교훈적일 수밖에 없다

어린 시절 많이 읽었던 이솝 우화나 각종 동화책을 떠올려 보자. 토끼와 거북이의 경주를 예로 들면 '자만하지 말라', '꾸준히 하면 결국 잘 된다' 이런 말은 책에 한 마디도 없다. 자만했다가 망한 토끼와 끝까지 버티는 정신으로 마지막까지 최선을 다한 거북이를 통해서 교훈을 빙 돌려서 전달한다.

그럼 시험에 나오는 지문에는 주로 어떤 메시지가 숨겨져 있을까?

어떤 주제가 나온다고 딱히 정할 순 없지만, **시험에 출제되는 지문은 폭력이나 차별을 숭배하거나 큰 좌절감을 주는 결말이 나오는 경우는 없다고 보면 된다. 어느 정도 이야기의 방향은 정해져 있는 셈이다.** '친구 등쳐먹은 덕분에 행복하게 잘 살았어요.' 이렇게 결말이 난 적은 없다. 만약 이런 게 나오면 출제 위원들은 엄청난 비난을 받을 것이다. 실제 기출 문제들을 보라. Wilt는 계속 실패했지만 노력 끝에 합격을 했고, Jason은 효과적인 공부법 덕분에 성적이 올랐다. 바닷새가 멸종되는 비극적인 이야기는 자연 보호의 중요성을 말한다. 전부 삶에 교훈을 주는 내용들이다.

✔ 정답은 왼쪽 페이지에

단어 자가 테스트

한 → 영

- ○ 은퇴
- ○ 증명하다, 자격을 부여하다
- ○ 반복해서, 되풀이하여
- ○ 졸업장, 학위(증)
- ○ 학업의, 학술의
- ○ 끈기, 고집
- ○ 출발하다, (~하려고) 착수하다
- ○ 능력, 능숙함
- ○ 느슨한, 풀린

전략 적용 문제

1 다음 글의 제목으로 가장 적절한 것은? 기출   난이도 ★★

I remember preparing to run a marathon years ago, and though I trained well for it, I was really scared that I'd get cramps, or that, for some reason, I wouldn't be able to finish. So as an act of faith, I started thinking of something I'd do only if I had already successfully run the marathon. What I decided to do was write a letter to my grandmother in New York, as if the marathon had already come and gone and I had happily completed it. I wrote her a couple of pages, excitedly telling her how easy it had been and even making fun of myself for having worried so much the week before the race. I kept this letter with me all week and read it to myself whenever I felt nervous. On the day of the race, I ran the whole way — no cramps, no problems whatsoever, just like I'd written to my grandmother.

① Power of Pretending
② Experience Counts
③ Grandmother's Affection
④ Life Is a Marathon
⑤ Encouragement from Family

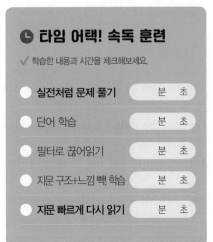

⏱ 타임 어택! 속독 훈련

✓ 학습한 내용과 시간을 체크해보세요.

- 실전처럼 문제 풀기 　분　초
- 단어 학습 　분　초
- 필터로 끊어읽기 　분　초
- 지문 구조+느낌 빽! 학습 　분　초
- 지문 빠르게 다시 읽기 　분　초

➕ RSVP 속독 훈련

✓ 학습한 내용을 체크해보세요.

- 원어민 MP3 듣기
- 소리 내어 따라 읽기
- 배속으로 청킹 속독

지문 듣기

✓ 정답은 오른쪽 페이지에

단어 자가 테스트	1	cramp	make fun of	whatsoever
영 → 한	2	brand-new	loan out	spotless
		set up	overlook	shred

어원 Hint **overlook**: over(위에)+look(보다) → 위에서 훑어보다

2 다음 글의 제목으로 가장 적절한 것은? 기출 변형   난이도 ★★

A few years ago we purchased a brand-new camper van. Not long after we bought our camper, a friend of ours asked if her family could borrow it. We were not too interested in loaning out our spotless camper, so we declined. This happened in the fall, and we stored the camper in our backyard all that winter. In the spring my husband and I were setting it up to prepare for a trip. We were very surprised to find that we had left cookie boxes in the camper over the winter. We had moved and had a baby that previous summer and fall, and cleaning out the camper had been overlooked. That in itself would not have been so bad had it not been for the mice. Mice were attracted by the food and they shredded all the curtains, screens, and cushions. Had we let the friend borrow the camper, she would have discovered the boxes before the mice did.

① A Terrible Camping Trip
② Selfishness Never Pays Off
③ What Smells Do Mice Hate?
④ Always Invite Your Neighbors
⑤ The Best Season for Traveling

✓ 정답은 왼쪽 페이지에

단어 자가 테스트
한 → 영

1	경련, (근육에 생기는) 쥐	~을 놀리다	그 무엇도(어떤 것도)
2	신형의	빌려주다	티끌 하나 없는, 흠 없는
	준비하다, 세우다	간과하다, 못 보고 넘어가다	(갈기갈기) 찢다

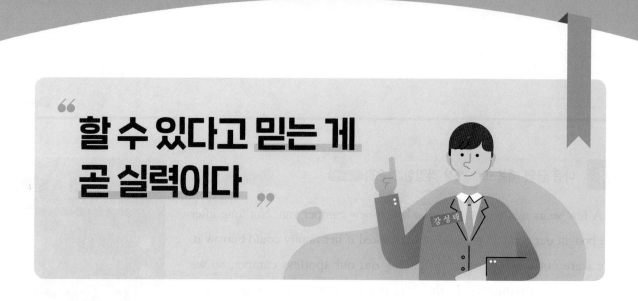

> "할 수 있다고 믿는 게
> 곧 실력이다"

당신은 고정형인가, 성장형인가?

'나는 머리가 나빠서 안 돼. 수학은 타고나야 돼. 언어 감각이 없어서 영어를 못해.' 이미 공부 잘하는 것들은 정해져 있고, 안 되는 놈들은 늘 안 된다는 생각이다. 이런 사고방식을 '고정형 사고방식'이라고 한다. 능력이란 게 사실상 고정돼 있다는 뜻이다. 그 반대가 '성장형 사고방식'이다. 노력을 통해서 능력이 성장한다는 믿음. 여러분은 어떤 생각을 가지고 있는가?

이 생각의 차이에 대해 초등학교 5학년과 6학년 학생 330명을 대상으로 조사를 했다. 이들 중 고정형 사고방식을 가진 학생과 성장형 사고방식을 가진 학생을 뽑았다. 이 학생들에게 열두 문제를 주고 시험을 보게 했다. 앞의 여덟 문제는 매우 쉬웠고, 뒤 네 문제는 매우 어려웠다.

고정형 사고방식을 가진 학생들은 어려운 문제가 나오자마자 번개처럼 포기했다. 70퍼센트가 문제 푸는 전략이 현저히 떨어졌고, 50퍼센트 이상이 완전히 삼천포로 빠졌다. 동시에 자신의 능력을 탓하며, "원래 기억력이 나빠요", "이런 거 잘 못 해요", "전 영리하지 못한가 봐요" 등의 이야기를 하기 시작했다. 정말 그들 말대로 머리가 나쁘거나 기억력이 좋지 않았을까? 아니다. 지능도, 기억력도 모두 정상이었고 성장형 사고방식을 가진 학생들과 차이가 없었다.

반면 성장형 사고방식을 가진 학생들은 놀라운 반응을 보였다. 그들은 아무 탓도 하지 않았다. 심지어 실패했다는 생각 자체를 하지 않았다. 어려운 문제를 푸는 동안 80퍼센트 이상이 긍정적인 생각을 하고 있었다. 25퍼센트는 문제 푸는 동안 새로운 전략을 깨우쳤다. 실제로 일부는 그 어려운 문제를 풀어 내기도 했다.

혹시 두 그룹에 각각 다른 동기부여를 했느냐고? 그것도 아니다. 처음부터 동기수준은 같았다. 두 그룹 모두에게 '문제를 풀면 원하는 선물을 주겠다'고 한 것이다. 지능도 차이가 없었다. 영향을 끼친 건 바로 자신에 대한 믿음, '나는 할 수 있다. 하면 된다'는 생각이었다. 할 수 있다고 믿은 학생과 그러지 않았던 학생들의 차이는 실로 어마어마했다. 스탠포드 대학의 드웩 교수가 했던 이 연구는 그야말로 교육학, 심리학 전 분야에 걸쳐 너무나 중요한 업적이 됐다.

시험을 즐겨라!

타고난 재능이 전부라고 믿는 사람들의 공통점이 있다. 시험을 두려워한다는 것이다. 무슨 수를 써서라도 최대한 피한다. 시험을 봤는데 혹여 성적이 낮게 나오면 그것은 자신의 타고난 지능이 좋지 않다는 증거가 되고, 공부 못하는 열등한 인간으로 보일 것이라 믿기 때문이다. 반면 노력이 가장 중요하다고 믿는 사람은 시험 성적이 좀 낮아도 괜찮다. 노력하여 만회하면 되니까.

잘 알겠지만 시험을 피하면 부족한 부분을 알 방법이 없다. 발전이 없단 뜻이다. 결국 실제로 재능이 뛰어나도 타고났다고 믿는 사람들은 더 발전시키려는 노력을 하지 않는다. 결국 그들은 머물러 있고 도태된다. 아무리 머리가 좋아도 늘 똑같은 수준일 것이다.

할 수 있다고 믿는 사람, 하면 된다고 믿는 사람은 실패를 크게 두려워하지 않는다. 오히려 그 실패를 성장할 수 있는 기회이자 배움이라 생각한다.

공부가 타고나는 것이라 믿는다면 누가 공부를 하겠는가? 아무리 천재라도 공부하지 않으면 성적은 떨어진다. 즉, 공부 능력이 고정된 것이 아니라 하면 할수록 성장한다는 생각, 나는 성장할 수 있다는 생각이 실제로 그 사람을 성장시킨다.

실제로 공신이 되는 사람들은 천재가 아니다. 대부분 일반 학생들과 다르지 않은 사람들이다. 다만 차이가 있다면 그들은 하면 된다는 생각을 믿는다. 실제로 그렇게 해서 이뤄 낸다. 자신의 발전을 굳게 믿고 있는 것이다.

나는 멘토링을 하기 전에 꼭 멘티들과 약속을 한다. 어떤 경우에도 "난 못해. 능력이 안 돼. 머리가 나빠서 못해" 혹은 "이 과목은 원래 못했어. 해도 안돼"라는 말을 하지 않겠다는 다짐을 받는다. 스스로 못한다고 믿는 사람들은 사실 '나는 노력하지 않겠다'고 말하는 것과 다름없다. 결국 못한다고 믿는 사람은 노력하지 않고, 노력하지 않기 때문에 실제로 더 못하게 된다. 더 못하게 된 걸 직접 확인하게 되니 못한다는 믿음은 더욱 더 강해진다. 악순환이다. 심지어 주변 시선들로부터도 공부 못하는 사람으로 낙인찍히게 된다. 그 뒤론 온 세상이 미워지게 된다.

여러분의 장벽을 깨부숴라!

'할 수 없다'는 생각을 '할 수 있다'는 믿음으로 바꾸지 못하면 그 어떤 공부법도 소용이 없다. 오랜 시간 동안 멘토링하면서 가장 힘든 것이 실은 이것이다. 난 해도 안될 놈이라는 본인 스스로의 믿음. 이 장벽을 깨부수지 못하면 성장도 진보도 없다. 그래서 공신의 모든 멘토링 프로그램에서 가장 심혈을 기울이는 것도 이 부분이다.

어떤 경우에는 어이가 없다. 멘토링을 할 때 난 할 수 있다고 이런저런 근거를 대서 설명한다. 그런데도 끝까지 자신은 안 되고 패배하고 찌질이로 살 수밖에 없는 이유만을 늘어놓는 친구들도 있다. 참으로 불쌍하기 짝이 없다. 그 학생이 불쌍한 것이 아니라 그 학생과 함께 존재하는 그 청춘이 안타깝다. 그 가능성과 잠재력이 불쌍하다. 자신이 얼마나 값진 것을 들고 있는지도 모르고 스스로 미래를 죽이고 있는 것 아닌가. 그래서 청춘은 청춘들에게 주긴 너무 아깝다는 말이 생겨난 것인지도 모르겠다.

믿어야 한다. 할 수 있다고 믿으면 많은 부분이 열린다. 그 전과는 달리 방법을 찾아보게 되고 노력까지 하게 된다. 좋은 결과를 만들어 내는 것은 타고난 재능이 아니라 노력이다.

─ 『미쳐야 공부다』 중에서 ─

좋은 결과를 만들어 내는 것은
타고난 재능이 아니라 노력이다!

PART 2

문제 유형 편

7개 대표 유형별 풀이법만 알아도
문제가 술술 풀린다!

Unit 11

주제를 파악하라

☑ 모든 문장은 주제와 연결되어 있다

주제란 무엇인가? 글의 '핵심 내용'이다. 지문에 있는 모든 문장들은 하나도 예외 없이 주제와 연결되어 있다. 만약 주제와 무관한 문장이 있다면 그 문장은 잘못 쓰인 것이다. 그런 지문은 시험에 나오지 않는다. 시험엔 논리적으로 완벽한, 잘 써진 글만 나온다.

흔히 잘 써진 글에는 통일성(Unity), 일관성(Coherence), 응집성(Cohesion)이 있어야 한다고 배운다. 이걸 글의 구성 원리라는 이름으로 달달 외우게 한다. 하지만 특별한 경우가 아니라면, 이 3요소를 굳이 구별할 필요도 없고 외울 필요도 없다. 시험에 이걸 외웠는지 묻는 문제는 나오지 않는다. 이해하면 된다. '하나의 글 안에서는 모든 문장이 하나의 주제를 위해 논리적으로 연결되어 있어야 한다'는 것만 알면 된다. 모든 문제는 이 하나의 원리로 풀리기 때문이다.

☑ 주제와 주제문, 제목, 요지, 목적은 어떻게 다른가?

어떤 지문에 주제, 주제문, 제목, 요지, 혹은 목적이 있다. 이들의 차이점은 무엇인가?

주제는 글의 핵심 내용, 즉 '무엇에 관한 글인가'에 대한 해답이다. 주제문은 '핵심 내용이 담긴 지문 속 한 문장'을 말하며, 제목은 '글의 핵심 내용을 함축한 표현(글에 붙여진 이름)', 요지는 '필자의 주장을 요약한 것', 마지막으로 목적은 '필자가 글을 쓴 의도'를 말한다. 그러면 실제로 예를 들어보자.

> "Winners are not afraid of losing. But losers are. 주제문 Failure is part of the process of success. People who avoid failure also avoid success."

주제	the importance of failure for success
제목	Success Doesn't Come Without Failure
요지	실패를 성공의 발판으로 삼아라.
목적	실패를 두려워하지 않는 태도의 중요성을 설명하려고

위의 주제, 주제문, 제목, 요지, 목적을 보니 어떤가? 말만 바꾼 거지, 다 똑같다. 각각의 개념을 달달 외울 필요는 없다. 글의 핵심 내용만 파악하면 주제(주제문), 제목, 요지, 목적은 한 큐에 풀린다. 이것이 이번 단원에서 4가지 유형을 한꺼번에 공부하는 이유다. 똑같은 지문을 놓고 주제 문제는 맞혔는데, 요지 문제는 헷갈리고, 제목 문제는 틀린다? 그건 십중팔구 지문의 핵심을 이해하지 못했다는 뜻이다. 글의 핵심 내용을 제대로 파악했다면 그것이 주제가 됐든 제목이 됐든 유형에 상관없이 정확한 답을 바로 찾을 수 있어야 한다.

Unit 11 훑어보기

'주제 / 제목 / 요지 / 목적 찾기' 유형은 글이 무엇에 관한 글인지(주제), 글의 핵심 내용을 함축한 표현이 무엇인지(제목), 글을 통해 필자가 주장하는 것이 무엇인지(요지), 필자가 글을 쓴 의도가 무엇인지(목적)를 찾는 문제다. 즉, 지문의 '핵심 내용'을 파악하면 되는 문제 유형들로, 최근 영어 시험의 20% 내외 비중을 차지한다.

이 문제 유형에서는 단어 하나하나의 정확한 해석보다는 핵심을 파악하기 위해 글을 크게 볼 수 있는 독해력이 필요하다. 지문이 무엇에 관한 내용인지, 지문을 통해 필자가 어떤 말을 하려고 하는지에 초점을 맞춰 읽도록 한다.

✅ 질문 유형

주제 찾기	• 다음 글의 주제로 가장 적절한 것은?
제목 찾기	• 다음 글의 제목으로 가장 적절한 것은?
요지 찾기	• 다음 글의 요지로 가장 적절한 것은? • 다음 글에서 필자가 주장하는 바로 가장 적절한 것은? • 다음 글에서 시사하는 바로 가장 적절한 것은?
목적 찾기	• 다음 글의 목적으로 가장 적절한 것은?

✅ 문제 풀이 STEP

	Step 1 →	Step 2 →	Step 3
주제 찾기			핵심 어휘가 포함된 선택지 고르기
제목 찾기	도입부에서 주제, 소재 파악하기	주제, 소재가 반복되는지 확인하기	주제와 가장 비슷한 선택지 고르기
요지 찾기			주제와 글쓴이의 견해를 종합한 선택지 고르기
목적 찾기	도입부에서 글쓴이, 소재 파악하기	요구 사항 파악하기	요구 사항과 일치하는 선택지 고르기

주제 / 제목 / 요지 / 목적 찾기 문제 유형, 이렇게 접근하라!

주제 찾기 유형

전략 01 주제문의 핵심 어휘가 포함된 선택지를 고른다

주제 찾기 유형은 '주제문'만 찾으면 끝난다. Part 1에서 연습했던 것처럼, 주제문은 도입부 2-3 문장에서 대부분 찾을 수 있다. 단, 주제문이 정말 맞는지 단서를 통해 반드시 확인해야 한다. 주제문의 시그널이 확실한지, 주제와 소재가 이후 부분에서도 반복되는지 등을 확인한다.

주제를 확정한 다음에는 핵심 어휘 또는 소재가 포함된 선택지 중 주제와 일치하는 것을 고른다. 선택지에는 주제문에서 사용된 어휘가 아닌, 비슷한 다른 어휘로 바꾸어 표현(paraphrasing)될 수 있으므로 어휘 자체보다는 뜻에 집중한다.

Step 1 도입부에서 주제, 소재 파악하기 → **Step 2** 주제, 소재가 반복되는지 확인하기 → **Step 3** 핵심 어휘가 포함된 선택지 고르기

예제 1 다음 글의 주제로 가장 적절한 것은? 기출   난이도 ★★

One of the reasons for difficulty in achieving one's optimal weight is poor nutrient timing. *When* you eat is almost as important as *what* you eat, because the same nutrients have different effects on the body when consumed at different times. The body's energy needs change throughout the day. It's important to concentrate your food intake during those times when your body's energy needs are greatest and not to consume more calories than your body needs to meet its immediate energy needs at any time. When you consume calories at times of peak energy need, most of them are used to fuel your muscles and nervous system, to synthesize muscle tissue, and to replenish muscle fuel stores. When you consume more calories than you need at any time, those excess calories will be stored as body fat.

* replenish: 다시 채우다

① the effects of nutrient timing on psychological states
② the roles of essential nutrients to improve your health
③ the correlation between slow eating and calorie intake
④ the benefits of maintaining optimal weight for your health
⑤ the importance of nutrient timing to reach optimal weight

⏱ 타임 어택! 속독 훈련
✓ 학습한 내용과 시간을 체크해보세요.

- 실전처럼 문제 풀기   분 초
- 단어 학습   분 초
- 필터로 끊어읽기   분 초
- 문제 풀이+느낌 빽! 학습   분 초
- 지문 빠르게 다시 읽기   분 초

⊕ RSVP 속독 훈련
✓ 학습한 내용을 체크해보세요.

- 원어민 MP3 듣기
- 소리 내어 따라 읽기
- 배속으로 청킹 속독

지문 듣기

✓ 정답은 오른쪽 페이지에

단어 자가 테스트

영 → 한

- optimal
- peak
- synthesize
- consume
- fuel
- muscle tissue
- intake
- nervous system
- body fat

어원 Hint   **intake**: in(안에)+take(받다) → 안으로 받아들이는 것   **synthesize**: syn(함께)+thes(두다)+ize(~이 되게 하다) → 하나로 합치다

180   **Part 2 문제 유형편**

최적의 체중 달성이 어려운 이유로 먹는 양이 아니라, 놀랍게도 먹는 시기를 꼽았다. 이렇게 예상치 못한 이야기가 나올 때 논리적인 글이라면 그 이유에 대한 설명이 안 나올 수 없다.

🔊 정답과 해설 p.47

Step by Step 문제 풀이

STEP ❶ One of the reasons for difficulty / in achieving one's optimal weight /
어려운 이유들 중 하나는 　　　　　　　　 최적의 체중을 달성하는 데 있어서

is poor nutrient timing. // When you eat is almost as important / as *what* you
부적절한 영양소 타이밍이다 　　 여러분이 '언제' 먹는지는 거의 (~만큼) 중요하다 　　 여러분이 '무엇'을 먹

eat, / because the same nutrients have different effects / on the body / when
는지만큼 　왜냐하면 동일한 영양소는 다른 영향을 미치기 때문이다 　 신체에 　 다른 시기

consumed at different times. // The body's energy needs change / throughout
에 섭취될 때 　　　　　 신체의 에너지 요구는 변한다 　　　　　　 하루 종일

the day. // **STEP ❷** It's important / to concentrate your food intake / during
중요하다 　　　 여러분의 음식 섭취를 집중하는 것은 　　　 그러한 시기에

those times / when your body's energy needs are greatest / and not to
　　　　 여러분 신체의 에너지 요구가 가장 클 때 　　　　　　 그리고 더 많은

consume more calories / than your body needs / to meet its immediate
칼로리를 섭취하지 않는 것은 　 여러분의 신체가 요구하는 것보다 　 그것(신체)의 즉각적인 에너지 요구를

energy needs / at any time. // When you consume calories / at times of peak
충족시키기 위해 　 언제라도 　　 여러분이 칼로리를 섭취할 때 　　 최고조의 에너지 요구 시기

energy need, / most of them are used / to fuel your muscles and nervous
에 　　　　 그것들 중 대부분은 사용된다 　 여러분의 근육과 신경계에 연료를 공급하기 위해

system, / to synthesize muscle tissue, / and to replenish muscle fuel stores. //
　　　 근육 조직을 합성하기 위해 　　　　 그리고 근육에 비축 연료를 다시 채우기 위해

When you consume more calories / than you need / at any time, / those
여러분이 더 많은 칼로리를 섭취할 때 　　 여러분이 필요한 것보다 　 언제라도 　　 그 초과된

excess calories will be stored / as body fat. //
칼로리는 저장될 것이다 　　　　　 체지방으로

① the effects of nutrient timing on psychological states
　　영양소 타이밍의 심리적 상태에 미치는 영향

② the roles of essential nutrients to improve your health
　　당신의 건강을 향상시키는 필수 영양소의 역할

③ the correlation between slow eating and calorie intake
　　느리게 먹는 것과 칼로리 섭취의 상관관계

④ the benefits of maintaining optimal weight for your health
　　최적의 체중을 유지하는 것이 당신의 건강에 주는 이점

⑤ the importance of nutrient timing to reach optimal weight
　　최적의 체중을 달성하기 위한 영양소 타이밍의 중요성

Step 1 | 도입부에서 주제, 소재 파악하기

도입부 2-3 문장에 주제문이 있는지 찾아본다. 반복되는 어휘는 소재일 확률이 높다.
- **주제** 최적의 체중을 달성하는 데 언제 먹는지가 중요하다
- **소재** when you eat, when consumed

Tip 두 번째 문장의 important를 읽자마자 주제문의 느낌이 빡 왔을 것이다. important는 주제문의 대표적인 시그널이었다. 이 단어가 들어간 문장은 99% 주제문이라고 봐도 무방하다.

참고 Unit 01 주제문 - 예시1 - 예시2 <훑어보기> p.55

Tip when you eat과 when consumed는 의미가 비슷하다. 의미가 비슷한 표현이 반복된다는 것은 글의 핵심 소재라는 의미이다.

Step 2 | 주제, 소재가 반복되는지 확인하기

중반부 이후에서 주제와 소재를 확인한다. 주제를 반복해서 다시 말하는지, 주제를 뒷받침하는 설명이나 예시가 있는지 확인한다.
- **주제 재진술** It's important to ~ when your body's energy needs are greatest
(특정 시기에 음식 섭취를 집중하는 것은 중요하다)
- **설명** When you consume calories ~
(칼로리 섭취 시기에 따라 칼로리 사용이 다르다)

Tip important가 들어간 또 다른 문장에서 주제문의 내용을 더 구체적으로 설명하고 있다. 또한 핵심 소재와 유사한 표현(When you consume)이 중반부, 후반부에서도 계속해서 반복되는 것을 알 수 있다.

Step 3 | 핵심 어휘가 포함된 선택지 고르기

주제문의 핵심 어휘, 소재를 포함한 선택지를 고른다. 의미적으로 언급되지 않은 단어나 내용이 하나라도 있는 보기는 정답이 될 수 없다.
(주제문) important → importance
(소재) when you eat → nutrient timing
(도입/주제) achieving one's optimal weight → reach optimal weight

❑ 주제문, 소재의 핵심 어휘를 포함하면서, 주제의 내용과 일치하는 보기는 ⑤이다.

Tip 이 글은 '언제 먹는지'의 중요성을 신체 기능과 연관 지어 설명한 글이다. '언제 먹는지(섭취 시기)'에 대한 내용이 반드시 포함되면서 신체 기능과 관련된 보기는 ⑤이다.

💡 느낌 빡! 영어의 글쓰기 기법 'Paraphrasing'을 알아야 한다!

Paraphrasing이란 '다른 말로 바꾸어 표현하기'를 말한다. 어원으로 풀어보면 더 쉽게 이해된다. para(옆에)+phrase(말하다), 즉 옆에서 말하는 것처럼 그대로 따라서 말하는 것. 의미는 같은데 비슷한 옆의 단어로 말하는 것을 의미한다.

『강성태 영문법』 책에서도 무지하게 강조했지만, 영어는 반복을 매우 싫어하는 언어이다. **아무리 주제문, 핵심 소재여도 똑같은 단어로 표현하지 않는다.** 이 지문에서도 첫 문장의 nutrient timing(영양소 섭취 시기)은 when you eat(언제 먹는지)으로, 다시 when consumed(언제 섭취되는지)로 바뀐다. 같은 것을 의미하지만 표현 자체는 계속 바꿔주는 것이다. 이러한 방식은 한 지문 내에서뿐만 아니라 선택지에서도 마찬가지이다.

✔ 정답은 왼쪽 페이지에

단어 자가 테스트

한 → 영

- ○ 최적의
- ○ 최고조, 절정
- ○ 합성하다
- ○ 섭취하다, 소비하다
- ○ 연료를 공급하다; 연료
- ○ 근육 조직
- ○ 섭취
- ○ 신경계
- ○ 체지방

제목 찾기 유형

전략 02 | 제목 선택지의 5가지 유형을 익힌다

제목은 주제를 좀 더 인상 깊게 변형한 것이다. 주제문을 좀 더 강한 어투로 표현하거나(명령문, 의문문, 조동사 문형), 주제문에 사용된 어휘 중 핵심 어휘만 뽑아서 배열하거나(명사형), 사람들의 관심을 끌기 위해 은유적인 비유나 유머를 추가하는 방식이 주로 사용된다.

어쨌든 제목도 주제문에서 출발한다. 제목은 주제를 매력적으로 변형한 것이기 때문에 주제와 완벽하게 일치하지는 않는다. 제시된 선택지 중에서 주제와 '가장 비슷한, 가장 가까운 의미를 담고 있는 것'을 고르면 된다.

Step 1 도입부에서 주제, 소재 파악하기 → **Step 2** 주제, 소재가 반복되는지 확인하기 → **Step 3** 주제와 가장 비슷한 선택지 고르기

예제 2 다음 글의 제목으로 가장 적절한 것은? [기출]   난이도 ★★

Anxiety has been around for thousands of years. According to evolutionary psychologists, it is adaptive to the extent that it helped our ancestors avoid situations in which the margin of error between life and death was slim. Anxiety warned people when their lives were in danger: not only from wild tigers, cave bears, hungry hyenas, and other animals stalking the landscape, but also from hostile, competing tribes. Being on alert helped ancient people fight predators, flee from enemies, or "freeze," blending in, as if camouflaged, so they wouldn't be noticed. It mobilized them to react to real threats to their survival. It pushed them into keeping their children out of harm's way. Anxiety thus persisted through evolution in a majority of the population because it was (and can be) an advantageous, life-saving trait.

* camouflaged: 위장한

① Don't Be Anxious, Just Be Ready!
② How Anxiety Helped Us to Survive
③ Living Simply in an Anxious World
④ Humans and Animals: Friends or Enemies?
⑤ Various Emotions: the Products of Evolution

타임 어택! 속독 훈련

✓ 학습한 내용과 시간을 체크해보세요.

● 실전처럼 문제 풀기 　　분　초
● 단어 학습 　　분　초
● 필터로 끊어읽기 　　분　초
● 문제 풀아+느낌 빽 학습 　　분　초
● 지문 빠르게 다시 읽기 　　분　초

RSVP 속독 훈련

✓ 학습한 내용을 체크해보세요

● 원어민 MP3 듣기
● 소리 내어 따라 읽기
● 배속으로 청킹 속독

지문 듣기

✓ 정답은 오른쪽 페이지에

단어 자가 테스트

 영 → 한

○ anxiety 　　○ evolutionary 　　○ adaptive
○ in danger 　　○ hostile 　　○ tribe
○ mobilize 　　○ advantageous 　　○ trait

어원 Hint **adaptive**: ad(~에)+apt(맞추다)+ive(~한) → 기준에 적절하게 맞추는　**hostile**: host(이방인)+ile(~하는) → 이방인을 대하는

정답과 해설 p.47

첫 문장 키워드 Anxiety, thousands of years

thousands of years(수천 년) 같은 표현은 어떤 것의 역사나 기원을 말하는 글의 도입부에 자주 등장한다. 이 글은 '불안'의 오랜 역사에 관한 내용이라고 예상해 볼 수 있다.

Step by Step 문제 풀이

STEP① Anxiety has been around / for thousands of years. // According to
불안은 주변에 존재해왔다 　수천 년 동안 　진화 심리학자들에 따

evolutionary psychologists, / it is adaptive to the extent / that it helped our
르면 　그것은 ~할 정도로 적응력이 있다 　그것이 우리 조상들이 상황을

ancestors avoid situations / in which the margin of error between life and
피하도록 도왔을 (정도로) 　생사의 오차 범위가 매우 좁았던 (상황)

death was slim. // **STEP②** Anxiety warned people / when their lives were in
　불안은 사람들에게 경고해주었다 　그들의 삶이 위험에 처할 때

danger: / not only from wild tigers, cave bears, hungry hyenas, and other
야생 호랑이, 동굴의 곰, 배고픈 하이에나, 그리고 들판을 돌아다니는 다른 동물들로부터뿐만 아니라

animals stalking the landscape, / but also from hostile, competing tribes. //
　또한 적대적이고 경쟁적인 부족들로부터

Being on alert helped / ancient people fight predators, / flee from enemies, /
경계를 유지하는 것은 도와주었다 　고대 사람들이 포식 동물들과 싸우도록 　적으로부터 도망치도록

or "freeze," / blending in, / as if camouflaged, / so they wouldn't be noticed.
또는 '꼼짝 않고 있도록' 주변 환경에 섞여서 위장한 것처럼 　그래서 그들이 눈에 띄지 않도록

// It mobilized them / to react / to real threats to their survival. // It pushed
그것은 그들을 움직였다 반응하도록 생존에 대한 실제 위협에 　그것은 그들을

them into / keeping their children / out of harm's way. // Anxiety thus
(~하도록) 만들었다 그들의 자손들을 두도록 위험이 없는 곳에 　불안은 그래서 지속되었

persisted / through evolution / in a majority of the population / because it
다 진화를 통해서 인구 대다수에서 　왜냐하면 그것은

was (and can be) / an advantageous, life-saving trait. //
~이었기(~일 수 있기) 때문이다 이롭고 목숨을 구해주는 특성

① Don't Be Anxious, Just Be Ready!
불안해하지 말고, 그저 준비하라!
② How Anxiety Helped Us to Survive
어떻게 불안이 우리가 생존하도록 도왔는가
③ Living Simply in an Anxious World
불안한 세상에서 단순하게 살아가기
④ Humans and Animals: Friends or Enemies?
인간과 동물: 친구인가, 적인가?
⑤ Various Emotions: the Products of Evolution
다양한 감정들: 진화의 산물

Step 1 | 도입부에서 주제, 소재 파악하기

주제 찾기 유형의 Step1을 그대로 적용해보자. 도입부 2-3 문장에 주제문의 시그널이 있는지 살펴보고, 반복되는 어휘는 핵심 소재로 간주한다.
• **주제** 불안은 조상들을 생사의 기로에서 도왔다
• **소재** Anxiety

Tip According to로 전문가 의견을 인용하면 필자가 직접 주장하는 것보다 신뢰를 준다. 내용상 According to 이후 주절의 내용이 이 글의 주제에 해당한다.
Tip Anxiety는 단어 자체로도 반복되고 있지만, 대명사 it으로도 여러 번 등장한다. 설명문, 주장하는 글의 소재는 문장의 주어로 반복된다.
참고 Unit 04-1 '반복되는 주어가 설명문의 소재이다' p.92

Step 2 | 주제, 소재가 반복되는지 확인하기

중반부 이후에서 주제와 소재를 일관되게 설명하고 있는지 확인한다.
• **설명** 불안이 사람들을 도운 방식
Anxiety warned people ...
Being on alert(=Anxiety) helped people ...
• **결론(주제 재진술)**
Anxiety thus persisted ... life-saving trait.

Tip 핵심 소재로 추측한 Anxiety가 계속해서 주어로 등장하고, 일반동사 과거형(warned, helped, mobilized, pushed)이 연결되면서 '불안'이 과거에 사람들을 어떤 식으로 도왔는지 설명한다.
Tip 마지막에는 설명을 요약한 결론이 나오는데, 이는 연결사 thus로 알 수 있다. 결론은 주제문을 재진술한 문장이므로, 주제를 확인하는 결정적인 단서이다. **참고** Unit 02-4 '결론에서 주제를 한 번 더 확인해라' p.74

Step 3 | 주제와 가장 비슷한 선택지 고르기

제목에 주제문이 그대로 반영되는 경우는 드물다. 소재를 중심으로 주제를 함축하는 보기를 고른다.
(주제문) it(=Anxiety) helped our ancestors, Being on alert helped people → Helped Us
between life and death → to Survive
◑ 주제문의 내용 및 소재가 일치하는 ②가 정답이다.

Tip ②는 제목의 특성상 지문 단어를 그대로 사용하지 않았다. ancestors, people을 친밀감을 주는 Us(우리들)로 바꾸고, 의문사절로 강조했다.

💡 느낌 빽! 제목 선택지의 5가지 유형

1 **명령문/조동사(must, can, should ...)**: 좀 더 강한 어투로 표현하거나 주제를 강조
2 **의문문**: What(무엇인가), How(어떻게 ~하는가), Why(왜 ~인가) 등 주제를 의문문이나 의문사절의 형태로 변형
3 **명사형**: 핵심 소재나 주제에 사용된 명사, 또는 동사의 명사형 활용
4 **콜론(:)이나 콤마(,) 활용**: 주제와 주제를 뒷받침하는 내용을 콜론 또는 콤마로 연결
5 **비유적 표현**: 속담으로 변형하거나, 주제나 핵심 소재를 뜻이 비슷한 다른 말로 바꾸어(paraphrasing) 친숙하면서도 재치 있게 주제를 표현

✔ 정답은 왼쪽 페이지에

단어 자가 테스트
한 → 영
○ 불안 ○ 진화의 ○ 적응력이 있는
○ 위험에 처한 ○ 적대적인 ○ 부족
○ ~을 움직이다, 동원하다 ○ 이로운, 유리한 ○ 특성

요지 찾기 유형

전략 03   요지는 필자의 주관적인 견해이다

요지란 글을 요약한 것을 말한다. 선택지가 우리말로 제시되기 때문에 우리말로 된 주제 찾기 유형이라고 생각하면 쉽다. 단, 요지 찾기 유형에서는 글의 종류가 대부분 주장하는 글이기 때문에, '필자의 주장'을 잘 요약한 것을 찾아야 한다. 다시 말해, 객관적 사실보다 필자의 태도, 필자의 주관적인 생각이 더 중요하다. 주제나 소재를 파악한 다음, 이에 대한 글쓴이의 태도가 긍정적인지 부정적인지 확인하면 도움이 된다.

| Step 1 도입부에서 주제, 소재 파악하기 | → | Step 2 주제, 소재가 반복되는지 확인하기 | → | Step 3 주제와 글쓴이의 견해를 종합한 선택지 고르기 |

예제 3   다음 글의 요지로 가장 적절한 것을 고르시오. [기출]   난이도 ★☆☆

In most offices, the phone is constantly ringing, people are stopping by, and it is impossible to focus on one problem. I have always found it hard to be creative in a doorless office. In such an office, we cannot stare into space for a long time, pace the floor, or lie down for a few minutes. However, all of these things I do regularly when I am coming up with an idea behind closed doors. For me — and I believe for most people — the generation of ideas is closely linked to physical comfort. Allowing employees to occasionally work from home or a private space will generate better ideas and results.

① 재택근무로 사무실 운영비를 절감할 수 있다.
② 사무실의 칸막이 구조는 근무 효율을 높인다.
③ 창의적인 인재 육성이 기업의 생존을 결정한다.
④ 창의적인 사고를 위해서는 편안한 사적 공간이 필요하다.
⑤ 근로자들의 의욕을 고취하기 위해 휴식을 허용해야 한다.

 타임 어택! 속독 훈련

✓ 학습한 내용과 시간을 체크해보세요.

● 실전처럼 문제 풀기   분   초
● 단어 학습   분   초
● 필터로 끊어읽기   분   초
● 문제 풀이+느낌 빽! 학습   분   초
● 지문 빠르게 다시 읽기   분   초

 RSVP 속독 훈련

✓ 학습한 내용을 체크해보세요

● 원어민 MP3 듣기
● 소리 내어 따라 읽기
● 배속으로 청킹 속독

지문 듣기

✓ 정답은 오른쪽 페이지에

단어 자가 테스트

영 → 한

○ constantly   ○ stop by   ○ stare into space
○ pace   ○ regularly   ○ come up with
○ generation   ○ link to   ○ comfort

어원 Hint comfort: com(완전히)+fort(강한) → 완전히 건강한

첫 문장 키워드 In most offices, impossible, focus

사무실, 불가능, 집중 … 첫 문장만 보아도 필자가 사무실 공간에 대해 불만이 있음을 알 수 있다. 전화가 끊임없이 오고, 사람들이 찾아와서, 문제에 집중하는 것이 불가능한 공간에 대한 필자의 부정적인 견해가 이후 부분에 드러날 가능성이 높다.

Step by Step 문제 풀이

STEP ① In most offices, / the phone is constantly ringing, / people are stopping
대부분의 사무실에서는　전화가 끊임없이 울리고　사람들이 찾아오며

by, / and it is impossible / to focus on one problem. // I have always found it
그리고 불가능하다　한 가지 문제에 집중하는 것이　나는 늘 어렵다고 생각해 왔다

hard / to be creative / in a doorless office. // In such an office, / we cannot /
창의적이기가　문이 없는 사무실에서는　그런 사무실에서는　우리는 할 수 없다

stare into space for a long time, / pace the floor, / or lie down for a few
오랫동안 허공을 응시하거나　바닥을 서성거리거나　혹은 몇 분간 누워있을 (수 없다)

minutes. // However, / all of these things / I do regularly / when I am coming
그러나　이 모든 일들을　나는 흔히 한다　내가 아이디어를 생각해 낼 때

up with an idea / behind closed doors. // **STEP ②** For me / — and I believe for
닫힌 문 뒤에서　나에게는　그리고 내가 믿기에는 대부

most people — / the generation of ideas is closely linked / to physical
분의 사람들에게도　아이디어 만들기는 밀접하게 연관되어 있다　신체적 편안함과

comfort. // Allowing employees / to occasionally work from home or a
편안함과　직원들에게 허용해주는 것은　가끔씩 집이나 사적인 공간에서 일하도록

private space / will generate better ideas and results. //
더 좋은 아이디어와 결과를 만들어 낼 것이다

① 재택근무로 사무실 운영비를 절감할 수 있다.
② 사무실의 칸막이 구조는 근무 효율을 높인다.
③ 창의적인 인재 육성이 기업의 생존을 결정한다.
④ 창의적인 사고를 위해서는 편안한 사적 공간이 필요하다.
⑤ 근로자들의 의욕을 고취하기 위해 휴식을 허용해야 한다.

Step 1 | 도입부에서 주제, 소재 파악하기

도입부에서 주제와 소재를 파악해야 한다. 요지 찾기 유형의 지문(주장하는 글)에서는 I think / find / believe와 같이 필자의 견해를 드러내는 문장이 핵심이다.
• **주제** 사무실에서는 창의적이기 어렵다
• **소재** in ~ office(s)

Tip However, But 등 역접 연결사가 등장하는 지문에서는 연결사 이후 부분에서 주제가 명확하게 드러난다. 이 지문에는 중반부에 However가 있으므로 앞 부분은 대략적인 내용을 이해하는 정도로 빠르게 넘어가고, 이후에 나올 글쓴이의 진짜 주장에 집중해야 한다.

Step 2 | 주제, 소재가 반복되는지 확인하기

중반부 이후에서 주제와 소재를 일관되게 설명하고 있는지 확인한다.
• **주제문** I believe ~ the generation of ideas is closely linked to physical comfort.
• **부연 설명** ~ work from home or a private space will generate better ideas and results

Tip 예상대로 However 이후에 다시 한번 필자의 견해를 더욱 구체적으로 드러내는 문장이 나왔다. 이 문장이 주제문인 것은 'For me', 'I believe' 같은 주장을 나타내는 표현과 대시(—) 같은 시그널을 통해서도 확인할 수 있다.

Step 3 | 주제와 글쓴이의 견해를 종합한 선택지 고르기

요지 찾기 유형에서는 주제를 글쓴이의 관점에서 재해석해야 한다.
(도입) be creative → 창의적인 사고
(주제문, 부연 설명) physical comfort, home or a private space → 편안한 사적 공간
◐ 편안한 사적 공간에서 일하는 것을 긍정적으로 언급하는 필자의 견해를 반영한 보기는 ④이다.

Tip 글쓴이는 사무실 환경을 부정적으로 언급한 반면, 집이나 편안한 공간은 긍정적으로 언급하고 있다.

💡 느낌 빡! 필자의 생각을 간접적으로 나타내는 표현

요지 찾기 유형에 등장하는 지문은 대부분 '주장하는' 글이다. 따라서 글에 드러난 필자의 생각과 가장 가까운 선택지를 고르면 된다. **필자의 생각은 주제문 시그널인 should(~해야 한다)나 명령문(~하라)으로 직접 나타나기도 하지만, 완곡한 표현을 통해 간접적으로 드러나는 경우도 있다.** 아래와 같은 표현이 나오면 글의 요지와 관련된 표현일 가능성이 매우 높다.

I find / think / believe / hope / wish …	생각이나 주장, 소망을 나타내는 동사
advisable, better/best, desirable, essential, important, possible … (긍정) shameful, sorry, hard, difficult, impossible … (부정)	태도를 드러내는 형용사
According to, The research/study shows that, In fact …	전문가 의견, 객관적 사실 인용
Why don't you ~?, What if ~?, How can ~? …	의문문

✔ 정답은 왼쪽 페이지에

단어 자가 테스트
한 → 영

○ 끊임없이
○ 서성거리다; 속도
○ 만들어 내기, 생성

○ 찾아오다, 들르다
○ 흔히, 규칙적으로
○ ~와 관련시키다

○ 허공을 응시하다
○ 생각해 내다, 떠올리다
○ 편안함

전략 04 목적은 중반부 이후에 구체적으로 제시된다

목적 찾기 유형

목적 찾기 유형에 나오는 글의 종류는 편지글(이메일)과 광고글로 정해져 있다. 편지글과 광고글의 특징은 글의 도입부에서 간단하게 화제를 제시하고 중반부, 후반부에서 요구 사항(편지나 이메일을 쓴 목적)을 서술한다는 점이다. 후반부에 집중하여 글쓴이의 요구 사항이 무엇인지 구체적으로 확인한 다음, 그 내용을 우리말로 정확하게 옮긴 선택지를 고른다.

 도입부에서 글쓴이, 소재 파악하기 → 요구 사항 파악하기 → 요구 사항과 일치하는 선택지 고르기

 예제 4 다음 글의 목적으로 가장 적절한 것은? 기출   난이도 ★★

Dear Ms. Diane Edwards,

I am a teacher working at East End High School. I have read from your notice that the East End Seaport Museum is now offering a special program, the 2017 Bug Lighthouse Experience. The program would be a great opportunity for our students to have fun and experience something new. I estimate that 50 students and teachers from our school would like to participate in it. Would you please let me know if it is possible to make a group reservation for the program for Saturday, November 18? We don't want to miss this great opportunity. I look forward to hearing from you soon.

Best regards,

Joseph Loach

① 단체 관람 시 유의 사항을 안내하려고
② 교내 행사에 초청할 강사 추천을 부탁하려고
③ 프로그램 단체 예약이 가능한지를 문의하려고
④ 새로운 체험 학습 프로그램을 소개하려고
⑤ 견학 예정 인원수의 변경을 요청하려고

⏱ 타임 어택! 속독 훈련
 학습한 내용과 시간을 체크해보세요.

● 실전처럼 문제 풀기   분 초
● 단어 학습   분 초
● 필터로 끊어읽기   분 초
● 문제 풀이+느낌 빽! 학습   분 초
● 지문 빠르게 다시 읽기   분 초

➕ RSVP 속독 훈련
✓ 학습한 내용을 체크해보세요.

● 원어민 MP3 듣기
● 소리 내어 따라 읽기
● 배속으로 청킹 속독

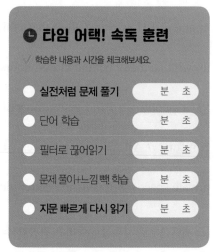

지문 듣기

✓ 정답은 오른쪽 페이지에

● notice   ● seaport   ● lighthouse
● opportunity   ● estimate   ● reservation

어원 Hint **estimate**: estim(평가하다)+ate(~하게 하다) → 수치를 평가하다   **reservation**: re(뒤에)+serv(e)(지키다)+ation(~하는 것) → 뒤에 두고 지킴

글쓴이는 본인을 고등학교 선생님으로 소개했다. 직업으로 미루어 보아 학교 수업이나 학생들에 관한 내용을 말할 확률이 높다는 것을 공신들은 바로 눈치챈다.

정답과 해설 p.49

Step by Step 문제 풀이

Dear Ms. Diane Edwards, //
Diane Edwards 씨 귀하

STEP ❶ I am a teacher / working at East End High School. //
저는 교사입니다　East End 고등학교에서 근무하고 있는

I have read from your notice / that the East End Seaport Museum is now
저는 귀하의 게시물에서 읽었습니다　East End 항구 박물관이 지금 특별 프로그램을 제공하고 있다고

offering a special program, / the 2017 Bug Lighthouse Experience. // The
'2017 Bug 등대 체험'이라는　그 프

program would be a great opportunity / for our students / to have fun and
로그램은 훌륭한 기회가 될 것입니다　우리 학생들에게　즐거운 시간을 보내고 새로

experience something new. // I estimate / that 50 students and teachers from
운 것을 경험할　저는 추정합니다　우리 학교의 학생과 교사 50명이

our school / would like to participate in it. // **STEP ❷** Would you please let me
그것에 참여하고 싶어 한다고　저에게 알려주시겠습니까

know / if it is possible / to make a group reservation for the program / for
가능한지　프로그램 단체 예약을 하는 것이　11월

Saturday, November 18? // We don't want to miss / this great opportunity. //
18일 토요일에　우리는 놓치고 싶지 않습니다　이 좋은 기회를

I look forward to / hearing from you soon. //
저는 고대하겠습니다　곧 귀하로부터 소식을 듣기를

Best regards, //
안녕히 계세요

Joseph Loach //
Joseph Loach 드림

① 단체 관람 시 유의 사항을 안내하려고

② 교내 행사에 초청할 강사 추천을 부탁하려고

③ 프로그램 단체 예약이 가능한지를 문의하려고

④ 새로운 체험 학습 프로그램을 소개하려고

⑤ 견학 예정 인원수의 변경을 요청하려고

Step 1 | 도입부에서 글쓴이, 소재 파악하기

- **글쓴이** 현직 고등학교 교사(a teacher)
- **소재** 박물관 특별 프로그램(a special program)

Tip 글쓴이(편지를 보내는 사람)에 대한 정보는 I am/ This is ~로 시작하는 문장에 나온다. 편지를 받는 사람에 대한 정보는 you/your가 들어간 문장에 나오는데, you/ your가 들어간 문장에 나오는 내용이 글의 소재, 요구 사항과 좀 더 밀접한 관련이 있다.

Step 2 | 요구 사항 파악하기

중반부 이후에서 요청이나 희망 사항을 나타내는 표현을 찾아 해당 문장의 내용을 파악한다.

- **요구 사항** Would you please ~ a group reservation for the program for Saturday, November 18? (프로그램 단체 예약 요청)

Tip Would you please ~?(~해주시겠어요?)는 대놓고 요청할 때 쓰는 의문문이다. would be great, We don't want to가 포함된 문장도 요청이나 희망 사항을 말하지만 가장 구체적인 요구 사항이 드러난 한 문장이 글을 쓴 목적에 해당한다.

Step 3 | 요구 사항과 일치하는 선택지 고르기

let me know if it is possible → 가능 여부 문의
a group reservation for the program
→ 프로그램 단체 예약
❍ 요구 사항 문장의 해석과 일치하는 ③이 정답이다.

Tip 요구 사항 외에 다른 설명까지 고려하면 오히려 오답에 가까워진다. 목적 찾기 유형은 목적이 드러난 한 문장을 찾았으면 바로 일치하는 선택지를 고르고 다음 문제로 넘어가야 한다. 많은 시간을 들이면 안 되는 유형이다.

❗ 느낌 빡! 영어 편지나 이메일의 형식 알아보기!

목적 찾기 유형에 주로 등장하는 글의 종류는 이메일이나 편지글이다. 이러한 글에는 형식이 정해져 있으므로 이를 미리 알아두면 큰 도움이 된다. 특히 앞뒤의 인사말, 맺음말 등은 내용이 뻔할뿐더러 시험 지문에서 자주 생략되므로 구체적인 요구 사항을 나타내는 표현 위주로 학습하기 바란다. 순식간에 내용 파악이 가능할 것이다.

1	**1 수신인+인사말**	Dear+수신인의 이름, 직함(~님께), To Whom It May Concern(담당자 귀하)
2 3	**2 소개, 화제 제시**	**나를 소개하는 표현** I am writing on behalf of ⋯ I am / This is / My name is ⋯ ／ **화제를 제시하는 표현** As you know, Since, As ⋯ This is a(n) letter/reply/e-mail to ⋯
	3 본론 (구체적인 요구 사항)	**1 요청/문의/항의** Would you ~?, We are asking you to, We would like to/require you to ⋯ **2 거절** Unfortunately, However+We/I cannot ~, sorry for ⋯ **3 홍보/알림/경고** will+동사원형(예정, 변경 사항 알림), Please+동사원형(명령문), It's necessary/important to ⋯ **4 추천/제안** highly/very+형용사, excited/thrilled/honored+that절 ⋯
4 5	**4 맺는말**	look forward to hearing from you(답장을 요청하는 표현) If you have any questions+feel free to contact / please contact (문의 사항이 있을 경우 연락을 달라는 표현)
	5 발신인+인사말	Best regards/wishes, Sincerely, Truly yours+발신인의 이름(~드림)

✅ 정답은 왼쪽 페이지에

단어 자가 테스트

- 게시문, 통지
- 기회
- 항구
- 추정하다
- 등대
- 예약

전략 적용 문제

1 다음 글의 주제로 가장 적절한 것은? 기출　　난이도 ★★

　　The trio of freeze, flight, and fight are fairly universal behavioral defensive reactions in mammals and other vertebrate species. But some species have other options available, such as "playing dead," which is also called *tonic immobility*. Like freezing, this behavior can help prevent attack, but whereas in freezing muscles are contracted and poised to be used in fight or flight, in tonic immobility the muscles of the body are relaxed. Another such response is *defensive burying*: Rodents will use their paws and head to shovel dirt toward an aversive stimulus. Other behavioral options include making loud noises, retreating into a shell, rolling into a tight ball, choosing to live in a predator-free area such as underground, or relying on safety in numbers by living in a group.

＊vertebrate: 척추동물의　＊＊aversive: 혐오의

① reasons why the population of predators increases
② impacts of survival strategies on species evolution
③ species that attack other animals as a defensive reaction
④ physical features that rodent species and other mammals share
⑤ unusual defensive techniques certain animals use to protect themselves

⏱ 타임 어택! 속독 훈련

✓ 학습한 내용과 시간을 체크해보세요.

● 실전처럼 문제 풀기　　분　초
● 단어 학습　　분　초
● 필터로 끊어읽기　　분　초
● 문제 풀이+느낌 빽 학습　　분　초
● 지문 빠르게 다시 읽기　　분　초

➕ RSVP 속독 훈련

✓ 학습한 내용을 체크해보세요.

○ 원어민 MP3 듣기
○ 소리 내어 따라 읽기
○ 배속으로 청킹 속독

지문 듣기

✓ 정답은 오른쪽 페이지에

단어 자가 테스트

영 → 한

1		
○ trio	○ behavioral	○ species
○ contracted	○ poised	○ shovel
○ stimulus (pl. stimuli)	○ retreat	○ predator-free

2		
○ expert	○ addiction	○ tracker
○ take up	○ consistently	○ in tune with
○ outsourcing	○ fracture	○ overwork

어원 Hint **expert**: ex(밖으로)+per(t)(시도하다) → 밖에서 시도해 본 사람　**addiction**: ad(~에)+dict(말하다)+ion(~것) → 한 가지 대상만 향해서 말하는 것

2 다음 글의 제목으로 가장 적절한 것은? 기출

난이도 ★ ★

Katherine Schreiber and Leslie Sim, experts on exercise addiction, recognized that smartwatches and fitness trackers have probably inspired sedentary people to take up exercise, and encouraged people who aren't very active to exercise more consistently. But they were convinced the devices were also quite dangerous. Schreiber explained that focusing on numbers separates people from being in tune with their body. Exercising becomes mindless, which is 'the goal' of addiction. This 'goal' that she mentioned is a sort of automatic mindlessness, the outsourcing of decision making to a device. She recently sustained a stress fracture in her foot because she refused to listen to her overworked body, instead continuing to run toward an unreasonable workout target. Schreiber has suffered from addictive exercise tendencies, and vows not to use wearable tech when she works out.

* sedentary: 주로 앉아서 지내는

① Get out of Your Chair If You Want to Stay Fit
② Addiction: Another Name for Unbreakable Habit
③ Don't Respond Mindlessly to Stressful Situations
④ It's Time to Use Advanced Technology for a Better Life
⑤ Setting a Workout Goal with Technology Isn't Always Right

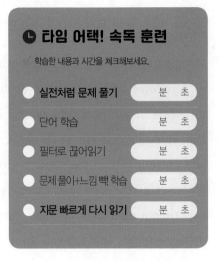

✔ 정답은 왼쪽 페이지에

단어 자가 테스트 한 → 영	1	3개가 한 조로 된 것, 3인조		행동의		<생물> 종, 종류
		수축된		준비가 된, 태세를 갖춘		삽으로 퍼내다; 삽
		자극		후퇴하다, 물러나다		포식자가 없는
	2	전문가		중독		추적기
		(활동 등)을 시작하다		지속적으로		~와 조화를 이루어
		위임하기, 위탁하기		골절		과로하다, 혹사하다

전략 적용 문제

3 다음 글의 요지로 가장 적절한 것은? 기출   난이도 ★★

An experiment was conducted using a diverse set of behavioral measures to determine whether the use of dietary supplements, such as vitamins, minerals or amino acids, would influence subsequent health-related behaviors. Participants in Group A were instructed to take a multivitamin and participants in the control group were assigned to take a placebo. However, all the participants actually took placebo pills. The result from the experiment demonstrated that participants who believed they had taken dietary supplements felt safe from health problems, thus leading them to engage in health-risk behaviors. To put it simply, people who take dietary supplements may make poor decisions when it comes to their health — such as choosing fast food over a healthy and organic meal.

* placebo: 위약(僞藥)

① 패스트푸드를 자주 먹으면 영양 불균형을 피할 수 없다.
② 운동이 병행되지 않은 식이요법은 효과가 제한적이다.
③ 건강 보조 식품 사용이 소홀한 건강 관리로 이어질 수 있다.
④ 위생적인 생활 환경 관리는 면역 체계 강화에 필수적이다.
⑤ 효과적인 치료에 환자의 심리적 안정이 반드시 필요하다.

⏱ 타임 어택! 속독 훈련
✓ 학습한 내용과 시간을 체크해보세요.

- 실전처럼 문제 풀기   분   초
- 단어 학습   분   초
- 필터로 끊어읽기   분   초
- 문제 풀이+느낌 빽 학습   분   초
- 지문 빠르게 다시 읽기   분   초

➕ RSVP 속독 훈련
✓ 학습한 내용을 체크해보세요.

- 원어민 MP3 듣기
- 소리 내어 따라 읽기
- 배속으로 청킹 속독

지문 듣기

✓ 정답은 오른쪽 페이지에

단어 자가 테스트 **3**
영 → 한

○ experiment	○ conduct	○ determine
○ dietary supplement	○ subsequent	○ instruct
○ assign	○ engage in	○ when it comes to
4 ○ chief editor	○ publish	○ issue
○ last	○ take place	○ specific

어원 Hint   **subsequent**: sub(아래에)+sequ(따라가다)+ent(~한) → 아래에 따라오는
publish: publ(사람들)+ish(~하게 하다) → 사람들에게 알리다

4 다음 글의 목적으로 가장 적절한 것은? 기출   난이도 ★ ★

Dear Mr. Stevens,

   This is the chief editor of *Novel Flash Fiction*. As you were informed by our staff last week, your short story will be published in the December issue of *Novel Flash Fiction*. We thought hearing how you came up with your story would be meaningful to our readers. We would thus like to ask if you could give a speech about your writing process. This speech is expected to last for about an hour, and it will take place at Star Bookstore downtown. You can choose a specific date and time depending on your schedule. If you have any questions, please contact us by e-mail at editors@nff.com. We look forward to hearing how you wrote your story.

Sincerely,

Susanna Martinez

① 소설 창작 과정에 관한 강연을 요청하려고
② 강연 일정이 변경된 것에 대해 사과하려고
③ 새로 발간된 잡지의 정기 구독을 권유하려고
④ 출판물 편집에 관한 유의 사항을 안내하려고
⑤ 잘못된 기사 내용에 대해 정정을 요구하려고

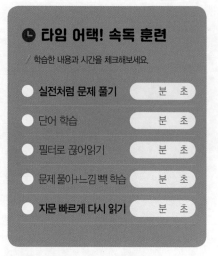

⏱ 타임 어택! 속독 훈련

／ 학습한 내용과 시간을 체크해보세요.

● **실전처럼 문제 풀기**   분   초
● **단어 학습**   분   초
● **필터로 끊어읽기**   분   초
● **문제 풀이+느낌 빽 학습**   분   초
● **지문 빠르게 다시 읽기**   분   초

➕ RSVP 속독 훈련

✓ 학습한 내용을 체크해보세요.

● 원어민 MP3 듣기
● 소리 내어 따라 읽기
● 배속으로 청킹 속독

지문 듣기

✓ 정답은 왼쪽 페이지에

Unit 12

맥락을 잡아라

✓ **대명사를 알아야 맥락을 파악한 것이다**

다음 문장을 보자.

'성태는 잘 먹습니다. 그리고 착해요. 학생들을 사랑합니다. 꿈이 있는데, 빈부와 지역에 상관없이 모든 학생들에게 멘토 한 명씩을 만들어 주는 것입니다.'

우리말에서는 이처럼 말만 통하면 주어를 자주 생략한다. 하지만 영어는 문장 성분을 가급적 생략하지 않는다. 영어는 모든 문장 성분을 완전히 갖추어 말하는 문법적 특성이 있기 때문이다. 참고 『강성태 영문법 필수편』 Unit 77 대명사(1) 인칭대명사, 대명사 it

그래서 영어에서는 '대명사'를 굉장히 자주 사용한다. 대명사를 사용하면 문장 성분을 생략하지 않으면서도 반복을 피할 수 있기 때문이다. 많이 등장하는 만큼 독해에서도 대명사를 파악하는 능력은 매우 중요하다. 직독직해를 아무리 잘하는 학생이어도 he, they, it이 앞에 나온 것 중 무엇을 받는지 모르고 해석한다면 그건 제대로 된 독해를 한 것이 아니다. 대명사가 정확히 무엇을 가리키는지 알아야 문장의 의미를 진짜로 이해한 것이다. 절대 대명사 문제를 소홀히 하지 말자.

✓ **나무보다는 숲을 보라!**

여러분이 어떤 모임에 갔을 때, 모든 상황을 세세하게 알기 전이라도, 분위기가 밝은지 어두운지 유쾌한지 지루한지 싸한지 긴급한지 정도는 충분히 알 수 있다. 분위기, 심경 문제에서는 숲 전체보다 나무 하나하나에만 집중하는 것은 금물이다.

물론 숲을 보려면 나무를 안 볼 순 없다. 하지만 하나의 나무 아래에 라마 한 마리가 웃고 있다고 해서 그 숲의 모든 나무 아래 라마가 웃고 있는 건 아니다. 분위기나 심경을 파악하는 유형은 세부 내용이 아닌 전체적인 맥락을 잡아야 하는 유형임을 기억해라. 큰 숲을 염두에 두고 지문 전체의 분위기를 빠르게 훑어가며 독해하는 것이 속독의 핵심이다.

Unit 12 훑어보기

'지칭 추론 / 분위기 파악 / 심경 파악' 문제 유형에서는 전체적인 분위기와 흐름을 보는 것이 중요하다. '지칭 추론'에서는 지문의 맥락을 파악하여 각각의 대명사가 정확히 무엇을 가리키는지 파악해야 하며, '분위기 / 심경 파악'에서는 등장인물의 심경이나 글의 분위기를 추론해야 한다.
비교적 쉬운 유형이지만, 글의 분위기가 중간에 전환되는 경우가 있으므로 글을 끝까지 읽어 실수하지 않도록 한다.

✅ 질문 유형

지칭 추론	• 밑줄 친 부분이 가리키는 대상이 나머지 넷과 다른 것은? • 밑줄 친 he[his]가 가리키는 대상이 나머지 넷과 다른 것은?
분위기 파악	• 다음 글의 상황에 나타난 분위기로 가장 적절한 것은?
심경 파악	• 다음 글에 드러난 'I'의 심경으로 가장 적절한 것은? • 다음 글에 드러난 필자의 심경 변화로 가장 적절한 것은?

✅ 문제 풀이 STEP

	Step 1	Step 2	Step 3
지칭 추론	지칭 대상 후보 선정하기	등장인물의 상황과 특징 파악하기	밑줄 친 대명사들이 지칭하는 대상 확인하기
분위기 파악	글의 배경과 상황 파악하기	상황 묘사 표현 찾기	전체적인 분위기를 반영한 선택지 고르기
심경 파악			심경(변화)을 포착한 선택지 고르기

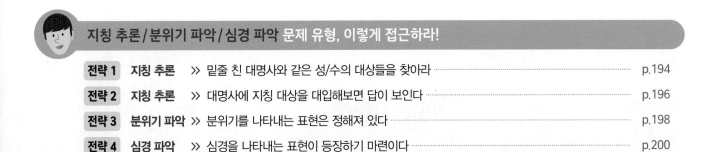

지칭 추론 / 분위기 파악 / 심경 파악 문제 유형, 이렇게 접근하라!

Unit 12 맥락을 잡아라

전략 01 밑줄 친 대명사와 같은 성/수의 대상들을 찾아라

지칭 추론 유형

밑줄 친 대명사 중 가리키는 대상이 나머지와 다른 하나를 찾는 문제 유형이다. 이 유형에서는 같은 대명사로 받을 수 있는 대상이 둘 이상 나오기 마련이다. 영어는 대명사를 우리말처럼 '그녀'도 '그'라고 뭉뚱그려 표현하지 않는다. 또한 단수/복수의 구별도 철저하다. 그것이 중요한 단서다. 예를 들어, 밑줄 친 대명사가 she라면 본문을 빠르게 훑으면서 여자이면서 단수인 명사가 무엇인지 살펴보며 지칭 대상 후보부터 추리는 것이 지칭 추론 유형에서 가장 먼저 해야 할 일이다.

Step 1 지칭 대상 후보 선정하기 → **Step 2** 등장인물의 상황과 특징 파악하기 → **Step 3** 밑줄 친 대명사들이 지칭하는 대상 확인하기

예제 1 밑줄 친 부분이 가리키는 대상이 나머지 넷과 <u>다른</u> 것은? 기출

난이도 ★★

On his march through Asia Minor, Alexander the Great fell dangerously ill. His physicians were afraid to treat him because if they didn't succeed, the army would blame them. Only one, Philip, was willing to take the risk, as ① <u>he</u> had confidence in the king's friendship and his own drugs. While the medicine was being prepared, Alexander received a letter accusing the physician of having been bribed to poison ② <u>his</u> master. Alexander read the letter without showing it to anyone. When Philip entered the tent with the medicine, Alexander took the cup from ③ <u>him</u>, handing Philip the letter. While the physician was reading it, Alexander calmly drank the contents of the cup. Horrified, Philip threw himself down at the king's bedside, but Alexander assured ④ <u>him</u> that he had complete confidence in his honor. After three days, the king was well enough to appear again before ⑤ <u>his</u> army.

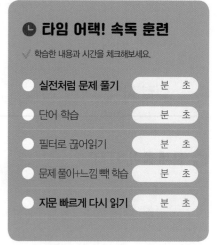
✓ 정답은 오른쪽 페이지에

알렉산더 대왕의 행군에 얽힌 일화로, 알렉산더 대왕과 주변 인물들이 나올 것으로 예상할 수 있다. 젊은 나이에 엄청난 카리스마로 막대한 영토를 차지한 인물이라는 배경지식을 활용할 수 있으면 더 쉽게 풀린다.

🔵 정답과 해설 p.55

Step by Step 문제 풀이

On his march through Asia Minor, / STEP① Alexander the Great fell
소아시아를 통과하는 행군 중에　　　　　　알렉산더 대왕은 위독해졌다

dangerously ill. // His physicians were afraid to treat him / because if they
그의 의사들은 그를 치료하기를 두려워했다　　　왜냐하면 만약 그들이 성

didn't succeed, / the army would blame them. // Only one, Philip, / was
공하지 못한다면　　군대가 그들을 비난할 것이기에　　단 한 명, Philip은　기꺼이

willing to take the risk, / as ① he had confidence / in STEP② the king's
위험을 감수했다　　　그가 확신을 갖고 있었기 때문에　　왕의 우정과 그 자신의 약에

friendship and his own drugs. // While the medicine was being prepared, /
약이 준비되고 있는 동안

Alexander received a letter / accusing the physician / of having been bribed
알렉산더는 편지를 받았다　그 의사를 고발하는　　뇌물을 받았다고

/ to poison ② his master. // Alexander read the letter / without showing it to
그의 주군을 독살하도록　　알렉산더는 그 편지를 읽었다　누구에게도 그것을 보여주지 않

anyone. // When Philip entered the tent / with the medicine, / Alexander took
채　　Philip이 막사로 들어왔을 때　　약을 가지고　　알렉산더는 그에게서 컵

the cup from ③ him, / handing Philip the letter. // While the physician was
을 받아들고　　Philip에게 그 편지를 건넸다　　그 의사가 그것을 읽고 있는 동안

reading it, / Alexander calmly drank / the contents of the cup. // Horrified, /
알렉산더는 차분하게 마셨다　컵에 든 것을　　공포에 질려서

Philip threw himself down / at the king's bedside, / but Alexander assured ④
Philip은 엎드렸다　　왕의 침대 옆에　　하지만 알렉산더는 그를 안심시켰다

him / that he had complete confidence / in his honor. // After three days, / the
자신이 완전히 믿고 있다고　　그의 신의를　　3일 후　　왕은

king was well enough / to appear again / before ⑤ his army. //
충분히 회복되었다　　다시 나타날 수 있을 만큼　그의 군대 앞에

Step 1 | 지칭 대상 후보 선정하기

본문을 빠르게 훑으면서 등장인물 중 밑줄 친 대명사 he[his/him]로 받을 수 있는 것을 찾는다.
- 밑줄 친 대명사 he → 3인칭, 단수, 남성
- 지칭 대상 후보 Alexander the Great (O), his physicians (×), Philip (O)

Step 2 | 등장인물의 상황과 특징 파악하기

도입부를 중심으로 등장인물의 상황과 특징을 파악한다.
- 상황 알렉산더 대왕을 의사 Philip이 치료
- 특징 Alexander the Great = the king, Philip = the physician

Tip 시간순으로 이야기가 전개되는 지문은 도입부를 읽고 주인공과 소재를 빠르게 파악해야 한다.
참고 Unit 10-1 '도입부에서 이야기의 주인공이 등장한다' p.164

Step 3 | 밑줄 친 대명사들이 지칭하는 대상 확인하기

① he(=Philip)
접속사 as가 이끄는 절은 Philip이 기꺼이 위험을 감수한 이유를 설명하는 부사절이다. 따라서 부사절 주어 he는 Philip을 가리킨다.
② his(=Philip's)
편지 내용은 the physician(=Philip)이 his master (=Alexander the King)를 독살하도록 뇌물을 받았다고 고발하는 내용이므로 his는 Philip을 받는 말이다.
③ him(=Philip)
Alexander가 Philip한테서 컵을 받아든 것이므로 him은 Philip을 가리킨다.
④ him(=Philip)
Philip이 공포에 질려서 엎드린 상황에서 Alexander가 그를 안심시켰다고 하는 것이 적절하므로 him은 Philip을 가리킨다.
⑤ his(=the king's)
his army는 문장 주어인 the king, 즉 Alexander의 군대를 말한다.
🔘 지칭 대상이 나머지 넷과 다른 것은 ⑤이다.

Tip 대명사가 지칭하는 대상은 대명사가 속한 문장 혹은 그 앞 문장에 나온다. 두 개의 절이 연결된 문장에서는, 대명사의 지칭 대상이 뒤에 오는 절에 있는 경우도 있다.

⚠️ 느낌 빡! 　문제를 빠르고 정확하게 풀려면 손을 써라

자기 머리, 자기 기억력만 믿지 말고 펜을 활용해라. 특히 지칭 추론 유형에서는 등장인물이 추가될 때마다 표시를 해 두면 훨씬 더 효율적이다. 문제지에다 대명사의 지칭 대상이 Alexander the Great인지, Philip인지 직접 손으로 써가면서 풀어도 좋다. 그렇지 않으면 기껏 읽어 놓고도 어느 대명사가 뭘 지칭했는지 까먹어서 다시 읽어야 하는 일이 꽤나 생긴다. 글자 쓰기가 귀찮으면 ○, ×라도 활용해서 표시해도 좋다.

✔ 정답은 왼쪽 페이지에

단어 자가 테스트
한 → 영
- 행군[행진]; 행진하다
- 자신감, 신뢰
- 차분하게
- (내과) 의사
- 고발하다
- 공포에 질린
- 비난하다
- 뇌물을 주다
- 확신[안심]시키다

Unit 12 맥락을 잡아라

전략 02 지칭 추론 유형

대명사에 지칭 대상을 대입해보면 답이 보인다

똑같은 대명사라도 가리키는 대상이 달라질 수 있다. 그런데 한 문장에 똑같이 생긴 대명사가 여러 번 등장한다면, 각 대명사들이 무엇을 가리키는지 파악하는 것이 헷갈릴 수 있다. 이럴 때 실수를 줄이기 위해서는 밑줄 친 대명사에 지칭 대상을 대입하여 문맥이 통하는지 반드시 확인해 봐야 한다.

Step 1 지칭 대상 후보 선정하기 → **Step 2** 등장인물의 상황과 특징 파악하기 → **Step 3** 밑줄 친 대명사들이 지칭하는 대상 확인하기

예제 2 밑줄 친 <u>him[his]</u>이 가리키는 대상이 나머지 넷과 다른 것은? 기출

난이도 ★ ★

Dad just laughed and walked out of the room still holding Slade in his arms. He had dressed him and now he put ① <u>him</u> in his chair. As Slade sat in his chair eating a biscuit that Dad had spread with butter and homemade strawberry jam, Mom walked into the kitchen. She took one look at her little boy and started laughing; ② <u>his</u> little face and hands were covered with biscuit and jam. She thought how really cute he was. "Honey, what have you done? Look at him. I will never get ③ <u>him</u> clean again. I guess when he gets through eating you can take ④ <u>him</u> out and dump him in the bathtub." Dad laughed. Slade giggled and tried to spit biscuit all over Dad. It didn't hit ⑤ <u>him</u> because luckily he avoided the spray. That made Mom laugh even more and soon the little cabin was full of love and laughter.

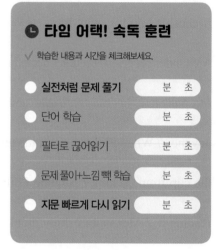
✔ 정답은 오른쪽 페이지에

단어 자가 테스트

 영 → 한

- dress
- get through
- spit
- spread
- dump
- spray
- be covered with
- giggle
- cabin

어원 Hint cover: cover(덮다) → 덮어서 가리다

Dad, Slade

첫 문장에서 등장인물 두 명이 나왔다. 영어에서 첫 문장이 중요한만큼 첫 문장에 나오는 등장인물이 보통 핵심 인물들로
지칭 추론의 대상이 되곤 한다. 여기에선 Dad와 Slade가 지칭 추론 대상이 될 것이다.

정답과 해설 p.55

Step by Step 문제 풀이

STEP❶ [Dad] just laughed / and walked out of the room / still holding [Slade] in
아빠는 그저 웃었다   그리고 방에서 걸어 나왔다   여전히 Slade를 두 팔로 안고

his arms. // He had dressed him / and now he put ① him / in his chair. // As
        그는 그에게 옷을 입혔다   그리고 이제 그를 (앉혀) 놓았다   그의 의자에   Slade

Slade sat in his chair eating a biscuit / that Dad had spread with butter and
가 자신의 의자에 앉아서 비스킷을 먹고 있을 때   아빠가 버터와 집에서 만든 딸기잼을 발라놓은

homemade strawberry jam, / Mom walked into the kitchen. // She took one
                        엄마가 주방으로 걸어 들어왔다   그녀는 한 번 보았다

look / at **STEP❷** [her little boy] / and started laughing; / ② his little face and
자신의 어린 아들을   그리고 웃기 시작했다   그의 작은 얼굴과 손이 덮여 있었다

hands were covered / with biscuit and jam. // She thought / how really cute
                   비스킷과 잼으로   그녀는 생각했다   그가 참으로 귀엽다고

he was. // "[Honey], / what have [you] done? // Look at him. // I will never get
'여보   당신 무슨 짓을 한 거예요?   그를 보세요   나는 절대 그를 깨끗이 씻

③ him clean / again. // I guess / when he gets through eating / you can take
어주지 않을 거예요   다시는   내 생각에   그가 다 먹었을 때   당신이 그를 데리고

④ him out / and dump him in the bathtub." // Dad laughed. // Slade giggled /
가면 되겠네요   그리고 그를 욕조에 놔두면 (되겠네요)   아빠는 웃었다   Slade는 킬킬 웃었다

and tried to spit biscuit all over Dad. // It didn't hit ⑤ him / because luckily
그리고 비스킷을 몽땅 아빠를 향해 뿜으려 했다   그것은 그에게 맞지 않았다   왜냐하면 운 좋게 그가 뿜

he avoided the spray. // That made Mom laugh even more / and soon the
어저 나오는 것을 피했기 때문이다   그것은 엄마를 더욱더 웃게 만들었다   그리고 곧 작은 오두막

little cabin was full of love and laughter. //
집은 사랑과 웃음으로 가득 찼다

Step 1 | 지칭 대상 후보 선정하기

본문을 빠르게 훑으면서 등장인물 중 밑줄 친 대명사
him[his]으로 받을 수 있는 것을 찾는다.
- **밑줄 친 대명사** him → 3인칭, 단수, 남성
- **지칭 대상 후보** Dad (O), Slade (O), Mom (×)

Tip 등장인물의 이름만 보고 성별을 파악하기 어려울
때는 대명사를 통해 추론해야 한다. Slade라는 이름만 보
고는 성별을 금방 알 수 없지만, 뒤에 He had dressed
him을 통해 Slade 역시 남자라는 정보를 얻을 수 있다.

Step 2 | 등장인물의 상황과 특징 파악하기

- **상황** 아빠가 Slade를 돌보고 있음
- **특징** Slade는 팔로 안고 다닐 정도로 작고 어림
Slade = her little boy
Dad = 엄마 대사 속 Honey, you

Step 3 | 밑줄 친 대명사들이 지칭하는
대상 확인하기

① him(=Slade)
아빠가 Slade를 방에서 안고 나왔으므로, 옷을 입히
고 식탁에 앉히는 주체인 he는 Dad, 대상 him은
Slade를 지칭한다.
② his(=Slade's)
엄마가 her little boy(=Slade)를 보고 웃었다는 절
뒤에 세미콜론(;)으로 이어지는 부분이므로 his little
face는 Slade의 얼굴을 가리킨다.
③, ④ him(=Slade)
큰따옴표 속 문장은 엄마가 아빠에게 직접 하는 대사
이므로 him은 아빠를 가리키는 말일 수 없다. 잼과 비
스킷으로 지저분하게 된 Slade를 말한다.
⑤ him(=Dad)
Slade가 비스킷을 아빠한테 뿜으려고 했다는 말 다
음에 나온 문장이므로 주어 It은 biscuit을, 맞는 대상
인 him은 Dad를 말한다.
◐ 지칭 대상이 나머지 넷과 다른 것은 ⑤이다.

Tip 두 번째 문장은 he[him/his]가 무려 다섯 번이나
반복된다. 각 대명사가 가리키는 대상이 무엇인지 헷갈릴
수 있다. 이럴 때 주어와 목적어가 같은 사람일 때는 목적
어가 재귀대명사(-self) 형태로 온다는 것을 기억하자. 그
렇다면 ①에서 주어 he와 목적어 him은 다른 사람일 수
밖에 없으며, 문맥상 옷이 입혀지고 앉혀지는 him은 아들
Slade일 것이다.

💡 느낌 빡! 급할 땐 첫 번째 선택지가 가리키는 명사를 나머지에 넣어봐라

모든 대명사 앞뒤를 살펴서 지칭 대상을 찾기에 시간이 빠듯하다고 느껴진다면, **먼저 첫 번째 선택지가 지칭하는 대상이 무엇인지 찾아보자.** 그다음에는 나머지 대명
사에 그 대상을 넣어서 읽어보며 문맥상 어색한 곳이 있는지 찾아봐라. 이 지문에서 ① him이 가리키는 대상은 Slade이니 ②~⑤에 전부 Slade를 대입해서 읽어보며
어색한 부분을 찾는 것이다. 물론 첫 번째 선택지 빼고 다 어색하다면, ①이 가리키는 대상이 다른 대명사이다. 손쉽게 지칭 추론 문제에 접근하는 또 다른 풀이법이다.

✓ 정답은 왼쪽 페이지에

단어 자가 테스트

한 → 영

- ⃝ 옷을 입히다
- ⃝ ~을 끝내다, 다 써버리다
- ⃝ 뿜다, 뱉다
- ⃝ (펴)바르다
- ⃝ 가볍게 툭 놓아두다, 버리다
- ⃝ 뿜어져 흩날리는 것, 분무(액)
- ⃝ ~으로 덮여 있다
- ⃝ 킬킬 웃다
- ⃝ 오두막집

Unit 12 맥락을 잡아라

전략 03 분위기를 나타내는 표현은 정해져 있다

분위기 파악 유형

분위기를 파악하는 문제는 글을 전체적으로 봐야 한다. 상황은 언제든 반전될 수 있기에 세부 사항에 집착하면 오답 함정에 빠지기 쉽다. 출제 위원들도 그걸 노린다. 아침에 지갑을 도둑맞았다가 저녁에 로또에 당첨될지는 모를 일이다. 분위기는 글 속 상황 및 사건과 밀접하게 관련되어 있으므로 지문에 드러난 주요 사건과 배경을 종합적으로 이해해야 한다. 분위기는 결국 형용사/부사로 표현되기에 분위기를 직접적으로 표현하는 형용사/부사를 눈여겨보자.

 글의 배경과 상황 파악하기 → 상황 묘사 표현 찾기 → 전체적인 분위기를 반영한 선택지 고르기

예제 3 다음 글의 상황에 나타난 분위기로 가장 적절한 것은? 기출

난이도 ★ ★

　The wind continued to blow harder. He couldn't measure it by any conscious process, but he knew somehow that it was blowing harder. Not far away a tree was uprooted. Other trees were falling, spinning and criss-crossing like matches. He was amazed at the power of the wind. The tree he was holding onto was swaying dangerously. Nearby, a woman was wailing and clutching a little girl, who in turn hung on to her cat. The sea washed across the strip of sand. He saw the silhouettes of people huddled together against the churning white of the lagoon. Things were getting worse every second.

* lagoon: 석호(潟湖)

① solemn and sacred
② lively and cheerful
③ urgent and desperate
④ boring and monotonous
⑤ peaceful and romantic

⏱ 타임 어택! 속독 훈련

✔ 학습한 내용과 시간을 체크해보세요.

- 실전처럼 문제 풀기 ⎯ 분 초
- 단어 학습 ⎯ 분 초
- 필터로 끊어읽기 ⎯ 분 초
- 문제 풀이+느낌 빽 학습 ⎯ 분 초
- 지문 빠르게 다시 읽기 ⎯ 분 초

➕ RSVP 속독 훈련

✔ 학습한 내용을 체크해보세요.

- 원어민 MP3 듣기
- 소리 내어 따라 읽기
- 배속으로 청킹 속독

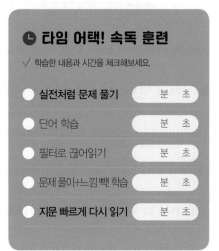

지문 듣기

✔ 정답은 오른쪽 페이지에

단어 자가 테스트

영 → 한

○ conscious	○ uproot	○ criss-cross
○ amaze	○ sway	○ wail
○ clutch	○ huddle	○ churn

어원 Hint **uproot**: up(위로)+root(뿌리) → 뿌리를 위로 하다　**amaze**: a(아주)+maze(혼란스럽게 하다) → 아주 혼란스럽게 하다

첫 문장 키워드) wind, blow harder

자세한 상황은 알 수 없지만, 바람이 더 세게 불었다는 내용에서 심상치 않은 분위기가 느껴진다.

정답과 해설 p.56

Step by Step 문제 풀이

STEP❶ The wind continued to blow harder. // He couldn't measure it / by any
바람이 계속해서 더 세게 불었다 　　　　 그는 그것을 가늠할 수 없었다 　　 어떤 의식적

conscious process, / but he knew somehow / that it was blowing harder. //
과정으로도 　　　 하지만 그는 어쨌든 알았다 　　 그것이 더 세게 불고 있다는 것을

Not far away / a tree was uprooted. // Other trees were falling, spinning and
멀지 않은 곳에서 　 나무 한 그루가 뿌리째 뽑혔다 　　 다른 나무들은 쓰러지고, 빙글빙글 돌고, 서로 교차하고 있었다

criss-crossing / like matches. // He was amazed / at the power of the wind. //
성냥개비들처럼 　　　 그는 놀랐다 　　　　 바람의 힘에

The tree he was holding onto / was swaying **STEP❷** dangerously . // Nearby, /
그가 붙잡고 있는 나무가 　　　 위험하게 흔들리고 있었다 　　　　　　 가까운 곳에서

a woman was wailing / and clutching a little girl, / who in turn hung on to
한 여성은 울부짖고 있었다 　　　 그리고 어린 소녀를 꽉 잡고 있었다 　　 그 소녀는 이어서 자신의 고양이를 움켜

her cat. // The sea washed across the strip of sand. // He saw the silhouettes
잡았다 　　 바다가 긴 모래사장을 가로질러 휩쓸었다 　　　　　 그는 사람들의 실루엣을 보았다

of people / huddled together / against the churning white of the lagoon. //
떼 지어 모여 있는 　　　 석호의 출렁거리는 하얀 물살에 맞서며

Things were getting worse / every second. //
상황이 악화되고 있었다 　　　 매 순간

① solemn and sacred
　 엄숙하고 성스러운
② lively and cheerful
　 활기 넘치고 발랄한
③ urgent and desperate
　 긴급하고 절박한
④ boring and monotonous
　 지루하고 단조로운
⑤ peaceful and romantic
　 평화롭고 낭만적인

Step 1 | 글의 배경과 상황 파악하기

도입부에서 대략적인 상황을 파악해야 한다.
• **배경** The wind continued to blow harder.
• **상황** a tree was uprooted, Other trees were
falling …
바람이 점점 더 거세게 불고 있으며, 그로 인한 위급한
상황들이 나타나 있다.

Tip 지칭 추론과 분위기/심경 파악 유형은 둘 다 시간순
지문을 바탕으로 출제된다. 이런 유형의 지문은 시간의 흐
름에 따라 사건이 전개된다는 것이 특징이며, 지문 초반부
에서 등장인물이 처한 상황을 파악하는 것이 중요하다.

Step 2 | 상황 묘사 표현 찾기

도입부에서 글의 배경이 악천후가 불러일으킨 위기
상황임을 알았다. 그다음 단계로는 이 상황을 묘사하
는 핵심적인 표현을 찾아보자.
• **형용사/부사** dangerously, getting worse
• **동사** wailing

Tip 형용사/부사 표현이더라도 상황의 핵심과 직접 관
련이 없으면 배제하도록 한다. amazed라는 심경을 나타
내는 단어 하나 때문에 놀라운 분위기의 글이라고 잘못 판
단하지 말고, 위기 상황의 심각성에 놀랐다고 전체 상황에
맞게 이해해야 한다.

Step 3 | 전체적인 분위기를 반영한
　　　　　선택지 고르기

핵심적인 상황 묘사 어구에서 공통으로 느껴지는 분
위기를 선택지에서 고른다.
❖ dangerously → urgent
wailing, getting worse → desperate
강풍이 불며, 나무가 뽑히고, 한 여성이 울부짖고 있는
긴급하고 절박한 상황의 분위기를 잘 표현한 보기는
③이다.

⚡ 느낌 빡! 　 분위기 파악 유형의 선택지에 자주 등장하는 어휘

분위기 문제는 쫄 필요가 전혀 없다. 분위기를 나타내는 다음 형용사들만 잘 알아도 그냥 맞히는 문제나 다름없다.

긍정적	awesome(멋진), harmonious(조화로운), festive(즐거운), peaceful(평화로운), humorous(웃기는), moving(감동적인), lively(활기찬), cheerful(쾌활한), romantic(낭만적인), adventurous(모험 가득한, 흥미진진한)
부정적	mysterious(기이한, 신기한), boring(지루한), monotonous(단조로운), gloomy(우울한), discouraging(낙담시키는), awful(끔찍한), urgent(긴박한), tragic(비극적인), tense(긴장된), desperate(절박한)

✔ 정답은 왼쪽 페이지에

단어 자가 테스트

한 → 영

○ 의식적인
○ 깜짝 놀라게 하다
○ (꽉) 움켜잡다

○ 뿌리째 뽑다
○ (전후좌우로) 흔들리다
○ 한데 모으다[모이다]

○ (십자무늬로) 서로 교차하다
○ 울부짖다
○ (물, 바다 등이) 사납게 출렁거리다

Unit 12　맥락을 잡아라

전략 04

심경 파악 유형

심경을 나타내는 표현이 등장하기 마련이다

심경 파악 유형은 전반적인 심경을 묻는 것과 심경의 변화를 묻는 문제로 나뉜다. 주인공을 기준으로 필자(I)의 심경을 파악하는 것과 글에 등장한 제3 인물의 심경을 파악하는 것으로도 나눌 수 있다. 어떤 유형이든지 등장인물이 처한 전체적인 상황을 파악해가며 접근해야 한다. 분위기 파악 유형과 차이는 객관적인 상황을 보는 것에서 더 나아가서 주인공이 느낄 감정을 이해해야 한다는 것이다. 그러므로 등장인물이 자신이라고 이입해서 읽으면 문제 풀이에 도움이 된다. 주인공이 느끼는 심경은 주로 형용사나 부사로 표현되지만, 주인공의 동작을 나타내는 표현들이 단서가 될 때도 있다.

Step 1 글의 배경과 상황 파악하기 → Step 2 상황 묘사 표현 찾기 → Step 3 심경(변화)을 포착한 선택지 고르기

예제 4 **다음 글에 드러난 'I'의 심경 변화로 가장 적절한 것은?** 기출

난이도 ★★★

　The start of the boat tour was far from what I had expected. None of the wildlife I saw was exotic. I could only see dull gray rocks. It was also so hot and humid that I could not enjoy the tour fully. However, as the boat slid into the Bay Park Canal, all of a sudden my mother shouted, "Look at the mangroves!" A whole new world came into sight. The mangrove forest alongside the canal thrilled me as we entered its cool shade. I was fascinated by the beautiful leaves and flowers of the mangroves. But best of all, I was charmed by the native birds, monkeys, and lizards moving among the branches. "What a wonderful adventure!" I exclaimed.

* mangrove: 맹그로브(강가나 늪지에서 자라는 열대 나무)

① ashamed → relaxed

② disappointed → excited

③ delighted → confused

④ pleased → lonely

⑤ scared → relieved

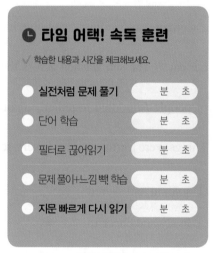

⏰ **타임 어택! 속독 훈련**

✓ 학습한 내용과 시간을 체크해보세요.

● 실전처럼 문제 풀기　　분　초

● 단어 학습　　　　　　분　초

● 필터로 끊어읽기　　　분　초

● 문제 풀어+느낌 뺵 학습　분　초

● 지문 빠르게 다시 읽기　분　초

⊕ **RSVP 속독 훈련**

✓ 학습한 내용을 체크해보세요

● 원어민 MP3 듣기

● 소리 내어 따라 읽기

● 배속으로 청킹 속독

지문 듣기

✓ 정답은 오른쪽 페이지에

단어 자가 테스트

영 → 한

○ wildlife　　○ exotic　　○ canal
○ thrill　　　○ shade　　○ fascinate
○ charm　　　○ native　　○ exclaim

어원 Hint exotic: ex(o)(밖으로)+tic(~한) → 밖으로부터 온　　native: nat(태어난)+ive(~한) → 태어난 그대로의

첫 문장 키워드 far, expected

기대했던 것과 달랐다는 것은 놀라움, 기쁨, 실망을 비롯한 어떤 감정으로도 이어질 수 있다. 어떻게 기대한 것과 달랐는지 구체적인 내용을 통해 심경을 추론할 수 있을 것이다.

정답과 해설 p.57

Step by Step 문제 풀이

STEP❶ The start of the boat tour was far / from what I had expected. // None
보트 여행의 시작은 거리가 멀었다　　내가 기대했던 것과는　　내가 본

of the wildlife I saw / was exotic. // I could only see **STEP❷** dull gray rocks. //
야생 생물 중 아무것도 (~하지) 않았다　이국적이지　나는 오로지 칙칙한 잿빛 바위들만 볼 수 있었다

It was also so hot and humid / that I could not enjoy the tour fully. //
또한 너무 덥고 습해서　　나는 그 여행을 온전히 즐길 수가 없었다

However, / as the boat slid into the Bay Park Canal, / all of a sudden my
그러나　　보트가 Bay Park 수로로 미끄러져 들어갈 때　　갑자기 어머니께서 외치셨다

mother shouted, / "Look at the mangroves!" // A whole new world came into
"맹그로브 좀 봐!"　　완전히 새로운 세계가 시야에 들어왔다

sight. // The mangrove forest / alongside the canal / thrilled me / as we
맹그로브 숲은　수로를 따라 있는　나를 전율시켰다　우리가

entered its cool shade. // I was fascinated / by the beautiful leaves and
그것의 시원한 그늘로 들어갈 때　나는 마음이 사로잡혔다　맹그로브의 아름다운 잎들과 꽃들에

flowers of the mangroves. // But best of all, / I was charmed / by the native
그러나 무엇보다도　나는 매혹되었다　토종의 새, 원숭이 및

birds, monkeys, and lizards / moving among the branches. // "What a
도마뱀들에게　나뭇가지들 사이에서 움직이는　"정말 멋진

wonderful adventure!" / I exclaimed.
모험이야!"　나는 외쳤다

① ashamed → relaxed
　부끄러운　느긋한
② disappointed → excited
　실망한　신이 난, 흥분한
③ delighted → confused
　매우 기쁜　혼란스러운
④ pleased → lonely
　기쁜　외로운
⑤ scared → relieved
　겁에 질린　안도하는

Step 1 | 글의 배경과 상황 파악하기

초반부에서 주인공이 처한 상황을 재빨리 파악하자.
• **배경** the start of the boat tour
• **상황** far from what I had expected,
None of the wildlife I saw was exotic.
보트 여행에서 예상과 달리 이국적인 풍경을 볼 수 없었다고 했다.

Step 2 | 상황 묘사 표현 찾기

심경 변화를 묻는 문제이므로, 전반부와 후반부 심경이 서로 다를 것이다. 전반부와 후반부에서 형용사/부사 중심으로 상황을 묘사하는 표현을 찾아보자.
• **전반부 상황 묘사 표현**
dull, hot, humid, not enjoy
• **후반부 상황 묘사 표현**
thrilled, cool, fascinated, beautiful, charmed, wonderful

Tip 역접 연결사 However를 중심으로 전반부와 후반부의 분위기가 달라진다. However 앞에는 부정적, 뒤에는 긍정적 분위기를 나타내는 어구가 사용되었다.
Tip 심경은 간접적으로 나타나기도 한다. 기대했던 바와 다르게, 시야에 들어오는 어떤 야생 생물도 이국적이지 않았고, 칙칙한 회색 바위만 볼 수 있었다는 표현에서 실망스러운 감정을 읽어내야 한다.

Step 3 | 심경(변화)을 포착한 선택지 고르기

핵심적인 상황 묘사 어구에서 공통으로 느껴지는 심경 변화를 선택지에서 고른다.
dull, hot, humid, not enjoy → disappointed
thrilled, cool, fascinated, beautiful, charmed, wonderful → excited
✪ 이국적이지도 않고 지루한 풍경만 보다가 아름다운 풍경에 매료되어 전율하는 심경 변화를 잘 반영한 보기는 ②이다.

느낌 빡! 등장인물의 심경은 이런 형용사들로 표현된다

직접적으로 등장인물의 심경을 언급할 때 쓸 수 있는 형용사들을 알아 두면 심경 문제 풀이에 엄청난 도움이 된다. 아래는 가장 많이 출제되었던 단어들이다.

긍정적/밝은	calm(침착한), relieved(안도하는), relaxed(느긋한), confident(자신 있는), hopeful(희망에 찬), satisfied(만족하는), proud(자랑스러운), pleased(기쁜), delighted(매우 기쁜), excited(흥분한), thrilled(매우 신나는, 흥분된)
부정적/어두운	exhausted(지친), ashamed(부끄러운), embarrassed(창피한, 당황한), confused(혼란스러운), concerned(걱정스러운), disappointed(실망한), frustrated(좌절한), depressed(침울한), scared(겁에 질린), nervous(불안한), afraid(두려워하는), horrified(공포에 질린), desperate(절박한), indifferent(무관심한)

✔ 정답은 왼쪽 페이지에

단어 자가 테스트
한 → 영

○ 야생 생물　　○ 이국적인　　○ 수로, 운하
○ 전율시키다　　○ 그늘　　○ 마음을 사로잡다, 매혹하다
○ 매료시키다, 유혹하다　○ 토종의　　○ 외치다

전략 적용 문제

1 밑줄 친 부분이 가리키는 대상이 나머지 넷과 다른 것은? [기출]

난이도 ★ ★

John was once in the office of a manager, Michael, when the phone rang. Immediately, Michael bellowed, "That disgusting phone never stops ringing." ① He then proceeded to pick it up and engage in a fifteen-minute conversation while John waited. When ② he finally hung up, he looked exhausted and frustrated. He apologized as the phone rang once again. He later confessed that he was having a great deal of trouble completing his tasks because of the volume of calls he was responding to. At some point John asked him, "Have you ever considered having a certain period of time when ③ you simply don't answer the phone?" Michael said, "As a matter of fact, no," looking at ④ him with a puzzled look. It turned out that this simple suggestion helped Michael not only to relax, but to get more work done as well. Like many people, ⑤ he didn't need hours of uninterrupted time, but he did need some!

* bellow: 고함치다

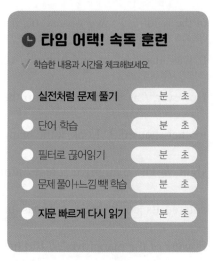

⏱ 타임 어택! 속독 훈련

✓ 학습한 내용과 시간을 체크해보세요.

● 실전처럼 문제 풀기 　　분　초
● 단어 학습 　　분　초
● 필터로 끊어읽기 　　분　초
● 문제 풀이+느낌 빽 학습 　　분　초
● 지문 빠르게 다시 읽기 　　분　초

⊕ RSVP 속독 훈련

✓ 학습한 내용을 체크해보세요

● 원어민 MP3 듣기
● 소리 내어 따라 읽기
● 배속으로 청킹 속독

지문 듣기

✓ 정답은 오른쪽 페이지에

단어 자가 테스트

영 → 한

1
○ disgusting
○ confess
○ puzzled

2
○ disabled
○ spot
○ keep up with

○ proceed to
○ task
○ suggestion
○ marketplace
○ carving
○ instantly

○ exhausted
○ volume
○ uninterrupted
○ souvenir
○ opponent
○ reasonable

어원 Hint **suggestion**: sug(아래에 sub)+gest(가져오다)+ion(~하는 것) → 생각이나 의견을 아래에서 가져옴
opponent: op(대항하여 ob)+pon(놓다)+ent(~하는 사람) → 대항하여 놓는 사람

2 밑줄 친 he[his]가 가리키는 대상이 나머지 넷과 다른 것은? 기출

난이도 ★ ★ ★

　Dr. Paul Odland and his friend Bob travel frequently to South America, where they provide free medical treatment for disabled children of poor families. One day, they went to a local marketplace. Paul wanted to buy some souvenirs, and ① he spotted a carving that he liked. The non-English speaking seller was asking 500 pesos for the carving. With Bob acting as interpreter, Paul offered 300 and ② his opponent proposed 450. The bargaining in the noisy market became spirited, even intense, with Paul stepping up ③ his price slightly and the seller going down slowly. The pace increased so fast that Bob could not keep up with the back-and-forth interpretation. Meanwhile, observing the seller carefully, Paul sensed something wrong in Bob's interpretation. In fact, the seller had gone below Paul's last offer. When Paul raised his doubt, Bob instantly recognized the error and corrected ④ his interpretation. At length, they settled the deal, and ⑤ he was delighted to purchase the carving at a reasonable price and thanked Bob.

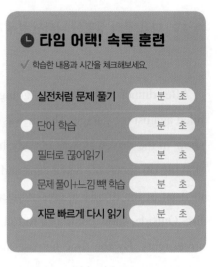

⏱ 타임 어택! 속독 훈련

✓ 학습한 내용과 시간을 체크해보세요.

- 실전처럼 문제 풀기　　분　초
- 단어 학습　　分　초
- 필터로 끊어읽기　　分　초
- 문제 풀이+느낌 빽! 학습　　分　초
- 지문 빠르게 다시 읽기　　分　초

➕ RSVP 속독 훈련

✓ 학습한 내용을 체크해보세요.

- 원어민 MP3 듣기
- 소리 내어 따라 읽기
- 배속으로 청킹 속독

지문 듣기

✓ 정답은 왼쪽 페이지에

단어 자가 테스트

한 → 영

1	
	지긋지긋한, 역겨운
	고백하다
	어리둥절한
2	장애가 있는
	발견하다
	쫓아가다

- 이어서 ~하기 시작하다
- 업무
- 제안
- 시장, 장터
- 조각품
- 즉시

- 기진맥진한
- 양, 용량
- 방해받지 않는
- 기념품
- 상대
- (가격 등이) 적절한, 비싸지 않은

전략 적용 문제

3 다음 글의 상황에 나타난 분위기로 가장 적절한 것은? 기출

난이도 ★ ★

After dinner he built a fire, going out into the weather for wood he had piled against the garage. The air was bright and cold against his face, and the snow in the driveway was already halfway to his knees. He gathered logs, shaking off their soft white caps and carrying them inside. He sat for a time in front of the fireplace, cross-legged, adding logs, and gazing at the warm fire. Outside, snow continued to fall quietly in the cones of light cast by the streetlights. By the time he rose and looked out the window, his car had become a soft white hill on the edge of the street.

① calm and peaceful
② lively and festive
③ funny and amusing
④ exciting and thrilling
⑤ promising and hopeful

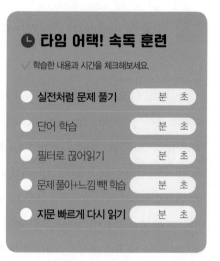

🕐 **타임 어택! 속독 훈련**

✓ 학습한 내용과 시간을 체크해보세요.

- 실전처럼 문제 풀기　　분　초
- 단어 학습　　　　　　분　초
- 필터로 끊어읽기　　　분　초
- 문제 풀이+느낌 빽! 학습　분　초
- 지문 빠르게 다시 읽기　분　초

➕ **RSVP 속독 훈련**

✓ 학습한 내용을 체크해보세요.

- 원어민 MP3 듣기
- 소리 내어 따라 읽기
- 배속으로 청킹 속독

지문 듣기

✓ 정답은 오른쪽 페이지에

단어 자가 테스트 **3**

영 → 한

○ driveway	○ halfway	○ log
○ cap	○ fireplace	○ cross-legged
○ gaze at	○ cone	○ cast
4 ○ fiercely	○ tremble	○ hold
○ scatter	○ unnoticeably	○ distract
○ a load of	○ to one's relief	○ exhale

어원 Hint **distract**: dis(떨어져)+tract(끌다) → 따로 끌어내다　**exhale**: ex(밖으로)+hale(숨 쉬다) → 밖으로 숨을 내쉬다

4 다음 글에 드러난 'she'의 심경 변화로 가장 적절한 것은? 기출

난이도 ★ ★

When she heard the dogs barking fiercely on the floor just above her, she trembled uncontrollably for fear of being caught. Drops of cold sweat rolled down her back. Before slipping into the hold of the boat, she had scattered powder, which Swedish scientists had developed, unnoticeably on the floor above in order to distract the dogs. But she knew that these dogs were so well trained that they could smell her, even though a load of fish had been dumped over her hiding place. She held her hands together tightly and tried not to make any noise. She was not sure how long she could stay like that. To her relief, it wasn't long before a whistle called the dogs out, leaving her unfound. She relaxed her hands and exhaled a deep breath. She felt safe now.

① terrified → relieved
② delighted → frustrated
③ scared → annoyed
④ bored → excited
⑤ disappointed → exhausted

타임 어택! 속독 훈련

✓ 학습한 내용과 시간을 체크해보세요.

● 실전처럼 문제 풀기 　　분　초
● 단어 학습 　　분　초
● 필터로 끊어읽기 　　분　초
● 문제 풀이+느낌 빽! 학습 　　분　초
● 지문 빠르게 다시 읽기 　　분　초

RSVP 속독 훈련

✓ 학습한 내용을 체크해보세요

● 원어민 MP3 듣기
● 소리 내어 따라 읽기
● 배속으로 청킹 속독

지문 듣기

정답은 왼쪽 페이지에

단어 자가 테스트

한 → 영

3
○ (차고에서 집 앞 도로까지의) 진입로
○ 덮개, 꼭대기
○ ~를 응시하다

○ 절반의, 중간의
○ 벽난로
○ 원뿔 모양

○ 통나무
○ 다리를 꼬고 있는, 책상다리를 한
○ 내던지다, 드리우다

4
○ 사납게
○ 뿌리다
○ 많은 ~, 한 짐의 ~

○ 떨다
○ 눈에 띄지 않게
○ 다행스럽게도, ~에게 안도감이 들도록

○ 선창(배 안 갑판 밑에 있는 짐칸); 잡다
○ 주의를 분산시키다
○ (숨을) 내쉬다

Unit 13

논리적 흐름을 꿰뚫어라

✓ 하나의 지문은 하나의 흐름을 갖는다

앞서 좋은 글의 3요소에 대해 언급한 바 있다. 바로 통일성(Unity), 일관성(Coherence), 응집성(Cohesion)이다. 하나의 단락에서 모든 문장은 반드시 하나의 주제에 대해 말해야 하고(통일성), 글의 흐름은 논리적으로 질서정연하게 일관적이어야 하며(일관성), 모든 문장들은 문장과 문장 사이의 관계가 연결사 등으로 부드럽게 흘러가야 한다는 것이다(응집성).

특히 이 중 글의 통일성과 일관성을 묻는 문제는 어떤 시험에서도 단골 문제로 출제된다. '무관한 문장 찾기' 유형에서는 주제 밖으로 벗어나 흐름이 끊기는 문장을 찾아내면 되고, '주어진 문장 넣기'와 '글의 순서 배열' 유형에서는 글 전체가 하나의 논리적 흐름에 맞도록 배열하면 된다.

달라 보이지만 결국 모두 다 한 유형이다. 하나의 지문은 하나의 흐름을 갖는다는 사실을 명심하고 글의 논리적인 흐름만 꿰뚫고 있다면 모두 한 큐에 풀리는 문제 유형이다.

✓ 글의 순서 배열 문제, 출제자의 입장에서 생각해보자

여러분이 출제자라고 생각해보자. (A), (B), (C) 순서를 섞어서 '글의 순서 배열' 문제를 낸다고 했을 때, 정답을 (A) – (B) – (C) 순서로 출제할 가능성이 얼마나 될까? 제로다. 순서를 올바르게 배열하는 문제인데 올바른 순서를 정답 보기로 낼 확률은 없다. 또한 (A) – (C) – (B)가 정답인 경우 역시 드물다. 보통 (B), (C)가 첫 번째 순서가 된다. 거의 불문율과 같다. 주어진 글 바로 뒤인 (A)부터 올바른 순서의 내용이 등장해버리면 섞은 느낌도 안 드는 데다가 난이도도 너무 쉬워지기 때문이다. 현재까지의 입시 기출 문제를 분석해보아도 (B), (C)로 시작하는 정답이 대부분이었다.

정답 확률이 높은 순으로 그저 찍으라는 소리가 아니다. 출제자의 입장에서 생각해서 시간을 1분, 1초라도 아끼자는 것이다. 우리는 속독 능력, 즉 지문 속 주어진 단서를 통해 예측 독해하는 능력을 키워왔기 때문에, 찍지 않고 글의 논리적 흐름을 파악하여 정확한 답을 찾아낼 수 있다.

Unit 13 훑어보기

'무관한 문장 찾기' 유형은 글의 흐름과 무관한 문장 하나를 찾아내는 유형으로, 글의 통일성(Unity)을 해치는 문장을 골라내는 것이다. '주어진 문장 넣기' 유형은 주어진 문장을 적절한 곳에 넣어 글을 완성하는 유형, '글의 순서 배열' 유형은 주어진 글에 이어질 문장들의 순서를 배열하는 유형으로 글의 '일관성(Coherence)'을 파악하는 능력을 요구한다.

이 문제 유형에서는 지금껏 다룬 지문 구조, 연결사, 대명사 등을 단서로 삼아, 지문의 전체적인 흐름을 머릿속에 그리는 것이 중요하다.

✅ 질문 유형

무관한 문장 찾기	• 다음 글에서 전체 흐름과 관계 <u>없는</u> 문장은?
주어진 문장 넣기	• 글의 흐름으로 보아, 주어진 문장이 들어가기에 가장 적절한 곳은?
글의 순서 배열	• 주어진 글 다음에 이어질 글의 순서로 가장 적절한 것을 고르시오.

✅ 문제 풀이 STEP

	Step 1 →	Step 2 →	Step 3
무관한 문장 찾기	도입부에서 주제, 소재 파악하기	주제와 상반되거나 새로운 소재가 등장하는 문장 찾기	
주어진 문장 넣기		나머지 문장의 지문 구조 분석하기	글의 흐름이 자연스러운지 확인하기
글의 순서 배열	주어진 문장 / 글을 읽고 글의 전개 예상하기	(A), (B), (C) 첫 문장(첫 부분)을 읽고 순서 파악하기	

무관한 문장 찾기 / 주어진 문장 넣기 / 글의 순서 배열 문제 유형, 이렇게 접근하라!

출제자의 입장에서 생각해보자. 무관한 문장을 어떻게 지어내야 하는가? 너무 티가 나도 안 되고, 그렇다고 너무 자연스러워도 안 된다. 그래서 보통은 한두 개 단어로 무관한 문장과 아닌 문장을 가른다. 주어나 일부 소재를 살짝 다르게 가거나, 아예 반대 뜻의 단어 하나를 집어넣는 것이다. 의외로 정반대의 표현이 새롭고 생뚱맞은 표현보다 더 헷갈린다. 예를 들어 경제 지문에서 물가가 '오르는(increase)' 것을 '떨어진다(decrease)'고 표현하면 생뚱맞은 다른 표현보다 티도 안 나면서 정답은 명확해지기 때문이다.

Step 1 도입부에서 주제, 소재 파악하기 → Step 2 주제와 상반되거나 새로운 소재가 등장하는 문장 찾기 → Step 3 글의 흐름이 자연스러운지 확인하기

예제 1 다음 글에서 전체 흐름과 관계 없는 문장은? 기출 난이도 ★★

The first commercial train service began operating between Liverpool and Manchester in 1830. Ten years later, the first train timetable was issued. The trains were much faster than the old carriages, so the peculiar differences in local hours became a severe nuisance. ① In 1847, British train companies put their heads together and agreed that henceforth all train timetables would be adjusted to Greenwich Observatory time, rather than the local times of Liverpool, Manchester, or Glasgow. ② More and more institutions followed the lead of the train companies. ③ Railways faced infrastructure-related challenges such as those related to stations, tracks, and other facilities. ④ Finally, in 1880, the British government took the unprecedented step of legislating that all timetables in Britain must follow Greenwich. ⑤ For the first time in history, a country adopted a national time and obliged its population to live according to an artificial clock rather than local ones or sunrise-to-sunset cycles.

* nuisance: 골칫거리

✓ 정답은 오른쪽 페이지에

단어 자가 테스트
영 → 한

○ operate ○ carriage ○ peculiar
○ severe ○ henceforth ○ observatory
○ unprecedented ○ legislate ○ oblige

어원 Hint carriage: car(ri)(수송)+age(~하는 것) → 운반하는 것 oblige: ob(~쪽으로)+lig(e)(묶다) → 의무나 책임에 묶다

'최초의' 상업용 철도 서비스라는 말과 시간(연도)을 나타내는 표현이 왔다. 이후 문장은 최초의 상업용 철도 서비스가 시작되면서 발생한 변화, 이후 상황 등이 나올 가능성이 높다.

정답과 해설 p.63

Step by Step 문제 풀이

STEP① The first commercial |train| service began operating / between
최초의 상업용 철도 서비스는 운행을 시작했다

Liverpool and Manchester / in 1830. // Ten years later, / the first |train|
Liverpool과 Manchester 간   1830년에   10년 후   최초의 철도 시간표가

|timetable| was issued. // The |trains| were much faster / than the old carriages,
발행되었다   기차들은 훨씬 빨랐다   구식 마차보다

/ so the peculiar |differences in local hours| / became a severe nuisance. //
그래서 지역 시간의 특수한 차이는   심각한 골칫거리가 되었다

① In 1847, / British train companies put their heads together / and agreed /
1847년에   영국 철도 회사들은 머리를 함께 모았다   그리고 동의했다

that henceforth all train timetables would be adjusted to Greenwich
그 이후로 모든 열차 시간표가 Greenwich 천문대 시간에 맞춰지는 것에

Observatory time, / rather than the local times of Liverpool, Manchester, or
Liverpool, Manchester 또는 Glasgow 지역 시간 대신

Glasgow. // ② More and more institutions followed the lead of the train
점점 더 많은 기관들이 철도 회사들의 선례를 따랐다

companies. // **STEP②** ③ Railways faced |infrastructure-related challenges| /
철도는 기간 시설 관련 문제에 직면했다

such as those related to stations, tracks, and other facilities. // ④ Finally, in
역, 선로, 다른 시설들과 관련된 문제들 같은   마침내 1880년에

1880, / the British government took the unprecedented step / of legislating
영국 정부는 전례 없는 단계를 밟았다   영국의 모든 시간표가

that all timetables in Britain must follow Greenwich. // ⑤ For the first time
Greenwich를 따라야 함을 입법화하는   역사상 최초로

in history, / a country adopted a national time / and obliged its population to
한 나라가 국가 시간을 채택했다   그리고 국민들에게 살아갈 것을 의무화했다

live / according to an artificial clock / rather than local ones or sunrise-to-
인공적인 시계에 따라   지역 시간이나 일출-일몰 주기 대신에

sunset cycles. //

Step 1 | 도입부에서 주제, 소재 파악하기

선택지 문장이 아닌 도입부 2-3 문장에서 주제와 소재를 파악한다. 글 전반에 걸쳐 반복되는 핵심어구는 소재일 확률이 높다.

• **주제** 철도 서비스가 시작되면서, 지역 시간의 특수한 차이는 심각한 골칫거리가 되었다.
• **소재** train(s), timetable, differences ~ hours

Tip 세 번째 문장 끝에 'a severe nuisance'라는 표현이 나온다. '심각한 골칫거리'라는 뜻이다. 골칫거리는 '문제점'의 다른 표현이므로, 이 문제를 해결해 나가는 과정이 뒤에 서술될 것이다.
참고 Unit 05 현상 - 문제 제기 - 해결책 <훑어보기> p.103
Tip 도입부 문장 주어에 모두 'train(s)'이라는 단어가 들어갔다. 또한 도입부와 이하 문장에서는 timetable, local hours/time 등 '시간'과 관련된 어구가 계속 반복됨을 알 수 있다. **참고** Unit 04-1 <느낌 빡!> 주제와 관련된 키워드는 반복된다. p.93

Step 2 | 주제와 상반되거나 새로운 소재가 등장하는 문장 찾기

① all train timetables ~ (주제, 소재 ○)
② followed ~ the train companies (소재 ○)
③ **Railways faced infrastructure-related challenges (주제 ×, 새로운 소재)**
④ all timetables ~ Greenwich (주제, 소재 ○)
⑤ a country adopted a national time (주제, 소재 ○)

Tip infrastructure-related challenges(기간 시설 관련 문제)는 문제점인 것은 맞지만 도입부에서 언급한 '시간 차이' 문제는 아니다. 나머지 문장들은 시간 차이 문제를 해결해 나가는 과정이 언급되어 자연스럽다.

Step 3 | 글의 흐름이 자연스러운지 확인하기

주제, 소재가 일치하지 않는 문장을 빼고도 글의 흐름이 자연스러운지 확인한다.
○ ②, ④는 철도 회사, 기관, 정부가 시간을 통일하여 시간 차이 문제를 해결하는 과정을 설명한다. ③을 빼고도 글의 흐름이 자연스러우므로 정답을 확정한다.

❗ 느낌 빡! 무관한 문장의 특징

무관한 문장을 찾는 것은 숨은그림찾기와 같다. 지문 속 어휘와 문장체를 비슷하게 사용하며, 가장 그럴듯한 순서에 교묘하게 끼어들어가 있기 때문이다. 일부러 헷갈리라고 만든 문장이기 때문에 대충 봐서는 알 수가 없다. 아래 특징을 참고하여 무관한 문장을 실패 없이 골라내자.

무관한 문장: ③ Railways[1] faced infrastructure-related[2] challenges[3] such as those related to stations, tracks, and other facilities[2].

1 **주어가 바뀐다** - Railways는 철도 또는 철도 회사를 말한다. 앞에 두 문장에서는 철도 회사를 train companies라고 지칭했으며, 반복될 경우 정관사 the를 붙여서 동일한 것을 가리킴을 표시했다. 그런데 갑자기 Railways라는 주어는 일관성도 없고 지칭 대상도 불분명하다.

2 **다른 문장에서 전혀 언급되지 않은 새로운 단어가 포함된다** - 여기서는 infrastructure-related, stations, tracks, facilities가 해당한다.

3 **주제나 앞, 뒤 내용을 부정하는 표현이 포함된다** - 문제를 해결해 나가는 중인데 갑자기 문제에 직면했다(faced ~ challenges)는 내용은 글의 흐름에 반대된다.

✔ 정답은 왼쪽 페이지에

단어 자가 테스트

한 → 영

○ (차량 등을) 운행하다, 운영하다	○ 마차	○ 고유한, 특유의
○ 심각한	○ 그 이후로	○ 관측소, 천문대
○ 전례 없는	○ 입법하다	○ 의무화하다, 강요하다

전략 02

주어진 문장 넣기 유형

주어진 문장 속 연결사와 명사를 주목한다

주어진 문장 넣기 유형은 주어진 문장이 들어갈 위치를 파악하는 유형이다. 이를 위해서는 주어진 문장이 지문에서 어떤 역할을 하는지(예시인지, 주제문인지, 반론인지 등) 파악하여 지문 구조가 어떻게 전개될지 예상해보고, 글을 읽으면서 주어진 문장이 들어가기에 논리적으로 적합한 지점을 찾아야 한다. 이때 앞 문장과 연결되는 명사/대명사, 그리고 앞뒤 문장의 흐름을 보여주는 연결사는 주어진 문장의 위치를 알려주는 단서이다.

Step 1 주어진 문장을 읽고 글의 전개 예상하기 → **Step 2** 나머지 문장의 지문 구조 분석하기 → **Step 3** 글의 흐름이 자연스러운지 확인하기

예제 2 글의 흐름으로 보아, 주어진 문장이 들어가기에 가장 적절한 곳은? 기출

난이도 ★★★

> However, recent success in the packaged-cookie market suggests that these may not be the only, or perhaps even the most important, reasons.

Why eat a cookie? Some reasons might be to satisfy your hunger, to increase your sugar level, or just to have something to chew on. (①) It appears that cookie-producing companies are becoming aware of some other influences and, as a result, are delivering to the market products resulting from their awareness. (②) These relatively new product offerings are usually referred to as 'soft' or 'chewy' cookies, to distinguish them from the more typical crunchy varieties. (③) Why all the fuss over their introduction? (④) Apparently much of their appeal has to do with childhood memories of sitting on the back steps devouring those melt-in-your-mouth cookies that were delivered by Mom straight from the oven, while they were still soft. (⑤) This emotional and sensory appeal of soft cookies is apparently at least as strong as are the physical cravings that the product satisfies.

✓ 정답은 오른쪽 페이지에

단어 자가 테스트

영 → 한

- chew on
- fuss
- devour
- offering
- apparently
- sensory
- be referred to
- have to do with
- craving

어원 Hint **sensory**: sens(느끼다)+ory(~한) → (오감으로) 느끼는

첫 문장의 의문사는 글의 주제를 암시한다. '왜'냐고 물었으니 무언가에 대한 이유나 원인을 밝히는 것이 주제가 될 것이다.
또한 글의 소재는 쿠키임을 알 수 있다. 이 단순한 문장에서 주제와 소재를 모두 짐작할 수 있다.

정답과 해설 p.63

Step by Step 문제 풀이

STEP ❶

However, / recent success in the packaged-cookie market / suggests /
하지만   최근의 포장 쿠키 시장에서의 성공은   시사한다

that these may not be the only, or perhaps even the most important,
이것들이 유일한, 혹은 아마도 심지어 가장 중요한 이유는 아닐지도 모른다는 것을

reasons. //

STEP ❷ Why eat a cookie? // Some reasons might be / to satisfy your hunger, /
왜 쿠키를 먹을까?   몇 가지 이유는 ~일지 모른다   당신의 배고픔을 만족시키기 위해서

to increase your sugar level, / or just to have something to chew on. //
당신의 당 수치를 증가시키기 위해서   혹은 단지 씹을 거리를 갖기 위해서

(①) It appears / that cookie-producing companies are becoming aware /
~처럼 보인다   쿠키 제조 회사들은 깨닫고 있는 (것처럼)

of some other influences / and, as a result, / are delivering to the market
어떤 다른 영향들에 대해   그리고 그 결과   시장에 상품들을 내놓고 있는 (것처럼)

products / resulting from their awareness. // (②) These relatively new
products   그들의 깨달음의 결과에서 오는   이러한 상대적으로 새로운 상품 제

product offerings are usually referred to / as 'soft' or 'chewy' cookies, / to
공은 대개 언급된다   '부드러운' 또는 '씹는 맛이 있는' 쿠키 같은 것으로   그것

distinguish them from the more typical crunchy varieties. // (③) Why all
들을 더 전형적인 바삭한 종류들과 구별하기 위해서   왜 이 모든 소

the fuss / over their introduction? // (④) Apparently much of their appeal
동이 일어날까   그것들의 도입에 대해   분명히 그 매력의 많은 부분은

/ has to do with childhood memories / of sitting on the back steps / devouring
어린 시절의 기억과 관련이 있다   뒷계단에 앉아 있던   입에서 녹는 쿠키

those melt-in-your-mouth cookies / that were delivered by Mom straight
들을 게걸스럽게 먹으면서   엄마에 의해 오븐에서 바로 내어진

from the oven, / while they were still soft. // (⑤) This emotional and
               그것들이 아직 부드러울 동안   이런 감정적이고 감각적인 매력은

sensory appeal / of soft cookies / is apparently at least as strong / as are the
               부드러운 쿠키에 대한   분명히 적어도 강하다   신체적인 갈망이

physical cravings / that the product satisfies. //
그러한 것만큼   그 상품이 만족시키는

Step 1 | 주어진 문장을 읽고 글의 전개 예상하기

• **주어진 문장** 하지만(However), 최근의 포장 쿠키 시장에서의 성공은 이것들이 유일한/가장 중요한 이유는 아닐지도 모른다(may not be the only ~ reasons)는 것을 시사한다.

• **예상되는 전개** 반박, 원인 - 결과

Tip However는 역접의 연결사로 앞 내용에 대한 반전을 이끈다. not be the only ~ reasons라는 표현으로 보아 앞에서 말한 '쿠키 시장 성공 원인'에 대한 반대 의견, 또는 상반된 다른 원인을 언급하려는 의도이다.

Step 2 | 나머지 문장의 지문 구조 분석하기

Step 1에서 예상한 내용을 바탕으로 나머지 문장의 지문 구조를 분석한다. '원인'이 언급된 문장, '원인 - 결과' 구조가 드러나는 위치를 찾는다.

Why eat a cookie? Some reasons might be to satisfy your hunger … (어떤 원인)
(①) ~ cookie-producing companies are becoming aware of some other influences and, as a result (또 다른 원인, 그에 따른 결과)
(②) These relatively new product offerings
(③) Why all the fuss over their introduction?
(④) Apparently much of their appeal …
(⑤) This emotional and sensory appeal …

Tip some(어떤), other(다른)는 '어떤 것들은 이렇다 … (반면에) 다른 것들은 저렇다'로 해석된다. 해석 자체에 반전/대조의 맥락이 들어 있다. 반면 나머지(②~⑤) 이후 문장은 모두 새로운 쿠키(부드러운 쿠키)의 도입과 그 매력에 관한 내용으로 일관되게 이어진다.

Step 3 | 글의 흐름이 자연스러운지 확인하기

주어진 문장을 넣고 앞뒤 내용을 다시 읽는다. 특히 연결사나 대명사가 자연스럽게 연결되는지 확인한다.
(앞)Some reasons → (주어진 문장)However, these, reasons → (뒤)some other influences
❍ 주어진 문장의 these가 받는 명사(Some reasons)가 ① 앞에 나오며, However 이후 상반된 원인을 말하는 흐름이 자연스러우므로 ①이 답이다.

❗ 느낌 빡! 주어진 문장의 위치를 알려주는 3가지 단서 자세히 알아보기

1 연결사 - 지문 구조 파트에서도 여러 번 강조했듯이, 연결사는 글의 흐름이 어떻게 변화하는지를 보여주는 힌트이다. 이 지문에서도 However, as a result, Apparently가 지문 구조를 파악하게 해주는 동시에 내용의 흐름을 예측하게 해주는 단서가 된다.

2 대명사 - 대명사는 앞에서 말한 대상을 가리키기 위해 존재한다. 영어 글쓰기의 특성상 대명사는 보통 바로 앞 문장의 명사를 가리키기 때문에 앞뒤 내용을 연결할 때 강력한 힌트가 된다. 사람/사물, 인칭, 수, 성까지 구체적으로 표시되기 때문에 대명사만 확인해도 내용이 연결되는지 아닌지 파악이 가능하다.

3 정관사(the) - the의 뜻 자체가 '(앞에서 말한) 바로 그'라는 뜻이다. 우리말에 없는 품사이기 때문에 해석을 하지 않고 넘어가기도 하지만, 글의 흐름이나 순서를 파악할 때 'the+명사'는 대명사와 마찬가지로 흐름을 이어주는 역할을 한다. **참고** 『강성태 영문법 필수편』 Unit 75 부정관사와 정관사

✔ 정답은 왼쪽 페이지에

단어 자가 테스트
한 → 영

- ~을 씹다
- 소동
- 게걸스럽게 먹다

- 제공된 것, 공물
- 분명히, 겉보기에는
- 감각의

- ~라고 언급되다
- ~와 관련이 있다
- 갈망

전략 03

글의 순서 배열 유형

(A), (B), (C)의 첫 문장으로 순서를 파악한다

글의 순서 배열 유형을 여러분이 출제한다고 생각해보자. 박스에 주어진 글(첫 2-3 문장)을 제외한 나머지 뒷부분을 (A), (B), (C)로 나눠서 순서를 뒤섞어야 하는데, 정답은 하나여야 한다. 그렇다면 당연히 논리의 전개가 명확히 드러나는 지점 (연결사로 이어지는 부분), 혹은 내용이 서로 긴밀하게 연결된 지점(명사/대명사가 이어지는 부분)을 갈라놓아야 한다. 그래야 퍼즐 조각처럼 앞뒤 문장이 자연스럽게 연결되며 누가 보아도 정답에 이의가 없을 테니 말이다.

그래서 (A), (B), (C)의 첫 문장, 즉 첫 부분이 중요하다. 첫 문장은 앞 내용에 이어지는 연결 부분이므로, 앞 내용에 대한 단서가 들어있다. 주어진 글과 각 단락의 첫 문장을 하나씩 맞춰 보면 정답은 쉽게 찾아진다.

 Step 1 주어진 글을 읽고 글의 전개 예상하기 → **Step 2** (A), (B), (C) 첫 문장(첫 부분)을 읽고 순서 파악하기 → **Step 3** 글의 흐름이 자연스러운지 확인하기

예제 3 주어진 글 다음에 이어질 글의 순서로 가장 적절한 것을 고르시오. [기출]

난이도 ★ ★

Imagine that you are dining with some people you have just met. You reach for the saltshaker, but suddenly one of the other guests, let's call him Joe, looks at you sullenly, then snatches the salt away and puts it out of your reach.

(A) At the restaurant, this is rude. In the game just mentioned, this is expected and acceptable behavior. Apparently, games give us a license to engage in conflicts, to prevent others from achieving their goals.

(B) However, if you were meeting the same people to play a board game, it would be completely acceptable for the same Joe to prevent you from winning the game. In the restaurant as well as in the game, Joe is aware of your intention, and Joe prevents you from doing what you are trying to do.

(C) Later, when you are leaving the restaurant, Joe dashes ahead of you and blocks the exit door from the outside. Joe is being rude — when you understand what another person is trying to do, it is offensive, or at least confrontational, to prevent that person from doing it.

① (A) − (C) − (B)　　② (B) − (A) − (C)　　③ (B) − (C) − (A)
④ (C) − (A) − (B)　　⑤ (C) − (B) − (A)

타임 어택! 속독 훈련

✓ 학습한 내용과 시간을 체크해보세요.

- 실전처럼 문제 풀기　　분　초
- 단어 학습　　분　초
- 필터로 끊어읽기　　분　초
- 문제 풀이+느낌 빽! 학습　　분　초
- 지문 빠르게 다시 읽기　　분　초

RSVP 속독 훈련

✓ 학습한 내용을 체크해보세요.

- 원어민 MP3 듣기
- 소리 내어 따라 읽기
- 배속으로 청킹 속독

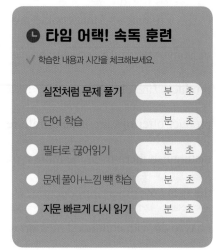

지문 듣기

단어 자가 테스트

영 → 한

- sullenly
- conflict
- dash
- mention
- A as well as B
- offensive
- acceptable
- intention
- confrontational

어원 Hint conflict: con(함께 com)+flict(치다) → 서로 때리다　intention: in(안에)+ten(t)(뻗다 tend)+ion(~하는 것) → 마음을 뻗는 것

식사를 하고 있다고 상상해보라는 명령문이다. 구체적인 상황을 독자에게 제시하여 공감을 얻으려는 의도이다. 또한 여기서 상상하는 상황은 주제를 암시하는 예시일 것이다.

정답과 해설 p.64

Step by Step 문제 풀이

STEP① Imagine / that you are dining with some people / you have just
상상해 보라   당신이 몇몇 사람들과 식사를 하고 있다고   당신이 방금 만난
met. // You reach for the saltshaker, / but suddenly one of the other
   당신이 소금통에 손을 뻗는다   그런데 갑자기 다른 손님들 중 한 명이
guests, / let's call him Joe, / looks at you sullenly, / then snatches the salt
그를 Joe라고 부르자   당신을 뚱하게 쳐다본다   그러더니 그 소금을 낚아채서 당신
away and puts it out of your reach.
의 손이 닿지 않는 곳에 놓는다

(A) **STEP②-1** At the restaurant, / this is rude. // In the game just mentioned, /
   식당에서   이것은 무례하다   방금 언급된 게임에서는
this is expected and acceptable behavior. // Apparently, / games give us a
이것은 예상되고 받아들여지는 행동이다   분명히   게임은 우리에게 자격을
license / to engage in conflicts, / to prevent others from achieving their
준다   분쟁에 가담할 (자격)   다른 사람들이 목적을 못 이루게 막을 (자격)
goals. //

(B) **STEP②-2** However, / if you were meeting the same people / to play a board
   하지만   당신이 똑같은 사람들을 만나고 있다면   보드게임을 하기 위해
game, / it would be completely acceptable / for the same Joe / to prevent
   (~하는 것은) 완전히 받아들여질 것이다   똑같은 Joe가   당신이 게임을
you from winning the game. // In the restaurant as well as in the game, /
이기지 못하게 막는 것은   게임에서뿐만 아니라 레스토랑에서도
Joe is aware of your intention, / and Joe prevents you / from doing what
Joe는 당신의 의도를 알아챈다   그리고 Joe는 당신을 막는다   당신이 하려고 하는 것을 못
you are trying to do. //
하게

(C) **STEP②-3** Later, / when you are leaving the restaurant, / Joe dashes ahead
   이후에   당신이 식당을 나서고 있을 때   Joe가 당신 앞으로 돌진한다
of you / and blocks the exit door from the outside. // Joe is being rude /
그리고 밖에서 출구 문을 막는다   Joe는 무례하게 굴고 있다
— when you understand what another person is trying to do, / it is
   당신이 다른 사람이 하려고 하는 것을 이해할 때   (~하는
offensive, / or at least confrontational, / to prevent that person from
것은) 공격적이다   또는 최소한 맞서는 (것이다)   그 사람이 그것을 못하게 막는 것은
doing it. //

Step 1 | 주어진 글을 읽고 글의 전개 예상하기

- **주어진 글** 식사를 한다고 상상해보라. 그런데 갑자기 Joe가 소금통을 낚아챈다. (예시)
- **예상되는 전개** 예시에 대한 추가 설명

Tip 첫 문장에 방금 만난 사람들과 식사하는 상황을 가정해보라 말하고, 그 상황을 구체적으로 제시했다. 처음부터 바로 예시가 나오는 구조이다. 하지만, 이 내용만으로는 이것이 무슨 상황인지 알 수 없다. 예시의 내용이 뒤에 좀 더 이어진 다음 주제가 도출될 것이다. **참고** Unit 01 주제문 - 예시1 - 예시2 <훑어보기> p.55

Step 2 | (A), (B), (C) 첫 문장(첫 부분)을 읽고 순서 파악하기

②-1 **(A)** 식당/언급된 게임에서의 상황을 둘 다 언급
②-2 **(B)** 연결사 However로 보드게임 상황으로 전환
②-3 **(C)** 부사 Later로 식사 후 식당을 나서는 상황
식사 중(주어진 글) → 식사 후(C) → 보드게임(B) → 상황 비교(A)

Tip (A)의 첫 문장에도 식당이 언급된다. 하지만 다음 문장에 곧바로 just mentioned라는 표현이 나온다. '방금 언급된' 게임이라니, 주어진 글에는 온통 식사와 소금통 얘기뿐이었다. 따라서 (A)는 주어진 글 다음 순서가 아닌, 게임 얘기가 나온 뒤의 순서이다.

Step 3 | 글의 흐름이 자연스러운지 확인하기

위에서 파악한 순서대로 글을 배치했을 때, 각 단락의 '마지막 부분'과 '첫 부분'이 자연스럽게 이어지는지 확인한다.

- **(주어진 글) → (C)** 식당에서 Joe가 소금통을 낚아채고, 식당을 나설 때는 출구 문을 막음
- **(C) → (B)** 그러한 Joe의 행동이 공격적이라고 말한 후, 보드게임에서는 받아들여진다고 설명
- **(B) → (A)** 의도를 알아차리고 그것을 막는 행동은, 식당에서는 무례하지만 (보드)게임에서는 받아들여진다고 재진술
- **(C) - (B) - (A)**의 순서는 적절하다.

💡 느낌 빡! 연결사에도 어원이 들어 있다!

시험에 자주 등장하는 연결사의 어원을 분석해보면, 이 연결사가 왜 결론의 시그널인지 역접의 시그널인지 바로 알 수 있다. 이 지문에 나온 Apparently만 해도 '분명히, 명백히'라고 뜻만 알 때보다 appear(나타나다, 보이다)라는 어원을 알면, '눈에 바로 보일 정도로 분명한, 명확한' 것을 말할 때 쓴다는 것을 알게 된다. 글쓴이가 이 정도로 드러내서 주장하는 말은 글의 '주제'이거나 '결론'일 수밖에 없다. 역접(반전), 주제문의 시그널이라고 주구장창 연습했던 However는 어떤가? how(어떻게)+ever(지금까지, 항상)가 어원이므로, 이를 풀이하면 '지금까지 어떻든 간에'라는 뜻. 즉 지금까지 무슨 말을 했든 간에, 그 내용과 상관없는 다른 말이 나오거나(역접) 혹은 지금까지의 말보다 훨씬 중요한 주제나 결론을 말하겠다는 뜻이다. 어원을 알았으니 however가 어느 위치에 들어가야 하는지 느낌이 더 빡 올 것이다.

✓ 정답은 왼쪽 페이지에

단어 자가 테스트
한 → 영

- 뚱하게
- 갈등, 분쟁
- 돌진하다
- 언급하다
- B뿐만 아니라 A도
- 모욕적인, 공격적인
- 받아들여지는
- 의도
- 맞서는

글의 순서 배열 유형

전략 04 (A), (B), (C)의 지문 구조 시그널로 예측 독해한다

글의 순서 배열 유형에도 Part 1에서 배웠던 지문 구조를 활용할 수 있다. 지문 구조가 원래 논리 전개 방식을 구조화한 것이기 때문에, 지문 구조를 예측하여 글을 배열하면 결국 올바른 글의 순서와 일치하게 된다. 논리가 탄탄한 글일수록, 지문 구조를 벗어날 일은 거의 없다. 특히 주어진 글과 (A), (B), (C)의 첫 문장에 Part 1에서 배운 지문 구조의 시그널(연결사, 핵심 문장 시그널 등)이 명확히 존재한다면, 지문 구조로 글의 순서를 금세 맞출 수 있을 것이다. 단, 아무리 시그널이 명확하다 하더라도 실제 내용도 자연스럽게 이어지는지 마지막 단계에서 확인해야 한다.

 Step 1 주어진 글을 읽고 글의 전개 예상하기 → Step 2 (A), (B), (C) 첫 문장(첫 부분)을 읽고 순서 파악하기 → Step 3 글의 흐름이 자연스러운지 확인하기

 예제 4 주어진 글 다음에 이어질 글의 순서로 가장 적절한 것을 고르시오. [기출]

난이도 ★ ★ ★

> Interestingly, being observed has two quite distinct effects on performance. In some cases, performance is decreased, even to the point of non-existence. The extreme of this is stage fright, the sudden fear of public performance.

(A) So, if you are learning to play a new sport, it is better to begin it alone, but when you become skilled at it, then you will probably perform better with an audience.

(B) There are many instances of well-known actors who, in mid-career, develop stage fright and simply cannot perform. The other extreme is that being observed enhances performance, people doing whatever it might be better when they know that others are watching.

(C) The general rule seems to be that if one is doing something new or for the first time, then being observed while doing it decreases performance. On the other hand, being observed while doing some task or engaging in some activity that is well known or well practiced tends to enhance performance.

① (A) – (C) – (B)　　② (B) – (A) – (C)　　③ (B) – (C) – (A)
④ (C) – (A) – (B)　　⑤ (C) – (B) – (A)

✓ 정답은 오른쪽 페이지에

단어 자가 테스트

 영 → 한

- distinct
- performance
- non-existence
- instance
- stage fright
- in mid-career

어원 Hint　instance: in(안에)+st(서다)+ance(~하는 것) → 가까이에 서 있는 것

첫 문장 키워드 being observed

첫 문장에 등장하는 동명사 주어는 그 자체가 주제와 소재가 되는 경우가 많다. being observed란 '다른 사람에 의해 관찰되는 것' 즉, 다른 사람이 지켜보는 상황을 의미한다.

Step by Step 문제 풀이

STEP① Interestingly, / being observed / has two quite distinct effects / on
재미있게도　　　다른 사람이 지켜보는 것은　두 가지 아주 다른 효과를 가진다　　　성과

performance. // In some cases, / performance is decreased, / even to the
에 있어서　　　어떤 경우에는　　　성과가 감소된다　　　(성과가) 아무것도

point of non-existence. // The extreme of this is stage fright, / the sudden
없는 정도로까지　　　이것의 극단적인 형태는 무대 공포증이다　　　대중 공연에서의

fear of public performance. //
갑작스러운 공포

(A) **STEP②-1** So, / if you are learning to play a new sport, / it is better to begin
그래서　만약 당신이 새로운 운동을 하는 법을 배우고 있다면　　그것을 혼자 시작하는 것이 더 좋

it alone, / but when you become skilled at it, / then you will probably
다　　　하지만 당신이 그것에 능숙해졌을 때는　　　그렇다면 당신은 아마 관중이 있을 때

perform better with an audience. //
더 잘 해낼 것이다

(B) **STEP②-2** There are many instances of well-known actors / who, in mid-
유명한 배우들의 많은 사례가 있다　　　경력을 쌓아가던 도중

career, develop stage fright / and simply cannot perform. // The other
에 무대 공포증이 생겨서　　　전혀 공연을 할 수 없는　　　나머지 다른

extreme is / that being observed enhances performance, / people doing
극단적인 형태는　다른 사람이 지켜보는 것이 성과를 높이는 것이다　　　사람들은 그것이 무엇

whatever it might be better / when they know / that others are watching. //
이든 더 잘한다　　　그들이 알면　　　다른 사람들이 지켜보고 있다는 것을

(C) **STEP②-3** The general rule seems to be / that if one is doing something new
일반적인 원칙은 ~인 것 같다　　　만약 누군가가 새롭거나 처음 하는 일을 한다면

or for the first time, / then being observed / while doing it / decreases
그렇다면 다른 사람이 지켜보는 것은　그것을 하는 동안　　　성과를 감소시킨

performance. // On the other hand, / being observed / while doing some
다　　　반면에　　　다른 사람이 지켜보는 것은　어떤 작업을 하거나 어떤 활

task or engaging in some activity / that is well known or well practiced /
동에 참여하는 동안　　　익숙하거나 숙련된

tends to enhance performance. //
성과를 향상시키는 경향이 있다

Step 1 | 주어진 글을 읽고 글의 전개 예상하기

· **주어진 글** 다른 사람이 지켜보는 것은 두 가지 아주 다른 효과를 가진다. (두 대상 언급)
· **예상되는 전개** 대조/비교

Tip 첫 문장에 'two quite distinct effects'라는 두 대상을 언급했다. 첫 문장의 두 대상은 대조/비교의 대상일 확률이 높다.

Step 2 | (A), (B), (C) 첫 문장(첫 부분)을 읽고 순서 파악하기

②-1 (A) 그래서(So) 운동을 배우기 시작할 때, 능숙해졌을 때로 나누어 각각에 더 좋은(better) 방법 제안
②-2 (B) 무대 공포증이 생긴 배우들의 사례
②-3 (C) 새로운 일을 할 때 다른 사람이 지켜보면 성과가 감소된다는 원칙 언급

두 가지 효과 중 하나인 무대 공포증(주어진 글) → 무대 공포증 사례(B) → 성과 감소/향상에 대한 원칙(C) → 결론(A)

Tip (A)의 So는 결론, better는 해결책의 시그널이다. 결론과 해결책은 보통 글의 끝부분에 오므로 (A)는 일단 제친다. (B)의 첫 문장에는 예시의 시그널(instances)이 있으며, 이는 주어진 글의 '무대 공포증'에 이어진다. (C)의 The general rule은 예시나 현상을 통해 주제를 도출할 때 쓸 법한 표현이므로 예시 뒤가 적절하다.

Step 3 | 글의 흐름이 자연스러운지 확인하기

· **(주어진 글) → (B)** 다른 사람이 지켜보는 것의 두 가지 효과 중 하나는 무대 공포증이며, 무대 공포증을 겪은 유명 배우들의 사례가 많다고 언급
· **(B) → (C)** 또 다른 형태(성과를 높이는 경우)를 언급한 후, 두 경우를 새로운 일이냐 익숙한 일이냐로 구분하여 원칙 제시
· **(C) → (A)** 새로운 일은 혼자서, 익숙한 일은 관중(다른 사람) 앞에서 하라는 결론 제시

✪ (B) - (C) - (A)의 순서는 적절하다.

Tip 성과를 감소/향상시키는 경우를 차례로 언급한 후, 둘의 결론을 제시하는 '대조 / 비교'의 전형적인 순서이다.

느낌 빡! 각 단락의 마지막 문장과 첫 문장이 이어지는지 반드시 확인한다

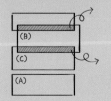

글의 순서 유형은 (A), (B), (C)의 첫 문장만으로도 대부분 순서를 파악할 수 있다. 단, 내가 파악한 그 순서가 맞는지는 반드시 단서를 통해 확인해야 한다. 글의 순서를 확정 짓는 단서는 앞뒤 단락의 '겹치는' 부분이다. 앞뒤 단락의 마지막 문장과 첫 문장 혹은 글의 일부 내용이 단락의 연결 지점에서 이어지며 존재한다. 위 지문의 경우, 주어진 글 마지막 문장의 stage fright는 (B)의 첫 문장에 다시 언급되며, (B)에서 잠깐 언급되는 enhance(s) performance는 (C)에서 다시 언급된다. 이러한 방식으로 각 단락의 앞뒤 내용이 연결되는지 확인하면 글의 순서 유형을 틀릴 일은 거의 없다.

☑ 정답은 왼쪽 페이지에

단어 자가 테스트
한 → 영

○ 다른, 뚜렷이 구별되는　　　○ 아무것도 없음　　　○ 무대 공포증
○ 공연　　　　　　　　　　　○ 사례　　　　　　　○ (경력) 도중에

전략 적용 문제

1 다음 글에서 전체 흐름과 관계 없는 문장은? 기출
난이도 ★ ★ ☆

Identity theft can take many forms in the digital world. That's because many of the traditional clues about identity — someone's physical appearance and presence — are replaced by machine-based checking of "credentials". ① Someone is able to acquire your credentials — sign-on names, passwords, cards, tokens — and in so doing is able to convince an electronic system that they are you. ② This is an ingredient in large numbers of cyber-related fraud, and cyber-related fraud is by far the most common form of crime that hits individuals. ③ Thanks to advances in cyber security systems, reports of this crime have lowered dramatically. ④ For example, identity thieves can buy goods and services which you will never see but will pay for, intercept payments, and, more drastically, empty your bank account. ⑤ Although the victims of identity theft are usually thought of as individuals, small and large businesses are often caught out as well.

🕐 타임 어택! 속독 훈련
✓ 학습한 내용과 시간을 체크해보세요.

- 실전처럼 문제 풀기 　　분　초
- 단어 학습 　　분　초
- 필터로 끊어읽기 　　분　초
- 문제 풀아+느낌 빽! 학습 　　분　초
- 지문 빠르게 다시 읽기 　　분　초

➕ RSVP 속독 훈련
✓ 학습한 내용을 체크해보세요.

- 원어민 MP3 듣기
- 소리 내어 따라 읽기
- 배속으로 청킹 속독

지문 듣기

✓ 정답은 오른쪽 페이지에

단어 자가 테스트　**1**
영 → 한

1		
identity theft	replace	credentials
token	ingredient	fraud
advance	intercept	drastically
2 assistance	personality	affect
self-driven	independent	structured
instructor	peer-oriented	spouse

어원 Hint **intercept**: inter(사이에)+cept(취하다) → 사이에 끼어들어서 취하다　　**affect**: af(~에 ad)+fec(t)(행하다) → 어떤 것에 변화를 주다

2 글의 흐름으로 보아, 주어진 문장이 들어가기에 가장 적절한 곳은? 기출

난이도 ★ ★ ★

> They are more likely to benefit from the assistance of a formal teaching environment.

  Your personality and sense of responsibility affect not only your relationships with others, your job, and your hobbies, but also your learning abilities and style. (①) Some people are very self-driven. (②) They are more likely to be lifelong learners. (③) Many tend to be independent learners and do not require structured classes with instructors to guide them. (④) Other individuals are peer-oriented and often follow the lead of another in unfamiliar situations. (⑤) They may be less likely to pursue learning throughout life without direct access to formal learning scenarios or the influence of a friend or spouse.

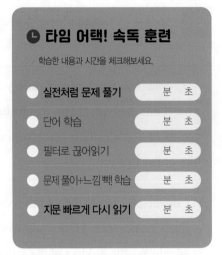

⏱ **타임 어택! 속독 훈련**

학습한 내용과 시간을 체크해보세요.

● 실전처럼 문제 풀기 　分　秒
● 단어 학습 　分　秒
● 필터로 끊어읽기 　分　秒
● 문제 풀아+느낌 빽! 학습 　分　秒
● 지문 빠르게 다시 읽기 　分　秒

➕ **RSVP 속독 훈련**

✔ 학습한 내용을 체크해보세요.

● 원어민 MP3 듣기
● 소리 내어 따라 읽기
● 배속으로 청킹 속독

지문 듣기

✔ 정답은 왼쪽 페이지에

단어 자가 테스트

한 → 영

1
● 신원 도용
● 표시, 증거
● 발전
2
● 도움
● 자기 주도적인
● 강사

● 대체하다
● 요소, 성분
● 가로채다
● 성격, 성향
● 독립적인
● 또래[동료] 지향적인

● 신용 증명물, 신분증
● 사기
● 심하게
● 영향을 주다
● 구조화된
● 배우자

전략 적용 문제

3 주어진 글 다음에 이어질 글의 순서로 가장 적절한 것을 고르시오. 기출

난이도 ★ ★ ★

People treat children in a variety of ways: care for them, punish them, love them, neglect them, teach them. If parents, relatives, and other agents of socialization perceive a child as smart, they will act toward him or her that way.

(A) Conversely, if we detect unfavorable reactions, our self-concept will likely be negative. Hence, self-evaluative feelings such as pride or shame are always the product of the reflected appraisals of others.

(B) Thus, the child eventually comes to believe he or she is a smart person. One of the earliest symbolic interactionists, Charles Horton Cooley, argued that we use the reaction of others toward us as mirrors in which we see ourselves and determine our self-worth.

(C) Through this process, we imagine how we might look to other people, we interpret their responses to us, and we form a self-concept. If we think people perceive us favorably, we're likely to develop a positive self-concept.

* appraisal: 평가

① (A) – (C) – (B)　　② (B) – (A) – (C)　　③ (B) – (C) – (A)
④ (C) – (A) – (B)　　⑤ (C) – (B) – (A)

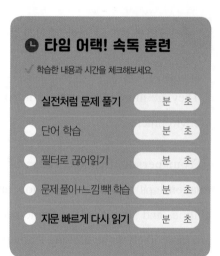

타임 어택! 속독 훈련

√ 학습한 내용과 시간을 체크해보세요.

- 실전처럼 문제 풀기　　분　초
- 단어 학습　　분　초
- 필터로 끊어읽기　　분　초
- 문제 풀이+느낌 빽 학습　　분　초
- 지문 빠르게 다시 읽기　　분　초

RSVP 속독 훈련

√ 학습한 내용을 체크해보세요.

- 원어민 MP3 듣기
- 소리 내어 따라 읽기
- 배속으로 청킹 속독

지문 듣기

√ 정답은 오른쪽 페이지에

단어 자가 테스트
영 → 한

3
- a variety of
- socialization
- self-concept

4
- subscription
- newsstand
- insert

- neglect
- conversely
- interactionist
- account for
- professional
- distribute

- agent
- detect
- self-worth
- circulation
- journalist
- association

어원 Hint **circulation**: circul(원)+ation(~하는 것) → 원 모양으로 도는 것　**distribute**: dis(떨어져)+tribut(e)(할당하다) → 따로 나누어주다

4 주어진 글 다음에 이어질 글의 순서로 가장 적절한 것을 고르시오. 기출

난이도 ★ ★ ★

Most consumer magazines depend on subscriptions and advertising. Subscriptions account for almost 90 percent of total magazine circulation. Single-copy, or newsstand, sales account for the rest.

(A) For example, the *Columbia Journalism Review* is marketed toward professional journalists and its few advertisements are news organizations, book publishers, and others. A few magazines, like *Consumer Reports*, work toward objectivity and therefore contain no advertising.

(B) However, single-copy sales are important: they bring in more revenue per magazine, because subscription prices are typically at least 50 percent less than the price of buying single issues.

(C) Further, potential readers explore a new magazine by buying a single issue; all those insert cards with subscription offers are included in magazines to encourage you to subscribe. Some magazines are distributed only by subscription. Professional or trade magazines are specialized magazines and are often published by professional associations. They usually feature highly targeted advertising.

＊ revenue: 수입

① (A) – (C) – (B)　　② (B) – (A) – (C)　　③ (B) – (C) – (A)
④ (C) – (A) – (B)　　⑤ (C) – (B) – (A)

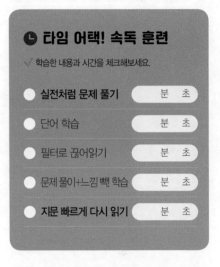

타임 어택! 속독 훈련

✓ 학습한 내용과 시간을 체크해보세요

- 실전처럼 문제 풀기　　분　초
- 단어 학습　　분　초
- 필터로 끊어읽기　　분　초
- 문제 풀이+느낌 빽 학습　　분　초
- 지문 빠르게 다시 읽기　　분　초

RSVP 속독 훈련

✓ 학습한 내용을 체크해보세요

- 원어민 MP3 듣기
- 소리 내어 따라 읽기
- 배속으로 청킹 속독

지문 듣기

✓ 정답은 왼쪽 페이지에

Unit 14

정확히 추론하라

✓ 추론은 무엇인가?

추론(推論 밀 추, 말할 론)은 '미루어 생각하여 말하는 것'이다. 이미 알려진 정보를 근거로 삼아, 직접 드러나지 않는 다른 판단을 이끌어내는 것이 바로 추론이다.

세부 내용 파악 유형이나 도표/실용문 유형 등은 지문 속에 답이 있으므로 해석만 잘 하면 정답을 충분히 찾을 수 있다. 그런데 추론 문제는 지문을 이해하고 더 나아가 핵심이 되는 빈칸 문장을 '추론'해야 하기 때문에 종합적인 사고력이 요구되는 문제 유형이다. 그래서 빈칸 추론이 고난도 문제인 것이다. 하지만 걱정할 것 없다. Part 1에서 숱하게 연습한 것처럼 '지문 구조'를 활용하여 지문을 정확히 이해하고 그 속에서 찾은 단서를 가지고 예측, 즉 추론하면 된다. 정답 단서는 반드시 '지문 속'에 있다는 것을 기억해라.

✓ 출제자가 되어 보면 문제가 보인다

그동안 공부법 강의에서도 실제 출제자가 되어 보라는 말을 숱하게 했었다. 아래에 실제 기출된 지문의 해석을 그대로 가져왔다. 여러분이 출제자가 되어서 직접 문제를 만들어보자. 1분 시간을 줄 테니, 출제자가 되었다고 가정하고 이 지문을 빈칸 추론으로 출제한다면, 빈칸을 어디에 뚫을지 위치를 골라보자.

> ①고장 난 보일러를 고치기 위해 애쓰는 한 남자와 관련된 매우 오래된 이야기가 있다. 수개월에 걸친 최선의 노력에도 불구하고, 그는 고칠 수 없다. 결국, 그는 포기하고 전문가를 부르기로 결심한다. 기사가 도착하여 보일러의 ②옆을 한 번 가볍게 두드리자 보일러가 작동하기 시작한다. 기사는 남자에게 청구서를 주고, 남자는 기사가 그 일을 하는데 약간의 시간만 걸렸기 때문에 요금을 적게 지불해야 한다고 주장한다. 기사는 자신이 보일러를 두드리는 데 걸린 시간이 아니라, 오히려 정확히 어디를 두드려야 할지를 아는 것과 관련된 수년의 경험에 대해 남자가 돈을 지불하는 것이라고 설명한다. 전문 기사가 보일러를 두드리는 것과 마찬가지로, 효과적인 변화는 ③많은 시간이 걸릴 필요는 없다. 사실, 대체로 그것은 단지 정확히 어디를 두드려야 할지를 아는 것의 문제이다.

무엇을 골랐는가? 대부분 ③을 골랐을 것이다. ①, ②는 이야기의 전개 과정일 뿐, 글의 핵심 내용과 밀접하게 관련 있는 부분이 아니다. 보일러를 고치기 위해 애쓴 한 남자의 이야기를 예시로 든 다음 '효과적인 변화는 많은 시간이 걸릴 필요가 없다'라는 주제를 도출했다. 실제 기출 문제에서도 ③이 빈칸으로 제시되었다.

빈칸 추론은 모래사장에서 바늘 찾듯 막연하게 '여기에 뭐 들어가게?'를 묻는 문제가 아니다. 주제와 직결된 문장에 있는 빈칸을 추론함으로써 지문 전체를 정확하게 이해하고 있는지를 보는 것이다. 빈칸은 지문의 '핵심', 즉 주제와 연관되어 있음을 명심하라.

Unit 14 훑어보기

대표적인 추론 문제 유형은 빈칸에 적절한 단어, 구, 문장을 넣어 빈칸을 완성하는 '빈칸 추론' 유형, 글의 흐름을 파악하여 빈칸에 알맞은 연결사를 넣는 '연결사 추론' 유형, 지문을 한 문장으로 압축한 요약문이 주어지고 요약문의 빈칸을 추론하여 완성하는 '요약문 완성' 유형이 있다.

빈칸 추론 문제 유형은 특히나 고난도 문제가 많이 출제되며, 대부분의 출제자들이 빈칸 추론으로 난이도를 조절하기 때문에 각종 시험에서 영어 영역 고득점을 받기 위해서는 빈칸 추론 유형을 충분히 연습해야 한다.

빈칸 추론 유형을 빠르고 정확하게 풀기 위해서는 빈칸 문장을 먼저 읽고 나서 지문을 읽기 시작하는 것이 좋다. 어느 부분의 빈칸을 추론해야 하는지 알고 지문을 읽으란 얘기다. 그 후에 지문 구조를 파악하고 빈칸의 단서를 확보한 후 정답을 찾도록 한다.

✓ 질문 유형

빈칸 추론	• 다음 빈칸에 들어갈 말로 가장 적절한 것을 고르시오.
연결사 추론	• 다음 글의 빈칸 (A), (B)에 들어갈 말로 가장 적절한 것은?
요약문 완성	• 다음 글의 내용을 한 문장으로 요약하고자 한다. 빈칸 (A), (B)에 들어갈 말로 가장 적절한 것은?

✓ 문제 풀이 STEP

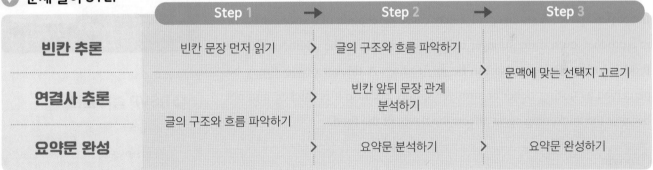

	Step 1	→	Step 2	→	Step 3
빈칸 추론	빈칸 문장 먼저 읽기		글의 구조와 흐름 파악하기		문맥에 맞는 선택지 고르기
연결사 추론	글의 구조와 흐름 파악하기		빈칸 앞뒤 문장 관계 분석하기		
요약문 완성			요약문 분석하기		요약문 완성하기

빈칸 추론 / 연결사 추론 / 요약문 완성 문제 유형, 이렇게 접근하라!

빈칸 추론 유형

전략 01 **초반부 빈칸은 보통 주제문이다**

지금까지의 기출 경향을 분석해봤을 때 빈칸은 주제와 관련된 문장에 뚫린다. 보통 주제문, 주제를 뒷받침하는 문장, 주제를 재진술하는 문장 이 셋 중에 하나이다. 그러니 모든 빈칸 문제에서 선행해야 할 과제는 주제 파악이다.

특히 지문 앞부분에 빈칸이 있다면, 두괄식이 흔한 영어 지문의 특성상 빈칸 부분은 주제문이고 그 뒤에 주제문의 내용을 추론할 수 있는 설명이나 예시가 이어지는 구조일 확률이 높다. 이를 염두에 두고 전체적인 지문 구조를 파악하자. 빈칸 문장이 주제문이 맞다면 이어지는 설명이나 예시, 혹은 결론을 통해 빈칸에 들어갈 말을 추론할 수 있다.

 Step 1 빈칸 문장 먼저 읽기 → Step 2 글의 구조와 흐름 파악하기 → Step 3 문맥에 맞는 선택지 고르기

 예제 1 다음 빈칸에 들어갈 말로 가장 적절한 것을 고르시오. 기출

난이도 ★ ★

Judgements about flavor are often influenced by predictions based on the _____ of the food. For example, strawberry-flavored foods would be expected to be red. However, if colored green, because of the association of green foods with flavors such as lime, it would be difficult to identify the flavor as strawberry unless it was very strong. Color intensity also affects flavor perception. A stronger color may cause perception of a stronger flavor in a product, even if the stronger color is simply due to the addition of more food coloring. Texture also can be misleading. A thicker product may be perceived as tasting richer or stronger simply because it is thicker, and not because the thickening agent affects the flavor of the food.

① origin
② recipe
③ nutrition
④ appearance
⑤ arrangement

타임 어택! 속독 훈련

✓ 학습한 내용과 시간을 체크해보세요.

● 실전처럼 문제 풀기 　　분　초
● 단어 학습 　　분　초
● 필터로 끊어읽기 　　분　초
● 문제 풀の+느낌 빽! 학습 　　분　초
● 지문 빠르게 다시 읽기 　　분　초

⊕ RSVP 속독 훈련

✓ 학습한 내용을 체크해보세요

● 원어민 MP3 듣기
● 소리 내어 따라 읽기
● 배속으로 청킹 속독

지문 듣기

✓ 정답은 오른쪽 페이지에

단어 자가 테스트

 영 → 한

○ judgement ○ prediction ○ based on
○ intensity ○ addition ○ texture
○ thicken ○ recipe ○ appearance

어원 Hint **judgement**: jud(올바른)+ge(말하다)+ment(~하는 것) → 올바른 것을 말하는 것 　**texture**: text(천을 짜다)+ure(~하는 것) → 천이 짜인 느낌

첫 문장 키워드 flavor, influenced

맛에 대한 판단에 영향을 미치는 것이 무엇인지 be동사 현재 시제를 써서 단정적으로 말하고 있다. 이 문장이 지문의 주제 문이고 이어지는 문장들은 뒷받침 문장일 것이라고 일단 예측하면 좀 더 속도를 낼 수 있다.

Step by Step 문제 풀이

STEP❶ Judgements about flavor / are often influenced / by predictions based
맛에 대한 판단은　　　　　　　종종 영향을 받는다　　　　　음식의 ___에 기반한 예측에 의

on the _____ of the food. // For example, / strawberry-flavored foods
해　　　　　　　　　　　　　　　예를 들어　　　　딸기 맛 음식은 예상될 것이다

would be expected / **STEP❷** to be red . // However, / if colored green, / because
빨간색이라고　　　　그러나　　　만약 초록색으로 색을 낸다면　초록색 음식

of the association of green foods with flavors such as lime, / it would be
과 라임 같은 맛의 연관성 때문에　　　　　　　　　　　어려울 것이다

difficult / to identify the flavor as strawberry / unless it was very strong. //
그 맛을 딸기로 인식하는 것은　　　　　　그것이 아주 강하지 않다면

Color intensity also affects flavor perception. // A stronger color may cause
색의 강도 또한 맛 인식에 영향을 미친다　　　더 강한 색은 유발할 수도 있다

/ perception of a stronger flavor in a product, / even if the stronger color is /
제품 속에서 더 강렬한 맛의 인식을　　　　더 강한 색이 (~라고) 할지라도

simply due to the addition of more food coloring. // Texture also can be
단순히 더 많은 식용 색소의 첨가 때문이라고　　　　질감 또한 오해하게 할 수 있다

misleading. // A thicker product may be perceived / as tasting richer or
더 걸쭉한 제품은 인식될 수도 있다　　　　　더 풍부하거나 더 강렬한 맛이 난

stronger / simply because it is thicker, / and not because the thickening agent
다고　　단지 그것이 더 걸쭉하기 때문에　　　걸쭉하게 만드는 요소가 영향을 미치기 때문이 아니라

affects / the flavor of the food. //
음식의 맛에

① origin
　기원
② recipe
　조리법
③ nutrition
　영양
④ appearance
　겉모습
⑤ arrangement
　배열

Step 1 │ 빈칸 문장 먼저 읽기

빈칸 문장을 먼저 읽고 어떤 내용이 빠졌는지 살펴본다.
• **빈칸 문장** 맛에 대한 판단은 음식의 ___에 기반한 예측에 의해 종종 영향을 받는다.

Tip 빈칸에 들어갈 말은 맛 판단에 영향을 주는 요소이므로 맛(flavor)이나 인식(perceive)에 관련된 내용이 나오는 부분을 집중적으로 읽는다.

Step 2 │ 글의 구조와 흐름 파악하기

지문 구조를 분석하여 빈칸이 속하는 문장의 역할과 빈칸 단서의 위치를 파악한다.
• **주제문** 맛에 대한 판단은 음식의 ___에 기반한 예측에 의해 영향을 받는다.
• **예시** 딸기 맛 음식은 빨간색이라고 예상됨
• **설명 1** 맛 판단에 영향을 미치는 요인1: 색
• **설명 2** 맛 판단에 영향을 미치는 요인2: 색의 강도
• **설명 3** 맛 판단에 영향을 미치는 요인3: 질감
◑ **빈칸 단서**: red, green(색), Color intensity(색의 강도), Texture(질감)

Tip 빈칸 문장의 역할이 주제문이므로 나열된 예시와 설명들을 종합하여 주제를 추론해야 한다. 부사 also가 맛 판단에 영향을 미치는 요인이 추가되는 지점을 알려주고 있다.

Tip 주제문 패러프레이징 표현을 놓치지 말자. 주제문에 Judgements about flavor라는 표현은 identify the flavor, flavor perception으로 모양을 바꾸어 나타나고 있으며, 이 부근에서 주제문에 뚫린 빈칸에 대한 정답 단서를 발견할 수 있다.

Step 3 │ 문맥에 맞는 선택지 고르기

색, 색의 강도, 질감을 포괄하는 선택지를 고른다.
◑ ④ appearance(겉모습)가 정답이다.

● 느낌 빡! 지문 구조 분석은 빈칸 추론 문제 풀이의 필수 단계이다

빈칸은 항상 주제문이나 주변 문장들로 추론할 수 있는 내용이어야 하기 때문에 **다른 문제 유형보다 훨씬 더 논리적으로 내용이 구성된 지문을 이용해 출제된다.** 그건 무슨 뜻인가? 지문 구조를 제대로 파악해야만 정답을 고를 수 있는 유형이라는 뜻이다. 글의 큰 흐름과 주제를 파악하지 않고 지엽적인 단서만을 의지해서 문제를 풀려고 한다면 빈칸 추론은 한없이 어렵게만 느껴질 것이다. 빈칸 추론 유형은 단순 영어 문제가 아니라 사고력 측정 유형이라고도 볼 수 있으며 이것이 바로 빈칸추론 문항의 오답률이 높은 이유이기도 하다. 아무리 모든 문장을 정확하게 해석했다고 할지라도, 지문 구조를 파악하지 못하고 주제문이 어떤 문장인지도 모른다면 정답을 고를 수 없다. 이것이 우리가 Part 1에서 주제 찾기 훈련과 함께 지문 구조를 집중적으로 공부한 이유이기도 하다.

✔ 정답은 왼쪽 페이지에

단어 자가 테스트

한 → 영

○ 판단　　　　　　　○ 예측, 예상　　　　　　○ ~에 근거하여
○ 강도　　　　　　　○ 첨가, 추가　　　　　　○ 질감
○ 걸쭉해지다　　　　○ 조리법　　　　　　　　○ 겉모습, 외모

전략 02　중반부 빈칸은 전후 문장에 특히 주목한다

빈칸 추론 유형

퍼즐 조각을 맞출 땐 전체적인 그림을 염두에 두는 동시에 바로 옆 조각을 중요한 단서로 활용해야 한다. 빈칸 추론도 마찬가지다. 중반부 빈칸에 들어갈 내용을 정확하게 추론하기 위해서는 전반적인 글의 구조를 살피면서 빈칸 문장이 예시, 반론, 해결책, 결과, 답변 등 어디에 속하는지를 파악해야 한다. 특히 다른 곳보다도 빈칸의 바로 앞뒤 문장에 집중해야 한다. 또한 중반부 빈칸 문제에서는 빈칸 앞뒤에 역접 연결사가 나오면서 글의 흐름이 바뀌는 부분이 있지 않은지 잘 살펴봐야 한다.

 Step 1 빈칸 문장 먼저 읽기　→　 **Step 2** 글의 구조와 흐름 파악하기　→　 **Step 3** 문맥에 맞는 선택지 고르기

예제 2　다음 빈칸에 들어갈 말로 가장 적절한 것을 고르시오. **기출**

난이도 ★ ★ ★

Some of the most extensive research on the subject of success was conducted by George and Alec Gallup. They interviewed people acknowledged as successful in a wide variety of areas: business, science, literature, education, religion, etc. The goal of the researchers was to determine what these high-achieving people had in common. There was one thing they all had in common: the willingness to _____. All of them agreed that success wasn't something that had just happened to them due to luck or special talents. It happened because they'd made it happen through continuous effort. Instead of looking for shortcuts and ways to avoid hard work, these people welcomed it as a necessary part of the process.

① take a risk
② make plans ahead
③ get rid of bad habits
④ work long, hard hours
⑤ respect others' opinions

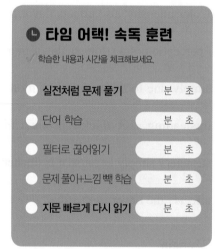

⏱ 타임 어택! 속독 훈련

✓ 학습한 내용과 시간을 체크해보세요.

- 실전처럼 문제 풀기　　분　초
- 단어 학습　　분　초
- 필터로 끊어읽기　　분　초
- 문제 풀이+느낌 빽! 학습　　분　초
- 지문 빠르게 다시 읽기　　분　초

➕ RSVP 속독 훈련

✓ 학습한 내용을 체크해보세요.

- 원어민 MP3 듣기
- 소리 내어 따라 읽기
- 배속으로 청킹 속독

지문 듣기

✓ 정답은 오른쪽 페이지에

단어 자가 테스트

 영 → 한

- extensive
- high-achieving
- continuous
- interview
- willingness
- shortcut
- acknowledge
- talent
- get rid of

어원 Hint interview: inter(서로)+view(보다) → 서로 마주 보다

첫 문장에서는 성공에 관한 연구가 시행되었다고 했으니 이 지문은 '연구' 지문 구조이다. 글을 전개해 나가며 연구가 어떤 식으로 진행되었으며(연구 내용) 연구에서 찾아낸 성공의 비밀(연구 결과)을 밝혀줄 것임을 예측하고 읽으면 훨씬 속도가 빠를 것이다.

정답과 해설 p.72

Step by Step 문제 풀이

Some of the most extensive research / on the subject of success / was
가장 광범위한 연구 중 일부가   성공이라는 주제에 대한   George

conducted by George and Alec Gallup. // They interviewed people /
와 Alec Gallup에 의해 수행되었다   그들은 사람들을 인터뷰했다

acknowledged as successful / in a wide variety of areas: / business, science,
성공적이라고 인정받는   아주 다양한 분야에서   사업, 과학, 문학, 교육, 종교

literature, education, religion, etc. // The goal of the researchers / was to
등   연구자들의 목적은   밝히는 것이

determine / what these high-achieving people had in common. // STEP❶ There
었다   높은 성취를 이룬 이 사람들이 공통적으로 가지고 있는 것이 무엇인지   한 가지가

was one thing / they all had in common: / the willingness to
있었다   그들 모두가 공통적으로 가지고 있는   ____하려는 의지

_____. // All of them agreed / that success wasn't something /
그들 모두는 동의했다   성공은 어떤 것이 아니라는 것에

that had just happened to them / due to luck or special talents. // It happened
그들에게 그냥 일어났던   운이나 특별한 재주 때문에   그것(성공)이 일어났다

/ because they'd made it happen / through STEP❷ continuous effort. // Instead
그들이 그것을 일어나도록 만들었기 때문에   끊임없는 노력을 통해   찾는 것 대

of looking for / shortcuts and ways to avoid hard work, / these people
신에   지름길과 힘든 일을 피하는 방법을   이 사람들은 그것을 기

welcomed it / as a necessary part of the process. //
꺼이 받아들였다   과정의 필수적인 부분으로

① take a risk
  위험을 감수하다
② make plans ahead
  미리 계획하다
③ get rid of bad habits
  나쁜 습관을 제거하다
④ work long, hard hours
  오랫동안 열심히 일하다
⑤ respect others' opinions
  다른 사람들의 의견을 존중하다

Step 1 | 빈칸 문장 먼저 읽기

빈칸 문장을 먼저 읽고 어떤 내용이 빠졌는지 살펴본다.
• 빈칸 문장 그들(they) 모두가 공통적으로 가지고 있는 한 가지가 있었다: ____하려는 의지

Tip they가 받는 구체적인 대상을 찾기 위해 앞 문장을 살펴봐야 한다. they는 these high-achieving people이므로 빈칸에는 높은 성취를 이룬 사람들이 공통적으로 가지고 있는 의지로 적합한 내용이 와야 한다.

Tip 콜론(:) 뒤에는 목록, 인용구, 요약 등으로 앞 내용을 보충하는 표현이 온다. 따라서 빈칸 문장의 콜론 뒤에는 그들이 공통적으로 가지고 있는 것이 무엇인지 구체적인 내용이 나와야 한다.

Step 2 | 글의 구조와 흐름 파악하기

지문 구조를 분석하여 빈칸이 속하는 문장의 역할과 빈칸 단서의 위치를 파악한다.
• 연구 내용 성공한 사람들의 공통점을 밝히기 위해 인터뷰 수행
• 연구 결과 성공한 사람들의 공통점: ____하려는 의지
• 결론 성공은 끊임없이 노력하고, 힘든 일을 기꺼이 받아들였기 때문에 일어났다.

◑ 빈칸 단서: continuous effort(끊임없는 노력), welcomed it(=hard work)(힘든 일을 기꺼이 받아들였다)

Tip 빈칸이 위치한 문장이 연구 결과에 해당하므로, 빈칸에 들어갈 말의 단서는 연구 결과에 대해 추가로 설명하는 결론 부분에서 찾을 수 있다.

Tip 첫 문장에 연구 지문을 알려주는 단어 research가 나왔다. 이것만 보고도 연구에 관한 내용이 전개될 것을 예측하며 읽을 수 있다.

참고 Unit 07 연구 내용 - 연구 결과 - 결론 <훑어보기> p.127

Step 3 | 문맥에 맞는 선택지 고르기

끊임없는 노력, 힘든 일을 기꺼이 받아들이는 태도를 포괄하는 선택지를 고른다.
◑ ④ work long, hard hours(오랫동안 열심히 일하다)가 정답이다.

⚠ 느낌 빡! 지문 안에 빈칸 추론에 대한 근거가 없다면 잘못 추론한 것이다

빈칸 추론 유형에서 자기 상식이나 생각을 토대로 빈칸에 들어갈 말을 찾으려는 유혹에 빠질 수 있다. 그리고 자기 생각대로 선택지를 골라도 제법 말이 되게끔 출제 위원들이 함정을 만든다. 이 지문만 봐도 위험을 감수하는 것, 미리 계획을 세워놓는 것, 나쁜 습관을 없애는 것, 오랫동안 열심히 일하는 것, 다른 사람들의 의견을 존중하는 것 모두 성공하는 사람들의 특징이 될 만하지 않은가. 선택지 중 틀린 말이 하나도 없으며 이 중 어떤 것을 골라도 빈칸 문장 자체가 말이 안 되지는 않는다. '역시 성공은 계획을 미리 짜는 게 중요하지. 난 천재인가 봐.' 이렇게 오답을 고르고도 정답을 맞힌 것 같은 착각에 빠진다. 그러니 상식과 지식으로만 문제에 접근하는 것은 너무나 위험한 일이다. 문제를 풀 땐 항상 냉정해야 하고 절대 주관을 개입시켜선 안 된다. 독해 시험은 자기 생각이 아니라 글쓴이의 생각을 찾는 것이 관건이다. **답은 내 머릿속이 아니라 지문 속에 있다.** 빈칸에 들어갈 말의 단서는 꼭 지문에서만 찾자.

✓ 정답은 왼쪽 페이지에

전략 03 후반부 빈칸은 전체 글의 요약인 경우가 대부분이다

빈칸 추론 유형

지문 후반부에 빈칸이 있다면 빈칸 문장은 주제문이나 주제문을 재진술하는 문장, 혹은 결론을 내리거나 전체 지문 내용을 요약하는 문장일 확률이 높다. 특히 빈칸 문장이 결론을 나타내는 연결사로 시작할 경우에는 더욱 그러하다. 따라서 후반부에 빈칸이 있을 경우 앞부분부터 차분히 읽으며 주제를 파악하고 이를 단서로 하여 빈칸에 가장 적합한 선택지를 고르면 된다.

Step 1 빈칸 문장 먼저 읽기 → **Step 2** 글의 구조와 흐름 파악하기 → **Step 3** 문맥에 맞는 선택지 고르기

예제 3 다음 빈칸에 들어갈 말로 가장 적절한 것을 고르시오.

난이도 ★★

Houston Airport executives faced plenty of complaints regarding baggage claim time, so they increased the number of baggage handlers. Although it reduced the average wait time to eight minutes, complaints didn't stop. It took about a minute to get from the arrival gate to baggage claim, so the passengers spent seven more minutes waiting for their bags. The solution was to move the arrival gates away from the baggage claim so it took passengers about seven minutes to walk there. It resulted in complaints reducing to almost zero. Research shows occupied time feels shorter than unoccupied time. People usually exaggerate about the time they waited, and what they find most bothersome is time spent unoccupied. Thus, occupying the passengers' time by ＿＿＿＿＿＿ gave them the idea they didn't have to wait as long.

* baggage claim (area): 수하물 찾는 곳

① having them wait in line
② making them walk longer
③ producing more advertisements
④ bothering them with complaints
⑤ hiring more staff to handle bags

⏱ 타임 어택! 속독 훈련

✓ 학습한 내용과 시간을 체크해보세요.

- 실전처럼 문제 풀기 　분　초
- 단어 학습 　분　초
- 필터로 끊어읽기 　분　초
- 문제 풀이+느낌 빽! 학습 　분　초
- 지문 빠르게 다시 읽기 　분　초

⊕ RSVP 속독 훈련

✓ 학습한 내용을 체크해보세요

- 원어민 MP3 듣기
- 소리 내어 따라 읽기
- 배속으로 청킹 속독

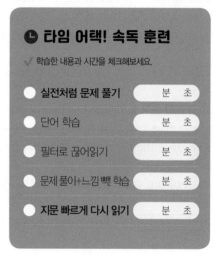

지문 듣기

 정답은 오른쪽 페이지에

단어 자가 테스트

영 → 한

○ executive ○ complaint ○ handler
○ occupied ○ exaggerate ○ bothersome

어원 Hint executive: ex(밖으로)+(s)ec(ut)(따라가다)+ive(~하는 사람) → 왕의 명령을 밖에서 따르는 사람

 226 **Part 2 문제 유형 편**

첫 문장부터 불평에 직면했다는 문제 상황과 그에 대처하기 위해 어떤 조치를 취했는지 나와있다. 이 조치로 인해 문제가 해결됐는지 여부가 이어지는 것이 논리적인 흐름에 맞다.

정답과 해설 p.73

Step by Step 문제 풀이

Houston Airport executives faced plenty of complaints / regarding baggage
휴스턴 공항의 임원들은 많은 불평에 직면했다   수화물 찾는 데 걸리는 시간에

claim time, / so they increased the number of baggage handlers. // Although
관한   그래서 그들은 수화물 처리자들의 숫자를 늘렸다   비록 그것이 평

it reduced the average wait time to eight minutes, / complaints didn't stop. //
균 대기 시간을 8분으로 줄였지만   불평은 멈추지 않았다

It took about a minute / to get from the arrival gate to baggage claim, / so the
1분 정도 걸렸다   도착 게이트에서 수화물 찾는 곳까지 도달하는 것은   그래서 승

passengers spent seven more minutes / waiting for their bags. // The solution
객들은 7분이 더 보냈다   가방을 기다리면서   해결책은 도착 게이트

was **STEP 2** to move the arrival gates / away from the baggage claim / so it
를 옮기는 것이었다   수화물 찾는 곳으로부터 멀리   그래서

took passengers about seven minutes / to walk there. // It resulted in
승객들이 7분 정도 걸리도록   거기까지 걸어가는 것이   그것은 불평이 거의 0으

complaints reducing to almost zero. // Research shows / occupied time feels
로 줄어드는 결과로 이어졌다   연구는 보여준다   차지된 시간이 더 짧게 느껴진다

shorter / than unoccupied time. // People usually exaggerate / about the time
는 것을   차지되지 않은 시간보다   사람들은 대개 과장한다   그들이 기다렸던 시간에

they waited, / and what they find most bothersome is / time spent
대해   그리고 그들이 가장 성가시게 여기는 것은   차지되지 않은 시간

unoccupied. // **STEP 1** Thus, / occupying the passengers' time / by
이다   그러므로   승객들의 시간을 차지하는 것은

_____ / gave them the idea / they didn't have to wait as long. //
_____으로써   그들(승객들)에게 생각을 주었다   그들이 그렇게 오래 기다릴 필요가 없다는 것

① having them wait in line
그들을 줄 서서 기다리게 함

② making them walk longer
그들을 더 오래 걷게 함

③ producing more advertisements
더 많은 광고를 생산함

④ bothering them with complaints
그들을 불평으로 괴롭힘

⑤ hiring more staff to handle bags
가방을 처리할 더 많은 직원을 고용함

Step 1 | 빈칸 문장 먼저 읽기

빈칸 문장을 먼저 읽고 어떤 내용이 빠졌는지 살펴본다.

- **빈칸 문장** 그러므로(Thus) _____으로써 승객들의 시간을 차지하는 것은 그들이 그렇게 오래 기다릴 필요가 없다는 생각을 승객들에게 주었다.

Tip 빈칸 문장이 Thus로 시작하므로 전반적인 내용을 정리하거나 핵심 내용을 재진술하는 문장이 되어야 한다. 빈칸에 들어갈 말을 고르기 위해 공항 측에서 승객들의 시간을 차지하기 위해 무엇을 했는지 찾아야 한다.

Step 2 | 글의 구조와 흐름 파악하기

지문 구조를 분석하여 빈칸이 속하는 곳과 빈칸 단서의 위치를 찾는다.

- **현상 + 문제 제기** 수화물 찾는 데 걸리는 시간에 대한 많은 불평이 발생하여 수화물 처리자 수를 늘려 대기 시간을 줄였지만 불평은 멈추지 않음
- **해결책** 도착 게이트를 옮겨 수화물 찾으러 걸어가는 데 더 많은 시간이 걸리게 함 → 불평 감소
- **부연 설명** 사람들은 차지된 시간을 짧게 느끼고 차지되지 않은 시간을 성가시게 여김
- **결론** 사람들을 _____으로써 시간을 차지하게 했더니 그렇게 오래 기다릴 필요가 없다는 생각을 갖게 함
- ◑ **빈칸 단서:** to move the arrival gates ~ to walk there(도착 게이트를 옮겨서 걷는 데 시간이 더 걸리게 함)

Tip 문제 제기에 해결책이 이어지면 곧 해결책이 그 글의 주제로 직결되지 않는가. 결론 구조에 위치한 빈칸의 단서는 성공적인 해결책에서 찾을 수 있다.

Tip 문제 상황을 진술한 절 다음에 접속사 so가 나왔다. 발생한 문제에 따른 해결책을 제시할 것이다.

참고 Unit 05-2 '문제 제기에 해결책이 이어지면 해결책이 주제다' p.106

Step 3 | 문맥에 맞는 선택지 고르기

빈칸 단서를 패러프레이징한 표현을 찾는다.
◑ ② making them walk longer(그들을 더 오래 걷게 함)가 정답이다.

느낌 빡! 매력적인 오답은 지엽적인 내용을 바탕으로 구성된다

선택지 ⑤ hiring more staff to handle bags를 만드는 데 지문 일부인 increased the number of baggage handlers가 활용되었다. 지문 이해가 제대로 안 된 채로 선택지를 고르려고 하면 오답 보기에도 지문에서 봤던 표현이 활용되어 있으므로 오답을 보고도 정답처럼 생각하기 쉽다. 어떤 보기든지 출제자는 함정을 만들어 놓기 때문에 빈칸에 들어가면 지문에 참 잘 어울릴 것 같이 느껴지는 것이다. 일부 표현만 보고 정답을 고르지 않아야 하는 이유가 바로 이런 데 있다. 이런 걸 보면 출제 위원님들이 참 얄미우면서 야속하다는 생각이 들 수도 있다. 하지만 공부를 계속 하다 보면 어느 순간부터 뭘 노리고 함정을 팠는지 빤히 보일 것이다. 내 경우 문제도 내보고 하도 출제 위원 입장에서 생각하다 보니 어떤 고민 과정이 있었는지까지 보이곤 한다. 이 책을 공부하는 여러분도 그렇게 될 것이다.

✓ 정답은 왼쪽 페이지에

단어 자가 테스트
한 → 영

○ 임원   ○ 불평   ○ 처리자, 담당자
○ (방 등이) 사용 중인, (좌석이) 채워진   ○ 과장하다   ○ 성가신

전략 04

앞뒤 문장의 논리적 관계가 연결사를 결정한다

연결사 추론 유형

글의 흐름을 자연스럽게 연결해주는 적절한 연결사를 고르는 문제이다. 우리는 이미 앞에서 지문 구조 파악 연습을 꾸준히 하며 글의 흐름과 빈칸 앞뒤 문장의 논리적 관계를 파악하는 능력을 길러왔으니 걱정할 것 없다. 빈칸이 반론 구조의 시작이면 '역접' 연결사를, 예시 구조에 해당하면 '예시' 연결사를 고르면 된다. 연결사 추론 유형이야말로 지문 구조를 파악하면 정답이 바로 보이는 문제이다. 특히 연결사 앞뒤 문장의 관계가 중요하다. 그 부분을 더욱 집중해서 읽어야 한다.

Step 1 글의 구조와 흐름 파악하기 → **Step 2** 빈칸 앞뒤 문장 관계 분석하기 → **Step 3** 문맥에 맞는 선택지 고르기

예제 4 다음 글의 빈칸 (A), (B)에 들어갈 말로 가장 적절한 것은? 기출

난이도 ★★★

When you are anxious, the perceived threat potential of stimuli related to your anxiety can rise. Thus, things you typically encounter that might not usually trigger fear now do so. _____(A)_____, if you encounter a snake in the course of a hike, even if no harm comes, anxiety is likely aroused, putting you on alert. If farther along the trail you notice a dark, slender, curved branch on the ground, an object you would normally ignore, you might now momentarily be likely to view it as a snake, triggering a feeling of fear. _____(B)_____, if you live in a place where terror alerts are common, harmless stimuli can become potential threats. In New York City, when the alert level rises, a parcel or paper bag left under an empty subway seat can trigger much concern.

	(A)		(B)
①	For example	……	However
②	For example	……	Similarly
③	Therefore	……	However
④	In contrast	……	Similarly
⑤	In contrast	……	In other words

✓ 정답은 오른쪽 페이지에

단어 자가 테스트

영 → 한

○ anxious	○ encounter	○ trigger
○ arouse	○ alert	○ farther
○ trail	○ momentarily	○ concern

어원 Hint **concern**: con(함께 com)+cern(거르다) → 함께 체에 걸러보다

키워드에 주목해보면 쉬운 단어가 하나도 없다. 불안한 상황에서 인지되는 위협 가능성의 관계에 대한 다소 전문적인 내용이 전개될 것을 예측할 수 있다.

정답과 해설 p.74

Step by Step 문제 풀이

STEP ❶ When you are anxious, / the perceived threat potential of stimuli /
당신이 불안할 때   자극의 인지된 위협 가능성은

related to your anxiety / can rise. // Thus, / things you typically encounter /
당신의 불안함과 관련된   증가할 수 있다   그러므로   당신이 일반적으로 마주치는 것들이

that might not usually trigger fear / now do so. // _____(A)_____ , / **STEP ❷-1** if
보통은 공포를 유발하지 않을 수도 있는   이제는 그렇게 한다   만약

you encounter a snake / in the course of a hike, / even if no harm comes, /
당신이 뱀을 마주친다면   하이킹 도중에   아무 해가 오지 않더라도

anxiety is likely aroused, / putting you on alert. / If farther along the trail /
불안함이 생길 가능성이 있다   당신이 경계 태세를 취하게 한다   만약 오솔길을 더 따라가다가

you notice a dark, slender, curved branch on the ground, / an object you
당신이 어둡고, 가늘고, 구부러진 나뭇가지를 땅에서 발견한다면   보통이라면 당신이 무시

would normally ignore, / you might now momentarily be likely / to view it
했을 물체인   당신은 이제 순간적으로 (~할) 가능성이 있을지도 모른다   그것을 뱀으로

as a snake, / triggering a feeling of fear. // _____(B)_____ , / **STEP ❷-2** if you live
볼   (그것이) 두려움의 감정을 유발한다   만약 당신이 어느

in a place / where terror alerts are common, / harmless stimuli can become
장소에 산다면   테러 경보가 흔한   무해한 자극도 잠재적인 위협이 될 수 있다

potential threats. // In New York City, / when the alert level rises, / a parcel
               뉴욕시에서   경보 수준이 오를 때   소포나 종이

or paper bag / left under an empty subway seat / can trigger much concern. //
봉투가   빈 지하철 좌석 아래에 놓인   많은 염려를 유발할 수 있다

	(A)		(B)
①	For example 예를 들어	……	However 하지만
②	For example 예를 들어	……	Similarly 마찬가지로
③	Therefore 그러므로	……	However 하지만
④	In contrast 대조적으로	……	Similarly 마찬가지로
⑤	In contrast 대조적으로	……	In other words 다시 말해서

Step 1 | 글의 구조와 흐름 파악하기

글의 전체적인 흐름을 보며 어떤 구조로 된 지문인지 파악한다.
- **주제문** 당신이 불안할 때 그와 관련된 자극의 인지된 위협 가능성은 증가할 수 있다.
- **예시 1** 나뭇가지를 보고 뱀으로 간주해서 두려워함
- **예시 2** 빈 지하철 좌석 아래의 소포나 종이 봉투가 많은 염려를 유발할 수 있음

Tip 첫 문장 어조가 단정적이고 확신에 차 있으므로 주제문일 확률이 높다. 첫 문장의 내용이 포괄적이고 어휘가 어렵기 때문에 뒤에는 당연히 부연 설명과 예시가 나온다.
Tip (A), (B)가 속한 문장은 if로 시작하며 구체적인 상황을 제시하고 있으므로 연결사 없이도 예시라는 것을 알 수 있다.
참고 Unit 01 주제문 - 예시 1 - 예시 2 <훑어보기> p.55

Step 2 | 빈칸 앞뒤 문장 관계 분석하기

❷-1 (A) 빈칸 앞에서 주제문에 대한 부연 설명 (Thus로 시작하는 문장)이 끝나고, 빈칸 뒤부터 첫 번째 예시가 시작되었다. (A)는 예시 연결사 자리이다.
❷-2 (B) 빈칸 앞에서 한 예시가 마무리되었고, 뒤에서 또 다른 예시가 제시되고 있다. (B)는 비슷한 내용을 첨가해주는 연결사 자리이다.

Step 3 | 문맥에 맞는 선택지 고르기

① 예시 - 역접
② 예시 - 첨가/부연/비교
③ 결과 - 역접
④ 대조 - 첨가/부연/비교
⑤ 대조 - 요약

➊ 빈칸 (A)에 들어갈 예시 연결사와 빈칸 (B)에 들어갈 첨가 연결사가 알맞게 짝지어진 것은 ②이다. 다른 연결사들은 빈칸에 넣어 해석해 봤을 때 의미가 통하지 않는다.

❗ 느낌 빡! 주요 연결사의 용법을 알아 두는 것은 기본 중의 기본

아무리 글의 구조를 잘 파악하고 문장 간의 논리 관계를 이해했다고 한들 정작 선택지에 나온 연결사가 어떤 의미인지 모른다면 정답을 맞힐 수가 없다. 속독을 위한 예측 독해에서도 연결사는 필수였다. 더 이상 미루지 말고 이번 기회에 많이 쓰는 주요 연결사들의 뜻과 용법을 확실하게 정리하고 넘어가자.

결과	so(그래서), therefore(그러므로), thus(이렇게, 이와 같이), as a result(그 결과), consequently(그 결과), hence(그러므로), accordingly(따라서)
예시	for example(예를 들어), for instance(예를 들어)
역접/대조	however(하지만, 그러나), in contrast(대조적으로), on the other hand(반면에), on the contrary(반대로), otherwise(그렇지 않으면), conversely(반대로), nevertheless(그럼에도 불구하고), but(그러나), yet(그러나), instead(대신)
첨가 / 부연 / 비교	in addition(게다가), also(또한), besides(게다가), moreover(더욱이), furthermore(게다가, 더욱이), similarly(유사하게), likewise(마찬가지로)
강조	indeed(정말로), in fact(사실상)
환언	in other words(다시 말해, 즉), that is to say(즉, 말하자면)
요약	in brief(간단히 말해서), briefly(간단히), to sum up(요약하자면), in short(요컨대)

✓ 정답은 왼쪽 페이지에

단어 자가 테스트

한 → 영

- 불안한
- 생기게 하다, 불러일으키다
- 오솔길, 코스
- 마주치다
- 경계하는; 경보
- 순간적으로
- 유발하다
- 더 멀리, 좀 더
- 염려, 걱정

전략 05 글을 두세 부분으로 나누어 핵심 내용을 요약한다

요약문 완성 유형

요약문은 주제문과 비슷하지만, 주제문보다 더 구체적이다. 지문 전체를 요약한 개념이기 때문에 요약문 안에는 주제와 예시, 원인과 결과, 통념과 반박 등이 모두 포함될 수 있다. 즉, 지문 구조 패턴이 요약문에 그대로 압축되는 것이다. 요약문의 구성은 보통 지문을 의미 단위로 나누어 요약한 내용을 접속사로 이어준 형태이다. 요약문에는 지문 속 핵심어의 동의어나 유의어, 지문 내용을 압축한 표현이 많이 나오므로, 어휘 실력을 쌓아 두자.

Step 1 글의 구조와 흐름 파악하기 → **Step 2** 요약문 분석하기 → **Step 3** 요약문 완성하기

예제 5 다음 글의 내용을 한 문장으로 요약하고자 한다. 빈칸 (A), (B)에 들어갈 말로 가장 적절한 것은?

난이도 ★★

Most people think their conscious minds control everything they do. They generally believe the conscious mind constantly directs their actions. These beliefs are false. Consider walking, for example, which is something that most people do over and over all day long. Do you consciously control the movements of your legs and feet? Does your conscious mind have to say, "Now pick up the left foot, swing it forward, hold it high enough so it doesn't touch the ground, set down the heel, roll forward, shift weight off the back foot," and so on? Of course not. Most of the time, walking is done without conscious thoughts or intentions.

* conscious: 의식적인

| _____(A)_____ what we generally believe, some of our actions are done _____(B)_____ . |

	(A)		(B)		(A)		(B)
①	Like	⋯⋯	emotionally	②	Like	⋯⋯	automatically
③	Unlike	⋯⋯	emotionally	④	Unlike	⋯⋯	automatically
⑤	Unlike	⋯⋯	irregularly				

 타임 어택! 속독 훈련

✓ 학습한 내용과 시간을 체크해보세요.

- 실전처럼 문제 풀기 ___ 분 ___ 초
- 단어 학습 ___ 분 ___ 초
- 필터로 끊어읽기 ___ 분 ___ 초
- 문제 풀이+느낌 빽 학습 ___ 분 ___ 초
- 지문 빠르게 다시 읽기 ___ 분 ___ 초

 RSVP 속독 훈련

✓ 학습한 내용을 체크해보세요.

- 원어민 MP3 듣기
- 소리 내어 따라 읽기
- 배속으로 청킹 속독

지문 듣기

✓ 정답은 오른쪽 페이지에

단어 자가 테스트

영 → 한

control	generally	direct
consider	set down	shift
emotionally	automatically	irregularly

어원 Hint direct: di(떨어져 dis)+rect(똑바로 하다) → 떨어진 상태에서 똑바로 하다
automatically: auto(스스로)+mat(행동하다)+ical(~의)+ly(~하게) → 스스로 행동하게

첫 문장 키워드 Most people think, conscious minds

'통념 - 반박' 지문 구조에서 배운 것이 나왔다. Most people think로 시작한 것으로 보아 통념을 언급하고 반박이 이어지는 구조를 예측하고 속독할 수 있다. 또한 '의식적인 정신'이라는 표현에서 이 글이 심리나 철학과 관련된 글임을 예상해볼 수 있다.

😊 **정답과 해설** p.75

Step by Step 문제 풀이

STEP ① [Most people] think / their conscious minds control / everything they
대부분의 사람들은 생각한다　　그들의 의식적인 정신이 통제한다고　　그들이 하는 모든 것을

do. // They generally believe / the conscious mind constantly directs their
그들은 일반적으로 믿는다　　의식적인 정신이 그들의 행동을 끊임없이 지시한다고

actions. // [These beliefs are false]. // Consider walking, / [for example], /
이러한 믿음들은 틀렸다　　걷기를 고려해보라　　예를 들어

which is something / that most people do over and over all day long. // Do
그것은 어떤 것이다　　대부분의 사람들이 반복적으로 하루 종일 행하는　　당신은

you consciously control / the movements of your legs and feet? // Does your
의식적으로 통제하는가　　당신의 다리와 발의 움직임을　　당신의 의식적인

conscious mind have to say, / "Now pick up the left foot, / swing it forward,
정신이 말을 해야 하는가　　자, 왼쪽 발을 들어 올려　　그것을 앞으로 내밀어

/ hold it high enough / so it doesn't touch the ground, / set down the heel, /
그것을 충분히 높이 들어　　그래서 그것이 땅에 닿지 않도록　　뒤꿈치를 내려

roll forward, / shift weight off the back foot," and so on? // Of course not. //
앞으로 발을 굴러　　뒷발로부터 무게를 이동시켜" 등의　　물론 그렇지 않다

Most of the time, / [walking is done / without conscious thoughts or
대부분의 시간 동안　　걷기는 행해진다　　의식적인 생각이나 의도 없이

intentions]. //

↓

STEP ②-1 _____(A)_____ what we generally believe, / some of our actions are
우리가 일반적으로 믿는 것 __(A)__　　우리의 행동 중 일부는 __(B)__ 행해진다

done **STEP ②-2** _____(B)_____ . //

	(A)		(B)		(A)		(B)
①	Like ~와 같이	……	emotionally 감정적으로	②	Like ~와 같이	……	automatically 자동적으로
③	Unlike ~와 달리	……	emotionally 감정적으로	④	Unlike ~와 달리	……	automatically 자동적으로
⑤	Unlike ~와 달리	……	irregularly 비정기적으로				

Step 1 | 글의 구조와 흐름 파악하기

글의 구조를 파악하고 각 구조별 내용을 요약하여 합치면 그게 바로 지문 전체의 요약이 된다.

· **도입(통념)** 대부분의 사람들은 의식적인 정신이 모든 행동을 통제한다고 믿는다.
· **주제문(반박)** 그런 일반적인 믿음은 틀렸다.
· **예시** 의식이 통제하지 않는 행동의 예시 - 걷기
· **결론** 걷기 같은 행동은 무의식적으로 일어난다.
◑ **지문 요약** 대부분의 사람들은 의식적인 정신이 모든 행동을 통제한다고 믿지만, 그 믿음은 틀렸다. 걷기와 같이 무의식적으로 일어나는 행동도 있다.

Tip 통념 시그널인 Most people, 예시 시그널인 for example을 참고하여 '통념 - 반박', '도입 - 주제문 - 예시 - 결론'이 결합된 구조임을 알 수 있다.

참고 Unit 02 도입 - 주제문 - 예시 - 결론 <훑어보기> p.67, Unit 03 통념 - 반박 <훑어보기> p.79

Step 2 | 요약문 분석하기

요약문에 나타난 키워드가 지문에서 패러프레이징된 문장을 찾아 빈칸 (A), (B)의 단서로 삼고, Step 1의 지문 요약을 참고하여 빈칸에 들어갈 내용을 추론한다.

②-1 (A)　__(A)__　what we generally believe
우리가 일반적으로 믿는 것 __(A)__
(주제문) These beliefs are false.
이러한 믿음은 틀렸다

②-2 (B)　some of our actions are done __(B)__
우리 행동 중 일부는 __(B)__ 행해진다
(결론) walking is done without conscious thoughts or intentions
걷기는 의식적인 생각이나 의도 없이 행해진다

Step 3 | 요약문 완성하기

(A)에는 '틀렸다'는 의미, (B)에는 '의식적인 생각이나 의도 없이'라는 의미와 통하는 단어가 들어가야 한다.
◑ ④ Unlike(~와 달리)와 automatically(자동적으로)가 정답이다.

💡 **느낌 빡!**　요약문에도 paraphrasing이 사용된다

요약문은 주제문과 거의 비슷하다고 했다. 위 지문의 지문 구조는 '도입(통념) - 주제문(반박) - 예시 - 결론'의 구조인데 요약문이 완성된 방식을 살펴보면 콤마() 앞에는 '도입＋주제문'이 압축되어 들어가고, 콤마 이후에는 결론 문장의 일부가 들어가 있다. 그런데 이때 지문 속 어휘가 요약문에 그대로 들어가는가? 아니다. **주제 찾기** 유형에서 말했던 paraphrasing 방식으로, '뜻은 같지만 형태는 다른' 어휘로 나타냈다.

주제문	결론
These beliefs are false 틀렸다	walking is done without conscious thoughts or intentions 의식적인 생각이나 의도 없이

~와 달리 Unlike what we generally believe, some of our actions are done automatically. 자동적으로

✔ 정답은 왼쪽 페이지에

단어 자가 테스트

한 → 영

- ○ 지배[통제]하다
- ○ 고려하다, 검토하다
- ○ 감정적으로
- ○ 일반적으로
- ○ ~을 내려놓다
- ○ 자동적으로
- ○ 지시하다
- ○ 이동시키다
- ○ 비정기적으로

Unit 14　**231**

전략 적용 문제

1 다음 빈칸에 들어갈 말로 가장 적절한 것을 고르시오. 기출

난이도 ★ ★ ★

It is not hard to see that a strong economy, where opportunities are plentiful and jobs go begging, _____. Biased employers may still dislike hiring members of one group or another, but when nobody else is available, discrimination most often gives way to the basic need to get the work done. The same goes for employees with prejudices about whom they do and do not like working alongside. In the American construction boom of the late 1990s, for example, even the carpenters' union — long known as a "traditional bastion of white men, a world where a coveted union card was handed down from father to son" — began openly encouraging women, blacks, and Hispanics to join its internship program. At least in the workplace, jobs chasing people obviously does more to promote a fluid society than people chasing jobs.

* bastion: 요새   ** coveted: 부러움을 사는

① allows employees to earn more income
② helps break down social barriers
③ simplifies the hiring process
④ increases wage discrimination
⑤ improves the productivity of a company

⏰ 타임 어택! 속독 훈련

✓ 학습한 내용과 시간을 체크해보세요.

- 실전처럼 문제 풀기 　분　초
- 단어 학습 　분　초
- 필터로 끊어읽기 　분　초
- 문제 풀이+느낌 빽! 학습 　분　초
- 지문 빠르게 다시 읽기 　분　초

➕ RSVP 속독 훈련

✓ 학습한 내용을 체크해보세요.

- 원어민 MP3 듣기
- 소리 내어 따라 읽기
- 배속으로 청킹 속독

지문 듣기

✓ 정답은 오른쪽 페이지에

2 다음 빈칸에 들어갈 말로 가장 적절한 것을 고르시오. 기출

난이도 ★ ★

In a classic experiment from 1972, participants were divided into two groups. The members of the first group were told that they would receive a small electric shock. In the second group, subjects were told that the risk of this happening was only 50 percent. The researchers measured physical anxiety (heart rate, nervousness, sweating, etc.) shortly before starting. The result was, well, shocking: There was absolutely no difference. Participants in both groups were equally stressed. Next, the researchers announced a series of reductions in the probability of a shock for the second group: from 50 percent to 20 percent, then 10 percent, then 5 percent. The result: still no difference! However, when they declared they would increase the strength of the expected current, both groups' anxiety levels rose — again, by the same degree. This illustrates that we respond to the expected magnitude of an event, but not to its _____.

① utility
② source
③ novelty
④ likelihood
⑤ duration

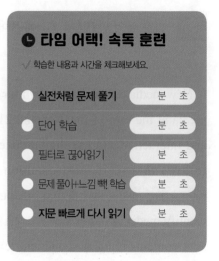

🕐 타임 어택! 속독 훈련

✓ 학습한 내용과 시간을 체크해보세요.

● 실전처럼 문제 풀기 　　분　초
● 단어 학습 　　분　초
● 필터로 끊어읽기 　　분　초
● 문제 풀이+느낌 빽! 학습 　　분　초
● 지문 빠르게 다시 읽기 　　분　초

➕ RSVP 속독 훈련

✓ 학습한 내용을 체크해보세요.

● 원어민 MP3 듣기
● 소리 내어 따라 읽기
● 배속으로 청킹 속독

지문 듣기

✓ 정답은 왼쪽 페이지에

단어 자가 테스트

한 → 영

1		
원하는 사람이 거의 없다, 수요가 없다	편향된	차별
~에 자리를 양보하다, ~에 굴복하다	편견	건설 호황기
목수	연합, 노동조합(=labor union)	유동적인, 변하기 쉬운; 유동체
2 고전[전형]적인	~로 나누어지다	전기 충격
~하기 직전에	알리다	일련의, 연속적인
가능성	선언하다, 발표하다	~에 반응하다

전략 적용 문제

3 다음 글의 빈칸 (A), (B)에 들어갈 말로 가장 적절한 것은? 기출

난이도 ★★★

New media can be defined by four characteristics simultaneously: they are media at the turn of the 20th and 21st centuries which are both integrated and interactive and use digital code and hypertext as technical means. It follows that their most common alternative names are multimedia, interactive media and digital media. By using this definition, it is easy to identify media as old or new.   (A)   , traditional television is integrated as it contains images, sound and text, but it is not interactive or based on digital code. The plain old telephone was interactive, but not integrated as it only transmitted speech and sounds and it did not work with digital code. In contrast, the new medium of interactive television adds interactivity and digital code.   (B)   , the new generations of mobile or fixed telephony are fully digitalized and integrated as they add text, pictures or video and they are connected to the Internet.

	(A)		(B)
①	For example	······	Additionally
②	Nevertheless	······	In other words
③	Therefore	······	Additionally
④	For example	······	In other words
⑤	Nevertheless	······	Consequently

🕐 타임 어택! 속독 훈련

✔ 학습한 내용과 시간을 체크해보세요.

- 실전처럼 문제 풀기 　분　초
- 단어 학습 　분　초
- 필터로 끊어읽기 　분　초
- 문제 풀이+느낌 빽 학습 　분　초
- 지문 빠르게 다시 읽기 　분　초

➕ RSVP 속독 훈련

✔ 학습한 내용을 체크해보세요.

- 원어민 MP3 듣기
- 소리 내어 따라 읽기
- 배속으로 청킹 속독

지문 듣기

✔ 정답은 오른쪽 페이지에

4 다음 글의 내용을 한 문장으로 요약하고자 한다. 빈칸 (A), (B)에 들어갈 말로 가장 적절한 것은? 기출   난이도 ★★★

In 2006, researchers at the University of Missouri took twenty-eight undergraduates and asked them to memorize lists of words and then recall these words at a later time. To test whether distraction affected their ability to memorize, the researchers asked the students to perform a simultaneous task — placing a series of letters in order based on their color by pressing the keys on a computer keyboard. This task was given under two conditions: when the students were memorizing the lists of words and when the students were recalling those lists for the researchers. The Missouri scientists discovered that concurrent tasks affected both memorizing and recalling. When the keyboard task was given while the students were trying to recall the previously memorized words, there was a 9 to 26 percent decline in their performance. The decline was even more if the concurrent task occurred while they were memorizing, in which case their performance decreased by 46 to 59 percent.

↓

> When undergraduate participants were asked to carry out a simultaneous task to make them ＿＿(A)＿＿, they showed a(n) ＿＿(B)＿＿ in their ability to memorize words and to recall them.

(A)	(B)	(A)	(B)
① distracted	…… reduction	② distracted	…… improvement
③ focused	…… decline	④ challenged	…… increase
⑤ challenged	…… stability		

타임 어택! 속독 훈련
✔ 학습한 내용과 시간을 체크해보세요.

● 실전처럼 문제 풀기   분 초
● 단어 학습   분 초
● 필터로 끊어읽기   분 초
● 문제 풀어+느낌 빽 학습   분 초
● 지문 빠르게 다시 읽기   분 초

➕ RSVP 속독 훈련
✔ 학습한 내용을 체크해보세요.

● 원어민 MP3 듣기
● 소리 내어 따라 읽기
● 배속으로 청킹 속독

지문 듣기

✔ 정답은 왼쪽 페이지에

단어 자가 테스트 한 → 영

3
○ 특징
○ 수단
○ 동시에 (a. 동시에 일어나는)
○ 포함하다
○ 쌍방향의, 상호작용하는
○ 전화 통신 (기술)

4
○ 학부생
○ 동시에 행해지는, 공존하는
○ 암기하다
○ 이전에
○ 주의를 흐트러뜨리는 것
○ 감소하다

Unit 14   235

Unit 15

세부 내용을 찾아라

✓ 나무 하나하나에 집중하라

'세부 내용 파악' 문제에는 장사가 없다. 아무리 잘난 사람도 결국 하나하나 정보가 맞는지 확인해 봐야 한다. 물론 지금까지 숱하게 배운 '지문 구조'를 활용하면 지문이 한눈에 들어와 문제를 풀 때 수월하지만, 핵심은 선택지와 지문 속의 정보가 일치하는지 한 문장, 한 문장 꼼꼼하게 확인하는 것이다.

앞서 '주제 찾기'나 '심경/분위기 파악' 문제 유형에서는 나무보다는 숲을 보라고 강조했다. 하지만 세부 내용을 파악하는 문제에서는 하나하나의 나무가 중요하다. 우리가 소홀히 할 수 있는 지엽적인 정보도 여기에선 정오답을 가르는 핵심 키워드가 될 수 있다.

'세부 내용 파악' 문제 유형은 쉬운 유형에 속한다. 별도의 추론이나 깊은 사고가 필요하진 않기 때문이다. 높은 배점으로 나오는 경우도 많지 않고 정답률도 높은 편이다. 그 대신, 죽으나 사나 선택지 하나하나의 정보가 맞는지 지문과 대조해야 하기 때문에, 마치 단순노동처럼 느껴질 수 있다. 이런 쉬운 유형일수록 실수하지 말고 나무 하나하나를 정확하게 파악하여 실점하지 않도록 한다.

✓ 선택지 키워드를 먼저 파악한다

'세부 내용 파악' 문제 지문에는 인물의 일대기가 가장 많이 나오고 보통 시간순 흐름인 경우가 많다. 또한 지문에서 설명된 순서와 선택지에서 제시되는 정보의 순서가 같은 것이 일반적이다. 예를 들어, 지문에 누군가의 일대기가 나온다면 선택지도 그 성장 순서대로 ①에서 ⑤까지 제시된다. 그래서 선택지를 순서대로 빠르게 읽고 키워드를 파악한 다음 지문을 읽으면 줄거리를 미리 알고 읽는 효과가 나서 이해가 쉽다. 또한 키워드가 속한 문장 위주로 집중해서 읽고 해당 내용이 선택지와 일치하는지 바로바로 체크하면 되니 시간 측면에서도 효율적이다.

그러나 꼭 이 방법을 고집할 필요는 없다. 시선이 몇 번이나 지문과 선택지를 왔다 갔다 하면 집중력이 흐트러지고 실수할 가능성도 있어서, 공신들 중에는 지문 먼저 쭉 읽고 선택지의 내용은 나중에 확인한다는 비중도 꽤 된다. 특히 속독이 습관화되어 있는 실력자들은 지문을 빠르게, 단번에 읽기 때문에 머릿속에 지문의 내용이 기억나서 한 번에 쭉 읽고도 선택지에서 거의 바로 답이 나온다. 그래서 굳이 왔다 갔다 하며 한 문장씩 대조할 필요가 없는 것이다.

따라서 지문 구조와 예측 독해로 속독이 숙달된 사람들은 후자의 방식을, 아직 지문 구조와 문제 유형별 풀이 전략을 훈련 중인 사람들은 선택지를 먼저 읽고 키워드를 파악하는 방식이 더 잘 맞을 확률이 높다. 가장 확실한 것은 두 가지 방법을 모두 사용해보고 자신에게 더 편하고 빠른 방법을 찾는 것이다.

세부 내용을 묻는 문제 유형에서는 지문의 세부 내용을 얼마나 정확하게 파악했는지를 측정한다. 주로 인물에 관한 시간순 지문 구조, 동식물이나 사건에 관한 설명문 형식의 지문 구조가 많은 편이다. 한 지문에 시간에 따른 변화 양상과 대상에 대한 다양한 정보가 담겨 있어서, 출제하는 입장에서 선택지로 내용을 묶어 세부 내용을 구체적으로 파악했는지 묻기에 적합하기 때문이다.

'문맥 속 어휘 추론' 문제 유형은 문맥 속에서 단어의 정확한 의미를 이해했는지 묻는 유형이다. 주제문 같은 핵심 문장의 어휘부터, 부연 설명이나 예시에 해당하는 문장의 어휘까지 다양하게 묻기 때문에 이 유형에서도 글을 세부적으로 이해하는 능력이 필요하다. 평소의 어휘 실력도 중요하지만, 모르는 단어의 경우 어원으로 단어의 의미를 대략적으로 유추할 수 있다면 금상첨화이다.

✓ 질문 유형

세부 내용 파악	• ○○○에 관한 다음 글의 내용과 일치하지 <u>않는</u> 것은? • ○○○에 관한 다음 글의 내용과 일치하는 것은?
문맥 속 어휘 추론	• 다음 글의 밑줄 친 부분 중, 문맥상 낱말의 쓰임이 적절하지 <u>않은</u> 것은? • (A), (B), (C)의 각 네모 안에서 문맥에 맞는 낱말로 가장 적절한 것은?

✓ 문제 풀이 STEP

	Step 1 →	Step 2 →	Step 3
세부 내용 파악	선택지에서 소재, 키워드 파악하기	키워드가 속한 문장 집중해서 읽기	일치/불일치하는 단어가 포함된 선택지 고르기
문맥 속 어휘 추론	도입부에서 주제, 소재 파악하기	선택지 어휘가 속한 문장 집중해서 읽기	정반대 어휘를 넣어 정답 확정하기

 세부 내용 파악/문맥 속 어휘 추론 문제 유형, 이렇게 접근하라!

전략 01 선택지를 먼저 읽고 설명 대상에 대해 파악한다

세부 내용 파악 유형

세부 내용 파악 유형은 선택지의 한글 설명이 지문의 영어 문장과 일치하는지 확인하는 유형이다. 쉽게 말해 객관식으로 된 해석 시험이라고 볼 수 있다. 따라서 한글 선택지를 먼저 읽어서 설명하는 대상이 무엇인지, 글에서 어떤 내용을 확인해 야 하는지 미리 파악하는 것이 좋다. 영어와 다르게 한글은 순식간에 읽힐 뿐만 아니라, 보통 지문에 기록된 순서대로 선택 지 순서가 정해지기 때문에 ①부터 ⑤까지 읽으면 한 사람의 일대기가 머릿속에 바로 그려지기도 한다. 마치 해설지의 지 문 해석을 먼저 읽고 독해하는 것과 같다. 하나의 선택지 안에서도 일부는 맞고 일부는 틀린 내용이 섞여 있을 수도 있으므 로, 모든 내용을 꼼꼼하게 확인해야 한다.

Step 1 선택지에서 소재, 키워드 파악하기 → **Step 2** 키워드가 속한 문장 집중해서 읽기 → **Step 3** 일치/불일치하는 단어가 포함된 선택지 고르기

예제 1

Thomas Nast에 관한 다음 글의 내용과 일치하지 <u>않는</u> 것은? 기출

난이도 ★★☆

Thomas Nast was born on September 27, 1840, in Landau, Germany, and moved with his mother and sister to New York in 1846. Young Nast was a poor student — he never learned to read or write — but showed an early talent for drawing. When he was about 13 years old, he quit regular school and the next year he studied art with Theodore Kaufmann, a photographer and painter. In 1862 he joined the staff of *Harper's Weekly*, where he focused his efforts on political cartoons. Nast made lasting contributions to the American political and cultural scene. He created the elephant as the symbol for the Republican Party and the modern version of Santa Claus. He also played an important role in the election of Abraham Lincoln in 1864.

① 독일에서 태어나서 뉴욕으로 이주하였다.
② 그림 그리기에 일찍이 재능을 보였다.
③ 1862년에 *Harper's Weekly*에서 퇴사했다.
④ 현대판 산타클로스를 만들어냈다.
⑤ Lincoln의 선거에서 중요한 역할을 했다.

🕐 **타임 어택! 속독 훈련**

✓ 학습한 내용과 시간을 체크해보세요.

● 실전처럼 문제 풀기 ___분 ___초
● 단어 학습 ___분 ___초
● 필터로 끊어읽기 ___분 ___초
● 문제 풀아+느낌 빽! 학습 ___분 ___초
● 지문 빠르게 다시 읽기 ___분 ___초

➕ **RSVP 속독 훈련**

✓ 학습한 내용을 체크해보세요.

● 원어민 MP3 듣기
● 소리 내어 따라 읽기
● 배속으로 청킹 속독

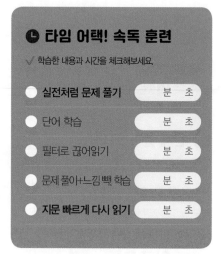

지문 듣기

✓ 정답은 오른쪽 페이지에

단어 자가 테스트

영 → 한

○ staff   ○ focus ~ on   ○ lasting
○ contribution   ○ create   ○ election

어원 Hint election: e(밖으로 ex)+lect(선택하다)+ion(~하는 것) → 밖으로 선택하는 것

238   **Part 2 문제 유형편**

첫 문장 키워드 **Thomas Nast was born**

'Thomas Nast'라는 인물이 언제, 어디서 태어났는지부터 시작한다. 한 인물의 일대기를 설명하는 글의 전형적인 첫 문장이다. 그의 삶에 대한 이야기가 나올 것임을 예측할 수 있다.

Step by Step 문제 풀이

Thomas Nast was born / on September 27, 1840, / in Landau, STEP❷-1
Thomas Nast는 태어났다   1840년 9월 27일에   독일 Landau에서
Germany, / and moved with his mother and sister / to New York in 1846. //
       그리고 그의 어머니와 여자 형제와 함께 이사했다   1846년에 뉴욕으로
Young Nast was a poor student / — he never learned to read or write — / but
어린 Nast는 부진한 학생이었다   그는 읽거나 쓰는 것을 배운 적이 전혀 없었다   하지
showed an early talent for STEP❷-2 drawing. // When he was about 13 years
만 그림에 대한 일찍부터의 재능을 보였다   그가 약 13세일 때
old, / he quit regular school / and the next year / he studied art / with
그는 정규 학교를 그만뒀다   그리고 다음 해   그는 예술을 공부했다   사진가
Theodore Kaufmann, a photographer and painter. // In 1862 he joined the
이자 화가인 Theodore Kaufmann과 함께   1862년에 그는 'Harper's Weekly' 직
staff of STEP❷-3 Harper's Weekly, / where he focused his efforts on political
원으로 들어갔다   그곳에서 정치 만화에 그의 노력을 집중했다
cartoons. // Nast made lasting contributions / to the American political and
Nast는 길이 남을 공헌을 했다   미국의 정치적 그리고 문화적 장면에
cultural scene. // He created the elephant / as the symbol for the Republican
그는 코끼리를 만들었다   공화당의 상징으로
Party / and the modern version of STEP❷-4 Santa Claus. // He also played an
그리고 현대판 산타클로스를 (만들었다)   그는 또한 중요한 역할을 했다
important role / in the election of Abraham STEP❷-5 Lincoln / in 1864. //
중요한 역할을   Abraham Lincoln의 선거에서   1864년에

STEP❶

① 독일에서 태어나서 뉴욕으로 이주하였다.
② 그림 그리기에 일찍이 재능을 보였다.
③ 1862년에 *Harper's Weekly*에서 퇴사했다.
④ 현대판 산타클로스를 만들어냈다.
⑤ Lincoln의 선거에서 중요한 역할을 했다.

Step 1 | 선택지에서 소재, 키워드 파악하기

선택지를 먼저 읽고 소재와 키워드를 파악한다.
· **소재**   Thomas Nast라는 인물의 일대기
· **선택지 키워드**   ① 독일, 뉴욕
② 그림 그리기   ③ Harper's Weekly
④ 현대판 산타클로스   ⑤ Lincoln 선거

Tip 선택지의 전체 내용을 모두 숙지할 필요 없다. 5 - 10초 투자해서 키워드와 소재만 잡아내면 된다. 지문에서 해당 부분을 좀 더 집중해서 읽기 위한 것이지, 당장 정답을 찾는 단계가 아니다.

Tip 사실 소재는 질문 유형에 드러난다. 'OOO에 관한 다음 글의 내용과 ~?'에서 OOO이 설명 대상이다. 다만 그 이름만 보고는 사람인지 동물인지 불분명한 경우가 있으므로 선택지로 한번 더 확인한다.

Step 2 | 키워드가 속한 문장 집중해서 읽기

처음부터 한 문장씩 빠르게 읽다가 Step 1 키워드가 속한 문장이 나오면 집중한다. 키워드가 속한 문장은 키워드 주변 단어까지 모두 읽어야 한다.
① born ~ Germany, moved ~ to New York
② showed an early talent for drawing
③ joined the staff of *Harper's Weekly*
④ created ~ the modern version of Santa Claus
⑤ an important role in the election ~ Lincoln

Tip 보통 지문의 순서와 선택지의 순서가 같게 나온다. 지문에 누군가의 일대기가 나온다면 선택지도 그 성장 순서대로 ①~⑤까지 나오게 된다.

Step 3 | 일치/불일치하는 단어가 포함된 선택지 고르기

❸ ③ 'Harper's Weekly'가 들어간 문장에서 1862년이라는 시간은 맞지만, '퇴사했다'가 아니라 '입사했다(joined)'고 했으므로 불일치한다.

느낌 빡! 수능 기출로 분석한 불일치 선택지의 4가지 유형

세부 내용 파악 문제를 풀려면 다른 방법이 없다. 죽으나 사나 모든 문장을 읽고, 선택지의 단어 하나하나 확인해야 한다. 아래에 지금까지의 기출 문제를 분석해서 자주 등장하는 4가지 불일치 선택지 유형을 모았다. 실제로 출제 위원들이 이러한 유형으로 선택지를 만든다. 앞으로도 여기서 크게 벗어나지 않을 것이다.

1 긍정/부정을 바꾸는 경우 - He formed special bonds with the artists he worked with ... 2018학년도 수능 25번
함께 작업한 예술가들과 특별한 유대 관계를 맺지 않았다(×). (→ 맺었다 formed)

2 반대로 말하는 경우 - *The Yearling* was made into a film of the same name. 2019학년도 수능 26번
소설 'The Yearling'은 다른(×) 제목으로 영화화되었다. (→ 똑같은 the same)

3 비슷한 다른 말로 바꾸는 경우 - Ehret traveled around Europe, largely on foot ... 2015학년도 수능 24번
Ehret은 젊은 시절 주로 마차로(×) 유럽을 여행하였다. (→ 걸어서 on foot)

4 두 문장의 내용을 뒤섞는 경우 - Having returned to France, Fourier began his research on heat conduction. + During his stay in Egypt he contracted a strange illness ... 2014학년도 수능B형 30번
이집트에서 프랑스로 돌아온 후(×) 이상한 병에 걸렸다. (→ 이집트에 머무르는 동안 During his stay in Egypt)

✔ 정답은 왼쪽 페이지에

단어 자가 테스트
한 → 영
○ 직원   ○ ~을 ...에 집중하다   ○ 지속적인
○ 공헌, 기여   ○ 만들어내다, 고안하다   ○ 선거

세부 내용 파악 유형

전략 02 설명 지문 구조로 예측 독해하면 된다

세부 내용 파악 유형에 등장하는 지문 구조는 거의 다 설명문이다. 따라서 Unit 04에서 배운 설명 1 - 설명 2 - 요약의 나열식 지문 구조를 활용하여 예측 독해할 수 있다. 일반적으로, 인물을 설명할 때는 시간의 흐름에 따라 정보를 나열하고(인물의 탄생, 성장 과정, 전성기 등), 동식물을 설명할 때는 해당 생물의 기본 정보부터 시작하여 주변적인 것들을 나중에 설명한다. 세부적인 내용을 살펴보기 전에 지문 구조로 큰 덩어리를 예측하여 독해하면 필요한 정보의 위치를 쉽게 파악하여 속독할 수 있다.

 Step 1 선택지에서 소재, 키워드 파악하기 → **Step 2** 키워드가 속한 문장 집중해서 읽기 → **Step 3** 일치/불일치하는 단어가 포함된 선택지 고르기

예제 2 brown tree snake에 관한 다음 글의 내용과 일치하지 <u>않는</u> 것은?

기출 난이도 ★ ★

The brown tree snake has a large head with sticking-out eyes. The head is distinct from the narrow neck. Its body usually has a light brown background with a series of darker markings or bands on it. The snake is about 38 centimeters when it comes out of its egg, and usually reaches 1 to 2 meters long. This snake is infamous for causing the extinction of the majority of native bird species in Guam. Shortly after World War II, the brown tree snake was accidentally brought into Guam from its native range in the South Pacific, probably as an unwanted passenger on a ship or plane. It is not hunted or eaten by any other animals in Guam and is therefore at the top of its food chain, which has led the snake to increase dramatically in number.

① 큰 머리와 돌출된 눈을 가지고 있다.
② 일반적으로 몸 바탕색은 연한 갈색이다.
③ 알에서 나올 때 약 38센티미터이다.
④ 제2차 세계 대전 이전에 Guam으로 우연히 유입되었다.
⑤ Guam에서 먹이 사슬의 최상위에 있다.

⏱ 타임 어택! 속독 훈련
✓ 학습한 내용과 시간을 체크해보세요.

● 실전처럼 문제 풀기 [분 초]
● 단어 학습 [분 초]
● 필터로 끊어읽기 [분 초]
● 문제 풀이+느낌 빽! 학습 [분 초]
● 지문 빠르게 다시 읽기 [분 초]

➕ RSVP 속독 훈련
✓ 학습한 내용을 체크해보세요.
● 원어민 MP3 듣기
● 소리 내어 따라 읽기
● 배속으로 청킹 속독

지문 듣기

✓ 정답은 오른쪽 페이지에

단어 자가 테스트

 영 → 한

○ sticking-out ○ marking ○ band
○ infamous ○ the majority of ○ probably
○ unwanted ○ food chain ○ dramatically

어원 Hint infamous: in(아닌)+famous((좋게) 유명한) → 좋게 유명하지 않은　unwanted: un(아닌)+wanted(바라던) → 바라지 않던

큰 머리를 가지고 있다고 하면서, 일단 이 동물의 생김새부터 설명한다. 동물이 소재일 경우 색깔, 크기, 신체적 특이 사항 등 외형에 대한 설명이 이어질 확률이 높다.

정답과 해설 p.82

Step by Step 문제 풀이

The brown tree snake has a large **STEP②-1** |head| / with sticking-out |eyes|. //
갈색 나무 뱀은 큰 머리를 가지고 있다   툭 튀어나온 눈과 함께

The head is distinct / from the narrow neck. // Its body usually has a **STEP②-2**
머리는 구별된다   좁은 목과   그것의 몸은 일반적으로 밝은 갈색 바탕을 가진

|light brown| background / with a series of darker markings or bands on it. //
다   그 위에는 더 짙은 색의 얼룩이나 띠가 이어져 있다

The snake is about **STEP②-3** |38 centimeters| / when it comes out of its egg, /
이 뱀은 약 38센티미터이다   그것이 알에서 나올 때

and usually reaches 1 to 2 meters long. // This snake is infamous / for
그리고 보통 1~2미터의 길이에 이른다   이 뱀은 악명이 높다   Guam

causing the extinction of the majority of native bird species in Guam. //
에 있는 대다수의 토종 조류종을 멸종시킨 것으로

Shortly after World War II, / the brown tree snake was accidentally **STEP②-4**
제2차 세계 대전 직후에   갈색 나무 뱀은 Guam으로 우연히 들어오게 되었다

|brought into Guam| / from its native range in the South Pacific, / probably as
그것의 남태평양 토착 지역으로부터   아마도 배나 비행기

an unwanted passenger on a ship or plane. // It is not hunted or eaten / by
에 탄 불청객으로서   그것은 사냥 당하거나 잡아먹히지 않는다 Guam

any other animals in Guam / and is therefore at the top of **STEP②-5** |its food
에 있는 어떤 다른 동물들에게도   그리고 그러한 이유로 먹이 사슬 최상위에 있는데

chain|, / which has led the snake to increase / dramatically in number. //
이는 그 뱀이 증가하는 결과를 야기했다   수적으로 엄청나게

STEP①

① 큰 머리와 돌출된 눈을 가지고 있다.

② 일반적으로 몸 바탕색은 연한 갈색이다.

③ 알에서 나올 때 약 38센티미터이다.

④ 제2차 세계 대전 이전에 Guam으로 우연히 유입되었다.

⑤ Guam에서 먹이 사슬의 최상위에 있다.

Step 1 | 선택지에서 소재, 키워드 파악하기

선택지를 먼저 읽고 소재와 키워드를 파악한다.
- **소재** brown tree snake라는 뱀
- **선택지 키워드** ① 머리와 눈
  ② 색깔   ③ 크기(센티미터)
  ④ Guam 유입   ⑤ Guam 먹이 사슬

Step 2 | 키워드가 속한 문장 집중해서 읽기

지문에서 키워드가 속한 문장을 읽고 우리말로 해석한다. 소재별 지문 구조를 활용하면 해당하는 내용의 위치를 더 쉽게 파악할 수 있다.
- **설명 1** 외형 및 크기
  ① has a large head with sticking-out eyes
  ② Its body ~ a light brown background
  ③ about 38 centimeters ~ out of its egg
- **설명 2** 서식 환경, 문제점
  ④ Shortly after World War II, ~ was accidentally brought into Guam
  ⑤ in Guam ~ at the top of its food chain

Tip 이 지문의 소재는 동물이다. 아래 <느낌 빡!>에서도 소개하겠지만 소재가 동물일 경우 기본 정보로 주변 정보로 설명이 진행된다. 선택지 키워드만 보더라도 ①, ②, ③은 생물 자체의 외형/크기에 관한 설명이고, ④, ⑤는 주변 환경에 관한 것이다. 글의 흐름 역시 크게 두 가지로 설명이 나열된다.

참고 Unit 04 설명 1 - 설명 2 - 요약 <훑어보기> p.91

Step 3 | 일치/불일치하는 단어가 포함된 선택지 고르기

▶ ④ 'Guam 유입' 시기가 기술된 문장에서 제2차 세계 대전 '이전에'가 아니라 '직후(Shortly after)'라고 했으므로 불일치한다.

느낌 빡! 전형적인 설명 순서를 익혀 두면 필요한 세부 내용을 빨리 찾을 수 있다

세부 내용 파악 유형에 나오는 대표적인 소재인 인물과 동식물이 설명되는 순서를 알아보자. 아래 흐름을 염두에 두고 지문을 읽으면, 필요한 내용이 지문의 어디쯤에 오는지 예측할 수 있기 때문에 보다 빠르게 세부 내용 일치/불일치를 파악할 수 있다.

<자주 출제되는 소재와 순서>

1 인물의 연대기: 시간의 흐름에 따른 전개

인물의 탄생 → 성장/학창 시절 → 성인기/전성기 → 업적에 대한 평가

2 동식물 등에 대한 정보: 기본 정보에서 주변 정보로 확장되는 전개

기본 정보(분류, 외형, 크기, 특징 등) → 주변 정보(서식 환경, 주변 관계 등) → 주의점, 문제점

✓ 정답은 왼쪽 페이지에

단어 자가 테스트

한 → 영

○ 툭 튀어나온	○ 얼룩, 반점	○ (빛, 색 등의) 띠, 줄
○ 악명이 높은	○ 대다수의	○ 아마도
○ 원치 않는	○ 먹이 사슬	○ 엄청나게, 급격하게

문맥 속 어휘 추론 유형

전략 03 어휘 유형에도 주제와 지문 구조를 활용하라

어휘 유형을 맞히느냐 틀리느냐는 어휘력이 크게 좌우한다. 하지만 최근에는 단어를 다 알고 문장을 해석할 수 있어도 선택지 앞뒤 문장만 읽는 정도로는 정답을 맞히기 어렵다. 어휘 유형의 지문 난이도 자체가 올라갔기 때문이다. 단순 영어 사용 능력만 가지고 풀 수 있는 문제보다 조금이라도 더 사고력을 써야 하는 문제가 많아지고 있다.

따라서 도입부에서 주제, 소재를 파악하고 지문 구조를 통해 문맥을 따라가는 훈련이 어휘 유형에서도 필요하다. 우리가 주제 찾기와 지문 구조를 통한 예측 독해 훈련을 열심히 한 또 하나의 이유이기도 하다.

Step 1 도입부에서 주제, 소재 파악하기 → **Step 2** 선택지 어휘가 속한 문장 집중해서 읽기 → **Step 3** 정반대 어휘를 넣어 정답 확정하기

예제 3 다음 글의 밑줄 친 부분 중, 문맥상 낱말의 쓰임이 적절하지 <u>않은</u> 것은?

기출 난이도 ★★★

Painters have in principle an infinite range of colours at their disposal, especially in modern times with the chromatic ① <u>explosion</u> of synthetic chemistry. And yet painters don't use all the colours at once, and indeed many have used a remarkably ② <u>restrictive</u> selection. Mondrian limited himself mostly to the three primaries red, yellow and blue to fill his black-ruled grids, and Kasimir Malevich worked with similar self-imposed restrictions. For Yves Klein, one colour was ③ <u>enough</u>; Franz Kline's art was typically black on white. There was nothing ④ <u>new</u> in this: the Greeks and Romans tended to use just red, yellow, black and white. Why? It's impossible to generalize, but both in antiquity and modernity it seems likely that the ⑤ <u>expanded</u> palette aided clarity and comprehensibility, and helped to focus attention on the components that mattered: shape and form.

* chromatic: 유채색의 ** grid: 격자무늬

⏱ 타임 어택! 속독 훈련

✔ 학습한 내용과 시간을 체크해보세요.

- 실전처럼 문제 풀기 ____ 분 ____ 초
- 단어 학습 ____ 분 ____ 초
- 필터로 끊어읽기 ____ 분 ____ 초
- 문제 풀이+느낌 빽 학습 ____ 분 ____ 초
- 지문 빠르게 다시 읽기 ____ 분 ____ 초

➕ RSVP 속독 훈련

✔ 학습한 내용을 체크해보세요

- 원어민 MP3 듣기
- 소리 내어 따라 읽기
- 배속으로 청킹 속독

지문 듣기

✔ 정답은 오른쪽 페이지에

단어 자가 테스트

영 → 한

- infinite
- synthetic
- self-imposed
- at one's disposal
- restrictive (n. restriction)
- antiquity
- explosion
- primary(=primary colo(u)r)
- comprehensibility

어원 Hint restrictive: re(뒤로)+strict(팽팽하게 당기다)+ive(~한, ~적인) → 뒤로 팽팽히 당기는

'화가들은 원칙적으로 ~하다'라고 말하고 있다. 이는 일반론이나 통념을 도입부에 써 넣는 전형적인 방법으로 볼 수 있다.
'원칙적으로는 ~하지만 사실은 …하다' 식의 반박이 뒤에 올 것임을 예측해볼 수 있다.

🔗 정답과 해설 p.83

Step by Step 문제 풀이

STEP ① Painters have in principle an infinite range of colours / at their
화가들은 원칙적으로 무한한 범위의 색을 가지고 있다   그들이 원하

disposal, / especially in modern times / with the chromatic **STEP ②-1** ①
는 대로 쓸 수 있는   특히 현대에는   합성 화학에서 유채색의 폭발적 증가가 있던

explosion of synthetic chemistry. // And yet / painters don't use all the
하지만   화가들은 모든 색을 한 번에 사용하지 않는

colours at once, / and indeed / many have used a remarkably **STEP ②-2** ②
다   그리고 실제로는   많은 이들은 상당히 제한된 선택지를 사용해 왔다

restrictive selection. // Mondrian limited himself / mostly to the three
Mondrian은 스스로를 제한했다   대부분 빨간색, 노란색, 파란색 3원

primaries red, yellow and blue / to fill his black-ruled grids, / and Kasimir
색으로   검정색 줄선으로 된 격자무늬를 채우기 위해   그리고 Kasimir

Malevich worked / with similar self-imposed restrictions. // For Yves Klein,
Malevich는 작업했다   스스로가 정한 비슷한 제한 사항을 가지고   Yves Klein의 경우 한 가지

one colour was **STEP ②-3** ③ enough; / Franz Kline's art was typically black on
색은 충분하다   Franz Kline의 예술품은 전형적으로 흰색 바탕 위에 검정색이었다

white. // There was nothing **STEP ②-4** ④ new / in this: / the Greeks and Romans
새로울 것이 없었다   이것에는   그리스와 로마 사람들은 단지 빨간색, 노

tended to use just red, yellow, black and white. //
란색, 검정색 그리고 흰색만을 사용하는 경향이 있었다

Why? // It's impossible to generalize, / but both in antiquity and modernity /
왜일까?   일반화하는 것은 불가능하다   하지만 고대와 현대 모두에

it seems likely / that the **STEP ②-5** ⑤ expanded palette aided clarity and
아마도 (~한) 것처럼 보인다   확장된 팔레트가 명확성과 이해 가능성에 도움을 준 (것처럼)

comprehensibility, / and helped to focus attention on the components that
그리고 중요한 구성 요소에 주의를 집중할 수 있도록 도왔다

mattered: / shape and form. //
모양과 형태

Step 1 | 도입부에서 주제, 소재 파악하기

도입부 2-3문장을 읽고 주제와 소재를 파악한다.
- **주제** 화가들은 제한된 색을 사용한다
- **소재** Painters, colours

Tip 첫 문장에 '원칙적으로(in principle)'라고 말하며 일반적인 개념을 말하고, 두 번째 문장에서 And yet으로 반론을 제기한다. 통념 - 반박 지문 구조의 시그널이다. 이 지문 구조에서는 반박 문장이 주제문이다.
참고 Unit 03 통념 - 반박 <훑어보기> p.79

Step 2 | 선택지 어휘가 속한 문장 집중해서 읽기

Step 1에서 파악한 주제와 지문 구조를 바탕으로 빠르게 읽다가, 선택지 어휘가 속한 문장이 나오면 집중해서 읽는다.
- **통념+반박(도입+주제문)**
화가들은 무한한 범위의 색을 가지고 있다.
하지만 제한된 색을 사용한다.
① the chromatic explosion of synthetic chemistry
② many have used a remarkably restrictive selection
- **예시** 제한된 색을 사용한 화가들/그리스·로마인
③ one colour was enough;
④ There was nothing new in this
- **결론** 제한된 색을 사용하는 이유
⑤ the expanded palette aided clarity and comprehensibility, and helped to focus

⑤의 expanded(확장된)는 '제한된' 수의 색깔만을 사용했다는 앞 내용의 결론으로 적절하지 않다.

Tip Why?(왜일까?) 이후에 앞 내용에 대한 결론을 내리고 있다. 도입부와 예시에서 계속 제한된 색 사용에 대해 언급했으므로 이를 뒷받침하는 내용이 나와야 한다.

Step 3 | 정반대 어휘를 넣어 정답 확정하기

⭕ ⑤의 expanded(확장된) 대신 정반대의 어휘 limited나 restrictive(제한된)를 넣어봤을 때 의미가 더 자연스러우므로 정답은 ⑤이다.

❗ 느낌 빡! 정반대 의미의 어휘를 넣어 정답을 맞춰본다

문맥상 적절치 못한 낱말을 찾는 문제의 경우 정반대의 낱말로 함정을 두는 경우가 많다. Unit 13-1 <무관한 문장 찾기> 유형에서도 설명한 것처럼, 정반대의 낱말로 확실한 오답을 넣는 것은 출제 위원분들께서 자주 쓰는 방식이다. 이 문제의 경우에도 expanded(확장된) 대신 limited(제한된)가 들어가야 맞는 표현이다. 서로 정확히 반대다. 그런데 여기에 expanded 대신 emotional(감성적인) 혹은 beautiful(아름다운) 같은 어휘가 나왔다고 생각해보자. 너무 생뚱맞은 데다가 이게 정답인지 오답인지 판단할 수가 없다. 문맥에 맞지 않지만 그렇다고 확실히 틀린 것도 아니기 때문이다.

누차 이야기했지만 문제로 출제될 정도면 그게 정답이라는 것이 명확해야 한다. 정답이 될 수밖에 없는 이유가 존재해야 한다. 안 그러면 정답 시비에 휘말린다. 반대 낱말만큼 정답 시비에 휘말리지 않는 낱말이 어디 있겠는가? 이 점을 알아 두고, 시험에서 정답인지 헷갈리는 선택지가 있다면 반대 낱말을 넣어 문맥이 잘 통하는지를 살펴보자. 그렇다면 그 보기를 골라야 하는지 아닌지 느낌이 빡 올 것이다.

✅ 정답은 왼쪽 페이지에

단어 자가 테스트
한 → 영

- ○ 무한한
- ○ 합성의
- ○ 스스로 정한, 스스로 부과한
- ○ ~이 원하는 대로 쓸 수 있는
- ○ 제한된 (n. 제한 사항)
- ○ 고대 (유물), 아주 오래됨
- ○ 폭발, 폭증
- ○ 원색
- ○ 이해 가능성

전략 04　처음 보는 반의어, 혼동어는 어원으로 추론한다

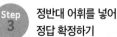
문맥 속 어휘 추론 유형

어휘 유형을 풀 때 선택지 단어가 아예 모르는 단어일 수도 있다. 특히 두 개의 선택지 중 하나를 골라야 하는 (A), (B), (C) 보기 유형에서 둘 다 모르는 단어일 경우 정답을 완벽하게 찍어야 하는 상황이 발생한다. 이때 여러분의 판단을 도와줄 수 있는 것이 바로 어원이다. 어원으로 단어의 의미를 대략적으로 유추하고, 접두사로 긍정/부정만 파악해도 문맥에 맞는 보기를 고를 수 있다.

Step 1 도입부에서 주제, 소재 파악하기 → **Step 2** 선택지 어휘가 속한 문장 집중해서 읽기 → **Step 3** 정반대 어휘를 넣어 정답 확정하기

예제 4　(A), (B), (C)의 각 네모 안에서 문맥에 맞는 낱말로 가장 적절한 것은?

`기출`　난이도 ★★★

⏱ 타임 어택! 속독 훈련

✓ 학습한 내용과 시간을 체크해보세요.

- ● 실전처럼 문제 풀기 ［ 분 초 ］
- ● 단어 학습 ［ 분 초 ］
- ● 필터로 끊어읽기 ［ 분 초 ］
- ● 문제 풀아+느낌 빽 학습 ［ 분 초 ］
- ● 지문 빠르게 다시 읽기 ［ 분 초 ］

➕ RSVP 속독 훈련

✓ 학습한 내용을 체크해보세요.

- ● 원어민 MP3 듣기
- ● 소리 내어 따라 읽기
- ● 배속으로 청킹 속독

지문 듣기

Even if lying doesn't have any harmful effects in a particular case, it is still morally wrong because, if discovered, lying weakens the general practice of truth telling on which human communication relies. For instance, if I were to lie about my age on grounds of vanity, and my lying were discovered, even though no serious harm would have been done, I would have (A)｜undermined / upheld｜ your trust generally. In that case you would be far less likely to believe anything I might say in the future. Thus all lying, when discovered, has indirect harmful effects. However, very occasionally, these harmful effects might possibly be outweighed by the (B)｜benefits / drawbacks｜ which arise from a lie. For example, if someone is seriously ill, lying to them about their life expectancy might probably give them a chance of living longer. On the other hand, telling them the truth could possibly induce a depression that would (C)｜accelerate / decelerate｜ their physical decline.

	(A)	(B)	(C)
①	undermined	benefits	accelerate
②	undermined	drawbacks	accelerate
③	undermined	benefits	decelerate
④	upheld	drawbacks	decelerate
⑤	upheld	drawbacks	accelerate

✓ 정답은 오른쪽 페이지에

단어 자가 테스트

영 → 한

- ○ morally
- ○ undermine
- ○ drawback
- ○ practice
- ○ uphold
- ○ life expectancy
- ○ vanity
- ○ outweigh
- ○ induce

 어원 Hint　uphold: up(위로)+hold(받치다) → 위로 떠받치다　**induce**: in(안으로)+duc(e)(이끌다) → 안으로 불러들이다

첫 문장 키워드 lying, harmful, wrong, weaken

동명사 주어는 대부분 그 자체가 글의 소재이다. '거짓말(하는 것)'이 글의 소재이며, 부정적 의미의 형용사가 두 개나 나온 것으로 보아 거짓말이 잘못된 것인지 논하는 글로 예상할 수 있다.

Step by Step 문제 풀이

STEP ❶ Even if lying doesn't have any harmful effects / in a particular case, / it
거짓말이 어떤 해로운 영향도 미치지 않는다 할지라도 　　　　　　어느 특정한 경우에 　　　그

is still morally wrong / because, / if discovered, / lying weakens the general
것은 여전히 도덕적으로 잘못되었다 왜냐하면 　(그것이) 밝혀지면 　거짓말은 진실을 말하는 일반적인 관행을 약

practice of truth telling / on which human communication relies. // For
화시킨다 　　　　　　인간 의사소통이 기대하는 　　　　　　　　　예를

instance, / if I were to lie about my age / on grounds of vanity, / and my
들어 　내가 나이에 대해 거짓말을 한다면 　　허영심 때문에 　　　그리고 나의

lying were discovered, / even though no serious harm would have been done,
거짓말이 밝혀진다면 　　비록 아무런 심각한 손해가 벌어지지 않았을지라도

/ I would have **STEP ❷-1** (A) undermined / upheld your trust / generally. // In
나는 당신의 신뢰를 (A) 약화시켰다 / 끌어올렸을 것이다 　　　　일반적으로 　그

that case / you would be far less likely to believe anything / I might say in
경우에 　당신은 어떤 말이든 믿을 가능성이 훨씬 더 낮다 　　　미래에 내가 하는

the future. // Thus all lying, / when discovered, / has indirect harmful effects.
따라서 모든 거짓말은 　(그것이) 밝혀질 때 　간접적인 해로운 영향을 준다

// However, / very occasionally, / these harmful effects might possibly be
그러나 　아주 가끔 　이러한 해로운 영향들이 어쩌면 압도될 수도 있다

outweighed / by the **STEP ❷-2** (B) benefits / drawbacks / which arise from a lie.
　　　　　(B) 이점 / 결점에 의해 　　　거짓말에서 발생하는

// For example, / if someone is seriously ill, / lying to them about their life
예를 들면 　누군가가 심각하게 아프다면 　　그들의 예상 수명에 대해 그들에게 거짓말하는 것

expectancy / might probably give them a chance of living longer. // On the
은 　아마도 그들에게 더 오래 살 기회를 줄 수도 있다 　　　　반면에

other hand, / telling them the truth / could possibly induce a depression / that
그들에게 진실을 말하는 것은 　어쩌면 우울함을 유발할 수도 있다 　　그들의

would **STEP ❷-3** (C) accelerate / decelerate their physical decline. //
신체적 쇠퇴를 (C) 가속할 / 둔화할

Step 1 | 도입부에서 주제, 소재 파악하기

- **주제** 거짓말은 도덕적으로 잘못된 것인가
- **소재** lying

Tip 부정적 형용사 wrong으로 단정지어 말한 후, For instance로 예시를 든 '주제문 - 예시' 구조이다. 그런데 중반부에 However와 For example이 이어진다. '주장 + 예시'가 다시 반복되는 것이다. 이때 두 주장은 상반될 확률이 높으며, 이러한 지문 구조에서는 도입부로 주제를 단정 짓지 말고 중반부 이후 내용을 고려하여야 한다.

Step 2 | 선택지 어휘가 속한 문장 집중해서 읽기

Step 1에서 파악한 주제와 지문 구조를 바탕으로 선택지 문장을 읽고 문맥을 파악한다.
- **주장1+예시1** 거짓말이 도덕적으로 잘못된 예시
(A) undermined / upheld your trust generally
- **주장2+예시2** 거짓말이 긍정적 영향을 주는 예시
(B) be outweighed by the benefits / drawbacks ~ from a lie
(C) telling them the truth ~ that would accelerate / decelerate their physical decline

주제와 지문 구조를 고려할 때 (A) undermined, (B) benefits, (C) accelerate가 문맥에 더 적절하다.

Tip However를 중심으로, 이 글은 거짓말의 부정적 효과와 긍정적 효과를 언급하는 것으로 나뉘므로, 긍정적/부정적 문맥을 고려하여 선택지 어휘를 고른다.

Step 3 | 정반대 어휘를 넣어 정답 확정하기

(A) **약화시켰다** / 끌어올렸다 　　(B) **이점** / 결점
(C) **가속하다** / 둔화하다
◐ 각 보기의 상반되는 두 단어 중 upheld, drawbacks, decelerate를 넣었을 때 각각의 문장이 의미가 통하지 않는다. 따라서 undermined, benefits, accelerate가 문맥상 적절하므로 정답은 ①이다.

느낌 빡! 문맥적 어휘 유형, 단어 뜻을 몰라도 어원을 통해 정답을 맞힌다!

독해 문제에 나오는 많은 단어들, 뜻을 몰라도 어원을 통해서 파악할 수 있다. 모든 단어들이 하늘에서 그냥 떨어진 게 아니라 어원과 유래를 가지고 있기 때문이다. (A)의 undermined / upheld를 보자. 접두사 under(아래, 하락)와 up(위, 상승)은 각각 반대 의미다. 어느 것이 긍정이고 부정이겠는가. 당연히 undermined가 부정, upheld가 긍정일 것이다. 앞 내용이 부정적 문맥이었기 때문에 undermined를 골라야 함을 알 수 있다. 좀 더 자세히 설명하면 undermine의 mine은 명사로 '광산'이란 의미다. 여기서 동사 '(땅을) 파다'라는 의미도 나온다. 아래로(under) 파고 들어간다는(mine) 의미로 '약화시킨다'는 뜻을 가진다. 아래로 광산을 파면 실제로 산사태가 나기 쉽고 지반이 약해진다. (B)의 benefits / drawbacks는 더 쉽다. bene 그 자체가 '좋다'는 의미로 긍정을 나타낸다. drawbacks는 뒤로(back) 끌어당긴(draw) 것. 우리말과 마찬가지로 '뒤'는 부정, '앞'은 긍정의 의미다. However 이후 거짓말의 긍정적 측면을 말하는 문맥이니 보자 마자 benefits를 고르면 된다. (C)의 accelerate / decelerate도 마찬가지다. ac는 '향하다', de는 '감소'를 뜻하는 어원이므로 접두사만 알아도 문맥에 맞게 긍정, 부정을 나눌 수 있다.

이런 식이다. 어원만 제대로 공부해도 모르는 단어의 뜻을 유추할 수가 있다. 어원책이 아니기에 매번 설명하지 않았지만, 다른 독해 유형에 등장하는 모르는 단어들도 어원을 통해 문제없이 해석할 수 있다. 영어 시험에 필요한 어원 333개를 여러분이 잘 아는 단어와 연결해 지도처럼 금세 외울 수 있게 만든 것이 어원맵이다. 넓은 세상을 지도 한 장을 통해 들여다보듯, 엄청나게 많은 영단어를 한눈에 볼 수 있다. 공신닷컴과 키출판사 홈페이지에서 언제든 무료로 다운 받을 수 있으니 곳곳에 붙여 틈나는 대로 보길 바란다. 영어 공부에 큰 도움이 될 것이다.

✔ 정답은 왼쪽 페이지에

단어 자가 테스트
한 → 영
- 도덕적으로
- 약화시키다
- 단점
- 관행, 실행, 연습
- 옹호하다, 지지하다
- 예상 수명, 평균 수명
- 자만심, 허영(심)
- 능가하다, 초과하다
- 유발하다

전략 적용 문제

1 James Van Der Zee에 관한 다음 글의 내용과 일치하지 <u>않는</u> 것은?

기출 난이도 ★

James Van Der Zee was born on June 29, 1886, in Lenox, Massachusetts. The second of six children, James grew up in a family of creative people. At the age of fourteen he received his first camera and took hundreds of photographs of his family and town. By 1906, he had moved to New York, married, and was taking jobs to support his growing family. In 1907, he moved to Phoetus, Virginia, where he worked in the dining room of the Hotel Chamberlin. During this time he also worked as a photographer on a part-time basis. He opened his own studio in 1916. World War Ⅰ had begun and many young soldiers came to the studio to have their pictures taken. In 1969, the exhibition, *Harlem On My Mind*, brought him international recognition. He died in 1983.

① 여섯 명의 아이들 중 둘째였다.
② 열네 살에 그의 첫 번째 카메라를 받았다.
③ Chamberlin 호텔의 식당에서 일을 했다.
④ 자신의 스튜디오를 1916년에 열었다.
⑤ 1969년에 전시회로 인해 국제적인 비난을 받았다.

🕐 **타임 어택! 속독 훈련**

✓ 학습한 내용과 시간을 체크해보세요.

● 실전처럼 문제 풀기   분 초
● 단어 학습   분 초
● 필터로 끊어읽기   분 초
● 문제 풀아+느낌 빽 학습   분 초
● 지문 빠르게 다시 읽기   분 초

➕ **RSVP 속독 훈련**

✓ 학습한 내용을 체크해보세요.

● 원어민 MP3 듣기
● 소리 내어 따라 읽기
● 배속으로 청킹 속독

지문 듣기

✓ 정답은 오른쪽 페이지에

단어 자가 테스트

영 → 한

1		
grow up	receive	support
on a ~ basis	exhibition	international
2 endangered	dwell	weigh
habitat	dense	elevation
stream	altitude	lowland
logging	conversion	farmland

어원 Hint **habitat**: hab(itat)(가지다) → 영역을 가지다   **elevation**: e(밖으로 ex)+lev(올리다)+ation(~하는 것) → 밖으로 올리는 것

2 saola에 관한 다음 글의 내용과 일치하지 <u>않는</u> 것은? 기출

난이도 ★★★

The saola, also known as the Vu Quong ox, is an endangered, nocturnal forest-dwelling ox weighing about 100 kilograms. Its habitat is the dense mountain forests in the Annamite Mountains, which run through the Lao PDR and Vietnam. The saola is generally considered the greatest animal discovery of recent times. First documented in Vietnam in 1992, it is so different from any other known species that a separate genus had to be created for it. The saola stays at higher elevations during the wetter summer season, when streams at these altitudes have plenty of water, and moves down to the lowlands in winter, when the mountain streams dry up. They are said to travel mostly in groups of two or three animals. Hunting and the loss of forest habitat due to logging and conversion to farmland threaten its survival.

* nocturnal: 야행성의 ** genus: [생물] 속(屬)

① 무게가 100킬로그램 정도 나간다.
② 1992년에 베트남에서 처음으로 기록되었다.
③ 여름에는 저지대에 머물고 겨울에는 고지대로 이동한다.
④ 주로 두세 마리씩 무리지어 다닌다고 알려져 있다.
⑤ 사냥과 삼림 서식지의 감소로 생존이 위협 받는다.

⏱ 타임 어택! 속독 훈련

✓ 학습한 내용과 시간을 체크해보세요.

● 실전처럼 문제 풀기 　분　초
● 단어 학습 　분　초
● 필터로 끊어읽기 　분　초
● 문제 풀이+느낌 빽 학습 　분　초
● 지문 빠르게 다시 읽기 　분　초

➕ RSVP 속독 훈련

✓ 학습한 내용을 체크해보세요

● 원어민 MP3 듣기
● 소리 내어 따라 읽기
● 배속으로 청킹 속독

지문 듣기

✓ 정답은 왼쪽 페이지에

단어 자가 테스트
한 → 영

1			
○ 성장하다	○ 받다	○ 부양하다; 지원
○ ~ 단위로, ~기준으로	○ 전시회	○ 국제적인
2		
○ 멸종위기에 처한	○ 살다, 거주하다	○ 무게가 ~ 나가다
○ 서식지	○ 울창한	○ (해수면 기준의) 고도, 해발
○ 개울	○ (해수면/어떤 지점 기준의) 고도, 표고	○ 저지대
○ 벌목	○ 전환	○ 농경지

Unit 15　247

전략 적용 문제

3 다음 글의 밑줄 친 부분 중, 문맥상 낱말의 쓰임이 적절하지 <u>않은</u> 것은?

기출 난이도 ★ ★ ★

Most people are confident that creativity is an individual possession, not a collective phenomenon. Despite some notable ① <u>collaborations</u> in the arts and sciences, the most impressive acts of creative thought — from Archimedes to Jane Austen — appear to have been the products of individuals (and often isolated and eccentric individuals who reject commonly held beliefs). I think that this perception is something of an ② <u>illusion</u>, however. It cannot be denied that the primary source of ③ <u>novelty</u> lies in the recombination of information within the individual brain. But I suspect that as individuals, we would and could accomplish little in the way of creative thinking ④ <u>outside</u> the context of the super-brain, the integration of individual brains. The heads of Archimedes, Jane Austen, and all the other original thinkers who stretch back into the Middle Stone Age in Africa were ⑤ <u>disconnected</u> with the thoughts of others from early childhood onward, including the ideas of those long dead or unknown. How could they have created without the collective constructions of mathematics, language, and art?

* eccentric: 기이한

⏱ 타임 어택! 속독 훈련

✓ 학습한 내용과 시간을 체크해보세요.

● 실전처럼 문제 풀기 　　분　초
● 단어 학습 　　분　초
● 필터로 끊어읽기 　　분　초
● 문제 풀이+느낌 빽 학습 　　분　초
● 지문 빠르게 다시 읽기 　　분　초

➕ RSVP 속독 훈련

✓ 학습한 내용을 체크해보세요.

○ 원어민 MP3 듣기
○ 소리 내어 따라 읽기
○ 배속으로 청킹 속독

지문 듣기

✓ 정답은 오른쪽 페이지에

단어 자가 테스트 **3**
영 → 한

○ possession	○ collective phenomenon	○ notable
○ collaboration	○ isolated	○ illusion
○ novelty	○ suspect	○ stretch
○ disconnected	○ onward	○ construction
4 ○ be aimed at	○ particularly	○ segment
○ consist of	○ run-up	○ yield to
○ dub	○ regulate	○ outlaw

어원 Hint **possession**: pos(힘)+sess(앉다)+ion(~하는 것) → 앉을 권한이 있는 것　　**segment**: seg(자르다)+ment(~하는 것) → 자른 것

4 (A), (B), (C)의 각 네모 안에서 문맥에 맞는 낱말로 가장 적절한 것은?

기출 난이도 ★★★

Although children watch television at various times, the programming that they view alone tends to be specifically aimed at children. In the United States particularly, most of the advertising during this segment consists of ads for food, particularly sugared food. During the run-up to Christmas, (A) increasing / decreasing numbers of ads concern toys and games. Such practices are believed to put pressure on parents to yield to what the media have dubbed "pester power." This has led to calls for legislation to (B) promote / regulate advertising in Europe and the United States. Indeed, the Swedish government has outlawed television advertising of products aimed at children under 12, and recently in the United States, 50 psychologists (C) rejected / signed a petition calling for a ban on the advertising of children's goods.

＊ pester power: 부모에게 떼를 써서 물건을 구매하게 하는 힘

＊＊ petition: 탄원(서)

	(A)		(B)		(C)
①	increasing	……	promote	……	rejected
②	increasing	……	regulate	……	signed
③	increasing	……	regulate	……	rejected
④	decreasing	……	promote	……	signed
⑤	decreasing	……	regulate	……	signed

⏱ 타임 어택! 속독 훈련

✓ 학습한 내용과 시간을 체크해보세요.

● 실전처럼 문제 풀기 　분　초

● 단어 학습 　분　초

● 필터로 끊어읽기 　분　초

● 문제 풀이+느낌 빽 학습 　분　초

● 지문 빠르게 다시 읽기 　분　초

⊕ RSVP 속독 훈련

✓ 학습한 내용을 체크해보세요.

● 원어민 MP3 듣기

● 소리 내어 따라 읽기

● 배속으로 청킹 속독

지문 듣기

✓ 정답은 왼쪽 페이지에

Unit 16

자료를 예리하게 분석하라

✓ 자료 분석 능력은 아주 중요하다

수능 사회 탐구, 과학 탐구 영역에서 많은 문제에 그림, 표, 그래프와 같은 자료가 포함되어 있다. 기업 인적성 검사, PT 면접 등에서도 마찬가지다. 대학 수업에서도 자료를 제대로 분석할 수 없으면 수업을 따라갈 수 없고 과제도 하기 힘들다. 현대 사회에서는 자료를 정확하고 예리하게 분석하는 능력이 굉장히 중요하다.

영어 독해에서도 예외는 아니다. 자료 분석 유형은 수능·토익·토플 등 거의 모든 영어 시험에 빠질 수가 없다. 시험에서는 일상 생활에서 많이 등장하는 안내문, 공고문, 도표, 표, 그래프 등이 나온다. 평소 실용문 양식에 익숙한 사람들이라면 거저 가져갈 수 있는 유형이다.

✓ 실용문/도표는 친숙하면서도 딱딱한 글이다

앞서 말했듯이 안내문이나 광고문, 도표/그래프를 분석한 글은 일상생활에서 자주 접할 수 있는 친숙한 글이다. 독해 유형 중 거의 유일하게 글 옆에 그림이 함께 나오는 유형이기도 하다. 하지만 정확한 내용을 전달해야 하기 때문에 비유, 반전 등의 기교는 없다. 도표, 그래프의 경우, 정확한 수치를 전달하고 분석하는 것이 목적이라 글이 차갑게 느껴질 정도다. 글의 목적 자체가 정보 전달이기 때문이다.

물론 실용문/도표 유형에도 지문 구조를 활용하면 보다 쉽게 접근할 수 있다. 지금까지 배운 지문 구조와는 많이 다르지만 어느 정도 정해진 글의 흐름이 있다. 한편으론 유일하게 글의 제목이 정해져 나오며, 소제목이나 표의 세부 항목이 명시되기 때문에 주제와 소재를 파악하기 수월한 유형이기도 하다.

따라서 이 유형을 풀 때에는 제목이나 소제목, 첫 문장으로 내용을 대략적으로 확인한 후, 자료를 분석하는 순서로 접근해 나가면 된다. 추론을 통해 접근하는 것은 금물이다. 지문의 정보와 도표의 수치를 정확하게 파악하는 것에 중점을 두어야 한다.

✓ 자료 분석 유형에서 선택지는 거꾸로 확인하라

실용문의 경우 정답이 ①번이 되는 경우는 흔치 않다. 문제가 너무 금방 풀려버리기 때문이다. 보통은 ③~⑤번 후반부 선택지가 답이 된다. 내 말이 맞는지 이 책에 실린 기출 문제를 풀면서 확인해 보길 바란다. 거꾸로 ⑤번부터 선택지를 먼저 읽고 해당 내용을 지문에서 확인하는 것도 시간을 절약할 수 있는 한 가지 방법이다.

Unit 16 훑어보기

'실용문/도표'를 분석하는 문제 유형은 앞서 다룬 '세부 내용 파악' 유형과 비슷하다. 다만 차이가 있다면 주어진 글이 아닌 주어진 '자료'에서 세부 내용을 확인한다는 것이다. 실용문 유형에서는 안내문, 광고문, 도표 유형에서는 표·그래프가 대표적이다. 수치가 간단할 때는 주로 표 유형, 수치가 복잡할 때는 그래프(막대 그래프, 꺾은선 그래프, 원 그래프)로 데이터를 시각적으로 보여준다.

실용문이나 도표에는 제목이 있으며, 제목과 첫 문장에 핵심 단서가 담겨 있다. 무엇에 관한 안내문인지, 혹은 행사 목적이나 내용이 무엇인지, 무엇을 보여주고자 하는 그래프인지, 지문 전체 맥락을 짚을 수 있는 정보가 제목에 있다. 제목과 첫 문장으로 대략적인 내용을 확인한 후 본격적으로 자료 분석에 들어가자. 나무 하나하나를 보기 전에 숲을 먼저 보는 과정이다.

자료에서 정보의 위치만 찾으면 풀리는 비교적 쉬운 문제 유형이지만, 비교 대상을 정확하게 파악했는지, 증감 표현을 이해했는지에 따라 함정에 빠질 수 있으니 꼼꼼함이 필요하다. 실용문, 도표에서 자주 나오는 표현들은 반드시 익혀 두기로 한다.

✅ 질문 유형

실용문	• ○○○에 관한 다음 안내문의 내용과 일치하는 / 일치하지 <u>않는</u> 것은? • 다음 광고문의 내용과 일치하는 / 일치하지 <u>않는</u> 것은?
도표	• 다음 도표의 내용과 일치하지 <u>않는</u> 것은? • 다음 표의 내용과 일치하지 <u>않는</u> 것은?

✅ 문제 풀이 STEP

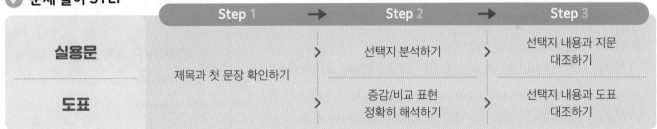

	Step 1 →	Step 2 →	Step 3
실용문	제목과 첫 문장 확인하기	선택지 분석하기	선택지 내용과 지문 대조하기
도표		증감/비교 표현 정확히 해석하기	선택지 내용과 도표 대조하기

실용문/도표 문제 유형, 이렇게 접근하라!

Unit 16 자료를 예리하게 분석하라

전략 01 선택지만 읽어도 실용문 흐름 파악 완료다

실용문이야말로 지문을 다 안 읽어도 풀 수 있는 유형이다. 아니, 오히려 다 읽으면 시간 낭비다. 문제에서 원하는 선택지를 확실히 찾았다면 나머지는 검토할 때 빠르게 확인해도 좋다. 이 유형은 선택지 순서대로 지문에서 단서를 찾을 수 있으니 선택지를 먼저 읽고 지문의 흐름을 파악한 후, 해당 부분만 찾아서 정확히 읽어도 충분하다.

 Step 1 제목과 첫 문장 확인하기 → **Step 2** 선택지 분석하기 → **Step 3** 선택지 내용과 지문 대조하기

예제 1 16th Springvale Book Festival에 관한 다음 안내문의 내용과 일치하는 것은? [기출] 난이도 ★ ★

> ### 16th Springvale Book Festival
>
> Saturday, June 4, 10 a.m. – 5 p.m.
>
> Springvale Public Library
>
> (4536 Main Street, Springvale, WI)
>
> Mark your calendar for the 16th Springvale Book Festival. This is your big chance to meet the nation's BEST authors and discuss their works.
>
> Authors will be speaking at the main hall on the 2nd floor from 2 p.m. to 4 p.m.
>
> Note: Authors will be signing books in the lobby, so please bring your own personal copies or you can purchase books on site.
>
> Get the most out of your big day by downloading the festival app at our website (www.spvbf.org). It features a complete list of all events & locations, maps, and ways to share it all via social media.
>
> *All programs will be FREE of charge!*
>
> Please visit our website for more information about the festival.

① 6월 4일부터 5일간 개최된다.

② 작가들의 강연이 오전에 예정되어 있다.

③ 행사장에서 구매한 책에 한정하여 작가들이 사인을 해 준다.

④ 웹 사이트에서 행사 정보 앱(app)을 내려 받을 수 있다.

⑤ 일부 프로그램의 경우 입장료를 지불해야 한다.

✓ 정답은 오른쪽 페이지에

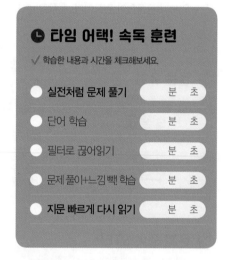

단어 자가 테스트

영 → 한

○ author ○ discuss ○ main hall
○ lobby ○ copy ○ purchase
○ on site ○ get the most out of ○ charge

어원 Hint charge: char(ge)(마차) → 마차에 짐을 올리다

도서 축제를 알리는 글이다. 행사와 관련된 세부 사항이 이어질 것이다. 행사 안내문이 늘 그렇듯 장소, 시각, 프로그램 내용 같은 것들이 소개될 것임을 예상할 수 있다.

정답과 해설 p.90

Step by Step 문제 풀이

STEP① 16th Springvale Book Festival
제16회 Springvale 도서 축제

Saturday, STEP③-1 June 4, / 10 a.m. – 5 p.m.
6월 4일 토요일   오전 10시-오후 5시

Springvale Public Library
Springvale 공립 도서관

(4536 Main Street, Springvale, WI)
(위스콘신주, Springvale, Main Street 4536)

Mark your calendar / for the 16th Springvale Book Festival. // This is your
달력에 표시하세요   제16회 Springvale 도서 축제를   이것은 엄청난 기회

big chance / to meet the nation's BEST authors / and discuss their works. //
입니다   국내 '최고의' 작가들을 만나볼   그리고 그들의 작품에 대해 토론할

Authors will be speaking at the main hall / on the 2nd floor / STEP③-2 from 2
작가들은 대강당에서 강연할 것입니다   2층에 있는   오후 2시에

p.m. to 4 p.m. //
서 오후 4시까지

Note: / Authors will be signing books in the lobby, / so please STEP③-3 bring
주목하세요   작가들은 로비에서 책에 사인할 예정입니다   그러니 개인 책을 가지고 오세요

your own personal copies / or you can purchase books on site. //
                    아니면 현장에서 책을 살 수도 있습니다

Get the most out of your big day / by STEP③-4 downloading the festival app /
여러분의 중요한 날을 최대한 활용하세요   축제 앱을 내려 받음으로써

at our website (www.spvbf.org). // It features / a complete list of all events
우리 웹 사이트(www.spvbf.org)에서   그것은 특별히 포함합니다   모든 행사와 위치에 관한 완전한 목록,

& locations, maps, / and ways to share it all via social media. //
지도   그리고 소셜 미디어를 통해 그것 모두를 공유할 방법을

All programs will be STEP③-5 *FREE of charge*! //
모든 프로그램은 '무료'입니다

Please visit our website / for more information / about the festival. //
우리 웹 사이트를 방문해주세요   더 많은 정보를 위해서   축제에 관한

STEP②

① 6월 4일부터 5일간 개최된다.

② 작가들의 강연이 오전에 예정되어 있다.

③ 행사장에서 구매한 책에 한정하여 작가들이 사인을 해 준다.

④ 웹 사이트에서 행사 정보 앱(app)을 내려 받을 수 있다.

⑤ 일부 프로그램의 경우 입장료를 지불해야 한다.

Step 1 | 제목과 첫 문장 확인하기

제목과 첫 문장으로 무엇에 관한 내용인지 알 수 있다.
• 소재 지역 도서 축제

Tip 도서 축제 같은 행사를 안내하는 글에는 행사 내용, 일시, 입장료와 같은 세부 사항이 나온다.

Step 2 | 선택지 분석하기

선택지를 미리 훑어보며 글의 흐름을 예측하고, 지문에서 확인해야 하는 항목을 파악한다. 선택지 순서와 지문에서 정보가 제시되는 순서는 보통 일치한다.

• 확인해야 할 항목
① 행사 기간
② 작가 강연 시간
③ 사인 도서 조건
④ 행사 정보 앱
⑤ 행사 입장료

Step 3 | 선택지 내용과 지문 대조하기

선택지 순서대로 지문에서 해당하는 정보를 찾아 일치/불일치를 확인한다.

① 6월 4일부터 5일간 ≠ June 4
② 오전에 강연 예정 ≠ Authors will be speaking ~ from 2 p.m. to 4 p.m.
③ 행사장 구매 도서에만 사인
≠ Authors will be signing books ~ bring your own personal copies or you can purchase
④ 웹 사이트에서 행사 정보 앱 내려 받기
= downloading the festival app at our website
⑤ 일부 프로그램의 경우 입장료 지불
≠ All programs ~ FREE of charge
➡ 지문과 일치하는 선택지 ④ '웹 사이트에서 행사 정보 앱(app)을 내려 받을 수 있다.'가 정답이다.

Tip 영어에서 특별히 강조하고 싶은 단어는 모든 글자를 대문자로 쓴다. 시각적으로 free보다 FREE가, best보다 BEST가 눈에 띈다.

Tip 실용문 문제의 지시문은 1) 일치하는 것 2) 일치하지 않는 것을 고르라는 두 가지 종류로 나온다.
문제를 제대로 읽지 않아서 틀리는 일은 없어야 한다. 이 문제는 '일치하는' 것을 고르는 것이다. 만약 지시문을 잘못 읽는 실수가 있었다면 앞으로는 '않는'이란 표현에 일단 동그라미 혹은 별표로 표시하여 주의하도록 하자.

❗ 느낌 빡! 영어에서는 언제 이탤릭체를 쓸까?

수능이나 모의고사 지문을 풀다 보면 이번 지문처럼 중간에 글씨가 기울어진 이탤릭체로 되어 있는 문구를 심심치 않게 본다. 알려주는 사람도 없고 물어보는 학생도 거의 없다. 하지만 알아 두면 독해에 분명 도움이 된다. 수능 지문에서 볼 수 있는 이탤릭체 용법은 다음과 같다.

① **중요한 부분을 강조할 때**: taste preferences for *sweet* food '단' 음식에 대한 맛 선호
② **잡지, 연극, 예술 작품 등의 제목을 표시할 때**: Walt Whitman wrote *Leaves of Grass*. Walt Whitman이 'Leaves of Grass'를 썼다.

✔ 정답은 왼쪽 페이지에

단어 자가 테스트

한 → 영

- ○ 작가
- ○ (건물의) 로비
- ○ 현장에서
- ○ 토론하다
- ○ (책, 잡지 등의) 한 부, 원고
- ○ ~을 최대한 활용하다
- ○ 대강당
- ○ 사다, 구매하다
- ○ 요금, 수수료

실용문 유형

전략 02   **실용문 구성 항목은 정해져 있다**

실용문의 정보를 확인하는 문제에는 일상생활에서 접하기 쉬운 안내문, 광고문, 설명서 등이 지문으로 출제된다. 이런 종류의 실용문은 소재가 달라지더라도 비슷한 항목으로 구성된다. 예를 들어 안내문이나 공고문에는 행사 일정, 활동 내용, 장소, 등록에 관련된 항목들이 나오게 되어 있다. 그러니 기출 문제로 실용문 구성을 익혀 놓기만 하면 더 쉽게 문제에 접근할 수 있다.

Step 1   제목과 첫 문장 확인하기   →   Step 2   선택지 분석하기   →   Step 3   선택지 내용과 지문 대조하기

예제 2   Poetry in the Park에 관한 다음 안내문의 내용과 일치하지 <u>않는</u> 것은? 기출   난이도

Poetry in the Park
Saturday, October 13, 11:00 a.m. – 6:00 p.m.

This annual festival, now in its sixth year, is held with the support of Riverside Public Library.

◆ **Poetry Workshop**
  • Meet and talk with renowned poets about their poems.
    Jane Kenny(11:30 a.m.), Michael Weil(12:30 p.m.)
  • Learn how to express your feelings poetically.

◆ **Poetry Contest**
  • Theme for this year's contest is "Arrivals and Departures."
  • Only one poem per participant
  • Due by 3:00 p.m.
  • The winners will be announced at 5:00 p.m. on the day on site.

For questions about the festival,
please visit our website at www.poetryinthepark.org.

① 매년 개최되며 올해가 여섯 번째이다.
② 저명한 시인들과 만나 시에 대해 이야기할 수 있다.
③ 감정을 시적으로 표현하는 방법을 배울 수 있다.
④ 1인당 1편의 시만 콘테스트에 제출할 수 있다.
⑤ 행사 다음 날 오전에 콘테스트의 수상자를 발표한다.

 타임 어택! 속독 훈련

✓ 학습한 내용과 시간을 체크해보세요.

● 실전처럼 문제 풀기   분 초
● 단어 학습   분 초
● 필터로 끊어읽기   분 초
● 문제 풀이+느낌 빽 학습   분 초
● 지문 빠르게 다시 읽기   분 초

RSVP 속독 훈련

✓ 학습한 내용을 체크해보세요.

● 원어민 MP3 듣기
● 소리 내어 따라 읽기
● 배속으로 청킹 속독

지문 듣기

✓ 정답은 오른쪽 페이지에

단어 자가 테스트

 영 → 한

● annual   ● be held   ● renowned
● poetically   ● departure   ● due

어원 Hint   **annual**: ann(해마다)+ual(~의, ~적인) → 해마다의

매년 열리는 행사 개최를 알려주는 문장으로 시작했다. 행사에 대한 세부 설명이 이어질 것이고, 당연히 각각의 내용이 선택지로 제시될 것임을 예측할 수 있다.

정답과 해설 p.91

Step by Step 문제 풀이

STEP ① Poetry in the Park
공원에서 시를

Saturday, October 13, / 11:00 a.m. – 6:00 p.m.
10월 13일 토요일　　　　　　오전 11시 - 오후 6시

This STEP ③-1 annual festival, / now in its sixth year, / is held with the support
이 연례 축제는　　　　　이제 여섯 번째 해인　　Riverside 공립 도서관의 후원으로 개최

of Riverside Public Library. //
됩니다

◈ **Poetry Workshop**
시 워크숍

- STEP ③-2 Meet and talk with renowned poets / about their poems. //
저명한 시인들을 만나 이야기 나누세요　　그들의 시에 대해

Jane Kenny(11:30 a.m.), / Michael Weil(12:30 p.m.) //
Jane Kenny(오전 11시 30분)　　Michael Weil(오후 12시 30분)

- STEP ③-3 Learn / how to express your feelings poetically. //
배우세요　당신의 감정을 시적으로 표현하는 방법을

◈ **Poetry Contest**
시 콘테스트

- Theme for this year's contest / is "Arrivals and Departures." //
올해 콘테스트의 주제는　　　　　'도착과 출발'입니다

- STEP ③-4 Only one poem / per participant //
시 한 편만 (제출)　　한 참가자당

- Due by 3:00 p.m. //
오후 3시 마감

- The winners will be announced / STEP ③-5 at 5:00 p.m. on the day / on site. //
수상자는 발표될 것입니다　　　　　당일 오후 5시에　　　　　현장에서

For questions about the festival, /
축제에 대한 질문을 위해서

please visit our website / at www.poetryinthepark.org. //
저희 웹 사이트를 방문해주세요　　www.poetryinthepark.org로

STEP ②

① 매년 개최되며 올해가 여섯 번째이다.

② 저명한 시인들과 만나 시에 대해 이야기할 수 있다.

③ 감정을 시적으로 표현하는 방법을 배울 수 있다.

④ 1인당 1편의 시만 콘테스트에 제출할 수 있다.

⑤ 행사 다음 날 오전에 콘테스트의 수상자를 발표한다.

Step 1 | 제목과 첫 문장 확인하기

제목과 첫 문장에서 행사 핵심 내용과 후원 기관을 알 수 있다.
- 소재 : 연례 시 행사

Step 2 | 선택지 분석하기

선택지를 미리 훑어보며 글의 흐름을 예측하고, 지문에서 확인해야 하는 항목을 파악한다.
- 확인해야 할 항목
① 행사 주기, 회차
② 저명한 시인들
③ 감정을 시적으로 표현
④ 콘테스트 제출 작품 수
⑤ 콘테스트 수상자 발표 시기

Tip 소제목이 있는 지문에서는 소제목을 적극적으로 참고하라. Poetry Workshop, Poetry Contest 같은 소제목들이 단서 위치를 알려준다.

Step 3 | 선택지 내용과 지문 대조하기

선택지 순서대로 지문에서 해당하는 정보를 찾아 일치/불일치를 확인한다.
① 매년 개최, 올해 여섯 번째
= annual, sixth year
② 시인들과 만나서 이야기할 수 있음
= Meet and talk with renowned poets
③ 감정을 시적으로 표현하는 방법을 배움
= Learn how to express your feelings poetically
④ 콘테스트에 1인당 시 1편만 제출
= Only one poem per participant
⑤ 행사 다음 날 오전에 콘테스트 수상자 발표
≠ at 5:00 p.m. on the day
◎ 지문과 일치하지 않는 선택지 ⑤ '행사 다음 날 오전에 콘테스트의 수상자를 발표한다.'가 정답이다.

Tip 실용문에서는 반전이 일어나지 않는다. 마지막 선택지 단서를 확인하고 나면 그 뒷문장은 공들여 읽지 않아도 된다. 예외적인 사항이 있을 경우 'Note, Notice'같은 표현으로 알려주거나 이탤릭체, 굵은 글씨 등으로 강조한다.

🎙 **느낌 빡!** 실용문 이해에 반드시 필요한 표현

실용문에 자주 출제되는 단어들은 정해져 있다. 이 단어들을 활용하면 필요한 단서 위치를 자료에서 쉽게 찾을 수 있다.

구분	단어
일정	opening hours(운영 시간), time(시간), dates(날짜), schedule(일정) a.m.(오전), p.m.(오후), due date(마감일), deadline(마감 기한)
비용	charge(요금), cost(비용), price(가격), fee(요금, 수수료), rate(요금), fare(운임), admission(입장료), refundable(환불 가능한)
장소	location(장소), place(장소), site(현장), space(공간), be held(개최되다), take place(열리다, 개최되다)
주의/규정	notice(알림), note(주의, 주목), caution(주의), requirement(필요 조건), rule(규칙), regulation(규정)
등록/예약	registration(등록), book(예약하다), enroll(등록하다), submission(제출), entry(입장, 참가, 출전)
활동/참가	activities(활동), experience(체험), workshop(워크숍), details(세부 사항), participate(참가하다), attend(참석하다), feature(~을 특별히 포함하다)

✓ 정답은 왼쪽 페이지에

단어 자가 테스트
한 → 영

○ 연례의 ○ 개최되다 ○ 저명한
○ 시적으로 ○ 출발 ○ 마감이 되는

전략 03

도표 유형

도표 지문에서는 증가나 감소가 주로 답이 된다

도표 유형은 막대 그래프, 꺾은선 그래프, 원 그래프 등의 형태로 제시된 도표와 그 내용을 설명한 지문을 비교하며 서로 일치하지 않는 문장을 찾는 유형이다. 값 자체는 정확한 숫자로 제시되어 있어 어렵지 않게 대조해 볼 수 있다. 보통 다른 항목의 값을 잘못 가지고 와서 비교하거나 증가/감소 추세를 반대로 바꾸어 일치하지 않는 선택지를 만든다. 따라서 비교나 증감 표현에 집중해서 읽어야 한다.

Step 1 제목과 첫 문장 확인하기 → Step 2 증감/비교 표현 정확히 해석하기 → Step 3 선택지 내용과 도표 대조하기

예제 3 | 다음 도표의 내용과 일치하지 <u>않는</u> 것은? 기출   난이도 ★ ★ ★

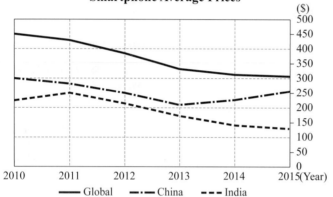

Smartphone Average Prices

—— Global —·— China ----- India

🕐 타임 어택! 속독 훈련

✔ 학습한 내용과 시간을 체크해보세요.

● 실전처럼 문제 풀기 | 분 초
● 단어 학습 | 분 초
● 필터로 끊어읽기 | 분 초
● 문제 풀어+느낌 빽! 학습 | 분 초
● 지문 빠르게 다시 읽기 | 분 초

➕ RSVP 속독 훈련

✔ 학습한 내용을 체크해보세요.

● 원어민 MP3 듣기
● 소리 내어 따라 읽기
● 배속으로 청킹 속독

지문 듣기

The above graph shows the smartphone average prices in China and India between 2010 and 2015, compared with the global smartphone average price during the same period. ① The global smartphone average price decreased from 2010 to 2015, but still stayed the highest among the three. ② The smartphone average price in China dropped between 2010 and 2013. ③ The smartphone average price in India reached its peak in 2011. ④ From 2013, China and India took opposite paths, with China's smartphone average price going down and India's going up. ⑤ The gap between the global smartphone average price and the smartphone average price in China was the smallest in 2015.

✔ 정답은 오른쪽 페이지에

단어 자가 테스트

영 → 한

● average
● drop(= decrease)
● compared with
● path
● period
● gap

어원 Hint decrease: de(아래로)+crea(se)(자라다) → 아래로 자라다

2010년부터 2015년 사이의 스마트폰 평균 가격을 나타내는 그래프이다. 연도별 가격 변동 추이 및 중국, 인도, 세계의 평균 가격을 비교하면서 특징적인 부분을 설명할 것이다.

⊙ 정답과 해설 p.91

Step by Step 문제 풀이

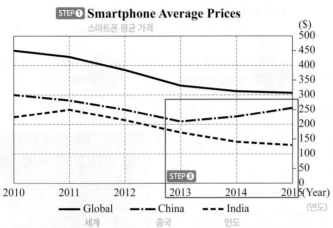

STEP ① Smartphone Average Prices
스마트폰 평균 가격

The above graph shows / the smartphone average prices / in China and India
위의 그래프는 보여준다   스마트폰 평균 가격을   중국과 인도의

/ between 2010 and 2015, / compared with the global smartphone average
2010년에서 2015년 사이의   세계 스마트폰 평균 가격과 비교하여

price / during the same period. // ① The global smartphone average price /
같은 기간의   세계 스마트폰 평균 가격은

STEP ② decreased from 2010 to 2015, / but still stayed the highest / among
2010년에서 2015년까지 하락했다   그러나 여전히 가장 높게 유지되었다   셋 중에

the three. // ② The smartphone average price in China / dropped between
중국의 스마트폰 평균 가격은   2010년에서 2013년 사이에

2010 and 2013. // ③ The smartphone average price in India / reached its
떨어졌다   인도의 스마트폰 평균 가격은   정점에 이르렀다

peak / in 2011. // ④ From 2013, / China and India took opposite paths, /
2011년에   2013년부터   중국과 인도는 정반대 길을 걸었다

with China's smartphone average price going down / and India's going up.
중국의 스마트폰 평균 가격이 하락하고   인도 것은 상승하면서

// ⑤ The gap / between the global smartphone average price and the
차이는   세계 스마트폰 평균 가격과 중국에서의 스마트폰 평균 가격 사이의

smartphone average price in China / was the smallest in 2015. //
2015년에 가장 작았다

Step 1 | 제목과 첫 문장 확인하기

도표 제목은 가장 핵심적인 정보를 담고 있다. 도표 제목과 첫 문장을 중심으로 도표를 개략적으로 이해해 보자.
- **소재** 스마트폰 평균 가격
- **비교 대상** 중국, 인도, 세계
- **가로축** 연도
- **세로축** 가격

중국, 인도, 세계의 연도별 스마트폰 평균 가격 변동 추이를 나타내는 꺾은선 그래프이다.

Tip 첫 문장에 compared with(~와 비교하여)라는 표현이 나왔다. 각 대상들의 값을 비교하는 도표라는 뜻이다. 지문에도 도표 내용을 분석하면서 비교하는 표현들이 나올 것이다.

Step 2 | 증감/비교 표현 정확히 해석하기

①~⑤에서 증가, 감소, 비교를 나타내는 표현을 찾아 정확하게 해석한다.
① 세계 평균 가격 2010년부터 2015년까지 감소, 셋 중 가장 높게 유지됨
② 중국 평균 가격 2010년부터 2013년까지 떨어짐
③ 인도 평균 가격 2011년에 정점
④ 2013년부터 중국 평균 가격 하락, 인도는 상승
⑤ 세계와 중국 평균 가격 차이 2015년에 가장 작음

Step 3 | 선택지 내용과 도표 대조하기

Step 2에서 해석한 증감 / 비교 표현과 도표 모양을 하나씩 대조해본다.

○ 도표에서 2013년부터 중국 평균 가격은 하락한 것이 아니라 상승했고, 인도 평균 가격은 상승하지 않고 하락했다. 따라서 도표와 일치하지 않는 선택지는 ④ 이다.

Tip 선택지 앞부분은 맞지만, 뒷부분 내용이 잘못된 경우에 주의해야 한다. ④는 중국과 인도 그래프가 정반대 모습을 보였다는 앞부분은 도표와 일치하지만, 중국 평균 가격은 하락하고 인도 평균 가격은 상승했다는 뒷부분이 일치하지 않았다.

Tip 통계적으로 수능에서 도표 유형 정답이 ①, ②로 잘 나오지 않았다. ①, ②에서 도표와 일치하지 않는 내용이 바로 나와버리면 문제가 너무 쉬워지기 때문이다.

❗ 느낌 빡! 도표 이해에 꼭 필요한 표현 (1) - 증가/감소

도표 유형에서는 증가나 감소 표현으로 수치들의 변화 추이를 설명한다. 해당 어휘를 모르면 맞힐 수가 없다.

증가	grow(커지다), rise(오르다), increase(증가하다), go up(올라가다), soar(급등하다), multiply(크게 증가하다), reach a peak(정점에 이르다)
감소	fall(떨어지다), drop(떨어지다), decrease(감소하다), go down(내려가다), decline(감소하다)
증감 정도	continuously(지속적으로), steadily(꾸준히), gradually(점차), slightly(약간), substantially(상당히), dramatically(급격히), sharply(급격히), drastically(대폭)

✓ 정답은 왼쪽 페이지에

단어 자가 테스트
한 → 영

○ 평균의   ○ ~와 비교하여   ○ 기간
○ 하락하다, 떨어지다   ○ 길   ○ 차이

도표 유형

전략 04 함정은 수치 비교 표현에 숨어있다

도표에는 보통 둘 이상의 항목 값들이 제시되기 때문에 도표 내용을 설명하기 위해 서로 다른 대상의 값을 비교하는 방식을 즐겨 쓴다. 그러므로 기본적인 비교 표현뿐만 아니라, 배수, 분수 표현까지 잘 정리해두자.

 Step 1 제목과 첫 문장 확인하기 → **Step 2** 증감/비교 표현 정확히 해석하기 → **Step 3** 선택지 내용과 도표 대조하기

예제 4 다음 표의 내용과 일치하지 <u>않는</u> 것은? 기출   난이도 ★★

Life Expectancy at Birth in 2030 for 5 Selected Countries

(in years)

Country / Gender	Republic of Korea	Austria	Sweden	Singapore	Slovakia
Women(A)	90.82	86.22	85.98	84.81	82.92
Men(B)	84.07	81.40	82.52	79.57	76.98
Difference (A–B)	6.75	4.82	3.46	5.24	5.94

The table above displays the life expectancy at birth in 2030 for five selected countries. ① In each of the five selected countries, it is predicted that the life expectancy of women will be higher than that of men. ② In the case of women, life expectancy in the Republic of Korea is expected to be the highest among the five countries, followed by that in Austria. ③ As for men, the Republic of Korea and Singapore will rank the first and the second highest, respectively, in life expectancy in the five countries. ④ Both Slovakian women and men will have the lowest life expectancy by gender among the five countries, with 82.92 and 76.98 years, respectively. ⑤ Among the five countries, the largest difference in life expectancy between women and men is 6.75 years, predicted to be found in the Republic of Korea, and the smallest difference is 3.46 years, in Sweden.

지문 듣기

✓ 정답은 오른쪽 페이지에

단어 자가 테스트

 영 → 한

○ selected   ○ display   ○ at birth
○ rank   ○ by gender   ○ difference

어원 Hint **gender**: gen(d)(종류)+er(~하는 것) → 인간의 종류   **difference**: di(f)(떨어져 dis)+fer(운반하다)+ence(~하는 것) → 따로따로 운반하는 것

258   **Part 2** 문제 유형편

다섯 개 국가의 기대 여명을 보여준다고 했으므로 국가별 수치에 대한 분석과 비교가 이어질 것이다. 비교, 배수, 분수 표현에 표시해 둘 준비를 하자.

정답과 해설 p.92

Step by Step 문제 풀이

STEP① Life Expectancy at Birth in 2030 for 5 Selected Countries (년)
선택된 5개국의 2030년 출생 시 기대 여명 (in years)

Country/Gender 국가 성별	Republic of Korea 대한민국	Austria 오스트리아	Sweden 스웨덴	Singapore 싱가포르	Slovakia 슬로바키아
여성(A) Women(A)	**STEP③** 90.82	86.22	85.98	84.81	82.92
남성(B) Men(B)	84.07	81.40	82.52	79.57	76.98
차이(A-B) Difference (A–B)	6.75	4.82	3.46	5.24	5.94

The table above displays / the life expectancy at birth in 2030 / for five
위 표는 보여준다   2030년 출생 시 기대 여명을   선택된 5개
selected countries. // ① In each of the five selected countries, // it is
국가의   선택된 5개국 각각에서   예측된
predicted / that the life expectancy of women will be **STEP②** higher / than that
다   여성의 기대 여명이 더 높을 것으로   남성의 것(기대
of men. // ② In the case of women, / life expectancy in the Republic of
여명)보다   여성의 경우   대한민국의 기대 여명이
Korea / is expected to be the highest / among the five countries, / followed
            가장 높을 것으로 예상된다   5개국 중에서   그 다음은 오스
by that in Austria. // ③ As for men, / the Republic of Korea and Singapore
트리아의 기대 여명이다   남성의 경우는   대한민국과 싱가포르가 순위에 오를 것이다
will rank / the first and the second highest, / respectively, / in life expectancy
              첫 번째와 두 번째로 가장 높게   각각   5개국의 기대 여명에서
in the five countries. // ④ Both Slovakian women and men / will have the
5개국에서   슬로바키아 여성과 남성 둘 다   가장 낮은 기대 여명을
lowest life expectancy / by gender / among the five countries, / with 82.92
가질 것이다   성별로   5개국 중에서   82.92년과 76.98
and 76.98 years, / respectively, / ⑤ Among the five countries, / the largest
년으로   각각   5개국 중에서   기대 여명에서 가
difference in life expectancy / between women and men / is 6.75 years, /
장 큰 차이는   여성과 남성 사이의   6.75년이고
predicted to be found in the Republic of Korea, / and the smallest difference
대한민국에서 발견될 것으로 예측된다   그리고 가장 작은 차이는 3.46년이고
is 3.46 years, / in Sweden. //
                스웨덴에서(발견될 것으로 예측된다)

Step 1 | 제목과 첫 문장 확인하기

지문 첫 문장에서 도표 제목을 풀어 썼다. 이를 참고하면 제시된 표가 무엇에 관한 것인지 간략하게 알 수 있다.
- **소재** 기대 여명
- **비교 대상** 대한민국, 오스트리아, 스웨덴, 싱가포르, 슬로바키아 5개국
- **가로** 국가
- **세로** 성별
국가간 / 성별간 기대 여명을 비교해 볼 수 있는 자료다.

Step 2 | 증감/비교 표현 정확히 해석하기

① 여성 기대 여명이 남성 기대 여명보다 높음
② 여성 기대 여명은 5개국 중 대한민국이 가장 높고, 그 다음은 오스트리아
③ 대한민국과 싱가포르 남성 기대 여명이 첫 번째, 두 번째로 가장 높음
④ 슬로바키아 여성과 남성 기대 여명이 가장 낮음
⑤ 가장 큰 남녀 기대 여명 차이 - 대한민국
가장 작은 남녀 기대 여명 차이 - 스웨덴

Tip ②의 followed by와 following은 학생들이 많이 헷갈려 하는 표현 중 하나이다. 기억할 것은 과거분사는 수동, 현재분사는 능동 의미를 가진다는 점이다.
followed by는 내가 따름을 당하고 있는 것이므로 뒤에 다음 차례/순위가 나오고, following은 내가 누군가를 따라가고 있는 것이므로 뒤에 앞선 차례/순위가 나온다.

Step 3 | 선택지 내용과 도표 대조하기

표에서 필요한 정보를 찾아 Step 2에서 해석한 증감/비교 표현과 하나씩 대조해본다.
◑ 위 표에 따르면 남성 기대 여명이 첫 번째로 높은 나라는 대한민국, 두 번째로 높은 나라는 스웨덴이다. 싱가포르의 남성 기대 여명은 네 번째이다. ③의 내용은 이와 일치하지 않는다.

Tip 표는 정보가 한눈에 들어오지 않아 그래프에 비해 난이도가 높으니 분석할 때 세심한 주의가 필요하다.

💡 **느낌 빡!** 도표 이해에 꼭 필요한 표현 (2) - 비교, 배수, 분수

도표 유형에서는 여러 값을 비교하기 위해 비교, 배수, 분수 표현을 많이 사용한다. 드물게 간단한 계산을 요하는 문제도 나오니 꼭 알아 두자.

비교	원급(as ~ as)(…만큼 ~한), 비교급(-er than, more ~ than)(…보다 더 ~한), 최상급(the -est, the most ~, the least ~)(가장 ~한), the second[third/fourth ...]+최상급(두 번째[세 번째, 네 번째]로 가장 ~한), similar(비슷한), exceed(초과하다), surpass(능가하다)
배수	twice(두 배), 숫자+times(~ 배), 배수사+as ~ as(…보다 몇 배만큼 ~한)
분수	one-tenth(1/10), two-fifths(2/5), a half(1/2) 분자는 기수(one, two, three ...)로 분모는 서수(second, third, fourth ...)로 표현. 분자가 2 이상이면 분모를 복수형(-s)으로 쓴다.

✔ 정답은 왼쪽 페이지에

단어 자가 테스트
한 → 영
- ○ 선택된, 선발된
- ○ 순위에 오르다
- ○ 보여주다
- ○ 성별로
- ○ 출생 시에
- ○ 차이

전략 적용 문제

1 Wireless Charging Pad 사용에 관한 다음 안내문의 내용과 일치하는 것은? 기출

난이도 ★★

Wireless Charging Pad
– Instructions –

Wireless Smartphone Charging:

1. Connect the charging pad to a power source.
2. Place your smartphone on the charging pad with the display facing up.
3. Place your smartphone on the center of the charging pad (or it will not charge).

Charging Pad

LED

Charge Status LED:

• Blue Light: Your smartphone is charging. If there's a problem, the blue light will flash.

• White Light: Your smartphone is fully charged.

Caution:

• Do not place anything between your smartphone and the charging pad while charging.

• The charging pad is not water-resistant. Keep it dry.

① 스마트폰의 화면을 아래로 향하게 두어야 한다.

② 스마트폰을 충전 패드 중앙에 놓지 않아도 된다.

③ LED 빛이 흰색이면 스마트폰이 완전히 충전되지 않은 것이다.

④ 스마트폰과 충전 패드 사이에 어떤 것도 놓지 않아야 한다.

⑤ 충전 패드는 방수가 된다.

타임 어택! 속독 훈련

✔ 학습한 내용과 시간을 체크해보세요.

● 실전처럼 문제 풀기 ___ 분 ___ 초
● 단어 학습 ___ 분 ___ 초
● 필터로 끊어읽기 ___ 분 ___ 초
● 문제 풀어+느낌 빽! 학습 ___ 분 ___ 초
● 지문 빠르게 다시 읽기 ___ 분 ___ 초

RSVP 속독 훈련

✔ 학습한 내용을 체크해보세요.

● 원어민 MP3 듣기
● 소리 내어 따라 읽기
● 배속으로 청킹 속독

지문 듣기

✔ 정답은 오른쪽 페이지에

단어 자가 테스트

영 → 한

1
○ wireless   ○ pad   ○ instruction
○ place   ○ caution   ○ water-resistant

2
○ name   ○ entry   ○ submission
○ volunteer   ○ voting   ○ council

어원 Hint **instruction**: in(안에)+struct(세우다)+ion(~하는 것) → 안에 세우는 것   **submission**: sub(아래로)+miss(보내다)+ion(~하는 것) → 아래로 보내는 것

2 다음 안내문의 내용과 일치하지 <u>않는</u> 것은? 기출   난이도 ★ ★

Name Our Sports Center!

The grand opening of our brand-new sports center is on November 30th, but we still don't have a name! Please take this opportunity to be part of Watford Community history, and help us name it!

Entry Submission

• September 1st – 30th on our website (www.watfordcc.org)

The three best entries will be selected by the Watford volunteer group and will be made available online for voting to decide the winner.

Vote

• October 15th – 31st on our website

Winner Announcement

• November 3rd on our website

• Prize: a one-year sports center membership

We're looking for the most dynamic and fun names, so get your entries in now!

Watford Community Council

● 타임 어택! 속독 훈련

✓ 학습한 내용과 시간을 체크해보세요.

● 실전처럼 문제 풀기　분　초
● 단어 학습　분　초
● 필터로 끊어읽기　분　초
● 문제 풀이+느낌 빽! 학습　분　초
● 지문 빠르게 다시 읽기　분　초

⊕ RSVP 속독 훈련

✓ 학습한 내용을 체크해보세요.

● 원어민 MP3 듣기
● 소리 내어 따라 읽기
● 배속으로 청킹 속독

지문 듣기

① 스포츠센터 개장일은 11월 30일이다.

② 응모작 제출은 웹사이트에서 진행된다.

③ 최상위 응모작 세 개가 온라인 투표 대상이 된다.

④ 투표는 두 달 동안 웹사이트에서 진행된다.

⑤ 우승 상품은 스포츠센터 1년 회원권이다.

✓ 정답은 왼쪽 페이지에

전략 적용 문제

3 다음 도표의 내용과 일치하지 <u>않는</u> 것은? 기출　　　난이도 ★ ★ ☆

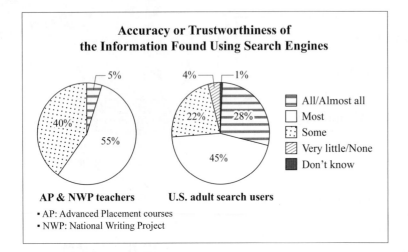

Accuracy or Trustworthiness of the Information Found Using Search Engines

AP & NWP teachers
U.S. adult search users

All/Almost all
Most
Some
Very little/None
Don't know

- AP: Advanced Placement courses
- NWP: National Writing Project

⏱ 타임 어택! 속독 훈련

✓ 학습한 내용과 시간을 체크해보세요

● 실전처럼 문제 풀기　　분　초
● 단어 학습　　분　초
● 필터로 끊어읽기　　분　초
● 문제 풀이+느낌 빽! 학습　　분　초
● 지문 빠르게 다시 읽기　　분　초

⊕ RSVP 속독 훈련

✓ 학습한 내용을 체크해보세요

● 원어민 MP3 듣기
● 소리 내어 따라 읽기
● 배속으로 청킹 속독

지문 듣기

　　The two pie charts above show how much of the information found using search engines is considered to be accurate or trustworthy by two groups of respondents (AP & NWP teachers and U.S. adult search users) in 2012. ① As for AP & NWP teachers, five percent say that "All / Almost all" of the information found using search engines is accurate or trustworthy, while 28 percent of U.S. adult search users say the same. ② The largest percentage of both AP & NWP teachers and U.S. adult search users answer that "Most" of the information is accurate or trustworthy. ③ In addition, 40 percent of AP & NWP teachers say that "Some" of the information is accurate or trustworthy, and more than 30 percent of U.S. adult search users respond the same. ④ U.S. adult search users saying that "Very little / None" of the information found using search engines is accurate or trustworthy account for less than five percent. ⑤ The percentage of U.S. adult search users who answer "Don't know" is only one percent.

✓ 정답은 오른쪽 페이지에

단어 자가 테스트　**3** ● accuracy (a. accurate)　● trustworthiness (a. trustworthy)　● search engine
영 → 한　　● pie chart　● be considered　● respondent (v. respond)
4 ● origin　● rounding　● enroll

어원 Hint accurate: ac(~에 ad)+cur(주의)+ate(~한, ~적인) → 어떤 대상에게 주의를 기울인
respondent: re(다시)+spond(약속하다)+ent(~하는 사람) → 약속하는 답장을 보내는 사람

4 다음 표의 내용과 일치하지 <u>않는</u> 것은? 기출   난이도 ★ ★ ★

⏱ 타임 어택! 속독 훈련
✔ 학습한 내용과 시간을 체크해보세요.

- 실전처럼 문제 풀기   분   초
- 단어 학습   분   초
- 필터로 끊어읽기   분   초
- 문제 풀이+느낌 빽! 학습   분   초
- 지문 빠르게 다시 읽기   분   초

Top Ten Origin Countries of International Students
(School Years 1979-1980 and 2016-2017)

School Year 1979-1980		School Year 2016-2017	
Country	Number	Country	Number
Iran	51,000	China	351,000
Taiwan	18,000	India	186,000
Nigeria	16,000	South Korea	59,000
Canada	15,000	Saudi Arabia	53,000
Japan	12,000	Canada	27,000
Hong Kong	10,000	Vietnam	22,000
Venezuela	10,000	Taiwan	22,000
Saudi Arabia	10,000	Japan	19,000
India	9,000	Mexico	17,000
Thailand	7,000	Brazil	13,000
Other countries	129,000	Other countries	311,000
Total	**286,000**	**Total**	**1,079,000**

• Note: Detail may not add to total shown because of rounding.

The tables above show the top ten origin countries and the number of international students enrolled in U.S. colleges and universities in two school years, 1979-1980 and 2016-2017. ① The total number of international students in 2016-2017 was over three times larger than the total number of international students in 1979-1980. ② Iran, Taiwan, and Nigeria were the top three origin countries of international students in 1979-1980, among which only Taiwan was included in the list of the top ten origin countries in 2016-2017. ③ The number of students from India was over twenty times larger in 2016-2017 than in 1979-1980, and India ranked higher than China in 2016-2017. ④ South Korea, which was not included among the top ten origin countries in 1979-1980, ranked third in 2016-2017. ⑤ Although the number of students from Japan was larger in 2016-2017 than in 1979-1980, Japan ranked lower in 2016-2017 than in 1979-1980.

➕ RSVP 속독 훈련
✔ 학습한 내용을 체크해보세요.

- 원어민 MP3 듣기
- 소리 내어 따라 읽기
- 배속으로 청킹 속독

지문 듣기

✔ 정답은 왼쪽 페이지에

단어 자가 테스트   **한 → 영**

3
- 정확성 (a. 정확한)
- 파이 도표(=원 그래프)
- 신뢰성 (a. 신뢰할 만한)
- ~로 여겨지다
- 검색 엔진
- 응답자 (v. 응답하다)

4
- 출신, 기원
- 어림(수)
- 등록하다

Unit 17

긴 글을 잡아라

☑ 지문이 길다고 절대로 쫄지 마라

공부법 책에서도 이 책에서도 가장 강조하는 것 중 하나가 '절대 쫄면 안 된다'는 말이다. 쫄면 진다. 긴장하면 불이 났을 때 바로 앞에 있는 소화기도 발견하지 못하는 게 인간이다. 장문 독해는 지문의 길이가 길기 때문에 학생들이 보자마자 당황한다. 마지막이라 시간도 별로 없는 상태에서 지문의 길이에 압도되어 버리면 쉬운 지문도 잘 안 읽히기 마련이다.

장문 독해는 길이 자체가 난관이기 때문에 지문 자체는 비교적 쉬운 내용이 출제된다. 앞서 나온 빈칸 추론 등의 지문과 비교해보라. 지문의 내용도, 구문·어휘도 쉽다. 문제 유형은 지금껏 배웠던 문제 유형이 그대로 반복되며, 장문 하나를 이해하면 2~3문제가 줄줄이 풀려서 성취감도 크고, 점수를 올리기에도 좋다. 장문 독해 유형을 놓치면 안 되는 이유다.

우리가 그동안 장문 독해를 어렵게 느꼈던 이유는 심리적인 요인이다. 장문 독해를 많이 연습해보면서 심리적인 부담감을 극복하고 장문 때문에 대량 실점하는 일은 없도록 하자.

☑ 속독 능력을 십분 발휘하라

장문 지문은 길고 난이도는 상대적으로 쉬워서, 여러분의 속독 능력을 펼치기에 최적화되어 있다. 지금껏 배운 지문 구조를 파악하며 예측 독해하는 법, 문제 풀이 전략 등을 모조리 활용해보자.

핵심 내용이나 주요 단서에 밑줄을 긋거나 옆에 간단한 메모를 해 두며 읽는 것도 좋다. 이제 절대 포기하지도, 당황하지도 말고 속독하라. 여러분의 실력을 의심하지 마라. 자신감이 곧 실력이다!

Unit 17 훑어보기

장문 독해 유형은 하나의 긴 지문이 주어지고 해당 지문에 딸린 2~3개의 문항에 답하는 유형이다. 장문 독해 유형의 문항 구성은 시험마다 조금씩 다르지만, 주로 출제되는 유형은 아래와 같다.

첫 번째 유형인 〈일반 장문〉에서는 약 200 단어 이상의 단일 지문이 주어진다. 긴 글의 중심 내용을 파악하는 '제목(요지, 주제) 찾기' 유형이 필수로 출제되며, 문장 간 내용적 관계를 추론하는 '빈칸 추론' 혹은 '문맥 속 어휘 추론' 유형 중 하나가 출제되어 총 2문항으로 구성된다.

두 번째 유형인 〈순서 배열 장문〉에서는 약 300 단어 이상의 4개 단락으로 구성된 지문이 주어진다. 첫 단락에 이어지는 나머지 3개 단락의 순서를 배열하는 '글의 순서 배열' 유형, 글의 전체적인 맥락과 등장인물 간 관계를 파악하는 '지칭 추론' 유형, 세부적인 정보와 줄거리를 파악하는 '세부 내용 파악' 유형이 출제되어 총 3문항으로 구성된다.

길이가 긴 지문에 다수의 문항이 출제되므로 어렵다고 생각할 수 있지만, 지문의 난이도 자체는 쉽다. 또한 앞에서 숱하게 연습한 문제 유형이 동일하게 출제되므로 어려울 것 없다. 앞서 배운 전략을 하나씩 적용하며 풀도록 한다.

✔ 질문 유형

일반 장문	• 윗글의 제목으로 가장 적절한 것은? • 윗글의 빈칸에 들어갈 말로 가장 적절한 것은? • 윗글의 빈칸 (A), (B)에 들어갈 말로 가장 적절한 것은? • 밑줄 친 (a)~(e) 중에서 문맥상 낱말의 쓰임이 적절하지 <u>않은</u> 것은?
순서 배열 장문	• 주어진 글 (A)에 이어질 내용을 순서에 맞게 배열한 것으로 가장 적절한 것은? • 밑줄 친 (a)~(e) 중에서 가리키는 대상이 나머지 넷과 <u>다른</u> 것은? • 윗글의 ○○○에 관한 내용으로 적절하지 <u>않은</u> 것은?

✔ 문제 풀이 STEP

	Step 1	→	Step 2	→	Step 3
일반 장문	문단 내용 요약하기		제목 찾기 전략 적용하기		빈칸 추론 전략 적용하기 문맥 속 어휘 추론 전략 적용하기
순서 배열 장문	글의 순서 배열 전략 적용하기		지칭 추론 전략 적용하기		세부 내용 파악 전략 적용하기

일반 장문/순서 배열 장문 문제 유형, 이렇게 접근하라!

전략 01 **일반 장문 유형**

문제를 먼저 읽고 알맞은 풀이 전략을 적용해라

장문 독해라고 새로운 문제 유형이 나오는 것은 아니다. 첫 번째 유형인 '일반 장문'에서는 두 문항에 답을 해야 한다. 보통 전체적인 내용과 관련된 문항(제목/요지/주제 찾기) 하나, 문맥 파악과 관련된 문항(빈칸 추론, 문맥 속 어휘 추론) 하나가 출제된다. 지문 길이만 길 뿐 우리가 충분히 연습한 유형이다. 무작정 지문에 달려들지 말고 지문에 딸린 문제가 어떤 유형인지 보고, 그에 알맞은 풀이 전략을 적용하며 읽는 것이 시간을 절약하는 방법이다.

Step 1 문단 내용 요약 하기 → **Step 2** 제목 찾기 전략 적용하기 → **Step 3** 빈칸 추론 전략 적용하기

예제 1 [1~2] 다음 글을 읽고, 물음에 답하시오. 기출 난이도 ★☆☆

It isn't going to be easy making changes to the food your children eat, and even the most careful, patient parents will probably find that the little ones will resist at some point and to some degree. The problem is that many of us were forced to eat in a healthy way as children: we learned the hard way. And the temptation to continue with these parental habits with our own children is strong.

If you were made to sit at the table until you had cleaned your plate, you are not alone: most of the adult population have suffered this at some point — at school if not at home. Forcing your children to eat, especially if they don't like what is on the plate, is completely _____. "Sit there until you finish" may be how we learned, and may also be the only way you feel able to achieve your goal, but think about it: the experience of eating a pile of unwanted cabbage until they feel sick is hardly going to make children jump for joy the next time it is served.

This strict approach is very old-fashioned, and you may win the battle but you definitely won't win the war. Delaying puddings used to be thought of as a good idea too, but guess what? That doesn't work either. "No pudding until you have finished your main course" was the standard line when most parents of today were young and is still commonly used, but it only makes sweet things seem more desirable.

타임 어택! 속독 훈련

✓ 학습한 내용과 시간을 체크해보세요.

- 실전처럼 문제 풀기 　분 　초
- 단어 학습 　분 　초
- 필터로 끊어읽기 　분 　초
- 문제 풀이+느낌 빽빽 학습 　분 　초
- 지문 빠르게 다시 읽기 　분 　초

✓ 정답은 오른쪽 페이지에

단어 자가 테스트
영 → 한

○ resist
○ plate
○ hardly

○ temptation
○ suffer
○ strict

○ parental
○ achieve
○ approach

 temptation: tempt(시험하다)+ation(~하는 것) → 시험하는 것 　**suffer**: suf(아래에 sub)+fer(짐을 지다) → 아래에서 짐을 지다

정답과 해설 p.98

1. 윗글의 제목으로 가장 적절한 것은?

① Do Old Feeding Habits Work?

② No More Instant Foods for Kids

③ Kids Today Need Table Manners

④ Time to Switch to Organic Food!

⑤ Homemade Pudding Makes Us Perfect

2. 윗글의 빈칸에 들어갈 말로 가장 적절한 것은?

① counterproductive

② beneficial

③ invaluable

④ unconventional

⑤ constructive

➕ RSVP 속독 훈련

✓ 학습한 내용을 체크해보세요.

⚪ 원어민 MP3 듣기

⚪ 소리 내어 따라 읽기

⚪ 배속으로 청킹 속독

지문 듣기

✓ 정답은 왼쪽 페이지에

단어 자가 테스트

한 → 영

⚪ 저항하다
⚪ 접시
⚪ 거의 ~않다

⚪ 유혹
⚪ 겪다
⚪ 엄격한

⚪ 부모의
⚪ 달성하다
⚪ 접근법; 접근하다

changes, food, children

아이들이 먹는 음식에 변화를 주는 것이 어렵다는 문장으로 글을 시작하고 있다. 얼마나 어떻게 어려운지 설명이 이어질 수 있고 더 나아가서 해결책이 제시될 수도 있음을 예측해 볼 수 있다.

Step by Step 문제 풀이

STEP 1 It isn't going to be easy / making changes to the food / your children
쉽지 않을 것이다　　　음식에 변화를 주는 것은　　　당신의 자녀가 먹는

eat, / and even the most careful, patient parents / will probably find / that the
그리고 심지어 가장 주의 깊고 인내심이 많은 부모라고 하더라도　아마도 알게 될 것이다　어린 아이들

little ones will resist / at some point and to some degree. // The problem is /
이 저항할 것이라는 것을　어느 시점에서 그리고 어느 정도로　문제는

that many of us were **STEP 2-1** forced to eat in a healthy way / as children: / we
우리 중 많은 사람들이 건강한 방식으로 먹도록 강요받았다는 것이다　아이였을 때　우리

learned the hard way. // And the temptation / to continue with these parental
는 어렵게 배웠다　그리고 유혹은　우리 자녀에게 이러한 부모의 관습을 계속하려는

habits with our own children / is strong. //
강하다

If you were made to sit at the table / until you had cleaned your plate, / you
만약 당신이 식탁에 앉아있도록 강요되었다면　접시를 다 비울 때까지　당신은

are not alone: / most of the adult population / have suffered this at some
혼자가 아니다　성인 인구 대부분이　어느 시점에서 이런 일을 겪었다

point / — at school if not at home. // **STEP 2-2** Forcing your children to eat, /
집에서가 아니라면 학교에서　당신 자녀에게 먹도록 강요하는 것은

especially if they don't like / what is on the plate, / is completely
특히 그들이 좋아하지 않는다면　접시 위에 놓인 것을　완전히 ____하다

____. // "Sit there until you finish" / may be how we learned, / and
"끝낼 때까지 거기에 앉아있어"가　우리가 배운 방식일지도 모른다　그리고

may also be the only way / you feel able to achieve your goal, / but think
또한 유일한 방법일지도 모른다　당신이 목표를 달성할 수 있다고 느끼는　그러나 그것에

about it: / the experience of eating a pile of unwanted cabbage / until they
대해 생각해 봐　원하지 않는 양배추 한 더미를 먹는 경험은　그들이 메스꺼움

feel sick / is **STEP 3-1** hardly going to make children jump for joy / the next
을 느낄 때까지　좀처럼 아이들을 기뻐 날뛰게 만들지는 않을 것이다　다음번에 그

time it is served. //
것이 제공될 때

STEP 2-3 This strict approach is very old-fashioned, / and you may win the
이 엄격한 접근법은 아주 구식이다　그래서 당신이 전투를 이길지는 모르

battle / but you definitely **STEP 3-2** won't win the war. // Delaying puddings
지만　분명히 전쟁을 이기지는 못할 것이다　푸딩을 뒤로 미루는 것은 간주되

used to be thought of / as a good idea too, / but guess what? // That **STEP 3-3**
었다　마찬가지로 좋은 생각으로　하지만 이건 아시는지?　그것도 효과가 없다

doesn't work either. // "No pudding until you have finished your main
"주 요리 다 먹을 때까지 푸딩은 없어"는

course" / was the standard line / when most parents of today were young /
일반적인 말이었다　오늘날 대부분의 부모들이 어렸을 때

and is still commonly used, / but it only **STEP 3-4** makes / sweet things seem
그리고 여전히 흔히 사용된다　하지만 그것은 오직 만들 뿐이다　단 것을 더욱 호감이 가는 것처

more desirable. //
럼 보이게

Step 1 | 문단 내용 요약하기

장문은 한눈에 주제문을 찾기 쉽지 않다. 주제와 소재를 찾기 위해 먼저 문단별로 핵심 내용을 찾아 요약하며 읽는다.

- 첫 번째 문단
도입: 우리는 부모에게 건강에 좋은 방식으로 먹도록 강요 받았으며, 같은 방식을 자녀들에게도 적용한다.

- 두 번째 문단
주제문: 좋아하지 않는 음식을 먹게 하는 것은 완전히 ____ 하다.
예시 1: 원치 않는 양배추를 먹게 하면, 다음에 그 음식이 제공될 때 싫어하게 된다.

Tip 두 번째 문단의 주제문처럼 보이는 곳에 빈칸이 뚫려 있다. 이럴 때는 이어지는 예시(인용)를 활용하여 두 번째 문단에서 말하고자 하는 내용을 추론해야 한다.

- 세 번째 문단
주제 재진술: 이런 엄격한 접근법은 아주 구식이며, 효과가 없다.
예시 2: 푸딩을 뒤로 미루는 것은 단 것을 더 호감 가 보이게 만들 뿐이다.

Step 2 | 제목 찾기 전략 적용하기

참고 Unit 11-2 <느낌 빡!> 제목 선택지의 5가지 유형 p.183

1) 주제, 소재 파악하기
장문은 글의 길이가 긴 만큼 주제문만 가지고 바로 문제 풀이에 들어가지 말고, 주제문을 중심으로 앞에서 정리한 각 문단 요약을 종합하여 전체 내용을 반영하는 주제를 다시 정리한다.
- **주제** 먹기 싫은 음식을 억지로 먹거나 먹고 싶은 음식을 나중에 먹게 하는 훈육 방식은 아주 구식이며 효과가 없다.
- **소재** force(make), children, eat, food

2) 주제와 가장 비슷한 선택지 고르기
위에서 찾은 소재를 포함하면서 주제를 축약적으로 반영한 제목을 고른다. 이때 소재나 주제문 핵심 표현은 패러프레이징되어 선택지에 나올 확률이 높다.
① Do Old Feeding Habits Work?
'오래된 밥 먹이기 관습이 효과가 있는가?'
- 패러프레이징
old-fashioned → Old
Forcing ~ to eat → Feeding

Tip 이 글은 부모가 아이였을 때 배웠던 식습관 훈육 방식으로 자식을 교육하려는 것은 효과가 없다고 문제점을 지적하는 내용이다. ①에서처럼 제목을 질문으로 제시한 다음, 본문에서 '그렇지 않다'고 답하는 형식이다.

✔ 정답은 오른쪽 페이지에

단어 자가 테스트
영 → 한

○ old-fashioned　○ definitely　○ work
○ commonly　○ desirable　○ counterproductive
○ beneficial　○ invaluable　○ constructive

어원 Hint constructive: con(함께 com)+struct(세우다)+ive(~한) → 함께 세우는

1. 윗글의 제목으로 가장 적절한 것은?

① Do Old Feeding Habits Work?
오래된 밥 먹이기 관습이 효과가 있는가?

② No More Instant Foods for Kids
아이들에게 인스턴트 음식은 이제 그만

③ Kids Today Need Table Manners
오늘날 아이들은 식탁 예절이 필요하다

④ Time to Switch to Organic Food!
유기농 음식으로 전환할 시간!

⑤ Homemade Pudding Makes Us Perfect
집에서 만든 푸딩은 우리를 완벽하게 한다

2. 윗글의 빈칸에 들어갈 말로 가장 적절한 것은?

① counterproductive
역효과를 낳는

② beneficial
유익한

③ invaluable
매우 유용한, 귀중한

④ unconventional
인습에 얽매이지 않는, 독특한

⑤ constructive
건설적인

Step 3 | 빈칸 추론 전략 적용하기

1) 지문 구조 이해를 통한 단서 확보하기
빈칸이 위치한 곳은 주제문이다. 이미 Step 2에서 주제를 추론해 두었으니, 이를 기반으로 빈칸에 들어갈 말을 고른다.

• 빈칸에 들어갈 내용의 단서
(예시 1) hardly going to make children jump for joy 좀처럼 아이들을 기뻐 날뛰게 만들지는 않을 것이다
(주제 재진술) won't win the war 전쟁을 이기지는 못할 것이다
(예시 2) doesn't work 효과가 없다, makes sweet things seem more desirable 단 것을 더욱 호감이 가는 것처럼 보이게 만든다

Tip 이미 '제목 찾기' 문제를 풀며 전체 내용을 파악했기 때문에 처음부터 다시 샅샅이 읽지 말고, 빈칸 단서들만 한번 확인해보는 차원으로 살펴보면 된다. 아이들에게 먹도록 강요하는 것이 '어떤' 것인지, 예시와 주제 재진술 문장 등에서 살펴보고 적합한 형용사를 고른다.

2) 문맥에 맞는 선택지 고르기
'먹기 싫은 음식을 억지로 먹이는 것이 효과가 없다'는 주제에 일치하는 선택지
❍ ① counterproductive(역효과를 낳는)

느낌 빡! 속 뜻까지 이해해야 더 빠르고 더 정확하다

You may win the battle but you definitely won't win the war.
직역하면 '당신이 전투를 이길지는 모르지만 분명히 전쟁을 이기지는 못할 것이다'라는 뜻이다. 아마 해석을 해놓고도 무슨 뜻인지 와닿지 않는 학생들이 많을 것이다. 명사 battle과 war의 의미 차이를 잘 모르면 그럴 수밖에 없다.

battle: 국지적인 싸움, 개별적인 전투 → The Battle of Normandy (노르망디 전투)
war: 전투들이 합쳐진 하나의 전쟁 → World War II (제2차 세계대전)

그러니까 궁극적으로 이겨야 하는 것은 war고, war를 이기기 위해 하나하나 battle을 이겨야 하는 것인데, 정작 battle을 이기고도 war를 못 이길 수 있다는 건 사소한 부분에서 승리를 거두고 진짜 이뤄야 할 큰 목적을 달성하지 못한다는 의미가 담겨있다. 이 문장은 주제 재진술 문장으로, 주제문에 빈칸이 뚫린 상황에서 제목을 찾고, 빈칸을 추론해야 하는 두 문제 모두에 핵심적인 단서가 되는 문장이다. 그런데 만약 이 문장의 표면적인 뜻만 알고 속에 담긴 의미를 이해하지 못한다면 문제 풀이는 난항에 부딪힐 수밖에 없다. 이런 상황을 극복할 수 있는 비법이 있다. 바로 어원을 통해 단어가 형성된 배경과 근본적인 뜻을 이해하고, 예문을 통해 정확한 쓰임을 익히는 것이다.

여기서 다시 한번 어원 학습의 효율성에 대해 보여주겠다. battle의 어원은 bat이다. bat이 무엇인가. 야구 배트, 즉 몽둥이다. 몽둥이로 치고받고 싸우는 수준을 떠올려 보면 된다. 반면 한국 '전쟁'처럼 큰 싸움은 Korean War(한국 전쟁)로 battle 대신 war를 쓴다. 참고로 war는 '최악'이라는 뜻의 단어 worst와 같은 어원이다. 발음도 거의 비슷하지 않은가. 이 땅에 무슨 일이 있어도 다시는 '전쟁' 같은 '최악'의 상황이 발생해선 안 된다. 어원도 그 이유를 말해주고 있다.

✔ 정답은 왼쪽 페이지에

단어 자가 테스트 한 → 영
- 구식의
- 흔히
- 유익한
- 분명히, 확실히
- 호감이 가는
- 매우 유용한, 귀중한
- 효과가 있다
- 역효과를 낳는
- 건설적인

전략 02 **속독과 정독을 적재적소에 활용하라**

일반 장문 유형

장문 유형에서 지문은 길고, 문제도 여러 개인데 자꾸 지문과 문제를 왔다 갔다 하면 글의 전체 흐름도 눈에 안 들어오고, 읽은 부분을 계속 읽으며 시간을 낭비하게 된다. 그렇기 때문에 전체적인 흐름을 먼저 파악하고 나서 필요한 부분만 집중해서 읽는 것이 효율적이다. 주제 찾기에 초점을 맞추어 속독한 후에, 문제 풀이에 필요한 세부적인 단서를 찾아 정독한다.

 Step 1 문단 내용 요약하기 → **Step 2** 제목 찾기 전략 적용하기 → **Step 3** 문맥 속 어휘 추론 전략 적용하기

예제 2 **[3~4] 다음 글을 읽고, 물음에 답하시오.** 기출

난이도 ★★★

 🕐 타임 어택! 속독 훈련

✓ 학습한 내용과 시간을 체크해보세요

- 실전처럼 문제 풀기　　분　초
- 단어 학습　　분　초
- 필터로 끊어읽기　　분　초
- 문제 풀이+느낌 빽 학습　　분　초
- 지문 빠르게 다시 읽기　　분　초

One cannot take for granted that the findings of any given study will have validity. Consider a situation where an investigator is studying deviant behavior. In particular, she is investigating the extent to which cheating by college students occurs on exams. Reasoning that it is more (a) difficult for people monitoring an exam to keep students under surveillance in large classes than in smaller ones, she hypothesizes that a higher rate of cheating will occur on exams in large classes than in small. To test this hypothesis, she collects data on cheating in both large classes and small ones and then analyzes the data. Her results show that (b) more cheating per student occurs in the larger classes. Thus, the data apparently (c) reject the investigator's research hypothesis. A few days later, however, a colleague points out that all the large classes in her study used multiple-choice exams, whereas all the small classes used short answer and essay exams. The investigator immediately realizes that an extraneous variable (exam format) is interfering with the independent variable (class size) and may be operating as a (d) cause in her data. The apparent support for her research hypothesis may be nothing more than an artifact. Perhaps the true effect is that more cheating occurs on multiple-choice exams than on essay exams, regardless of class (e) size.

* validity: 타당도　** surveillance: 감독　*** artifact: 가공물

✓ 정답은 오른쪽 페이지에

단어 자가 테스트

 영 → 한

- take for granted
- cheating
- investigator
- hypothesize (n. hypothesis)
- deviant
- reject

어원 Hint reject: re(뒤로)+ject(던지다) → 다시 돌려보내다

270 Part 2 문제 유형편

3. 윗글의 제목으로 가장 적절한 것은?

① Investigator's Attitude: Subjective vs. Objective
② Research Error from Wrong Experimental Design
③ Test Your Hypothesis to Obtain Academic Support
④ Limitations of Multiple-choice Exams in Large Classes
⑤ Is There Any Way to Discourage Students from Cheating?

4. 밑줄 친 (a)~(e) 중에서 문맥상 낱말의 쓰임이 적절하지 <u>않은</u> 것은?

① (a) ② (b) ③ (c) ④ (d) ⑤ (e)

⊕ RSVP 속독 훈련

✓ 학습한 내용을 체크해보세요.

◯ 원어민 MP3 듣기
◯ 소리 내어 따라 읽기
◯ 배속으로 청킹 속독

지문 듣기

✓ 정답은 왼쪽 페이지에

단어 자가 테스트

한 → 영

◯ (~을) 당연하게 여기다
◯ 부정 행위
◯ 연구자, 수사관
◯ 가정하다, 가설을 세우다 (n. 가정, 가설)
◯ 일탈적인
◯ 거부하다

첫 문장 키워드 take for granted, validity

연구 결과의 타당성을 당연하게 받아들여서는 안 된다고 말한다. 그렇다면 왜 그렇게 해서는 안 되는지 혹은 그렇게 했을 때 어떤 문제점이 있는지가 뒤에 이어져야 주장에 설득력을 얻을 것이다.

STEP❶ STEP❷-1 One cannot take for granted / that the findings of any given
우리는 당연하게 여길 수 없다   주어진 연구의 결과가

study / will have validity. //
타당성을 가질 것이라고

Consider a situation / where an investigator is studying deviant behavior. //
상황을 생각해봐라   어느 연구자가 일탈적인 행동을 연구하고 있는

In particular, / she is investigating the extent / to which cheating by college
특히   그녀는 정도를 조사하고 있다   시험에서 대학생들에 의한 부정행위가 일어나는

students occurs on exams. // Reasoning that it is more (a) difficult / for
                         더 어렵다고 추론하였기 때문에   시험

people monitoring an exam / to keep students under surveillance / in large
을 감독하는 사람들이   학생들을 감독하에 두는 것이   큰 수업에서

classes / than in smaller ones, / she hypothesizes / that a higher rate of
더 작은 수업에서보다   그녀는 가정한다   더 높은 부정행위 비율이

cheating / will occur on exams in large classes / than in small. // To test this
부정행위가   큰 수업의 시험에서 발생할 것이라고   작은 수업에서보다   이 가설을 검증하

hypothesis, / she collects data on cheating / in both large classes and small
기 위해   그녀는 부정행위에 대한 자료를 모은다   큰 수업과 작은 수업 모두에서

ones / and then analyzes the data. // Her results show / that (b) more cheating
그리고 자료를 분석한다   그녀의 결과는 보여준다   학생당 더 많은 부정행위가 발생한

per student occurs / in the larger classes. // Thus, the data apparently **STEP❸**
다고   더 큰 수업들에서   그러므로, 자료는 명백하게 거부한다

(c) reject / the investigator's research hypothesis. // A few days later, /
        그 연구자의 연구 가설을   며칠 후

however, / a colleague points out / that all the large classes in her study /
그러나   한 동료가 지적한다   그녀의 연구에서 모든 큰 수업들은

used multiple-choice exams, / whereas all the small classes used short
선다형 시험을 사용했고   반면에 모든 작은 수업들은 단답형과 서술형 시험을 사용했다고

answer and essay exams. // The investigator immediately realizes / that an
                        그 연구자는 즉시 깨닫는다   외부 변인

extraneous variable (exam format) is interfering / with the independent
(시험 형식)이 간섭하고 있고   독립 변인(수업 크기)을

variable (class size) / and may be operating as a (d) cause in her data. //
        그리고 그녀의 자료에서 한 원인으로 작용하고 있을지도 모른다고

STEP❷-2 The apparent support for her research hypothesis / may be nothing
그녀의 연구 가설에 대한 명백한 지지는   가공물에 불과할 수도 있다

more than an artifact. // Perhaps the true effect is / that more cheating occurs
                        아마도 진짜 영향은   더 많은 부정행위가 선다형 시험에서 일어

on multiple-choice exams / than on essay exams, / regardless of class (e)
난다는 것이다   서술형 시험보다   수업 크기에 상관없이

size. //

Step by Step 문제 풀이

Step 1 | 문단 내용 요약하기

한 문단으로 된 글이므로 지문 구조로 내용을 요약한다. 어휘 문제 풀이 시간을 단축하려면 선택지 어휘 (a)~(e)를 함께 염두에 두면 좋다.

· **하나의 문단**

주제문: 연구 결과가 타당성을 가질 것이라고 당연하게 여길 수 없다.

Tip 첫 문장이 아주 추상적이어서 전혀 와닿지 않는다. 이때 쫄면 안 된다. 꽤나 구체적인 주제문도 있지만 주제문은 늘 예시에 비해 포괄적이고 추상적이다. 오히려 추상적인 내용일수록 주제문일 가능성이 높다는 사실을 기억하라.

참고 Unit 01-3 주제문은 일반적, 예시는 구체적 내용을 담는다 p.60

예시: 시험에서 부정행위가 일어나는 정도에 대한 연구
(연구 가설) 큰 수업은 학생을 감독하기 더 (a) 어렵기 (difficult) 때문에 더 높은 부정행위 비율이 발생할 것
(연구 결과) 실제로 더 큰 수업에서 (b) 더 많은 (more) 부정행위가 발생했으며, 이는 연구 가설을 (c) 거부한다(reject).
(추가 발견) 그러나 모든 큰 수업은 선다형 시험을, 모든 작은 수업은 단답형과 서술형 시험을 사용
(결론) 시험 형식이 연구 결과의 (d) 원인(cause)일 수도 있음

Tip Consider a situation이라며 어떤 상황을 가정하게 하는 방식으로 예시를 시작했다. 지문 중반부에서는 연결사 Thus로 연구 결과를 정리한 후, 바로 다음 문장에 however를 썼다. 연구 결과를 뒤집는 내용을 제시하려는 것이다.

부연 설명: 연구 가설에 대한 명백한 지지는 가공물에 불과할 수도 있으며, 진짜 영향은 수업 (e) 크기(size)에 상관없이 서술형 시험보다 선다형 시험에서 더 많은 부정행위가 일어난다는 것일 수 있다.

Tip 복잡해 보일 수 있지만 크게 '주제문 - 예시 - 예시에 대한 부연 설명' 구조의 지문이며, 예시 부분이 연구 내용을 설명하므로 '연구 가설 - 연구 결과 - 추가 발견 - 결론'의 형식을 취하고 있을 뿐이다.

Step 2 | 제목 찾기 전략 적용하기

1) 주제, 소재 파악하기
주제문, 예시, 부연 설명을 종합하여 주제를 정리한다.
· **주제** 연구 가설이 잘못되었을 수도 있기 때문에 연구 가설에 대한 명백한 지지는 가공물(artifact)에 불과할 수 있고, 연구 결과가 타당성을 가질 것이라고 당연하게 여길 수 없다.
· **소재** findings, study, validity, hypothesis

2) 주제와 가장 비슷한 선택지 고르기
소재와 관련된 표현을 포함하면서 주제를 축약적으로 반영한 제목을 고른다.

✔ 정답은 오른쪽 페이지에

단어 자가 테스트

영→한

○ colleague	○ point out	○ immediately
○ extraneous	○ variable	○ interfere with
○ cause	○ nothing more than	○ subjective(↔objective)

어원 Hint interfere: inter(서로)+fere(치다) → 서로 부딪치다

3. 윗글의 제목으로 가장 적절한 것은?

① Investigator's Attitude: Subjective vs. Objective
연구자의 태도: 주관적 vs. 객관적

② Research Error from Wrong Experimental Design
잘못된 실험 설계에서 오는 연구 오류

③ Test Your Hypothesis to Obtain Academic Support
학술적 지지를 얻기 위해 당신의 가설을 검증하라

④ Limitations of Multiple-choice Exams in Large Classes
큰 수업에서 선다형 시험의 한계

⑤ Is There Any Way to Discourage Students from Cheating?
학생들이 부정행위 할 의욕을 꺾는 방법이 있는가?

4. 밑줄 친 (a)~(e) 중에서 문맥상 낱말의 쓰임이 적절하지 <u>않은</u> 것은?

① (a) 　　② (b) 　　③ (c) 　　④ (d) 　　⑤ (e)

• 패러프레이징
hypothesis → Experimental Design
artifact → Wrong
➋ ② Research Error from Wrong Experimental
Design
'잘못된 실험 설계에서 오는 연구 오류'

Step 3 | 문맥 속 어휘 추론 전략 적용하기

참고 Unit 15-3 어휘 유형에도 주제와 지문 구조를 활용
하라 p.242

1) 선택지 어휘가 속한 문장 집중해서 읽기
Step 1에서 파악한 지문 구조를 바탕으로 선택지 어
휘들이 문맥에 어울리는지 확인한다.
• (연구 가설, 연구 결과)
(a) more difficult ~ in large classes
(b) more cheating ~ in the larger classes
(c) reject the investigator's research hypothesis
• (결론, 부연 설명)
(d) an extraneous variable ~ operating as a
cause
(e) regardless of class size
(a), (b), (c)에는 문맥상 연구 가설을 긍정하는 내용
이 와야 하므로, 자료(연구 결과)가 연구 가설을 (c)
'거부한다(reject)'는 내용은 적절하지 않다.

Tip (a), (b), (c) 이후 역접의 연결사 however에 주의
해야 한다. (a), (b), (c)가 속한 문장에서는 연구 가설(더 큰
수업에서 더 많은 부정행위가 발생한다는 내용)에 일치하
는 내용을 다룬 반면, however 이후 (d), (e)가 속한 문장
에서는 내용이 뒤집힌다.

2) 정반대 어휘를 넣어 정답 확정하기
➋ (c) reject(거부하다) 대신 support(지지한다),
confirm(인정한다) 같은 반대 뜻을 가진 어휘가 들어
가야 의미가 통하므로 정답은 ③ (c)이다.

💡 **느낌 빡!** 정답 선택지는 패러프레이징(paraphrasing)되고, 오답 선택지는 본문 어휘를 그대로 반복한다

정답 선택지는 본문 표현을 바꾸어서 내고, 오답 선택지는 최대한 본문 어휘를 그대로 반복해서 만들어 내는 것이 출제 원리이다. 제목을 찾을 때 고려하면 아주 유용
하다. 이번 지문의 '제목 찾기' 유형에서도 같은 원리가 적용되었다.

① **Investigator**'s Attitude: Subjective vs. Objective

② **Research** Error from Wrong Experimental Design

③ **Test** Your **Hypothesis** to Obtain Academic **Support**

④ Limitations of **Multiple-choice Exams** in **Large Classes**

⑤ Is There Any Way to Discourage **Students** from **Cheating**?

선택지 어휘 중 본문 어휘가 활용된 것을 굵은 글씨로 표시해보았다. 오답 선택지인 ③, ④, ⑤에서 정답 선택지 ②보다 더 많은 단어들이 반복된 것이 보인다. 지문에
나온 표현들은 오히려 오답 선택지에 더 많다. 학생들은 무의식중에라도 본문에 나온 표현이 많은 선택지에 끌린다. 출제 위원님들이 파 놓은 함정에 그대로 걸려든
것이다. 이 책을 공부하는 여러분은 이제 이런 함정에 빠지지 않을 것이다. 함정이 어떤 식인지 알았으니 이제 피해 가면 된다. ②에서 Wrong Experimental
Design은 '연구 가설이 잘못되면 올바른 연구 결과를 얻을 수 없다'는 주제를 이해하지 못하면 절대 고를 수 없을 정도로 잘 패러프레이징 된 표현이다.

✓ 정답은 왼쪽 페이지에

단어 자가 테스트

한 → 영

- 동료
- 외부의
- 원인, 요인: 유발하다
- 지적하다
- 변인, 변수
- ~에 불과한
- 즉시
- ~을 간섭하다
- 주관적인(↔객관적인)

순서 배열 장문 유형

전략 03 **세부 내용 파악 문제의
선택지는 해설지나 다름없다**

두 번째 장문 유형에서는 보통 네 단락으로 된 지문을 읽고 글의 순서 배열, 지칭 추론, 세부 내용 파악 문제를 풀어야 한다. 마지막 세부 내용 파악 문제의 경우, 내용과 일치하지 '않는' 하나의 선택지를 고르는 문제이므로, 나머지 선택지 네 개는 진실이라는 소리다. 이 문제의 선택지를 먼저 읽으면 글의 전체 내용을 미리 파악하는 데에 상당한 도움이 된다. 마치 한글로 된 해설지를 먼저 읽고 지문을 해석하는 것과 비슷하다. 단, 문제를 푸는 순서는 시험지 순서에 따라 '글의 순서 배열 → 지칭 추론 → 세부 내용 파악' 순으로 푸는 것이 효과적인 접근이다.

 Step 1 **글의 순서 배열 전략 적용하기** → Step 2 **지칭 추론 전략 적용하기** → Step 3 **세부 내용 파악 전략 적용하기**

예제 3 [5~7] 다음 글을 읽고, 물음에 답하시오. 기출

난이도 ★★

 타임 어택! 속독 훈련

✓ 학습한 내용과 시간을 체크해보세요.

- ● 실전처럼 문제 풀기 ___ 분 ___ 초
- ● 단어 학습 ___ 분 ___ 초
- ● 필터로 끊어읽기 ___ 분 ___ 초
- ● 문제 풀이+느낌 빽! 학습 ___ 분 ___ 초
- ● 지문 빠르게 다시 읽기 ___ 분 ___ 초

(A)

American gymnast Bart Conner was active in many sports as a child, starting his gymnastics career at the age of ten and progressing quickly to become the youngest member of the United States Olympic team at the Summer Games in Montreal. (a) He attended the University of Oklahoma and worked with gymnastics coach Paul Ziert. The coach's critical opinion was that Conner had a relative lack of flexibility and limited tumbling skills.

(B)

Afterwards, in an interview, Conner thanked his parents. "Come on Bart," said the interviewer, "everyone thanks their parents when they win a gold medal." But Conner told him that this was different. (b) He said, "Every night before bed my parents would ask me what my success of the day was. When I was injured, I knew I was going to make it back because I was a success every day of my life." Conner's story tells us: When people focus on what they are doing well, they do more things well.

(C)

People believed Conner would never make it back in time to compete in the Olympics. He underwent surgery and intensive physical therapy,

✓ 정답은 오른쪽 페이지에

단어 자가 테스트

영 → 한

- ● gymnast (cf. gymnastics)
- ● flexibility
- ● undergo
- ● progress
- ● afterwards
- ● intensive (cf. intense)
- ● relative
- ● compete (a. competitive)
- ● regain

어원 Hint **progress**: pro(앞에)+gress(가다) → 앞으로 가다   **compete**: com(함께)+pet(e)(찾다) → 함께 찾아다니다

in an attempt to regain fitness. With just one chance left to qualify, (c) he managed to squeeze into the Olympic team. Conner underwent intense training to reclaim his competitive level. By enduring this training, Conner helped the US team to earn a gymnastics team gold. In (d) his favored parallel bars event he scored a 'perfect ten' to win an individual gold medal as well.

(D)

Despite the coach's negative perspective, Conner refused to accept such limitations that (e) he pointed out. Conner's motivation combined with his other physical abilities helped him to quickly advance. Conner won the parallel bars event at the World Championship with an original complex move called the 'Conner Spin' since he was the first ever to do it. Nine months before his country hosted the Olympics in Los Angeles, Conner tore his bicep muscle.

⊕ **RSVP 속독 훈련**

✓ 학습한 내용을 체크해보세요.

○ 원어민 MP3 듣기

○ 소리 내어 따라 읽기

○ 배속으로 청킹 속독

지문 듣기

5. 주어진 글 (A)에 이어질 내용을 순서에 맞게 배열한 것으로 가장 적절한 것은?

① (B) – (D) – (C)　　　　② (C) – (B) – (D)
③ (C) – (D) – (B)　　　　④ (D) – (B) – (C)
⑤ (D) – (C) – (B)

6. 밑줄 친 (a)~(e) 중에서 가리키는 대상이 나머지 넷과 다른 것은?

① (a)　　② (b)　　③ (c)　　④ (d)　　⑤ (e)

7. 윗글의 Bart Conner에 관한 내용으로 적절하지 않은 것은?

① Montreal 올림픽에서 미국 올림픽 팀의 최연소 선수였다.
② 유연성이 부족하다는 코치 Paul Ziert의 의견이 있었다.
③ 인터뷰에서 자신이 속한 대표 팀의 동료에게 감사를 표했다.
④ 건강을 되찾기 위해 수술과 집중적인 물리치료를 받았다.
⑤ 자신의 이름을 딴 동작으로 세계 선수권 대회에서 우승했다.

✓ 정답은 왼쪽 페이지에

단어 자가 테스트

한 → 영

○ 체조 선수 (cf. 체조 (경기))　　○ 발전하다, 진전하다　　○ 상대적인
○ 유연성　　○ 나중에　　○ 경쟁하다 (a. 경쟁력 있는, 경쟁적인)
○ 겪다, (수술 등을) 받다　　○ 집중적인 (cf. 강도 높은)　　○ 되찾다, 회복하다

미국 체조 선수 Bart Conner가 어떻게 체조 선수로 경력을 시작했는지 서술한다. 전형적인 전기 형식의 첫 문장이다.

(A) American gymnast Bart Conner was active in many sports / as a child, /
미국 체조 선수 Bart Conner는 많은 스포츠에 적극적이었다   아이일 때

starting his gymnastics career / at the age of ten / and progressing
그리고 체조 경력을 시작했다   열 살 때   그리고 빠르게 발전하여 최

quickly to become STEP❸-1 the youngest member / of the United States
연소 일원이 되었다   미국 올림픽 팀의

Olympic team / at the Summer Games in Montreal. // (a) He attended
Olympic team   몬트리올 하계 경기에서   그는 오클라호마 대

the University of Oklahoma / and worked with gymnastics coach Paul
학에 다녔다   그리고 체조 코치 Paul Ziert와 함께 훈련했다

Ziert. // STEP❸-2 The coach's critical opinion / was that Conner had a
그 코치의 비판적인 의견은   Conner가 상대적으로 부족한 유연성을

relative lack of flexibility / and limited tumbling skills. //
가지고 있다는 것이었다   그리고 제한된 텀블링 기술을

(B) STEP❶-1 Afterwards, / STEP❸-3 in an interview, / Conner thanked his parents.
나중에   한 인터뷰에서   Conner는 그의 부모님께 감사했다

// "Come on Bart," / said the interviewer, / "everyone thanks their parents
"이봐요 Bart"   인터뷰하는 사람은 말했다   "모두가 부모님께 감사해요

/ when they win a gold medal." // But Conner told him / that this was
금메달을 따면"   그러나 Conner는 그에게 말했다   이것은 다르다고

different. // (b) He said, / "Every night before bed / my parents would
그는 말했다   "매일 밤 잠들기 전   제 부모님은 저에게 묻곤 하셨

ask me / what my success of the day was. // When I was injured, / I knew
습니다   그날 제 성공은 무엇인지   제가 부상당했을 때   저는 알았

/ I was going to make it back / because I was a success / every day of my
습니다 제가 다시 회복할 것을   왜냐하면 저는 성공한 사람이었으니까   매일 제 삶에서

life." // Conner's story tells us: / When people focus on what they are
Conner의 이야기는 우리에게 말한다   사람들은 자기가 잘 하고 있는 것에 초점을 맞출 때

doing well, / they do more things well. //
그들은 더 많은 것을 잘 한다

(C) STEP❶-2 People believed / Conner would never make it back in time / to
사람들은 믿었다   Conner가 제시간에 회복하지 못할 것이라고   올

compete in the Olympics. // STEP❸-4 He underwent surgery and intensive
림픽에서 경기하도록   그는 수술과 집중적인 물리치료를 받았다

physical therapy, / in an attempt to regain fitness. // With just one chance
건강을 되찾기 위한 시도로   자격을 얻기 위해 남겨진 단 한 번

left to qualify, / (c) he managed to squeeze into the Olympic team. //
의 기회로   그는 올림픽 팀에 간신히 합류했다

Conner underwent intense training / to reclaim his competitive level. //
Conner는 강도 높은 훈련을 받았다   그의 경쟁력 있는 수준을 되찾기 위해

By enduring this training, / Conner helped / the US team to earn a
이 훈련을 견딤으로써   Conner는 도왔다   미국 팀이 체조 단체전 금메달을 따는 것

gymnastics team gold. // In (d) his favored parallel bars event / he scored
을   그의 주특기인 평행봉 경기에서   그는 '10점 만점'

a 'perfect ten' / to win an individual gold medal as well. //
을 기록했다   그래서 개인전 금메달도 땄다

Step 1 | 글의 순서 배열 전략 적용하기

참고 Unit 13-3 (A), (B), (C)의 첫 문장으로 순서를 파악
한다 p.212, Unit 13-4 (A), (B), (C)의 지문 구조 시그널로 예
측 독해한다 p.214

1) (A)를 읽고 전개 예상하기
· 주어진 글(A) 체조 선수 Bart Conner는 오클라
호마 대학에 입학하여 코치 Paul Ziert를 만났으나,
코치는 Bart의 유연성이 부족하고, 제한된 텀블링 기
술을 가지고 있다고 비판적인 의견을 냈다.
· 예상되는 전개 Conner가 코치의 의견을 수용한
방식 및 Conner의 체조 선수로서의 커리어 전개

2) (B), (C), (D) 첫 문장(첫 부분)을 읽고 순서 파악하기
(B) 나중에 진행된 인터뷰에서의 감사 발언
(C) 올림픽에서 경기하도록 제시간에 회복하지 못
할 것이라고 믿은 사람들
(D) 코치의 부정적인 관점을 극복하겠다는 결단
코치의 비판적인 의견(A) → 부정적 관점에 대한 반
응(D) → 문제 상황(C) → 감사 인터뷰(B)

3) 글의 흐름이 자연스러운지 확인하기
위에서 파악한 순서대로 글을 배치했을 때, 각 단락의
마지막 부분과 첫 부분이 자연스럽게 이어지는지 확
인한다.
(A) → (D) 코치가 Conner에 대해 비판적인 의견
을 가졌다는 내용에서 그것을 극복하겠다는 Conner
의 결심으로 전환
(D) → (C) 부상당했다는 내용에서 복귀가 어려울
거라는 사람들의 예상으로 전환
(C) → (B) 금메달을 땄다는 내용에서 부모님께 감
사한다는 인터뷰 내용으로 전환
❍ (D) - (C) - (B)의 순서는 적절하다.

Step 2 | 지칭 추론 전략 적용하기

참고 Unit 12-1 밑줄 친 대명사와 같은 성/수의 대상들을
찾아라 p.194

1) 지칭 대상 후보 선정하기
등장인물 중 밑줄 친 대명사 he로 받을 수 있는 것을
찾는다.
· 밑줄 친 대명사 he → 3인칭, 단수, 남성
· 지칭 대상 후보 Bart Conner(O)
                          Paul Ziert(O)

2) 등장인물의 상황과 특징 파악하기
· Bart Conner 체조 선수
· Paul Ziert Bart Conner의 체조 코치

3) 밑줄 친 대명사들이 지칭하는 대상 확인하기
① (a) He(=Bart Conner)
아직 Conner 외에 등장인물이 나타나지 않았으
므로 당연히 He는 Conner를 가리킨다.

✔ 정답은 오른쪽 페이지에

단어 자가 테스트

영 → 한

○ manage to   ○ squeeze   ○ reclaim
○ endure   ○ parallel bar   ○ perspective
○ combined   ○ host   ○ bicep muscle

어원 Hint perspective: per(완전히)+spect(보다)+ive(~하는 것) → 꿰뚫어 보는 것

(D) STEP①-3 Despite the coach's negative perspective, / Conner refused to
코치의 부정적인 관점에도 불구하고   Conner는 그러한 한계를 받아
accept such limitations / that (e) he pointed out. // Conner's motivation
들이길 거부했다   그가 지적했던   다른 신체적 능력과 결합된 Conner
combined with his other physical abilities / helped him to quickly
의 의욕은   그가 빠르게 발전하도록 도왔다
advance. // STEP③-5 Conner won the parallel bars event / at the World
            Conner는 평행봉 경기를 이겼다   세계 선수권 대회에서
Championship / with an original complex move / called the 'Conner
             독창적인 복합 동작으로   'Conner Spin'이라고 불린
Spin' / since he was the first ever to do it. // Nine months before his
        그가 그것을 시도한 최초였기 때문에   그의 조국이 로스앤젤레스에서 올림픽을
country hosted the Olympics in Los Angeles, / Conner tore his bicep
개최하기 9달 전에   Conner는 이두박근이 찢어졌다
muscle. //

5. 주어진 글 (A)에 이어질 내용을 순서에 맞게 배열한 것으로 가장 적절한 것은?

① (B) − (D) − (C)   ② (C) − (B) − (D)

③ (C) − (D) − (B)   ④ (D) − (B) − (C)

⑤ (D) − (C) − (B)

6. 밑줄 친 (a)~(e)중에서 가리키는 대상이 나머지 넷과 다른 것은?

① (a)   ② (b)   ③ (c)   ④ (d)   ⑤ (e)

7. 윗글의 Bart Conner에 관한 내용으로 적절하지 않은 것은?

① Montreal 올림픽에서 미국 올림픽 팀의 최연소 선수였다.

② 유연성이 부족하다는 코치 Paul Ziert의 의견이 있었다.

③ 인터뷰에서 자신이 속한 대표 팀의 동료에게 감사를 표했다.

④ 건강을 되찾기 위해 수술과 집중적인 물리치료를 받았다.

⑤ 자신의 이름을 딴 동작으로 세계 선수권 대회에서 우승했다.

② (b) He(=Bart Conner)
부상당한 것은 Conner이므로 부상당했을 때 부모
님의 격려에 대해 말하는 He는 Conner이다.

③ (c) he(=Bart Conner)
수술과 훈련을 거쳐 올림픽 팀에 들어간 사람은
Conner이다.

④ (d) his(=Bart Conner)
올림픽에 참여하여 메달을 딴 사람은 Conner이다.

⑤ (e) he(=Paul Ziert)
부정적인 관점을 가졌던 것은 코치였던 Paul Ziert
이다.

◑ (e)만 코치였던 Paul Ziert를 가리키므로 ⑤가 정
답이다.

Step 3 | 세부 내용 파악 전략 적용하기

참고 Unit 15-1 선택지를 먼저 읽고 설명 대상에 대해 파
악한다 p.238

1) 선택지에서 키워드 파악하기
· 선택지 키워드 ① 올림픽, 최연소
              ② 유연성 부족, 코치
              ③ 인터뷰, 동료, 감사
              ④ 수술, 물리치료
              ⑤ 세계 선수권 대회 우승

2) 키워드가 속한 문장 집중해서 읽기
처음부터 한 문장씩 빠르게 읽다가 위에서 파악한 키
워드가 속한 문장이 나오면 집중한다.
① the youngest member of the United States
Olympic team
② The coach's critical opinion ~ a relative
lack of flexibility.
③ in an interview, Conner thanked his
parents
④ He underwent surgery and ~ therapy
⑤ Conner won ~ at the World Championship
~ the 'Conner Spin'

3) 일치/불일치하는 단어가 포함된 선택지 고르기
◑ ③ 'in an interview'가 들어간 문장에서 감사를
표한 것은 맞지만, 동료가 아니라 부모님(his parents)
께라고 했으므로 불일치한다.

Tip 문제를 푸는 순서는 '세부 내용 파악' 문제가 마지막
이지만, 반드시 지문 전체를 읽기 전에 이 유형의 선택지
부터 먼저 읽고 시작하자. 독해 속도가 확연히 차이 날 것
이다.

💡 느낌 빡! 정답만큼 중요한 게 틀린 이유다

보통 오답 노트를 만들 때도 정답만 적어 놓고 그것만 공부한다. 잘못 택한 답은 쳐다보지도 않는다. 하지만 **정답 이상으로 중요한 게 내가 택한 오답과 그것을 선택했**
던 이유이다. 어떤 잘못된 사고를 거쳐 오답을 골랐는지 기록해두고 분석해야 같은 실수를 저지르지 않는다. 이런 과정이 없으니 틀린 문제 유형을 또 틀린다.

✔ 정답은 왼쪽 페이지에

단어 자가 테스트
한 → 영
○ 간신히 ~하다   ○ ~로 비집고 들어가다   ○ 되찾다
○ 견디다   ○ 평행봉   ○ 관점
○ 결합된   ○ 개최하다   ○ 이두박근

전략 04 **스토리의 전개에 초점을 두고 읽어라**

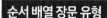
순서 배열 장문 유형

장문 독해 유형에 나오는 글의 형식은 정해져 있다. 첫 번째 <일반 장문>은 글쓴이의 주장이 담긴 글이나 설명문이 주로 출제되고, 두 번째 <순서 배열 장문>은 시간의 흐름에 따른 일화(에피소드)나 전기가 주로 출제된다. 주장하는 글이나 설명문에서는 주제 찾기에 초점을 맞춰 지문 구조를 분석하는 것이 중요했지만, 일화나 전기처럼 스토리가 있는 글은 시간의 흐름에 따른 스토리의 전개를 파악하는 것이 중요하다.

 Step 1 글의 순서 배열 전략 적용하기 → Step 2 지칭 추론 전략 적용하기 → Step 3 세부 내용 파악 전략 적용하기

예제 4 **[8~10] 다음 글을 읽고, 물음에 답하시오.** 기출   난이도 ★★

(A)

It was evening when I landed in Kuching, Malaysia. I felt alone and homesick. I was a 19-year-old Dubai-raised kid away from home for the first time to start my university studies in mechanical engineering. I took my luggage and headed to the airport exit. I looked around and found my driver waiting for me in front of (a) his gray van with the name of my university on it.

(B)

With a sigh of relief, I took my wallet and thanked him. I could imagine a horrible scenario if he had not returned it. The man welcomed me to Kuching and drove away. As my driver dropped me off, (b) he smiled and wished me luck with my university studies. Thanks to the kindness of these strangers, the initial doubt I had had about my decision to study away from home was replaced with hope and excitement.

(C)

This continued more aggressively and my driver started to panic. Honks and more flashes followed, so (c) he pulled the van over to the roadside. My heart was pounding as the man from the car behind approached us. As he reached my window, I lowered it and then looked down at (d) his hands to see that he was holding my wallet. I had left it in the airport and I realized he had been trying to return it to me ever

타임 어택! 속독 훈련
✓ 학습한 내용과 시간을 체크해보세요.

● 실전처럼 문제 풀기   분 초
● 단어 학습   분 초
● 필터로 끊어읽기   분 초
● 문제 풀이+느낌 빽! 학습   분 초
● 지문 빠르게 다시 읽기   분 초

✓ 정답은 오른쪽 페이지에

단어 자가 테스트
영 → 한

- land
- mechanical engineering
- relief
- homesick
- luggage
- wallet
- raised
- head
- horrible

 어원 Hint **mechanical**: mechan(기계)+ical(~의) → 기계와 관련된   **horrible**: horr(떨다)+ible(하기 쉬운) → 끔찍함에 떨게 되는

since we had left the airport.

※ honk: 경적 소리

(D)

As we left the airport, he began talking about the city and its people. As I loved driving very much, we moved onto talking about cars and driving in Kuching. "Never make Kuching people angry," (e) <u>he</u> warned. "No road rage. Very dangerous!" He then went on to list his experiences of road rage and advised me to drive very cautiously. A bit later, the car behind started to flash its lights at us.

※ road rage: 도로에서 벌어지는 운전자의 난폭 행동

➕ RSVP 속독 훈련

✔ 학습한 내용을 체크해보세요.

⚪ 원어민 MP3 듣기

⚪ 소리 내어 따라 읽기

⚪ 배속으로 청킹 속독

지문 듣기

8. 주어진 글 (A)에 이어질 내용을 순서에 맞게 배열한 것으로 가장 적절한 것은?

① (B) – (D) – (C) ② (C) – (B) – (D)

③ (C) – (D) – (B) ④ (D) – (B) – (C)

⑤ (D) – (C) – (B)

9. 밑줄 친 (a)~(e) 중에서 가리키는 대상이 나머지 넷과 다른 것은?

① (a) ② (b) ③ (c) ④ (d) ⑤ (e)

10. 윗글의 'I'에 관한 내용으로 적절하지 않은 것은?

① 기계 공학을 공부하려고 집을 떠나왔다.

② 처음에는 유학 결정에 대해 의구심을 가졌다.

③ 지갑을 자동차에 두고 내렸다.

④ 운전하는 것을 매우 좋아했다.

⑤ 조심스럽게 운전하라는 충고를 들었다.

✔ 정답은 왼쪽 페이지에

단어 자가 테스트

한 → 영

⚪ 착륙하다

⚪ 기계 공학

⚪ 안도

⚪ 향수(병)의

⚪ 짐, 수하물

⚪ 지갑

⚪ 자란, 길러진

⚪ 향하다

⚪ 끔찍한

Unit 17 279

첫 문장을 통해 저녁에 먼 도시에 착륙한 주인공의 상황을 파악할 수 있다. 앞으로 어떤 일이 전개될지에 주의를 기울이며 글을 읽어보자.

Step by Step 문제 풀이

(A) It was evening / when I landed in Kuching, Malaysia. // I felt alone and
저녁이었다　　　내가 말레이시아 Kuching에 착륙했을 때는　　　　나는 외로움과 향수를 느

homesick. // I was a 19-year-old Dubai-raised kid / STEP 3-1 away from
꼈다　　　나는 두바이에서 길러진 19살짜리 아이였다　　　처음으로 집에서

home for the first time / to start my university studies in mechanical
멀리 떠난　　　대학에서 기계 공학 공부를 시작하기 위해

engineering. // I took my luggage / and headed to the airport exit. // I
　　나는 짐을 챙겼다　　　그리고 공항 출구로 향했다　　　나

looked around / and found my driver waiting for me / in front of (a) his
는 주변을 둘러보았다　　그리고 내 운전기사가 나를 기다리고 있는 것을 발견했다　　그의 회색 밴 앞에서

gray van / with the name of my university on it. //
　　내 대학교 이름이 붙어 있는

(B) STEP 1-1 [With a sigh of relief, / I took my wallet and thanked him]. // I
안도의 한숨을 쉬며　　　나는 지갑을 받고 그에게 감사하다고 했다　　　나

could imagine a horrible scenario / if he had not returned it. // The man
는 끔찍한 시나리오를 상상할 수 있었다　　만약 그가 그것을 돌려주지 않았을 경우의　　그는 내가

welcomed me to Kuching / and drove away. // As my driver dropped me
Kuching에 온 것을 환영했다　　그리고 운전해서 떠났다　　내 운전기사가 나를 내려줄 때

off, / (b) he smiled / and wished me luck with my university studies. //
　　그는 미소 지었다　　그리고 내 대학 공부에 행운을 빌어주었다

Thanks to the kindness of these strangers, / STEP 3-2 the initial doubt I had
이 낯선 사람들의 친절 덕분에　　　내가 가졌던 처음의 의구심은

had / about my decision to study away from home / was replaced with
　　집에서 멀리 떠나 공부하기로 한 결정에 대한　　　희망과 흥분으로 바뀌었다

hope and excitement. //

(C) STEP 1-2 [This continued more aggressively / and my driver started to
이것은 더 공격적으로 계속되었다　　　　　　　그리고 내 운전기사는 극심한 겁에 질리기

panic]. // Honks and more flashes followed, / so (c) he pulled the van
시작했다　　경적과 더 많은 조명이 뒤따랐다　　　그래서 그는 밴을 길가에 세웠다

over to the roadside. // My heart was pounding / as the man from the car
　　내 심장은 쿵쿵거리고 있었다　　뒤차의 남자가 우리에게 접근했을 때

behind approached us. // As he reached my window, / I lowered it / and
　　그가 내 창문에 다가왔을 때　　　나는 그것을 내렸다　　그리고

then looked down at (d) his hands / to see that he was holding my wallet.
그의 손을 내려다보았다　　　그래서 그가 내 지갑을 쥐고 있는 것을 보았다

// STEP 3-3 I had left it in the airport / and I realized / he had been trying to
나는 그것을 공항에 놓고 왔다　　그리고 나는 깨달았다　　그가 나에게 그것을 돌려주려고 애

return it to me / ever since we had left the airport. //
쓰고 있었음을　　우리가 공항을 떠난 이후로 계속

(D) STEP 1-3 [As we left the airport, / he began talking about the city and its
우리가 공항을 떠날 때　　　　그는 도시와 도시 사람들에 대해 이야기하기 시작했다

people]. // As STEP 3-4 I loved driving very much, / we moved onto talking
내가 운전하는 것을 무척 좋아했기 때문에　　　우리는 차와 Kuching에서 운전하는 것

about cars and driving in Kuching. // "Never make Kuching people
에 대해 이야기하는 것으로 넘어갔다　　　"절대 Kuching 사람들을 화나게 하지 마세요"

Step 1 | 글의 순서 배열 전략 적용하기

1) (A)를 읽고 전개 예상하기
· 주어진 글(A) 이제 막 말레이시아 공항에 혼자 도착한 학생이 밴에 탑승하려고 한다.
· 예상되는 전개 밴에 탑승해서 목적지까지 가는 여정

2) (B), (C), (D) 첫 문장(첫 부분)을 읽고 순서 파악하기
(B) 안도의 한숨을 쉬며 지갑을 받고 감사하다고 함
(C) 어떤 상황이 더 공격적으로 전개되었고, 운전기사가 극심한 겁에 질림
(D) 공항을 떠나며 함께 이야기를 시작
운전기사와 만남(A) → 공항을 떠남(D) → 겁에 질릴 만한 상황(C) → 안도의 한숨(B)

Tip 외롭고 고향을 그리워하는 감정에서 글이 시작했으니 밝고 긍정적인 감정 상태로 전환되어 결말이 날 확률이 높다. (B) 마지막 문장은 희망과 흥분으로 바뀐 주인공의 감정 상태를 나타낸다.

3) 글의 흐름이 자연스러운지 확인하기
위에서 파악한 순서대로 글을 배치했을 때, 각 단락의 마지막 부분과 첫 부분이 자연스럽게 이어지는지 확인한다.
(A) → (D) 나를 기다리던 운전기사를 만난 상황에서 공항을 떠나는 상황으로 전환
(D) → (C) 뒤차가 조명을 비추는 상황이 더 공격적으로 계속됨
(C) → (B) 그 남자가 공항을 떠난 이후로 계속 지갑을 돌려주려고 했음을 깨닫고 안도함
○ (D) - (C) - (B)의 순서는 적절하다.

Tip (C)의 첫 문장은 앞의 상황을 This로 받고 있다. 공격적인 행위, 겁먹게 하는 상황으로 끝나는 문단이 (C)의 앞에 와야 한다.

Step 2 | 지칭 추론 전략 적용하기

1) 지칭 대상 후보 선정하기
등장인물 중 밑줄 친 대명사 he로 받을 수 있는 것을 찾는다.
· 밑줄 친 대명사 he → 3인칭, 단수, 남성
· 지칭 대상 후보 my driver(O)
the man from the car behind(O)

2) 등장인물의 상황과 특징 파악하기
· my driver 내가 타고 있는 차의 운전기사
· the man from the car behind
조명을 비추며 공격적으로 따라오는 뒤차의 남자

3) 밑줄 친 대명사들이 지칭하는 대상 확인하기

✓ 정답은 오른쪽 페이지에

단어 자가 테스트	drop off	be replaced	aggressively
영 → 한	panic	pull over	pound
	rage	cautiously	a bit

어원 Hint **aggressively**: ag(~에 ad)+gress(걸어가다)+ive(~한, ~적인)+ly(~하게) → 상대에게 먼저 나가게

angry," / (e) he warned. // "No road rage. // Very dangerous!" // He then
그는 경고했다   "난폭 운전은 안 돼요   매우 위험해요"   그는 그런 다
went on to list his experiences of road rage / and STEP❸-5 advised me to
음 난폭 운전에 대한 자기 경험을 늘어놓았다   그리고 나에게 아주 주의해서 운전하라고
drive very cautiously. // A bit later, / the car behind started to flash its
조언했다   조금 후에   뒤차가 우리에게 조명을 비추기 시작했다
lights at us. //

8. 주어진 글 (A)에 이어질 내용을 순서에 맞게 배열한 것으로 가장 적절한 것은?

① (B) – (D) – (C)   ② (C) – (B) – (D)

③ (C) – (D) – (B)   ④ (D) – (B) – (C)

⑤ (D) – (C) – (B)

9. 밑줄 친 (a)~(e) 중에서 가리키는 대상이 나머지 넷과 다른 것은?

① (a)   ② (b)   ③ (c)   ④ (d)   ⑤ (e)

10. 윗글의 'I'에 관한 내용으로 적절하지 않은 것은?

① 기계 공학을 공부하려고 집을 떠나왔다.

② 처음에는 유학 결정에 대해 의구심을 가졌다.

③ 지갑을 자동차에 두고 내렸다.

④ 운전하는 것을 매우 좋아했다.

⑤ 조심스럽게 운전하라는 충고를 들었다.

---

① (a) his(=my driver)
운전기사가 자기 차 앞에서 기다리는 상황이 논리적
이므로 his는 운전기사의 소유를 나타낸다.
② (b) he(=my driver)
주인공을 내려준 사람이 운전기사이므로 미소 지으며
행운을 빌어준 사람도 운전기사이다.
③ (c) he(=my driver)
운전기사가 극심한 겁에 질렸다고 했으므로 연이은
조명과 경적에 차를 세운 사람도 운전기사이다.
④ (d) his(=the man from the car behind)
뒤차의 남자가 주인공이 앉은 창문에 다가오자 창문
을 내리고 그의 손을 보았다고 했으므로, 주인공이 본
손은 뒤차 남자의 손이다.
⑤ (e) he(=my driver)
나를 태우고 공항을 떠나는 사람은 운전기사이므로
나에게 경고의 말을 해주는 것도 운전기사이다.
◑ (d)만 운전기사가 아닌 다른 인물을 가리키므로 ④
가 정답이다.

Tip 글의 순서상 (e) 앞에는 아직 뒤차의 남자가 등장하
지 않았다. (e)는 주인공이 탑승한 차량 운전기사일 수밖
에 없다.

Step 3 | 세부 내용 파악 전략 적용하기

1) 선택지에서 키워드 파악하기
• 선택지 키워드
① 기계 공학, 집을 떠나옴   ② 유학, 의구심
③ 지갑, 자동차에 두고 내림   ④ 운전, 좋아함
⑤ 조심스럽게 운전, 충고

2) 키워드가 속한 문장 집중해서 읽기
① away from home for the first time to start
my university studies in mechanical
engineering
② the initial doubt I had had about my
decision to study away from home
③ I had left it(=my wallet) in the airport
④ I loved driving very much
⑤ advised me to drive very cautiously

3) 일치/불일치하는 단어가 포함된 선택지 고르기
◑ ③의 키워드 'left'가 들어간 문장에서 지갑을 두고
온 것은 맞지만 자동차가 아니라 공항(airport)이라고
했으므로 불일치한다.

❗ 느낌 빡!   시간이 모자라서 장문을 틀린다면 장문 먼저 풀어봐라

만약 장문 유형이 시험 첫 문제로 주어졌다면 정답률은 엄청나게 올라갔을 것이다. 지금껏 봐서 알겠지만 장문 독해 지문 난이도는 중간 정도이다. 길이만 길다 뿐이
지 구문도 어휘도 보통 정도이다. 너무 이해하기 힘든 지문이 아니란 말이다. 차분히 읽으면 다 이해하고 풀 수 있다. 그런데 마지막 지문이다보니 시간이 얼마 안 남은
상태에서 긴 지문을 쫓기듯 풀게 되고 평소 같으면 맞힐 수 있는 문제도 틀리는 사태가 발생한다. 장문은 지문 하나에 두세 문제가 나오기 때문에, 이 문제를 놓치면 대
량 실점으로 이어진다. 그러니 차라리 **아직 시간이 넉넉할 때 장문 먼저 차분히 풀고 나머지를 푸는 것도 점수 확보를 위한 전략이다.** 단, 이 방법을 실전에서 적용하기
전에 뒤에서부터 푸는 게 나에게 효과적인지 확인하고, 또 익숙해질 정도로 연습을 해야 한다. 갑자기 실전에서 문제 푸는 패턴을 바꾸면 당황할 수 있다.

✓ 정답은 왼쪽 페이지에

단어 자가 테스트
한 → 영

○ ~을 내려주다   ○ 바뀌다, 대체되다   ○ 공격적으로
○ 공포: 겁에 질리다   ○ ~을 (길가에) 세우다   ○ 쿵쾅거리다
○ 분노, 격노   ○ 주의해서   ○ 조금, 약간

전략 적용 문제

[1~2] 다음 글을 읽고, 물음에 답하시오. 기출

난이도 ★ ★ ★

⏱ 타임 어택! 속독 훈련

✔ 학습한 내용과 시간을 체크해보세요.

● 실전처럼 문제 풀기 분 초
● 단어 학습 분 초
● 필터로 끊어읽기 분 초
● 문제 풀이+느낌 빽 학습 분 초
● 지문 빠르게 다시 읽기 분 초

According to many sociologists, the study of what our society calls 'art' can only really progress if we drop the highly specific and ideologically loaded terminology of 'art', 'artworks' and 'artists', and replace these with the more neutral and less historically specific terms 'cultural forms', 'cultural products' and 'cultural producers'. These cultural products — be they paintings, sculptures, forms of music or whatever — should be regarded as being made by certain types of cultural producer, and as being used by particular groups of people in particular ways in specific social contexts. By using the more neutral term 'cultural products' for particular objects, and 'cultural producers' for the people who make those objects, the sociologist seeks to break with a view that she/he sees as having dominated the study of cultural forms for too long, namely trying to understand everything in terms of the category 'art'. This is a category that is too limited and context-specific to encompass all the different cultural products that people in different societies make and use. It is a term that is also too loaded to take at face value and to use naively in study of our own society. Since it is in the interests of certain social groups to define some things as 'art' and others as not, the very term 'art' itself cannot be uncritically used by the sociologist who wishes to understand how and why such labelling processes occur. Quite simply, then, in order to study cultural matters, many sociologists believe one has to _____ the terms 'art', 'artwork' and 'artist' as the basis for our analysis. Instead, these terms become important objects of analysis themselves.

✔ 정답은 오른쪽 페이지에

단어 자가 테스트

 영 → 한

○ sociologist
○ dominate
○ naively

○ loaded
○ encompass
○ in the interests of

○ terminology
○ take ~ at face value
○ analysis

어원 Hint **sociologist**: soci(o)(사회의)+log(y)(생각)+ist(~하는 사람) → 사회에 관한 학문을 하는 사람

정답과 해설 p.103

1. 윗글의 제목으로 가장 적절한 것은?

① Art: A Means to Overcome a Cultural Gap

② Interpreting Culture In and Out of Context

③ Different Forms of Art in the World of Culture

④ Cultural Diversity: Cornerstones of Civilizations

⑤ Culture as a Basis of Understanding the Concept of Art

2. 윗글의 빈칸에 들어갈 말로 가장 적절한 것은?

① reject

② borrow

③ introduce

④ stress

⑤ revive

⊕ RSVP 속독 훈련

✓ 학습한 내용을 체크해보세요.

○ 원어민 MP3 듣기

○ 소리 내어 따라 읽기

○ 배속으로 청킹 속독

지문 듣기

✓ 정답은 왼쪽 페이지에

단어 자가 테스트

한 → 영

○ 사회학자   ○ 들어 있는, 가득한   ○ 전문용어

○ 지배하다   ○ 포괄하다   ○ ~을 액면 그대로 받아들이다

○ 순진하게   ○ ~에게 이익이 되는, ~을 위해   ○ 분석

전략 적용 문제

[3~4] 다음 글을 읽고, 물음에 답하시오. 기출　　　난이도 ★ ★

At around 1.5kg, the human brain is thought to be around five to seven times larger than expected for a mammal of our body size. Why do humans have such big brains? Although they only account for 2 percent of typical body weight, they use up 20 percent of metabolic energy. What could justify such a biologically (a) <u>expensive</u> organ? An obvious answer is that we need big brains to reason. After all, a big brain equals more intelligence. But evolutionary psychologist Robin Dunbar has been pushing another answer — one that has to do with being sociable. He makes the point that big brains seem to be (b) <u>specialized</u> for dealing with problems that must arise out of large groups in which an individual needs to interact with others.

This is (c) <u>true</u> for many species. For example, birds of species that flock together have comparatively larger brains than those that are isolated. A change in brain size can even occur within the lifespan of an individual animal such as the locust. Locusts are normally solitary and avoid each other but become 'gregarious' when they enter the swarm phase. This swarm phase of the locust is triggered by the build up of locusts as their numbers multiply, threatening food supply, which is why they swarm to move to a new location all together. In the process, they rub against each other, and this stimulation sets off a trigger in their brain to (d) <u>start</u> paying attention to each other. As they swarm and become more tuned in to other locusts around them, their brain size (e) <u>shrinks</u> by some degrees.

* locust: 메뚜기　** gregarious: 군생(群生)하는
*** swarm: 무리, 떼

⏱ 타임 어택! 속독 훈련

✓ 학습한 내용과 시간을 체크해보세요.

- 실전처럼 문제 풀기　　분　초
- 단어 학습　　분　초
- 필터로 끊어읽기　　분　초
- 문제 풀아 느낌 빡! 학습　　분　초
- 지문 빠르게 다시 읽기　　분　초

✓ 정답은 오른쪽 페이지에

단어 자가 테스트

영 → 한

- mammal
- sociable
- set off
- metabolic
- flock
- tune in
- evolutionary psychologist
- comparatively
- shrink

어원 Hint **sociable**: soci(동료)+able(~할 수 있는) → 동료 집단이 될 수 있는
comparatively: com(함께)+par(e)(동등한)+ative(~한, ~적인)+ly(~하게) → 함께 동등한지 보게

정답과 해설 p.105

3. 윗글의 제목으로 가장 적절한 것은?

① The Secret Behind Brain Size: Social Interaction

② How Collective Intelligence Works for Survival

③ Biodiversity: A New Opportunity for Evolution

④ The Light and Dark Sides of Being Social

⑤ What Makes Being Sociable So Difficult?

4. 밑줄 친 (a)~(e) 중에서 문맥상 낱말의 쓰임이 적절하지 <u>않은</u> 것은?

① (a)　　② (b)　　③ (c)　　④ (d)　　⑤ (e)

➕ RSVP 속독 훈련

✔ 학습한 내용을 체크해보세요.

⚪ 원어민 MP3 듣기

⚪ 소리 내어 따라 읽기

⚪ 배속으로 청킹 속독

지문 듣기

✔ 정답은 왼쪽 페이지에

단어 자가 테스트

⚪ 포유동물　　⚪ 신진대사　　⚪ 진화 심리학자

⚪ 사교적인　　⚪ 무리 짓다, 모여들다　　⚪ 비교적

⚪ 가동시키다　　⚪ 맞춰가다, 조율하다　　⚪ 줄어들다

전략 적용 문제

[5~7] 다음 글을 읽고, 물음에 답하시오. 기출

난이도 ★ ★

(A)

There was a business executive who was deep in debt and could see no way out. He couldn't borrow more money from any bank, and couldn't pay his suppliers. One day, (a) <u>he</u> sat on a park bench, head in hands, wondering if anything could save his company from bankruptcy.

* bankruptcy: 파산

(B)

The executive saw in his hand a check for $500,000, signed by John D. Rockefeller, then one of the richest men in the world! "I can erase my money worries in an instant!" he thought. But instead, the executive decided to put the check in his safe. Just knowing it was there might give him the strength to work out a way to save (b) <u>his</u> business, he thought. Within a few months, he was out of debt and making money once again.

(C)

Exactly one year later, (c) <u>he</u> returned to the park with the check. At the agreed upon time, the old man appeared. But just then, a nurse came running up and grabbed the old man. "I hope he hasn't been bothering you. He's always escaping from the rest home and telling people he's John D. Rockefeller," the nurse said. The surprised executive just stood there. Suddenly, (d) <u>he</u> realized that it wasn't the money, real or imagined, that had turned his life around. It was his new found self-confidence that enabled him to achieve anything he went after.

(D)

Suddenly an old man appeared before him. "I can see that something is troubling you," he said. After listening to the executive's worries, the

✓ 정답은 오른쪽 페이지에

타임 어택! 속독 훈련

✓ 학습한 내용과 시간을 체크해보세요.

- 실전처럼 문제 풀기 ⟨ 분 초 ⟩
- 단어 학습 ⟨ 분 초 ⟩
- 필터로 끊어읽기 ⟨ 분 초 ⟩
- 문제 풀이+느낌 빽! 학습 ⟨ 분 초 ⟩
- 지문 빠르게 다시 읽기 ⟨ 분 초 ⟩

단어 자가 테스트

영 → 한

- in debt
- check
- work out
- new found
- borrow
- in an instant
- upon
- self-confidence
- supplier
- safe
- turn ~ around
- go after

어원 Hint **supplier**: sup(아래에서 sub)+pli(채우다)+er(~하는 사람) → 아래에서부터 가득 채우는 사람

old man said, "I believe I can help you." (e) <u>He</u> asked the man his name, wrote out a check, and pushed it into his hand. He said, "Take this money. Meet me here exactly one year from today, and you can pay me back at that time." Then he turned and disappeared as quickly as he had come.

5. 주어진 글 (A)에 이어질 내용을 순서에 맞게 배열한 것으로 가장 적절한 것은?

① (B) – (D) – (C) 　　　② (C) – (B) – (D)

③ (C) – (D) – (B) 　　　④ (D) – (B) – (C)

⑤ (D) – (C) – (B)

6. 밑줄 친 (a)~(e) 중에서 가리키는 대상이 나머지 넷과 다른 것은?

① (a)　　　② (b)　　　③ (c)　　　④ (d)　　　⑤ (e)

7. 윗글의 business executive에 관한 내용과 일치하지 않는 것은?

① 은행에서 더 이상 돈을 빌릴 수 없었다.

② 수표를 금고 안에 넣어두기로 결심했다.

③ 간호사로부터 노인에 관한 이야기를 들었다.

④ 새롭게 얻은 자신감 덕분에 원하는 바를 성취할 수 있었다.

⑤ 노인에게 자신의 고민을 털어놓지 않았다.

✓ 정답은 왼쪽 페이지에

Unit 17

전략 적용 문제

[8~10] 다음 글을 읽고, 물음에 답하시오. 기출 난이도 ★★

(A)

It was the first day of the new semester. Steve and Dave were excited that they would be back at school again. They rode their bicycles to school together that morning, as they usually did. Dave had math on the first floor, and Steve was on the second with history. On his way to the classroom, Steve's teacher came up to him to ask if (a) <u>he</u> wanted to run for student president. Steve thought for a moment and answered, "Sure, it'll be a great experience."

(B)

Steve won the election. Upon hearing the result, Dave went over to Steve and congratulated (b) <u>him</u>, shaking his hand. Steve could still see the disappointment burning in his eyes. It wasn't until later that evening, on the way home, that Dave said apologetically, "I'm so sorry, Steve! This election hasn't damaged our friendship, has it?" "Of course not, Dave. We're friends as always!" Steve responded with a smile. As Steve arrived home, his dad was proudly waiting for him and said, "Congratulations on the win! How did Dave take it?" Steve replied, "We're fine now, best friends for life!" (c) <u>His</u> dad laughed, "Sounds like you won two battles today!"

(C)

After class, Steve spotted Dave in the hallway and ran to him excitedly, "I've got good news! I'm going for student president and I think mine will be the only nomination." Dave cleared his throat and replied with surprise, "Actually, I've just registered my name, too!" (d) <u>He</u> continued sharply, "Well, best of luck! But don't think you'll win the election, Steve." Dave walked quickly away and from that moment on,

타임 어택! 속독 훈련

학습한 내용과 시간을 체크해보세요.

- 실전처럼 문제 풀기 분 초
- 단어 학습 분 초
- 필터로 끊어읽기 분 초
- 문제 풀이+느낌 빽! 학습 분 초
- 지문 빠르게 다시 읽기 분 초

✓ 정답은 오른쪽 페이지에

단어 자가 테스트 영 → 한

- semester
- disappointment
- nomination
- sharply
- run for
- apologetically
- clear one's throat
- tension
- congratulate
- excitedly
- register
- silence

어원 Hint **disappointment**: dis(떨어져)+ap(~에 ad)+point(지점)+ment(~하는 것) → 자리에서 멀어지는 것 **register**: re(뒤로)+gist(er)(운반하다) → 뒤로 운반하다

there was an uncomfortable air of tension between the two friends. Steve tried to be friendly toward Dave, but he just didn't seem to care.

(D)

When the election day came, Steve found that his bicycle had a flat tire, so he started to run to school. Just as he reached the end of the street, Dave's dad, who was driving Dave to school, pulled over to give him a ride. The dead silence in the car made the drive painful. Noticing the bad atmosphere, Dave's dad said, "You know, only one of you can win. You have known each other since birth. Don't let this election ruin your friendship. Try to be happy for each other!" His words hit Dave hard. Looking at Steve, Dave felt the need to apologize to (e) him later that day.

⊕ RSVP 속독 훈련

✓ 학습한 내용을 체크해보세요.

● 원어민 MP3 듣기

● 소리 내어 따라 읽기

● 배속으로 청킹 속독

지문 듣기

8. 주어진 글 (A)에 이어질 내용을 순서에 맞게 배열한 것으로 가장 적절한 것은?

① (B) – (D) – (C)
② (C) – (B) – (D)
③ (C) – (D) – (B)
④ (D) – (B) – (C)
⑤ (D) – (C) – (B)

9. 밑줄 친 (a)~(e) 중에서 가리키는 대상이 나머지 넷과 다른 것은?

① (a)   ② (b)   ③ (c)   ④ (d)   ⑤ (e)

10. 윗글에 관한 내용으로 적절하지 않은 것은?

① 개학 날 아침에 Steve와 Dave는 함께 등교했다.
② Steve는 학생회장으로 당선되었다.
③ Steve는 Dave에게 선거 출마 사실을 숨겼다.
④ Dave의 아버지는 학교로 뛰어가던 Steve를 차에 태워 주었다.
⑤ Dave의 아버지는 선거로 인해 우정을 잃지 말라고 충고했다.

✓ 정답은 왼쪽 페이지에

단어 자가 테스트

한 → 영

● 학기
● 실망감
● 추천, (후보) 지명
● (발언 등이) 날카롭게

● ~에 출마하다
● 사과하며, 미안해하며
● 목청을 가다듬다
● 긴장

● 축하를 하다
● 흥분하여
● 등록하다
● 침묵

> **덤벼라,
> 더 큰 목표와
> 꿈을 향해서**

강성태

도전이 망설여지는 여러분들께

나는 여러분이 도전했으면 좋겠다. 특히 여러분들은 젊고, 어리고, 멋지고, 성실하고, 착하고 정의로운 사람들이니까. 비단 공부만을 이야기하는 것이 아니다. 꼭 공부가 아니더라도 좋다. 도전을 하기 위해 가장 먼저 이겨야 할 것이 있다. 바로 여러분들의 뇌. 우리의 두뇌가 도전의 가장 큰 적이 되기 때문이다. 인간의 뇌는 사실 도전에 소극적이도록 진화했다.

잠깐 생각해보자. 원래 인간은 거친 자연에서 살고 있었다. 지금처럼 안락한 집에 기계와 도구로 편안한 생활을 하기 시작한 것은 길어야 몇 백 년도 채 되지 않는다. 거친 자연에서는 생존이 최우선 조건이다. 사자에게 물어뜯길 수도 있고, 발을 헛디뎌 낭떠러지로 추락할 수도 있다. 생존을 위해 뇌는 가급적 새로운 도전을 경계하도록 진화했다. 괜히 잘 알지 못하는 곳이나 위험해 보이는 곳에 가지 못하도록 말이다.

하지만 세상이 변했다. 여러분들 중 자다가 호랑이에게 물려갈까봐 걱정스러워 밤에 이불을 몇 겹 뒤집어쓰고 자는 사람이 있는가? 중고생이라면 기껏 이불 뒤집어쓰고 폰 게임하다 들킬 염려 정도가 가장 큰 위험이다. 여러분은 원시시대를 사는 원시인이 아니다. 도전해도 된다.

특히 공부는 더더욱 도전해도 된다. 실수를 한다고 다치는 것도 아니다. 물어뜯길 염려도 없다. 합격을 목표로, 최고를 목표로 공부한다고 목숨을 위협받을 일도 없다. 그럼에도 수만 년 동안의 진화 과정을 통해 안정을 추구하고 도전을 회피하려는 생존본능이 밑바탕에 깔려 있어 도전을 두려워하는 것일 뿐이다. 의식적으로 억지로라도 최대한 덤벼야 한다. '1등을 하겠다' 소리치고 '만점을 받겠다'며 이를 악물고 공부하는 것이다. 뇌에게 '이젠 도전해도 돼! 능력을 보여주자' 이렇게 신호를 보내란 뜻이다.

신기한 것은 우리 뇌는 그런 신호를 받아들이면 이내 엄청난 능력을 보여주도록 설계되어 있다. 여러분도 잘 알다시피 우리 뇌의 능력은 상상을 초월하는 수준이다. 사실 여러분은 꿈이나 목표를 이루고도 남을 역량을 이미 가지고 있다. 현실적으로 무모하다 싶은 꿈이나 목표도 거뜬히 달성할 수 있을 정도로 말이다. 그러니 그 뇌가 생존이 아닌 도전으로 작동하게끔 끊임없이 신호를 보내라.

안주에 익숙한 뇌를 도전에 적응시키려면 매일매일 꿈을 상기시키고 도전 중임을 생각해야 한다. 그러지 않으면 쉽게 잊어버릴 뿐 아니라 우리 뇌는 수만 년 간 그래 온 것처럼 안정을 취하고 제자리로 돌아가려 할 것이다.

자, 여러분은 충분히 할 수 있다. 어디로 갈지 몰라 제 능력을 발휘하지 못한 우리의 뇌를 깨워라. 이제 몸을 사리지 않아도 된다. 언제까지 신석기 시대에 살고 있을 것인가. 도전해도 되는 지금 이 시대에 감사함을 느껴라. 그리고 과감하게 여러분의 꿈과 목표를 외쳐라. 그리고 덤벼들어라!

돌아올 힘을 남겨 놓지 않는다

수험생 시절, 나의 모토는 '돌아올 힘을 남겨 놓지 않는다'였다. 내게 주어진 하루에 내가 가진 모든 에너지를 완전히 방전시키기로 했다. 체력은 물론 혼과 정신력까지 모두 쏟아부었다.

나도 모르게 딴짓을 할까봐 의자에 몸을 밧줄로 묶어 공부했다. 집중력이 흐트러질까봐, 1초라도 허비할까봐 문제 하나하나마다 초를 재면서 사력을 다해 공부했다. 그러니 밤에는 실신하듯 쓰러짐과 동시에 잠이 드는 하루하루였다. 배가 불러 집중력이 떨어질까봐 식사량을 줄였다. 배고픔만 사라지면 급식에 아무리 맛있는 음식이 나와도 바로 갖다 버렸.

매일 나의 일상은 똑같았다. 밤 12시가 다 될 때까지 학교에서 자습하고 집으로 돌아오면 더 이상 공부하는 것은 불가능했다. 나에게 남은 에너지는 없었다. 잠자리에 드는 것은 너무나도 쉬웠다. 머리를 대자마자 바로 기절이었다. 불면증 따위는 없었다. 마치 블랙홀에 빨려 들어가듯 잠이 들면 몸을 뉘었다는 쾌락과 편안함과 함께 순간적으로 '아, 오늘 보람 있구나'라는 생각이 살짝 들 뿐이었다.

그 시절은 내가 가진 모든 에너지를 쥐어짜내고, 또 짜냈다. 촌놈, 더러맨, 일진들의 노리개에 불과했던 강성태에게, 초등학교 시절 극심한 축농증으로 콧물을 입술까지 달고 살던 강성태에게, 공부는 투쟁이자 생존이었고 속박을 벗어던질 수 있는 유일한 방법이었다.

그게 감옥에 갇힌 사람과 다를 게 뭐가 있냐고 생각할 수도 있다. 하지만 내 실력이 높아지고 있다는 생각은 너무나 큰 기쁨이었다. 공부하면서 느껴보지 못했던 행복감마저 느낄 수 있었던 시간이었다. 돌아올 힘이 남아있지 않을 정도로, 후회가 조금도 없을 정도로 하루를 알차게 보내 본 사람은 알 것이다. 그것이 얼마나 뿌듯한 감정인지. 덕분에 1년간 나는 비약적인 성적 상승이 가능했다.

나는 지금 '빈부와 지역에 상관없이 대한민국 모든 학생들에게 공신 멘토 한 명씩 만들어 준다'는 바로 그 꿈을 향해 가고 있는 중이다. 너무나 큰 꿈이어서 만에 하나라도 이루지 못할 가능성도 있다. 하지만 이번에도 마찬가지로 돌아갈 힘을 남겨 놓지 않을 정도로 노력해 볼 자신은 있다.

이 글을 보는 누군가는 열등감으로 똘똘 뭉친 못난이로 태어나 살 가치도 없다 느낄지도 모른다. 좋다. 나도 내가 그렇다고 생각한 적이 많기에 이해도 된다. 하지만 오히려 잘 된 것일 수도 있다. 내가 모자라다는 것은 그만큼 최선을 다할 이유가 있는 것 아닌가? 인류 역사상 열등감을 원동력 삼아 성공한 사람이 얼마나 많았는가? 남들보다 좀 더 부지런히 뛰어가면 될 뿐 그 이상도 이하도 아니다. 부디 시도조차 하기 전에 쫄지 않길 바란다. 그리고 항상 기억하라. 여러분은 무엇이든 이룰 수 있는 사람이다. 하루하루 돌아갈 힘을 남겨 놓지 않을 수 있다면.

― 『미쳐야 공부다』 중에서 ―

REFERENCE

Unit	지문	시행연도	학년	시험	문제 번호
Unit 1	예제1	2016	고1	3월 학평(서울)	21
	예제2	2016	고2	3월 학평(서울)	33
	예제3	2016	고1	11월 학평(경기)	32
	예제4	2014	고3	4월 학평(경기)	36
	전략적용1	2013	고2	6월 학평(서울) B형	25
	전략적용2	2018	고3	9월 모평(평가원)	32
Unit 2	예제1	2017	고3	2018학년도 수능	20
	예제2	2016	고2	9월 학평(인천)	31
	예제3	2019	고2	6월 학평(부산)	20
	예제4	2019	고3	4월 학평(경기)	21
	전략적용1	2014	고3	9월 모평(평가원)	22
	전략적용2	2018	고3	3월 학평(서울)	21
Unit 3	예제1	2019	고2	6월 학평(부산)	35
	예제2	2013	고3	2014학년도 수능(A형)	34
	예제3	2019	고2	3월 학평(서울)	20
	예제4	2018	고3	7월 학평(인천)	23
	전략적용1	2017	고1	6월 학평(부산)	23
	전략적용2	2018	고3	7월 학평(인천)	20
Unit 4	예제1	2018	고1	6월 학평(부산)	28
	예제2	2011	고1	9월 학평(인천)	42
	예제3	2019	고3	3월 학평(서울)	30
	예제4	2017	고3	4월 학평(경기)	40
	전략적용1	2018	고2	11월 학평(경기)	38
	전략적용2	2011	고3	6월 모평(평가원) A형	33
Unit 5	예제1	2018	고1	9월 학평(인천)	22
	예제2	2015	고3	3월 학평(서울)	18
	예제3	2015	고2	9월 학평(인천)	18
	예제4	2018	고3	4월 학평(경기)	22
	전략적용1	2018	고1	6월 학평(부산)	21
	전략적용2	2018	고3	3월 학평(서울)	23
Unit 6	예제1	2017	고1	9월 학평(인천)	31
	예제2	2012	고3	9월 모평(평가원)	31
	예제3	2018	고2	9월 학평(인천)	23
	예제4	2013	고3	6월 모평(평가원) A형	41~42
	전략적용1	2010	고3	2011학년도 수능	45
	전략적용2	2015	고3	10월 학평(서울)	35
Unit 7	예제1	2019	고1	3월 학평(서울)	40
	예제2	2016	고1	6월 학평(부산)	21
	예제3	2014	고1	11월 학평(경기)	21
	예제4	2014	고3	9월 모평(평가원)	38
	전략적용1	2014	고3	2015학년도 수능	39
	전략적용2	2018	고3	9월 모평(평가원)	22
Unit 8	예제1	2017	고1	3월 학평(서울)	33
	예제2	2013	고3	9월 모평(평가원) A형	24
	예제3	2012	고3	2013학년도 수능	26
	예제4	2010	고3	9월 모평(평가원)	25
	전략적용1	2017	고3	3월 학평(서울)	38
	전략적용2	2015	고3	6월 모평(평가원)	40
Unit 9	예제1	2017	고3	4월 학평(경기)	20
	예제2	2017	고2	6월 학평(부산)	21
	예제3	2017	고1	6월 학평(부산)	22
	예제4	2018	고1	9월 학평(인천)	33
	전략적용1	2016	고3	6월 모평(평가원)	22
	전략적용2	2018	고3	10월 학평(서울)	20
Unit 10	예제1	2013	고3	6월 모평(평가원)	39
	예제2	2010	고2	6월 학평(부산)	40
	예제3	2016	고3	6월 모평(평가원)	32
	예제4	2010	고2	6월 학평(부산)	39
	전략적용1	2011	고2	6월 학평(서울)	41
	전략적용2	2011	고3	6월 모평(평가원)	43

Unit	지문	시행연도	학년	시험	문제 번호
Unit 11	예제1	2017	고3	4월 학평(경기)	21
	예제2	2015	고2	9월 학평(인천)	22
	예제3	2011	고2	6월 학평(서울)	38
	예제4	2017	고3	2018학년도 수능	18
	전략적용1	2017	고2	11월 학평(경기)	21
	전략적용2	2017	고2	11월 학평(경기)	22
	전략적용3	2012	고2	6월 학평(서울) B형	37
	전략적용4	2017	고3	6월 모평(평가원)	18
Unit 12	예제1	2017	고2	9월 학평(인천)	19
	예제2	2015	고3	9월 모평(평가원)	30
	예제3	2017	고2	11월 학평(경기)	19
	예제4	2017	고3	2018학년도 수능	19
	전략적용1	2018	고3	6월 모평(평가원)	30
	전략적용2	2016	고3	2017학년도 수능	30
	전략적용3	2009	고3	2010학년도 수능	29
	전략적용4	2016	고3	6월 모평(평가원)	19
Unit 13	예제1	2019	고2	9월 학평(인천)	35
	예제2	2010	고3	2011학년도 수능	44
	예제3	2018	고3	10월 학평(서울)	37
	예제4	2016	고3	2017학년도 수능	36
	전략적용1	2017	고2	11월 학평(경기)	35
	전략적용2	2016	고1	11월 학평(경기)	37
	전략적용3	2019	고3	3월 학평(서울)	36
	전략적용4	2017	고3	2018학년도 수능	36
Unit 14	예제1	2015	고1	11월 학평(경기)	31
	예제2	2016	고1	3월 학평(서울)	32
	예제3	2017	고1	9월 학평(인천)	33
	예제4	2016	고1	11월 학평(경기)	34
	예제5	2014	고1	3월 학평 (서울)	40
	전략적용1	2016	고3	6월 모평(평가원)	33
	전략적용2	2017	고3	7월 학평(인천)	31
	전략적용3	2014	고3	2015학년도 수능	34
	전략적용4	2018	고3	4월 학평(경기)	40
Unit 15	예제1	2019	고2	6월 학평(부산)	26
	예제2	2017	고3	9월 모평(평가원)	25
	예제3	2019	고2	3월 학평(서울)	29
	예제4	2016	고2	11월 학평(경기)	29
	전략적용1	2019	고1	6월 학평(부산)	26
	전략적용2	2018	고3	7월 학평(인천)	25
	전략적용3	2019	고3	3월 학평(서울)	29
	전략적용4	2014	고3	6월 모평(평가원)	28
Unit 16	예제1	2016	고3	6월 모평(평가원)	27
	예제2	2018	고1	11월 학평(경기)	26
	예제3	2019	고1	6월 학평(부산)	25
	예제4	2018	고3	6월 모평(평가원)	24
	전략적용1	2018	고3	2019학년도 수능	28
	전략적용2	2016	고3	9월 모평(평가원)	26
	전략적용3	2016	고3	2017학년도 수능	24
	전략적용4	2018	고3	2019학년도 수능	25
Unit 17	예제1	2015	고3	6월 모평(평가원)	41~42
	예제2	2019	고2	6월 학평(부산)	41~42
	예제3	2016	고2	11월 학평(경기)	43~45
	예제4	2017	고1	6월 학평(부산)	43~45
	전략적용1~2	2017	고3	6월 모평(평가원)	41~42
	전략적용3~4	2019	고3	4월 학평(경기)	41~42
	전략적용5~7	2018	고1	6월 학평(부산)	43~45
	전략적용8~10	2017	고3	2018학년도 수능	43~45

끝인 줄 알았지?
이게 끝이 아니다.
공부 습관까지 잡아야 끝인 거다!

▶▶▶

공부 습관 잡으러 Go! Go! ~

66일 영어독해 습관 달력

목표 「강성태 영어독해 속독편」을 5회독한다 스터디 플랜 →p.24

START

*실천한 날은 X로 표시하거나 날짜를 적어보세요.

01	02	03	04	05	06	07	08	09	10	11

12	13	14	15	16	17	18	19	20	21	22

습관화 시작!

23	24	25	26	27	28	29	30	31	32	33

34	35	36	37	38	39	40	41	42	43	44

조금만 더!

45	46	47	48	49	50	51	52	53	54	55

56	57	58	59	60	61	62	63	64	65	66

습관 완성!

강성태 영어독해 속독편

초판 1쇄 발행	2019년 12월 31일
초판 2쇄 발행	2022년 12월 2일

지은이	강 성 태
연구개발	키 영어학습방법연구소
펴낸이	김 기 중
펴낸곳	㈜키출판사

key 키출판사

전화	1644-8808
팩스	(02) 733-1595
등록	1980. 3. 19.(제16-32호)

정가 16,000원
ISBN 979-11-89719-05-0 (13740)

• 키 영어학습방법연구소

교육 R&D에 앞서가는

키 영어학습방법연구소는 〈강성태 영어〉 시리즈, 〈매일 10분 기초 영문법의 기적〉, 〈미국교과서 읽는 리딩〉 시리즈, 〈문법이 쓰기다〉, 〈단어가 읽기다〉, 〈매3영〉 시리즈 등 유초등부터 중고등 교재, 성인 학습서에 이르기까지, 유수의 베스트셀러, 스테디셀러 영어 교재를 출판해온 키출판사의 기업 부설 연구소이다. "교육 R&D에 앞서가는 키출판사"라는 슬로건 아래 아동 발달론, 외국어 교육학 및 제2언어 습득론, 현대 언어학의 연구 결과를 바탕으로, 누구나 쉽게 따라올 수 있는 '반드시 성공할 수밖에 없는 영어 교육'을 위한 콘텐츠 개발에 힘쓰고 있다.

PART 1

지문 구조 편

UNIT 01 주제문 - 예시 1 - 예시 2

정답체크	예제	1③ 2⑤ 3④ 4⑤
	전략 적용 문제	1④ 2⑤

예제 1 애완동물의 특성을 존중하는 것의 중요성 정답 ③

지문 해석

주제문 당신의 애완동물의 특정한 필요를 인정하고 그것들을 존중하는 것은 중요하다. 예를 들어 만약 당신의 애완동물이 운동을 좋아하고 에너지가 많은 개라면, 만약 당신이 그 또는 그녀를 매일 한 시간씩 밖으로 데리고 가서 공을 쫓아다니도록 한다면 그 또는 그녀는 실내에서 훨씬 더 다루기 쉬울 것이다. 만약 당신의 고양이가 수줍음이 많고 소심하다면 그 또는 그녀는 고양이 쇼에서 옷이 차려 입혀지고 보여지는 것을 원하지 않을 것이다. 마찬가지로, 당신은 마코 앵무새가 항상 조용하고 가만히 있을 것이라고 기대할 수 없다. 그들은 천성적으로 시끄럽고 감정적인 동물이며, 당신의 아파트가 열대 우림만큼 소리를 잘 흡수하지 못하는 것은 그들의 잘못이 아니다.

구문 분석

It is important [**to recognize** your pet's particular needs **and**
가주어 동사   진주어
respect them].

→ It은 가주어, [ ]는 진주어인 to부정사구이다. to recognize와 (to) respect가 and로 병렬 연결되었다.

[**If** your pet is an athletic, high-energy dog], for example, he or
                                                                        주어
she is going to be **much** more manageable indoors [if you take
동사
him or her outside to chase a ball for an hour every day].

→ 두 개의 [ ]는 모두 if이 이끄는 종속 부사절이다. 모두 주절의 조건을 나타내지만, 내용상 첫 번째 [ ]는 주절의 전제 조건이 되므로 주절보다 앞에 쓰였다. much(훨씬)는 뒤에 오는 비교급 more manageable을 강조하는 부사이다.

Similarly, you cannot **expect** macaws [**to be** quiet and still all the
                주어1   동사1
time] — they are, by nature, loud and emotional creatures, **and it**
                        주어2 동사2   가주어(주어3)
is not their fault [**that** your apartment doesn't absorb sound **as**
동사3   진주어
well as a rain forest].

→ 세 개의 절이 대시(—)와 등위 접속사 and로 병렬 연결되어 있다. 첫 번째 절에 쓰인 「expect+목적어+목적격보어(to부정사)」는 '~가 …하기를 기대하다'라는 의미이다. 세 번째 절은 it이 가주어, that이 이끄는 명사절이 진주어인 문장이다. 동급 비교 표현인 「as+원급+as」는 '…만큼 ~한/하게'라고 해석한다.

문항 해설

▶정답 ③ 애완동물의 개별적 특성을 존중해야 한다.

애완동물의 특정한 필요를 인정하고 존중해야 한다는 주제문이 나온 후, 에너지가 넘치는 개, 수줍음이 많고 소심한 고양이, 시끄럽고 감정적인 마코 앵무새를 예로 들어 뒷받침하고 있다. 그러므로 이 글의 요지로 가장 적절한 것은 ③이다.

▶오답 피하기

①, ②는 지문에 등장한 athletic, emotional 같은 단어를 활용했지만 글의 주제와 관련이 없고, ④, ⑤는 지문과 무관한 내용이므로 오답이다.

예제 2 같은 질병에 대한 전문가들의 다른 처방 정답 ⑤

지문 해석

주제문 다양한 질환에서 누가 치료를 받아야 하는지에 대해 전문가들 사이에서 다른 의견이 있을 수 있다는 것을 환자들은 알아야 한다. 예를 들어 유럽과 미국의 전문가 위원회는 언제 고혈압을 치료할지에 대해 다른 지침을 설정했다. 미국 전문가 집단은 경미한 혈압 상승에는 치료로부터의 이득이 위험을 능가한다고 믿었다. 그들은 경미한 혈압 상승이 있는 환자들이 약을 먹을 것을 제안하는 지침을 작성했다. 그러나 유럽에서는 같은 과학적 자료에 접근권을 가진 전문가 위원회가 경미한 혈압 상승에 치료를 권하지 않는 다른 지침을 설정했다. 유럽에서는 같은 증상을 가진 사람들이 약을 먹으라고 권장 받지 않을 것이다. 다른 전문가 집단들은 무엇이 '최선의 (의료) 행위'인지에 대해 상당히 동의하지 않을 수 있다.

구문 분석

For example, expert committees [in Europe and the United
                                  주어
States] set different guidelines about **when to treat** high blood
동사
pressure.

→ [ ]는 expert committees를 수식하는 전치사구이다. 「의문사(when)+to부정사구」는 전치사 about의 목적어인 명사구이다. '언제 ~할지'라고 해석한다.

They wrote guidelines [**suggesting** {that patients with mild blood
주어   동사
pressure elevation (**should**) **take** medicine}].

→ [ ]는 guidelines를 수식하는 현재분사구로 앞에 주격 관계대명사 which와 be동사(were)가 생략된 것으로도 볼 수 있다. { }는 suggesting의 목적어 역할을 하는 명사절이다. 주장, 제안, 권유를 나타내는 동사(suggest) 뒤에 당위성을 나타내는 내용의 절이 이어져서 should가 생략되고 동사원형 take가 쓰였다.

문항 해설

▶정답 ⑤ 치료 행위에 대한 전문가들의 의견이 일치하지 않을 수 있다.

전문가들은 다양한 질환에서 치료 대상을 놓고 다른 의견을 가질 수 있다는 주제문이 나온 후, 고혈압 치료에 대한 미국과 유럽 전문가들의 서로 다른 지침을 예로 들어 뒷받침하고 있다. 그러므로 이 글의 요지로 가장 적절한 것은 ⑤이다.

▶오답 피하기

①은 지문에 유럽과 미국 의료진의 사례가 나왔지만 이들 국가 간의 협력을 강조하는 내용이 아니므로 오답이다. ②, ③은 지문과 관련 없는 내용이고, ④는 지문 내용을 확대 해석했으므로 적절하지 않다.

예제 3 긍정적일 때 최고 기량을 발휘하는 두뇌 ▸정답 ④

지문 해석

주제문 우리가 더 행복하고 더 긍정적일 때, 우리는 더 성공적으로 된다. 예를 들어 진단을 내리기 전에 긍정적인 기분이 된 의사들은 중립적인 상태에 있는 의사들보다 거의 3배 더 높은 지능과 창의성을 보여주고, 19퍼센트 더 빠르게 정확한 진단을 내린다. 낙관적인 판매원들은 비관적인 판매원들보다 56퍼센트만큼 더 많이 판다. 수학 성취도 평가를 보기 전에 행복한 기분이 된 학생들은 그들의 중립적인 또래들보다 훨씬 더 잘 수행한다. 우리 뇌는 부정적이거나 심지어 중립적일 때도 아니라 긍정적일 때 최고로 기능하도록 말 그대로 프로그램되어 있다고 드러난다.

구문 분석

For example, doctors [put in a positive mood {before making a
　　　　　　　　　　　　주어1
diagnosis}] show almost **three times more** intelligence and
　　　　　　　　동사1
creativity **than** doctors in a neutral state, and they make accurate
　　　　　　　　　　　　　　　　　　　　　　　주어2 동사2
diagnoses 19 percent faster.

→ doctors가 과거분사구 [ ]의 수식을 받아 긴 주어가 되었다. { }는 부사 역할을 하는 전치사구로, 전치사 before의 목적어로 동명사구(V-ing)가 왔다. 「three times + 비교급 + than」은 '…보다 3배 더 ~한'이라는 뜻이다. than 뒤에는 비교 대상이 온다.

It turns out [**that** our brains are literally programmed to perform
가주어 동사　　　　　　　　　진주어
at their best **not** {when they are negative or even neutral}, **but**
{when they are positive}].

→ It은 가주어, that이 이끄는 명사절 [ ]이 진주어이다. 명사절에서 두 개의 { }는 when이 이끄는 시간 부사절로, 「not A but B」 구조로 연결되어 있다. when과 함께 'A할 때가 아니라 B할 때'라고 해석한다.

문항 해설

① 무엇이 뛰어난 판매원을 만드는가
② 성공: 더 행복한 삶으로 가는 첫 번째 열쇠
③ 성공과 성취의 차이
④ **긍정적인 감정이 두뇌 수행에 미치는 영향**
⑤ 진단 정확성을 높이기 위한 효과적인 접근법

▶**정답 ④**　**The Impacts of Positive Emotions on Brain Performance**
더 행복하고 더 긍정적일 때 더 성공적이라고 말한 뒤, 긍정적이고 행복할수록 좋은 성과가 나오는 예시들로 주장을 뒷받침하고 있다. 보기 중 이 글의 전체 내용을 압축적으로 가장 잘 표현한 것은 ④ '긍정적인 감정이 두뇌 수행에 미치는 영향'이다.

▶**오답 피하기**
①과 ⑤는 지문 일부분에만 해당하는 내용이므로 오답이다. ②, ③은 지문에 나오는 단어를 활용했으나 더 긍정적일 때 더 성공적이라는 핵심 내용을 반영하지 않은 오답이다.

예제 4 손실과 이득 모두를 고려하는 것의 유용성 ▸정답 ⑤

지문 해석

'99% 천연' 표시가 붙은 간식은 '1% 인공'이라고 표시될 때보다 더 매력적으로 보인다. '무지방 75%'라고 표시된 냉동식품은 '25% 지방'이라는 표시가 붙을 때보다 더 잘 팔릴 것이다. 덜 매력적인 표시의 선택사항은 더 매력적인 선택사항만큼이나 정확하다. 그것은 또한 우리가 먹게 될 것에 대해 우리를 더 많이 숙고하게 만든다. 마찬가지로 내기는 이길 가능성 또는 한 사람이 얻을 수도 있는 돈의 액수의 관점에서보다, 질 가능성 또는 한 사람이 잃을지도 모르는 돈의 액수의 관점에서 틀이 씌워질 때 덜 매력적으로 들린다. 의료 시술은 다치지 않고 회복할 가능성보다 사망 위험의 관점에서 제시될 때 더 무섭게 들릴 수 있다. 주제문 그러므로 이득의 관점에서 손실을 또는 손실의 관점에서 이득을 다시 계산하는 것은 유용한 활동이다.

구문 분석

The less appealing labeling option is just **as accurate as** the
　　　　　주어　　　　　　　　　　　　동사
more appealing option.

→ 동급 비교 표현인 「as + 원급 + as」가 사용되었다. '…만큼 ~한/하게'라고 해석한다.

Similarly, bets sound less appealing [**when** framed in terms of
　　　　　　주어 동사
{the chances of losing **or** the amount of money one might lose},
rather than {the chances of winning **or** the amount of money
one would win}].

→ 주절(bets ~ appealing) 뒤에 온 [ ]는 접속사 when이 이끄는 시간 부사절에서 주어와 동사(they are)가 생략된 분사구문이다. 두 개의 { }는 in terms of의 목적어로 rather than을 중심으로 병렬 연결되어 있다. { } 안에서는 다시 각각의 명사구가 or로 병렬 연결되었다.

Therefore, **it** is a useful exercise [**to recompute** {losses} in terms
　　　　　　가주어 동사　　　　　　　　　　　　　　진주어
of gains **or** {gains} in terms of losses].

→ It은 가주어, to부정사구 [ ]가 진주어이다. 긴 주어를 뒤로 보내고 가주어 it이 앞에 왔다. to부정사구에서 { }는 recompute의 목적어로, or로 병렬 연결되었다.

문항 해설

▶**정답 ⑤**　손실과 이득의 측면을 둘 다 고려하는 것이 현명하다.
같은 내용이더라도 잃는 것보다 얻는 것을 강조했을 때 더 매력적으로 들린다는 예시들이 나열되다가 마지막 부분에 이득의 관점에서 손실을 다시 계산하고, 손실의 관점에서 이득을 다시 계산하는 것이 유용하다고 정리하며 결론을 내렸다. 따라서 이 글의 요지로 가장 적절한 것은 ⑤이다.

▶**오답 피하기**
①, ④는 지문의 내용과 관련 없는 내용이므로 오답이다. ②는 이익과 위험이라는 지문 소재를 바탕으로 만든 오답이다. ③은 같은 수치이더라도 다른 관점에서 봐야 할 필요성을 강조하고 있는 지문의 주제에서 빗나가 객관적인 수치 자체의 중요성을 강조하는 내용이므로 오답이다.

전략 적용 문제

전략 적용 1 시뮬레이션을 통한 글의 이해
정답 ④

첫 문장 키워드

a piece of writing, the meaning clear, simulation

시뮬레이션으로 어려운 글의 의미를 분명히 할 수 있다고 했다. 이런 주장을 뒷받침할 수 있는 사례나 부연 설명이 올 것을 예측할 수 있다.

끊어읽기 해석

Sometimes we find a piece of writing hard to understand / and we
때로 우리는 한 편의 글이 이해하기 어려운 것을 발견한다　　　　　　그리고 우리
need to make the meaning clear, / which is possible through
는 그 의미를 분명히 할 필요가 있는데　　　그것은 시뮬레이션을 통해 가능하다
simulation. //

A classic example is car insurance people. // They read the reports
한 가지 전형적인 예가 자동차 보험업계 사람들이다　　　그들은 사고에 대한 보고서를 읽는다
of accidents / and have to figure out / who is legally responsible for
그리고 알아내야 한다　　　누가 그 사고에 대해 법적으로 책임이 있는지를
the accidents. // While nowadays they probably use computer
그 사고에 대해　　　요즘 그들은 아마도 컴퓨터 시뮬레이션을 사용하겠지만
simulation, / at one time they would use / toy cars and drawings of
한때 그들은 사용하곤 했다　　　장난감 자동차와 도로 그림을
the roads. // They would move the toy cars / and note the damage
그들은 장난감 자동차를 움직여서　　　발생하게 되는 피해를 알아차리곤
that would occur / according to the reports / from the drivers making
했다　　　보고서에 따라　　　(보험) 청구를 하는 운전자들로부터의
claims. // In this case / the simulation makes the written material
이 경우에　　　시뮬레이션은 기록된 자료를 더 이해하기 쉽게 만들어준다
more understandable / by presenting it in a visual way. //
　　　　　그것을 시각적인 방식으로 제시함으로써
To study a text better, / you can use simulation / with any convenient
텍스트를 더 잘 연구하려면　　　당신은 시뮬레이션을 사용할 수 있다　어떠한 편리한 물체를 이용하여
objects. //

지문 해석

주제문 때로 우리는 한 편의 글이 이해하기 어려운 것을 발견하고 그 의미를 분명히 할 필요가 있는데, 그것은 시뮬레이션을 통해 가능하다. 한 가지 전형적인 예가 자동차 보험업계 사람들이다. 그들은 사고에 대한 보고서를 읽고 누가 그 사고에 대해 법적으로 책임이 있는지를 알아내야 한다. 요즘 그들은 아마도 컴퓨터 시뮬레이션을 사용하겠지만 한때 그들은 장난감 자동차와 도로 그림을 사용하곤 했다. 그들은 (보험) 청구를 하는 운전자들로부터의 보고서에 따라 장난감 자동차를 움직여서 발생하게 되는 피해를 알아차리곤 했다. 이 경우에 시뮬레이션은 기록된 자료를 시각적인 방식으로 제시함으로써 그것을 더 이해하기 쉽게 만들어준다. 텍스트를 더 잘 연구하려면 당신은 어떠한 편리한 물체든 이용하여 시뮬레이션을 사용할 수 있다.

배경지식

- **시뮬레이션(simulation)**: 문제를 해결하기 위해 실제 공간이나 컴퓨터 프로그램 같은 가상의 공간에서 실제와 비슷한 모형을 만들어 모의실험을 진행하는 일

지문 구조

첫 문장에 주제를 제시한 뒤 자동차 보험 업계 사례를 들어 주제를 뒷받침하고, 마지막 문장에서 주제를 재진술하며 결론을 내리는 구조이다.

주제문 ↓	이해하기 어려운 글의 의미는 시뮬레이션을 통해 분명히 할 수 있다.

예시 ↓	자동차 보험업계 - 법적 책임 소재를 밝히기 위해 시뮬레이션을 사용하여 기록된 자료를 이해하기 쉽게 만듦 1) 현재 - 컴퓨터 시뮬레이션 이용 2) 과거 - 장난감 자동차와 도로 그림 사용
결론	텍스트를 더 잘 연구하려면 편리한 물체를 이용하여 시뮬레이션해 볼 수 있다.

전략 적용

Unit 01-1 '주제문에는 단정적인 표현이 나온다'

Unit 01-2 '주제문 뒤에는 주로 예시가 나온다'

Unit 01-3 '주제문은 일반적, 예시는 구체적 내용을 담는다'

첫 문장에서 단정적인 뉘앙스가 강한 현재시제(need, is possible)를 사용하여 '의미를 분명히 하기 위해 시뮬레이션을 사용할 수 있다'는 포괄적 주제를 제시했다. 그리고 바로 뒤에 A classic example is라며 구체적인 예시를 제시하여 주제를 뒷받침했다.

구문 분석

Sometimes we find a piece of writing hard to understand **and** we
　　　　주어1　동사1　　　　　　　　　　　　　　　　　　　　주어2
need to make the meaning clear, [which is possible through
동사2
simulation].

→ 첫 번째 절의 동사 find와 두 번째 절의 to make는 「동사＋목적어＋목적격보어」 구조를 형성하여 각각 '~이 …한 것을 알아차리다', '~을 …하게 만들다'라는 의미가 된다. [ ]는 계속적 용법의 관계대명사절이다. which는 and it으로 바꿔 쓸 수 있으며, 이때 it은 to make the meaning clear를 가리킨다.

They would move the toy cars **and** note the damage [that would
주어　조동사　동사원형1　　　　　　　동사원형2
occur] according to the reports from the drivers [making claims].

→ 조동사 would에 연결되는 동사원형(move, note)이 and로 병렬 연결되었다. 첫 번째 [ ]는 note의 목적어 the damage를 수식하는 주격 관계대명사절이다. 두 번째 [ ]는 the drivers를 수식하는 현재분사구이다.

문항 해설

① 글쓰기 과정의 복잡성

② 시뮬레이션 기술의 한계

③ 단어 지식을 확장하는 방법

④ 시뮬레이션을 통한 텍스트 이해하기

⑤ 사고를 기록하고 보고하기

▶ **정답 ④** Understanding Texts Through Simulation

이해하기 어려운 글의 의미를 분명히 해야 할 때 시뮬레이션을 사용할 수 있다는 내용의 글이다. 컴퓨터 시뮬레이션이나 장난감 자동차, 도로 그림을 활용한 자동차 보험업계의 예를 들며 시뮬레이션의 유용성을 증명하고 있다. 따라서 글의 제목으로 가장 적절한 것은 ④ '시뮬레이션을 통한 텍스트 이해하기'이다.

▶ **오답 피하기**

①은 지문 소재인 '글쓰기(writing)'를 반복하여 만든 오답이다. ②는 시뮬레이션의 이점, 효과를 설명하는 지문 내용과 정반대되는 제목이다. ③은 지문에서 언급되지 않은 내용이며 ⑤는 '사고에 대한 보고서(the reports of accidents)'나 '기록된 자료(the written material)'라는 표현을 이용한 함정이다. 지문 중 사례에만 등장하는 지엽적인 문구로, 전체 내용을 포괄하는 제목으로는 부적합하다.

전략 적용 2 각각의 문제가 이끌어 내는 서로 다른 정체성 정답 ⑤

첫 문장 키워드

identities, politically salient

사람들은 수많은 정체성을 가지고 있지만, 그 정체성들이 항상 정치적으로 두드러지지는 않는다고 했다. 따라서 정체성이 두드러질 때가 언제인지에 관한 설명이 나올 것을 예측할 수 있다.

끊어읽기 해석

Although most people, / including Europe's Muslims, / have
비록 대부분의 사람들이 (~하지만)   유럽의 이슬람교도들을 포함하여   수많은
numerous identities, / few of these are politically salient at any
정체성을 가지고 있지만   이들 중 어느 때이든 정치적으로 두드러지는 정체성은 거의 없다
moment. // It is only when a political issue affects / the welfare of
오로지 정치적인 문제가 영향을 줄 때뿐이다   특정한 집단 내의 사람
those in a particular group / that identity assumes importance. //
들의 안녕에   정체성이 중요성을 띠는 것은
For instance , / when issues arise / that touch on women's rights, /
예를 들어   문제들이 생기는 경우   여성들의 권리와 관련된
women start to think of gender / as their principal identity. //
여성들은 성을 생각하기 시작한다   자신들의 주요한 정체성으로
Whether such women are American or Iranian / or whether they are
그러한 여성들이 미국 사람인지 이란 사람인지   또는 그들이 가톨릭 신자인지
Catholic or Protestant / matters less / than the fact that they are
개신교도인지는   덜 중요하다   그들이 여성이라는 사실보다
women. //

Similarly , / when famine and civil war threaten people / in sub-
마찬가지로   기근과 내전이 사람들을 위협할 때   사하라 이남
Saharan Africa, / many African-Americans are reminded of their
아프리카의   많은 아프리카계 미국인들은 그들의 혈족 관계가 생각난다
kinship / with the continent / in which their ancestors originated
그 대륙과의   수세기 전에 자신들의 조상들이 기원했던
centuries earlier, / and they lobby their leaders / to provide
   그리고 그들은 자신들의 지도자들에게 압력을 가한다   인도주의적 구호를
humanitarian relief. //
제공하라고
In other words , / each issue calls forth somewhat different identities
즉   각각의 문제는 다소 다른 정체성을 이끌어 낸다
/ that help explain the political preferences / people have regarding
   정치적 선호를 설명하는 데 도움을 주는   그러한 문제들과 관련하여 사람들이
those issues. //
가지고 있는

지문 해석

비록 유럽의 이슬람교도들을 포함하여 대부분의 사람들이 수많은 정체성을 가지고 있지만, 이들 중 어느 때이든 정치적으로 두드러지는 정체성은 거의 없다. 주제문 정체성이 중요성을 띠는 것은 오로지 정치적인 문제가 특정한 집단 내의 사람들의 안녕에 영향을 줄 때뿐이다. 예를 들어 여성들의 권리와 관련된 문제들이 생기는 경우, 여성들은 성을 자신들의 주요한 정체성으로 생각하기 시작한다. 그러한 여성들이 미국 사람인지 이란 사람인지, 또는 그들이 가톨릭 신자인지 개신교도인지는 그들이 여성들이라는 사실보다 덜 중요하다. 마찬가지로, 기근과 내전이 사하라 이남 아프리카 사람들을 위협할 때, 많은 아프리카계 미국인들은 수세기 전에 자신들의 조상들이 기원했던 그 대륙과의 혈족 관계가 생각나서 자신들의 지도자들에게 인도주의적 구호를 제공하라고 압력을 가한다. 즉 각각의 문제는 그러한 문제들과 관련하여 사람들이 가지고 있는 정치적 선호를 설명하는 데 도움을 주는 다소 다른 정체성을 이끌어 낸다.

배경지식

- **사하라 이남 아프리카(sub-Saharan Africa):** 아프리카 대륙 중북부에 있는 약 5,600km 길이의 사하라 사막 이남 지역을 일컫는다. 사하라 사막 위쪽의 북아프리카와 문화, 민족, 종교가 뚜렷하게 구별된다.

지문 구조

첫 부분에 주제를 제시하고 그를 뒷받침하는 두 개의 예시를 제시한 후, 마지막 결론에서 다시 정리하는 구조이다.

주제문	사람들은 수많은 정체성을 가지고 있지만, 어떤 정치적 문제가 특정 집단 사람들의 안녕에 영향을 줄 때만 관련된 정체성이 중요해짐
↓	
예시 1	**성별 정체성:** 여성의 권리에 관련된 문제가 생기는 경우 여성은 성별을 주된 정체성으로 생각
↓	
예시 2	**혈족 정체성:** 사하라 이남 아프리카 지역과 관련된 문제가 생기는 경우 아프리카계 미국인은 혈족 관계를 정체성으로 생각
↓	
결론	각각의 문제는 다른 정체성을 이끌어 냄

전략 적용

Unit 01-1 '주제문에는 단정적인 표현이 나온다'
Unit 01-2 '주제문 뒤에는 주로 예시가 나온다'
Unit 01-3 '주제문은 일반적, 예시는 구체적 내용을 담는다'

주제문에 It is ~ that … 강조 구문과 부사 only를 사용하여 주장을 명확히 하는 동시에 글쓴이의 확신을 드러냈다. 일반적인 내용의 주제문 뒤에 For instance로 구체적인 예시가 시작되고 Similarly로 두 번째 예시가 이어졌다. 마지막으로 In other words로 앞서 언급된 주제를 다시 상기시키면서 정리했다.

구문 분석

It is only when a political issue affects the welfare of those [in a particular group] **that** <u>identity</u> <u>assumes</u> importance.
                                                                                              주어   동사

→ 「It is ~ that …」 강조 구문으로 '…한 것은 바로 ~이다'라는 뜻이다. 여기서는 when이 이끄는 부사절을 강조하며, when 앞에 부사 only(오직, 오로지)가 추가되어 의미를 더욱 강조한다. [ ]는 those를 수식하는 전치사구로 앞에 주격 관계대명사(who)와 be동사(are)가 생략된 것으로도 볼 수 있다.

[**Whether** such women are American or Iranian] **or** [**whether**
                                      주어
they are Catholic or Protestant] <u>matters</u> **less than** the fact [that
                                     동사
they are women].

→ 접속사 whether가 이끄는 두 개의 명사절이 or로 병렬 연결되어 주어를 이룬다. less than 이하 전체는 부사구로 동사 matters를 수식한다. 세 번째 [ ]는 the fact와 동격인 명사절이다.

문항 해설

① 유럽에서 민족주의의 부상
② 튼튼한 브랜드 정체성을 구축하는 방법
③ 정치가 비인간화되는 것의 문제점
④ 사람들에게 조상의 중요성
⑤ 사람들의 사회 정체성에 미치는 정치의 영향

▶ **정답 ⑤ the impacts of politics on people's social identities**

어떤 정치적 문제가 특정 집단 내의 사람들의 안녕에 영향을 줄 때 그와 관련된 정체성을 중요하게 생각하게 된다는 주장을 여성 인권이나 사하라 이남 아프리카 문제의 예를 통해 뒷받침하고 있다. 따라서 ⑤ '사람들의 사회 정체성에 미치는 정치의 영향'이 주제로 가장 적절하다.

①, ③은 지문에서 확인할 수 없는 내용이다. ②는 identity(정체성)라는 말만 보고 답으로 고르지 않도록 주의해야 할 오답이다. ④는 지문 일부에 조상과 관련된 정체성이 소재로 등장하지만 조상의 중요성 자체에 초점을 맞추지는 않았으므로 오답이다.

UNIT 02 도입 - 주제문 - 예시 - 결론

정답 체크	예제	1④ 2④ 3① 4④
	전략 적용 문제	1⑤ 2①

예제 1 지도자에게 있어 도전하는 것의 중요성 정답 ④

지문 해석

2015년도 '포춘지 선정 가장 영향력 있는 여성 회담'에서 Ginni Rometty는 이런 조언을 했다. "여러분은 지금까지 언제 가장 많은 것을 여러분의 인생에서 배웠습니까? 어떤 경험이었나요? 저는 장담하건대 여러분은 제게 그것은 여러분이 위험에 처했다고 느꼈을 때였다고 말할 것입니다." 주제문 더 훌륭한 지도자가 되기 위해서, 여러분은 자신의 안락 구역으로부터 걸어 나와야 한다. 여러분은 일을 하는 기존 방식들에 도전해야 하며, 혁신할 수 있는 기회들을 찾아야 한다. 리더십을 발휘하는 일은 여러분에게 조직의 현재 상태에 도전하도록 요구할 뿐만 아니라 또한 여러분의 내적인 현재 상태에 대해서도 도전하도록 요구한다. 여러분은 여러분 자신에게 도전해야 한다. 여러분은 현재 경험의 한계를 넘어 위험을 무릅쓰고 가서 새로운 영토를 탐험해야 한다. 그런 곳들은 개선하고, 혁신하고, 실험하며 성장할 기회들이 있는 장소이다. 성장은 항상 가장자리에, 바로 지금 여러분이 있는 곳의 한계 바로 바깥에 있다.

배경지식

· 포춘(Fortune): 미국에서 가장 오래된 경영/경제 분야 잡지이다.
· 지니 로메티(Ginni Rometty): (1975-)미국 IT기기 제조업체 IBM사의 최초 여성 CEO 및 회장이다.

구문 분석

I guarantee [you'll tell me {it was a time (you felt at risk)}].
주어 동사

→ 문장의 주어는 I, 동사는 guarantee로, [ ]는 동사의 목적어 역할을 하는 명사절이며, { }는 tell의 직접목적어인 명사절이다. 둘 다 명사절 접속사 that이 앞에 생략되어 있다. ( )는 a time을 수식하는 관계부사절로 time 뒤에 관계부사 when이 생략되었다.

문항 해설

▶정답 ④ 지도자는 현재의 자신을 넘어서는 도전을 해야 한다.

지도자는 자신의 안락 구역, 즉 익숙하고 편안한 상태를 벗어나 새로운 곳을 탐험해야 한다고 했으므로 필자가 주장하는 바로 가장 적절한 것은 ④이다.

▶오답 피하기

①은 목표 설정에 관한 것으로 지문에서 다루지 않은 내용이다. ③은 현재 상태에 대한 분석을 주장한 것으로, 현재 상태에 대한 도전을 강조하는 글의 주제와 맞지 않다. ②, ⑤는 '새로운 제도', '새로운 방식'에 관하여 언급하고 있어 정답인 것처럼 보이나 글에서 강조하고 있는 도전의 중요성과는 연관성이 적다.

예제 2 음식 선호에서의 유연성 정답 ④

지문 해석

우리의 식습관을 바꾸는 것은 우리가 할 수 있는 가장 어려운 일들 중 하나인데, 왜냐하면 (음식에 대한) 우리의 선호를 지배하는 충동은 심지어 우리 자신으로부터도 종종 숨겨져 있기 때문이다. 주제문 그렇지만 여러분이 무엇을 먹을 것인지 조정하는 것은 전적으로 가능하다. 우리는 항상 그렇게 한다. 이것이 사실이 아니라면 매년 신제품을 출시하는 식품 회사들은 그들의 돈을 낭비하고 있는 셈이다. 베를린 장벽 붕괴 후에(독일 통일 이후에), 동독과 서독의 주부들은 수십 년 만에 처음으로 서로의 식품을 먹어보았다. 동독의 주부들이 자신들이 서독의 요구르트를 자신들의 것보다 더 좋아한다는 것을 깨닫는 것은 오래 걸리지 않았다. 똑같이, 서독의 주부들은 동독의 꿀과 바닐라 웨이퍼 비스킷에 대한 취향을 발견했다. 그 장벽의 양쪽에서 이 독일 주부들은 그들의 음식 선호에 있어 상당한 유연성을 보여주었다.

배경지식

- **베를린 장벽(the Berlin Wall)**: 1961년에 세워진 장벽으로 동독과 서독을 분리하기 위해 베를린 동쪽에 세워졌다. 오랜 기간 동안 냉전과 정치 분단의 상징물이었으나, 1989년 10월 동독의 지도부가 해체되면서 28년 만에 붕괴되었다.
- **웨이퍼 비스킷(wafer biscuit)**: 표면이 와플 모양으로 된 얇고 바삭한 과자. 우리나라에서는 웨하스라고 부른다. 보통 단맛의 크림이나 아이스크림을 발라 먹는다.

구문 분석

And yet adjusting [what you eat] is entirely possible.
　　　　　　　　주어　　　　　　동사

→ 문장의 주어는 동명사구, 동사는 be동사 is이다. [ ]는 동명사구 속 adjusting의 목적어로, 의문대명사 what이 이끄는 명사절이다.

Were this not the case, the food companies [**that** launch new
　　　　　　　　　　　　　　　　　　　　　주어
products each year] would be wasting their money.
　　　　　　　　　　　　동사

→ Were this not the case는 종속절로, 가정법의 조건절 'if this were not the case'에서 if가 생략, 주어 - 동사가 도치된 구문이다.
주절의 주어는 the food companies ~ year로, 주격 관계대명사 that이 이끄는 관계대명사절 [ ]가 앞에 있는 명사구를 수식한다. 동사는 「조동사 would + 진행형」으로 '~하고 있을 것이다'라고 해석한다.

It didn't take long **for** those from the East **to realize** [that they
가주어　　동사　　　　　　　　　　　　　　　　　　　　진주어
preferred Western yogurt **to** their own].

→ 가주어 - 진주어 구문으로 for those from the East는 to부정사구의 의미상 주어이다. [ ]는 realize의 목적어로 접속사 that이 이끄는 명사절이다. 명사절 안에는 「prefer A to B」(A를 B보다 좋아하다) 구문이 쓰였다.

문항 해설

① 대부분의 사람들이 매일 똑같은 음식을 먹는 이유
② 동독과 서독의 인기 음식
③ 독일의 주부와 식품
④ 음식에 대한 선호는 정말로 바뀔 수 있는가?
⑤ 당신이 먹는 음식이 곧 당신이다!

▶**정답 ④　Can Food Preferences Really Change?**
주제문에서 무엇을 먹을 것인지는 조정 가능하다고 했다. 즉 어떤 음식을 먹느냐는 얼마든지 바꿀 수 있다는 뜻이다. 예시를 통해서 음식에 대한 선호가 바뀌는 것을 알 수 있으므로, 제목으로 가장 적절한 것은 ④ '음식에 대한 선호는 정말로 바뀔 수 있는가?'이다.

▶**오답 피하기**
①은 주제와 상반되는 오답이다. ②, ③은 예시에서 다룬 소재와 일치할 뿐 주제

를 전달하지 않는다. ⑤는 의역하면 '당신이 건강한 음식을 먹어야 당신의 몸이 건강하다'는 의미로 식습관의 중요성을 강조하는 말이다. 음식의 선호 변화를 말하고 있는 이 글의 내용과 무관하다.

예제 3 　쇼 비즈니스에서 온라인 활동의 중요성　　정답 ①

지문 해석

만약 당신이 전문가라면, 당신의 소셜 미디어 계정에 높은 팔로워 수를 가지고 있는 것은 당신이 실제 생활에서 하고 있는 모든 일을 향상시킨다. 한 가지 좋은 예는 코미디언이다. 그녀는 기술에 힘쓰며 매일 시간을 보내지만, 그녀는 계속해서 그녀의 Instagram 팔로잉에 대해 질문 받는다. 이는 비즈니스는 항상 그들의 상품을 마케팅할 더 쉽고 더 값싼 방법을 찾고 있기 때문이다. 10만 팔로워가 있는 코미디언은 그녀의 다가오는 쇼를 홍보할 수 있고, 사람들이 그녀를 보러 오기 위해 티켓을 구매할 가능성을 높일 수 있다. 이것은 코미디 클럽이 쇼를 홍보하는 데 써야 하는 금액을 줄이고, 운영사가 다른 코미디언을 제치고 그녀를 선택할 가능성을 더 많게 만든다. 많은 사람들은 팔로워 수가 재능보다 더 중요한 것처럼 보이는 것에 속상해한다. 하지만 그것은 사실 전력을 다하고 있는가에 관한 것이다. 오늘날의 쇼 비즈니스 형태에서 비즈니스 부분은 온라인에서 일어나고 있다. 주제문 당신은 적응할 필요가 있는데, 왜냐하면 적응하지 않는 사람들은 크게 성공하지 못할 것이기 때문이다.

구문 분석

[If you're an expert], **having** a high follower count on your social
　　　　　　　　　　　　　　　　　　　　　　　　　주어
media accounts enhances all the work [you are doing in real life].
　　　　　　　　　동사

→ 첫 번째 [ ]는 if가 이끄는 조건절이다. 동명사구 주어는 단수 취급하므로 동사도 단수형(enhances)이 왔다. 두 번째 [ ]는 the work를 선행사로 하는 관계대명사절로, 앞에 목적격 관계대명사가 생략되었다.

A comedian with 100,000 followers can [promote her upcoming
　　　　　주어　　　　　　　　　　　　조동사　동사원형1
show] **and** [increase the chances {that people will buy tickets to
　　　　　　　　동사원형2
come see her}].

→ 조동사 can에 연결되는 두 개의 동사구 [ ]가 and로 병렬 연결되어 있다. { }는 the chances와 동격인 명사절이다.

You need to adapt, [because **those** {**who** don't adapt} won't make
주어　동사
it very far].

→ [ ]는 because가 이끄는 이유 부사절이다. those who는 '~한 사람들'이라는 뜻으로, who가 이끄는 관계대명사절 { }가 those를 수식하는 구조이다.

문항 해설

▶**정답 ①　성공하는 데 소셜 미디어에서의 인기가 중요하다.**
주제문과 예시를 종합해볼 때 비즈니스 부분은 온라인에서 일어나고 있으며, 여기에 적응하지 않는 사람들은 크게 성공하지 못할 것이라고 했다. 따라서 ①이 글의 요지로 가장 적절하다.

▶**오답 피하기**
②는 소셜 미디어의 인기를 부정적으로 언급하고 있으므로 주제와 상반되는 오답이다. ④는 예시의 일부 문장에만 해당하는 내용이며, ③, ⑤는 글의 내용과 무관하므로 오답이다.

지문 해석

많은 작가들은 독자를 떠올릴 때 너무 모호해지는 흔한 실수를 한다. **주제문** 대상 독자층을 규정하는 데 있어서 '모두'는 '아무도 아니다'. 여러분은 특별히 한 개인을 위해 글을 쓴다면 다른 사람들을 배제하는 것에 대해 걱정할지도 모른다. 안심해라. 그것이 반드시 일어나지는 않는다. 잘 규정된 독자층은 설명과 단어 선택에 대한 결정을 단순화한다. 대상 독자층을 넘어서는 사람들을 끌어당기는 방식으로, 여러분의 문체는 더 독특해질지도 모른다. 예를 들면, Andy Weir는 자신들이 읽고 있는 이야기가 확고하게 과학적 사실에 기반을 두기를 원하는 공상 과학 소설 독자들을 위해, 그리고 아마도 공상 과학 소설을 즐기는 로켓 과학자들을 위해 'The Martian'을 썼다. 나는 둘 중 어느 독자층에도 속하지 않지만 그 책을 즐겼다. Weir는 그의 대상 독자층을 기쁘게 하는 일에 매우 성공적이었기에 그들은 그것을 널리 열정적으로 공유했다. Weir는 모두를 대접하려고 하지 않았기 때문에 그의 핵심 독자층을 즐겁게 하는 무언가를 썼다. 결국 그의 작품은 그 분야를 훨씬 뛰어넘어 전해졌다. 그것은 직관에 어긋날지도 모르지만 만약 여러분이 영향력을 넓히기를 원한다면, 독자층에 대한 여러분의 초점을 좁혀라.

배경지식

- **마션(The Martian)**: 미국 소설가 앤디 위어(Andy Weir)의 데뷔작. 화성에서 조난당한 과학자의 삶을 그린 공상 과학 소설이다. 2014년 출간 즉시 뉴욕 타임스 베스트셀러에 올랐으며, 2015년 할리우드 영화로도 제작되었다.

구문 분석

Many writers make the common mistake of being too vague [when **picturing** a reader].
(주어 / 동사)

→ [ ]는 접속사 when이 생략되지 않은 분사구문이다. 시간 부사절로 바꿀 경우 when they picture a reader가 된다.

Your style may become more distinctive, in a way [**that** attracts people beyond the target reader].
(주어 / 동사)

→ [ ]는 a way를 선행사로 하는 관계대명사절이다. way라는 명사 때문에 방법을 나타내는 관계부사로 착각할 수 있으나, 해석상 that이 a way를 가리키고 뒤에 주어가 없는 불완전한 절이 오므로 that을 주격 관계대명사로 보는 것이 적절하다.

For example, Andy Weir wrote *The Martian* for [science fiction readers {who want their stories firmly **grounded** in scientific fact}], **and** perhaps [rocket scientists {who enjoy science fiction}].
(주어 / 동사)

→ 전치사 for의 목적어인 두 개의 명사구 [ ]가 and로 병렬 연결되어 있다. 두 개의 { }는 관계대명사절로 각각 science fiction readers, rocket scientists를 선행사로 한다. grounded는 앞에 쓰인 want의 목적격보어로 목적어와의 관계가 수동이므로 과거분사로 쓰였다.

Weir was **so** successful at **pleasing** his target audience **that** they shared it widely and enthusiastically.
(주어 / 동사)

→ 「so+형용사+that절」 구문이 쓰여 '너무 ~해서 …하다'라고 해석한다. be successful at은 '~에 성공적이다'라는 뜻이다. 전치사 뒤에는 명사 형태만 오므로 at 뒤에 동명사구(pleasing)가 온 것에 유의한다.

문항 해설

① 모든 사람은 작가가 될 수 있다
② 극심한 압박을 받는 작가들
③ 핵심 독자층을 규정하는 방법
④ 대상 독자층을 위해 글을 쓰는 것의 가치
⑤ 공상 과학 소설: 인기 문학 장르의 하나

▶**정답 ④** The Value of Writing for a Target Reader

주제문과 결론을 종합해 볼 때, 독자층을 모두로 하는 것은 의미가 없으며, 대상 독자층을 좁혀야 한다는 것이 글의 주된 내용이다. 따라서 ④ '대상 독자층을 위해 글을 쓰는 것의 가치'가 글의 제목으로 가장 적절하다.

▶**오답 피하기**

①, ②는 지문에 등장한 어휘 everyone, writers를 활용하였으나 주제와 무관하다. ③은 대상 독자층을 좁혀야 한다는 글의 주제에서 확장된 내용으로 정답처럼 보이지만, 대상 독자층을 규정하는 방법에 대해선 언급하지 않았으므로 오답이다. 정답과 유사한 매력적인 오답을 고르지 않도록 주의해야 한다. ⑤는 예시에서 공상 과학 소설을 언급하긴 했지만 인기 문학 장르라는 관점은 주제와 상관없으므로 오답이다.

전략 적용 1 옷감과 옷의 의사소통적 기능 　　　정답 ⑤

첫 문장 키워드

textiles and clothing, functions, go beyond

옷감과 옷이라는 소재를 언급하였다. functions, go beyond라는 표현을 통해 기본적인 기능을 넘어서는 또 다른 기능이 언급될 것을 알 수 있다.

끊어읽기 해석

Textiles and clothing / have functions / that go beyond just protecting
옷감과 옷은　　　　　　기능을 가지고 있다　　단순히 신체를 보호하는 것 이상의
the body. //

Dress and textiles alike are used / as a means of nonverbal
옷과 옷감은 똑같이 사용된다　　　　　비언어적 의사소통의 수단으로
communication. //

Obvious examples would be / the use of uniforms / to communicate
분명한 예는 ~일 것이다　　　　유니폼의 사용　　　특정한 사회적 역할을 전
a particular social role / and the modern white wedding dress /
달하기 위한　　　　　　그리고 현대적인 흰색 웨딩드레스(의 사용)
Western cultures use / to mark this rite of passage. // Both types of
서양 문화권에서 사용하는　　이러한 통과의례를 기념하기 위해　　두 종류의 옷은 모두
clothing / communicate important information nonverbally / to the
　　　　중요한 정보를 비언어적으로 전달한다　　　　　　보는 사람
onlooker. // The female wearing the white dress / is about to be
에게　　　흰색 드레스를 입은 여성은　　　　　곧 결혼할 것이다
married / and change her status and role / in society. // The person in
　　　그리고 그녀의 지위와 역할을 바꿀 (것이다)　사회에서　유니폼을 입은 사람은
the uniform / has some specialized function / in society, / such as
　　　　어떤 전문화된 기능을 가지고 있다　　사회에서　　경찰, 간호사
police officer, nurse, or soldier. //
또는 군인처럼
Therefore, / it can be said / that clothing visually communicates
그러므로　(~라고) 말할 수 있다　옷은 정보를 시각적으로 전달한다고
information / about group membership / and functions / as an
　　　　집단 구성원의 자격에 대한　　　그리고 기능을 한다고　정체성의
identity marker. //
표시로서

지문 해석

옷감과 옷은 단순히 신체를 보호하는 것 이상의 기능을 가지고 있다. **주제문** **옷과 옷감은 똑같이 비언어적 의사소통의 수단으로 사용된다** 분명한 예는 특정한 사회적 역할을 전달하기 위한 유니폼의 사용과 이러한 통과의례를 기념하기 위해 서양 문화권에서 사용하는 현대적인 흰색 웨딩드레스의 사용일 것이다. 두 종류의 옷은 모두 중요한 정보를 비언어적으로 보는 사람에게 전달한다. 흰색 드레스를 입은 여성은 곧 결혼할 것이고 사회에서 그녀의 지위와 역할을 바꿀 것이다. 유니폼을 입은 사람은 경찰, 간호사 또는 군인처럼 사회에서 어떤 전문화된 기능을 가지고 있다. 그러므로 옷은 집단 구성원의 자격에 대한 정보를 시각적으로 전달하며 정체성의 표시로서 기능을 한다고 말할 수 있다.

지문 구조

'도입 - 주제문 - 예시 - 결론'의 가장 기본적인 구조이다.

도입	옷감과 옷은 단순히 신체를 보호하는 것 이상의 기능을 가지고 있다.
↓ 주제문	옷감과 옷은 비언어적 의사소통의 수단으로 사용된다.
↓ 예시	1) 유니폼의 사용
↓ 결론	2) 흰색 웨딩드레스의 사용
	옷은 집단 구성원의 자격에 대한 정보를 시각적으로 전달하며 그리고 정체성의 표시로서 기능을 한다.

전략 적용

Unit 02-1 '도입 문장이 발견되면 주제문은 그 뒤에 나온다'

첫 문장에서 옷은 단순히 신체를 보호하는 것 이상의 기능을 가진다고 했다. 그 '이상의 기능'이 무엇일지 궁금하게 만드는 문장이다. 이는 도입의 역할 중 독자의 호기심을 유발하는 것에 해당한다.
도입 이후 두 번째 문장에서 옷의 '비언어적 의사소통 기능'을 언급하였는데, 바로 이것이 글의 핵심 내용(주제)임을 예측할 수 있다.

구문 분석

Obvious examples would be the use of [uniforms to communicate
　　　　　　　주어　　　　동사
a particular social role] and [the modern white wedding dress
{Western cultures use to mark this rite of passage}].

→ would be의 보어는 the use of 이하 전체이다. 전치사 of의 목적어인 두 개의 명사구 [ ]가 and로 병렬 연결되어 있다. { }는 the modern ~ dress를 수식하는 관계대명사절로 절 앞에 목적격 관계대명사가 생략되어 있다.

Therefore, **it** can be said [**that** clothing {visually communicates
　　　　　가주어　동사　　　　　　　진주어
information about group membership} **and** {functions as an
identity marker}].

→ it은 가주어, that절 [ ]은 진주어인 문장이다. that절의 주어 clothing에 두 개의 동사구 { }가 and로 병렬 연결되어 있다.

문항 해설

① 유니폼의 교육적 기능
② 옷의 스타일을 다양화하는 방법
③ 옷 선택의 성별 차이
④ 서양 사회의 서로 다른 문화적 규범들
⑤ 옷의 비언어적 의사소통 기능

▶ **정답 ⑤ nonverbal communicative functions of clothing**

주제문에서는 옷감과 옷이 비언어적 의사소통의 수단으로 사용된다고 했으며, 유니폼과 웨딩드레스의 예시를 통해 옷이 사회적 역할과 지위에 관한 정보를 전달함을 설명했다. 따라서 ⑤ '옷의 비언어적 의사소통 기능'이 주제로 가장 적절하다.

▶ **오답 피하기**

①은 교육적 기능이 아닌 사회적 기능에 대해 언급한 글이므로 오답이다. ②는 지문과 무관하며, ③, ④는 지문에서 언급한 일부 어휘(female, Western cultures)에서 확장된 오답으로 주제와는 관련이 없다.

전략 적용 2 자연이 가진 고유한 아름다움 　　　정답 ①

첫 문장 키워드

"beauty is in the eye of the beholder"

첫 문장이나 도입에 등장하는 인용문은 글의 주제로 직결된다. '아름다움은 보는 사람의 눈에 있다'는 말은 아름다움은 사람마다 보기 나름이라는 숨은 뜻을 가지는데 이 내용이 주제로 연결될 가능성이 크다.

Plant and animal species / are so diverse / that the old saying
동식물 종은   매우 다양해서   "아름다움은 보는 사람의 눈에
"beauty is in the eye of the beholder" / could be the perfect slogan /
있다'라는 옛말이   완벽한 표어가 될 수 있다
for nature's bounty. //
자연의 풍요로움에 대한
It's easy / for most people / to see the breathtaking beauty / found in
(~하는 것은) 쉽다   대부분의 사람들에게   숨막히는 아름다움을 보는 것은   ~에서 발견되는
/ the brightly colored wings of butterflies, / a field of blooming
나비의 밝은 색 날개   야생화가 만발한 들판
wildflowers, / or a forest of hardwood trees in their autumn glory. //
                    혹은 가을의 영광 속 활엽수림
But what about / snails and their trails of slime, / rats with yellow
그러나 ~는 어떠한가   달팽이와 그것들의 점액 자국   누런 이빨을 가진 쥐
teeth, / or spiders that look like fierce aliens? // These species are
혹은 사나운 외계인처럼 보이는 거미(는)   이러한 종들은 아름답다
beautiful / in their own right / — just not in a traditional sense. //
           그 자체로   전통적인 의미에서 그렇지 않을 뿐
Recognition of their unique beauty / may require / setting aside any
그것들의 고유한 아름다움을 알아보는 것은   필요로 할지도 모른다 어떤 선입견 혹은 편견을
preconceptions — or misconceptions — people may have / about
제쳐 놓는 것을   사람들이 어쩌면 가지고 있는   균류, 곤
fungi, insects, or reptiles. // People seem to be hardwired / to see
충류, 또는 파충류에 대해   사람들은 타고난 것처럼 보인다   따뜻하고
warm and fuzzy mammals as cute, / while often lacking this innate
털이 보송보송한 포유류를 귀엽게 보도록   반면에 이러한 내재적이고 즉각적인 끌림은 종종
and immediate attraction / to the cold-blooded, eight-legged, or egg-
부족하다   냉혈이거나, 다리가 여덟 개이거나, 혹은 알을 낳는 구성원들에
laying members / of the animal kingdom. //
대해서는   동물 왕국의
Yet beauty is in no short supply / among these animals. //
그러나 아름다움은 결코 공급 부족이 아니다(모자라지 않다) 이러한 동물들 사이에서

동식물 종은 매우 다양해서 "아름다움은 보는 사람의 눈에 있다"라는 옛말이 자연의 풍요로움에 대한 완벽한 표어가 될 수 있다. 대부분의 사람들에게 나비의 밝은 색 날개, 야생화가 만발한 들판, 혹은 가을의 영광 속 활엽수림에서 발견되는 숨막히는 아름다움을 보는 것은 쉽다. 그러나 달팽이와 그것들의 점액 자국, 누런 이빨을 가진 쥐, 혹은 사나운 외계인처럼 보이는 거미는 어떠한가? 이러한 종들은 전통적인 의미에서 그렇지 않을 뿐 그 자체로 아름답다. 그것들의 고유한 아름다움을 알아보는 것은 사람들이 균류, 곤충류, 또는 파충류에 대해 어쩌면 가지고 있는 어떤 선입견 혹은 편견을 제쳐 놓는 것을 필요로 할지도 모른다. 사람들은 따뜻하고 털이 보송보송한 포유류를 귀엽게 보도록 타고난 것처럼 보이는 반면에 이러한 내재적이고 즉각적인 끌림은 냉혈이거나, 다리가 여덟 개이거나, 혹은 알을 낳는 동물 왕국의 구성원들에 대해서는 종종 부족하다. 주제문 그러나 아름다움은 이러한 동물들 사이에서 결코 모자라지 않다.

주제문보다 예시가 먼저 나온 구조이다. 이로 인해 주제문과 예시 사이에는 부연 설명이 들어가 있다.

도입	'아름다움은 보는 사람의 눈에 있다'라는 옛말을 인용하여 '아름다움, 자연'이라는 화제 제시
↓	

예시	1) 대부분의 사람들이 아름답다고 생각하는 자연의 예
	   - 나비, 들판, 활엽수림
	2) 대부분의 사람들이 아름답다고 생각하지 않는 자연의 예
	   - 달팽이, 쥐, 거미

↓	
부연 설명	달팽이, 쥐, 거미 같은 생물도 그 자체로 아름답다. 어떤 종은 아름답게 보이고 어떤 종은 그렇게 보이지 않는 것은 선입견과 편견, 혹은 내재적인 끌림 때문이다.

그러나 아름다움은 이러한 동물들 사이에서 모자라지 않다.

전략 적용

Unit 02-3 '도입 뒤 예시가 나오면 주제문은 마지막에 있다'

이 글은 도입이 나온 이후에 주제문이 아닌 예시가 나왔다. 이럴 경우 맨 마지막이 주제문일 확률이 높다. 이 지문의 경우 예시 뒤에 부연 설명이 나오고, 맨 마지막에 주제문이 나오는 구조이다.

Plant and animal species are **so** diverse [**that** the old saying
　　　　　주어　　　　　　　　동사
{"beauty is in the eye of the beholder"} could be the perfect
slogan for nature's bounty].

→ 주어를 설명하는 보어 부분이 「so+형용사+that절」 구문으로 이루어져 있다. '(주어가) 너무 ~해서 …하다'라고 해석한다. [ ]에서 the old saying과 인용구 { }는 서로 동격 관계이다.

It's easy **for** most people **to see** the breathtaking beauty [found
가주어+동사   진주어
in {the brightly colored wings of butterflies}, {a field of
blooming wildflowers}, or {a forest ~}].

→ It은 가주어, to부정사 이하가 진주어인 문장이다. for most people은 to부정사구의 의미상 주어로 '~를 보는 것은 대부분의 사람들에게 쉽다'라고 해석한다. see의 목적어인 명사구 the breathtaking beauty를 과거분사구 [ ]가 수식한다. beauty와 동사 find의 관계가 수동이므로 과거분사가 왔다. 전치사 in의 목적어 { }가 콤마와 or로 병렬 연결되어 있다.

People **seem to be** hardwired [to see warm and fuzzy mammals as
　　　　주어　　동사
cute], **while** often **lacking** this innate and immediate attraction ~.

→ 「seem+to부정사」는 '~하는 것처럼 보인다'라고 해석한다. [ ]는 hardwired를 수식하는 부사적 용법의 to부정사구이다. 콤마(,) 이후는 접속사(while)가 생략되지 않은 분사구문으로 주절 전체를 수식한다.

▶**정답 ①** 편견을 버리면 모든 생물의 고유한 아름다움을 볼 수 있다.

예시와 부연 설명을 통해 달팽이, 쥐, 거미 같은 동물의 아름다움을 보려면 편견과 선입견을 제쳐 놓아야 한다고 했다. 또한 주제문에서 '아름다움은 이러한 동물들 사이에서 결코 모자라지 않다'고 말했으므로 ①이 정답이다.

▶**오답 피하기**

②는 생물 종 보호, ⑤는 자연 모방 기술에 관한 내용으로 지문에서 다루지 않은 내용이다. ③, ④는 '미적 감각', '특정 생물 종에 대한 선호'를 언급하고 있으나 보기의 나머지 부분이 지문과 무관하다.

UNIT 03 통념 - 반박

정답 체크	예제	1 ⑤ 2 ③ 3 ⑤ 4 ①
	전략 적용 문제	1 ② 2 ⑤

예제 1 문화별로 다른 학습 내용   정답 ⑤

지문 해석

사람들은 만약 탄자니아의 한 Hadza 부족 성인이 대수 방정식 푸는 방법을 모른다면 그는 우리보다 덜 똑똑함에 틀림없다고 종종 잘못 추정한다. 그러나 어떤 문화의 사람들은 빠른 학습자이고 다른 문화의 사람들은 느린 학습자라고 시사하는 증거는 없다. 주제문 비교 문화 연구는 다른 문화의 사람들은 다른 문화적 내용(태도, 가치관, 생각, 그리고 행동 양식)을 배우고, 이것을 비슷한 효율로 성취한다고 우리에게 가르쳐왔다. 전통적인 Hadza 부족 사냥꾼은 대수학을 배우지 않았는데 왜냐하면 그러한 지식은 동아프리카 초원에서의 삶에 적응을 특별히 향상시키지 않을 것이기 때문이다. 그러나 그는 사흘 동안 본 적 없는 부상당한 부시벅을 어떻게 추적하는지, 그리고 어디에서 지하수를 찾는지 알 것이다.

배경지식

- **하자(Hadza) 부족**: 아프리카 탄자니아에서 수렵 채집 생활을 하는 부족
- **부시벅(bush buck)**: 아프리카 대륙 중북부 지역에 사는 소과의 동물. 영양의 한 종류로 몸의 높이는 90cm 정도이며 갈색 바탕에 하얀 무늬가 있다.

구문 분석

The study of comparative cultures <u>has taught</u> us [that people in
　　　　　　　　　주어　　　　　　동사
different cultures learn different cultural content (attitudes,
values, ideas, and behavioral patterns)] **and** [that they accomplish
this with similar efficiency].

→ 동사 teach는 「teach + 간접목적어 + 직접목적어」의 4형식 구조로 쓰여 '~에게 …를 가르치다'라는 뜻이 된다. 두 개의 [ ]는 동사 has taught의 직접목적어인 명사절이며, and를 중심으로 병렬 연결되어 있다.

문항 해설

▶**정답 ⑤** 문화권마다 다른 종류의 지식 습득이 지적 능력 차이는 아니다.

Hadza 부족 성인이 대수 방정식을 모른다고 우리보다 덜 똑똑하다는 생각은 잘못되었으며, 다른 문화권 사람들이 다른 문화적 내용을 배우지만 비슷한 효율로 지식을 성취한다고 했으므로 필자가 주장하는 바로 가장 적절한 것은 ⑤이다.

▶**오답 피하기**

①은 글의 내용과 상반된다. ②, ③은 지문에서 확인할 수 없는 내용이며, ④는 다양한 문화라는 소재가 언급되었지만 의사소통 능력 발달과 문화적 경험에 관한 내용은 지문에 없으므로 오답이다.

예제 2 객관성과 삶의 풍부함   정답 ③

지문 해석

과학의 중요성은 사람들이 '객관성'이 세상을 보는 최고의 방법이라고 생각하도록 만들었다. 즉 아무 감정도 없이 사실을 보게 만들었다. 주제문 그러나 인간의 관점에서 볼 때, 객관성은 그저 또 하나의 태도일 뿐이다. 그것은 의도적으로 우리 감정을 무시하는 하나의 해석이다. 그것은 과학적 측정이 정확하게 이루어지는

것 등을 확실하게 하는 데는 아주 유용하지만, 삶에 관한 한 그것은 여러분이 모든 것을 흑백으로 보도록 TV에서 색상을 끄고 나서 그것이 더 진실하다고 말하는 것과 약간 흡사하다. 그것은 더 진실하지 않다. 그것은 그저 삶의 풍부함을 줄이는 필터일 뿐이다. 감정을 거부할 때, 여러분은 또한 즐거움의 가능성도 거부하는 것이다.

구문 분석

The importance of science <u>has led</u> people to think [**that**
　　　주어　　　　　　　　　　동사
'objectivity' is the best way {to see the world}] — to see the
facts without any feelings.

→ 「lead + 목적어 + 목적격보어(to부정사)」는 '~가 …하게 이끌다'라는 의미이다. [ ]는 to부정사에서 think의 목적어 역할을 하는 명사절이며, { }는 the best way를 수식하는 to부정사구이다. 대시(—)는 앞의 말을 보충 설명하기 위해 사용되었다.

but [as far as life is concerned], it is a bit [**like** {turning the color
　　　　　　　　　　　　　　　　　　주어 동사
off on your TV **so that** you see everything in black and white}
and then {saying that is more truthful}].

→ 첫 번째 [ ]는 as far as가 이끄는 부사절로 '~하는 한'이라는 의미를 나타낸다. 두 번째 [ ]는 like가 이끄는 전치사구로, is의 보어이다. 전치사 like(~처럼)에 이어지는 두 개의 동명사구 { }가 and로 연결되어 있다. 첫 번째 { }의 so that은 목적(~하기 위해서)을 나타내는 접속사이다.

문항 해설

▶**정답 ③** 객관성만으로는 삶의 풍부함을 충분히 누릴 수 없다.

과학의 중요성 때문에 아무 감정 없이 사실을 보는 객관성이 세상을 보는 최고의 방법이라고 생각하게 되었지만 그것이 더 진실한 것은 아니며 삶의 풍부함을 줄이는 필터에 불과하다고 했다. 따라서 글의 요지로 가장 적절한 것은 ③이다.

▶**오답 피하기**

①, ⑤는 지문에 언급되지 않은 무관한 내용이다. ②, ④는 지문에 등장한 어휘(TV, a filter)를 이용한 함정으로, 지나친 TV 시청의 폐해나 명상에 대한 언급은 나와 있지 않다.

예제 3 한계 안에서 최고가 되려는 노력   정답 ⑤

지문 해석

나는 당신이 "네가 충분히 오랫동안 열심히 지속하기만 한다면, 너는 네가 원하는 무엇이든 할 수 있어"와 같은 말을 들어봤을 거라고 확신한다. 아마도 당신은 심지어 다른 사람이 더 열심히 노력하도록 동기 부여하기 위해 비슷한 주장을 했을지도 모른다. 물론 이러한 말은 좋게 들리지만, 분명히 사실일 리가 없다. 우리 중 우리가 되기를 원하는 프로 운동선수, 예능인, 또는 영화배우가 될 수 있는 사람은 거의 없다. 환경적, 신체적, 심리적인 요인들이 우리의 잠재력을 제한하고, 우리가 살아가면서 할 수 있는 것들의 범위를 제한한다. '더 열심히 노력하는 것'은 재능, 장비, 그리고 방법을 대체할 수 없지만 이것이 절망으로 이어져서는 안 된다. 주제문 오히려, 우리는 우리의 한계 내에서 우리가 될 수 있는 최고가 되려고 시도해야 한다. 우리는 적소(適所)를 찾으려고 노력한다. 우리가 취업 연령에 도달할 때쯤이면 우리가 효과적으로 수행할 수 있는 한정적인 범위의 직업이 있다.

Perhaps you have even made a similar assertion [to motivate
someone {to try harder}].
(주어 / have동사 / 과거분사)

→ 현재완료 시제(have+V-ed) 문장이다. [ ]는 목적을 나타내는 부사적 용법의
to부정사구로, '~하기 위해서'라고 해석한다. { }는 motivate의 목적격보어로 쓰
인 to부정사구로, 「motivate+목적어+목적격보어」 구조는 '~가 …하도록 동기
부여하다'라는 뜻이 된다.

Environmental, physical, and psychological factors [limit our
potential] and [narrow the range of things {we can do with our
lives}].
(주어 / 동사1 / 동사2)

→ 두 개의 동사구 [ ]가 and로 병렬 연결되어 있다. { }는 things를 수식하는 관
계대명사절로 앞에 목적격 관계대명사가 생략되었다.

▶정답 ⑤ 자신의 한계 내에서 최고가 되려고 시도해야 한다.

열심히 노력하면 다 이룰 수 있다는 통념을 반박한 후, 한계를 인정하고 그 안에
서 최선을 다할 것을 격려하는 글이다. 따라서 ⑤가 글의 요지로 가장 적절하다.

▶오답 피하기

①은 지문에 나타난 다양한 직업들과 취업(employment)이라는 표현을 이용한
오답이다. ②, ③은 지문의 내용과 관련이 없고, ④는 오히려 지문의 주제와 반대
되는 내용이다.

예제 4 실제와 다른 매체의 스포츠 보도   정답 ①

비록 매체의 스포츠 보도가 주의 깊게 편집되고 완전한 오락 프로그램으로 제시
됨에도 불구하고, 우리 중 대부분은 우리가 텔레비전에서 스포츠 행사를 볼 때
우리는 그것을 '있는 그대로' 보고 있다고 믿는다. 우리는 보통 우리가 보고, 듣고,
읽는 것이 특정한 이유로 선택되고 행사를 제작하고 이미지를 통제하고 해설을
전달하는 사람들의 사회적 세계와 이해관계에 근거를 둔 일련의 이야기와 이미
지라고 생각하지 않는다. 주제문 텔레비전 보도는 행사와 관련된 여러 가지 가능
한 일련의 이미지 및 이야기 중 딱 하나만 제공하며, 시청자가 받지 '않는' 이미지와
메시지가 많다. 만약 우리가 직접 어떤 행사에 가면, 우리는 텔레비전에서 선택되
어 제시되는 이미지와는 상당히 다른 무언가를 볼 것이고, 우리는 우리만의 묘사
와 해석을 전개할 것인데, 이것은 매체 해설자들에 의해 신중하게 제시된 것들과
는 매우 다를 것이다.

We don't usually think [that what we see, hear, and read is a
series of narratives and images {selected for particular reasons}
and {grounded in the social worlds and interests of those
producing the event, controlling the images, and delivering the
commentary}].
(주어 / do동사 / 동사원형)

→ [ ]는 접속사 that이 이끄는 명사절로 think의 목적어 역할을 한다. that절에
서는 선행사를 포함하는 관계대명사 what이 이끄는 절(what ~ read)이 주어이
다. 두 개의 과거분사구 { }는 앞에 나온 narratives and images를 수식하고 있
다. 수식받는 대상과 동작의 관계가 수동이므로 과거분사(selected, grounded)

가 왔다. 「those+현재분사」는 '~하는 사람들'이라는 의미로, 여기서는 세 개의
현재분사(producing, controlling, delivering)가 those를 수식하고 있다.

If we went to an event in person, we would see something quite
different from the images [selected and presented on television],
and we would develop our own descriptions and interpretations,
[which would be very different from those {carefully presented
by media commentators}].
(주어1 / 동사1 / 주어2 / 동사2)

→ If절에 「주어+과거형」 주절에 「주어+would+동사원형」이 쓰인 가정법 과거
문장이다. 현재 사실과 반대되는 내용을 가정한다. 두 개의 대등한 절이 주절로서
and로 병렬 연결되어 있다. 첫 번째 [ ]는 the images를 수식하는 과거분사구,
두 번째 [ ]는 our own descriptions and interpretations를 선행사로 하는 계
속적 용법의 관계대명사절이다. { }는 those를 수식하는 과거분사구이다. 이때
those는 앞에 나온 복수명사 descriptions and interpretations를 가리킨다.

① TV로 방송되는 스포츠: 스포츠 행사의 부분적인 반영
② 어떻게 매체는 일부 스포츠의 인기를 제한하는가
③ 우리는 시청하는 것만으로 스포츠를 더 잘하게 될 수 있는가?
④ 무엇이 스포츠 팬들을 그렇게 열광적으로 만드는가?
⑤ 스포츠는 사회 장벽을 무너뜨릴 수 있다

▶정답 ① Televised Sports: A Partial Reflection of a Sports Event

사람들은 텔레비전에서 보여주는 스포츠 행사를 보면서 있는 그대로 본다고 생
각한다는 통념을 제시한 후, 실제로는 텔레비전의 스포츠 방송이 여러 가지 이유
로 선택되었으며, 우리가 받지 않는 이미지와 메시지가 많다고 반박하였다. 이 내
용을 종합적으로 가장 잘 표현한 제목은 ① 'TV로 방송되는 스포츠: 스포츠 행사
의 부분적인 반영'이다.

▶오답 피하기

②는 지문의 내용이 스포츠 보도이지, 스포츠 종목별 인기에 관한 것이 아니므로
오답이다. ③도 지문의 중심 소재인 스포츠를 활용하여 만든 오답이다. ④, ⑤는
지문에서 열광적인 스포츠 팬이나, 스포츠의 사회적 역할에 관해서는 전혀 다루
지 않았으므로 오답이다.

전략 적용 문제

전략 적용 1 벌을 기르는 장소에 대한 근거 없는 믿음과 진실 정답 ②

첫 문장 키워드

many people, suppose, keep bees, mistake

첫 문장에서 많은 사람들의 벌에 관한 생각이 착오임을 지적했다. 이어지는 내용은 사람들의 생각이 잘못됐다고 말하는 근거가 될 것이다.

끊어읽기 해석

Many people suppose / that to keep bees, / it is necessary / to have a
많은 사람들은 간주한다   벌을 기르기 위해서는   필수적이라고   시골에 넓은
large garden in the country; / but this is a mistake. //
정원을 가지는 것이   하지만 이것은 착오이다
Bees will, of course, do better / in the midst of fruit blossoms in
벌들은 물론 더 잘 할 것이다   5월의 과일나무 꽃들과 6월의 흰 꽃 클로버 가운데에서
May and white clovers in June / than in a city / where they have to
    도시에서보다   그들이 먼 거리를 날아와야 하
fly a long distance / to reach the open fields. // However, / bees can
는   탁 트인 들판에 도달하기 위해   그러나   벌들은 이익을
be kept with profit / even under unfavorable circumstances. // Bees
내며 길러질 수 있다   심지어 불리한 환경에서도   벌들은
do very well in the suburbs of large cities / since the series of
대도시의 교외에서도 아주 잘 한다   빌라의 정원에 있는 꽃 무리가
flowers in the gardens of the villas / allow a constant supply of
(~하기) 때문에   지속적인 꿀 공급을 허용하기 (때문에)
honey / from early spring until autumn. //
    초봄부터 가을까지
Therefore, / almost every person / — except those who are seriously
그러므로   거의 모든 사람이   심각하게 벌을 무서워하는 사람들을 제외하고
afraid of bees — / can keep them profitably and enjoyably. //
    그것들을 이익을 내며 즐겁게 기를 수 있다

지문 해석

많은 사람들은 벌을 기르기 위해서는 시골에 넓은 정원을 가지는 것이 필수적이라고 간주하지만, 이것은 착오이다. 물론 벌들은 탁 트인 들판에 도달하기 위해 먼 거리를 날아와야 하는 도시에서보다 5월의 과일나무 꽃들과 6월의 흰 꽃 클로버 가운데에서 더 잘 할 것이다. 그러나 심지어 불리한 환경에서도 벌들은 이익을 내며 길러질 수 있다. 빌라의 정원에 있는 꽃 무리가 초봄부터 가을까지 지속적인 꿀 공급을 허용하기 때문에 벌들은 대도시의 교외에서도 아주 잘 한다. **주제문** 그러므로 심각하게 벌을 무서워하는 사람들을 제외하고 거의 모든 사람이 그것들을 이익을 내며 즐겁게 기를 수 있다.

지문 구조

사람들이 일반적으로 생각하는 바를 먼저 제시한 후, 그것의 잘못된 점을 지적하면서 주제를 제시하는 '통념 - 반박 - 결론' 구조이다. 반박 이후 결론을 설득력 있게 연결하기 위해 부연 설명을 추가하였다.

통념+반박	**(통념)** 벌을 기르기 위해서는 시골의 넓은 정원이 필수다. **(반박)** 하지만 이 생각은 착오다.
↓ **부연 설명**	불리한 지역에서 벌을 기를 수 있는 이유
↓ **결론**	거의 모든 사람이 이익과 즐거움을 맛보며 벌을 기를 수 있다.

전략 적용

Unit 03-1 '통념 표현이 나오면 반박을 예측하라'
Unit 03-2 '반박 이후에 주제가 드러난다'
Unit 03-3 '반박 뒤에 이어지는 결론까지 확인해야 한다'

Many people suppose라는 전형적인 통념 표현이 첫 문장에 등장하였으므로 반박이 나올 거라고 예측할 수 있다. necessary라는 표현 역시 반박 가능성이 큼을 알려준다. 역시 바로 세미콜론(;)으로 이어지는 절에서 그것은 착오(mistake)라는 반박이 이어졌고, 결론에서 다시 반박을 강화하며 마무리했다.

구문 분석

Many people suppose [that {to keep bees}, it is necessary to
주어   동사
have a large garden in the country]; but this is a mistake.

→ suppose의 목적어로 that이 이끄는 명사절 [ ]이 왔다. 명사절에서 it은 가주어, to have ~ country가 진주어이다. { }는 목적을 나타내는 to부정사구로, '~하기 위해서'라고 해석한다. 세미콜론(;)은 앞 내용과 의미적으로 긴밀한 관련이 있는 절을 연결할 때 쓰이는데, 여기서는 앞 내용 전체를 this로 받아, 앞 내용에 대한 반박 내용을 연결한다.

Bees will, of course, do better [in the midst of fruit blossoms in
주어   조동사   동사원형
May and white clovers in June] than [in a city {where they have
to fly a long distance to reach the open fields}].

→ 동사구 중간에 of course가 삽입구로 들어갔다. 「비교급+than」 구문이 쓰여, 두 개의 장소 전치사구 [ ]가 than 앞, 뒤에서 비교되었다. where는 장소를 나타내는 관계부사로, 선행사 a city를 수식하는 관계부사절 { }를 이끈다.

문항 해설

① 도시에서 꿀을 수확하기 가장 좋은 계절
② **벌을 기르는 장소에 대한 근거 없는 믿음과 진실**
③ 어떻게 우리는 벌에 대한 공포를 극복할 수 있을까?
④ 자연에서 양봉하는 것의 이점
⑤ 양봉: 쉽지 않은 일

▶**정답 ②** Myth and Truth about Where to Keep Bees

사람들은 일반적으로 시골의 넓은 정원에서만 벌을 기를 수 있다고 생각하지만, 불리한 환경에서도 얼마든지 벌을 기를 수 있다고 반박하며 설명하는 글이다. 따라서 이 글의 전반적인 내용을 반영하는 제목은 ② '벌을 기르는 장소에 대한 근거 없는 믿음과 진실'이다.

▶**오답 피하기**

①은 도시에서도 벌을 기를 수 있다는 내용과 지문의 계절 표현을 활용한 오답이다. ③은 벌에 대한 공포가 언급되었지만 그것이 글의 중심 내용은 아니므로 오답이다. ④는 자연 양봉이 더 유리하다고는 했지만 자연을 벗어나서도 얼마든지 벌을 기를 수 있다는 주제를 제대로 반영하지 않으므로 오답이다. ⑤는 누구나 벌을 기를 수 있다는 지문 주제와 반대된다.

전략 적용 2 제한을 둘 때 더 잘 발휘되는 창의력 정답 ⑤

첫 문장 키워드

a popular notion, creativity, constraints

창의성과 제약에 관한 일반적인 견해를 소개하고 있다. 그렇다면 이어지는 내용에서는 창의성과 제약의 관계가 실제로 어떠한지 점검하는 내용이 나올 것이다.

끊어읽기 해석

A popular notion with regard to creativity / is that constraints hinder
창의성과 관련된 일반적인 견해는   제약이 우리의 창의성을 방해한다는

our creativity / and the most innovative results come from people /
것이다　　　　그리고 가장 혁신적인 결과는 사람들에게서 나온다(는 것이다)
who have "unlimited" resources. //
'무제한의' 자원을 가진
Research shows, / however, / that creativity loves constraints. // In
연구는 보여준다　　그러나　　창의성이 제약을 아주 좋아한다는 것을　　우리
our own agency, / we did the best work / when we had limited time
자신의 회사에서　　우리는 최고의 일을 했다　　우리가 한정된 시간과 고객 자원을 가졌을 때
and client resources. // You had to be more creative / just to make
　　　　　　　　　당신은 더 창의적이었어야 했다　　　　모든 것을 더 잘 작동
everything work harder. //
하도록 만들기 위해
I have often said / our marketing teams were more creative / on $5
나는 종종 말해왔다　　우리 마케팅팀이 더 창의적이었다고　　　5백만 달러
million accounts / than $100 million accounts. // Today, / when
규모의 거래에서　　　1억 달러 규모의 거래보다　　오늘날　　신생 업체와
working with startups, / I am amazed at the creativity / you have to
일할 때　　　　　　나는 창의성에 놀란다　　　　　당신이 가져야 하는
have / when you only have $25,000. //
　　당신이 2만 5천 달러만 가지고 있을 때
Perhaps companies should do just the opposite / — intentionally
아마도 회사들은 정반대로 해야 할 것이다　　　　　　의도적으로 제한을
apply limits / to take advantage of the creative potential of their
두는 것이다　　그들의 직원들의 창의적인 잠재력을 이용하기 위해
people. //

지문 해석

창의성과 관련된 일반적인 견해는 제약이 우리의 창의성을 방해한다는 것과 가장 혁신적인 결과는 '무제한의' 자원을 가진 사람들에게서 나온다는 것이다. 주제문 그러나 연구는 창의성이 제약을 아주 좋아한다는 것을 보여준다. 우리 자신의 회사에서 우리는 한정된 시간과 고객 자원을 가졌을 때 최고의 일을 했다. 당신은 모든 것을 더 잘 작동하도록 만들기 위해 더 창의적이었어야 했다. 나는 우리 마케팅팀이 1억 달러 규모의 거래보다 5백만 달러 규모의 거래에서 더 창의적이었다고 종종 말해왔다. 오늘날 신생 업체와 일할 때 나는 당신이 2만 5천 달러만 가지고 있을 때 가져야 하는 창의성에 놀란다. 아마도 회사들은 정반대로 해야 할 것이다. 그들의 직원들의 창의적인 잠재력을 이용하기 위해 의도적으로 제한을 두는 것이다.

지문 구조

사람들이 일반적으로 생각하는 바를 먼저 제시한 후, 그것과 반대되는 주장을 제시한 뒤 예시를 들고, 결론에서 재정리하는 구조이다.

통념	제약이 창의성을 방해한다.
↓	
반박	연구는 창의성이 제약을 좋아함을 보여준다.
↓	
예시	**한정된 자원으로 더 창의적으로 일했던 예시** 1) 1억 달러 규모의 거래와 5백만 달러 규모의 거래에서 보여준 창의성 비교 2) 신생 업체들과의 작업
↓	
결론	구성원들의 창의적 잠재력을 이용하기 위해 의도적으로 제한을 가해야 할 수도 있다.

전략 적용

Unit 03-1 '통념 표현이 나오면 반박을 예측하라'
Unit 03-2 '반박 이후에 주제가 드러난다'
첫 문장이 창의성에 관한 사람들의 일반적 의견(A popular notion)을 담고 있으므로 이후 반박 내용이 나오리라 짐작할 수 있다. 이어지는 문장에서 역접 연결사 however와 함께 통념에 정반대되는 필자의 의견을 제시하며 제약과 창의성은 보완 관계라는 주제를 밝혔다.

구문 분석

A popular notion [with regard to creativity] is [**that** {constraints
　　주어　　　　　　　　　　　　　　동사
hinder our creativity} **and** {the most innovative results come
from people (who have "unlimited" resources)}].

→ 첫 번째 [ ]는 A popular notion을 수식하는 전치사구이다. 두 번째 [ ]는 접속사 that이 이끄는 명사절로, 주격보어 역할을 한다. that에 이어지는 두 개의 절 { }가 and로 병렬 연결되었다. ( )는 선행사 people을 수식하는 주격 관계대명사절이다.

I am amazed at the creativity [you have to have {when you only
주어 동사
have $25,000}].

→ [ ]는 선행사 the creativity를 수식하는 목적격 관계대명사절이다. 앞에 목적격 관계대명사가 생략되었다. { }는 관계대명사절에 포함된 시간 부사절로 '~할 때'라고 해석한다.

문항 해설

▶**정답 ⑤**　사용할 수 있는 자원이 제한적일 때 창의성이 더 잘 발현된다.

사람들은 일반적으로 제약이 창의성을 방해한다고 생각하지만, 연구는 제약이 있을 때 창의성이 더 잘 발현됨을 보여준다며 일반적인 통념을 반박하였다. 따라서 글의 요지로 가장 적절한 것은 ⑤이다.

▶**오답 피하기**

①은 지문에 언급된 마케팅팀과 중심 소재인 창의성을 조합한 오답이다. ②, ③, ④의 조직 내 소통, 방향성, 성과를 강조하는 기업 문화는 지문에서 다루지 않은 내용이므로 오답이다.

예제 1 미세 플라스틱이 바다에 미치는 영향   정답 ③

지문 해석

플라스틱은 극도로 느리게 분해되고 떠다니는 경향이 있는데, 이는 플라스틱을 해류를 따라 수천 마일을 이동하게 한다. 대부분의 플라스틱은 자외선(UV)에 노출될 때 점점 더 작은 조각으로 분해되어 미세 플라스틱을 형성한다. 일단 미세 플라스틱들이 그것들을 수거하는 데 전형적으로 사용되는 그물망을 통과할 만큼 충분히 작아지면 측정하기 매우 어렵다. 그것들이 해양 환경과 먹이 그물에 미치는 영향은 아직 이해가 부족하다. 이런 작은 입자들은 다양한 동물에 의해 먹혀 먹이 사슬 속으로 들어간다고 알려져 있다. 바다에 있는 대부분의 플라스틱 입자들은 매우 작기 때문에, 바다를 청소할 실질적인 방법이 없다. 사람은 비교적 적은 양의 플라스틱을 수거하기 위해 엄청난 양의 물을 걸러내야 할 것이다.

배경지식

· **미세 플라스틱(microplastic):** 5mm 미만 크기의 작은 플라스틱 조각을 말한다. 생산 단계에서 필요에 의해 미세 플라스틱으로 생산되기도 하지만 페트병, 비닐 등의 폐플라스틱이 분해되어 생성되기도 한다. 입자의 크기가 작아 일반적인 하수 처리시설에 걸러지지 않고 바다와 강으로 그대로 유입되는데, 한번 바다로 유입된 플라스틱은 작게 분해될 뿐 없어지지 않고 계속해서 바다와 해양 동물의 몸에 축적된다. 이를 해양 동물들이 먹거나 마시게 될 경우, 다치거나 죽을 수 있다.

구문 분석

Plastic is extremely slow to degrade **and** tends to float, **which**
allows it to travel in ocean currents for thousands of miles.
(주어 / 동사1 / 동사2)

→ 두 개의 동사가 and로 병렬 연결되어 있다. 콤마(,) 뒤에 있는 which는 계속적 용법으로 쓰인 관계대명사로 앞 내용 전체를 선행사로 한다.

These microplastics are very difficult to measure [**once** they are
small enough to pass through the nets {typically used to collect
them}].
(주어 / 동사)

→ [ ]는 접속사 once가 이끄는 조건 부사절로 '일단 ~하기만 하면'이라는 뜻이다. { }는 명사구 the nets를 수식하는 과거분사구이다.

문항 해설

① 우리는 얼마나 많은 플라스틱을 생산하는가?
② 우리는 바다에 무엇이 있는지 볼 수 없다
③ 해양 환경에서의 미세 플라스틱
④ 해양 먹이 사슬의 붕괴 위기
⑤ 플라스틱 재활용: 과정, 단계 및 이점

▶**정답 ③** Microplastics in the Marine Environment

플라스틱이 미세 플라스틱이 되는 과정 및 미세 플라스틱이 바다 환경에 미치는 영향에 대해 서술한 글이다. 미세 플라스틱이 해양 먹이 사슬에도 침투하며, 한번 분해된 미세 플라스틱은 바다에서 청소하기 어렵다고 했으므로 이 내용을 포괄하는 ③ '해양 환경에서의 미세 플라스틱'이 제목으로 가장 적절하다.

▶**오답 피하기**

①, ④는 플라스틱과 해양 먹이 사슬이라는 어휘가 글에서 언급되었으나 플라스틱 생산과 먹이 사슬 붕괴는 주제를 벗어난다. ②는 지문과 상관없는 오답이며, ⑤는 글에서 암시하고 있는 문제의 해결책이 될 수 있으나 언급된 내용은 아니다.

예제 2 바오밥 나무에 관한 이야기들   정답 ①

지문 해석

바오밥 나무는 일 년 중 대부분 잎이 없으며 몹시 뿌리가 공중에 솟아 있는 것처럼 보인다. 어떻게 이 나무가 거꾸로 땅에 박히게 되었는지에 대한 설명을 제공하는 수많은 이야기가 있다. 그 이야기들 중 하나는 그것이 신에 의해 심어진 후 그것이 계속 움직여서 신이 그것을 거꾸로 다시 심었다고 말한다. 또한 아프리카 원주민들 사이에는 그 나무의 위력에 대한 많은 미신이 있다. 예를 들어, 누구든 감히 그것의 꽃을 꺾으려는 사람은 사자에게 잡아먹힐 것이다. 반면에, 당신이 그 씨앗들이 안에 잠겨 있던 물을 마신다면, 당신은 악어의 공격으로부터 안전할 것이다.

구문 분석

The baobab tree is leafless for most of the year **and** looks very
much [like it has its roots {sticking up in the air}].
(주어 / 동사1 / 동사2)

→ 두 개의 동사가 and로 병렬 연결되어 있다. like가 여기서는 절을 이끄는 접속사 역할을 하므로 [ ]는 '~가 …하는 것처럼'이라고 해석한다. { }는 its roots를 수식하는 현재분사구이다.

There are numerous stories [offering explanations of {how the
tree came to be stuffed in the ground upside down}].
(동사 / 주어)

→ 「There +be동사」로 시작하는 문장의 주어는 be동사 뒤로 도치된다. [ ]는 numerous stories를 수식하는 현재분사구, { }는 바로 앞의 전치사 of의 목적어인 의문사절이다.

Anyone [who **dares to pick** its flower], for instance, will be
eaten by a lion.
(주어 / 동사)

→ Anyone이 주격 관계대명사절 [ ]의 수식을 받아 문장의 주어가 길어졌다. 「dare +to부정사」는 '감히 ~하다'라는 의미의 숙어 표현이다.

문항 해설

① 바오밥 나무에 관한 신화
② 바오밥 나무의 용도
③ 바오밥 나무의 생애주기
④ 바오밥 나무의 악운
⑤ 바오밥: 동물들의 안식처

▶**정답 ①** Myths of Baobab Trees

바오밥 나무의 독특한 생김새에 대해 먼저 설명하고 그 생김새와 관련한 일화가 소개되었다. 여기에 추가로 아프리카 원주민들이 믿는 바오밥 나무에 대한 미신이 소개되었다. 따라서 ① '바오밥 나무에 관한 신화'가 글의 제목으로 가장 적절하다.

▶**오답 피하기**

②, ③은 글의 내용과 무관하므로 오답이다. ④는 바오밥 나무의 꽃을 꺾으면 사자에게 먹힌다는 미신에만 해당하는 내용이므로 제목이 될 수 없다. ⑤의 경우

지문에 등장한 lion, crocodile과 Animals를 연관 지어 생각해볼 수 있으나 shelter(안식처)에 관한 내용은 없었으므로 이 역시 오답이다.

예제 3 충수 절제술의 높아진 인기   정답 ⑤

지문 해석

비록 최초의 성공적인 충수 절제술이 1735년 영국 군의관에 의해 시행되었다고는 하지만, 그 수술이 의학 잡지에 기술되고 의과 대학에서 교육되었던 것은 1880년대가 되고 나서였다. 그것은 아주 오래된 질병에 대한 반가운 해결책이었고 세기가 바뀔 즈음에는 아주 인기를 얻고 있었기 때문에 유럽과 미국의 많은 외과 의사들은 상당한 액수의 돈을 벌었다. 1902년에 그가 죽기 직전, 의사에서 정치인으로 전환한 독일인 Rudolf Virchow는 질문 받았다. "인간이 충수 없이 살 수 있는 것이 사실인가요?" 비록 그가 다년간 의술을 수행해오고 있지 않았지만, Virchow는 그 분야의 발전들에 대해 계속 접하고 있었다. 점점 높아지는 그 수술의 인기를 알고 있었기 때문에, 그는 재치 있게 발언했다. "인간은 그렇습니다, 네, 하지만 외과 의사는 아니지요."

배경지식

- **충수(appendix)**: 맹장 끝에 달린 6 - 7cm 길이의 돌기 모양 기관. 일부 포유류에서는 소화 기능을 담당하지만 인간을 포함한 영장류에서는 기능이 퇴화하여 돌기 형태로 남아 있다.
- **충수 절제술(appendectomy)**: 충수 절제술은 충수에 염증 등이 발생하였을 때 치료 목적으로 충수를 떼어내는 수술을 말한다.

구문 분석

[Even though the first successful appendectomy was said **to have been performed** by a British army surgeon in 1735], **it** wasn't (가주어 동사) **until** the 1880s **that** the procedure was described in medical (진주어) journals and taught in medical schools.

→ 주절의 주어 it은 가주어, that절 이하가 진주어이다. not until은 '~되고 나서야 (…했다)'라고 해석한다. [ ]는 Even though가 이끄는 양보 부사절이다. 부사절의 완료형 to부정사(to have V-ed)는 부사절 시제보다 앞선 시점을 나타낸다. 즉 말해진(was said) 시점보다 수술이 시행된(have been performed) 시점이 더 앞선다는 것을 의미한다.

문항 해설

① 의료 교육 분야의 중대한 발전
② Rudolf Virchow 박사: 저명한 내과의사
③ 돈이 의료 과학 분야에서 담당하는 역할
④ 충수 절제술이 무수히 많은 생명을 구한 방식
⑤ **충수 절제술의 빠른 인기 상승**

▶정답 ⑤ **The Swift Rise in Popularity of the Appendectomy**
시간의 흐름에 따른 '충수 절제술'의 높아진 인기를 설명하고 있는 글이다. 충수 절제술이 최초로 시행되던 시기에만 해도 의과 대학에서 교육되지 않았던 점(첫 문장), 20세기(1900년대)로 세기가 전환되면서는 수술이 매우 흔해졌다고 한 점(두 번째 문장)에 미루어 보아 ⑤ '충수 절제술의 빠른 인기 상승'이 글의 제목으로 가장 적절하다.

▶오답 피하기
①은 충수 절제술이라는 소재에서 '의료' 관련 어휘를 떠올릴 수 있지만 의료 교

육에 대해서는 도입부에서 잠깐 언급되었을 뿐 주제를 관통하지 않으므로 제목으로 부적절하다. ②는 후반부에 언급된 인물에만 초점을 두고 있으며, ③, ④는 글의 내용과 무관하므로 오답이다.

예제 4 이메일을 기대하게 되는 심리와 변동 강화   정답 ⑤

지문 해석

Skinner에 따르면, 우리 역시, 대부분의 삶의 측면에서 작은 간식을 받기 위해 버튼을 쪼는 비둘기와 같다. 그리고 이것은, 인지 과학자 Tom Stafford에 따르면, 이메일과 다른 온라인 기술들 뒤에 있는 확인하려는 충동을 설명해준다. 음식과 달리, 이메일이 항상 보상을 주는 것은 아니며, 사실 그것은 자주 성가시다. 옛날에는, 한 번에 며칠 동안 새 이메일이 없을 수도 있었다. 우리가 받는 것의 대다수는 재미가 없거나 처리하기가 정말 어렵다. 하지만 가끔 우리는 받아서 아주 기쁜 메시지를 받는다. 그러한 '보상을 주는' 이메일이 예상치 못하게 온다는 사실은 그것의 매력을 낮추지 않으며, 또한 그것을 기대하지 못하게 우리를 막지 않는다. [주제문] 반대로, 어떤 행위를 유지시키는 가장 효과적인 방법은 지속적이고 예상 가능한 보상을 주는 것이 아니라, 오히려 '변동 강화'라고 불리는 것, 즉 빈도나 규모 면에서 다양한 보상을 주는 것이다.

배경지식

- **스키너(B. F. Skinner)**: (1904 - 1990) 미국의 행동주의 심리학자. 심리학의 연구 대상을 마음의 구조에서 행동으로 전환시킨 인물이다. 1948년 하버드 대학교에서 행한 스키너 상자 실험이 유명하다. 이 실험은 스키너 상자라고 불리는 실험 공간에 보상을 제공하는 버튼을 여러 개 설치하여 쥐, 비둘기가 보상을 학습 및 강화할 수 있게 설계한 실험이다. 스키너는 이 실험을 통해 인간의 행동을 자극과 반응의 관계로 설명하고자 했다.
- **톰 스태포드(Tom Stafford)**: (1944 -) 영국의 심리학자 및 인지과학자. 습득과 의사 결정을 연구한다. 최근에는 행동 결정 및 의사 결정에 미치는 복잡한 조건들을 분석하는 것을 주요 연구 과제로 삼고 있다.

구문 분석

According to Skinner, we, [too, in most aspects of our lives], are (주어) (동사) [like pigeons {pecking at a button to receive little snacks}].

→ 첫 번째 [ ]는 삽입구로 부사 역할을 한다. 두 번째 [ ]는 like가 이끄는 전치사구로 주격보어 역할을 한다. { }는 pigeons를 수식하는 현재분사구로 pigeons와 peck(쪼다)의 관계가 능동이므로 현재분사가 왔다.

Much of **what** we get is uninteresting **or** indeed difficult [to deal (주어) (동사) with].

→ 여기서 Much는 대명사로 '대부분, (양이) 많은 것'으로 해석하며, 셀 수 없는 명사는 단수 취급하므로 동사는 단수동사 is가 온다. what은 선행사를 포함하는 목적격 관계대명사로 '~하는 것'으로 해석한다. 동사 is 이후에는 주격보어인 두 개의 형용사(uninteresting, difficult)가 or로 병렬 연결되어 있다. [ ]는 difficult를 수식하는 부사적 용법의 to부정사구이다.

On the contrary, the most effective way of maintaining a behavior (주어) is **not** [with a consistent, predictable reward], **but** rather [with (동사) what is termed {"variable reinforcement"}] — that is, {rewards (**that** vary in their frequency or magnitude)}.

→ 주격보어인 두 개의 전치사구 [ ]가 상관접속사 「not A but (rather) B」 구문으로 연결되어 있다. 'A가 아니라 (차라리) B'라는 의미이다. 대시(—)는 서로 동

격인 두 개의 명사구 { }를 연결한다. that is는 삽입된 연결사이다. ( )는 주격 관계대명사 that이 이끄는 관계대명사절로 명사 rewards를 수식한다.

문항 해설

▶**정답 ⑤** **행동에 대한 보상은 빈도나 규모 면에서 다양할 때 더 효과적이다.**
사람들이 이메일을 지속적으로 확인하게 되는 원인으로 보상을 주는 이메일이 예상치 못하게 오는 점을 들었다. 마지막 결론에서는 이 현상을 '변동 강화'라는 용어로 다시 설명하며, 빈도나 규모 면에서 보상의 형태가 다양한 것이 행위를 유지시키는 효과적인 방법이라고 하였다. 따라서 이 글의 요지로 가장 적절한 것은 ⑤이다.

▶**오답 피하기**
①, ②의 경우 '세부적인 계획'이나 '의사소통 방식'에 대한 내용은 글에 없었으므로 답이 될 수 없다. ③은 빈도나 규모 면에서 예상치 못한 보상을 제공해야 한다는 이 글의 주제와 반대되는 내용이므로 답이 될 수 없다. ④는 인간을 비둘기에 비유한 도입부에서 유추해볼 수 있는 내용이나 글의 전체 내용과 무관하다.

전략 적용 문제

전략 적용 1　필수 아미노산 부족이 일으키는 문제　　정답 ⑤

첫 문장 키워드

The problem of amino acid deficiency, the modern world
아미노산 부족을 '문제'라고 명명했다. 아미노산 부족이 왜, 어떤 부분에서 문제가 되는지 설명할 것이다. 또한 the modern world라고 언급한 것으로 보아 시대를 기준으로 아미노산 부족 문제를 설명할 가능성이 크다.

끊어읽기 해석

The problem of amino acid deficiency / is not unique to the modern
아미노산 부족의 문제가　　　　　　　　　　　　　결코 현대 세계에 특정되는 것은 아니다
world by any means. //

Preindustrial humanity / probably dealt with protein and amino acid
산업화 이전 인류는　　　　　　아마 단백질과 아미노산의 불충분에 대처했을 것이다
insufficiency / on a regular basis. // Sure, / large hunted animals /
　　　　　　　　정기적으로　　　　　　　물론　　거대한 사냥한 동물들이
such as mammoths / provided protein and amino acids / aplenty. //
매머드 같은　　　　　단백질과 아미노산을 제공했다　　　　　　풍부하게
However, / living off big game / in the era before refrigeration /
하지만　　거대한 사냥감에 의존해서 사는 것은　　냉장 보관 이전 시대에
meant / humans had to endure / alternating periods of feast and
의미했다　사람들이 견뎌야 했음을　　　　풍요로움과 기근이 번갈아 일어나는 시기를
famine. // Droughts, forest fires, superstorms, and ice ages / led to
가뭄, 산불, 슈퍼스톰 그리고 빙하기는　　　　　　　　　　　　　　장기적
long threat. //
위협으로 이어졌다
The human inability / to synthesize such basic things as amino acids
인간의 무능력함은　　　　아미노산 같은 기본적인 것들을 합성하는 데 있어
/ certainly worsened those crises / and made / surviving on whatever
　확실히 그러한 위기들을 악화시켰다　　　　그리고 만들었다　이용 가능한 무엇이든 먹으며 생존
was available / that much harder. //
하는 것을　　　그만큼 훨씬 더 힘들게
During a famine, / it's not the lack of calories / that is the ultimate
기근 동안　　　　열량 부족이 아니다　　　　　　　죽음의 궁극적인 원인은
cause of death; / it's the lack of proteins and the essential amino
　　　　　　　　　　단백질과 필수 아미노산의 부족이다
acids / they provide. //
　　　　그것들(단백질)이 제공하는

지문 해석

아미노산 부족의 문제가 결코 현대 세계에 특정되는 것은 아니다. 산업화 이전 인류는 아마 단백질과 아미노산의 불충분에 정기적으로 대처했을 것이다. 물론, 매머드 같은 거대한 사냥한 동물들이 단백질과 아미노산을 풍부하게 제공했다. 하지만, 냉장 보관 이전 시대에 거대한 사냥감에 의존해서 사는 것은 사람들이 풍요로움과 기근이 번갈아 일어나는 시기를 견뎌야 했음을 의미했다. 가뭄, 산불, 슈퍼스톰 그리고 빙하기는 장기적 위협으로 이어졌다. 아미노산 같은 기본적인 것들을 합성하는 데 있어 인간의 무능력함은 확실히 그러한 위기들을 악화시켰고, 이용 가능한 무엇이든 먹으며 생존하는 것을 그만큼 훨씬 더 힘들게 만들었다. **주제문** 기근 동안, 죽음의 궁극적인 원인은 열량 부족이 아니라, 단백질과 그것들(단백질)이 제공하는 필수 아미노산의 부족이다.

배경지식

- **필수 아미노산(essential amino acids)**: 아미노산이란 단백질을 구성하는 기본 단위이다. 단백질은 체내에서 아미노산으로 분해되거나 합성되어 이용되는데, 체내에서 합성되지 않거나 합성되더라도 조금만 합성되어 반드시 음식으로부터 공급받아야 하는 아미노산을 필수 아미노산이라고 말한다.

지문 구조

설명 앞뒤에 도입과 요약문이 추가된 구조이다.

도입	아미노산 부족 문제 언급
↓	
설명 1	**아미노산 부족이 발생하는 이유** 산업화 이전 시대 사람들은 사냥감을 보관할 방법이 없었으므로 정기적으로 단백질 및 아미노산 부족을 겪었다.
↓	
설명 2	**아미노산 부족이 문제가 되는 이유** 인간은 아미노산을 합성할 수 없기 때문에 아미노산의 부족은 생존의 문제로 이어진다.
↓	
요약	기근 동안 죽음의 원인은 단백질과 아미노산의 부족이다.

전략 적용

Unit 04-3 '별표로 제시된 힌트 단어를 먼저 확인하라'
Unit 04-4 '설명이 복잡할수록 뒤에 요약하는 문장이 나올 확률이 높다'

별표 단어 synthesize는 '합성하다'라는 뜻이다. 첫 2 - 3문장에서 파악한 글의 소재와 별표 단어의 의미를 종합하면 단백질로 아미노산을 합성하는 이야기가 전개될 것이라 예측할 수 있다.

끝에는 요약하는 문장을 덧붙였는데, 「not A but B」라는 강조 표현을 사용하여 앞서 도입에서 설명한 내용(아미노산 부족)이 왜 문제인지를 더욱 분명하게 전달한다.

구문 분석

However, living off big game [in the era {before refrigeration}] 〈주어〉
meant (that) humans had to endure alternating periods of feast 〈동사〉
and famine.

→ 문장의 주어가 동명사구이다. [ ]는 living ~ game을, { }는 the era를 수식하는 전치사구이다. meant 뒤에는 meant의 목적어인 명사절을 이끄는 접속사 that이 생략되어 있다.

The human inability [to synthesize **such** basic things **as** amino 〈주어〉
acids] certainly worsened those crises **and** made [surviving on 〈동사1〉 〈동사2〉
{whatever was available}] [that much harder].

→ 첫 번째 [ ]는 The human inability를 수식하는 형용사적 용법의 to부정사이다. such A as B는 'B 같은 A'라고 해석한다. 하나의 주어에 대한 두 개의 동사가 and로 병렬 연결되어 있다. and 이후는 「동사(made)+목적어+목적격보어」 구조로 '~를 …하게 만들었다'라고 해석한다. 두 번째 [ ]는 made의 목적어인 동명사구, 세 번째 [ ]는 목적격보어인 형용사구이다. 해석이 부사처럼 되는 것에 주의한다. { }는 전치사 on의 목적어인 복합관계대명사절(명사절)이다.

During a famine, **it**'s not the lack of calories **that** is the ultimate 〈주어1〉 〈동사1〉
cause of death; **it**'s the lack of proteins and the essential amino 〈주어2〉
acids [they provide] (**that** is the ultimate cause of death). 〈동사2〉

→ 두 개의 문장을 세미콜론(;)으로 연결했다. 각각의 문장은 주어를 'it ~ that' 사이에 넣은 강조 구문이다. 원래 문장은 'the lack of calories is not the ultimate cause of death; the lack of ~ acids they provide is the ultimate cause of death'이다. 뒷 문장에서 반복되는 ( )는 생략되었다. [ ]는 선행사 the essential amino acids를 수식하는 목적격 관계대명사절로, 여기서 they는

문항 해설

▶**정답 ⑤ 필수 아미노산의 부족은 인간 생존에 치명적 영향을 준다.**

아미노산 부족 문제를 도입부에서 언급하였으며, 그것이 문제가 되는 이유를 설명한 다음, 마지막 문장에서 기근 시기 죽음의 원인이 필수 아미노산의 부족이라고 분명히 밝혔다. 따라서 정답은 ⑤이다.

▶**오답 피하기**

①, ④의 '규칙적인 운동', '유전적 특성' 등은 글에 언급된 내용이 아니다. ②는 글의 일부에서 유추할 수 있는 내용이지만 글의 주제와 상관이 없으므로 요지라고 볼 수 없다. ③은 단백질과 필수 아미노산 섭취의 중요성을 언급하고 있는 이 글의 맥락을 벗어난다.

전략 적용 2 캄보디아 무술 'bokator'　　정답 ③

첫 문장 키워드

Cambodian legends, the great Khmer Empire

첫 문장의 길이가 너무 길다면 대문자나 따옴표로 된 말부터 읽어보자. 애초에 대문자나 따옴표는 강조하기 위한 장치이다. 이 지문에서는 대문자로 된 '캄보디아 전설', '대 크메르 제국'이라는 말을 통해 역사나 전통에 관한 이야기일 것이라고 예상할 수 있다.

끊어읽기 해석

According to Cambodian legends, / lions once roamed the
캄보디아 전설에 따르면　　　　　　　　　　사자들이 한때 시골을 돌아다녔다
countryside / attacking villagers and their precious buffalo, / and
　　　　　　마을 사람들과 그들의 귀중한 물소들을 공격하면서　　　　　그리고
long before [the great Khmer Empire] began / [in the 9th century], /
대 크메르 제국이 시작되기 한참 전에　　　　　　　9세기에
farmers developed a fierce martial art / to defend themselves against
농부들은 격렬한 무술을 개발했다　　　　　　　　약탈자에 대항하여 스스로를 방어하기 위해
the predator. // These techniques became *bokator*. //
　　　　　　　　이러한 기술은 bokator가 되었다
Meaning 'to fight a lion,' / *bokator* is a martial art / depicted on the
'사자와 싸운다'는 뜻인　　　　　bokator는 무술이다　　　　앙코르와트의 벽에 그려진
walls of Angkor Wat. // There are 10,000 moves to master, /
　　　　　　　　　　　숙달해야 할 10,000가지 동작이 있다
mimicking animals / such as monkeys, elephants and even ducks. //
동물들을 흉내 내는　　　　원숭이, 코끼리 그리고 심지어는 오리 같은
King Jayavarman VII, / the warrior king / who united Cambodia [in
Jayavarman 7세 왕은　　　　전사의 왕인　　　　　12세기에 캄보디아를 통합한
the 12th century], / made his army train in *bokator*, / turning it into a
　　　　　　　　그의 군대를 bokator로 훈련하게 만들었다　　　이로써 그것을(그의 군대)을
fearsome fighting force. //
무시무시한 전투 부대로 변모시켰다
Despite its long tradition in Cambodia, / *bokator* disappeared / when
캄보디아에서 그 무술의 오랜 전통에도 불구하고　　bokator는 사라졌다　　크메르
the Khmer Rouge took power / [in 1975] / and executed most of the
루즈가 권력을 잡았을 때　　　　1975년　　그리고 그 수련법의 대가들을 대부분
discipline's masters / over the next four years. //
처형했을 때　　　　　이후 4년에 걸쳐서

지문 해석

캄보디아 전설에 따르면, 사자들이 한때 마을 사람들과 그들의 귀중한 물소들을 공격하면서 시골을 돌아다녔고, 9세기에 대 크메르 제국이 시작되기 한참 전에 농부들은 약탈자에 대항하여 스스로를 방어하기 위해 격렬한 무술을 개발했다. 이러한 기술이 bokator가 되었다. '사자와 싸운다'는 뜻인 bokator는 앙코르와트의 벽에 그려진 무술이다. 숙달해야 할 10,000가지 동작이 있는데, 그것들은 원숭이, 코끼리 그리고 심지어는 오리 같은 동물들을 흉내 내는 것이다. 12세기

에 캄보디아를 통합한 전사의 왕인 Jayavarman 7세 왕은 그의 군대를 bokator로 훈련하게 만들었는데, 이로써 그의 군대를 무시무시한 전투 부대로 변모시켰다. 캄보디아에서 그 무술의 오랜 전통에도 불구하고, 1975년 크메르 루즈가 권력을 잡고 이후 4년에 걸쳐서 그 수련법의 대가들을 대부분 처형했을 때 bokator는 사라졌다.

- **크메르 제국(the Khmer Empire)**: 9세기부터 15세기까지 동남아시아에 존재한 왕국이다. 현재의 캄보디아 서북부를 중심으로 발달하였으며, 동남아시아 역사상 가장 크게 번성하고 발달한 왕국이었다. 이 제국이 이룬 문화적 업적을 가리켜 '크메르 문명, 앙코르 문명'이라고도 한다.
- **앙코르와트(Angkor Wat)**: 크메르 제국의 최전성기에 지어진 사원으로, 수리아바르만 2세 왕에 의해 축조되었다. 크메르 문명을 대표하는 종교(바라문교) 유적으로서, 이 사원의 웅장한 규모와 끝이 뾰족한 방추형 건축 양식이 유명하다.

지문 구조

캄보디아 무술 'bokator'를 '기원 → 특징 → 발달 → 소멸'의 순서로 각각의 설명을 나열하고 있다.

설명 1	bokator라는 캄보디아 무술의 기원 9세기 농부들이 사자에 대항하기 위해 bokator를 개발했다.
↓	
설명 2	bokator의 특징 bokator는 '사자와 싸운다'는 뜻으로 동물들을 흉내 낸 동작으로 구성된다.
↓	
설명 3	bokator의 발달 12세기에 캄보디아를 통합한 Jayavarman 7세 왕은 그의 군대를 bokator로 훈련하게 만들었다.
↓	
설명 4	bokator의 소멸 1975년 크메르 루즈가 권력을 잡고 bokator 대가들을 처형했을 때 bokator는 사라졌다.

전략 적용

Unit 04-2 '명확한 주제문이 없는 나열식 구조가 많다'
bokator를 역사적, 시간의 흐름에 따라 설명한 글이다. 연도나 세기, 특정 왕조의 이름, 유적지 등을 언급하여 소재인 bokator를 둘러싼 객관적 사실과 함께 설명한다.
이처럼 어떤 대상(사건)을 시간의 흐름에 따라 설명한 글은, 객관적인 설명을 바탕으로 하기 때문에 글쓴이의 주관적인 주장을 나타내는 주제문이 별도로 필요하지 않다.

구문 분석

According to Cambodian legends, lions once roamed the
　　　　　　　　　　　　　　　　　　　주어1　　　동사1
countryside [attacking villagers and their precious buffalo], **and**
[long before the great Khmer Empire began in the 9th century],
farmers developed a fierce martial art to defend themselves
주어2　　동사2
against the predator.

→ 두 개의 절이 and로 병렬 연결되었군다. 첫 번째 [ ]는 동시 동작(~하면서)을 나타내는 분사구문이며, 두 번째 [ ]는 시간을 나타내는 부사절이다.

King Jayavarman VII, [the warrior king {who united Cambodia
　　　　　주어
in the 12th century}], **made** his army **train** in *bokator*, [turning it
　　　　　　　　　　　　　동사
into a fearsome fighting force].

→ 첫 번째 [ ]는 주어와 동격인 명사구로, 주어와 동사 사이에 삽입구로 들어갔다. { }는 선행사 the warrior king을 수식하는 주격 관계대명사절이다. 문장의 동사 made는 여기서 사역동사로 쓰여 목적격보어로 원형부정사(train)를 취한다. 두 번째 [ ]는 결과를 나타내는 분사구문이다.

Despite its long tradition in Cambodia, *bokator* disappeared
　　　　　　　　　　　　　　　　　　　　　주어　　　　동사
[when the Khmer Rouge **took** power in 1975 **and executed** most
of the discipline's masters over the next four years].

→ [ ]는 when이 이끄는 시간 부사절로, 시간 부사절 내의 두 개의 동사(took, executed)가 and로 병렬 연결되어 있다.

문항 해설

① 시골에서 온 오래된 이야기들
② 야생 짐승의 공격에서 살아남는 방법
③ **한 캄보디아 무술의 역사**
④ 사라져가는 전통을 지키기 위한 싸움
⑤ 앙코르와트: 장엄한 역사적 기념물

▶**정답 ③** **The History of a Cambodian Martial Art**
캄보디아의 무술 bokator가 처음 농부들에 의해 개발되어 권력자에 의해 사라지기까지의 과정을 다루고 있다. 또한 시간의 흐름에 따라 서술되었으며, 역사적 사실을 함께 언급하고 있으므로 글의 제목으로 가장 적절한 것은 ③ '한 캄보디아 무술의 역사'이다.

▶**오답 피하기**
①은 글의 내용과 무관한 오답이다. ②, ④는 bokator의 유래와 소멸에 대한 설명 중 일부를 확대 해석한 것으로 제목이 될 수 없다. 또한 ⑤의 앙코르와트는 bokator를 역사적으로 설명하기 위해 글의 일부분에서 언급된 것이므로, 그 자체가 글의 제목이 되는 것은 적합하지 않다.

UNIT 05 현상 - 문제 제기 - 해결책

정답 체크	예제	1 ① 2 ① 3 ⑤ 4 ③
	전략 적용 문제	1 ② 2 ③

예제 1 패스트 패션 산업의 문제점 　　　　정답 ①

지문 해석

패스트 패션은 극도로 낮은 가격에 가능한 한 빨리 디자인되고, 만들어지고, 소비자에게 판매되는 유행 의류를 말한다. 패스트 패션 상품은 계산대에서 당신에게 많은 비용을 들게 하지 않을지도 모르지만 주제문 그것들은 심각한 대가가 딸려 있다. 개발도상국 사람들 수천만 명이, 그들 중 일부는 아이에 불과한데, 종종 노동착취공장이라고 이름 붙여진 종류의 공장에서 그것들을 만들기 위해 긴 시간 위험한 환경에서 일한다. 대부분의 의류 작업자들은 겨우 먹고살 정도로 급여를 받는다. 또한 패스트 패션은 환경을 훼손한다. 의류는 독성 화학물질을 사용하여 제조된 다음 전 세계로 운송되는데, 이것은 패션 산업을 석유 산업 다음으로 세계에서 두 번째로 큰 오염원으로 만든다. 그리고 수백만 톤의 버려진 의류가 매년 매립지에 쌓인다.

배경지식

· 패스트 패션(fast fashion): 유행에 맞춰 바로바로 생산되며 최신 디자인과 저렴한 가격, 빠른 상품 회전율을 특징으로 하는 패션 산업 또는 이러한 방식으로 제작된 의류를 총칭한다.

구문 분석

Fast fashion refers to trendy clothes [designed, created, **and** sold
　주어　　동사
to consumers {as quickly as possible at extremely low prices}].

→ [ ]는 trendy clothes를 수식하는 과거분사구로, 세 개의 과거분사 (designed, created, sold)가 and로 병렬 연결되어 있다. { }는 앞의 과거분사를 모두 수식하는 부사 역할을 한다. as ~ as possible은 '가능한 한 ~한/하게'라고 해석한다.

tens of millions of people in developing countries, **some just**
　　　　　　　주어
children, work long hours in dangerous conditions to make
　　　　　　동사
them, [in the kinds of factories {often labeled sweatshops}].

→ some just children은 앞 내용을 부연 설명하는 삽입구이다. 계속적 용법의 관계대명사절(some of which are just children)에서 'of + 관계대명사'와 be동사가 생략된 형태이다. [ ]는 장소를 나타내는 전치사구, { }는 명사 factories를 수식하는 과거분사구이다.

Garments are manufactured [using toxic chemicals] **and** then
　주어　　be동사　과거분사1
transported around the globe, [**making** {the fashion industry}
과거분사2
{the world's second-largest polluter}, after the oil industry].

→ 동사구가 수동태(be동사+과거분사)인 문장이다. be동사(are)에 연결되는 두 개의 과거분사구가 and로 병렬 연결되어 있다. 첫 번째 [ ]는 동사구 are manufactured를 수식하는 분사구문이고 두 번째 [ ]는 결과를 나타내는 분사구문이다. 「make+목적어+목적격보어」 구조가 쓰여, '~를 …로 만들다'라는 의미가 된다. 두 개의 { }는 각각 making의 목적어, 목적격보어이다.

문항 해설

① 패스트 패션 산업 뒤의 문제점들
② 패스트 패션이 생활 양식에 미치는 긍정적인 영향
③ 패션 산업이 성장하고 있는 이유
④ 노동 환경 개선의 필요성
⑤ 개발도상국들에서 대기 오염의 심각성

▶정답 ①　problems behind the fast fashion industry

패션 산업의 한 현상인 패스트 패션을 소개한 후, 패스트 패션의 문제점(노동 착취, 환경 오염)을 계속해서 지적해 나가고 있으므로 글의 주제로 가장 적절한 것은 ① '패스트 패션 산업 뒤의 문제점들'이다.

▶오답 피하기

②는 글의 내용과 정반대의 보기이며 ③도 지문이 패션 산업 전반이 아닌 패스트 패션에 국한된 것이므로 정답이 될 수 없다. ④, ⑤는 노동착취공장, 개발도상국, 환경 오염이라는 지문의 소재를 활용했지만 핵심 내용을 반영하지 않은 오답이다.

예제 2 자신의 결점 대신 좋은 점에 주목할 필요성 　정답 ①

지문 해석

우리는 모두 자신의 결함을 확대경으로 보는 경향이 있다. 만약 당신이 당신의 이런저런 부분이 기준에 미치지 않는다고 계속 자신에게 말한다면, 어떻게 그것이 조금이라도 더 좋아질 거라고 기대할 수 있겠는가? 주제문 당신이 자신에 대해 좋아하는 것들에 집중하라. 당신은 자신을 깎아내리기보다 칭찬하는 것이 얼마나 기분을 더 좋게 하는지 보게 될 것이다. 이 좋은 기분으로, 당신이 자기비판의 부정적인 에너지로 할 수 있었던 것보다 자신과 다른 사람들을 위해 더 많은 일을 할 수 있다. 좋은 것을 보기로 선택하라. 그 선택은 오직 당신의 몫이다.

구문 분석

We all have a tendency [to look at our own flaws with a
주어　　동사
magnifying glass].

→ [ ]는 명사 tendency를 수식하는 to부정사구로, 형용사적 용법으로 쓰였다.

Focus on the things [you like about yourself].
　동사

→ 동사로 시작하는 명령문이다. [ ]는 the things를 수식하는 목적격 관계대명사절로 앞에 관계대명사가 생략되었다.

You will see [**how much** better it feels {to praise yourself}
주어　동사
rather than {put yourself down}].

→ [ ]는 see의 목적어인 명사절로, 「의문사(how)+much」가 명사절 접속사 역할을 하고 있다. 명사절 내에서는 it이 가주어, to부정사구 { }가 진주어로 쓰였다. 두 개의 to부정사구를 rather than이 병렬 연결하고 있다. 뒤에 오는 to부정사구는 앞에 to가 생략된 형태이다.

문항 해설

▶정답 ①　자신의 결점보다는 좋은 점을 찾으라.

자신의 단점을 확대해서 보는 현상과 그로 인한 문제점을 소개한 후, 해결책으로 장점에 집중할 것을 제안하는 글이다. 따라서 이 글에서 필자가 주장하는 바로 가장 적절한 것은 ①이다.

②, ③, ⑤는 결점보다는 좋은 점에 초점을 맞추라는 지문의 주제와 상반된다. ④는 지문 내용과 무관한 보기이다.

하라고 강조하지 않았으므로 오답이다. ②, ③은 글의 내용과 무관하다. ④는 일시적인 해결책이 더 비싸더라도 현명한 선택에 도움이 된다고 말한 마지막 문장과 상반되므로 오답이다.

예제 3 현명한 선택을 할 시간을 벌어주는 임시방편   정답 ⑤

지문 해석

당신이 무제한의 시간을 가졌다면 반응했을 것과는 다르게 반응하고 있는 자신을 발견할 때마다, 당신은 곤궁함에서 행동하고 있는 것이며 사람들을 분명하게 이해하지 못하고 있을 것이다. 주제문 더 나아가기 전에 멈춰서 대안적인 행동 방침을 고려하라. 우선 임시적인 해결책을 찾고 나중에 영구적인 해결책을 결정하는 것이 종종 최선이다. 아이 돌봐 줄 사람을 급하게 찾고 있는 부모는 한두 주 동안 도와달라고 친구나 가족 구성원을 설득하는 데 그들의 즉각적인 노력을 쏟아부을 수 있으며, 이는 그들에게 영구적인 도움을 찾을 수 있는 시간을 벌어준다. 만약 그들이 여유가 된다면, 한동안 전문 보모를 고용할 수 있다. 일시적인 해결책은 단기적으로는 더 비싸거나 불편할지도 모르지만 그것들은 당신의 장기적인 선택에 관해 현명한 선택을 하도록 당신이 필요로 하는 시간을 당신에게 줄 것이다.

구문 분석

[**Whenever** you **find** yourself reacting differently than {you would if you had unlimited time}], you're acting out of neediness
주어　　동사1
and won't be reading people clearly.
동사2

→ 복합관계부사 Whenever(~할 때마다)가 시간 부사절 [ ]를 이끈다. 시간 부사절의 동사 find는 「find + 목적어 + 목적격보어」 구조로 쓰여, '~가 …하는 것을 발견하다'라는 뜻이 된다. 비교 대상을 연결하는 than 뒤 { }는 가정법 과거(현재 사실의 반대) 구문이다. 「주어 + would + 동사원형 + if + 주어 + 과거시제」 구조에서 앞 내용의 반복을 피하기 위해 would 뒤에 동사원형 react가 생략되었다.

It's often best [{**to find** a temporary solution **to begin with**},
가주어+동사　　　　　　　　　　　　　진주어
and {**decide** on a permanent one later}].

→ 가주어 - 진주어 구문으로 to부정사구 [ ]가 진주어이다. 두 개의 to부정사구 { }를 and가 병렬 연결하고 있고, decide 앞에는 반복되는 to가 생략되었다. to begin with는 '처음에는, 우선'이라는 뜻의 관용 표현이다. 여기에서는 to find ~ solution을 수식하는 부사적 용법으로 쓰였다.

The parents [urgently seeking child care] could **put** their
주어　　　　　　　　　　　　　　동사
immediate efforts **into convincing** a friend or family member **to help out** for a week or two, ~

→ [ ]는 The parents를 수식하는 현재분사구이다. [ ] 앞에 주격 관계대명사와 be동사 who are가 생략된 것으로도 볼 수 있다. put efforts into는 '~에 공을 들이다, ~에 노력을 쏟다'라는 뜻의 관용 표현이다. 「convince + 목적어 + 목적격보어(to부정사)」는 '~가 …하도록 설득하다'라는 의미이다.

문항 해설

▶정답 ⑤ 임시방편을 통해 현명한 선택을 할 시간을 확보하라.

문제 상황에 대한 해결책으로 멈춰서 대안적인 행동 방침을 고려하라고 제시하였다. 이로 미루어 보아 필자가 주장하는 바로 가장 적절한 것은 ⑤이다.

▶오답 피하기

①은 시급한 상황에서의 해결책을 제시한 것은 맞으나, 지문에서는 원칙을 고수

예제 4 보행 중 문자 보내기에 대한 다양한 해결책   정답 ③

지문 해석

몇몇 도시 계획 전문가들은 극심한 규범 변화가 뒤따를 수 있는 보행 중 문자 보내기에 반대하는 입법을 요구했다. 이 권고는 이 변화가 환영받는다는 가정에 기반을 두지만 보행 중 문자 보내기를 금지하는 법은 토론토, 아칸소, 일리노이, 네바다, 뉴저지, 그리고 뉴욕에서 실패했다. 한편 첨단 기술 기업들은 그 문제에 대해 보행자들이 문자를 보내는 동안 그들 앞에 무슨 일이 벌어지고 있는지 볼 수 있게 해주는 투명한 화면을 제공하는 기술적 해결책을 개발하고 있다. 인식을 불러일으키기 위한 더 나은 도시 계획과 개입을 통해 그 문제를 개선하기 위한 또 다른 방침이 시 의회에 의해 제공되었다. 어떤 마을과 대학 교정은 위험한 계단 통과 교차로에 '위를 보시오'라는 표지판을 세웠다. 홍콩은 지하철 시스템에 승객들이 주위를 둘러볼 것을 권고하는 공지를 추가했다. 뉴욕시는 자동차 제한 속도를 낮췄으며 샌프란시스코는 보행자 전용 통로를 조성한다.

구문 분석

This recommendation is based on the assumption [that this
주어　　　　　　　　동사
change is welcomed], ~

→ [ ]는 the assumption의 내용에 해당하는 동격의 명사절이다.

Another direction **for** adaptation to the problem was provided [**by**
주어　　　　　　　　　　　　　　　　　동사
city councils] [**via** better urban planning and interventions {to generate awareness}].

→ 주어가 for 전치사구(for ~ problem)의 수식을 받아 길어졌다. 두 개의 [ ]는 각각 by와 via가 이끄는 부사 역할의 전치사구이다. by는 수동태(was provided)의 행위자, via는 수단을 나타낸다. { }는 urban ~ interventions를 수식하는 to부정사구이다.

문항 해설

① 도시 지역에서 정기적인 안전 훈련의 긴급한 필요성
② 기술 중독이 인지 능력에 미치는 심각한 영향
③ **문자를 보내는 보행자들의 문제를 다루기 위한 다양한 전략들**
④ 보행 중 문자 보내기를 금지하는 입법이 실패한 예상치 못한 이유들
⑤ 발달한 기술과 구식 교통 체계 사이의 중대한 충돌

▶**정답 ③** different strategies to address the problem of texting walkers

보행 중 문자 보내기에 대한 어떤 한 가지 해결책을 제시하고 강조하는 것이 아니라 여러 해결책을 나열하고 있으므로 이 글은 여러 해결책을 소개하기 위해 쓴 글이다. 이를 고려하였을 때 글의 제목으로 가장 적절한 것은 ③ '문자를 보내는 보행자들의 문제를 다루기 위한 다양한 전략들'이다.

▶오답 피하기

①은 도시 지역에서 안전 훈련의 필요성을 강조한 글이 아니므로 오답이다. ②는 문자 메시지와 인지 능력의 관계에 대해 글에서 언급하지 않았으므로 오답이다. ④는 보행 중 문자 보내기를 금지하는 입법이 실패했다는 지문의 지엽적인 내용만 반영하여 오답이며, ⑤는 지문과 무관한 내용이다.

전략 적용 1 기존 제품과 대비하는 효과적인 광고 전략 정답 ②

첫 문장 키워드

too many companies, advertise

너무도 많은 회사들이라는 표현에서 벌써 부정적인 뉘앙스가 느껴진다. 회사들의 광고 방식에 대한 문제 제기가 이어질 확률이 높다.

끊어읽기 해석

Too many companies advertise their new products / as if their
너무도 많은 회사들이 그들의 신제품을 광고한다   마치 그들의
competitors did not exist. // They advertise their products / in a
경쟁사들이 존재하지 않는 것처럼   그들은 그들의 제품을 광고한다   진공
vacuum / and are disappointed / when their messages fail to get
상태에서   그리고 실망한다   그들의 메시지가 전달되는 데 실패할 때
through. //
Introducing a new product category / is difficult, / especially if the
새로운 제품 범주를 도입하는 것은   어렵다   특히 만약 새 범주가 이전
new category is not contrasted against the old one. // Consumers do
것에 대조되지 않는다면   소비자들은 보통 관심을
not usually pay attention / to what's new and different / unless it's
주지 않는다   새롭고 다른 것에   그것이 이전 것
related to the old. //
에 관계되지 않는다면
That's why / if you have a truly new product, / it's often better / to
그 때문에   만약 당신이 정말로 새로운 제품을 가지고 있다면   종종 더 낫다   그
say what the product is not, / rather than what it is. //
제품이 무엇이 아닌지 말하는 것이   그것이 무엇인지보다
For example, / the first automobile was called a "horseless"
예를 들어   최초의 자동차는 '말 없는' 마차라고 불렸다
carriage, / a name which allowed the public to understand the
이 이름은 대중이 그 개념을 이해하게 했다
concept / against the existing mode of transportation. //
기존의 수송 방식에 대비하여

지문 해석

너무도 많은 회사들이 마치 그들의 경쟁사들이 존재하지 않는 것처럼 그들의 신제품을 광고한다. 그들은 진공 상태에서 그들의 제품을 광고하고 그들의 메시지가 전달되는 데 실패할 때 실망한다. 특히 만약 새 범주가 이전 것에 대조되지 않는다면 새로운 제품 범주를 도입하는 것은 어렵다. 소비자들은 그것이 이전 것에 관계되지 않는다면 새롭고 다른 것에 보통 관심을 주지 않는다. 주제문 그 때문에 만약 당신이 정말로 새로운 제품을 가지고 있다면 그 제품이 무엇인지보다 무엇이 아닌지 말하는 것이 종종 더 낫다 예를 들어 최초의 자동차는 '말 없는' 마차라고 불렸는데, 이 이름은 대중이 기존의 수송 방식에 대비하여 그 개념을 이해하게 했다.

지문 구조

많은 회사들이 경쟁사들이 없는 것처럼 광고하고 있는 현상을 제시한 후, 그에 따른 문제점과 해결책, 구체적인 예시까지 이어지는 구조이다.

현상	많은 회사들이 경쟁사들이 없는 것처럼 신제품을 광고한다.
↓	
문제 제기	이전 것과 대조되지 않으면 새로운 제품 범주가 도입되거나 소비자들의 관심을 받기 어렵다.
↓	
해결책	새 제품이 무엇인지보다 이전 제품과 대조해 무엇이 아닌지 말하는 것이 더 낫다.

예시	최초의 자동차는 '말 없는' 마차라는 이름으로 불렸다.

전략 적용

Unit 05-2 '문제 제기에 해결책이 이어지면 해결책이 주제다'
경쟁사들이 없는 것처럼 신제품을 광고하는 현상의 문제점을 지적한 후, better라는 표현을 써서 '더 나은' 방식을 제시하였다. 이 해결책 부분이 필자가 궁극적으로 말하고자 하는 바이므로 눈여겨봐야 한다.

구문 분석

Introducing a new product category is difficult, especially [if the
　　주어　　　　　　　　　　　　　　동사
new category is not contrasted against the old **one**].

→ 주어로 동명사(V-ing)구가 왔다. 동명사구는 단수 취급하므로 동사도 단수형 is가 온다. [ ]는 접속사 if가 이끄는 조건 부사절이다. the old one의 one은 앞에 나온 명사 category를 대신하는 대명사이다.

For example, the first automobile was called a "horseless"
　　　　　　　　주어　　　　　　　　　　동사
carriage, a name [which **allowed** the public {**to understand** the
concept against the existing mode of transportation}].

→ 명사구 a "horseless" carriage와 a name은 동격 관계이다. [ ]는 선행사 a name을 수식하는 주격 관계대명사절이다. { }는 동사 allowed의 목적격보어로 「allow + 목적어 + 목적격보어(to부정사)」 구조를 형성한다. 이 구문은 '~가 …하게 하다'라고 해석한다.

문항 해설

▶정답 ② 기존 제품과의 대비가 신제품 광고에 효과적이다.

새로운 제품을 기존 제품과 대비하여 어떻게 다른지 말하는 것이 더 낫다고 하였으므로 글의 요지로 가장 적절한 것은 ②이다.

▶오답 피하기

①, ③은 '광고', '경쟁사', '새로운 제품'이라는 지문 소재로 만든 오답이다. ④, ⑤는 지문의 내용과 무관하다.

전략 적용 2 학생들이 선별 없이 자료를 복사하는 경향 정답 ③

첫 문장 키워드

tend to, copy

첫 문장 동사가 tend to임을 보아 학생들이 보이는 어떤 경향을 소개하려 함을 알 수 있다. 이 문장 다음에는 분명 학생들이 도서관에서 복사하는 현상에 대한 분석이 이루어질 것이다.

끊어읽기 해석

With the general accessibility of photocopiers in student libraries, /
학생 도서관 내 복사기에 대한 일반적인 접근 가능성으로(학생 도서관 내 복사기에 누구나 접근할 수 있어서)
students tend to copy the relevant material / for later use. //
학생들이 관련된 자료를 복사하는 경향이 있다   나중에 사용하기 위해
In such cases / the students are not always selective / about what
그러한 경우   학생들이 늘 선별적인 것은 아니다   그들이 복사하는
they copy. // Often useless material is gathered / that may seem
것에 관해   종종 쓸모없는 자료가 모아진다   그 당시에는 중요하게
important at the time / but does not seem so / in their study room /
보일 수도 있는   하지만 그렇게 보이지 않는   그들의 공부방에서는
on the night before an exam or essay due date. //
시험이나 에세이 마감 전날 밤에
In addition, / when most people photocopy material from books, /
게다가   대부분의 사람들이 책에서 자료를 복사할 때

they feel / as if they have actually accomplished something. // After
그들은 느낀다   마치 그들이 실제로 무엇인가를 성취한 것처럼   결국
all, / a few photocopied pages in their notebook / now represent
그들의 공책에 있는 몇 장의 복사된 페이지들이   이제는 정보를 나타낸다
information / that used to be in a big, thick book. // The reality of the
크고 두꺼운 책에 있던   그 상황의 현실은
situation / is that nothing significant has been accomplished yet. //
어떤 중요한 것도 아직 성취되지 않았다는 것이다
The student only has the information / in a transportable form. // He
그 학생은 정보를 단지 가지고 있을 뿐이다   운반 가능한 형태로   그
or she has not learned anything from the material. // The information
또는 그녀는 그 자료로부터 아무것도 배우지 않았다   복사된 종이에 있는 정보
content of the photocopied sheets / is just as foreign as / if it had
내용은   ~만큼이나 생소할 뿐이다   그것이 도서
been left on the library shelf. //
관 책꽂이에 놓여 있었던 것(만큼)

지문 해석

학생 도서관 내 복사기에 대한 일반적인 접근 가능성으로(학생 도서관 내 복사기에 누구나 접근할 수 있어서) 학생들이 나중에 사용하기 위해 관련된 자료를 복사하는 경향이 있다. 그러한 경우 학생들이 그들이 복사하는 것에 관해 늘 선별적인 것은 아니다. 종종 그 당시에는 중요하게 보일 수도 있지만 시험이나 에세이 마감 전날 밤에 그들의 공부방에서는 그렇게 보이지 않는 쓸모없는 자료가 모아진다. 게다가 대부분의 사람들이 책에서 자료를 복사할 때 마치 그들이 실제로 무엇인가를 성취한 것처럼 느낀다. 결국 그들의 공책에 있는 몇 장의 복사된 페이지들이 이제는 크고 두꺼운 책에 있던 정보를 나타낸다. 그 상황의 현실은 어떤 중요한 것도 아직 성취되지 않았다는 것이다. 그 학생은 단지 운반 가능한 형태로 정보를 가지고 있을 뿐이다. 그 또는 그녀는 그 자료로부터 아무것도 배우지 않았다. 복사된 종이에 있는 정보 내용은 그것이 도서관 책꽂이에 놓여 있었던 것만큼이나 생소할 뿐이다.

지문 구조

학생들이 선별하지 않고 복사물을 만드는 현상과 그에 대한 문제점을 지적하는 글이다.

현상 ↓	학생들은 나중에 사용하기 위해 관련 자료를 복사하는 경향이 있음
문제 제기 1 ↓	불필요한 자료를 복사하는 경우가 많음
문제 제기 2	복사물만으로는 아무것도 성취되지 않음

전략 적용
Unit 05-1 "현상 - 문제 제기' 중 주제는 문제점이다' Unit 05-3 '부정적 어조가 나올 때 문제 제기임을 파악하라' 현상에 따른 문제점들을 지적하는 글이므로 핵심 내용은 문제점에서 찾을 수 있다. 또한 useless, not selective, nothing significant, not learned anything 등 자료 복사하기와 그에 따른 결과에 대한 부정적인 표현이 여러 번 반복되므로 문제를 제기하고 있음을 파악할 수 있다.

구문 분석

> After all, a few photocopied pages [in their notebook] now
>   주어
> represent information [that used to be in a big, thick book].
> 동사

→ 첫 번째 [ ]는 앞에 있는 a ~ pages를 수식하는 전치사구이다. 주어의 수가 복수이므로 복수동사(represent)가 왔다. 두 번째 [ ]는 선행사 information을 수식하는 주격 관계대명사절이다. 「used to+동사원형」은 '~하곤 했다(과거의 습

관)' 또는 '~했다(과거의 상태)'로 해석되는데, 여기서는 '~했던' 상태를 나타낸다.

> The information content [of the photocopied sheets] is just as
>   주어   동사
> foreign as [if it had been left on the library shelf].

→ 첫 번째 [ ]는 앞에 있는 The ~ content를 수식하는 전치사구이다. 주어의 수가 단수이므로 동사도 단수형 is를 썼다. 「as+원급+as」는 '…만큼 ~한'이라는 뜻이다. 두 번째 [ ]는 가정법 과거완료가 쓰인 조건절이다. 과거완료 시제를 써서 과거 사실의 반대 상황을 나타냈다.

문항 해설

① 정보 접근 가능성은 지적 진보로 이어진다
② 시험 후에도 공부 자료를 간직해야 하는 이유
③ 복사한 자료: 성취의 표지가 아님
④ 부주의한 복사는 범죄로 여겨질 수 있다
⑤ 복사기: 정보 확산의 공헌자

▶정답 ③ Photocopied Material: Not a Sign of Accomplishment

이 글의 주된 내용은 불필요한 자료를 복사하는 경우가 종종 있을뿐더러 복사할 때 무언가 성취한 것처럼 느끼지만 실제로는 어떤 중요한 것도 성취하지 못한 것이라고 문제를 지적하는 것이다. 따라서 글의 제목으로 가장 적절한 것은 ③ '복사한 자료: 성취의 표지가 아님'이다.

▶오답 피하기

①은 지문에 언급된 accessibility of photocopiers(복사기에 대한 접근 가능성)에서 연상할 수 있는 '정보 접근 가능성'이라는 표현으로 만든 오답이다. ②는 지문의 핵심 내용이 자료 보관을 권장하는 것과 반대이므로 오답이다. ④는 지문에서 언급되지 않은 무단 복사라는 소재가 등장하여 오답이며 ⑤는 복사기의 정보 확산 기여에 관해서 말하므로 오히려 지문 주제와 상반된다.

UNIT 06 원인 - 결과

정답 체크	예제	1④ 2⑤ 3④ 4③
	전략 적용 문제	1⑤ 2⑤

예제 1 독특한 영국식 악센트가 생겨난 이유 정답 ④

지문 해석

주제문 왜 현대 미국식 악센트는 영국식 악센트와 비슷하게 들리지 않는가? 어쨌든 영국이 미국을 식민화하지 않았는가? 전문가들은 지난 18세기에만 해도 영국 거주민들과 미국에 정착한 식민지 주민들은 모두 똑같이 발음했으며, 그들은 아마도 모두 현대 영국인들보다는 더 현대 미국인들처럼 발음했을 것이라고 믿는다. 오늘날 우리가 영국식이라고 인식하는 악센트는 산업혁명 동안 부유해진 출신 계층이 낮은 사람들에 의해 미국 혁명 시기 즈음에 개발되었다. 그들 자신을 다른 일반 사람들과 구별하기 위해서, 이 사람들은 새로운 말하기 방식을 개발했는데, 그들 자신을 분리하고 자신들의 새로운 상승된 사회적 지위를 표현하기 위해서였다. 19세기에 이 독특한 악센트는 영국 표준 발음으로 표준화되었고, 발음 교사들에 의해 세련되게 말하는 것을 배우고 싶어 하는 사람들에게 널리 가르쳐졌다.

배경지식

- **영국식 악센트(British Accent)**: 미국식 악센트(American Accent)와 구별되는 영국 영어 특유의 말씨를 말한다. 대표적인 차이는 자음 r과 t의 발음이며, 이 밖에도 모음, 장단음, 억양의 차이 등이 존재한다. 영국 영어에서는 발음 규칙이 엄격하게 지켜지기 때문에 미국식 악센트에 비해 강하게 들리는 경향이 있다.

구문 분석

Experts believe [that British residents and the colonists {who settled America} all sounded the same back in the 18th century], **and** [(that) they probably all sounded more like modern Americans than modern Brits].

→ 두 개의 [ ]는 동사 believe의 목적어인 명사절로 and로 병렬 연결되어 있다. 두 번째 [ ]에는 명사절 접속사 that이 생략되어 있다. { }는 선행사 the colonists를 수식하는 주격 관계대명사절이다.

The accent [that we identify as British today] was developed around the time of the American Revolution by people of low birth rank [who had become wealthy during the Industrial Revolution].

→ 첫 번째 [ ]는 주어부의 The accent를 수식하는 목적격 관계대명사절이다. The accent가 단수이므로 동사부에 단수형 was가 왔다. 두 번째 [ ]는 앞의 명사구 people ~ rank를 선행사로 하는 주격 관계대명사절이다.

[To distinguish themselves from other commoners], these people developed new ways of speaking [to set themselves apart] **and** [(to) demonstrate their new, elevated social status].

→ 세 개의 [ ]는 모두 목적을 나타내는 부사적 용법의 to부정사구이다. 첫 번째 [ ]는 주어 앞으로 나와 강조되었으며, 나머지는 문장 끝에서 and로 연결되었다. 세 번째 [ ]에는 demonstrate 앞에 to가 생략된 것으로 볼 수 있다.

문항 해설

① 미국식 악센트를 향상시키는 방법
② 미국인들이 영어로 말하게 된 이유
③ 산업혁명의 역효과
④ 어째서 현대 영국식 악센트가 개발됐는가
⑤ 미국식 및 영국식 악센트 차이

▶ **정답 ④** how the modern British accent developed

미국식 악센트와 영국식 악센트가 왜 비슷하지 않은지에 대한 질문으로 글을 시작했으며, 그것들이 달라지게 된 과정이 글 전체에 서술되어 있다. 따라서 글의 주제는 ④ '어째서 현대 영국식 악센트가 개발됐는가'이다. 여기서 의문사 how는 why처럼 이유·자초지종을 묻는 말로 쓰였다. 수단·방법뿐만 아니라 결과에 대한 원인을 물을 때도 how(어째서, 왜)를 쓸 수 있음을 알아두자.

▶ **오답 피하기**

①, ⑤는 중심 소재인 악센트를 언급하고는 있지만 영국식 악센트가 어떻게 등장했는지를 설명한 글의 전체 내용을 포괄하지 못하므로 주제가 될 수 없다. 또한 이 글은 미국인의 영어가 아닌 영국인의 영어에 관한 글이므로 미국인에 초점을 맞춘 ②는 답이 될 수 없다. '원인 - 결과' 지문 구조에만 초점을 두어 뒷부분을 읽지도 않고 reasons로 시작하는 보기를 고르지 않도록 주의한다. ③의 산업혁명은 글에서 시대를 표현하기 위해 부분적으로 언급된 내용이다.

예제 2 프랑스에서 와인 소비가 줄어든 이유 정답 ⑤

지문 해석

지난 40년 동안, 지구상 어떤 나라도 프랑스보다 더 알코올 소비량이 줄지 않았다. 프랑스에서 맥주와 독한 술의 소비는 기본적으로 꾸준히 유지되었던 반면, 와인에서의 1인당 알코올 소비는 1962년 20리터에서 2001년 약 8리터로 떨어졌다. **주제문** 줄어드는 와인 소비에 대한 한 가지 이유는 프랑스 식사의 빨라진 속도이다. 1978년에 평균 프랑스 식사는 82분 걸렸다. (그것은) 한 병 전체는 아니더라도 와인 반병을 먹기에 충분한 시간이다. 오늘날 평균 프랑스 식사는 38분까지 뚝 떨어졌다. 와인은 여유 있는 식사가 사라진 것의 희생양이다. 그것이 변화의 목표는 아니지만, 와인 소비의 감소는 더 빠르고 더 현대적인 바쁜 생활 방식이 등장한 것의 부산물이다.

구문 분석

Over the course of the past forty years, **no** country **on earth** has cut its alcohol consumption **more than** France.

→ 「no+명사+비교급 than」은 '…보다 더 ~한 (명사)는 없다'라는 뜻으로 비교급을 이용한 최상급 표현이다. 여기서 on earth는 강조 표현으로 쓰였다.

(That is) Plenty of time for half a bottle, [if not a whole bottle].

→ 주어와 동사가 생략된 문장이다. 문맥상 앞 문장에 쓰인 시간 표현 '82 minutes'를 받는 대명사 That과 be동사 is가 생략된 것으로 볼 수 있다. [ ]는 조건 부사절이다. if not은 if that is not plenty of time for에서 접속사와 not만 남은 형태이다.

~ , but the decline in wine consumption is a by-product of the emergence of [the {faster}, {more modern}, {on-the-go} lifestyle].

→ [ ]는 바로 앞에 온 전치사 of의 목적어인 명사구이다. 세 개의 { }는 명사 lifestyle을 수식하는 형용사(구)이다.

① 어느 것이 더 건강한가: 맥주인가, 와인인가?

② 세계에서 가장 와인을 많이 마시는 사람(국가)

③ 프랑스와 그들의 와인 사랑

④ 긴 식사: 그것은 더 이상 존재하지 않는다

⑤ 왜 프랑스인들은 더 적게 와인을 마시고 있을까?

▶**정답 ⑤ Why Are the French Drinking Less Wine?**

도입부에서 프랑스 와인 소비량 감소에 대해 객관적인 수치를 제시한 후, One reason 이후에서 그 감소 원인을 설명했다. 따라서 ⑤ '왜 프랑스인들은 더 적게 와인을 마시고 있을까?'가 글의 제목으로 가장 적절하다.

▶**오답 피하기**

①은 도입부에 맥주 소비량이 언급되긴 했으나, 맥주와 와인이 건강에 미치는 영향을 비교하는 글은 아니므로 정답이 아니다. ②, ③은 와인을 많이 마시는 것과 관련이 있는 제목이므로 글의 주제에 상반되는 오답이다. ④의 Long meals(긴 식사)는 이 글에서 밝힌 원인에 해당하지만, 핵심 키워드인 '프랑스' '와인 소비량 감소' 등의 어휘가 포함되지 않았으므로, 글의 내용을 포괄하지 못해 제목으로 적절하지 않다.

예제 3 십 대 아이들이 다르게 행동하는 이유   정답 ④

지문 해석

많은 부모들은 왜 그들의 십 대 자녀들이 이따금 비합리적이거나 위험한 방식으로 행동하는지 이해하지 못한다. 십 대들은 때때로 일들을 충분히 생각하지 않거나 자신들의 행동의 결과를 충분히 고려하지 않는 것처럼 보인다. 청소년들은 그들이 행동하고, 문제를 해결하고, 결정을 내리는 방식에 있어서 어른들과 다르다. 주제문 이러한 차이에 대한 생물학적 이유가 있다. 연구는 청소년기를 거쳐 곧잘 성인기 초기까지도 뇌가 계속해서 성숙하고 발달하는 것을 보여주었다. 과학자들은 공포와 공격적인 행동을 포함한 즉각적인 반응을 담당하는 뇌의 특정한 영역을 확인했다. 이 영역은 일찍 발달한다. 그러나 전두엽은 논리를 지배하고 우리가 행동하기 전에 생각하게 도와주는 뇌의 영역인데, 이것은 나중에 발달한다. 뇌의 이 부분은 곧잘 성인기까지도 여전히 변화하고 성숙하고 있다.

배경지식

· **전두엽(frontal cortex)**: 대뇌 반구의 앞 영역을 가리킨다. 대뇌의 대표적인 기능 중 기억, 사고에 관여하며 다른 영역으로부터 온 정보를 처리하고, 행동을 조절하는 데도 관여한다.

구문 분석

At times, **it seems** [like teens don't {think things through} or
　　　　　주어　동사
{fully consider the consequences of their actions}].

→ it seems like는 '~처럼 보이다'라는 뜻으로 it seems that의 비격식적인 표현이다. it은 비인칭주어이며 like가 이끄는 절 [ ]의 teens를 주어처럼 해석한다. 두 개의 { }는 don't에 이어지는 동사구로 or로 병렬 연결되어 있다.

Scientists have identified a specific region of the brain [that is
　주어　　　동사
responsible for immediate reactions {including fear and
aggressive behavior}].

→ [ ]는 선행사 a specific ~ brain을 수식하는 주격 관계대명사절이다. { }는 전치사구로 immediate reactions를 수식한다.

However, the frontal cortex, [the area of the brain {that controls
　　　　　　　주어
reasoning and helps us think before we act}], develops later.
　　　　　　　　　　　　　　　　　　　　　　　동사

→ [ ]는 주어와 동격인 명사구이다. { }는 선행사 the area of the brain을 수식하는 주격 관계대명사절이다.

① 당신의 뇌를 최대한 이용하라

② 운동이 아이들의 뇌 건강을 강화한다

③ 공포는 공격적인 행동을 야기한다

④ 십 대의 뇌: 성숙함으로 가는 중

⑤ 아이들의 부모님에 대한 정서적 애착

▶**정답 ④ Teen Brains: On the Way to Maturity**

십 대들이 어른들과 다른 행동을 보이는 원인을 뇌의 특정 영역의 성숙도와 관련지어 생물학적 이유로 설명한 글이다. 따라서 ④ '십 대의 뇌: 성숙함으로 가는 중'이 글의 제목으로 가장 적절하다.

▶**오답 피하기**

이 글은 각각의 뇌 영역이 성숙되는 시기가 다르기 때문에, 십 대들이 어른들과 다르게 행동한다고 설명하고 있다. ①, ②는 뇌에 대해 언급하고 있지만 뇌가 성숙되는 것과 무관한 내용이므로 정답이 될 수 없다. ③, ⑤는 글의 전체 흐름과 상관이 없는 오답이다.

예제 4 인터넷 정보 지침의 필요성   정답 ③

지문 해석

인터넷은 누구라도 무엇이든 게시할 수 있는 자유로운 공간이기 때문에, 그곳은 모든 종류의 쓸모없는 자료로 가득 찰 수 있다. 그 결과, 체계적인 지식은 쓰레기 자료의 바다에서 쉽게 오염되거나 분실될 수 있다. 책의 경우에는, 독자들이 신뢰할 수 있는 정보와 신뢰할 수 없는 정보 사이에서 구별할 수 있게 도와주는 다양한 필터들이 있다. 인터넷상에는, 정보의 생산자와 소비자의 관계가 직접적인 경향이 있어서, 아무것도 오염된 정보로부터 소비자를 보호하지 않는다. 물론, 자유로운 정보 교환에는 장점들이 있으며, 나는 자료의 생산자 누구나 그것들을 온라인에서 이용할 수 있게 만들 자유를 가져야 한다고 정말로 믿는다. 주제문 하지만, 나는 또한 사용자들이 중개 서비스에 의해 오염된 지식으로부터 보호받아야 한다고 확신한다. 책임 있는 개인이나 단체에 의해 제공되는 어떤 형태의 지침이나 필터가 있어야 한다. 그렇지 않으면, 우리는 더 이상 정보가 있는 지적인 공간과 무의미한 자료가 있는 오염된 환경을 구별할 수 없을지도 모른다. 따라서 신뢰할 수 있는 중개 서비스가 미래에 필요할 것이다.

구문 분석

[Because the Internet is free space {**where** anybody can post
anything}], it can be full of all sorts of useless data.
　　　　　주어　동사

→ [ ]는 이유를 나타내는 부사절이다. { }는 where가 이끄는 관계부사절로, 장소를 나타내는 선행사 free space를 수식한다.

For books, there are various filters [that **help** readers {distinguish
　　　　　　　　　　　　　　　　　　　　　동사　　　　　　주어
between reliable and unreliable information}].

→ [ ]는 선행사 various filters를 수식하는 주격 관계대명사절이다. 선행사가 복수명사이므로 관계대명사절의 동사도 복수형(help)이 왔다. 「help + 목적어 +

목적격보어」 구조로, { } 전체가 목적격보어 역할을 한다. help는 준사역동사이
므로 목적격보어 자리에 to부정사와 원형부정사 둘 다 올 수 있는데, 여기서는
원형부정사가 왔다.

문항 해설

① 왜 사람들은 온라인으로 쇼핑하는가?
② 인터넷 중독과의 전쟁
③ **우리는 인터넷에서 안내자(지침)가 필요하다**
④ 당신만의 웹사이트를 구축하는 방법
⑤ 사이버 공간: 새로운 정체성을 창조하는 것

▶ **정답 ③** We Need Guides on the Internet

인터넷이 자유로운 공간이라는 사실(원인)로 인하여 지적인 인터넷 정보를 구별
하기 어려워지는 결과가 발생했으므로 이에 대한 해결책으로 신뢰할 수 있는 중
개인이 필요하다는 것이 필자의 주장이다. 따라서 글의 제목으로 가장 적절한 것
은 ③ '우리는 인터넷에서 안내자(지침)가 필요하다'이다.

▶ **오답 피하기**

①, ④의 '온라인 쇼핑, 웹사이트 구축'은 지문에서 언급된 내용이 아니다. ②의 경
우 '인터넷 중독'이라는 인터넷 사용의 한 문제점을 지적하는 내용이지만 역시 주
제와는 상관없는 오답이다. ⑤는 인터넷 공간의 특징을 설명한 것으로, 소재는 일
치하지만 글의 흐름과 무관하다.

전략 적용 문제

전략 적용 1 현대 아동이 어른들로부터 소외된 이유   정답 ⑤

첫 문장 키워드

modern society, primitive society, knowledge to transmit

첫 문장에 대비되는 두 개념 '현대 사회'와 '원시 사회'가 나왔으니 이 둘의 차이가
무엇일지 생각해 보자. 필자는 차이점 중 하나로 지식 전달 방식을 언급했을 가
능성이 크다.

끊어읽기 해석

Unlike the modern society, / the primitive society has less
현대 사회와는 달리   원시 사회는 전달할 전문 지식이 더 적다
specialized knowledge to transmit, / and since its way of life is
                                    그리고 생활방식이 행해지기 때문에
enacted / before the eyes of all, / it has no need / to create a separate
          모두의 눈앞에서   필요가 없다   분리된 교육 기관을 만들
institution of education / such as the school. // Instead, / the child
                                학교 같은   대신에   아이는 자기
acquires the heritage of his culture / by observing and imitating
문화의 유산을 습득한다   어른들을 관찰하고 흉내 냄으로써
adults / in such activities as rituals, hunts, festivals, cultivation, and
         의식, 사냥, 축제, 경작, 그리고 추수와 같은 활동에서
harvesting. //

As a result, / there is little or none of that alienation of young from
결과적으로   어른으로부터 아이의 소외가 거의 없거나 아예 없다
old / so marked in modern industrial societies. //
       현대 산업 사회에서 아주 두드러지는
A further reason for this alienation in modern societies / is that in
현대 사회의 이러한 소외에 대한 더 추가적인 이유는   현실에 대한
his conception of reality / the modern adult owes less to his direct
개념 속에서   현대의 어른은 자신의 직접적인 경험에 덜 의존한다(는 점이다)
experience / and more to the experience of his culture / than does
              그리고 자신의 문화 경험에 더 (의존한다)   원시인이 그랬
primitive man. // Clearly, / his debt to culture / will vary with the
던 것보다   분명히   문화에 대한 그의 의존은   그의 교육의 성질에 따라 달라질
nature of his education. //
것이다
Hence, / the contemporary child must travel much further / than the
그러므로   현대의 아이는 더 멀리 여행해야 한다   원시인의
offspring of primitive man / to acquire the world view of his elders.
자손보다   연장자의 세계관을 획득하기 위해
// He is, therefore, that much more removed / from the adults of his
   그는, 그래서 훨씬 더 멀어지게 된다   자신이 속한 사회의 어른들로부터
society. //

지문 해석

현대 사회와는 달리, 원시 사회는 전달할 전문 지식이 더 적고 모두의 눈앞에서
생활방식이 행해지기 때문에, 학교 같은 분리된 교육 기관을 만들 필요가 없다.
대신에 아이는 의식, 사냥, 축제, 경작, 그리고 추수와 같은 활동에서 어른들을 관
찰하고 흉내 냄으로써 자기 문화의 유산을 습득한다. 결과적으로, 현대 산업 사회
에서 아주 두드러지는 어른으로부터 아이의 소외가 거의 없거나 아예 없다. 현대
사회의 이러한 소외에 대한 더 추가적인 이유는 현대의 어른은 현실에 대한 개념
속에서 원시인이 그랬던 것보다 자신의 직접적인 경험에 덜 의존하며 자신의 문
화 경험에 더 의존한다는 점이다. 분명히, 문화에 대한 그의 의존은 교육의 성질
에 따라 달라질 것이다. 그러므로 현대의 아이는 연장자의 세계관을 획득하기 위
해 원시인의 자손보다 더 멀리 여행해야 한다. 그는, 그래서 자신이 속한 사회의
어른들로부터 훨씬 더 멀어지게 된다.

원시 사회와 현대를 비교하여 '원인 - 결과'가 두 번 반복되는 구조로, 주제문이 없이 원인과 결과를 동등하게 설명하고 있다.

원인 1	원시 사회의 전문 지식은 아이가 어른들을 관찰하고 흉내 냄으로써 전달된다.
↓	
결과 1	원시 사회에는 어른과 아이 간의 소외가 거의 없었다.
↓	
원인 2	현대의 어른은 자신의 직접적인 경험보다 문화 경험에 더 의존한다.
↓	
결과 2	현대의 아이는 연장자의 세계관을 획득하기 위해 더 멀리 여행해야 하며, 이로써 자신이 속한 사회의 어른들로부터 멀어지게 된다.

전략 적용

Unit 06-1 '원인과 결과를 나타내는 명확한 표현이 있다'

현대 사회의 아동이 겪고 있는 소외 문제를 원시 사회와 현대 사회의 차이에 따른 결과로 설명했다.

'원인 - 결과'가 두 번 반복되는 구조로 조금 복잡하지만, '원인 - 결과'를 의미하는 명확한 시그널(As a result, A further reason 등)이 있으므로 지문 구조를 어렵지 않게 파악할 수 있다.

구문 분석

~, and [since its way of life is enacted before the eyes of all], **it**
has no need [to create a separate institution of education such as
the school].

→ 첫 번째 [ ]는 이유 부사절이다. 이유·원인을 나타내는 접속사 since가 쓰여 부사절은 원인, 주절은 결과를 나타낸다. 두 번째 [ ]는 need를 수식하는 형용사적 용법의 to부정사구이다.

A further reason for this alienation in modern societies is [**that** in
his conception of reality the modern adult **owes** {less **to** his direct
experience} **and** {more **to** the experience of his culture} than
does primitive man].

→ [ ]는 접속사 that이 이끄는 명사절로 주격보어 역할을 한다. 두 개의 { }는 동사 owes에 연결되는 to 전치사구로 and로 병렬 연결되어 있다. 「비교급(less, more)+than」 구문이 쓰여 비교의 의미를 더한다.

문항 해설

▶ **정답 ⑤ 현대 아동은 어른들을 보며 학습하지 않기 때문에 어른들로부터 소외된다.**

원시 사회에는 어른들을 지켜보며 지식이나 문화를 학습했으나, 현대 사회에는 교육 기관으로부터 학습하며 직접적인 경험보다는 문화 경험이 더 중시되기 때문에 아동이 어른들로부터 소외된다고 했다. 따라서 ⑤가 글의 요지로 가장 적절하다.

▶ **오답 피하기**

①, ②는 '원시 사회, 교육 기관' 등 지문에 등장한 어휘를 활용한 오답이다. ③에 언급된 '어른과 아이 간 의사소통'의 중요성은 글의 주제와 관련은 있으나, 글에 담겨있는 정보만으로는 유추하기 어렵다. ④는 글의 내용(현대의 어른은 직접적인 경험보다 문화 경험에 더 의존한다)과 상반된 내용으로 답이 될 수 없다.

전략 적용 2 미국 이민자들의 달라진 이민 생활 정답 ⑤

첫 문장 키워드

immigrants, their homeland

immigrants(이민자들), homeland(고국)라는 표현이 나왔다. homeland는 이민자들이 이민을 오기 전 원래 살던 나라를 뜻한다. 원래 살던 곳에서 떨어져 지내는 이민자들의 입장을 상상하며 읽어 보자.

끊어읽기 해석

Until the mid-20th century, / only a few immigrants / paid a visit to
20세기 중반까지   소수의 이민자만이   한두 번 그들의 고국에
their homeland once or twice / before they died, / but most never
방문했다   그들이 죽기 전에   하지만 대다수는 절대
returned / to the land of their birth. //
돌아가지 못했다 그들이 태어난 땅으로
This pattern has completely changed / with the advent of
이러한 경향은 완전히 바뀌었다   세계화가 도래함에 따라
globalization, / coupled with the digital revolution / that has
               디지털 혁명과 함께   의사소통을
enhanced communication. //
향상시켜온
As a result, / immigration is a very different experience / from what
결과적으로   이민은 매우 다른 경험이다   과거에 그랬던
it was in the past. // The ability of immigrant families / to reconnect
것과는   이민자 가족들이 ~ 할 수 있다는 것은   그들의 이전 문화와
to their old culture / via phone, television, and the Internet / has
다시 연결될 (수 있다는 것)   전화, 텔레비전, 그리고 인터넷을 통해서   그들의
changed their approach / to integration into mainstream American
접근을 바꾸었다   미국 주류 사회로의 통합에 대한
society. // This has also greatly influenced / immigrant practices of
이것은 또한 크게 영향을 미쳤다   아이들과 관련된 이민자들의 사회화
socialization with children. // Contacts with the country of origin /
관행에   출신 국가와의 접촉은
are now more frequent, / and result in / more immigrant families
이제 더 빈번하다   그리고 그 결과 (~가) 되었다 더 많은 이민자 가족들이 영향을 받는
being influenced / to maintain cultural patterns from the homeland, /
상태가   고국의 문화 양식을 유지하고
and to attempt to influence their children to keep them. //
그리고 그들의 자녀들이 그것들을 유지할 수 있게 영향을 주려고 시도하도록

지문 해석

20세기 중반까지, 소수의 이민자만이 그들이 죽기 전에 한두 번 그들의 고국에 방문했지만, 대다수는 그들이 태어난 땅으로 절대 돌아가지 못했다. 주제문 이러한 경향은 의사소통을 향상시켜온 디지털 혁명과 함께 세계화가 도래함에 따라 완전히 바뀌었다. 결과적으로, 이민은 과거에 그랬던 것과는 매우 다른 경험이다. 이민자 가족들이 전화, 텔레비전, 그리고 인터넷을 통해서 그들의 이전 문화와 다시 연결될 수 있다는 것은 미국 주류 사회로의 통합에 대한 그들의 접근을 바꾸었다. 이것은 또한 아이들과 관련된 이민자들의 사회화 관행에 크게 영향을 미쳤다. 출신 국가와의 접촉은 이제 더 빈번하며, 그 결과 더 많은 이민자 가족들이 고국의 문화 양식을 유지하고 그들의 자녀들이 그것들을 유지할 수 있게 영향을 주려고 시도하도록 영향을 받는 상태가 되었다.

지문 구조

'원인 - 결과'에서 결과를 상세하게 서술한 구조이다.

도입	20세기 중반까지 이민자들은 고국에 거의 방문하지 못했다.
↓	
원인	세계화, 디지털 혁명으로 인해 이러한 경향은 바뀌었다.
↓	
결과	**고국과 접촉하고 고국의 문화 양식을 유지하는 방향으로 변화** 1) 주류 사회로의 통합에 대한 접근 변화 2) 아이들과 관련된 사회화 관행 변화

Unit 06-2 '원인과 결과는 주제/제목 찾기 정답에 그대로 나온다'

'원인 – 결과' 지문 구조는 중요한 연결사와 동사의 힌트로도 알 수 있다. As a result는 결과를 나타내는 대표적인 연결사이다. 마지막 문장의 동사 result in 역시 '그 결과 ~하게 되다'라는 뜻의 결과를 나타내는 구동사이다. 이 글은 이민자들의 생활이 어떻게 변화했는지 그 결과에 초점을 맞춘 글이다. 따라서 원인에 따른 결과와 변화에 대해 언급한 보기가 정답이 될 것이다.

구문 분석

This pattern has completely changed with the advent of
주어 have 동사 과거분사
globalization, [coupled with the digital revolution {that has enhanced communication}].

→ 현재완료 시제의 동사구 사이에 강조부사 completely가 삽입되었다. [ ]는 동시상황을 나타내는 분사구문이다. { }는 선행사 the digital revolution을 수식하는 주격 관계대명사절이다.

As a result, immigration is a very different experience from
주어 동사
[what it was in the past].

→ [ ]는 from의 목적어에 해당하는 명사절로, 선행사를 포함하는 관계대명사 what이 사용되었다.

Contacts with the country of origin are now more frequent, and
주어 동사1
result in [more immigrant families being influenced {to maintain
동사2
cultural patterns from the homeland}, and {to attempt to influence their children to keep them}].

→ 하나의 주어에 두 개의 동사가 and로 병렬 연결되어 있다. [ ]는 result in의 목적어인 동명사구로, 동명사구의 의미상 주어인 more immigrant families가 동명사구 being influenced 앞에 추가되었다. 두 개의 { }는 부사적 용법의 to부정사구로 and로 병렬 연결되어 있다.

문항 해설

① 이민자들이 집(고국)으로 돌아가고 있다
② 왜 이민이 문화에 좋은가
③ 미국 이민자들: 감동적인 이야기
④ 경제 성장에 미치는 이민의 영향
⑤ **어떻게 세계화가 이민을 바꾸고 있는가**

▶ **정답 ⑤** How Globalization Is Changing Immigration
디지털 혁명과 세계화로 인해 고국과의 접촉이 빈번해지면서(원인), 미국 주류 사회로의 통합에 대한 접근과 아이들과 관련된 사회화 관행이 변화했다(결과)는 것이 글의 주된 내용이다. 따라서 세계화가 이민자들의 생활에 어떠한 결과를 초래했는지에 중점을 둔 ⑤ '어떻게 세계화가 이민을 바꾸고 있는가'가 글의 제목으로 가장 적절하다.

▶ **오답 피하기**
①은 도입부의 내용을 확대 해석한 오답이다. ②, ③은 good for, touching 등의 표현을 써서 이민이나 이민자들에 대한 주관적 평가를 하고 있다. 객관적으로 원인과 결과를 분석한 이 글의 제목으로는 적절하지 않다. ④에서 언급된 경제 성장에 관한 내용은 글에서 언급되지 않았으므로 오답이다.

UNIT 07 연구 내용 - 연구 결과 - 결론

정답 체크	예제	1 ⑤ 2 ① 3 ④ 4 ⑤
	전략 적용 문제	1 ④ 2 ②

예제 1 의견 형성의 기반이 되는 초반 자료 정답 ⑤

지문 해석

한 실험에서 실험 대상자들은 한 사람이 30개의 다지선다형 문제를 푸는 것을 관찰했다. 모든 경우에 15개 문제가 정확하게 풀렸다. 한 실험 대상자 집단은 그 사람이 전반부에 더 많은 문제를 정확하게 푸는 것을 보았고, 다른 집단은 그 사람이 후반부에 더 많은 문제를 정확하게 푸는 것을 보았다. 그 사람이 초반 예제에서 더 잘 수행하는 것을 본 집단은 그 사람을 더 똑똑하다고 평가했고, 그가 더 많은 문제를 정확하게 풀었다고 기억했다. 그 차이에 대한 설명은 한 집단은 일련의 초반 정보들로 그 사람이 똑똑하다는 의견을 형성한 반면, 다른 집단은 그 반대의 의견을 형성했다는 것이다. 주제문 한번 이 의견이 형성되면, 반대되는 증거가 제시될 때 그것(증거)은 나중의 수행을 운이나 문제 난이도 같은 어떤 다른 원인 탓으로 돌림으로써 무시될 수 있다.

구문 분석

In one experiment, subjects observed a person [solve 30
주어 동사
multiple-choice problems].

→ [ ]는 목적어 a person의 의미를 보충해주는 목적격보어이다. 「동사+목적어+목적격보어」 구조에서 observed가 지각동사이기 때문에 목적격보어로 to부정사 대신 원형부정사(solve)가 왔다.

The group [that saw the person perform better on the initial
주어
examples] rated the person as more intelligent and recalled [that
동사1 동사2
he had solved more problems correctly].

→ 두 개의 동사가 and로 병렬 연결되어 있다. 첫 번째 [ ]는 The group을 수식하는 관계대명사절로, 관계대명사 that 뒤에는 불완전한 절이 온다. 두 번째 [ ]는 recalled의 목적어 역할을 하는 명사절로, 이때 that 뒤에는 완전한 절이 온다. 명사절의 had V-ed는 대과거를 나타내며 동사(recalled)의 시점보다 명사절의 상황이 먼저 일어난 일임을 의미한다.

문항 해설

① 지능을 측정하는 적절한 방식
② 다지선다형 질문의 장점
③ 교실에서 집단 작업의 예시
④ 강력한 증거를 찾는 것이 어려운 이유
⑤ **의견 형성에 있어 초반 정보들의 영향**

▶ **정답 ⑤** the impact of an initial set of data on opinion formation
전체적으로 맞힌 문제 수가 같더라도 초반에 문제를 더 많이 맞힌 모습을 본 집단은 초반에 문제를 더 많이 틀린 모습을 본 집단보다 그 사람을 더 똑똑하다고 평가했다. 그리고 그 사람이 더 많은 문제를 맞혔다고 기억한 이유는 초반 자료를 바탕으로 의견을 형성했기 때문이라고 했다. 따라서 이 글의 주제로 가장 적절한 것은 ⑤ '의견 형성에 있어 초반 정보들의 영향'이다.

▶ **오답 피하기**
①은 지능 측정 방식 자체가 주된 지문 내용은 아니므로 오답이다. ②는 실험을

다지선다형 시험 풀이를 통해 진행하긴 했지만 다지선다형 시험의 장점에 대해서는 다루지 않았으므로 오답이다. ③, ④는 지문 내용과 무관하다.

지문 해석

얼굴 표정에 관한 한 흥미로운 연구가 최근 미국 심리학회에 의해 발표되었다. 15명의 중국인과 15명의 스코틀랜드인이 연구에 참여했다. 그들은 컴퓨터 화면에서 무작위로 바뀐 감정 중립적인 얼굴들을 보았고 그런 다음 그 표정들을 행복한, 슬픈, 놀란, 두려운, 화난 표정으로 분류했다. 그 반응은 연구자들로 하여금 참가자들이 각 감정과 연관시킨 표정을 나타내는 얼굴 부위를 알 수 있게 했다. 그 연구는 중국인 참가자들은 얼굴 표정을 구별하기 위해 눈에 더 의존한 반면에 스코틀랜드인 참가자들은 눈썹과 입에 의존했다는 것을 발견했다. 주제문 다른 문화 사람들은 행복하거나 슬프거나 화난 얼굴 표정을 다른 방식으로 인식한다. 즉, 얼굴 표정은 '감정의 보편적인 언어'가 아니다.

구문 분석

They viewed emotion-neutral faces [that were randomly changed
주어   동사1
on a computer screen] **and** then **categorized** the facial expressions
                            동사2
as happy, sad, surprised, fearful, or angry.

→ 두 개의 동사가 and로 병렬 연결되어 있다. [ ]는 emotion-neutral faces를 수식하는 주격 관계대명사절이다. 「categorize A as B」는 'A를 B로 분류하다'라고 해석한다. angry 뒤에는 expressions가 생략되었다.

The study found [that the Chinese participants relied more on the
주어   동사
eyes to tell facial expressions, {**while** the Scottish participants
relied on the eyebrows and mouth}].

→ [ ]는 found의 목적어 역할을 하는 명사절이다. 명사절 내의 { }는 접속사 while(~인 반면에)이 이끄는 대조 부사절로, relied 뒤에는 앞에서 반복되는 more가 생략되었다.

문항 해설

▶정답 ① **문화에 따라 표정을 인식하는 방식이 다르다.**

중국인들과 스코틀랜드인들이 표정을 인식하기 위해 의존하는 얼굴 부위가 달랐다는 연구 결과에 이어 다른 문화권 사람들은 다른 방식으로 표정을 인식한다는 주제문이 나왔다. 따라서 이 글의 요지로 가장 적절한 것은 ①이다.

▶**오답 피하기**

동서양 문화권의 공통점보다는 차이점을 말하는 글이므로 ②는 요지가 될 수 없다. ③, ⑤는 지문에서 언급되지 않은 내용이다. ④는 지문이 감정 표현 방식이 아닌 표정 인식 방식에 대한 글이므로 오답이다.

지문 해석

몇몇 연구들은 애완동물 주인들이 더 낮은 혈압, 감소된 심장병 위험, 그리고 더 낮은 수준의 스트레스를 가진다는 것을 발견했다. 주제문 애완동물은 또한 직장에서 이점이 될 수 있다. 한 연구는 근무일 동안 자신들의 개를 데리고 온 직원들에게 스트레스 수준이 감소되었음을 발견했다. 개가 있는 날과 없는 날 사이의 인지된 스트레스의 차이는 상당했다. 그 직원들은 전체적으로 업계 기준보다 더 높은 업무 만족도를 가졌다. 사무실에 개를 두는 것은 스트레스를 완화하고 주위

모든 사람을 더 행복하게 만들면서 전반적인 분위기에 긍정적인 영향을 미쳤다. 애완동물의 존재는 많은 조직에게 손쉽게 이용할 수 있는 저비용 건강 해결책으로서의 역할을 할 수도 있다.

구문 분석

A study found [that in the course of workday, stress levels
주어   동사
decreased for workers {who brought in their dogs}].

→ [ ]는 found의 목적어 역할을 하는 명사절이다. { }는 선행사 workers를 수식하는 주격 관계대명사절이다.

The differences [in perceived stress between days {the dog was
주어
present and absent}] were significant.
                  동사

→ [ ]는 The differences를 수식하는 전치사구이다. { }는 선행사 days를 수식하는 관계부사절이며, 선행사가 시간을 나타내는 대표적인 명사이기 때문에 관계부사 when은 생략되었다.

Having a dog in the office had a positive effect on the general
              주어   동사
atmosphere, [relieving stress] **and** [making everyone around
happier].

→ 동명사(V-ing)구가 문장의 주어로 왔다. 두 개의 [ ]는 동시상황(~하면서)을 나타내는 분사구문으로 and로 병렬 연결되어 있다.

문항 해설

① 당신의 애완동물이 특별한 보살핌이 필요한 이유
② 조직 내 스트레스 요인으로서의 애완동물
③ 더 안전한 선택: 개를 집에 있게 하라
④ 애완동물을 두는 것: 직장에서의 웰빙
⑤ 개를 사람들과 잘 어울릴 수 있도록 훈련하라!

▶정답 ④ **Having Pets: Well-being in the Workplace**

애완동물이 직장에서 이점이 될 수 있다고 주장한 후에 애완동물의 존재가 직장인들의 스트레스를 줄여주고 업무 만족도를 높여준다는 연구 결과를 제시하였다. 따라서 지문의 내용을 가장 적절하게 반영한 제목은 ④ '애완동물을 두는 것: 직장에서의 웰빙'이다.

▶**오답 피하기**

①은 애완동물을 보살피는 내용이 지문에 나오지 않았으므로 오답이다. ②, ③은 지문 내용과 정반대이다. ⑤는 지문과 관련이 없는 내용이다.

지문 해석

몇몇 연구자들은 상상력이 풍부한 응답을 하는 아이들의 능력에 미치는 각기 다른 미디어의 영향을 조사했다. 한 연구에서 1학년에서 4학년까지의 아이들은 무작위로 두 집단으로 분리되어, 똑같은 허구적인 이야기를 제공받았다. 한 집단은 라디오를 통해 이야기를 들은 반면, 다른 집단은 텔레비전으로 이야기를 시청했다. 그 후에 모든 아이들은 이야기에서 다음에 어떤 일이 일어날 것으로 생각하는지 질문 받았다. 연구자들은 아이들이 응답에서 사용한 새로운 요소들(등장인물, 배경, 대화, 그리고 감정 같은)을 기록함으로써 아이들의 상상력의 풍부함을 평가했다. 라디오를 들었던 아이들은 더 상상력이 풍부한 응답을 한 반면, 텔레비전을 봤던 아이들은 원래 이야기를 반복하는 말을 더 많이 했다. 주제문 미디어

학자들은 이 연구를 '시각화 가설'을 설명하기 위해 사용해왔는데, 이것은 이미 만들어진 시각적 이미지에 대한 아이들의 노출이 자신만의 새로운 이미지를 만드는 능력을 제한한다고 말한다.

구문 분석

The children [who listened to the radio] produced more
　　　주어　　　　　　　　　　　　　　　　동사
imaginative responses, **whereas** the children [who watched the
television] produced more words [that repeated the original
story].

→ 접속사 whereas가 대조의 부사절을 이끈다. 세 개의 [ ]는 주격 관계대명사절로, 각각 앞에 있는 명사구(The children, the children, more words)를 수식한다.

Media scholars **have used** this study to illustrate the
　　주어　　　　　　동사
"visualization hypothesis," [which states {that children's
exposure to ready-made visual images restricts their **ability to**
generate novel images of their own}].

→ 현재완료 시제를 사용하여 과거부터 현재까지 계속되는 상황을 나타냈다. [ ]는 콤마(,) 뒤에서 계속적 용법으로 쓰인 주격 관계대명사절로, the "visualization hypothesis"를 선행사로 한다. { }는 동사 states의 목적어 역할을 하는 명사절이다. 「ability+to부정사」는 '~하는 능력'이라는 뜻으로, 형용사적 용법의 to부정사구가 their ability를 수식한다.

문항 해설

① TV를 보는 것과 라디오를 듣는 것의 유사점
② 아동용 디지털 이야기책의 진보
③ 아이들 상상력의 힘
④ 아이들이 이야기를 듣고 보는 것을 좋아하는 이유
⑤ 어떻게 디지털 미디어가 아이들의 상상 과정에 영향을 미치는가

▶ 정답 ⑤ how digital media affects children's imaginative process

텔레비전과 라디오를 도구로 각기 다른 미디어가 상상력이 풍부한 응답을 할 수 있는 아이들의 능력에 미치는 영향을 연구한 결과, 미리 만들어진 이미지에 노출되는 것은 아이들이 스스로 새로운 이미지를 만들어 내는 능력을 제한함이 밝혀졌다는 내용이다. 따라서 ⑤ '어떻게 디지털 미디어가 아이들의 상상 과정에 영향을 미치는가'가 이 글의 주제로 가장 적절하다.

▶ 오답 피하기

①은 지문에서 텔레비전과 라디오의 유사점이 아닌 두 매체가 아이들의 상상력에 미치는 영향의 차이를 다루고 있으므로 적합하지 않다. ②는 fictional story(허구적인 이야기)라는 지문의 소재를 이용한 오답으로, 디지털 이야기책에 관한 내용은 지문에 없다. ③의 상상력의 힘, ④의 아이들이 이야기를 좋아하는 이유 역시 지문에서 다루지 않은 내용으로, 주제로 적절하지 않다.

전략 적용 1 내향적인 사람과 외향적인 사람을 구분 짓는 특징
에 대한 무의식적 인식　　　　　　　　　정답 ④

첫 문장 키워드

psychologist, introverts, extroverts

첫 문장에서 전문가의 연구를 제시하며 글의 신뢰도를 높이고 있다. 내향적인 사람과 외향적인 사람에 관해 한 심리학자가 시행한 연구 결과가 나오리라 예측할 수 있다.

끊어읽기 해석

Some years ago, / a [psychologist] named Richard Lippa / called a
몇 년 전　　　　　　　　Richard Lippa라는 이름의 한 심리학자가　　　내향적인
group of introverts to his lab / and asked them to act like extroverts /
사람들을 한 집단을 그의 실험실에 불렀다　　그리고 그들에게 외향적인 사람처럼 행동해달라고 요청했다
while pretending to teach a math class. // Then he and his team, /
수학 수업을 가르치는 척하면서　　　　　　그런 다음 그와 그의 팀은
with video cameras in hand, / [measured] the length of their strides, /
비디오 카메라를 손에 들고　　　　　그들의 보폭 길이를 측정했다
the amount of eye contact they made with their "students," / the
그들이 '학생들'과 시선을 마주치는 양을　　　　　　　　　그들이
percentage of time they spent talking, / and the volume of their
이 말하는 데 쓰는 시간의 비율을　　　　그리고 그들의 말의 음량을
speech. // They also rated / how generally extroverted those fake
　　　그들은 또한 평가했다　그 가짜 외향적인 사람들이 전반적으로 얼마나 외향적으로
extroverts appeared, / based on their recorded voices and body
보이는지　　　　　그들의 녹화된 목소리와 신체 언어에 기반하여
language. // Then Lippa did the same thing with actual extroverts /
　　　　그다음 Lippa는 실제 외향적인 사람들과 함께 똑같은 일을 했다
and compared the results. //
그리고 결과를 비교했다
He [found] / that although the latter group came across as more
그는 발견했다　비록 후자 집단이 더 외향적인 인상을 주었지만
extroverted, / some of the fake extroverts / were surprisingly
　　　　　가짜 외향적인 사람들 중 몇몇은　　　　놀라울 정도로 그럴듯했다
convincing. //

It seems / that most of us know / how to fake it / to some extent. //
~인 것처럼 보인다　우리들 대부분은 아는 (것처럼)　그것을 꾸며내는 방법을　어느 정도까지는
Whether or not we're aware / that the length of our strides / and the
우리가 인지하든 아니든　　　　　　　우리 보폭 길이가　　　　그리고 우리
amount of time we spend talking and smiling / mark us as introverts
가 말하고 미소 짓는 데 쓰는 시간의 양이　　　　　　우리를 내향적인 사람과 외향적인
and extroverts, / we know it unconsciously. //
사람으로 나타낸다는 것을　우리는 무의식적으로 그것을 알고 있다

지문 해석

몇 년 전, Richard Lippa라는 이름의 한 심리학자가 내향적인 사람들 한 집단을 그의 실험실에 불러서 그들에게 수학 수업을 가르치는 척하면서 외향적인 사람처럼 행동해달라고 요청했다. 그런 다음 그와 그의 팀은 비디오 카메라를 손에 들고 그들의 보폭 길이, 그들이 '학생들'과 시선을 마주치는 양, 그들이 말하는 데 쓰는 시간의 비율, 그리고 그들의 말의 음량을 측정했다. 그들은 또한 녹화된 목소리와 신체 언어에 기반하여 그 가짜 외향적인 사람들이 전반적으로 얼마나 외향적으로 보이는지 평가했다. 그다음 Lippa는 실제 외향적인 사람들과 함께 똑같은 일을 하고 결과를 비교했다. 그는 비록 후자 집단이 더 외향적인 인상을 주었지만, 가짜 외향적인 사람들 중 몇몇은 놀라울 정도로 그럴듯했다는 것을 발견했다. 우리들 중 대부분은 어느 정도까지는 그것을 꾸며내는 방법을 아는 것처럼 보인다. 주제문 우리 보폭 길이와 우리가 말하고 미소 짓는 데 쓰는 시간의 양이 우리를 내향적인 사람과 외향적인 사람으로 나타낸다는 것을 우리가 인지하든 아니든 우리는 무의식적으로 그것을 알고 있다.

지문 구조

구체적인 실험 내용으로 시작하여 실험 결과와 결론 순으로 전개되는 전형적인 연구 지문이다.

실험 내용	내향적인 사람이 외향적인 사람처럼 행동하는 모습을 녹화한 후, 실제 외향적인 사람의 모습과 비교하여 평가
↓	
실험 결과	가짜로 외향적인 사람들도 진짜로 외향적인 사람들과 비슷해 보임
↓	
결론	사람들은 무의식적으로 외향적인 사람과 내향적인 사람을 구분하는 특성을 알고 있음

전략 적용

Unit 07-1 '연구 지문에 나올 수밖에 없는 키워드들이 있다'
Unit 07-2 '연구 결과를 필자의 말로 바꾼 것이 주제다'

첫 문장에 나온 psychologist, lab, 두 번째 문장의 measured를 통해 바로 연구 지문임을 알 수 있다. 결론에서는 내향적인 사람이 외향적인 사람의 흉내를 낼 때 그럴듯하게 보였다는 연구 결과를 필자의 말(결론)로 표현했으며, 이 부분이 바로 글의 주제문이다.

구문 분석

Some years ago, a psychologist [named Richard Lippa] called a group of introverts to his lab **and** asked them to act like extroverts [while pretending to teach a math class].
(주어 / 동사1 / 동사2)

→ 첫 번째 [ ]는 a psychologist를 수식하는 과거분사구이다. 두 개의 주절 동사가 and로 병렬 연결되어 있다. 두 번째 [ ]는 접속사가 생략되지 않은 분사구문이다.

[**Whether or not** we're aware that the length of our strides and the amount of time {we spend talking and smiling} mark us as introverts and extroverts], we know it unconsciously.
(주어 / 동사)

→ [ ]는 Whether or not이 이끄는 양보의 부사절로 '~든지 아니든지 간에'라고 해석한다. { }는 선행사 time을 수식하는 목적격 관계대명사절이다. 「spend + 목적어(시간, 돈, 노력 등) + V-ing」는 '…하는 데 ~을 쓰다'라는 뜻이다.

문항 해설

① 무엇이 내향적인 사람을 훌륭한 교사로 만드는가?
② 왜 우리는 실제보다 더 외향적이어야 하는가?
③ 내향적인 사람과 외향적인 사람에 대한 흔한 오해
④ 우리는 외향적인 사람들의 특성을 얼마나 잘 아는가?
⑤ 사람들의 제스처 뒤에 숨겨진 의미 찾기

▶정답 ④ How Well Do We Know the Characteristics of Extroverts?
내향적인 사람들이 외향적인 사람처럼 행동했을 때 놀라울 정도로 그럴듯하게 보였다는 연구 결과를 제시하며, 그를 통해 우리는 무의식적으로 외향적인 사람과 내향적인 사람을 구분하는 특징을 알고 있다는 결론을 도출하였다. 따라서 글의 핵심 내용을 가장 적절하게 반영한 제목은 ④ '우리는 외향적인 사람들의 특성을 얼마나 잘 아는가?'이다.

▶오답 피하기
①은 수학 수업을 가르치는 척하는 실험 내용에서 떠올릴 수 있는 오답으로, 주제와 무관하다. ②, ③은 글에서 다루지 않은 내용이므로 제목으로 적절하지 않다. ⑤는 지문에 나온 strides(보폭), body language(신체 언어)와 관련된 어휘를 사용한 오답이다.

전략 적용 2 와인 선호도에 영향을 미치는 가격   정답 ②

첫 문장 키워드

a bottle of wine, cost

같은 와인이라도 더 비싸다고 들었을 때 더 좋아한다는 말로 시작했다. 가격과 선호도의 관계에 대한 설명이 나올 것이라고 예측할 수 있다.

끊어읽기 해석

Consumers like a bottle of wine more / if they are told / it cost
소비자들은 와인 한 병을 더 좋아한다 / 그들이 듣는 경우 / 그것이 한
ninety dollars a bottle / than if they are told / it cost ten. //
병에 90달러라고 / 그들이 들을 때보다 / 그것이 10달러라고
Belief that the wine is more expensive / turns on the neurons in the
와인이 더 비싸다는 믿음은 / 내측 안와 전두 피질의 신경 세포를 자극한
medial orbitofrontal cortex, / an area of the brain associated with
다 / 쾌락 감각과 관련된 뇌 영역인
pleasure feelings. // Wine without a price tag / doesn't have this
/ 가격표가 없는 와인은 / 이 효과가 없다
effect. //

In 2008, / American food and wine critics / teamed up with a
2008년에 / 미국의 음식 및 와인 비평가들은 / 예일 대학교 통계학자 한 명 및
statistician from Yale and a couple of Swedish economists / to study
스웨덴 경제학자 두 명과 팀을 이루었다 / 수천 건의
the results of thousands of blind tastings / of wines ranging from
블라인드 시음 결과를 연구하기 위해 / 한 병에 1.65달러에서 150달러에 이르는
$1.65 to $150 a bottle. //
와인의
They found / that when they can't see the price tag, / people prefer
그들은 발견했다 / 그들이 가격표를 볼 수 없을 때 / 사람들은 더 싼 와인을
cheaper wine to pricier bottles. // Experts' tastes did move / in the
더 비싼 병보다 선호한다는 것을 / 전문가들의 미각은 움직였다 / 적절한 방
proper direction: / they favored finer, more expensive wines. // But
향으로 / 그들은 더 고급스럽고, 더 비싼 와인을 선호했다 / 그러나
the bias was almost imperceptible. // A wine that cost ten times more
편향은 거의 감지할 수 없었다 / 다른 것보다 10배 더 비용이 드는 와인이
than another / was ranked by experts / only seven points higher / on
/ 전문가들에 의해 평가되었다 / 단지 7점 더 높게 / 1에서
a scale of one to one hundred. //
100까지의 척도에서

지문 해석

주제문 소비자들은 와인 한 병이 10달러라고 들을 때보다 그것이 한 병에 90달러라고 듣는 경우 그것을 더 좋아한다. 와인이 더 비싸다는 믿음은 쾌락 감각과 관련된 뇌 영역인 내측 안와 전두 피질의 신경 세포를 자극한다. 가격표가 없는 와인은 이 효과가 없다. 2008년에 미국의 음식 및 와인 비평가들은 한 병에 1.65달러에서 150달러에 이르는 와인의 수천 건의 블라인드 시음 결과를 연구하기 위해 예일 대학교 통계학자 한 명 및 스웨덴 경제학자 두 명과 팀을 이루었다. 그들은 사람들이 가격표를 볼 수 없을 때, 더 싼 와인을 더 비싼 병보다 선호한다는 것을 발견했다. 전문가들의 미각은 적절한 방향으로 움직였다. 그들은 더 고급스럽고 더 비싼 와인을 선호했다. 그러나 편향은 거의 감지할 수 없었다. 다른 것보다 10배 더 비용이 드는 와인이 1에서 100까지의 척도에서 전문가들에 의해 단지 7점 더 높게 평가되었다.

배경지식

· 블라인드 시음(blind tasting): 어떤 와인인지 라벨을 가린 상태에서 와인을 시음하는 평가 방식. 다른 종류의 음료나 음식의 맛을 평가할 때도 쓰인다.

주제문 뒤에 그 현상의 원리를 증명한 연구를 소개하였다.

주제문	소비자들은 가격이 더 비싸다고 들을 때 그 와인을 더 좋아한다.
↓ 부연 설명	와인이 더 비싸다는 믿음은 쾌락 감각과 관련된 뇌 영역을 자극한다.
↓ 연구 내용	일반인과 전문가를 대상으로 병당 1.65달러에서 150달러에 이르는 와인에 대해 블라인드 시음 진행
↓ 연구 결과	가격표를 볼 수 없을 때 일반 사람들은 더 싼 와인을 선호했고, 전문가조차도 더 비싸고 고급스러운 와인을 더 싼 와인에 비해 월등하게 높게 평가하지는 않음

전략 적용

Unit 07-3 '주제 뒤에 나오는 연구 결과는 반드시 주제와 일치한다'
가격이 소비자들 와인 선호에 영향을 미친다고 이미 확정적으로 말한 후 연구를 제시하였다. 따라서 이 연구는 주제를 뒷받침하기 위해 나왔을 확률이 높고 연구 결과가 위의 주제를 확증해주는 방향일 것으로 예측할 수 있다.

구문 분석

Belief [**that** the wine is more expensive] turns on the neurons in
the medial orbitofrontal cortex, [an area of the brain {associated with pleasure feelings}].

→ 첫 번째 [ ]는 접속사 that이 이끄는 명사절로, 앞에 있는 명사 Belief와 동격 관계이다. 두 번째 [ ]는 the medial orbitofrontal cortex와 동격인 명사구로, 해당 명사구를 부연 설명해준다. { }는 an area of the brain을 수식하는 과거분사구이다.

They found [**that** {when they can't see the price tag}, people **prefer** cheaper wine **to** pricier bottles].

→ [ ]는 접속사 that이 이끄는 명사절로, found의 목적어 역할을 한다. { }는 접속사 when(~할 때)이 이끄는 시간 부사절이다. 「prefer A to B」는 'A를 B보다 선호하다'라는 의미이다.

문항 해설

▶정답 ② 가격 정보는 소비자의 와인 상품 선호도에 영향을 미친다.
소비자가 같은 와인이더라도 가격이 더 비싸다고 들을 때 그 와인을 더 좋아한다는 주제문과 이를 뒷받침하는 연구로 구성되어 있으므로, 이 글의 요지로 가장 적절한 것은 ②이다.

▶오답 피하기
①은 지문에서 소비자는 가격 정보의 영향을 받는다고 했지, 전문가의 평가를 참고한다는 내용은 없었으므로 오답이다. ③은 '비싼 와인'과 '쾌감'을 언급하여 주제와 관련 있는 것처럼 보이지만 이를 지문에 나오지 않은 '대량 구매'와 연결했으므로 오답이다. ④, ⑤는 지문의 내용과 무관하다.

UNIT 08 비교/대조

정답 체크	예제	1③ 2① 3③ 4⑤
	전략 적용 문제	1⑤ 2③

예제 1 광고와 지도를 만드는 것의 공통점 　　정답 ③

지문 해석

광고를 하는 것과 지도를 만드는 것은 무슨 공통점을 가지는가? 주제문 의심할 바 없이, 최고의 대답은 제한된 형태의 진실을 전달해야 하는 그것들의 공통된 필요성이다. 광고는 매력적인 이미지를 만들어야 하며, 지도는 명확한 이미지를 보여주어야 하지만, 둘 중 어느 것도 전부를 말하거나 보여주는 것으로는 목표를 달성할 수 없다. 광고는 그것들이 광고하는 회사 또는 서비스의 부정적인 측면들을 가리거나 작게 취급할 것이다. 이런 방식으로 그들은 비슷한 제품들과의 더 나은 비교점을 홍보하거나 어떤 제품을 경쟁 제품들과 차별화할 수 있다. 마찬가지로 지도는 혼란을 줄 수 있는 세부 사항을 제거해야 한다.

구문 분석

Without doubt the best answer is their shared need [to communicate a limited version of the truth].

→ [ ]는 앞에 온 명사 need를 수식하는 형용사적 용법의 to부정사구이다.

An advertisement must create an image [that's appealing] **and** a map must present an image [that's clear], ~.

→ 두 개의 절이 and로 대등하게 연결되어 있다. 두 개의 [ ]는 관계대명사절로 각각 앞에 있는 명사 an image를 수식한다.

Ads will cover up **or** (will) play down negative aspects of [the company or service {they advertise}].

→ 두 개의 동사구가 or로 병렬 연결되어 하나의 목적어를 공유한다. 목적어는 negative aspects 이하 전체이다. [ ]는 전치사 of에 연결되는 명사구, { }는 the company or service를 수식하는 목적격 관계대명사절이다.

문항 해설

① 광고를 함에 있어 진실의 중요성
② 효과적인 광고를 만드는 데 필요한 조언
③ **광고하는 것과 지도를 만드는 것의 유사성**
④ 광고 방식과 미디어의 다양한 종류
⑤ 지도 제작자들이 세부 사항의 양을 제한하는 이유

▶정답 ③ the similarities between advertising and mapmaking
광고와 지도를 만드는 것의 공통점이 무엇인지 묻는 문장으로 글을 시작하였다. 광고와 지도는 둘 다 제한된 형태의 진실을 전달할 공통된(shared) 필요성이 있다고 했으며, 중반부 이후에 둘의 공통점을 각 대상의 관점에서 설명하였다. 따라서 ③ '광고하는 것과 지도를 만드는 것의 유사성'이 글의 주제로 가장 적절하다.

▶오답 피하기
①은 광고를 만들 때 어느 정도 제한된 진실을 전달하게 된다는 글의 내용과 상반된 오답이다. ②, ⑤는 글에 일부 언급된 내용이지만 글의 전체 내용을 포괄하지 못하므로 오답이다. ④는 글의 소재인 광고(advertising)라는 어휘를 사용했

을 뿐 글의 내용과 무관하다.

예제 2 다시 만날 가능성이 매력을 발견하는 데 미치는 영향 **정답 ①**

지문 해석

주제문 사람들은 누군가를 다시 만날 것을 기대할 때, 미래의 교류를 기대하지 않는 경우보다 그 개인의 행동과 상관없이 그 사람이 매력적임을 발견할 가능성이 더 있다. 미래의 교류에 대한 기대는 그들이 미래의 교류를 두려워하기보다는 기대할 수 있게끔 어떤 사람의 긍정적인 특성을 찾아내도록 사람들을 동기 부여하고, 사람들이 그 개인이 매력적임을 발견할 가능성을 증가시킨다. 반대로, 사람들이 다시 만날 것을 예견하지 않는 누군가와 교류할 때 그들은 긍정적인 특성을 찾아야 할 이유가 거의 없다. 사실, 그렇게 하는 것은 그들이 미래의 교류에서 그 사람을 더 잘 알게 될 기회가 없을지도 모른다는 점에서 우울한 일일지도 모른다. 실제로 사람들은 때때로 그들이 다시 만날 것을 기대하지 않는 개인들에게서 부정적인 특성을 발견하도록 동기 부여된다.

구문 분석

[When people expect to see someone again], they are **more likely** to find that person attractive, regardless of the individual's behavior, **than** [if they do not have expectations of future interaction].

주어 동사

→ 「비교급(more likely)+than」 구조로 여기서는 두 개의 부사절 [ ]이 비교 대상이다.

The expectation of future interaction motivates people to look for

주어 동사1
positive qualities in someone **so that** they will [look forward to future interactions] **rather than** [dread them], **and** increases the

동사2
chances [that people will find the individual attractive].

→ 주어의 수가 단수(expectation)이므로, and로 연결된 두 개의 동사(motivates, increases)도 단수형이 왔다. 「so that+주어+동사」는 '(주어)가 (동사)하도록…'이라는 목적의 의미로 해석한다. rather than은 '~라기보다는'이라는 뜻으로, than 뒤에는 단어, 구, 절 등 다양한 형태가 올 수 있다. 여기서는 첫 번째, 두 번째 [ ]를 will에 병렬 연결하였다. 세 번째 [ ]는 the chances와 동격을 이루는 명사절이다.

Conversely, [when people interact with someone {whom they do not foresee meeting again}], they have little reason to search for

주어 동사
positive qualities.

→ [ ]는 시간 부사절이다. { }는 someone을 수식하는 목적격 관계대명사절로 whom 대신 that이나 who가 올 수 있다. that이나 who를 쓰면 whom을 썼을 때보다 비격식적인 표현이 된다.

In fact, doing so may be depressing, [**given that** they may not

주어 동사
have the opportunity {to get to know the person better in future interactions}].

→ 주어는 동명사구로 doing 뒤의 so는 앞에서 언급된 것을 가리키는 부사이다. [ ]에서 given that은 '~라는 점에서'라고 해석한다. 「given the fact that+주어+동사」에서 the fact가 생략된 구조이다. { }는 the opportunity를 수식하는 형용사적 용법의 to부정사구이다.

문항 해설

▶ **정답 ① 다시 만날 가능성 여부가 상대방을 평가하는 데 영향을 준다.**

첫 문장의 비교 표현을 통해 두 상황(다시 만날 가능성이 있는 상황과 없는 상황)을 비교하였다. 그중에서 사람들은 누군가를 다시 만날 가능성이 있을 때 그 사람이 매력적임을 발견할 가능성이 더 크다고 했으므로, 그 가능성이 상대방을 평가하는 데 영향을 준 것이라 볼 수 있다. 따라서 ①이 정답이다.

▶ **오답 피하기**

②, ③, ④는 글에서 다루지 않은 내용으로 오답이다. ⑤는 '첫인상, 향후 관계'라는 단어가 글의 주제와 다소 관련이 있으나, 전체적인 글의 흐름을 벗어나므로 역시 오답이다.

예제 3 눈과 카메라의 공통점과 차이점 **정답 ③**

지문 해석

주제문 눈을 카메라에 비유함으로써 초급 생물학 교과서는 (시각적) 인식이 무엇을 수반하는지에 대한 잘못된 인상을 생산하는 것을 돕는다. 이미지 형성에 관한 물리학의 관점에서만 눈과 카메라는 공통점을 가진다. 눈과 카메라 둘 다 외부 세계의 광선(빛)을 이미지에 집중시키는 렌즈를 가지고 있으며, 둘 다 그 이미지의 초점과 밝기를 조정하는 수단을 가지고 있다. 눈과 카메라 둘 다 그 위에 이미지가 잡히는 감광층(각각 망막과 필름)을 가지고 있다. 하지만, 이미지 형성은 보기 위한 첫 단계일 뿐이다. 눈과 카메라 사이의 피상적인 비유는 그 둘 사이의 훨씬 더 근본적인 차이를 불분명하게 하는데, 이는 카메라는 단지 이미지를 기록하는 반면 시각 체계는 그것을 해석한다는 점이다.

구문 분석

[**Only** {in terms of the physics of image formation}] do the eye

do동사 주어
and camera have anything in common.

동사원형

→ Only로 시작하는 부사구 [ ]가 문장 앞으로 강조되어 '주어 - 동사'의 위치가 바뀐 도치 구문이다. 여기서는 일반동사 have가 쓰였으므로 의문문을 만들 때처럼 do동사가 주어 앞으로 도치되고 원형 have는 주어 뒤에 남았다. 부사 Only가 전치사구 { } 앞에서 의미를 추가하여 '~의 관점에서만'이라는 뜻이 된다.

Both eye **and** camera have a light-sensitive layer [**onto which**

주어 동사
the image is cast] (the retina and film, respectively).

→ 「both A and B」는 'A와 B 둘 다'라는 의미의 상관접속사 구문으로, 항상 복수 취급하여 동사도 복수형(have)이 쓰였다. [ ]는 a light-sensitive layer를 수식하는 관계대명사절이다. 「전치사(onto)+which」는 장소를 나타내는 관계부사 where로 바꿀 수 있다.

Superficial analogies between the eye and a camera obscure the

주어 동사
much more fundamental difference between the two, **which is** [that the camera merely records an image, {whereas the visual system interprets it}].

→ 전치사구(between ~ camera)의 수식을 받아 주어가 길어졌다. 주어의 수는 복수(analogies)이므로 동사도 복수형이 온다. 콤마(,) 이후 which는 계속적 용법의 관계대명사절을 이끌어 the much ~ difference between the two의 내용을 부연 설명한다. [ ]는 관계대명사절 동사 is의 보어, { }는 대조를 나타내는 접속사 whereas가 이끄는 부사절이다.

① 물리학과 생물학이 만나는 지점
② 당신의 인생 이야기를 기록하는 방법
③ 우리의 눈은 카메라처럼 작동하는가?
④ 당신은 모든 것을 사진 찍을 필요는 없다!
⑤ 무엇이 더 나은가: 인간의 눈인가, 카메라인가?

▶정답 ③ **Do Our Eyes Work Just Like a Camera?**

도입부에서 눈을 카메라에 비유하는 것이 잘못된 인상을 생산한다고 주장했다. 이후 눈과 카메라의 공통점을 언급하였고, 후반부에서는 눈과 카메라의 근본적인 차이에 대해서 밝혔다. 다시 말해, 눈과 카메라의 공통점과 차이점을 동시에 언급했으므로, 이들이 똑같이 작동하는지에 관한 질문인 ③ '우리의 눈은 카메라처럼 작동하는가?'가 제목으로 가장 적절하다.

▶오답 피하기

①은 도입부에서 물리학과 생물학이 언급되긴 했지만 이것이 글의 주된 내용은 아니었으므로 오답이다. ②, ④는 비교 대상 중 카메라와 관련된 소재를 활용한 오답이다. ⑤의 경우 눈과 카메라의 공통점과 차이점을 밝히는 글이지 어느 것이 더 나은지를 설명한 글은 아니므로 오답이다.

예제 4 실수(실패)에 대한 자연계의 내성 정답 ⑤

지문 해석

실수와 실패는 일반적으로 인간의 모든 설계들을 망친다. 실제로, 자동차 엔진의 단 한 부품의 고장은 당신이 견인 트럭을 부르도록 만들 수 있다. 마찬가지로, 당신의 컴퓨터 회로에서의 작은 배선 오류가 컴퓨터 전체를 내다버리는 것을 의미할 수 있다. 주제문 그렇지만, 자연계는 다르다. 지구의 역사를 통틀어서 약 3백만에서 1억 종이 사라져 갔는데, 이는 올해 어딘가에서 3에서 100 사이의 종이 사라질 것을 의미한다. 하지만, 그러한 자연 멸종은 거의 해를 끼치지 않는 것 같다. 수백만 년이 넘도록 생태계는 실수와 실패에 대한 놀라운 무감각을 발달시켜, 유카탄 운석의 충돌과 같은 급격한 사건에서조차도 살아남았고, 그것(유카탄 운석의 충돌)은 수만 종을 죽게 했다.

구문 분석

Indeed, the failure [of a single component of your car's engine]
　　　　　　주어
could **force** you **to call** for a tow truck.
　　동사

→ 전치사구 [ ]의 수식을 받아 주어가 길어졌다. 「force + 목적어 + 목적격보어」 구조의 5형식 문장이다. 동사 force는 to부정사를 목적격보어로 취하는 동사이다.

Throughout Earth's history, an estimated 3 million to 100 million
　　　　　　　　　　　　　　　　　　주어
species have disappeared, [**which** means {that this year
　　　　　동사
somewhere between three and a hundred species will vanish}].

→ 콤마(,) 이후 which는 관계대명사의 계속적 용법으로 쓰여 앞 내용을 보충하는 절 [ ]를 이끈다. 계속적 용법에서는 앞 내용의 일부 또는 전체를 선행사로 받을 수 있는데, 여기서는 주절 전체(an estimated ~ disappeared)를 선행사로 받는다. { }는 관계대명사절 내의 동사 means의 목적어인 명사절이다. 명사절 내에서 주어는 between ~ species로 between 전치사구가 명사 species를 앞에서 수식한다.

Over millions of years the ecosystem has developed an amazing
　　　　　　　　　　　　　　　주어　　　　동사

---

insensitivity to errors and failures, [surviving even **such** drastic events **as** the impact of the Yucatan meteorite, {**which** killed tens of thousands of species}].

→ [ ]는 분사구문이다. 「such A as B」는 'B와 같은 A'라고 해석한다. { }는 계속적 용법의 관계대명사절로 선행사는 the impact of the Yucatan meteorite이다.

① 자연 재해 예측에 관한 연구
② 인간 본성의 좋은 예와 나쁜 예
③ 거대 멸종에 대한 정보와 사실들
④ 인간 실수와 실패를 예방하고 감소시키는 방법
⑤ 생태계와 인간이 만든 체계의 차이점

▶정답 ⑤ **a difference between ecosystems and human-made systems**

생태계는 인간의 설계와 달리 실수와 실패에 대해 무감각하다고 했으므로, 이 글은 인간의 설계와 생태계를 비교하는 글이라고 볼 수 있다. 따라서 ⑤ '생태계와 인간이 만든 체계의 차이점'이 글의 주제로 가장 적절하다.

▶오답 피하기

①, ②, ③은 글에 등장한 일부 어휘를 활용하였지만 전체 흐름과 무관하므로 정답이 아니다. ④의 경우, 글의 소재인 Errors and failures를 이용한 보기이지만 그것을 예방하고 감소시키는 방법에 대한 내용은 아니므로 답이 될 수 없다.

전략 적용 1 영화 산업과 출판업에서 입소문의 중요성 정답 ⑤

첫 문장 키워드

The movie industry, personal recommendations

무슨 영화를 볼지 고민할 때 다른 사람의 추천을 받아본 경험이 있을 것이다. 소재나 주제와 연관된 개인적인 경험을 떠올리며 글을 읽으면 배경지식을 이용하는 것처럼 더 빨리 속독할 수 있다.

끊어읽기 해석

The movie industry is obviously affected / by personal
영화 산업은 분명히 영향을 받는다   개인적인 추천에 의해
recommendations. // Even though well over a billion dollars is spent
                        10억 달러가 훨씬 넘는 돈이 매년 쓰이지만
every year / on promoting new movies, / people talking to people is /
          새 영화를 홍보하는 데   사람들이 사람들에게 말하는 것이
what really counts. // According to Marvin Antonowsky, / head of
정말로 중요한 것이다   Marvin Antonowsky에 따르면   Universal
marketing for Universal Pictures, / "Word of mouth is like wildfire."
Pictures의 마케팅 수석   "입에서 나온 말(입소문)은 들불과 같다"
// This point is well illustrated / by the number of low-budget movies
   이것의 요지는 잘 표현된다   저예산 영화의 숫자로
/ that have succeeded with little or no advertising / — and by the
  거의 혹은 전혀 광고를 하지 않고 성공한   그리고 대형 예산을
number of big-budget flops. //
들인 실패작의 숫자로
Like the movies, / book publishing is another industry / where lots
영화처럼   책 출판은 또 다른 산업이다   (거기서) 많은
of money is traditionally spent on advertising / but can't begin to
돈이 전통적으로 광고에 쓰이는   하지만 힘과 겨루기 시작할 수는
compete with the power / of friends telling friends about their
없는   친구들이 친구들에게 그들의 발견에 대해 말하는 것의
discoveries. // Twenty-five years ago, / *The Road Less Traveled*, / by
             25년 전에   'The Road Less Traveled'는   정신과
psychiatrist M. Scott Peck, / was just another psychology/
의사 M. Scott Peck이 쓴   그저 또 하나의 심리학/인간관계 서적일 뿐이었다
relationship book / lying unnoticed on bookstore shelves. // Then a
                  눈에 띄지 못한 채 서점 선반에 놓여 있는   그러더니
few people read it, / told their friends, / and started a chain reaction /
몇몇 사람들이 그것을 읽었다   친구들에게 말했다   그리고 연쇄 반응이 시작되었다
that is still going on. // Today, / there are well over two million
아직도 진행되고 있는   오늘날   2백만이 훨씬 넘는 인쇄 부수가 있다(인쇄 부수는 2백
copies in print. //
만을 훨씬 넘는다)

지문 해석

영화 산업은 개인적인 추천에 의해 분명히 영향을 받는다. 새 영화를 홍보하는 데 10억 달러가 훨씬 넘는 돈이 매년 쓰이지만, 사람들이 사람들에게 말하는 것이 정말로 중요한 것이다. Universal Pictures의 마케팅 수석 Marvin Antonowsky에 따르면, "입소문은 들불과 같다." 이것의 요지는 거의 혹은 전혀 광고를 하지 않고 성공한 저예산 영화의 숫자와 대형 예산을 들인 실패작의 숫자로 잘 표현된다. 영화처럼 책 출판은 많은 돈이 전통적으로 광고에 쓰이지만 친구들이 친구들에게 그들의 발견에 대해 말하는 것의 힘과 겨루기 시작할 수는 없는 또 다른 산업이다. 25년 전에 정신과 의사 M. Scott Peck이 쓴 'The Road Less Traveled'는 눈에 띄지 못한 채 서점 선반에 놓여 있는 그저 또 하나의 심리학/인간관계 서적일 뿐이었다. 그러더니 몇몇 사람들이 그것을 읽었고, 친구들에게 말했고, 아직도 진행되고 있는 연쇄 반응이 시작되었다. 오늘날 인쇄 부수는 2백만을 훨씬 넘는다.

지문 구조

주제문 없이 영화 산업과 책 출판업의 유사한 점을 서술한 글.

	영화 산업
설명 1	영화 산업은 홍보에 많은 돈을 쓰는 산업이지만, 사람들이 사람들에게 하는 말이 정말 중요하다. (인용) "입에서 나온 말(입소문)은 들불과 같다"-Universal Pictures 마케팅 수석의 말
↓	책 출판업
설명 2	책 출판업도 광고에 많은 돈이 쓰이지만 친구들이 친구들에게 말하는 것의 힘이 더 중요하다. (예시) 'The Road Less Traveled'-입소문으로 200만 인쇄 부수를 기록한 책

전략 적용

Unit 08-4 '비교/대조 지문에 주로 등장하는 어휘가 정해져 있다'

이 글이 영화 산업과 책 출판업의 유사점(공통점)을 서술하고 있음을 알 수 있는 명확한 한 문장이 있다. 바로 'Like the movies(영화처럼)'로 시작하는 문장이다. 이 부사 역할의 전치사구와 'another(또 하나의)' industry라는 표현에서 유사점을 가진 비교 대상이 하나 더 추가됨을 알 수 있다.

구문 분석

[Even though well over a billion dollars is spent every year on
promoting new movies], <u>people talking to people</u> <u>is</u> [**what** really
                          주어   동사
counts].

→ 첫 번째 [ ]는 접속사 Even though가 이끄는 양보 부사절이다. 주어는 동명사구로 동명사의 의미상 주어 people이 talking 앞에 추가되었다. 두 번째 [ ]는 선행사를 포함하는 관계대명사절로 이 자체가 명사절로서 동사 is의 보어 역할을 한다.

Like the movies, <u>book publishing</u> <u>is</u> another industry [**where** lots
                    주어   동사
of money {is traditionally spent on advertising} **but** {can't begin
to compete with the power of (friends **telling** friends about their
discoveries)}].

→ [ ]는 관계부사절로, 앞에 있는 another industry를 수식한다. 여기서 관계부사 where는 'in the industry'라는 의미를 지니므로, in which로 바꾸어 쓸 수 있다. 두 개의 { }는 관계부사절 내 동사구로 but으로 병렬 연결되어 있다. ( )는 of의 목적어인 동명사구로 telling의 의미상 주어 friends가 앞에 추가되었다.

Twenty-five years ago, *The Road Less Traveled*, [by psychiatrist
                          주어
M. Scott Peck], <u>was</u> just another psychology/relationship book
                동사
[lying unnoticed on bookstore shelves].

→ 첫 번째 [ ]는 주어를 보충 설명하는 삽입된 전치사구이다. 전치사 by만으로 '~가 만든/쓴'이라는 뜻을 나타낼 수 있다. 두 번째 [ ]는 앞의 명사구 another ~ book을 수식하는 분사구로, 명사 book과 동사 lie(놓이다, 누워 있다)의 관계가 능동이므로 현재분사로 쓰였다. '놓이다'라는 해석 때문에 혼동하지 않도록 주의한다.

문항 해설

① 소기업을 위한 공짜 마케팅 아이디어

② 영화 각색은 책 판매량에 영향을 주는가?

③ 일부 영화는 성공하고 다른 것들은 실패하는 이유

④ 잘 팔리는 책을 쓰고 싶으신가요?

⑤ 입소문: 광고보다 더 강력한 것

▶ **정답 ⑤** Word of Mouth: More Powerful than Advertising

많은 예산을 들인 광고보다 입소문이 더 중요한 산업 두 가지를 소개했다. 전반부에서는 영화 산업을, 후반부에서는 책 출판업을 언급하고 있으므로, 이들의 공통적인 특성인 '입소문의 중요성'이 글의 제목에서 강조되어야 한다. 따라서 ⑤ '입소문: 광고보다 더 강력한 것'이 제목으로 가장 적절하다.

▶ **오답 피하기**

①의 경우 Small Business(소기업)는 글에 언급되지 않았으므로 오답이다. ②, ④는 각각 '영화'와 '책'이라는 비교 대상을 활용한 보기이나 '영화 각색', '잘 팔리는 책을 쓰는 방법'은 글에 언급되지 않았으므로 역시 오답이다. ③은 영화 산업에만 해당하는 내용으로 전체 내용을 포괄하지 못해 제목이 될 수 없다.

전략 적용 2 기능형 관리자와 사업형 관리자 비교 정답 ③

첫 문장 키워드

two types of managers

「two types of+명사」는 두 개의 비교 대상을 언급할 때 쓰는 전형적인 표현이다. 첫 문장의 표현으로 볼 때, 이 글은 기능형 관리자와 사업형 관리자를 비교하거나 대조하는 내용일 것이다.

끊어읽기 해석

There are two types of managers / in business organizations: /
두 종류의 관리자가 있다   사업 조직에는
functional managers and project managers. // Both types of
기능형 관리자와 사업형 관리자   두 종류의 관리자는 다른
managers have different roles and qualities. //
역할과 자질을 가진다
Functional managers head one of a firm's departments / such as
기능형 관리자는 회사 부서 중 하나를 이끈다   마케팅이나
marketing or engineering, / and they are specialists / in the area they
기술 같은   그리고 그들은 전문가들이다   그들이 관리하는 영역의
manage. // They are skilled / at breaking the components of a system
그들은 숙련되어 있다   시스템의 부분들을 더 작은 성분으로 쪼개는 일에
into smaller elements, / knowing something of the details of each
                        각 작업의 세부 사항에 관한 것들을 알고 있으면서
operation / for which they are responsible. //
                그들이 책임지고 있는
On the other hand, / project managers begin their career / as
반면에   사업형 관리자들은 그들의 직업을 시작한다   어떤
specialists in some field. // When promoted to the position of project
분야의 전문가로서   사업형 관리자의 위치로 승진될 때
manager, / they must transform from technical caterpillar to
그들은 기술적인 애벌레에서 다방면에 지식이 많은 나비로 탈바꿈해야 한다
generalist butterfly. // They oversee many functional areas, / each
                        그들은 많은 기능적인 영역을 감독한다   영역별
with its own specialists. // Therefore, / what is required is an ability /
전문가들이 각각 존재하는   그러므로   요구되는 것은 능력이다
to put many pieces of a task together / to form a coherent whole. //
업무의 많은 조각들을 한데 모아서   일관성 있는 전체를 구성하는
Thus, / to understand a frog, / for example, / functional managers cut
그래서   개구리를 이해하기 위해   예를 들어   기능형 관리자들은 그것을 자르고
it open / to examine it, / but project managers watch it swim with
열어서   그것을 조사한다   하지만 사업형 관리자들은 그것이 다른 개구리들과 헤엄치는 것을
other frogs / and consider the environment. //
본다   그리고 그 환경을 고려한다

지문 해석

사업 조직에는 두 종류의 관리자, 기능형 관리자와 사업형 관리자가 있다. 주제

문 두 종류의 관리자는 다른 역할과 자질을 가진다. 기능형 관리자는 마케팅이나 기술 같은 회사 부서들 중 하나를 이끌고, 그들은 그들이 관리하는 영역의 전문가들이다. 그들은 시스템의 부분들을 더 작은 성분으로 쪼개는 일에 숙련되어 있으면서, 그들이 책임지고 있는 각 작업의 세부 사항에 관한 것들을 알고 있다. 반면에, 사업형 관리자들은 그들의 직업을 어떤 분야의 전문가로서 시작한다. 사업형 관리자의 위치로 승진될 때, 그들은 기술적인 애벌레에서 다방면에 지식이 많은 나비로 탈바꿈해야 한다. 그들은 영역별 전문가들이 각각 존재하는 많은 기능적인 영역을 감독한다. 그러므로 요구되는 것은 업무의 많은 조각들을 한데 모아서 일관성 있는 전체를 구성하는 능력이다. 그래서, 예를 들어, 개구리를 이해하기 위해 기능형 관리자들은 그것을 자르고 열어서 그것을 조사하지만, 사업형 관리자들은 그것이 다른 개구리들과 헤엄치는 것을 보며 그 환경을 고려한다.

지문 구조

'도입 - 주제문 - 예시 - 결론' 지문 구조에 비교/대조의 설명 방식이 결합되고 결론이 생략된 형태이다. 도입에서 두 비교 대상을 밝히고, 이들의 차이점을 대조의 방식으로 설명하였다.

도입	사업 조직에는 기능형 관리자와 사업형 관리자 두 종류가 있다.
↓ 주제문	이들은 다른 역할과 자질을 가진다.
↓ 설명 1	**기능형 관리자** 1) 본인이 관리하는 영역의 전문가이다. 2) 부분을 더 작게 쪼개는 일에 능숙하고 세부 사항에 관한 것들을 안다.
↓ 설명 2	**사업형 관리자** 1) 특정 분야의 전문가이면서 많은 기능적인 영역을 감독한다. 2) 조각들을 모아 일관성 있는 전체를 구성하는 능력이 요구된다.
↓ 예시	기능형 관리자는 개구리를 자르고 열어서 분석하지만, 사업형 관리자는 개구리의 주변과 환경을 고려한다.

전략 적용

Unit 08-1 '첫 문장에 두 대상이 언급되면 보통 그 둘은 비교/대조의 대상이 된다'

Unit 08-4 '비교/대조 지문에 주로 등장하는 어휘가 정해져 있다'

첫 문장에 오는 'two types of ~'는 두 개의 비교 대상을 나타내며, 이어 주제문에서 이들은 다른(different) 역할과 자질을 가진다고 했다. 따라서 이 글은 비교/대조 지문 구조 중 차이점에 대해 서술하는 글이다. 중반부의 On the other hand라는 연결사로 한 비교 대상에서 다음 비교 대상에 관한 설명으로 넘어가는 지점을 알 수 있다.

구문 분석

They are skilled at [breaking the components of a system into
주어 동사
smaller elements], [knowing something of the details of each
operation {for which they are responsible}].

→ 첫 번째 [ ]는 at의 목적어인 동명사구이고, 두 번째 [ ]는 동시 동작(~하면서)을 나타내는 분사구문이다. { }는 선행사 each operation을 수식하는 관계대명사절이다. which 앞의 for는 관용 표현 be responsible for(~에 책임이 있다)의 전치사 for가 which를 따라 앞으로 나온 것이다.

Therefore, **what** is required is an ability [to put many pieces of a
주어 동사
task together {to form a coherent whole}].

→ 주어가 관계대명사 what이 이끄는 관계대명사절이자 명사절이다. what은 the thing which로 바꾸어 쓸 수 있으며 '~하는 것'이라고 해석한다. [ ]는 앞에 있는 명사 an ability를 수식하는 형용사적 용법의 to부정사구이다. { }는 부사적 용법의 to부정사구로 to put ~ together의 결과를 나타낸다.

문항 해설

> ① 리더십과 관리의 차이점
> ② 관리자로서 사람들을 이끄는 능력의 중요성
> **③ 기능형 관리자와 사업형 관리자 비교**
> ④ 이끌어 나갈 관리자를 필요로 하는 사업의 종류
> ⑤ (일반) 직원이 관리 직위를 얻는 방법

▶**정답③** a comparison between functional and project managers

기능형 관리자와 사업형 관리자를 각각 설명한 후 그 둘의 차이점에 대해 예시를 들며 요약한 글이다. 또한 주제문에서 이들이 각각 다른 역할과 자질을 가진다고 하면서 둘 사이에 차이가 있음을 명시했다. 따라서 ③ '기능형 관리자와 사업형 관리자 비교'가 글의 주제로 가장 적절하다.

▶**오답 피하기**

①, ②, ⑤는 글에서 언급된 내용이 아니다. ①에 차이점을 나타내는 어휘 differences가 포함되었으나, between 이후 내용이 글의 내용과 일치하지 않으므로 주의한다. ④의 경우, 글에서 기능형 관리자가 맡고 있는 구체적인 부서의 예시(marketing or engineering)가 나오긴 했으나 사업의 종류는 언급되지 않았으며, 두 종류의 관리자를 비교하는 글의 전체 내용과 맞지 않으므로 오답이다.

UNIT 09 질문 - 답변

정답	예제	1① 2① 3② 4③
체크	전략 적용 문제	1⑤ 2⑤

예제 1 예방 관리의 중요성 정답 ①

지문 해석

왜 우리는 자동차에 정기적으로 오일을 교환할 필요가 있는가? 왜 우리는 일 년에 두 번 치과 의사에게 진찰을 받을 필요가 있는가? 주제문 이 질문들에 대한 단순한 대답은 예방 관리이다. 당신은 사람들이 경고 신호를 무시하고 나서 불운한 상황이 하룻밤 사이에 나타난 것으로 보이는 이야기를 얼마나 많이 들어봤는가? 내 친구 한 명은 그의 앞 타이어 중 하나에 못이 있다는 것을 알았지만, 그 타이어에 어떠한 눈에 띄는 손상이 있는 것처럼 보이지 않았다. 그는 타이어가 펑크 난 채 고속도로에 한쪽에 있는 자신을 발견하게 될 때까지 못을 무시하기로 했다. 그는 타이어에 펑크가 나는 당황스러움을 겪기 전에 '시간이 있을 때 그것을 고치기로 계획했었다'고 나중에 나에게 말했다. 만약 그가 못을 제거하기 위해 몇 분만 시간을 들였더라면, 아마도 바로 그날 타이어에 펑크가 나는 일을 겪지 않았을 것이다.

구문 분석

> Why do we need to routinely **have** the oil **changed** in our
> do동사 주어 동사원형
> automobiles?

→ 이 문장에서 have는 사역동사로, 「have + 목적어 + 목적격보어」 구조로 쓰였다. 목적어 the oil이 동작(change)의 주체가 아니라 대상이므로 수동을 나타내는 과거분사(changed)가 목적격보어로 왔다.

> A friend of mine knew [there was a nail in one of his front tires],
> 주어1 동사1
> **but** there didn't seem to be any obvious damage to the tire.
> 동사2 주어2

→ [ ]는 knew의 목적어 역할을 하는 명사절이다. 여기서 명사절 접속사 that은 생략되었다. 등위접속사 but 이후에는 주어와 동사가 다른 또 다른 절이 연결된다. 유도부사 there가 앞에 온 도치 구문으로 동사가 주어 앞으로 도치되었다. there seem to be는 '~이 있는 것처럼 보이다'라는 뜻이다.

문항 해설

▶**정답①** 문제 발생을 막기 위해 사전 예방이 필요하다.

정기적으로 자동차 오일을 교환하고, 치과 의사를 방문해야 하는 이유를 묻는 질문에 예방 관리라고 답한 후, 예방 관리에 소홀해서 곤경에 처한 친구의 이야기를 예시로 들었다. 따라서 이 글의 요지로 적합한 것은 ①이다.

▶**오답 피하기**

②는 타이어가 펑크 난 위험한 상황에서 연상할 수 있게 만든 오답이다. ③은 사전 예방을 강조하는 이 글의 주제와 달리 사후 대처에 관한 내용이므로 오답이다. ④는 지문에서 다루지 않은 내용이며 ⑤는 예방 관리라는 소재를 활용하여 만든 오답이다.

예제 2 기후 변화 해결책으로서의 곤충 섭취 정답 ①

지문 해석

우리는 어떻게 환경에 더 적은 영향을 미치면서 필요한 영양분에 접근할 수 있을까? 농업에 있어서 기후 변화의 원인이 되는 가장 중대한 요소는 가축이다. 전 세계적으로 육우와 젖소는 온실가스 배출 측면에서 가장 중대한 영향을 미치며, 세계 이산화탄소 배출의 41%와 전 세계 총 온실가스 배출의 20%에 대해 책임이 있다. 가축 산업과 연관된 운송, 토양 개간, 메탄 배출, 그리고 곡물 경작으로 야기된 대기의 온실가스 배출 증가는 지구 온도 증가 뒤의 주된 요인이다. 전통적인 가축과 대조적으로, '작은 가축'으로서의 곤충은 온실가스를 적게 배출하고, 최소의 땅을 사용하고, 재배된 곡물 말고 음식물 쓰레기를 먹이로 할 수 있고, 어디에서나 길러질 수 있어서 장거리 운송으로 야기되는 온실가스 배출도 잠재적으로 피할 수 있다. 주제문 만약 우리가 전 세계적으로 곤충 소비를 늘리고 육류 소비를 줄인다면, 식량 체계의 지구 온난화 가능성은 상당히 감소될 것이다.

배경지식

- **온실가스(greenhouse gas)**: 이산화탄소, 메탄, 이산화질소 등이 이에 속한다. 지구 복사열을 흡수하여 다시 지구로 방출하며 지구 온난화를 초래한다.

구문 분석

The most significant component [of agriculture {that contributes
주어
to climate change}] is livestock.
동사

→ [ ]는 The most significant component를 수식하는 전치사구이다. { }는 선행사 agriculture를 수식하는 주격 관계대명사절이다.

Globally, beef cattle and milk cattle have the most significant
주어   동사1
impact [in terms of greenhouse gas emissions(GHGEs)], **and are**
                                                        동사2
responsible for {41% of the world's CO$_2$ emissions} **and** {20%
of the total global GHGEs}.

→ 하나의 주어에 이어지는 두 개의 동사(have, are)가 and로 병렬 연결되어 있다. [ ]는 첫 번째 동사구(have ~ impact)를 수식하는 부사 역할의 전치사구이다. be responsible for는 '~에 책임이 있다'라는 뜻으로, for에 연결되는 두 개의 명사구 { }가 and로 병렬 연결되어 있다.

The atmospheric increases in GHGEs [caused **by** the transport,
                                    주어
land clearance, methane emissions, **and** grain cultivation
{associated with the livestock industry}] are the main drivers
                                              동사
behind increases in global temperatures.

→ [ ]는 The atmospheric ~ GHGEs를 수식하는 과거분사구이다. caused by는 '~으로 야기된'이라는 뜻으로, by에 연결되는 네 개의 명사구가 콤마(,)와 and로 병렬 연결되어 있다. { }는 이 명사구들을 수식하는 과거분사구이다. 주어부에서 수식어구를 뺀 명사가 복수형(increases)이므로 동사도 복수형(are)으로 수 일치한다.

문항 해설

① 곤충 섭취로의 식습관 변화의 필요성
② 곤충 사육에 대한 수요와 공급의 영향
③ 온실가스 배출 감소의 중요성
④ 지구 온난화를 막기 위한 기술 발달
⑤ 농업의 생산성 향상을 위한 몇 가지 방법

▶ **정답 ①** the necessity of a dietary shift toward eating insects

환경에 더 적은 영향을 미치면서 필요한 영양분을 얻기 위한 해결책으로 육류 소비를 줄이고 곤충 소비를 늘릴 것을 제안하고 있으므로 ① '곤충 섭취로의 식습

관 변화의 필요성'이 정답이다.

▶ **오답 피하기**

②는 곤충을 식량으로 삼는 것을 제안하는 글이지 그 수요와 공급에 대해서는 다루고 있지 않으므로 오답이다. ③은 온실가스 배출 감소를 위한 해결책을 제시하고 있지만, 그 중요성에 초점을 맞춘 글이 아니라 정답이 될 수 없다. ④는 지문에 나온 지구 온난화를 다시 언급하여 함정으로 유도하는 보기이다. ⑤는 지문 내용과 무관하다.

예제 3 균형을 유지하게 해주는 개 꼬리의 역할　정답 ②

지문 해석

당신은 개가 달리다가 방향을 바꿀 때 왜 넘어지지 않는지 궁금해했던 적 있는가? 개가 달리고 있다가 빠르게 방향을 바꿔야 할 때 그는 가고 싶은 방향으로 몸의 앞부분을 던진다. 그때 그의 등은 휘지만 뒷부분은 여전히 원래 방향으로 계속 갈 것이다. 당연히, 이 회전 동작은 개의 뒷부분이 넓게 흔들리는 결과로 이어질 수 있다. 그리고 이것은 급회전을 하려고 할 때 개의 움직임 속도를 크게 늦추거나 심지어 넘어지게 할 수도 있다. 그러나, 개의 꼬리는 이것을 방지하도록 돕는다. 주제문 꼬리를 몸이 회전하고 있는 방향과 같은 방향으로 던지는 것은 경로를 이탈하려는 경향을 줄이는 역할을 한다.

구문 분석

Have you ever wondered [**why** a dog doesn't fall over {when he
have동사 주어   과거분사
changes directions (while running)}]?

→ 현재완료 시제(have+과거분사)의 문장이 의문문이 되면서 have동사가 주어 앞으로 나왔다. [ ]는 have wondered의 목적어로 온 명사절이다. 「의문사+주어+동사」 어순의 간접의문문이 쓰였다. { }는 when이 이끄는 시간 부사절이고, ( )는 그 안에 속하는 분사구문으로, while he is running에서 주어와 be동사가 생략된 형태이다.

Throwing his tail [in the same direction {**that** his body is
                                              주어
turning}] serves to reduce the tendency to spin off course.
         동사

→ 동명사(V-ing)구 주어가 전치사구 [ ]의 수식을 받으며 길어졌다. { }는 the same direction을 수식하는 관계부사절이다. 여기서 관계부사 that은 where로 바꾸어 쓸 수 있다. 동명사 주어는 단수 취급하므로 동사도 단수 형태인 serves가 왔다.

문항 해설

① 개의 몸무게가 속도에 미치는 영향
② 균형을 유지하는 데 있어 개 꼬리의 역할
③ 개의 나쁜 행동을 유발하는 요소
④ 개를 올바르게 훈련시키는 것의 중요성
⑤ 개가 사람에게 뛰어오르는 이유

▶ **정답 ②** role of a dog's tail in keeping balance

개가 방향을 바꿀 때 넘어지지 않는 이유로 꼬리를 몸이 회전하고 있는 방향과 같은 방향으로 던져 경로를 이탈하려는 경향을 줄인다고 설명했다. 이 글의 주요 내용은 개가 넘어지지 않도록 하는 꼬리의 역할이므로 정답은 ② '균형을 유지하는 데 있어 개 꼬리의 역할'이다.

▶ **오답 피하기**

①은 지문에 개의 속도에 관한 언급은 있었으나 몸무게와 관련 짓지는 않았으므

로 오답이다. ③, ④, ⑤는 모두 지문에서 언급된 바가 없어 오답이다.

예제 4 재미있는 사람이 될 수 있는 방법　　　정답 ③

지문 해석

당신은 얼마나 재미있는가? 주제문 어떤 사람들은 타고난 익살꾼이기도 하지만, 재미있다는 것은 학습될 수 있는 일련의 기술이다. 뛰어나게 재미있는 사람들은 그들이 재미있다고 생각하는 모든 것을 놓치지 않기 위해 기억력에 의존하지 않는다. 예전에는 훌륭한 코미디언들이 재미있는 생각이나 관찰을 적기 위한 공책과 자신들에게 재미있다는 생각이 들게 하는 뉴스 조각을 위한 스크랩북을 가지고 다녔다. 오늘날, 당신은 그것을 스마트폰으로 쉽게 할 수 있다. 만약 당신이 재미있는 생각이 있다면 그것을 음성 기록으로 녹음해라. 만약 당신이 재미있는 기사를 읽었다면 그 링크를 북마크에 저장해라. 세상은 재미있는 곳이고, 그 속에서 당신의 존재는 아마도 더 재미있을 것이다. 그 사실을 받아들이는 것은 당신에게 매일 유머를 발견하고 이야기를 만들어내는 데 필요한 모든 것을 주는 축복이다. 당신이 해야 하는 전부는 그것들을 기록한 다음 누군가에게 이야기하는 것이다.

구문 분석

Accepting that fact is a blessing [**that** gives you everything {you
　　　주어　　　　　　동사
need (to see humor and craft stories on a daily basis)}].

→ [ ]는 선행사 a blessing을 수식하는 관계대명사절이다. 주격 관계대명사 that이 관계대명사절을 이끈다. 그 안에서 everything을 다시 목적격 관계대명사절 { }가 수식한다. 여기서는 목적격 관계대명사가 생략되었다. ( )는 목적을 나타내는 부사적 용법의 to부정사구이다.

All [you have to do] is **document** them and then **tell** someone.
　　　　주어　　　　　　동사

→ 이 문장에서 All은 '전부'라는 의미의 단수명사로, 동사도 단수 형태 is가 왔다. [ ]는 선행사 All을 수식하는 목적격 관계대명사절로, 선행사가 All일 때 관계대명사는 보통 생략된다. 보어 자리에는 관계대명사절의 do에 해당하는 내용이 보충된 것이다.

문항 해설

① 코미디 업계로 뚫고 들어가기
② 인터넷에 있는 가장 재미있는 것들
③ **원한다면 당신은 더 재미있어질 수 있다**
④ 유머가 기억에 미치는 효과
⑤ 현대판 유머: 과거만큼 재미있지 않음

▶정답 ③ You Can Become Funnier If You Want
얼마나 재미있는 사람인지 물으며 흥미를 유발한 다음에 재미있는 사람이 될 수 있는 구체적인 방법을 설명하였다. 이 글의 중심 내용을 가장 잘 반영한 제목은 ③ '원한다면 당신은 더 재미있어질 수 있다'이다.

▶오답 피하기
①은 재미있어지는 방법에 초점을 맞춘 글이지, 코미디 업계에 진출하는 방법을 언급한 것은 아니므로 오답이다. ②는 스마트폰을 활용한 재미있어지는 방법에서 인터넷을 연상하게 하여 유도하는 오답이다. ④는 글의 소재인 기억과 유머를 활용한 오답이다. ⑤는 이 글에서 과거와 현대의 재미있어지는 방법을 소개하기는 했지만 둘을 대조하여 언급한 것은 아니므로 오답이다.

전략 적용 1 새로운 이야기 속 신념을 발견하는 원리　　　정답 ⑤

첫 문장 키워드

hear a story, look for beliefs
첫 문장의 동사구로 보아 이야기 속에서 신념을 찾는 것이 글의 소재일 것으로 예측할 수 있다.

끊어읽기 해석

When we hear a story, / we look for beliefs / that are being
우리가 이야기를 들을 때　　　우리는 신념들을 찾는다　　　언급되고 있는
commented upon. // Any story has many possible beliefs / inherent
　　　　　어떤 이야기든지 많은 가능한 신념들을 가진다　　　그 안에 내재된
in it. //
But / how does someone listening to a story / find those beliefs? //
그러나 어떻게 이야기를 듣는 사람들은　　　　　　　그러한 신념들을 찾는가?
We find them / by looking through the beliefs / we already have. //
우리는 그것들을 찾는다　신념들을 검토함으로써　　　우리가 이미 가지고 있는
We are not as concerned with what we are hearing / as we are with
우리는 우리가 듣고 있는 것에 관심을 두지 않는다　　　우리가 발견하는 것에
finding / what we already know / that is relevant. // Picture it in this
(관심을 두는) 만큼　우리가 이미 아는 것을　　(이야기와) 관련된　이런 식으로 상상해봐라
way. // As understanders, / we have a list of beliefs, / indexed by
　　　이해하는 사람으로서　　　우리는 신념 목록을 가지고 있다　　주제 영역별로
subject area. // When a new story appears, / we attempt to find a
색인이 달린　　　새로운 이야기가 나타나면　　　우리는 우리의 신념 중 하나를
belief of ours / that relates to it. // When we do, / we find a story
찾으려고 한다　　그것과 관련된　　　우리가 그렇게 할 때　우리는 이야기를 찾는다
attached to that belief / and compare the story in our memory / to the
그 신념에 결부된　　　그리고 우리 기억 속에 있는 그 이야기를 비교한다　　우리가
one we are processing. // Our understanding of the new story
지금 처리하고 있는 것과　　　우리가 새로운 이야기를 이해하는 것은 (~이) 된다
becomes, / at that point, / a function of the old story. // Once we find
　　　　그 시점에　　　오래된 이야기의 기능이　　　우리가 신념 그리고 연
a belief and connected story, / we need no further processing; / that
관된 이야기를 발견하면　　　　우리는 더 이상의 처리를 필요로 하지 않는다　　즉
is, / the search for other beliefs stops. //
　　　다른 신념에 대한 탐색이 멈춘다

지문 해석

우리는 이야기를 들을 때 언급되고 있는 신념들을 찾는다. 어떤 이야기든지 그 안에 내재된 많은 가능한 신념들을 가진다. 그러나 이야기를 듣는 사람들은 어떻게 그러한 신념들을 찾는가? 주제문 우리는 그것들을 우리가 이미 가지고 있는 신념들을 검토함으로써 찾는다. 우리는 (이야기와) 연관되어 우리가 이미 알고 있는 것을 발견하는 것에 관심을 두는 만큼 듣고 있는 것에는 관심을 두지 않는다. 이런 식으로 상상해보자. 이해하는 사람으로서 우리는 주제 영역별로 색인이 달린 신념 목록을 가지고 있다. 새로운 이야기가 나타나면 우리는 그것과 관련된 우리의 신념 중 하나를 찾으려고 한다. 우리가 그렇게 할 때 우리는 그 신념에 결부된 이야기를 찾고, 우리 기억 속에 있는 이야기를 우리가 지금 처리하고 있는 이야기와 비교한다. 그 시점에 우리가 새로운 이야기를 이해하는 것은 오래된 이야기의 기능이 된다. 우리가 신념 그리고 연관된 이야기를 발견하면, 우리는 더 이상의 처리를 필요로 하지 않는다. 즉, 다른 신념에 대한 탐색이 멈춘다.

지문 구조

이야기를 듣는 사람들이 이야기에 담긴 신념을 찾는 방식이 무엇인지 질문을 던진 다음, 그에 대한 답변을 제공하고 있다.

도입	우리는 이야기를 들을 때 이야기에 내재된 신념을 찾는다.

질문	이야기를 듣는 사람들은 어떻게 그러한 신념들을 찾는가?
↓ 답변	이미 가지고 있는 신념들을 검토함으로써 찾는다.
↓ 설명	새로운 이야기가 나타나면 우리가 가지고 있는 신념 목록에서 그것과 관련된 신념과, 그 신념에 결부된 이야기를 찾아서 두 이야기를 비교하며 새로운 이야기를 이해한다.

전략 적용

Unit 09-3 '질문을 던지는 의도를 파악하라 ② - 원리/개념 설명'

사람들이 이야기 속에 내재된 신념을 어떻게 찾는지 질문을 던진 후, 그에 관련된 원리를 차근차근 설명하고 있다. 질문 뒤에 이어지는 원리 소개가 이 지문의 핵심 내용이다.

구문 분석

We are **not as** [concerned with {**what** we are hearing}] **as** [we
주어 동사
are with finding {**what** we already know (**that** is relevant)}].

→ 「not as ~ as …」는 '…만큼 ~하지 않다'는 뜻의 원급(concerned) 비교 표현이다. 첫 번째 [ ]는 형용사구, 두 번째 [ ]는 비교 대상에 해당한다. 두 번째 [ ]에서 we are 뒤에는 반복되는 concerned가 생략되었다.
두 개의 { }는 둘 다 선행사를 포함하는 관계대명사 what이 이끄는 명사절로, '~하는 것'이라고 해석한다. 첫 번째 { }는 전치사 with의 목적어, 두 번째 { }는 finding의 목적어 역할을 한다. ( )는 앞의 what ~ know를 수식하는 관계대명사절로, 주격 관계대명사 that이 쓰였다.

When we do, we [find a story attached to that belief] **and**
주어 동사1
[**compare** the story in our memory **to** the one {we are
동사2
processing}].

→ 하나의 주어에 이어지는 두 동사구 [ ]가 and로 병렬 연결되어 있다. 「compare A to B」는 'A와 B를(A를 B에) 비교하다'라는 뜻이다. { }는 the one을 수식하는 목적격 관계대명사절이다. one은 앞에 나온 명사 story를 받는다.

문항 해설

① 오래된 이야기를 이해하는 데 있어서 새로운 이야기의 활용
② 이야기를 회상하는 데 있어서 우리 기억 용량의 한계
③ 우리 신념에 도전하는 데 새로운 이야기가 미치는 영향
④ 이야기 말하기 기술을 향상시키는 가장 효과적인 전략
⑤ **새로운 이야기를 이해하는 데 있어서 우리의 기존 신념의 역할**

▶**정답 ⑤** the role of our existing beliefs in comprehending a new story

이 글은 질문 바로 뒤에 우리가 새로운 이야기에 담긴 신념을 찾기 위해 이미 가지고 있는 신념을 검토한다는 원리를 밝히고, 관련된 설명을 이어 나간다. 이 글의 내용을 가장 적절하게 반영한 주제는 ⑤ '새로운 이야기를 이해하는 데 있어서 우리의 기존 신념의 역할'이다.

▶**오답 피하기**
①, ③은 새로운 이야기를 이해하기 위해 기존 신념과 이야기를 활용한다는 지문 내용과 반대되는 오답이다. ②는 글에서 다루지 않은 기억 용량을 언급하였으므로 오답이다. ④는 지문과 무관한 내용이다.

전략 적용 2 첫인상으로 단정하지 말아라 정답 ⑤

첫 문장 키워드

old saying, first impression
첫인상에 대한 속담으로 글을 시작했다. 속담은 어떤 주제에 관한 사람들의 통념을 반영하는 말이다. 통념에 대해 글쓴이가 반박할 가능성을 염두에 두고 읽어보자.

끊어읽기 해석

You know the old saying / about having only one chance / to make a
당신은 옛 속담을 아는가   오직 한 번의 기회가 있다는   첫인상을 남길
first impression? //

Forget about it for once / and give people a second chance. //
한 번이라도 그 말을 잊어버려라   그리고 사람들에게 두 번째 기회를 주어라
Even if you didn't like someone's question / at yesterday's lecture /
당신이 누군가의 질문이 마음에 들지 않았을지라도   어제의 강연에서
or you thought his outfit was out-of-place / for the event, / don't
또는 당신이 그의 옷차림이 어울리지 않는다고 생각했을지라도   행사에   그 사람을
immediately write that person off / as a potential friend. // This is a
즉시 단념하지 말아라   잠재적 친구로서   이번에는 당신
time in your life to dig deeper / and allow yourself to find out / what
의 삶에서 더 깊이 파고들 시간이다   그리고 당신 스스로 발견하게 할   무엇이
makes people behave / the way they do. // Forget about surfaces /
사람들을 행동하게 만드는지   그들이 행동하는 방식대로   겉모습에 대해서는 잊고
and look for what's inside. // And remember, / it takes time / for
내면에 있는 것을 찾아봐라   그리고 기억해라   시간이 걸린다   새로운
new friendships to develop. // As you get to know each other, /
우정이 발전하는 데는   당신이 서로 알아감에 따라
shared experiences and interests / will become woven into the
공유된 경험과 관심사는   우정에 얽혀 들어갈 것이다
friendship. // Keep working on the relationship, / even if it feels
그 관계에 계속 공을 들여라   비록 그것이 때로로 불편
uncomfortable at times. //
하게 느껴질지라도

지문 해석

당신은 첫인상을 남길 오직 한 번의 기회가 있다는 옛 속담을 아는가? 주제문 한 번이라도 그 말을 잊어버리고 사람들에게 두 번째 기회를 주어라. 어제 강연에서 누군가의 질문이 마음에 들지 않았거나, 그의 옷차림이 행사에 어울리지 않는다고 생각했을지라도 그 사람을 잠재적 친구로서 즉시 단념하지 말아라. 이번에는 당신의 삶에서 더 깊이 파고들어, 무엇이 사람들을 그들이 행동하는 방식대로 행동하게 만드는지 당신 스스로가 발견하게 할 시간이다. 겉모습에 대해서는 잊고, 내면에 있는 것을 찾아봐라. 그리고 새로운 우정이 발전하는 데는 시간이 걸린다는 것을 기억해라. 당신이 서로 알아감에 따라 공유된 경험과 관심사는 우정에 얽혀 들어갈 것이다. 비록 그것이 때로로 불편하게 느껴질지라도 그 관계에 계속 공을 들여라.

지문 구조

어떤 속담에 대해 아는지 질문하면서 주제에 대한 흥미를 끌어낸 후에 첫인상으로 판단하지 말고, 시간을 두고 알아보라는 주장을 펼치는 구조이다. 주제문과 같은 내용을 담은 명령문을 지문 내내 되풀이하면서 주제를 강력하게 제시한다.

도입 (질문)	첫인상을 남길 오직 한 번의 기회가 있다는 옛 속담을 아는가?
↓ 주제문	(첫인상으로 판단하지 말고) 두 번째 기회를 주어라.
↓ 예시	안 좋은 첫인상의 예시
↓ 주제 재진술	- 겉모습은 잊고 내면에 있는 것을 찾아봐라. - 새로운 우정이 발전하는 데 시간이 걸린다는 것을 기억하라. - 관계에 계속 공을 들여라.

Unit 09-4 '질문을 던지는 의도를 파악하라 ③ - 흥미 유발'

첫인상에 관한 속담을 진짜로 아는지 모르는지 독자의 답변은 중요치 않다. 첫 인상에 관한 주장을 펼치기 앞서 독자의 흥미를 유발하기 위해 던진 질문일 뿐 이다. 흥미를 유발한 다음에는 곧바로 본론으로 들어간다.

구문 분석

You know the old saying about [**having** only one chance {to make a first impression}]?

→ [ ]는 전치사 about의 목적어 역할을 하는 동명사(V-ing)구다. { }는 chance 를 수식하는 형용사적 용법의 to부정사구이다. 구어체에서는 평서문에 물음표 를 붙이고 끝만 올려 읽어 의문문을 만들기도 한다.

This is a time in your life [to dig deeper] and [**allow** yourself to **find** out {what **makes** people **behave** the way (they do)}].

→ 두 개의 [ ]는 a time을 수식하는 to부정사구로, and로 병렬 연결되어 있다. allow 앞에는 to가 생략되어 있다. 「allow+목적어+목적격보어(to부정사)」는 '~ 가 …하게 하다(허락하다)'라고 해석한다. { }는 의문사 what이 이끄는 명사절 (간접의문문)로 find out의 목적어 역할을 한다. 여기에서 makes는 사역동사로 「make+목적어+목적격보어(원형부정사)」 구조를 이룬다. ( )는 방법을 나타내 는 관계부사절로 the way를 수식한다. 참고로 선행사 the way와 관계부사 how 중 하나는 반드시 생략되어야 하는데 여기서는 how가 생략되었다.

And remember, [**it** takes time {for new friendships} **to develop**].

→ 동사원형으로 시작하는 명령문이다. [ ]는 remember의 목적어인 명사절로, 앞에 접속사 that이 생략되고 콤마(,)로 연결되었다. [ ] 안에서 it은 가주어, to부 정사(to develop)가 진주어이며, { }가 to develop의 의미상 주어이다.

문항 해설

▶정답 ⑤   친구를 사귀려면 내면의 모습에 주목하여 꾸준히 노력하라.

주제문과 주제를 재진술하는 명령문 문장들을 종합하였을 때, 첫인상만으로 사 람을 판단하지 말고 시간을 들여 다른 사람의 내면에 있는 것을 찾아보고 관계에 꾸준히 공을 들이라는 것이 이 글에서 주장하는 바이다. 따라서 정답은 ⑤이다.

▶오답 피하기

①, ②, ③은 글에서 다룬 바 없는 내용이다. ④는 첫인상이라는 표현에서 연상할 수 있는 오답이다.

UNIT 10 도입 - 전개 - 결말(시간순)

정답 체크	예제	1② 2② 3① 4③
	전략 적용 문제	1① 2②

예제 1 Jason이 자신만의 학습 방법을 찾는 과정   정답 ②

지문 해석

Jason은 그가 뭔가를 할 수 있었던 수업 이외에는 항상 수업에서 힘든 시간을 보 내는 것 같았다. 선생님들이 그저 서서 말하거나 모든 사람에게 읽으라고 말하는 수업에서 그는 지루해져서 가만히 못 있는 것 같았다. 그러나 그가 일어나서 뭔 가를 할 수 있었던 산업 기술, 연극, 과학 프로젝트, 또는 체육 같은 수업은 항상 그가 가장 좋아하는 것들이었다. 그는 곧 그가 느리거나 동기 부여가 되지 않는 학습자가 아니라, 운동 감각적 학습자임을 깨달았다. 일단 그가 이것을 이해하자, 그는 이 정보를 자신에게 유리하게 사용하기 시작했다. 그는 그가 수업에서 배운 것들을 쪽지, 포스터, 낙서 위에 자세히 설명했다. 그는 배운 것들을 실행에 옮겼 고, 역할극이나 연극을 이용하는 프로젝트에서 다른 학생들과 작업했다. 이것은 그의 학습이 활기를 띠게 도와주었고, 그는 덜 지루해졌다. 그 결과, 그는 학교를 더 즐거워했을 뿐 아니라 성적도 올라갔다.

구문 분석

He soon realized [that he was not a slow or unmotivated learner; he was a kinesthetic learner].

→ [ ]는 동사 realized의 목적어인 명사절이다. 명사절 접속사 that이 세미콜론 (;)으로 연결된 두 개의 절을 이끈다. 여기서 세미콜론은 절과 절을 연결하는 접속 사 역할을 한다.

This **helped** his learning **come** alive, **and** he was less bored.

→ 주어, 동사가 다른 두 개의 절이 등위접속사 and로 병렬 연결되어 있다. 첫 번 째 절의 동사 helped는 「help+목적어+목적격보어」 구조의 문장을 만든다. help는 준사역동사이므로 목적격보어 자리에는 to부정사와 원형부정사 모두 가능하다. 여기서는 원형부정사(come)가 쓰였다.

문항 해설

▶정답 ②   자신에게 맞는 학습 방법으로 공부해야 한다.

Jason은 자신이 운동 감각적 학습자라는 사실을 깨달은 이후, 자신이 배운 것들 을 활동적인 방식(자세히 설명하기, 실행에 옮기기, 다른 학생들과 역할극 작업 하기 등)으로 다시 공부했다. 이는 자신이 좋아하는 방식으로 학습하여 긍정적인 결과를 가져온 것이므로, 이 글의 요지로 ②가 가장 적절하다.

▶오답 피하기

①, ③의 '공부 시간, 목표 설정'은 글에서 다뤄지지 않은 내용이다. ④는 he was not a slow ~ learner 부분에서 떠올릴 수 있는 내용이지만 글의 중심 사건(학습 법 변화)과는 상관이 없다. ⑤는 글에서 교우 관계에 대한 내용은 없었으므로 글 의 요지가 될 수 없다.

지문 해석

아프리카 대륙에 대한 무지는 지도 제작에 있어서 몇 가지 엄청난 실수들을 초래했다. 그 실수들 중 하나는 1700년대에 발생했는데, 그때는 한 유럽 탐험가가 Mali 남부에서 산맥을 봤다고 보고했을 때였다. 그 보고로부터 한 지도 제작자는 긴 산맥 선을 그려 넣었다. 그 결과, 그가 'Kong 산맥'이라고 불렀던 이 산맥은 19세기에 거의 모든 아프리카 지도 위에 그려졌으며, 그 대륙의 지리에서의 중요한 특징으로 보였다. 유럽의 정치인들과 무역인들은 이 산맥이 존재한다는 그들의 믿음에 근거하여 결정을 내렸다. 하지만 1880년대 후반에 한 프랑스 탐험가는 아프리카 그 지역에 산맥이 없다는 것을 증명했다. 그 발견을 따라서, 'Kong 산맥'은 아프리카 지도에서 사라졌다.

배경지식

• **Kong 산맥(Kong Mountains):** 1798년부터 1880년대 후반까지 서아프리카 지도에 존재했던 산맥. 그 규모는 지도마다 다르게 표현되었으나 일부 지도에는 아프리카 대륙의 절반을 횡단하는 거대한 규모로 존재하기도 했다. Kong 산맥은 금이 풍부하고 눈에 덮여 있다고 알려져 당시 사람들의 호기심을 자극했다. 하지만 1887~1889년에 이 지역을 탐험한 프랑스의 Louis Gustave Binger에 의해 실제로 존재하지 않음이 밝혀졌다.

구문 분석

One of the errors happened in the 1700s, [**when** a European
　　주어　　　　동사
explorer reported {**having seen** mountains in southern Mali}].

→ [ ]는 계속적 용법의 관계부사절로, 앞에 있는 the 1700s를 선행사로 한다. { }는 관계부사절 내 동사 reported의 목적어인 동명사구로, 완료형(having V-ed)으로 쓰여 동사 reported보다 앞선 시점을 나타낸다.

As a result, these "Kong Mountains," [as he called them], were
　　　　　　　　주어1　　　　　　　　　　　　　　　　　동사1
drawn on almost all maps of Africa in the 19th century, **and** they
　　　　　　　　　　　　　　　　　　　　　　　　　　　　　주어2
seemed to be an important feature of the continental geography.
동사2

→ 주어와 동사가 다른 두 개의 절이 등위접속사 and로 병렬 연결되었다. [ ]는 삽입절로 "Kong Mountains"를 수식한다. '그가 ~라고 불렀던'이라고 해석한다.

However, in the late 1880s, a French explorer proved [that there
　　　　　　　　　　　　　　　主어　　　　　　동사
were no mountains in that part of Africa].

→ [ ]는 동사 proved의 목적어인 명사절이다.

문항 해설

① 우리는 지리적 정보를 어떻게 이용하는가
② 존재하지 않았던 Kong 산맥
③ 유럽 탐험가들이 남부 아프리카를 발견하다
④ 남아프리카는 국제적 협력이 필요하다
⑤ 아프리카: 풍부한 천연 자원의 본고장

▶**정답 ② The Kong Mountains That Never Existed**

한 유럽 탐험가의 실수로 인해 Kong 산맥이 존재하는 것처럼 거의 모든 아프리카 지도에 그려졌다가, 다시 존재하지 않는 것으로 증명되어 지도에서 사라졌다는 내용이다. 따라서 산맥이 존재하지 않았음을 Never로 강조하고 있는 ② '존재하지 않았던 Kong 산맥'이 글의 제목으로 적절하다.

▶**오답 피하기**

①은 중반부에 Kong 산맥이 존재한다는 믿음을 근거로 정치인들과 무역인들이 의사결정을 하였다는 내용이 나오지만, 지리적 정보를 이용하는 방법에 대한 글이라고 보기는 어렵다. ③, ④, ⑤는 '아프리카'라는 지역적 소재를 다루고 있으나, 글의 핵심 소재(주인공)인 'Kong 산맥'과는 거리가 먼 내용이다.

지문 해석

어떤 이야기가 북쪽 대양에서 펭귄의 생태적 위치를 차지했던 커다란 흑백 바닷새 Great Auk의 이야기보다 더 가혹할 수 있을까? 그것의 이야기는 섬 개체수가 거의 전부 사라질 때까지 인간에 의해 잔인하게 파괴되면서 그리스 비극처럼 부흥하고 쇠퇴한다. 그런 다음 가장 마지막 군집은 특별한 섬, 사납고 예측할 수 없는 해류에 의해 인류의 파괴로부터 보호받은 섬에서 안전을 찾았다. 이런 바다는 완벽하게 적응한 해양 조류에게는 아무런 문제도 주지 않았지만, 인간이 도저히 안전하게 내리지 못하도록 막았다. 상대적으로 안전하게 몇 년을 즐긴 후에 다른 종류의 재앙이 Great Auk를 덮쳤다. 화산 활동은 섬 피난처가 파도 밑으로 완전히 가라앉게 만들었고, 살아남은 개체들은 다른 곳에서 안식처를 찾아야 했다. 그들이 선택한 새로운 섬 서식지는 한 가지 끔찍한 측면에서 옛것의 이점이 없었다. 인간들은 상대적으로 쉽게 그곳에 접근할 수 있었고, 그들은 그렇게 했다! 단지 몇 년 이내에, 한때 많았던 이 종의 마지막은 완전히 제거되었다.

배경지식

• **큰바다오리(Great Auk):** 도도새(dodo)와 함께 생물의 멸종 사례로 인용되는 대표적인 새이다. 19세기 중반에 멸종된 것으로 보고된다. 펭귄과 닮은 모습으로 키는 75~85cm, 몸무게는 5kg 정도였으며, 날개의 길이가 15cm 정도밖에 되지 않아 날기에 적합하지 않았다. 주로 바위섬에서 서식했고, 먹이가 없을 때는 물을 헤엄쳐 북대서양을 따라 이동하기도 했다.

구문 분석

Its tale rises and falls like a Greek tragedy, [**with** island
주어　　동사1　　　동사2
populations savagely **destroyed** by humans {until almost all
were gone}].

→ [ ]는 「with + 명사 + 과거분사」 형태로, 전치사 with가 이끄는 분사구문이다. 주절의 부대상황을 나타낸다. island populations와 destroy의 관계가 수동이므로 과거분사 destroyed(파괴된)가 왔다. { }는 with 분사구문에 종속된 시간(~할 때까지) 부사절이다.

Then the very last colony found safety on a special island, [one
　　　　　주어　　　　　　동사
{protected from the destruction of humankind **by** vicious and
unpredictable ocean currents}].

→ [ ]는 a special island와 동격인 명사구이다. protected 이하 과거분사구 { }가 대명사 one을 수식한다. by vicious ~ currents는 protected의 행위자를 나타내는 전치사구이다.

[After enjoying a few years of comparative safety], disaster of a
　　　　　　　　　　　　　　　　　　　　　　　　　　　주어
different kind struck the Great Auk.
　　　　　동사

→ [ ]는 접속사 After가 생략되지 않은 시간 분사구문으로 '~후에'라는 의미를 강조한다.

The new island home [they chose] lacked the benefits of the old
　　　　　　　　　주어　　　　　　　　　　동사
in one terrible way.

→ [ ]는 목적격 관계대명사절로 선행사 The new island home을 수식한다. 여기서 they는 앞 문장의 surviving individuals를 가리킨다. the old는 '옛것'이라고 해석한다. 참고로 「the+형용사」 형태의 명사구이다. '~한 사람들(복수)' 또는 '~한 것(단수)'이라고 해석할 수 있다.

① 마지막 Great Auk는 어떻게 죽었는가
② Great Auk와 펭귄의 차이점
③ 동물들은 자연 재해를 정말로 예측할 수 있을까?
④ 동물이 고립되어 진화하면 무슨 일이 벌어질까?
⑤ 위험 감지: 생존 본능 중 하나

▶정답 ①　How the Last Great Auks Died
이 글은 Great Auk라는 새가 인간에게 죽임을 당하고 완전히 없어지기까지의 과정을 서술한다. 중반부 전개 과정에서 잠시 안전한 섬을 찾았다는 내용이 있지만, 화산 활동으로 인하여 섬을 다시 옮기게 되면서 결국 비극적인 죽음을 당했다는 것이 결말이다. 따라서 ① '마지막 Great Auk는 어떻게 죽었는가'가 글의 제목으로 적절하다.

▶오답 피하기
②, ③은 글에서 언급된 일부 단어(penguins, Volcanic activity)에서 떠올릴 수 있는 내용이나, 전체 흐름과 상관없는 오답이다. ④, ⑤는 글에 언급되지 않았으므로 답이 될 수 없다.

예제 4　Wilt가 고등학교 학위를 얻기까지의 과정　　정답 ③

지문 해석

Wilt는 고등학교 교육을 전혀 필요로 하지 않았고 심지어 원하지도 않았다. 하지만, 그가 은퇴 후 파트타임 일자리를 얻으려고 했을 때 그는 할 수 없었는데, 왜냐하면 그는 고등학교 학위를 가지고 있지 않았기 때문이다. 그리고 그것은 그를 화나게 했다. 그는 일반 교육 학위(GED)를 얻고자 했는데, 그것은 고등학교 수준의 학업 능력을 증명하는 것이다. 다달이, 해마다, 그는 GED 시험을 쳤다. 그는 그것들에 실패했고 더 열심히 공부했지만 계속해서 8년 동안 매번 실패할 뿐이었다. "그는 그 목표를 가지고 그것을 놓아주지 않는 놀라운 끈기를 가지고 있었어요."라고 그의 선생님은 회상했다. 그것은 그에게 아주 힘든 길이었기 때문에, Wilt는 특별한 메시지를 (전화) 응답기에 아직도 저장하고 있다. "저는 GED 시험 때 당신의 시험 감독관이었습니다. 저는 다만 당신에게 축하하기 위해 전화했습니다. 당신은 시험을 둘 다 통과했습니다."라고 음성은 말했다.

배경지식

· **일반 교육 학위(General Education Diploma, GED)**: 미국·캐나다에서 정규 고등학교 교육 과정을 마치지 못한 사람을 위해 발급하는 학위 인증서를 말한다. 최근 GED 시험은 언어 추리(Reasoning through Language Arts), 수리(Mathematical Reasoning), 과학(Science), 사회(Social Studies)의 총 4개 영역으로 이루어지며, 각 과목에 대한 4개의 시험을 모두 통과해야 학위를 얻을 수 있다.

But [when he tried to get a part-time job after retirement], he
　　　　　　　　　　　　　　　　　　　　　　　　　　　　　주어
couldn't [because he didn't have a high school diploma].
동사

→ 두 개의 [ ]는 각각 시간 부사절, 이유 부사절이다. 주절의 동사 couldn't 뒤에는 시간 부사절의 get a part-time job이 생략된 것으로 볼 수 있다.

He set out to get his General Education Diploma (GED), [which
주어　　동사
certifies high school-level academic competence].

→ [ ]는 계속적 용법의 관계대명사절로, which는 앞에 있는 명사구 General Education Diploma (GED)를 선행사로 한다.

He'd fail them, **and** study harder, [**only to fail** each of them
주어 조동사+동사원형1　　동사원형2
repeatedly for eight years].

→ 두 개의 동사원형이 would에 and로 병렬 연결되어 있다. 여기서 would는 과거에 반복된 행위를 나타내는 조동사이다. 「only+to부정사」는 '(그 결과) ~할 뿐이다'라는 뜻의 숙어 표현으로 to부정사 부사적 용법 중 결과를 나타낸다.

① 정직이 최선의 방책이다.
② 냄비가 주전자보고 검다 한다.
③ 느리지만 꾸준히 한다면 경기에서 이긴다.
④ 얕은 지식은 위험한 것이다.
⑤ 일만 하고 놀지 않는 것은 Jack을 바보로 만든다.

▶정답 ③　Slow and steady wins the race.
Wilt는 고등학교 학위(GED)를 따기 위해 8년간 공부하고 계속해서 시험을 쳤다. '놀라운 끈기를 가지고 있었다(had amazing persistence), 그에게 아주 힘든 길(a tough road for him)이었다'는 표현을 통해 이야기에서 끈기와 인내를 강조하고 있음을 알 수 있다. 따라서 글의 요지로 적절한 속담은 ③ '느리지만 꾸준히 한다면 경기에서 이긴다.'이다.

▶오답 피하기
이번 지문의 선택지는 모두 영어 속담이다. ①은 정직의 중요성을 나타내며, ②는 자신의 더 큰 단점은 보지 못하고 다른 사람을 나무라는 태도를 지적한다. ④는 완전하지 않은 지식은 오히려 위험할 수 있다는 경고의 의미가 담겨 있다. ⑤는 일과 즐거움 모두 중요하다(균형이 중요하다)는 뜻이다.

전략 적용 문제

전략 적용 1 마라톤을 앞두고 불안감을 이겨낸 이야기 정답 ①

첫 문장 키워드

a marathon, years ago

마라톤에 참여했던 몇 년 전 기억에 관한 글이다. 1인칭 화자(주어 I)가 자신의 직접적인 경험담을 통해 말하려는 교훈이 무엇일지 생각하며 읽어보자.

끊어읽기 해석

I remember preparing to run a marathon / years ago , / and though I
나는 마라톤에 뛸 준비를 했던 것이 기억난다   몇 년 전에   그리고 나는 그것을

trained well for it, / I was really scared / that I'd get cramps, / or /
잘 훈련했음에도 불구하고   나는 정말로 두려웠다   내가 쥐가 나게 되는 것이   아니면

that, for some reason, I wouldn't be able to finish. //
어떤 이유로 내가 완주를 하지 못하게 되는 것이

So as an act of faith, / I started thinking of / something I'd do / only
그래서 믿음을 위한 행동으로   나는 ~을 생각하기 시작했다   내가 할 법한 일을   내가 이

if I had already successfully run the marathon. // What I decided to
미 성공적으로 마라톤을 뛰었어야만   내가 하기로 결심했던 것은

do / was write a letter to my grandmother in New York, / as if the
     뉴욕에 있는 할머니에게 편지를 쓰는 것이었다   마치 마라톤이

marathon had already come and gone / and I had happily completed
이미 지나간 것처럼   그리고 내가 행복하게 그것을 끝마친 것처럼

it. // I wrote her a couple of pages, / excitedly telling her how easy it
나는 그녀에게 2-3장의 글을 썼다   그것이 얼마나 쉬웠는지 그녀에게 신나게 말하면서

had been / and even making fun of myself / for having worried so
그리고 심지어 나 스스로를 놀리면서   아주 많이 걱정했던 것에 대해

much / the week before the race . // I kept this letter with me all
       경주가 있기 전주에   나는 이 편지를 일주일 내내 몸에 지녔고

week / and read it to myself / whenever I felt nervous. //
       그리고 그것을 나 자신에게 읽어주었다   내가 불안을 느낄 때마다

On the day of the race , / I ran the whole way / — no cramps, no
경주 날에   나는 전체 길을 달렸다   쥐가 나지 않고, 그 어떤

problems whatsoever, / just like I'd written to my grandmother. //
문제도 없이   마치 내가 할머니에게 썼던 것처럼

지문 해석

나는 몇 년 전에 마라톤에 뛸 준비를 했던 것이 기억나는데, 나는 그것을 잘 훈련했음에도 불구하고 쥐가 나게 되거나, 어떤 이유로 완주를 하지 못하게 되는 것이 정말로 두려웠다. 그래서 믿음을 위한 행동으로, 나는 이미 성공적으로 마라톤을 뛰었어야만 내가 할 법한 일을 생각하기 시작했다. 내가 하기로 결심했던 것은 뉴욕에 있는 할머니에게 마치 마라톤이 이미 지나간 것처럼 그리고 내가 행복하게 그것을 끝마친 것처럼 편지를 쓰는 것이었다. 나는 그녀에게 그것이 얼마나 쉬웠는지 신나게 말하며, 심지어 경주가 있기 전주에 아주 많이 걱정했던 것에 대해 나 스스로를 놀리면서 2-3장의 글을 썼다. 나는 이 편지를 일주일 내내 몸에 지녔고, 불안을 느낄 때마다 그것을 나 자신에게 읽어주었다. 경주 날에 마치 내가 할머니에게 썼던 것처럼 쥐가 나지 않고, 그 어떤 문제도 없이 전체 길을 달렸다.

지문 구조

'도입 - 전개 - 결말' 구조에서 전개 부분에 마라톤에 대한 불안감을 떨치기 위한 과정이 구체적으로 서술된 구조이다.

도입	몇 년 전에, '나'는 마라톤을 앞두고 여러 가지 이유로 두려웠다.
↓ 전개	그래서, '나'는 마라톤을 성공적으로 끝마친 것처럼 가장하여 할머니에게 편지를 썼고, 그 편지를 몸에 지니며 읽었다.
↓ 결말	경주 날에, '나'는 편지에 썼던 것처럼 마라톤을 잘 끝마쳤다.

전략 적용

Unit 10-1 '도입부에서 이야기의 주인공이 등장한다'
Unit 10-2 '시간 정보를 활용하여 이야기의 흐름을 파악한다'
Unit 10-3 '시간순 지문은 마지막 문장에 답이 있다'

첫 문장의 주어를 통해 글의 주인공은 마라톤을 준비하던 '나'임을 알 수 있다. 접속사, 시간 표현 등을 통해 글을 세 부분으로 나누어 보면 아래와 같다.

(1) 마라톤 준비 중 - 불안감을 느낌.
(2) 마라톤 일주일 전 - 할머니에게 편지를 쓰고, 편지를 지니고 다니면서 읽음.
(3) 마라톤 당일 - 성공적으로 마라톤을 마침.

마지막 문장에 경주 당일 어떤 문제도 없이 마라톤을 끝까지 달렸다는 내용이 온다. 이 결말을 통해 화자가 자신만의 방법으로 성공을 이뤄냈다는 이야기의 핵심 내용을 알 수 있다.

구문 분석

I remember preparing to run a marathon years ago, **and** [though
주어1 동사1
I trained well for it], I was really scared [that I'd get cramps], **or**
                              주어2 동사2
[that, {for some reason}, I wouldn't be able to finish].

→ 독립된 두 개의 절이 and로 병렬 연결되어 있다. 첫 번째 주절의 동사에는 「remember + 동명사」 형태가 쓰여 '(과거에) ~했던 것을 기억하다'라는 뜻이 된다. 세 개의 [ ]는 모두 and 이후에 있는 주절의 종속절로, 첫 번째 [ ]는 though 가 이끄는 양보 부사절, 두 번째, 세 번째 [ ]는 형용사 scared의 이유를 나타내는 명사절로 or로 병렬 연결되어 있다. { }는 삽입된 전치사구로, 앞과 뒤의 콤마(,)를 통해 삽입구임을 알 수 있다.

So as an act of faith, I started thinking of something [I'd do {only
                      주어 동사
if I had already successfully run the marathon}].

→ [ ]는 관계대명사절로 선행사 something을 수식한다. { }는 조건 부사절로, 접속사 if 앞에 only가 붙어 '~한 경우에만, ~해야만'이라는 한정하는 의미의 조건절을 만든다. 혼합 가정법이 쓰여 과거에 마라톤을 성공적으로 뛰었다면(had run) 현재의 상황(would do)이 어떨지 가정한다.

What I decided to do was write a letter to my grandmother in
주어   동사
New York, [as if {the marathon **had** already **come** and **gone**}
and {I **had** happily **completed** it}].

→ 주어는 선행사를 포함하는 관계대명사 what이 이끄는 명사절이다. 이때 what은 뒤에 오는 to do의 목적어 역할과 절을 이끄는 접속사 역할을 동시에 한다. 동사 was 이후에는 write가 보어로 왔는데 앞에 to가 생략된 형태이다. [ ]는 as if 가정법이 쓰였다. and로 연결된 두 개의 절 { }에서 시제가 과거완료(had V-ed)이므로 주절의 시점(과거)에서 사실이 아닌 일을 가정한다.

I wrote her a couple of pages, [excitedly telling her {how easy it
주어 동사
had been}] **and** [even making fun of myself for {having worried
so much the week before the race}].

→ 두 개의 [ ]는 분사구문으로 and로 병렬 연결되어 있다. 둘 다 동시동작(~하면서)을 나타낸다. 첫 번째 { }는 「의문사 how + 형용사」가 이끄는 명사절로 '얼마나 ~했는지'로 해석한다. 두 번째 { }는 전치사 for의 목적어인 동명사구이다. 완료형 동명사(having V-ed)로 making fun of보다 앞선 시점을 나타낸다.

문항 해설

44

① 가장하기의 힘
② 경험이 중요하다
③ 할머니의 애정
④ 인생은 마라톤이다
⑤ 가족의 격려

▶ 정답 ① Power of Pretending

글쓴이가 마라톤에 대한 불안을 느끼다가 이를 극복하기 위해 할머니에게 편지를 썼다. 마라톤을 이미 성공적으로 끝마친 상황인 것처럼 가장하여 글을 쓰면서 글쓴이는 자신감을 얻었다고 볼 수 있다. 따라서 ① '가장하기의 힘'이 글의 제목으로 가장 적절하다.

▶ 오답 피하기

②는 경험의 중요성에 대해서는 언급되지 않았으므로 오답이다. ③, ⑤는 할머니에게 쓴 편지가 힘이 된 것은 맞지만 할머니로부터 직접 격려를 받거나 애정을 느꼈다는 내용은 없으므로 정답이 아니다. ④는 인생을 마라톤에 비유한 표현으로 인생을 길게 보고 끝까지 달려야 함을 의미하는데, 이 글이 주는 메시지와 맞지 않는 오답이다.

전략 적용 2 캠핑 밴을 빌려주지 않아 후회한 이야기 정답 ②

첫 문장 키워드

purchased a brand-new camper van

최신형 캠핑 밴을 구입했다는 내용에서, 이 글의 주인공이 들떠서 즐거워하고 있는 상황을 예상해 볼 수 있다.

끊어읽기 해석

A few years ago / we purchased a brand-new camper van. // Not
몇 년 전에   우리는 최신형 캠핑 밴을 구입했다   우리가
long after we bought our camper, / a friend of ours asked / if her
캠핑 밴을 산 지 오래 지나지 않아   우리 친구 중 하나가 물었다   그녀의
family could borrow it. // We were not too interested / in loaning out
가족이 그것을 빌릴 수 있는지   우리는 그다지 관심이 없었다   흠집 하나 없는 캠핑
our spotless camper, / so we declined. // This happened in the fall, /
밴을 빌려주는 일에   그래서 우리는 거절했다   이 일은 가을에 일어났다
and we stored the camper in our backyard / all that winter. //
그리고 우리는 캠핑 밴을 뒷마당에 보관했다   그해 겨울 내내
In the spring / my husband and I were setting it up / to prepare for a
봄에   남편과 나는 그것을 정비하고 있었다   여행을 준비하려고
trip. // We were very surprised / to find / that we had left cookie
우리는 아주 놀랐다   알고서   우리가 쿠키 상자들을 캠핑 밴에 두었
boxes in the camper / over the winter. // We had moved and had a
다는 사실을   겨울 동안   우리는 이사를 하고 아이를 낳았다
baby / that previous summer and fall, / and cleaning out the camper
그전 여름과 가을에   그리고 캠핑 밴을 청소하는 것은 간과되었다
had been overlooked. // That in itself would not have been so bad /
그것은 그 자체로 그다지 나쁘지 않았을 것이다
had it not been for the mice. // Mice were attracted by the food / and
쥐들이 아니었다면   쥐들은 음식에 이끌렸다   그리고
they shredded all the curtains, screens, and cushions. // Had we let
그것들은 모든 커튼, 칸막이, 그리고 쿠션들을 갈기갈기 찢어 놓았다   우리가 친구에게
the friend borrow the camper, / she would have discovered the boxes
캠핑 밴을 빌려 가게 했더라면   그녀는 그 상자들을 발견했을 것이다
/ before the mice did. //
쥐들이 그렇게 하기 전에

지문 해석

몇 년 전에, 우리는 최신형 캠핑 밴을 구입했다. 우리가 캠핑 밴을 산 지 오래 지나지 않아, 우리 친구 중 하나가 그녀의 가족이 그것을 빌릴 수 있는지 물었다. 우리는 흠집 하나 없는 캠핑 밴을 빌려주는 일에 그다지 관심이 없어서 거절했다. 이 일은 가을에 일어났고 우리는 캠핑 밴을 그해 겨울 내내 뒷마당에 보관했다. 봄

에 남편과 나는 여행을 준비하려고 그것을 정비하고 있었다. 우리는 우리가 겨울 동안 쿠키 상자들을 캠핑 밴에 두었다는 사실을 알고서 아주 놀랐다. 그전 여름과 가을에 우리는 이사를 하고 아이를 낳아서, 캠핑 밴을 청소하는 것은 간과되었다. 쥐들이 아니었다면 그것은 그 자체로 그다지 나쁘지 않았을 것이다. 쥐들은 음식에 이끌렸고 그것들은 모든 커튼, 칸막이, 그리고 쿠션들을 갈기갈기 찢어 놓았다. 우리가 친구에게 캠핑 밴을 빌려 가게 했더라면, 쥐들이 그렇게 하기 전에 그녀는 그 상자들을 발견했을 것이다.

지문 구조

'도입 - 전개 - 결말' 구조로 결말에 추가 설명이 들어 있는 구조이다. 해가 바뀌고, 계절이 변하는 것으로 이야기의 흐름을 나타내고 있다. 추가 설명하는 부분에서는 다시 겨울로 돌아가 상황을 구체적으로 서술한다.

도입	(몇 년 전) 캠핑 밴 구입
↓ 전개 ↓	(가을) 친구가 캠핑 밴을 빌려달라고 하자 거절함
결말	(다음 해 봄) 캠핑 밴에 쿠키 상자를 놓았다는 사실을 알고서 놀람 (겨울 동안의 일 - 추가 설명) 쥐들이 캠핑 밴에 놓아둔 쿠키 상자에 이끌렸고, 캠핑 밴을 망쳐 놓았음

전략 적용

Unit 10-3 '시간순 지문은 마지막 문장에 답이 있다'

마지막 부분에서 글쓴이는 친구에게 캠핑 밴을 빌려줬더라면 그런 일이 없었을 것이라며 후회하고 있다. 따라서 글의 제목을 고를 때 이러한 부정적 결말을 반영해야 한다.

구문 분석

We were very surprised [**to find** {that we had left cookie boxes
주어   동사
in the camper over the winter}].

→ [ ]는 이유를 나타내는 부사적 용법의 to부정사구이다. { }는 to find의 목적어인 명사절이다.

That in itself would not have been so bad [**had it** not been for the
주어   동사
mice].

→ 이 문장은 if가 생략된 가정법 문장이다. 주절은 「주어+would+have+V-ed」 조건절은 원래 「if+주어+had+V-ed」로 가정법 과거완료(과거 사실의 반대)의 형태를 띠는데, 조건절에 if가 생략되면서 have동사(had)와 주어가 도치되었다. [ ]는 if it had not been ~으로 바꾸어 쓸 수 있다.

[**Had** we let the friend borrow the camper], she would have
주어   동사
discovered the boxes [before the mice **did**].

→ 이 문장도 역시 if가 생략된 가정법 과거완료 문장이다. 첫 번째 [ ]는 가정법 조건절로 If we had let ~으로 바꾸어 쓸 수 있다. 두 번째 [ ]는 시간 부사절로, 마지막에 온 did는 앞의 동사구 discovered the boxes를 대신한다.

문항 해설

① 끔찍한 캠핑 여행
② **이기심은 절대 성공할 수 없다**
③ 쥐들이 싫어하는 냄새는 무엇일까?
④ 항상 이웃을 초대하라
⑤ 여행에 가장 좋은 계절

45

▶정답 ② **Selfishness Never Pays Off**

글쓴이는 새 캠핑 밴이 아까워서 친구에게 빌려주지 않고 그대로 보관하였으나, 결과적으로 이는 쥐들의 침입으로 이어졌다. 마지막 문장에서도 '캠핑 밴을 친구에게 빌려가게 했더라면 그 (쿠키) 상자들을 발견했을 것'이라고 언급하였다. 따라서 이 글은 다른 사람에게 도움을 주는 것이 나에게도 이롭다는 교훈을 나타낸다고 볼 수 있으므로, 이러한 교훈을 반영하는 ② '이기심은 절대 성공할 수 없다'가 글의 제목으로 적절하다.

▶**오답 피하기**

①의 경우 글에서 여행을 간 경험을 언급한 것이 아니므로 오답이다. ③은 글에 등장하는 어휘를 활용한 오답이며, ④는 글이 주는 교훈을 잘못 해석한 오답이다. 또한 글의 내용을 계절에 따라 구분할 수 있는 것은 맞지만, 여행하는 것과 계절을 관련지어 설명한 것은 아니므로 ⑤도 오답이다.

PART 2

문제 유형 편

UNIT 11 주제를 파악하라

정답 체크	예제	1 ⑤ 2 ② 3 ④ 4 ③
	전략 적용 문제	1 ⑤ 2 ⑤ 3 ③ 4 ①

예제 1 영양소 섭취 시기의 중요성   정답 ⑤

지문 해석

최적의 체중을 달성하는 데 있어서 어려운 이유들 중 하나는 부적절한 영양소 타이밍이다. 주제문 여러분이 '언제' 먹는지는 거의 여러분이 '무엇'을 먹는지만큼 중요한데, 왜냐하면 동일한 영양소는 다른 시기에 섭취될 때 신체에 다른 영향을 미치기 때문이다. 신체의 에너지 요구는 하루 종일 변한다. 여러분 신체의 에너지 요구가 가장 큰 시기에 음식 섭취를 집중시키는 것과 여러분의 신체가 언제라도 그것(신체)의 즉각적인 에너지 요구를 충족시키기 위해 신체가 요구하는 것보다 더 많은 칼로리를 섭취하지 않는 것은 중요하다. 여러분이 최고조의 에너지 요구 시기에 칼로리를 섭취할 때 그것들 중 대부분은 여러분의 근육과 신경계에 연료를 공급하고, 근육 조직을 합성하며, 근육에 비축 연료를 다시 채우기 위해 사용된다. 여러분이 언제라도 필요한 것보다 더 많은 칼로리를 섭취할 때 그 초과된 칼로리는 체지방으로 저장될 것이다.

지문 구조

이 글은 '도입 - 주제문 - 재진술 - 설명' 구조로, Unit 02 도입 - 주제문 - 예시 - 결론에서 예시, 결론 대신 주제문의 재진술과 설명이 들어간 지문 구조이다.

도입	최적의 체중 달성이 어려운 한 가지 이유는 부적절한 영양소 타이밍이다.
↓ 주제문	동일 영양소도 섭취 시기에 따라 신체에 미치는 영향이 다르므로 언제 먹는지는 중요하다.
↓ 재진술	신체의 에너지 요구가 최대일 때 음식 섭취를 집중시키고 요구보다 많은 칼로리를 섭취하지 않는 것이 중요하다.
↓ 설명	1) 신체의 에너지 요구가 클 때 섭취: 근육 조직에 사용 2) 신체의 에너지 요구가 많지 않을 때 섭취: 체지방으로 저장

구문 분석

One [of the reasons {for difficulty in achieving one's optimal
                                주어
weight}] is poor nutrient timing.
         동사

→ [ ]는 One을 수식하는 전치사구, { }는 the reasons를 수식하는 전치사구이다. the reason(s) for는 '~한 이유'라는 뜻이다. 주어에서 모든 수식어구를 제외한 One이 단수이므로, 동사는 단수형 is가 온다.

When you eat is almost as important as what you eat, [because
주어   동사

the same nutrients have different effects on the body {when consumed at different times}].

→ 주절과 종속절로 이루어진 문장이다. [ ]는 종속절로 접속사 because가 이끄는 이유 부사절이다. 주절의 주어는 명사절로 「의문사(when)+주어+동사」 구조의 의문사절이다. 동사 is의 보어 자리에는 「almost as A as B」 구문이 와서 '거의 B만큼 A하다'라는 의미가 된다. 두 번째 as 뒤에도 「의문사(what)+주어+동사」 구조의 의문사절이 쓰여 주어와 대비를 이룬다. { }는 접속사(when)가 남아 있는 분사구문으로 consumed 앞에 being이 생략되어 있다. { }는 when they(=the same nutrients) are consumed ~로 바꿀 수 있다.

It's important to concentrate your food intake during those
가주어+동사   진주어
times [when your body's energy needs are greatest] and not to consume more calories [than your body needs {to meet its immediate energy needs at any time}].

→ '가주어 - 진주어' 구문으로, 두 개의 진주어(to부정사구)가 접속사 and로 병렬 연결되어 있다. 첫 번째 [ ]는 선행사 times를 수식하는 관계부사절이다. 두 번째 [ ]의 than은 비교 대상을 나타내는 접속사로 앞에 있는 more calories와 함께 「비교급+명사+than」의 구조를 이룬다. { }는 목적을 나타내는 부사적 용법의 to부정사구이다.

문항 해설

① 영양소 타이밍의 심리적 상태에 미치는 영향
② 당신의 건강을 향상시키는 필수 영양소의 역할
③ 느리게 먹는 것과 칼로리 섭취의 상관관계
④ 최적의 체중을 유지하는 것이 당신의 건강에 주는 이점
⑤ 최적의 체중을 달성하기 위한 영양소 타이밍의 중요성

▶ 정답 ⑤   the importance of nutrient timing to reach optimal weight

최적의 체중 달성이 어려운 이유의 하나로 부적절한 영양소 타이밍을 주장하고 그에 대한 근거를 밝히는 글이다. 따라서 이 글의 주제로 가장 적절한 것은 ⑤ '최적의 체중을 달성하기 위한 영양소 타이밍의 중요성'이 된다.

▶ 오답 피하기

①, ④는 각각 '영양소 타이밍'과 '최적의 체중 유지'를 언급하고 있어 정답처럼 보이지만 글에서 강조하는 '최적의 체중 달성과 영양소 타이밍 간의 연관성'을 언급하지 않아 오답이다. ②, ③은 지문에서 다루지 않은 내용이다.

예제 2 인류 생존에 도움을 준 불안의 특성   정답 ②

지문 해석

불안은 수천 년 동안 주변에 존재해왔다. 주제문 진화 심리학자들에 따르면, 그것은 우리 조상들이 생사의 오차 범위가 매우 좁았던 상황을 피하도록 도왔을 정도로 적응력이 있다. 불안은 사람들에게 그들의 삶이 야생 호랑이, 동굴의 곰, 배고픈 하이에나, 그리고 들판을 돌아다니는 다른 동물들로부터뿐만 아니라, 또한 적대적이고 경쟁적인 부족들로부터 위험에 처할 때 경고해 주었다. 경계를 유지하는 것은 고대 사람들이 포식 동물들과 싸우거나, 적으로부터 도망치거나, 또는 '꼼짝 않고 있으면서' 위장한 것처럼 주변 환경에 섞여서 그들이 눈에 띄지 않도록 도와주었다. 그것은 생존에 대한 실제 위협에 반응하도록 그들을 움직였다. 그것은 그들이 자신의 자손들을 위험이 없는 곳에 두도록 만들었다. 그래서 불안은 이롭고 목숨을 구해주는 특성이었기(특성일 수 있기) 때문에 진화를 통해서 인구 대다수에서 지속되었다.

문항 해설

> ① 불안해하지 말고, 그저 준비하라!
> **② 어떻게 불안이 우리가 생존하도록 도왔는가**
> ③ 불안한 세상에서 단순하게 살아가기
> ④ 인간과 동물: 친구인가, 적인가?
> ⑤ 다양한 감정들: 진화의 산물

▶정답 ②   How Anxiety Helped Us to Survive

주제문과 설명, 결론을 종합해볼 때 불안은 인류 생존에 도움을 주는 이로운 특성으로, 수천 년간 인류의 진화를 통해 지속되었다고 했다. 따라서 글의 제목으로 가장 적절한 것은 ② '어떻게 불안이 우리가 생존하도록 도왔는가'이다.

▶오답 피하기

①, ③은 핵심 소재인 불안함과 관련이 있지만 지문의 주제와 논점이 다르며 ④, ⑤는 지문에 등장하는 단어(people, animals, evolution)를 활용해 소재 일치의 함정을 노렸지만 주제와 전혀 관련이 없으므로 오답이다.

예제 3 창의적 사고와 신체적 편안함의 연관성   정답 ④

지문 해석

대부분의 사무실에서는, 전화가 끊임없이 울리고, 사람들이 찾아오며, 한 가지 문제에 집중하기가 불가능하다. 나는 문이 없는 사무실에서는 창의적이기가 어렵다고 늘 생각해 왔다. 그런 사무실에서는, 우리는 오랫동안 허공을 응시하거나 바닥을 서성거리거나 혹은 몇 분간 누워 있을 수가 없다. 그러나 나는 닫힌 문 뒤에서 아이디어를 생각해낼 때 이 모든 일들을 흔히 한다. 주제문 나에게는, 그리고 내가 믿기에는, 대부분의 사람들에게도 아이디어 만들기는 신체적 편안함과 밀접하게 연관되어 있다. 직원들에게 가끔씩 집이나 사적인 공간에서 일하도록 허용해주는 것은 더 좋은 아이디어와 결과를 만들어 낼 것이다.

지문 구조

이 글은 Unit 02 도입 - 주제문 - 예시 - 결론 지문 구조에서 예시가 주제문보다 먼저 나오는 구조이다. 주제문을 강조하기 위해 반전 문장이 추가되었으며, 주제문 뒤에는 결론 대신 부연 설명이 들어갔다.

도입 ↓	사무실에서는 집중하기가 불가능하고, 창의적이기가 어렵다.
예시 ↓	사무실에서는 아이디어를 생각해 낼 때 흔히 하는 행동(오랫동안 허공을 응시하거나, 바닥을 서성거리거나, 몇 분간 누워있기)을 할 수 없다.
반전+주제문 ↓	(그러나) 나는 닫힌 문 뒤에서 아이디어를 생각해낼 때 이 모든 일들을 흔히 한다. 아이디어 만들기는 신체적 편안함과 밀접하게 연관되어 있다.
부연 설명	직원들에게 집이나 사적인 공간에서 일하도록 허용해주는 것이 좋다.

구문 분석

> I have always found **it** hard [**to be** creative in a doorless office].
> 주어 have동사   과거분사

→ 문장의 동사가 현재완료(have V-ed) 시제로, have동사와 found 사이에 빈

배경지식

- **오차 범위(margin of error)**: 오차가 발생하는 값의 범위. 오차 범위가 작을수록 정확한 값이다. GPS 오차 범위가 1m 이내라고 하면 실제 사용자 위치와 GPS 측정값의 오차가 1m를 넘지 않는다는 뜻이다. 생사의 오차 범위가 좁다는 것은 생사 간의 격차가 미미하다는 것, 즉 죽음의 확률이 높았다는 뜻이다.
- **진화(evolution)**: 생물 종이 세대를 거치면서 환경에 적응하고 발전하기 위해 몸의 구조나 형태를 변화시켜 자손에게 그 형질을 유전시키는 과정이다. 진화와 종의 분화는 돌연변이, 자연 선택, 격리 등의 다양한 원인으로 일어난다.

지문 구조

이 글은 '도입 - 주제문 - 설명 - 결론' 구조로, Unit 02 도입 - 주제문 - 예시 - 결론에서, 예시 부분에 설명이 추가된 지문 구조이다.

도입 ↓	불안은 오랫동안 존재했다.
주제문 ↓	불안은 조상들을 생사의 기로에서 도왔다.
설명+예시 ↓	1) 동물, 적대 부족의 위험 경고 등 불안의 역할 설명 2) 생존 위협 대처법(싸우기, 도망치기, 꼼짝 않기) 예시
결론	불안은 생존에 이롭기 때문에 인류 진화를 통해 지속됐다.

구문 분석

> ~, it is adaptive **to the extent** [**that** it **helped** our ancestors avoid
> 주어 동사
> situations {**in which** the margin of error (between life and death) was slim}].

→ 문장의 주어 it은 앞 문장에 나온 단수명사 Anxiety를 받는다. to the extent that은 '~할 정도로, ~할 만큼'이라는 뜻이며 that은 extent를 부연 설명해주는 명사절 [ ]를 이끄는 접속사이다. [ ]의 동사구는 「help+목적어+목적격보어(to부정사/동사원형)」의 5형식 구조로 '~가 …하도록 돕다'라는 의미이다. { }는 선행사 situations를 수식하는 관계대명사절이며, in which는 관계부사 where로 바꾸어 쓸 수 있다. ( )는 the margin of error를 수식하는 전치사구로, 수식어구를 뺀 관계대명사절의 주어(margin)가 단수이므로 동사도 단수형 was가 왔다.

> Anxiety warned people **when** their lives were in danger: **not**
> 주어 동사
> **only** [**from** wild tigers, cave bears, hungry hyenas, and other animals {stalking the landscape}], **but also** [**from** hostile, competing tribes].

→ when은 시간 부사절을 이끄는 접속사로, 여기서는 '~일 때'라는 의미이다. 콜론(:) 이후에는 앞 내용의 전체 또는 일부를 부연 설명하는 내용이 오는데 여기서는 두 개의 from 전치사구 [ ]가 danger를 부연 설명하여 '~로부터의 위험'이라는 의미를 만든다. 「not only A but also B」 상관접속사 구문이 쓰여 두 개의 from 전치사구 [ ]를 연결한다. { }는 other animals를 수식하는 현재분사구이다.

> Being on alert **helped** ancient people fight predators, flee from
> 주어   동사
> enemies, **or** "freeze," [blending in, {**as if** camouflaged}, **so** they wouldn't be noticed].

→ 문장의 동사 helped는 「help+목적어+목적격보어」의 5형식 구조를 이루어 '~가 …하도록 돕다'라는 의미이다. 여기서는 목적격보어로 fight, flee, freeze 세 개의 동사원형이 왔으며, 콤마(,)와 or로 병렬 연결되어 있다. [ ]는 freeze를 보충 설명하는 분사구문이고, { }는 blending in을 수식하는 삽입된 부사절로, 주어 - 동사 they(=ancient people) were가 생략되었다. so는 등위접속사로

도부사 always가 삽입되었다. it은 have found의 가목적어, to부정사구 [ ]가 진목적어이다. 「find+목적어+목적격보어」 구조에서 목적어가 길어 뒤로 보내고 가목적어 it을 사용한 구조이다. '(to부정사)하는 것이 ~함을 발견하다(~하다고 생각하다)'로 해석한다.

> However, **all of these things** I do regularly [when I am coming
> 　　　　　　　　　　　　　　주어　동사
> up with an idea behind closed doors].

→ 동사 do의 목적어 all of these things를 주어 I 앞으로 가져와 강조했다. [ ]는 접속사 when이 이끄는 시간 부사절이다.

> **Allowing** employees **to** occasionally **work** from home or a
> 　　　　　　　　　　　　　　주어
> private space will generate better ideas and results.
> 　　　　　　　동사

→ 주어 자리에 동명사(V-ing)구가 왔다. 「allow+목적어+목적격보어(to부정사)」 구조로 '~가 …할 수 있도록 허용하는 것'이라고 해석한다.

문항 해설

▶ **정답 ④　창의적인 사고를 위해서는 편안한 사적 공간이 필요하다.**

마지막 두 문장에 필자의 생각이 직접 언급돼 있다. 창의적 아이디어와 신체적 편안함은 연관돼 있고, 사적 공간(a private space)에서 일하는 것은 더 나은 아이디어와 결과를 만들어 낼 수 있다고 했다. 따라서 ④가 가장 적절한 요지이다.

▶ **오답 피하기**

①, ②, ③의 사무실 운영비, 칸막이 구조, 인재 육성, 기업의 생존에 관한 내용은 지문에 없었다. ⑤는 '신체적 편안함'에서 일부 유추할 수 있는 내용이지만 근로자 의욕 고취에 관한 언급은 없었으므로 오답이다.

예제 4　프로그램 단체 예약 문의　　　　정답 ③

지문 해석

Diane Edwards 씨 귀하,
저는 East End 고등학교에서 근무하고 있는 교사입니다. 저는 귀하의 게시물에서 East End 항구 박물관이 지금 '2017 Bug 등대 체험'이라는 특별한 프로그램을 제공하고 있음을 읽었습니다. 그 프로그램은 우리 학생들에게 즐거운 시간을 보내고 새로운 것을 경험할 훌륭한 기회가 될 것입니다. 저는 우리 학교의 학생과 교사 50명이 그 프로그램에 참여하고 싶어 한다고 추정합니다. 주제문 11월 18일 토요일에 그 프로그램에 단체 예약을 하는 것이 가능한지 저에게 알려주시겠습니까? 우리는 이 좋은 기회를 놓치고 싶지 않습니다. 저는 곧 귀하로부터 소식을 듣기를 고대하겠습니다.
안녕히 계세요.
Joseph Loach 드림

배경지식

- **East End 항구 박물관(East End Seaport Museum)**: 미국 뉴욕 그린포트(Greenport) 마을에 있는 박물관이다.
- **Bug 등대(Bug Lighthouse)**: 미국 뉴욕 오리엔트(Orient)에 위치한 롱 비치 바 등대(Long Beach Bar Lighthouse)의 별칭이다.

지문 구조

이 글은 목적 찾기 유형에 자주 등장하는 편지글 형식이다. 앞, 뒤에 있는 인사말을 제외하고 글을 세 부분으로 나누어 각각의 내용을 요약하면 다음과 같은 구조가 된다.

도입부	글쓴이 소개, 화제 제시	현직 고등학교 교사, East End 항구 박물관 프로그램 언급
↓ 중반부	요구 사항 말하기	프로그램 단체 예약이 가능한지 알려줄 것 요청 (참여 인원이 학생과 교사 총 50명임을 밝힘)
↓ 후반부	맺는말	프로그램 참여에 대한 기대 표시 및 회신 요청

구문 분석

> The program would be a great opportunity for our students [to
> 　　주어　　　동사
> have fun **and** experience something new].

→ [ ]는 앞에 있는 명사구(a great opportunity)를 수식하는 형용사적 용법의 to부정사구이다. to have와 (to) experience가 and로 병렬 연결되어 있다. for our students는 to부정사구(to have ~ new)의 의미상 주어이다.

> Would you please let me know [if **it** is possible {**to make** a group
> 　조동사　　주어　　　　　　　　　동사원형
> reservation for the program for Saturday, November 18}]?

→ 조동사를 사용한 의문문이다. [ ]는 접속사 if(~인지 아닌지)가 이끄는 명사절로, know의 목적어 역할을 한다. [ ]에서 주어가 to부정사로 길어지자 가주어 it을 주어 자리에 두고 진주어 { }는 뒤로 보냈다.

문항 해설

▶ **정답 ③　프로그램 단체 예약이 가능한지를 문의하려고**

글의 중반부 이후에 특정일의 단체 예약이 가능한지 알려달라고 구체적인 요구 사항을 말했다. 따라서 글의 목적으로 가장 적절한 것은 ③이다.

▶ **오답 피하기**

행사 예약 가능 여부를 문의하는 편지(이메일)이므로, 안내하거나 소개한다는 내용의 ①, ④는 오답이다. ②는 초청 강사를 추천해 달라는 내용은 글에 없었으므로 오답이다. ⑤의 경우 인원수에 관한 언급이 나오긴 했으나, 인원수 변경을 요청한 것은 아니므로 역시 답이 될 수 없다.

전략 적용 문제

첫 문장 키워드

universal, behavioral defensive reactions

'행동 방어 반응'이라는 소재를 언급하고 그것이 '일반적인(universal)' 행동이라고 말했다. '일반적인, 보편적인'이라는 표현은 '통념'의 시그널이다. 이후 부분에 일반적이지 않은 예외가 반박으로 제시될 가능성이 있으므로 대비하고 읽는다.

끊어읽기 해석

The trio of / freeze, flight, and fight / are fairly universal behavioral
세 가지는   꼼짝 않고 있기, 도망치기, 그리고 싸우기   꽤 일반적인 행동 방어 반응이다
defensive reactions / in mammals and other vertebrate species. //
                    포유동물과 다른 척추동물 종에서
But some species have other options available, / such as "playing
그러나 어떤 종들은 다른 가능한 선택 사항들을 가지고 있다   '죽은 체하기' 같은
dead," / which is also called *tonic immobility*. // Like freezing, / this
        이것은 '긴장성 부동화'라고도 불린다   꼼짝 않고 있기처럼   이
behavior can help prevent attack, / but whereas in freezing / muscles
행동은 공격을 막아내도록 도와줄 수 있다   하지만 꼼짝 않고 있기에서는(~인) 반면에 근육들이
are contracted / and poised to be used in fight or flight, / in tonic
수축된다   그리고 싸우거나 도망치기에서 사용될 태세를 갖춘다   긴장성 부동
immobility / the muscles of the body are relaxed. // Another such
화에서는   신체의 근육들이 이완된다   또 다른 그러한 반응은
response is *defensive burying*: / Rodents will use their paws and
'방어적 파묻기'인데   설치류는 자신들의 발과 머리를 사용할 것이다
head / to shovel dirt / toward an aversive stimulus. // Other
머리를 흙을 파는 데   혐오스러운 자극이 오는 쪽을 향하여   다른 행동
behavioral options include / making loud noises, / retreating into a
선택 사항들은 포함한다   큰 소리 내기   껍데기 안으로 후퇴하기
shell, / rolling into a tight ball, / choosing to live in a predator-free
단단한 공(모양)으로 말기   포식자가 없는 장소에서 살기로 선택하기
area / such as underground, / or relying on safety in numbers / by
      땅속과 같이   또는 수적인 안전성에 의지하기   무리를
living in a group. //
지어 삶으로써

지문 해석

꼼짝 않고 있기, 도망치기, 그리고 싸우기, 이 세 가지는 포유동물과 다른 척추동물 종에서 꽤 일반적인 행동 방어 반응이다. **주제문** 그러나 어떤 종들은 '죽은 체하기' 같은 다른 가능한 선택 사항들을 가지고 있는데, 이것은 '긴장성 부동화'라고도 불린다. 꼼짝 않고 있기처럼 이 행동은 공격을 막아내도록 도와줄 수 있지만, 꼼짝 않고 있기에서는 근육들이 수축되고 싸우거나 도망치기에서 사용될 태세를 갖추는 반면, 긴장성 부동화에서는 신체의 근육들이 이완된다. 또 다른 그러한 반응은 '방어적 파묻기'인데, 설치류는 혐오스러운 자극이 오는 쪽을 향하여 흙을 파는 데 자신들의 발과 머리를 사용할 것이다. 다른 행동 선택 사항들은 큰 소리 내기, 껍데기 안으로 후퇴하기, 단단한 공(모양)으로 말기, 땅속과 같이 포식자가 없는 장소에서 살기로 선택하기, 또는 무리를 지어 삶으로써 수적인 안전성에 의지하기를 포함한다.

배경지식

· **긴장성 부동화(tonic immobility)**: 극도의 긴장이나 공포 때문에 일시적으로 몸이 굳어 꼼짝하지 못하는 상태이다. 도망쳐야 하는데 몸이 마음대로 움직이지 않는 상황이 일상생활에서 볼 수 있는 긴장성 부동화의 한 예이다. 부동화 지속 시간을 공포성에 대한 지표로 활용하기도 한다.

· **방어적 파묻기(defensive burying)**: 쥐를 비롯한 몇몇 설치류가 위협적 상황에 노출되었을 때 흙, 깔짚 등을 앞발과 머리로 격렬하게 파헤치는 본능적인 행동이다. 쥐의 불안 수준을 측정하기 위한 행동 검사로 활용한다.

지문 구조

이 글은 '도입 - 주제문 - 예시' 구조로, Unit 02 도입 - 주제문 - 예시 - 결론 구조와 Unit 03 통념 - 반박 구조가 합쳐진 형태이다. 예시와 설명을 자세히 나열하여 결론은 생략되었다.

도입(통념)	포유동물, 척추동물 종에서 일반적인 행동 방어 반응(꼼짝 않고 있기, 도망치기, 싸우기) 소개
↓	
주제문(반박)	어떤 종들은 죽은 체하기(긴장성 부동화) 같은 다른 가능한 선택 사항들이 있다.
↓	
예시+설명	1) 죽은 체하기(긴장성 부동화) - 공격을 막아낼 때 2) 방어적 파묻기 - 혐오스러운 자극이 있을 때 3) 다른 선택 사항들(큰 소리 내기 등)

STEP BY STEP 문제 풀이

STEP ① 도입부에서 주제, 소재 파악하기

· **주제**: some species have other options available
  (어떤 종들은 다른 가능한 선택 사항들이 있다.)
· **소재**: behavioral defensive reactions

STEP ② 주제, 소재가 반복되는지 확인하기

· **예시**: playing dead, defensive burying, making loud noises …
· **설명**: can help prevent attack

STEP ③ 핵심 어휘가 포함된 선택지 고르기

(주제문, 소재) other options, behavioral defensive reactions
→ unusual defensive techniques
(설명) prevent attack → protect themselves
❂ 주제문, 소재, 예시, 설명과 모두 일치하는 보기는 ⑤이다.

전략 적용

Unit 11-1 '주제문의 핵심 어휘가 포함된 선택지를 고른다'
주제 찾기 유형의 선택지에는 주제문에 나온 핵심 어휘나 소재를 다른 말로 살짝 바꿔 쓰는 경우가 많다. 이 글에서 주제문의 핵심 어휘는 other options, 소재는 behavioral defensive reactions였다.
주제 찾기 유형을 푸는 전략은 주제문의 핵심 어휘가 포함된 선택지를 고르는 것이었으므로, 이들과 유사한 어휘를 포함하면서, 동시에 예시와 설명을 아우르는 선택지인 ⑤를 고르면 된다.

구문 분석

But <u>some species</u> <u>have</u> other options available, **such as** "playing
   주어   동사
dead," [**which** is also called *tonic immobility*].

→ such as(~와 같은)는 구체적인 사례를 들 때 쓰는 관용 표현이다. [ ]는 playing dead를 보충 설명하는 계속적 용법의 관계대명사절이다. which는 and it으로 바꿔 쓸 수 있다.

Like freezing, <u>this behavior</u> <u>can help</u> prevent attack, **but** [whereas
              주어1   동사1
in freezing muscles are {contracted} **and** {poised to be used in
fight or flight}], in tonic immobility <u>the muscles of the body</u> <u>are</u>
                                        주어2   동사2
relaxed.

→ 주어와 동사가 다른 두 개의 절이 등위접속사 but으로 병렬 연결되어 있다. but 뒤에 오는 [ ]는 두 번째 절에 종속된 부사절로, 대조를 나타내는 접속사 whereas가 왔으므로 '~하는 반면'이라고 해석한다. 부사절 내의 동사는 수동태

(be동사+V-ed)가 쓰여, be동사(are)에 연결되는 두 개의 과거분사(구) { }가 and로 병렬 연결되어 있다.

> <u>Other behavioral options include</u> **making** loud noises, **retreating**
> 　　　　　　　　　　주어　　　　　　　동사
> into a shell, **rolling** into a tight ball, **choosing** to live in a
> predator-free area such as underground, **or relying** on safety in
> numbers by living in a group.

→ 문장의 동사 include의 목적어로 5개의 동명사구(making ~, retreating ~, rolling ~, choosing ~, relying ~)가 왔다. 동명사구들은 콤마(,)와 등위접속사 or 로 병렬 연결되어 있다.

문항 해설

① 포식자의 개체수가 증가하는 이유
② 생존 전략이 생물 종 진화에 미치는 영향
③ 방어 반응으로 다른 동물들을 공격하는 생물 종
④ 설치류와 기타 포유동물이 공유하는 신체적 특성
⑤ 특정 동물들이 스스로를 보호하기 위해 사용하는 특이한 방어 기술

▶ **정답 ⑤** unusual defensive techniques certain animals use to protect themselves

이 글은 동물들의 다양한 행동 방어 반응을 설명하고 있지만 첫 문장을 제외하고 모든 문장에서 포유동물 및 척추동물 종의 일반적 반응과는 다른 특정 동물들의 행동 방어 반응을 설명하고 있다. 따라서 주제로 가장 적절한 것은 ⑤ '특정 동물들이 스스로를 보호하기 위해 사용하는 특이한 방어 기술'이다.

▶ **오답 피하기**

①, ②는 지문에서 언급된 적이 없으므로 오답이다. ③은 지문에서 언급된 defensive reaction을 이용했지만, 방어 다른 동물들을 공격하는 생물 종이 언급되지는 않았으므로 역시 오답이다. ④의 경우, 지문에 포유동물과 설치류라는 말이 모두 언급되었지만 이들의 공통된 신체적 특성은 언급된 바 없으므로 오답이다.

전략 적용 2　운동에서 웨어러블 기기 사용의 위험성　정답 ⑤

첫 문장 키워드

Katherine Schreiber, Leslie Sim, experts on exercise addiction

'운동 중독' 전문가의 이름을 두 사람이나 직접 언급했다. 도입부에 인용된 전문가의 말이나 의견은 글쓴이가 자신의 주장에 신뢰를 높이려는 의도일 때가 많다. 아마 글쓴이는 운동 중독에 관하여 이 전문가들의 의견과 같은 생각을 가지고 있을 것이다.

끊어읽기 해석

Katherine Schreiber and Leslie Sim, / experts on exercise addiction,
Katherine Schreiber와 Leslie Sim은　　　　운동 중독에 관한 전문가인데
/ recognized / that smartwatches and fitness trackers / have probably
인정했다　　스마트 시계와 건강 추적기가　　　　아마도 고무시켜왔다
inspired / sedentary people / to take up exercise, / and encouraged
고　　주로 앉아서 지내는 사람들을　운동을 시작하도록　그리고 사람들을 장려해
people / who aren't very active / to exercise more consistently. // But
왔다고　별로 활동적이지 않은　　더 지속적으로 운동하도록　　하지
they were convinced / the devices were also quite dangerous. //
만 그들은 확신했다　그 장치가 또한 상당히 위험하다고
Schreiber explained / that focusing on numbers separates people /
Schreiber는 설명했다　　숫자에 집중하는 것이 사람들을 분리한다고
from being in tune with their body. // Exercising becomes mindless,
자신의 몸과 조화를 이루는 것으로부터　　　운동하는 것은 아무 생각이 없게 된다

/ which is 'the goal' of addiction. // This 'goal' that she mentioned /
그것이 중독의 '목표'이다　　　그녀가 언급했던 이 '목표'는
is a sort of automatic mindlessness, / the outsourcing of decision
일종의 무의식적 생각 없음이다　　　　장치에 의사 결정을 맡기는 것이다
making to a device. // She recently sustained a stress fracture / in her
그녀는 최근 피로 골절을 입었다　　　　　자신의 발
foot / because she refused / to listen to her overworked body, /
에　왜냐하면 그녀가 거부했기 때문이다　자신의 혹사당한 몸에 귀 기울이는 것을
instead continuing to run / toward an unreasonable workout target. //
대신에 계속해서 달렸다　　　　무리한 운동 목표를 향하여
Schreiber has suffered / from addictive exercise tendencies, / and
Schreiber는 고통을 겪어왔다　　　중독적인 운동 성향으로　　　　　그리고
vows / not to use wearable tech / when she works out. //
맹세한다　웨어러블 기기를 사용하지 않기로　그녀가 운동할 때

지문 해석

Katherine Schreiber와 Leslie Sim은 운동 중독에 관한 전문가인데 스마트 시계와 건강 추적기가 주로 앉아서 지내는 사람들을 운동을 시작하도록 아마도 고무시켜왔고, 별로 활동적이지 않은 사람들을 더 지속적으로 운동하도록 장려해 왔다고 인정했다. 주제문 하지만 그들은 그 장치들이 또한 상당히 위험하다고 확신했다. Schreiber는 숫자에 집중하는 것이 사람들을 자신의 몸과 조화를 이루는 것으로부터 분리한다고 설명했다. 운동하는 것은 아무 생각이 없게 되는데, 그것이 중독의 '목표'이다. 그녀가 언급했던 이 '목표'는 일종의 무의식적 생각 없음인데, 즉 장치에 의사 결정을 맡기는 것이다. 그녀는 최근 자신의 발에 피로 골절을 입었는데 왜냐하면 자신의 혹사당한 몸에 귀 기울이는 것을 거부하고 대신에 계속해서 무리한 운동 목표를 향하여 달렸기 때문이다. Schreiber는 중독적인 운동 성향으로 고통을 겪어왔고, 운동할 때 웨어러블 기기를 사용하지 않기로 맹세한다.

배경지식

• **건강 추적기(fitness tracker)**: 수면 시간과 질, 칼로리 섭취량, 맥박, 운동량 등 건강 관리에 필요한 다양한 지표를 측정해주어 건강 관리에 도움을 준다. 몸에 착용할 수 있는 웨어러블 기기의 한 종류이다.

• **웨어러블 기기(wearable tech)**: 옷을 입듯이 손목, 머리, 발 등 신체 부위에 착용할 수 있게 만든 IT 기기이다. 현재 가장 널리 사용되는 것은 손목에 착용하는 스마트 밴드, 스마트 시계 종류이다. 스마트폰과 연결하여 개인 행동 정보를 기록하거나 통화, 내비게이션 기능을 제공한다.

지문 구조

이 글은 Unit 01 주제문 - 예시 1 - 예시 2에서 배운 지문 구조에, 도입과 주제문을 부연 설명하는 문장이 추가된 구조이다. 여기서 But은 반전의 의미로, 도입부의 긍정적인 내용에 이어서, 주제문의 부정적인 내용을 언급하기 위해 사용되었다. 이로써 웨어러블 기기 사용의 위험성이라는 주제를 더 강조해주는 역할을 한다.

도입	(전문가의 말 인용) 스마트 시계와 건강 추적기는 사람들을 운동하도록 격려해 왔다.
↓ 주제문	하지만 그 장치들은 또한 상당히 위험하다고 전문가들은 확신한다.
↓ 부연 설명	1) 숫자에 집중하면 몸과 조화될 수 없다. 2) 생각 없음(mindlessness)은 운동 중독의 목표이며, 이는 의사 결정을 장치에 맡기는 것이다.
↓ 예시	무리한 운동 목표를 세웠다가 피로 골절을 입은 Schreiber의 사례

STEP BY STEP 문제 풀이

STEP 1 도입부에서 주제, 소재 파악하기

- **주제**: 운동 장치들은 위험하다
- **소재**: smartwatches and fitness trackers, the devices

STEP ② 주제, 소재가 반복되는지 확인하기

- **부연 설명**: 장치가 위험한 이유

  focusing on numbers separates people …,
  Exercising becomes mindless, which is 'the goal' of addiction.

- **예시**: 무리한 운동 목표로 인한 피로 골절 예시

  sustained a stress fracture ~ unreasonable workout target

STEP ③ 주제와 가장 비슷한 선택지 고르기

(주제) the devices were also quite dangerous → Isn't Always Right
(설명, 예시) focusing on numbers, unreasonable workout target →
Setting a Workout Goal with Technology

○ 웨어러블 기기의 위험성을 언급하는 주제와 일치하는 보기는 ⑤이다.

전략 적용

Unit 11-2 '제목 선택지의 5가지 유형을 익힌다'

선택지들이 주제와 완벽하게 일치하지 않는다고 고민할 필요 없다. 주제를 좀 더 인상 깊게, 매력적인 형태로 변화시킨 것, 그러니까 5개의 선택지 중에서 주제와 가장 유사한 것을 고르면 된다. 이 글에서 주제는 부연 설명과 예시로 충분히 반복되었으므로 주제를 확정하는 것은 어렵지 않다. 주제문의 핵심 어구(the devices, dangerous)를 바탕으로 운동 장치들을 '부정적'으로 언급한 선택지를 고른다면, 정답이 될 수 있는 것은 ⑤이다.

구문 분석

Katherine Schreiber and Leslie Sim, [experts on exercise
　　　　　　　　주어
addiction], recognized [**that** smartwatches and fitness trackers
　　　　　　　　동사
have probably inspired sedentary people to take up exercise, **and**
encouraged people {who aren't very active} to exercise more
consistently].

→ 첫 번째 [ ]는 주어 Katherine Schreiber와 Leslie Sim과 동격인 명사구이다. 두 번째 [ ]는 문장의 동사 recognized의 목적어 역할을 하는 명사절로 접속사 that을 사용했다. 명사절 내의 동사는 have inspired와 (have) encouraged인데, and로 병렬 연결되어 공통되는 have동사가 encouraged 앞에는 생략되었다. inspire와 encourage는 각각 「동사＋목적어＋목적격보어(to부정사)」 구조로 쓰여, '~이 …하도록 고무시키다/장려하다'라는 의미가 된다. { }는 선행사 people을 수식하는 주격 관계대명사절이다.

This 'goal' [that she mentioned] is a sort of automatic
　　　주어　　　　　　　　　　동사
mindlessness, [the outsourcing of decision making to a device].

→ 첫 번째 [ ]는 goal을 수식하는 목적격 관계대명사절이다. 두 번째 [ ]는 앞에 있는 automatic mindlessness와 동격인 명사구이다.

She recently sustained a stress fracture in her foot [**because** she
　주어　　　　동사
refused to listen to her overworked body, {instead continuing to
run toward an unreasonable workout target}].

→ [ ]는 접속사 because가 이끄는 이유 부사절이다. { }는 부사절에 포함된 분사구문으로 동시동작을 나타낸다. and (she) instead continued ~로 바꿔 쓸 수 있다.

문항 해설

① 건강을 유지하고 싶다면 자리를 박차고 나서라

---

② 중독: 끊을 수 없는 습관의 또 다른 이름
③ 스트레스를 받는 상황에 아무 생각 없이 대응하지 마라
④ 더 나은 삶을 위해 첨단 기술을 사용할 때이다
⑤ 기술로 운동 목표를 설정하는 것이 항상 옳은 것은 아니다

▶ **정답 ⑤** Setting a Workout Goal with Technology Isn't Always Right

첫 문장에서 스마트 시계와 건강 추적기가 갖는 장점을 말했지만 But 이후에 그런 장치가 꽤 위험하다는 말로 내용을 뒤집었다. 이에 대한 부연 설명과 예시에서도 혹사당한 몸을 무시하고 (운동 장치의) 운동 목표만을 생각하다가 골절을 당한 이야기를 했다. 따라서 가장 적절한 제목은 ⑤ '기술로 운동 목표를 설정하는 것이 항상 옳은 것은 아니다'이다.

▶ **오답 피하기**

①, ②는 지문에 등장한 일부 단어(fitness, addiction)를 활용한 보기이다. 운동 장치를 사용하면 운동 목표만을 생각하게 된다는 글의 핵심 내용과는 무관하다. ③은 스트레스 상황을 다루는 내용으로 글에서 언급된 바 없다. ④는 첨단 기술 사용을 권장하고 있으므로, 지나친 기술 의존이 오히려 위험하다는 주제와 상반된다.

전략 적용 3 건강 보조 식품 사용이 건강 관련 행동에 미치는 영향 **정답 ③**

첫 문장 키워드

An experiment, the use of dietary supplements

'실험, 연구'를 뜻하는 명확한 단어(experiment)가 나왔으므로, 이 글은 '연구 내용 - 연구 결과 - 결론' 지문 구조일 확률이 높다. 또한 determine 이후에 '건강 보조 식품의 사용'이라는 구체적인 내용이 왔으므로, 이와 관련된 설명이나 실험 내용이 이어질 것이다.

끊어읽기 해석

An experiment was conducted / using a diverse set of behavioral
한 가지 실험이 실시되었다　　　　　　　다양한 행동 척도 세트를 사용하여
measures / to determine / whether the use of dietary supplements, /
　　　　　　밝히기 위해　　건강 보조 식품의 사용이 ~인지 아닌지
such as vitamins, minerals or amino acids, / would influence
비타민, 미네랄 또는 아미노산 같은　　　　　　　이후의 건강 관련 행동들에
subsequent health-related behaviors. // Participants in Group A were
영향을 미치는지　　　　　　　A 집단의 참가자들은 지시받았다
instructed / to take a multivitamin / and participants in the control
　　　　종합 비타민을 복용하도록　　　그리고 통제 집단의 참가자들은 배정되었다
group were assigned / to take a placebo. // However, / all the
　　　　　　위약을 복용하도록　　　　그러나　　모든 참가
participants actually took placebo pills. // The result from the
자들은 사실 위약을 복용했다　　　　　　이 실험의 결과는 증명했다
experiment demonstrated / that participants who believed / they had
　　　　　　　　　　　　믿었던 참가자들은　　　　그들이 건강
taken dietary supplements / felt safe / from health problems, / thus
보조 식품을 복용했다고　　안전하다고 느꼈다　건강 문제들로부터　　그래서
leading them to engage in health-risk behaviors. // To put it simply, /
이는 그들이 건강에 위험한 행동에 참여하게 했다　　　간단히 말하자면
people who take dietary supplements / may make poor decisions /
건강 보조 식품을 복용하는 사람들은　　　　　좋지 않은 결정을 내릴 수도 있다
when it comes to their health / — such as choosing fast food / over a
그들의 건강에 있어서　　　　패스트푸드를 선택하는 것 같은　　　건강에 좋고
healthy and organic meal. //
유기농인 식사보다는

지문 해석

비타민, 미네랄 또는 아미노산 같은 건강 보조 식품의 사용이 이후의 건강 관련 행동들에 영향을 미치는지 밝히기 위해 다양한 행동 척도 세트를 사용하여 한 가

지 실험이 실시되었다. A 집단의 참가자들은 종합 비타민을 복용하도록 지시받았고, 그리고 통제 집단의 참가자들은 위약을 복용하도록 배정되었다. 그러나 모든 참가자들은 사실 위약을 복용했다. 이 실험의 결과는 건강 보조 식품을 복용했다고 믿은 참가자들은 건강 문제들로부터 안전하다고 느꼈고, 그래서 이는 그들이 건강에 위험한 행동에 참여하게 했음을 증명했다. 주제문 간단히 말하자면 건강 보조 식품을 복용하는 사람들은 그들의 건강에 있어서 건강에 좋고 유기농인 식사보다는 패스트푸드를 선택하는 것 같은 좋지 않은 결정을 내릴 수도 있다.

배경지식

- **위약(placebo)**: 임상 시험이나 환자의 심리 안정을 위해 투여하는 진짜 약처럼 보이는 가짜 약을 말한다.
- **건강 위험 행동(health-risk behavior)**: 음주, 흡연, 신체 활동 부족과 같이 건강에 좋지 않은 생활 습관이나 행동을 말한다. 지속 시 향후 질환을 유발할 수 있다.

지문 구조

이 글은 Unit 07 연구 내용 - 연구 결과 - 결론의 전형적인 지문 구조이다. 소재 특성상 연구 대신 실험을 기반으로 작성되어 있다.

실험 내용	건강 보조 식품 사용과 건강 관련 행동의 상관성에 대한 실험 1) A 집단 - 종합 비타민 복용 2) 통제 집단 - 위약 복용 (반전) 그러나 두 집단 모두 사실은 위약 복용
↓	
실험 결과	건강 보조 식품(종합 비타민)을 복용한다고 믿은 참가자들은 건강 문제로부터 안전하다고 느껴서 건강에 위험한 행동에 참여하게 됨
↓	
결론 (주제문)	건강 보조 식품 복용자는 건강에 있어서 좋지 않은 결정을 내릴 수도 있다.

STEP BY STEP 문제 풀이

STEP① 도입부에서 주제, 소재 파악하기
- **주제**: 건강 보조 식품이 이후의 건강 관련 행동에 영향을 미치는지 실험함
- **소재**: dietary supplements

STEP② 주제, 소재가 반복되는지 확인하기
- **반전**: However, all the participants ~ placebo pills.
- **실험 결과**: participants who believed ~, engage in health-risk behaviors
- **결론**: make poor decisions ~ to their health

STEP③ 주제와 글쓴이의 견해를 종합한 선택지 고르기
(실험 결과, 결론) health-risk behaviors, people who take dietary supplements may make poor decisions → 건강 보조 식품 복용, 소홀한 건강 관리
➡ 건강 보조 식품 복용을 부정적으로 언급한 ③이 정답이다.

전략 적용

Unit 11-3 '요지는 필자의 주관적인 견해이다'
요지 찾기 유형에서는 지문의 내용뿐만 아니라 그에 대한 글쓴이의 태도(견해)가 긍정적인지, 부정적인지 파악하는 것이 중요하다. 하지만 '실험 내용 - 실험 결과'의 지문 구조에서는 대부분이 객관적 사실로 구성되기 때문에, 필자의 견해가 잘 드러나지 않는다.
이 지문의 경우에도 필자의 견해는 맨 마지막 결론에서 'poor' 같은 부정적인 단어를 통해 간접적으로 드러난다. To put it simply, In short, In other words 같은 요약/결론의 시그널을 통해 결론 부분을 확인한 후, 글쓴이의 견해를 나타

내는 표현을 찾아야 한다.

구문 분석

An experiment <u>was conducted</u> [**using** a diverse set of behavioral
   주어   동사
measures] [**to determine** {whether the use of dietary
supplements, **such as** vitamins, minerals or amino acids, would
influence subsequent health-related behaviors}].

→ 첫 번째 [ ]는 분사구문으로 동시동작을 나타낸다. 두 번째 [ ]는 목적을 나타내는 부사적 용법의 to부정사구이다. { }는 determine의 목적어인 명사절로, 접속사 whether가 쓰여 '~인지 아닌지'라는 의미를 나타낸다. whether절의 주어, 동사 사이에 such as 구문을 삽입하여, dietary supplements에 해당하는 예시를 나열하였다.

The result from the experiment <u>demonstrated</u> [**that** participants
        주어   동사
{who believed (they had taken dietary supplements)} felt safe
from health problems, thus **leading** them to engage in health-risk
behaviors].

→ 동사 demonstrated의 목적어로 접속사 that이 이끄는 명사절 [ ]이 왔다. { }는 that절의 주어 participants를 수식하는 주격 관계대명사절이다. ( )는 관계대명사절 동사 believed의 목적어 역할을 하는 명사절로, they 앞에 접속사 that이 생략되었다. 부사 thus 이하는 연속 상황을 나타내는 분사구문이다.

To put it simply, people [who take dietary supplements] may
               주어   동사
<u>make</u> poor decisions **when it comes to** their health — **such as**
choosing fast food over a healthy and organic meal.

→ To put it simply는 '간단히 말하면'이라는 뜻으로, 문장 전체를 수식하는 부사적 용법의 to부정사구이다. [ ]는 people을 수식하는 주격 관계대명사절이다. when it comes to는 '~에 관해서, ~에 관한 한'이라는 뜻의 관용 표현이다. 대시(—)는 앞 내용에 대한 부연 설명 어구를 연결하는데, 여기서는 such as 구문을 써서 예시를 연결하였다.

문항 해설

▶**정답 ③ 건강 보조 식품 사용이 소홀한 건강 관리로 이어질 수 있다.**
실험 결과 건강 보조 식품을 복용해 안전하다고 느낀 참가자들이 추후 건강에 해로운 행동을 하게 됐고, 건강 보조 식품을 섭취하는 사람들이 건강과 관련해 좋지 않은 결정을 내릴 수도 있다고 했다. 따라서 이 글의 요지로 가장 적절한 것은 ③이다.

▶**오답 피하기**
①은 단순히 패스트푸드라는 지문에 등장한 단어를 이용한 선택지로, 패스트푸드와 영양 불균형의 관계에 대한 내용은 지문에 안 나오므로 오답이다. ②, ④, ⑤는 건강 보조 식품과 사람들의 행동에 대한 영향을 다룬 지문의 내용과 무관하다.

전략 적용 4 소설 집필 과정에 관한 강연 요청   정답 ①

첫 문장 키워드

chief editor, _Novel Flash Fiction_
글쓴이가 자신을 소설 잡지의 편집장으로 소개했으므로, 잡지 편집이나 독자들에 관한 내용을 예상해 볼 수 있다.

Dear Mr. Stevens, //
Stevens 씨 귀하

This is the chief editor / of *Novel Flash Fiction*. // As you were
저는 편집장입니다   'Novel Flash Fiction'의   당신이 저희 직원에게

informed by our staff / last week, / your short story will be published
통지받은 것처럼   지난주에   당신의 단편 소설은 게재될 것입니다

/ in the December issue of *Novel Flash Fiction*. // We thought /
'Novel Flash Fiction'의 12월호에   저희는 생각했습니다

hearing how you came up with your story / would be meaningful /
어떻게 당신이 소설을 구상하였는지 듣는 것이   의미가 있을 것이라고

to our readers. // We would thus like to ask / if you could give a
저희 독자들에게   저희는 그래서 여쭤보고 싶습니다   당신이 강연을 해 주실 수 있는

speech / about your writing process. // This speech is expected to
지   당신의 집필 과정에 대한   이 강연은 진행될 예정입니다

last / for about an hour, / and it will take place / at Star Bookstore
약 한 시간 동안   그리고 그것은 열릴 것입니다   시내에 있는 'Star 서점'에서

downtown. // You can choose / a specific date and time / depending
당신은 선택하실 수 있습니다   구체적인 날짜와 시간을   당신의 일정에 따

on your schedule. // If you have any questions, / please contact us /
라   어떤 질문이 있으시면   저희에게 연락 주십시오

by e-mail / at editors@nff.com. // We look forward to / hearing how
이메일로   editors@nff.com에   저희는 기대합니다   어떻게 당신이 소설

you wrote your story. //
을 썼는지 듣기를

Sincerely, //
진심을 담아

Susanna Martinez //
Susanna Martinez 드림

지문 해석

Stevens 씨 귀하,

저는 'Novel Flash Fiction'의 편집장입니다. 당신이 지난주에 저희 직원에게 통지받은 것처럼 당신의 단편 소설은 'Novel Flash Fiction'의 12월호에 게재될 것입니다. 저희는 어떻게 당신이 소설을 구상하였는지 듣는 것이 저희 독자들에게 의미가 있을 것이라고 생각했습니다. 주제문 저희는 그래서 당신이 집필 과정에 대한 강연을 해 주실 수 있는지 여쭤보고 싶습니다. 이 강연은 약 한 시간 동안 진행될 예정이며, 시내에 있는 'Star 서점'에서 열릴 것입니다. 당신의 일정에 따라 구체적인 날짜와 시간을 선택하실 수 있습니다. 어떤 질문이 있으시면 editors@nff.com에 이메일로 저희에게 연락 주십시오. 저희는 어떻게 당신이 소설을 썼는지 듣기를 기대합니다.

진심을 담아,

Susanna Martinez 드림

지문 구조

이 글은 목적 찾기 유형에 자주 등장하는 편지글 형식이다. 앞, 뒤에 있는 인사말을 제외하고 글을 세 부분으로 나누어 각각의 내용을 요약하면 다음과 같은 구조가 된다.

도입부	글쓴이 소개, 화제 제시 Novel Flash Fiction의 편집장, 게재 예정인 단편 소설에 관한 언급
↓	
중반부	요구 사항 말하기 소설 집필 과정에 대한 강연 의뢰(시간, 장소, 날짜를 구체적으로 밝힘)
↓	
후반부	맺는말 문의할 이메일 주소 안내, 강연에 대한 기대 표시

STEP BY STEP 문제 풀이

STEP1 도입부에서 글쓴이, 소재 파악하기
- **글쓴이**: 소설 잡지의 편집장(the chief editor)

- **소재**: 단편 소설(your short story)

STEP2 요구 사항 파악하기
- **요구 사항**: We would thus like to ask ~ give a speech about your writing process.(집필 과정에 대한 강연 요청)

STEP3 요구 사항과 일치하는 선택지 고르기
We would thus like to ask → 문의, 요청
if you could give a speech about your writing process → 집필 과정에 대한 강연을 해주실 수 있는지

○ 편지글에 나타난 요구 사항을 좀 더 직접적으로 표현한 ①이 정답이다.

<table>
<tr><td colspan="2" align="center">전략 적용</td></tr>
<tr><td colspan="2">

Unit 11-4 '목적은 중반부 이후에 구체적으로 제시된다'
목적 찾기 유형에 가장 많이 등장하는 글의 형태는 편지글이며, 시험 지문에 등장하는 편지글은 보통 요청이나 요구 사항을 나타내는 경우가 많다.
따라서 편지글에서 목적을 파악하려면 중반부 이후 요구 사항을 나타내는 표현에 주목해야 한다. 이 글에서는 「would like+to부정사」(~하고 싶다) 표현이 들어간 문장을 봐야 한다. to부정사의 내용에 따라 편지의 목적이 문의/요청(ask)인지, 정보 제공(inform)인지 등이 결정되며, 좀 더 구체적인 사항은 그 뒤에 나온다.
</td></tr>
</table>

구문 분석

[As you were informed by our staff last week], your short story
                                              주어
will be published in the December issue of *Novel Flash Fiction*.
동사

→ [ ]는 주절의 내용을 수식하는 종속 부사절로 '~한 것처럼, ~한 것과 같이'로 해석된다. 주절과 종속절 모두 동사구는 수동태(be동사+V-ed)가 쓰였다.

We thought [{hearing (**how** you came up with your story)}
주어 동사
would be meaningful to our readers].

→ [ ]는 동사 thought의 목적어인 명사절이다. hearing 앞에 명사절 접속사 that이 생략되었다. { }는 명사절의 주어인 동명사구이며, ( )는 hearing의 목적어인 명사절이다. 「how+주어+동사」 구조의 의문사절로, '어떻게 ~하는지'로 해석한다.

We would thus like to ask [**if** you could give a speech {about
주어 조동사   동사원형
your writing process}].

→ 「would like+to부정사」는 '~하고 싶다'라는 뜻으로 조동사 would를 쓴 공손한 표현이다. [ ]는 ask의 목적어인 명사절이다. 명사절 접속사로 if가 쓰여 '~인지 (아닌지)'라는 의미가 된다. { }는 a speech를 수식하는 전치사구이다.

문항 해설

▶**정답 ① 소설 창작 과정에 관한 강연을 요청하려고**
작가에게 단편 소설 집필 과정에 대한 강연을 할 수 있는지 문의하는 글이다. 강연을 기대한다는 표현과 필자의 어투에서 공손하게 강연을 요청하고 있음을 알 수 있다. 따라서 글의 목적으로 가장 적절한 것은 ①이다.

▶**오답 피하기**
②는 지문에서 일정 변경에 대한 내용은 없었으므로 오답이다. ③, ④, ⑤는 '정기 구독'이나 '편집 유의 사항', '기사 정정' 같은 내용이 지문과 무관하므로 오답이다.

UNIT 12 맥락을 잡아라

정답 체크	예제	1 ⑤ 2 ⑤ 3 ③ 4 ②
	전략 적용 문제	1 ④ 2 ④ 3 ① 4 ①

예제 1 알렉산더 대왕의 부하에 대한 믿음 — 정답 ⑤

지문 해석

소아시아를 통과하는 행군 중에 알렉산더 대왕은 위독해졌다. 그의 의사들은 만약 그들이 성공하지 못한다면 군대가 그들을 비난할 것이기에 그를 치료하기를 두려워했다. 단 한 명, Philip은 ①그가 왕의 우정과 그 자신의 약에 확신을 갖고 있었기 때문에 기꺼이 위험을 감수했다. 약이 준비되고 있는 동안, 알렉산더는 ②그의 주군을 독살하도록 뇌물을 받았다고 그 의사를 고발하는 편지를 받았다. 알렉산더는 누구에게도 그것을 보여주지 않은 채 그 편지를 읽었다. Philip이 약을 가지고 막사로 들어왔을 때, 알렉산더는 ③그에게서 컵을 받아들고 Philip에게 그 편지를 건넸다. 그 의사가 그것을 읽고 있는 동안 알렉산더는 차분하게 컵에 든 것을 마셨다. 공포에 질려서 Philip은 왕의 침대 옆에 엎드렸지만, 알렉산더는 자신이 그의 신의를 완전히 믿고 있다고 ④그를 안심시켰다. 3일 후 왕은 ⑤그의 군대 앞에 다시 나타날 수 있을 만큼 충분히 회복되었다.

배경지식

- **알렉산더 대왕(Alexander the Great)**: (BC 356 – BC 323) 알렉산드로스 대왕이라고도 한다. 그리스, 이집트, 페르시아, 인도에 이르는 지역을 정복하여 대제국을 건설한 마케도니아의 왕이다. 알렉산더 대왕의 동방 원정으로 동서 문화가 융합된 헬레니즘 문화가 탄생했다.
- **소아시아(Asia Minor)**: 아시아 대륙 서쪽 끝에 있는 반도로, 터키의 대부분을 차지한다. 동방과 서방을 연결하는 통로 역할을 했다.

지문 구조

이 글은 '도입 - 전개 - 결말' 구조로, Unit 10에서 학습한 바 있다. 이와 같은 구조의 지문에서는 도입부에서 주인공에 대한 정보, 특징, 성격 등이 서술된다.

참고 Unit 10 도입 - 전개 - 결말(시간순)

도입 ↓	행군 도중 알렉산더 대왕이 위독해졌다.
전개 ↓	1) Philip 외 다른 의사들은 치료를 두려워했지만 Philip은 위험을 감수했다. 2) 약이 준비되는 동안 알렉산더 대왕은 Philip이 독살하도록 뇌물을 받았다는 편지를 받았다. 3) 알렉산더 대왕은 Philip에게 편지를 건네고 약을 마신 후, 두려워하는 Philip을 안심시켰다.
결말	알렉산더 대왕이 병에서 회복되었다.

구문 분석

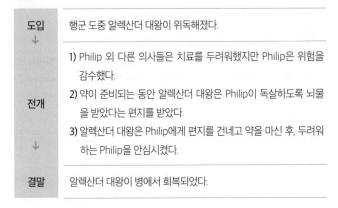

[**While** the medicine was being prepared], Alexander received a
　　　　　　　　　　　　　　　　　　　　　　주어　　　동사
letter [accusing the physician of **having been bribed** {to poison
his master}].

→ 첫 번째 [ ]는 접속사 While이 이끄는 시간 부사절로 '~하는 동안에'라는 의미이다. 두 번째 [ ]는 a letter를 수식하는 현재분사구이다. 「accuse A of B」는 'A를 B의 혐의로 고발하다'라는 의미이다. { }는 부사적 용법의 to부정사구로, 목적

의 의미로 쓰였다. 완료형 동명사 having been bribed는 '고발한(accusing)' 시점보다 '뇌물을 받은(be bribed)' 시점이 앞선 상황임을 나타낸다.

[**When** Philip entered the tent with the medicine], Alexander
　　　　　　　　　　　　　　　　　　　　　　　　　　　　주어
took the cup from him, [handing Philip the letter].
동사

→ 첫 번째 [ ]는 접속사 When이 이끄는 시간 부사절로 '~할 때'라고 해석한다. 두 번째 [ ]는 연속동작을 나타내는 분사구문이다. handing은 and he handed로 바꿔 쓸 수 있다.

Horrified, Philip threw himself down at the king's bedside, **but**
　　　　　　　주어1　동사1
Alexander assured him [that he had complete confidence in his
　주어2　　동사2
honor].

→ 주어와 동사가 다른 두 개의 절이 등위접속사 but으로 병렬 연결되어 있다. Horrified 앞에 Being이 생략된 분사구문으로 부대상황(~하면서, ~한 채로)을 나타낸다. [ ]는 접속사 that이 이끄는 명사절로 assured의 직접목적어 역할을 한다. 「assure + 간접목적어 + 직접목적어」 구문은 '~에게 …라고 확신시키다/안심시키다'라고 해석한다.

문항 해설

▶ **정답 ⑤** his

his army에서 his는 문장의 주어인 the king을 가리키고, the king은 알렉산더 대왕을 의미하므로, Philip을 가리키는 나머지 네 개의 밑줄 친 대명사와 지칭 대상이 다른 것은 ⑤이다.

▶ **오답 피하기**

①은 the king's friendship and his own drugs(왕의 우정과 그 자신의 약)에 확신이 있다고 했으므로, 앞에 나온 Philip을 가리키며 ② his master에서 master는 알렉산더 대왕이므로 his는 the physician 즉, Philip을 의미한다. ③은 알렉산더 대왕이 컵을 전달받은 상대이므로 When 이하 절에서 약을 가져왔다고 언급된 Philip이어야 하며, ④도 알렉산더가 안심을 시킨 대상이므로 Philip threw himself ~절의 Philip이다.

예제 2 아기를 둔 가족의 단란한 모습 — 정답 ⑤

지문 해석

아빠는 여전히 Slade를 두 팔로 안고 그저 웃으면서 방에서 걸어 나왔다. 그는 그에게 옷을 입히고 이제 ①그를 그의 의자에 앉혀 놓았다. Slade가 자신의 의자에 앉아서 아빠가 버터와 집에서 만든 딸기잼을 발라놓은 비스킷을 먹고 있을 때 엄마가 주방에서 걸어 들어왔다. 그녀는 자신의 어린 아들을 한 번 보더니 웃기 시작했다. ②그의 작은 얼굴과 손이 비스킷과 잼으로 덮여 있었다. 그녀는 그가 참으로 귀엽다고 생각했다. "여보, 당신 무슨 짓을 한 거예요? 그를 보세요. 나는 다시는 절대 ③그를 깨끗이 씻어주지 않을 거예요. 내 생각에 그가 다 먹었을 때 당신이 ④그를 데리고 가서 그를 욕조에 놔두면 되겠네요." 아빠는 웃었다. Slade는 낄낄 웃으며 비스킷을 몽땅 아빠를 향해 뿜으려고 했다. 그것은 ⑤그에게 맞지 않았는데 왜냐하면 운 좋게 그가 뿜어져 나오는 것을 피했기 때문이다. 그것은 엄마를 더욱더 웃게 만들었으며 곧 작은 오두막집은 사랑과 웃음으로 가득 찼다.

지문 구조

기본적인 '도입 - 전개 - 결말' 구조이다.

참고 Unit 10 도입 - 전개 - 결말(시간순)

도입	아빠가 Slade를 안고 방에서 걸어 나왔다.
↓ 전개 ↓	1) 아빠는 Slade에게 옷을 입혀 의자에 앉혔다. 2) Slade는 버터와 딸기잼이 발린 비스킷을 먹었다. 3) 엄마는 비스킷과 잼 범벅이 된 Slade를 보고 웃은 후, 아빠에게 목욕을 지시했다. 4) Slade는 아빠에게 비스킷을 뿜으려고 시도했으나 실패했고 이는 엄마를 더 웃게 했다.
결말	오두막집은 사랑과 웃음으로 가득 찼다.

구문 분석

[As Slade sat in his chair eating a biscuit {that Dad **had spread** with butter and homemade strawberry jam}], <u>Mom</u> <u>walked into</u> the kitchen.
　　　　　　　　　　　　　　　　　　　　　　　　주어　동사

→ [ ]는 접속사 As가 이끄는 시간 부사절로 '~할 때'라는 뜻이다. { }는 선행사 a biscuit을 수식하는 목적격 관계대명사절이다. 「spread A with B(A를 B로 바르다)」 구조에서 A자리에 오는 목적어를 관계대명사 that이 대신한다. that절에는 과거완료(had V-ed) 시제가 쓰여 '앉아서(sat)' 먹은 시점보다 버터를 '바른(had spread)' 시점이 먼저임을 나타낸다. 일반동사 spread(바르다)는 원형, 과거형, 과거분사가 동일한 형태이므로 주의한다.

<u>She</u> <u>thought</u> [**how** really **cute** he was].
주어　동사

→ [ ]는 thought의 목적어 역할을 하는 명사절로, 감탄문이 다른 문장의 일부가 된 것이다. 「의문사(how)+cute」가 접속사 역할을 하며, 그 뒤에는 다른 의문사절과 마찬가지로 「주어+동사」 어순이 된다. really는 강조를 위해 삽입된 부사이다.

[That **made** Mom **laugh** even more] **and** [soon the little cabin
주어1　동사1　　　　　　　　　　　　　　　　　　주어2
was full of love and laughter].
동사2

→ 두 개의 독립된 절 [ ]가 등위접속사 and로 병렬 연결되었다. 첫 번째 절에는 「make+목적어+목적격보어(동사원형)」 구조가 쓰였는데, '~가 …하게 만들다'라는 의미가 된다. be full of는 '~로 가득 차다'라는 뜻이다.

문항 해설

▶**정답 ⑤ him**
두 명의 지칭 대상 후보 가운데 Slade를 him에 대입해 보면 자신이 내뿜은 것이 자신에게 맞지 않았다는 뜻이 되어 어색하므로 ⑤의 him은 Slade가 아닌 Dad를 가리킨다.

▶**오답 피하기**
①은 앞 문장에서 아빠의 품에 안길 정도로 작은 Slade가 아빠를 의자에 앉히는 건 불가능하므로, Slade를 앉혔다고 해야 맞다. ②는 앞에서 아빠가 잼을 발라준 비스킷을 Slade가 먹고 있다고 했으므로, 내용상 Slade의 얼굴과 손이 비스킷과 잼에 덮여 있어야 한다. ③, ④는 엄마가 아빠에게 하는 말의 내용이므로 대화 상대인 아빠가 you, him은 Slade이다.

예제 3 거센 바람으로 겁에 질린 사람들과 악화되는 날씨 정답 ③

지문 해석

바람이 계속해서 더 세게 불었다. 그는 어떤 의식적 과정으로도 그것을 가늠할 수 없었지만, 그는 어쨌든 그것(바람)이 더 세게 불고 있다는 것을 알았다. 멀지 않은 곳에서 나무 한 그루가 뿌리째 뽑혔다. 다른 나무들은 성냥개비들처럼 쓰러지고, 빙글빙글 돌고, 서로 교차하고 있었다. 그는 바람의 힘에 놀랐다. 그가 붙잡고 있는 나무가 위험하게 흔들리고 있었다. 가까운 곳에서 한 여성은 울부짖으며 어린 소녀를 꽉 잡고 있었고, 그 소녀는 이어서 자신의 고양이를 움켜잡았다. 바다가 긴 모래사장을 가로질러 휩쓸었다. 그는 석호의 출렁거리는 하얀 물살에 맞서며 떼 지어 모여 있는 사람들의 실루엣을 보았다. 상황이 매 순간 악화되고 있었다.

배경지식

- **석호(lagoon):** 바닷물에 운반된 모래나 산호초에 의해 바다와 분리되어 형성된 호수. 우리나라 대표적인 석호로는 영랑호, 경포호, 화진포, 청초호가 있다.

지문 구조

'도입 - 전개 - 결말' 구조의 지문이다. 시간의 흐름에 따라 전개되며 주제문은 없다.

참고 Unit 10 도입 - 전개 - 결말 (시간순)

도입	바람이 강하게 불었다.
↓ 전개 ↓	1) 나무가 뽑히고 쓰러졌다. 2) 남자가 잡은 나무가 위태롭게 흔들렸다. 3) 여성이 울부짖으며 소녀를 잡고, 소녀는 고양이를 잡았다. 4) 사람들이 떼 지어 모여 있었다.
결말	상황이 점점 악화되고 있었다.

구문 분석

[He couldn't measure it {by any conscious process}], **but** [he
주어1　　동사1　　　　　　　　　　　　　　　　　　　　주어2
knew somehow {**that** it was blowing harder}].
동사2

→ 두 개의 독립된 절 [ ]가 등위접속사 but으로 병렬 연결되었다. 첫 번째 { }는 부사 역할의 전치사구로, by는 수단, 방식을 나타낸다. 두 번째 { }는 that이 이끄는 명사절로 동사 knew의 목적어 역할을 한다. 부사 somehow는 '어쨌든, 어떻게든'이라는 뜻으로 동사를 수식한다.

<u>The tree [he was holding onto]</u> <u>was swaying dangerously</u>.
　　　　　　　　주어　　　　　　　　　　　　동사

→ [ ]는 선행사 The tree를 수식하는 관계대명사절로, he 앞에 목적격 관계대명사가 생략되었다. hold onto는 '~에 매달리다'라는 뜻이다.

문항 해설

① 엄숙하고 성스러운
② 활기 넘치고 발랄한
③ 긴급하고 절박한
④ 지루하고 단조로운
⑤ 평화롭고 낭만적인

▶**정답 ③** urgent and desperate

강풍이 점점 더 거세어지고, 나무가 뿌리째 뽑히고, 남자가 붙잡은 나무가 위태롭게 흔들리고, 울부짖는 여성과 고양이를 꽉 잡은 아이, 떼 지어 있는 사람들의 모습에서 느껴지는 분위기로 가장 적절한 것은 ③ '긴급하고 절박한'이다.

▶**오답 피하기**

①은 나쁜 일이 생겨서 아주 심각하고 진지한 분위기이지만, 엄숙하고 성스러운 것과는 거리가 먼 상황이므로 정답이 아니다. ②의 경우 거센 바람으로 인해 소란스럽기는 하나 활기 넘치고 발랄하다고 볼 수는 없다. ④, ⑤는 긴박감이 느껴지는 지문과 맞지 않는 형용사이다.

예제 4 보트 여행에서의 심경 변화 　　　　　정답 ②

지문 해석

보트 여행의 시작은 내가 기대했던 것과는 거리가 멀었다. 내가 본 야생 생물 중 아무것도 이국적이지 않았다. 나는 오로지 칙칙한 잿빛 바위들만 볼 수 있었다. 또한 너무 덥고 습해서 나는 그 여행을 온전히 즐길 수가 없었다. 그러나 보트가 Bay Park 수로로 미끄러져 들어갈 때 갑자기 어머니께서 외치셨다. "맹그로브 좀 봐!" 완전히 새로운 세계가 시야에 들어왔다. 수로를 따라 있는 맹그로브 숲은 우리가 그것(맹그로브 숲)의 시원한 그늘로 들어갈 때 나를 전율시켰다. 나는 맹그로브의 아름다운 잎들과 꽃들에 마음이 사로잡혔다. 그러나 무엇보다도 나는 나뭇가지들 사이에서 움직이는 토종의 새, 원숭이 및 도마뱀에게 매혹되었다. "정말 멋진 모험이야!"라고 나는 외쳤다.

배경지식

• **맹그로브(mangrove):** 아열대/열대 지역의 진흙이 많은 갯벌이나 하구에 사는 식물이다. 맹그로브 숲은 육지로부터 흘러들어오는 오염 물질 정제, 물고기의 산란 장소, 은신처, 먹이, 방풍림 역할까지 하는 유용한 숲이다.

지문 구조

'도입 - 전개 - 결말'에 반전이 추가된 지문 구조이다.
참고 Unit 10 도입 - 전개 - 결말(시간순)

도입	보트 여행의 시작은 기대에 못 미쳤다.
↓ 전개	이국적인 야생 생물 대신 오로지 칙칙한 잿빛 바위만 보였으며 날씨는 덥고 습했다.
↓ 반전	Bay Park 수로로 배가 들어가자 아름다운 꽃과 잎을 가진 맹그로브, 매혹적인 토종 동물들이 나타났다.
↓ 결말	정말 멋진 모험이었다.

구문 분석

The start of the boat tour was far from [**what** I had expected].
　　　주어　　　　　　　동사

→ [ ]는 선행사를 포함하는 관계대명사절로, 전치사 from의 목적어 역할을 한다. 여기서 what은 the thing(s) which와 같다.

None of the wildlife [I saw] was exotic.
　　　주어　　　　　　　동사

→ None of는 '~ 중 아무것도 (아니다)'라는 부정의 뜻을 나타낸다. [ ]는 the wildlife를 수식하는 목적격 관계대명사절로, I 앞에 목적격 관계대명사가 생략되었다.

It was also **so** hot and humid **that** I could not enjoy the tour fully.
주어 동사

→ It은 날씨를 나타낼 때 쓰는 비인칭주어이다. 「so 형용사+that절」은 '너무 ~해서 …하다'는 뜻이다.

The mangrove forest [alongside the canal] thrilled me [**as** we
　　　주어　　　　　　　　　　　　　　　　동사
entered its cool shade].

→ 첫 번째 [ ]는 The mangrove forest를 수식하는 전치사구이다. 두 번째 [ ]는 접속사 as가 이끄는 부사절이다. 접속사 as는 시간, 원인, 비유, 상태 등 다양한 의미를 가지는데, 여기서는 '~할 때'라는 시간의 의미로 해석한다.

문항 해설

① 부끄러운 → 느긋한
② 실망한 → 신이 난, 흥분한
③ 매우 기쁜 → 혼란스러운
④ 기쁜 → 외로운
⑤ 겁에 질린 → 안도하는

▶**정답 ②** disappointed → excited

초반부에는 far from what I had expected, None ~ was exotic, could not enjoy 등의 표현으로 I의 실망감을 엿볼 수 있다. However 이후부터는 a whole new world, thrilled me, fascinated, beautiful, charmed, wonderful adventure 등의 표현으로 보아 필자의 열광적인 감정 상태를 읽을 수 있다. 따라서 I의 심경 변화로 가장 적절한 것은 ② '실망한 → 신이 난, 흥분한'이다.

▶**오답 피하기**

①은 초반부에서 주인공이 부끄러워하는 심경을 찾아볼 수 없고, 후반부에서도 편안함을 나타내는 심경 표현은 없으므로 오답이다. ③, ④는 부정적인 심경에서 긍정적인 심경으로 변화된 지문 방향과 반대이다. ⑤도 지문 속 등장인물의 감정 변화와 맞지 않는다.

전략 적용 문제

전략 적용 1 전화 응대로 업무에 어려움을 겪는 데 대한 조언 정답 ④

첫 문장 키워드

John, a manager, Michael

John이 관리자 Michael의 사무실에 있을 때의 상황으로 두 사람과 직무에 관련된 이야기가 전개될 가능성이 있다.

끊어읽기 해석

John was once in the office of a manager, Michael, / when the
John이 한번은 관리자 Michael의 사무실에 있었다   전화기가 울렸

phone rang. // Immediately, / Michael bellowed, / "That disgusting
을 때   즉시   Michael은 고함을 질렀다   "저 지긋지긋한 전화기는

phone never stops ringing." // ①He then proceeded to pick it up /
결코 그만 울리지 않네."   그는 그리고 나서 이어서 그것을 집어 들었다

and engage in a fifteen-minute conversation / while John waited. //
그리고 15분간 통화했다   John이 기다리는 동안

When ②he finally hung up, / he looked exhausted and frustrated. //
그가 마침내 전화를 끊었을 때   그는 기진맥진하고 낙담한 것처럼 보였다

He apologized / as the phone rang once again. // He later confessed /
그는 사과했다   전화기가 다시 한 번 울리자   그는 나중에 고백했다

that he was having a great deal of trouble / completing his tasks /
자신이 많은 어려움을 가지고 있다고   자신의 업무를 완수하는 데

because of the volume of calls / he was responding to. // At some
전화의 양 때문에   그가 응답하고 있는   어느 순간

point John asked him, / "Have you ever considered / having a certain
John은 그에게 물었다   "당신은 생각해 본 적이 있나요   특정한 시간대를 가져보는

period of time / when ③you simply don't answer the phone?" //
것을   당신이 그냥 전화를 받지 않는"

Michael said, / "As a matter of fact, no," / looking at ④him / with a
Michael은 말했다   "사실은 없어요."   그를 바라보면서   어리둥절

puzzled look. // It turned out / that this simple suggestion helped
한 표정으로   밝혀졌다   이 간단한 제안은 Michael을 도왔다고

Michael / not only to relax, / but to get more work done as well. //
              긴장을 푸는 것뿐만 아니라   더 많은 일이 또한 완수되도록

Like many people, / ⑤he didn't need hours of uninterrupted time, /
많은 사람들처럼   그는 방해받지 않는 수 시간이 필요한 것은 아니었다

but he did need some! //
하지만 그는 정말이지 약간은 필요했다

지문 해석

John이 한번은 전화기가 울렸을 때 관리자 Michael의 사무실에 있었다. 즉시 Michael은 "저 지긋지긋한 전화기는 결코 그만 울리지 않네."라고 고함을 질렀다. ①그는 그리고 나서 이어서 그것을 집어 들고, John이 기다리는 동안 15분간 통화했다. ②그가 마침내 전화를 끊었을 때, 그는 기진맥진하고 낙담한 것처럼 보였다. 전화기가 다시 한 번 울리자 그는 사과했다. 그는 나중에 자신이 응답하고 있는 전화의 양 때문에 자신의 업무를 완수하는 데 많은 어려움을 가지고 있다고 고백했다. 어느 순간 John은 그에게 "③당신이 그냥 전화를 받지 않는 특정한 시간대를 가져보는 것을 생각해 본 적이 있나요?"라고 물었다. Michael은 어리둥절한 표정으로 ④그를 바라보면서, "사실은 없어요."라고 말했다. 이 간단한 제안은 긴장을 푸는 것뿐만 아니라 더 많은 일이 또한 완수되도록 Michael을 도왔음이 밝혀졌다. 많은 사람들처럼, ⑤그는 방해받지 않는 수 시간이 필요한 것은 아니었지만, 정말이지 약간은 필요했다!

지문 구조

이 글은 '도입 - 전개 - 결말' 구조로, Unit 10에서 배운 기본적인 지문 구조이다.

도입	John이 Michael의 사무실에 있을 때 전화기가 울렸다.

전개	1) Michael이 전화 응대에 짜증을 낸 후, 많은 전화 양 때문에 어려움을 겪고 있다고 말했다. 2) John은 Michael에게 전화를 안 받는 시간을 가져보라고 조언했다.

결말	John의 조언은 Michael이 긴장을 풀고 더 많은 일이 완수되는 데 도움이 되었다.

STEP BY STEP 문제 풀이

STEP 1 지칭 대상 후보 선정하기

- **밑줄 친 대명사**: he → 3인칭, 단수, 남성
- **지칭 대상 후보**: John (O), Michael (O), many people (X)

STEP 2 등장 인물의 상황과 특징 파악하기

- **상황**: John이 Michael의 사무실에 있다.
- **특징**: Michael에게는 많은 전화가 걸려오고, John은 그것을 지켜보고 있다.

  Michael = manager, John 대사 속 you

  John = Michael 대사 속 you

  사무실이라는 공간적 특징과 대화를 시작하는 주체가 누구인지에 주의한다.

STEP 3 밑줄 친 대명사들이 지칭하는 대상 확인하기

① He(=Michael): 부사 then(그러고 나서)으로 보아 He는 전화벨 소리에 불평한 이후에 전화를 받은 사람이므로, 앞 문장의 주어 Michael을 가리킨다.

② he(=Michael): he는 마침내 전화를 끊은 사람이므로, 앞에서 전화를 받은 Michael을 가리킨다.

③ you(=Michael): John이 질문하는 상황으로, 문맥상 사무실에서 대화를 하는 당사자는 John과 Michael 둘뿐이므로, you는 질문을 받는 사람 즉, Michael이다.

④ him(=John): Michael이 질문을 한 당사자인 him을 바라보며 답변하는 상황이다. 따라서 him은 John을 가리킨다.

⑤ he(=Michael): he는 수 시간은 아니지만 방해받지 않는 약간의 시간이 필요한 사람이므로, Michael이 되어야 한다.

○ ④만 John을 가리키고, 나머지는 Michael을 가리키므로 ④가 정답이다.

전략 적용

Unit 12-1 '밑줄 친 대명사와 같은 성/수의 대상들을 찾아라'

밑줄 친 대명사의 종류는 동일할 수도 있고 서로 다를 수도 있다. 지문에서처럼 3인칭 대명사 he와 2인칭 대명사 you가 함께 나왔다고 당황할 필요는 없다. 이럴 경우 먼저 대명사 he의 후보를 추려보면 된다. 대명사 you는 보통 직접 인용문 안에 들어간 표현이니, 직접 인용문이 누가 누구에게 하는 말인지 파악하여 지칭 대상을 찾으면 된다.

구문 분석

John was once in the office of [a manager], [Michael], **when** the
주어   동사
phone rang.

→ 두 개의 [ ]는 서로 동격 관계(a manager = Michael)의 명사(구)이다. when 이하는 '~할 때'라는 의미의 시간 부사절이다.

He later confessed [**that** he was **having** a great deal of **trouble**
주어   동사
completing his tasks {**because of** the volume of calls (he was
responding to)}].

→ [ ]는 confessed의 목적어 역할을 하는 명사절이다. 「have trouble + V-ing」는 '~하는 데 어려움이 있다'라는 뜻의 관용 표현이다. { }는 이유를 나타내는 전

치사구로 because of 다음에는 절이 아닌 명사(구)가 온다는 것에 주의한다. ( )는 선행사 calls를 수식하는 목적격 관계대명사절이다. responding to에서 전치사 to의 목적어를 대신하는 목적격 관계대명사가 he 앞에 생략되었다.

> It turned out [**that** this simple suggestion **helped** Michael **not**
> 가주어   동사   진주어
> **only** {to relax}, **but** {to **get** more work **done**} as well].

→ It은 가주어, that절 [ ]가 진주어인 구문이다. that절의 helped는 준사역동사로, 「help + 목적어 + 목적격보어」 구조를 이룬다. help는 목적격보어로 원형부정사와 to부정사 모두 취할 수 있다. 여기서는 helped의 목적격보어인 두 개의 to부정사구 { }가 상관접속사 「not only A but B as well(A뿐만 아니라 B도)」로 병렬 연결되어 있다. get은 여기서 '~되게 하다'라는 뜻으로 「get + 목적어 + 목적격보어(과거분사)」 구조로 쓰였다.

문항 해설

▶정답 ④ him
여기서 him은 Michael이 어리둥절한 표정으로 바라보는 사람이다. 따라서 사무실에 있던 유일한 상대방인 John이 되어야 한다. 나머지는 모두 Michael을 가리킨다.

▶오답 피하기
①은 John이 기다리는 동안 통화하는 사람이고 ②는 드디어 전화를 끊은 사람이다. ③은 John의 질문을 받는 대상이고, ⑤는 방해받지 않는 약간의 시간이 필요한 사람으로, 문맥상 전화 통화로 업무에 지장을 받은 사람이다. ①, ②, ③, ⑤ 모두 Michael을 가리킨다.

전략 적용 2 남미 시장에서 기념품을 둘러싼 가격 흥정 모습 정답 ④

첫 문장 키워드

Dr. Paul Odland, Bob

남미에서 의료 봉사를 하는 Paul Odland 박사와 친구 Bob, 두 명의 지칭 대상 후보가 등장했다. 이들이 남미 방문 중 겪는 일화가 진행될 것을 예측할 수 있으며 중간에 새로운 후보가 나올 가능성을 염두에 두어야 한다.

끊어읽기 해석

Dr. Paul Odland and his friend Bob travel frequently / to South
Paul Odland 박사와 그의 친구 Bob은 자주 여행한다   남미로
America, / where they provide free medical treatment / for disabled
그곳에서 그들은 무료로 의학적 치료를 해준다   가난한 가정의 장애
children of poor families. // One day, / they went to a local
어린이들에게   어느 날   그들은 현지 시장에 갔다
marketplace. // Paul wanted to buy some souvenirs, / and ①he
                  Paul은 몇 가지 기념품을 사고 싶었다   그리고 그는
spotted a carving / that he liked. // The non-English speaking seller
조각품 하나를 발견했다   그가 마음에 들어   영어를 쓰지 않는 판매자는 500페소를 요구하고 있었다
was asking 500 pesos / for the carving. // With Bob acting as
                        그 조각품에   Bob이 통역사로 역할을 하는 가운데
interpreter, / Paul offered 300 and ②his opponent proposed 450. //
              Paul은 300(페소)을 제안했다   그리고 그의 상대는 450(페소)을 제안했다
The bargaining in the noisy market became spirited, / even intense, /
시끄러운 시장에서의 그 거래는 활기를 띠었고   심지어는 치열해졌다
with Paul stepping up ③his price slightly / and the seller going
Paul이 그의 가격을 조금씩 올리면서   그리고 판매자가 천천히 가격을
down slowly. // The pace increased so fast / that Bob could not keep
내리면서   속도가 아주 빨라져서   Bob은 속도를 맞출 수가 없었다
up with / the back-and-forth interpretation. // Meanwhile, / observing
            오가는 통역의   그 사이에   판매자를 주의
the seller carefully, / Paul sensed something wrong / in Bob's
깊게 살피다가   Paul은 뭔가 잘못된 것을 감지했다   Bob의 통역에서
interpretation. // In fact, / the seller had gone below Paul's last offer.
                  사실   판매자는 Paul의 마지막 제안보다 내려가 있었다

// When Paul raised his doubt, / Bob instantly recognized the error /
Paul이 그의 의구심을 제기하자   Bob은 즉시 실수를 인정했다
and corrected ④his interpretation. // At length, / they settled the
그리고 그의 통역을 바로잡았다   마침내   그들은 거래를 성사시켰다
deal, / and ⑤he was delighted / to purchase the carving / at a
그리고 그는 기뻐했다   그 조각품을 사게 되어   적절한
reasonable price / and thanked Bob. //
가격에   그리고 Bob에게 고마움을 표했다

지문 해석

Paul Odland 박사와 그의 친구 Bob은 자주 남미로 여행하는데, 그곳에서 그들은 가난한 가정의 장애 어린이들에게 무료로 의학적 치료를 해준다. 어느 날, 그들은 현지 시장에 갔다. Paul은 몇 가지 기념품을 사고 싶었고 ①그는 그가 마음에 들어한 조각품 하나를 발견했다. 영어를 쓰지 않는 판매자는 그 조각품에 500페소를 요구하고 있었다. Bob이 통역사로 역할을 하는 가운데, Paul은 300(페소)을 제안했고 ②그의 상대는 450(페소)을 제안했다. Paul이 ③그의 가격을 조금씩 올리고 판매자가 천천히 가격을 내리면서 시끄러운 시장에서의 그 거래는 활기를 띠었고, 심지어는 치열해졌다. 속도가 아주 빨라져서 Bob은 오가는 통역의 속도를 맞출 수가 없었다. 그 사이에 판매자를 주의 깊게 살피다가 Paul은 Bob의 통역에서 뭔가 잘못된 것을 감지했다. 사실 판매자는 Paul의 마지막 제안보다 내려가 있었다. Paul이 그의 의구심을 제기하자, Bob은 즉시 실수를 인정하고 ④그의 통역을 바로잡았다. 마침내 그들은 거래를 성사시켰고, ⑤그는 적절한 가격에 그 조각품을 사게 되어 기뻐했고 Bob에게 고마움을 표했다.

배경지식
· 페소(peso): 쿠바, 멕시코 등의 중남미 일부 국가와 필리핀에서 사용하는 화폐 단위이다.

지문 구조

이 글은 '도입 - 전개 - 결말' 구조로, 등장인물과 등장인물 사이의 구체적인 사건, 사건이 일어나는 시간과 공간 파악이 필요하다.

도입	Paul Odland와 Bob이 남미 현지 시장에 방문했다.
전개	1) Paul이 현지 시장에서 마음에 드는 조각품을 발견함 2) Bob의 통역으로 Paul과 판매자의 흥정이 시작되었고, 이는 점점 치열해짐 3) Paul이 통역에서 잘못된 점을 감지하고 의구심을 제기하자 Bob이 인정함
결말	거래는 성사되었고, Paul은 기뻐하며 Bob에게 고마워했다.

STEP BY STEP 문제 풀이

STEP❶ 지칭 대상 후보 선정하기
· 밑줄 친 대명사: he/his → 3인칭, 단수, 남성
· 지칭 대상 후보: Dr. Paul Odland (O), Bob (O), disabled children (×), The non-English speaking seller (△, 알 수 없음)

STEP❷ 등장 인물의 상황과 특징 파악하기
· 상황: Paul이 시장에서 조각품을 사고자 함
· 특징: Paul과 판매자 사이에서 Bob이 통역함
Paul = 조각품을 사려는 사람
The non-English speaking seller = his(Paul's) opponent
Bob = interpreter

STEP❸ 밑줄 친 대명사들이 지칭하는 대상 확인하기

① he(=Paul): 접속사 and 뒤에서 he가 자신의 마음에 드는 조각품을 발견했고, and 앞에는 Paul이 기념품을 사고 싶어 한다고 했다. 따라서 he는 Paul을 지칭한다.

② his(=Paul's): Paul과 판매자 사이의 거래이므로 his opponent에서 his는 Paul을 가리킨다.

③ his(=Paul's): 한창 가격 조정이 이루어지는 중간 상황이다. Paul이 his price(그의 가격)를 살짝 올리고 판매자는 천천히 가격을 내린다고 했으므로, his는 Paul's가 되어야 맞다.

④ his(=Bob's): 지문 중간쯤에 Bob이 통역사 역할을 했다는 말이 나오므로, his interpretation에서 his는 당연히 Bob을 가리킨다.

⑤ he(=Paul): 조각품을 적절한 가격에 사서 기뻐하며 Bob에게 고마워하는 상황이므로, he는 Paul이 되어야 한다.

전략 적용

Unit 12-2 '대명사에 지칭 대상을 대입해보면 답이 보인다'

① he 뒤에 또 he liked라는 표현이 나와 지칭 대상이 헷갈린다면 지칭 후보인 Paul과 Bob을 각각 대입하여 논리적 흐름을 살펴본다. 일반적으로 영어에서 대명사는 바로 앞에 나온 명사를 대신하므로, ① he 대신 Paul을 넣었을 경우 'Paul은 기념품을 사고 싶었고 Paul은 자신이 좋아한 조각품을 발견했다'로 흐름이 자연스럽다. 하지만 Bob을 대입할 경우, 'Paul은 기념품을 사고 싶었고 Bob은 자신이 좋아한 조각품을 발견했다'는 뜻이 되어 논리적으로 어색하다.

구문 분석

Dr. Paul Odland and his friend Bob travel frequently to South
　　　　　　　주어　　　　　　　　　동사
America, [**where** they provide free medical treatment for disabled children of poor families].

→ [ ]는 계속적 용법의 관계부사절이다.

[**With** Bob **acting** as interpreter], Paul offered 300 and his
　　　　　주어1　동사1　　　　　　　주어2　동사2　　　주어2
opponent proposed 450.
　　　　　동사2

→ [ ]의 「With+명사+분사」는 '~가 …한 채로'라는 의미로, 주절의 부대상황을 나타낸다. 분사가 쓰이는 형태적 특성상 with 분사구문이라고도 불린다.

Meanwhile, [**observing** the seller carefully], Paul sensed
　　　　　　　　　　　　　　　　　　　　　주어　　동사
something wrong in Bob's interpretation.

→ [ ]는 분사구문으로 시간(~하다가)을 나타낸다.

문항 해설

▶정답④ his

his interpretation에서 his는 통역을 하는 사람이 되어야 한다. 지문의 다섯 번째 문장에서 Bob이 통역사 역할을 하는 것이 언급되므로 his는 Bob을 가리킨다. Paul은 Bob의 통역에 의문을 제기한 사람으로, 한 문장에서 his doubt와 his interpretation에 같은 his가 사용되었다고 똑같은 대상으로 생각하면 안 된다. 나머지 밑줄 친 대명사는 Paul을 가리킨다.

▶오답 피하기

①은 대명사 he 앞의 내용을 볼 때 he 자리에 Bob보다 Paul을 대입했을 때가 자연스럽다. ②, ③은 가격 흥정의 당사자가 Paul과 the seller인 상황에서 Paul의 가격 제시 후에 his opponent가 언급되며, Paul과 the seller가 각각 처음 제시한 가격에서 조금씩 서로 올리거나 낮추면서 조정해가는 상황이므로, 모두 Paul을 가리킨다. ⑤는 물건을 구매한 당사자를 가리키므로 당연히 Paul을 지칭한다.

전략 적용 3   눈 내리는 저녁의 평화로운 거실 정경　　정답 ①

첫 문장 키워드

dinner, built a fire

전반적으로 저녁 식사와 불 피우기, 땔감을 가지러 나가는 일상적인 모습에서 평온한 분위기가 느껴진다.

끊어읽기 해석

After dinner / he built a fire, / going out into the weather / for wood /
저녁 식사 후에　　그는 불을 피우고　　굳은 날씨 속으로 나갔다　　나무를 가지러
he had piled against the garage. // The air was bright and cold /
자신이 차고에 쌓아 둔　　　　　공기는 맑고 차가웠다
against his face, / and the snow in the driveway / was already
그의 얼굴에 닿은　　　그리고 차량 진입로의 눈은　　　　벌써 그의 무릎 절반
halfway to his knees. // He gathered logs, / shaking off their soft
정도까지 와 있었다　　그는 통나무들을 모았다　　그것들 위의 부드러운 하얀 덮개[눈]
white caps / and carrying them inside. // He sat for a time in front of
를 털어내고　　그리고 그것들을 안으로 가지고 왔다　　그는 한동안 벽난로 앞에 앉아 있었다
the fireplace, / cross-legged, / adding logs, / and gazing at the warm
벽난로 앞에　　　다리를 꼬고　　통나무들을 넣으면서　그리고 따뜻한 불을 쳐다보면서
fire. // Outside, / snow continued to fall quietly / in the cones of
바깥에는　　　눈이 계속 조용히 내렸다　　　　　원뿔 모양의 불빛 속에서
light / cast by the streetlights. // By the time he rose and looked out
가로등이 내던지는　　　　　　　그가 일어나서 창밖을 내다볼 즈음
the window, / his car had become a soft white hill / on the edge of
그의 차는 부드러운 하얀 언덕이 되어 있었다　　　　도로 가장자리에서
the street. //

지문 해석

저녁 식사 후에 그는 불을 피우고 자신이 차고에 쌓아 둔 나무를 가지러 굳은 날씨 속으로 나갔다. 그의 얼굴에 닿은 공기는 맑고 차가웠고, 차량 진입로의 눈은 벌써 그의 무릎 절반 정도까지 와 있었다. 그는 통나무들을 모아서 그것들 위의 부드러운 하얀 덮개[눈]를 털어내고 그리고 그것들을 안으로 가지고 왔다. 그는 한동안 벽난로 앞에 앉아 다리를 꼬고 통나무들을 넣으면서 따뜻한 불을 쳐다보았다. 바깥에는 가로등이 내던지는 원뿔 모양의 불빛 속에서 눈이 계속 조용히 내렸다. 그가 일어나서 창밖을 내다볼 즈음 그의 차는 도로 가장자리에서 부드러운 하얀 언덕이 되어 있었다.

지문 구조

'도입 - 전개 - 결말' 구조에서는 여러 개의 장면이 차례대로 등장한다.

도입	1) 저녁 식사 후 통나무를 가지러 나감 2) 공기는 차가웠고 눈이 무릎 절반까지 쌓임
↓ 전개	1) 통나무를 가지고 들어옴 2) 벽난로 앞에 앉아 불을 바라봄 3) 바깥에는 눈이 계속 조용히 내림
↓ 결말	일어나 창밖의 눈 쌓인 차를 바라봄

STEP BY STEP 문제 풀이

STEP ❶ 글의 배경과 상황 파악하기

바깥 날씨는 굳지만 공기를 맑다고 묘사하고 있으므로 날씨에 대한 부정적인 분위기는 느껴지지 않는다. 저녁 식사 후 쉼을 준비하는 모습이 나타나 있다.

• **배경**: After dinner he built a fire
• **상황**: the snow ~ his knees, gathered logs ...

STEP ❷ 상황 묘사 표현 찾기

눈이 쌓이기는 했지만 부드럽다(soft)는 표현으로 쌓인 눈을 묘사하고 있다.

- **형용사/부사/명사**: warm fire, a soft white hill
- **동사**: sat for a time, gazing, fall quietly

STEP❸ 전체적인 분위기를 반영한 선택지 고르기

sat for a time, gazing, warm fire → calm

fall quietly, soft white → peaceful

❖ 맑고 차가운 공기 속에 침착하게 통나무를 준비하고 벽난로에 불을 지피며 눈 내리는 풍경을 감상하는 상황의 분위기를 잘 표현한 보기는 ①이다.

전략 적용

Unit 12-3 '분위기를 나타내는 표현은 정해져 있다'

분위기 파악 유형에서는 형용사와 부사를 중심으로 분위기를 나타내는 표현을 찾는 것에 주력하되 글을 전반적으로 봐야 한다. 춥고 눈 내리는 날씨라고 어두운 분위기로 성급한 판단을 해서는 안 된다. 지엽적인 표현보다 등장인물의 전반적인 행동과 배경을 종합하도록 하자. 바깥 날씨는 춥지만, 주인공은 실내에서 따뜻한 벽난로에 불을 지피며 조용히 눈이 내리는 풍경을 바라보고 있으니 아주 평온한 분위기가 느껴진다.

구문 분석

After dinner he <u>built</u> a fire, [**going** out into the weather for wood
주어　동사
{he **had piled** against the garage}].

→ [ ]는 연속 동작을 나타내는 분사구문으로, and he went ~로 바꿔 쓸 수 있다. { }는 선행사 wood를 수식하는 목적격 관계대명사절로, he 앞에 목적격 관계대명사가 생략되었다. { }의 과거완료 시제는 '나간(going out)' 시점보다 '쌓아 둔(had piled)' 시점이 먼저임을 나타낸다.

He <u>sat</u> for a time in front of the fireplace, [{(being) cross-
주어　동사
legged}, {adding logs}, **and** {gazing at the warm fire}].

→ [ ]는 분사구문이다. cross-legged(다리를 꼰)는 형용사로 앞에 being이 생략되어, 세 개의 현재분사구 { }가 콤마(,)와 and로 병렬 연결된 구조이다.

[By the time {he rose and looked out the window}], <u>his car had</u>
주어　동사
<u>become</u> a soft white hill on the edge of the street.

→ [ ]는 By the time이 이끄는 시간 부사절이다. time 뒤에 관계부사절 { }과 함께 '~할 즈음'이라는 의미가 된다. he 앞에 시간을 나타내는 관계부사 when이 생략되었다.

문항 해설

① 차분하고 평화로운

② 생기 넘치고 축제 분위기의

③ 재미있고 즐거운

④ 흥미진진하고 전율이 느껴지는

⑤ 가능성 있고 희망적인

▶**정답 ① calm and peaceful**

저녁 식사 후에 등장인물은 집안에서 벽난로를 피워 놓고 앉아 있다가, 일어나서 창밖의 눈 덮인 세상을 바라보고 있다. 따라서 상황에 나타난 분위기로 가장 적절한 것은 ① '차분하고 평화로운'이다.

▶**오답 피하기**

②, ③은 지문의 고요하고 정적인 분위기와 거리가 먼 오답이다. ④는 차분하고 평화로운 글의 분위기와 정반대를 묘사하는 표현이다. ⑤는 가능성과 희망적인 분위기를 알 수 있는 긍정적인 미래에 대한 내용을 지문에서 찾을 수 없으므로 오답이다.

전략 적용 4　개들에게 쫓기는 여성의 심경 변화　정답 ①

첫 문장 키워드

barking fiercely, fear of being caught

개가 사납게 짖는 상황에서 잡힐까 두려움을 느끼는 상황으로, 이후 사건의 진행 방향에 따라 주인공의 공포심이 더 심해지거나 정반대로 약해지는 상황을 예상해 볼 수 있다.

끊어읽기 해석

When she heard the dogs barking [fiercely] / on the floor just above
그녀가 개들이 사납게 짖는 소리를 들었을 때　　　　그녀의 바로 위에 있는 (갑판) 바닥에서

her, / she [trembled] uncontrollably / for [fear of being caught]. //
그녀는 감당할 수 없을 정도로 떨었다　　　붙잡힐까 두려워서

Drops of cold sweat rolled down her back. // Before slipping into the
식은땀이 그녀의 등으로 흘러내렸다　　　　배의 선창으로 숨어들기 전에

hold of the boat, / she had scattered powder, / which Swedish
그녀는 가루를 뿌려 두었다　　　　스웨덴 과학자들이 개발한

scientists had developed, / unnoticeably on the floor above / in order
　　　　　　　　　위쪽의 바닥에 눈에 띄지 않도록　　　　개들의 주의를

to distract the dogs. // But she knew / that these dogs were so well
분산시키기 위하여　　　그러나 그녀는 알았다　이 개들은 훈련이 아주 잘 되어 있으므로

trained / that they could smell her, / even though a load of fish had
　　　　그들[개들]은 그녀의 냄새를 맡을 수 있다는 것을　비록 많은 생선이 버려져 있더라도

been dumped / over her hiding place. // She held her hands together
　　　　　　그녀가 숨어 있는 곳 위에　　　　그녀는 두 손을 꼭 잡았다

tightly / and tried not to make any noise. // She was not sure / how
　　　그리고 아무 소리도 내지 않으려고 애썼다　　　그녀는 알 수 없었다　얼마나

long she could stay like that. // [To her relief], / it wasn't long before /
오랫동안 그녀가 그렇게 있을 수 있을지　　다행스럽게도　오래지 않아

a whistle called the dogs out, / leaving her unfound. // She [relaxed]
휘파람 소리가 개들을 불러냈다　　　그녀를 발견되지 않은 상태로 둔 채　그녀는 손의 긴장을

her hands / and [exhaled] a deep breath. // She [felt safe now]. //
풀었다　　　그리고 깊은 숨을 내쉬었다　　　　그녀는 이제 안전하다고 느꼈다

지문 해석

그녀가 그녀의 바로 위에 있는 (갑판) 바닥에서 개들이 사납게 짖는 소리를 들었을 때, 그녀는 붙잡힐까 두려워서 감당할 수 없을 정도로 떨었다. 식은땀이 그녀의 등으로 흘러내렸다. 배의 선창으로 숨어들기 전에 그녀는 개들의 주의를 분산시키기 위하여 위쪽의 바닥에 눈에 띄지 않도록 스웨덴 과학자들이 개발한 가루를 뿌려 두었다. 그러나 이 개들은 훈련이 아주 잘 되어 있으므로, 비록 그녀가 숨어 있는 곳 위에 많은 생선이 버려져 있더라도 그녀의 냄새를 맡을 수 있다는 것을 그녀는 알았다. 그녀는 두 손을 꼭 잡고 아무 소리도 내지 않으려고 애썼다. 얼마나 오랫동안 그녀가 그렇게 있을 수 있을지 알 수 없었다. 다행스럽게도 오래지 않아 그녀를 발견되지 않은 상태로 둔 채 휘파람 소리가 개들을 불러냈다. 그녀는 손의 긴장을 풀고 깊은 숨을 내쉬었다. 그녀는 이제 안전하다고 느꼈다.

지문 구조

이 글은 '도입 - 전개 - 결말' 구조이므로 심경 변화를 파악하기 위해서는 도입부와 결말을 중점적으로 읽어야 한다.

도입	개들이 사납게 짖고 그녀는 공포로 몸을 심하게 떨며 숨어있다.
↓	
전개	1) 숨기 전 개들의 주의를 분산시킬 조치를 취했다. 2) 잘 훈련된 개들이기에 그녀의 조치가 별 효과가 없을 것을 알고 숨 죽이고 있었다.
↓	
결말	휘파람 소리에 개들이 나갔고, 그녀는 안도의 숨을 내쉬었다.

STEP❶ 글의 배경과 상황 파악하기
· **배경**: the dogs barking fiercely
· **상황**: trembled uncontrollably for fear of being caught
개들은 사납게 짖고 있으며, 주인공은 떨며 숨어있는 상황이다. 두려움과 초조함이 느껴진다.

STEP❷ 상황 묘사 표현 찾기
· **전반부 상황 묘사 표현**: barking fiercely, trembled, fear, cold sweat
· **후반부 상황 묘사 표현**: to her relief, relaxed her hands, exhaled a deep breath, felt safe
전반부에는 무섭고 떨리는 심경을 나타내는 표현이 주로 나오다가 후반부에서 안도감을 느끼는 것으로 글의 흐름이 바뀌었다.

STEP❸ 심경(변화)을 포착한 선택지 고르기
barking fiercely, trembled , fear, cold sweat
→ terrified
to her relief, relaxed her hands, exhaled a deep breath, felt safe
→ relieved
❂ 사나운 소리에 몸을 떨고 식은땀을 흘리며 숨어있다가 발견되지 않아서 깊은 숨을 내쉬며 안도하는 주인공의 심경 변화를 잘 반영한 보기는 ①이다.

전략 적용

Unit 12-4 '심경을 나타내는 표현이 등장하기 마련이다'
들키지 않기 위해 숨어있는 주인공의 심경을 짐작하게 하는 다양한 표현들이 계속해서 나타난다. 주인공의 상황에 이입하면 '두려워하는'이라는 직접적인 형용사 표현 없이도 떨면서 숨어있다는 상황만으로도 충분히 주인공의 심경을 짐작할 수 있다. 또한 후반부에서 마침내 개들이 사라지고 주변이 고요해졌을 때 어떤 심경일지도 어렵지 않게 느낄 수 있다.

구문 분석

[**Before** slipping into the hold of the boat], she had scattered
<u>주어</u>   <u>동사</u>
powder, [**which** Swedish scientists had developed], unnoticeably
on the floor above {**in order to distract** the dogs}.

→ 첫 번째 [ ]는 시간(~전에)을 나타내는 분사구문이다. 의미를 명확하게 하기 위해 접속사 Before를 생략하지 않았다. 두 번째 [ ]는 선행사 powder를 수식하는 관계대명사절로 콤마(,)를 양쪽에 두고 삽입된 구조이다. { }는 부사적 용법의 to부정사구로 「in order to V」는 to부정사구만 쓰는 것보다 더 명확하게 목적의 의미를 나타낸다.

But she knew [**that** these dogs were **so** well trained {**that** they
<u>주어</u> <u>동사</u>
could smell her}, {**even though** a load of fish had been dumped
over her hiding place}].

→ [ ]는 동사 knew의 목적어인 명사절이다. 명사절 안에는 「so ~ that …」 구문이 쓰여 '너무 ~해서 …하다'라는 뜻이 된다. 첫 번째 { }는 해당 구문에 쓰인 결과를 나타내는 that절, 두 번째 { }는 even though가 이끄는 양보 부사절(~하더라도)이다.

To her relief, it wasn't long [**before** a whistle called the dogs out,
<u>주어</u> <u>동사</u>
  {leaving her unfound}].

→ it은 비인칭주어로 여기서는 시간을 나타낸다. [ ]는 before가 이끄는 시간 부사절로, it wasn't long과 함께 '머지 않아 ~했다'라는 뜻이 된다. { }는 부대상황을 나타내는 분사구문이다. 「leave + 목적어 + 목적격보어」 구조로 '~을 …한 상태로 두다'라는 뜻이다.

① 공포에 질린 → 안도하는
② 매우 기쁜 → 좌절감을 느끼는
③ 겁먹은 → 짜증 난
④ 지루한 → 흥분한
⑤ 실망한 → 지친

▶ **정답**① terrified → relieved
지문의 대부분은 she가 들키지 않으려고 숨죽이며 공포를 느끼는 모습을 묘사하고 있다. 마지막 세 번째 문장의 To her relief(다행스럽게도)에서 상황 변화가 시작되고, relaxed(긴장을 풀었다), felt safe(안전하다고 느꼈다) 등에서 안도감이 드러난다. 따라서 심경의 변화로 가장 적절한 것은 ① '공포에 질린 → 안도하는'이다.

▶ **오답 피하기**
②는 부정적인 심경에서 긍정적인 심경으로 변하는 지문의 흐름과 반대이다. ③은 앞부분의 scared는 지문 초반부에 드러난 심경과 일치하지만 개들이 물러가고 안도하는 후반부 상황과 '짜증 난' 심경은 어울리지 않으므로 오답이다. ④, ⑤는 지문에 등장인물이 지루해하거나 실망하는 모습이 전혀 그려져 있지 않으므로 오답이다.

예제 1 최초의 철도 서비스가 지역 시간 차이를 해결한 과정 정답 ③

지문 해석

최초의 상업용 철도 서비스는 1830년에 Liverpool과 Manchester 간 운행을 시작했다. 10년 후 최초의 철도 시간표가 발행되었다. 주제문 기차들은 구식 마차보다 훨씬 빨라서, 지역 시간의 특수한 차이는 심각한 골칫거리가 되었다. 1847년에 영국 철도 회사들은 머리를 함께 모았고, 그 이후로 모든 열차 시간표가 Liverpool, Manchester 또는 Glasgow 지역 시간 대신, Greenwich 천문대 시간에 맞춰지는 것에 동의했다. 점점 더 많은 기관들이 철도 회사들의 선례를 따랐다. (철도는 역, 선로, 다른 시설들과 관련된 문제들 같은 기간 시설 관련 문제에 직면했다.) 마침내 1880년에 영국 정부는 영국의 모든 시간표가 Greenwich를 따라야 함을 입법화하는 전례 없는 단계를 밟았다. 역사상 최초로, 한 나라가 국가 시간을 채택했고 국민들에게 지역 시간이나 일출-일몰 주기 대신 인공적인 시계에 따라 살 것을 의무화했다.

배경지식

· **그리니치 천문대(Greenwich Observatory)**: 영국 런던 남동쪽의 그리니치에 위치한 왕립 천문대로, 그리니치 표준시는 세계 표준시의 기준이 된다.

지문 구조

이 글은 문제가 발생하여 해결해 나가는 과정을 시간순에 따라 설명한 구조로, Unit 04 설명1 - 설명2 - 요약 구조와 Unit 05 현상 - 문제 제기 - 해결책 구조가 합쳐진 형태이다. 해결책은 한 문장으로 제시되지 않고, 일련의 과정으로 중반부 이후 설명되었다.

설명 1(현상)	(1830년) 최초의 상업용 철도 서비스 시작
↓	
설명 2 (문제 제기)	(10년 후) 최초의 철도 시간표 발행 및 지역 시간 차이 문제 발생
↓	
설명 3 (해결책)	(1847년) 영국 철도 회사들, 많은 기관들은 Greenwich 천문대 시간을 따르기로 함
↓	
설명 4 (해결책)	(1880년) 영국 정부는 영국의 모든 시간표가 Greenwich 천문대 시간을 따르도록 입법화함 → 역사상 최초로 국가 시간 채택

구문 분석

In 1847, British train companies put their heads together and 〈주어〉 〈동사1〉
agreed [that henceforth all train timetables would be adjusted to 〈동사2〉
{Greenwich Observatory time}, **rather than** {the local times of Liverpool, Manchester, or Glasgow}].

→ 하나의 주어에 동사 두 개(put, agreed)가 and로 병렬 연결되어 있다. [ ]는 접속사 that이 이끄는 명사절로 동사 agreed의 목적어 역할을 한다. rather than은 '~보다는, ~ 대신에'라는 의미로 두 개의 { }를 연결하는 접속사 역할을 한다.

Railways faced infrastructure-related challenges **such as those** 〈주어〉 〈동사〉
[related to stations, tracks, and other facilities].

→ such as는 '~와 같은'이라는 의미로, 여기서는 infrastructure-related challenges의 예시를 나타낸다. those는 앞에 있는 복수명사 challenges를 가리키며, 과거분사구 [ ]의 수식을 받아 '~와 관련된 문제들'이라는 의미가 된다.

Finally, in 1880, the British government took the unprecedented 〈주어〉 〈동사〉
step **of** [legislating {that all timetables in Britain must follow Greenwich}].

→ 여기서 전치사 of는 앞에 있는 the unprecedented step과 동격인 동명사구 [ ]를 연결한다. { }는 legislating의 목적어 역할을 하는 명사절이다.

문항 해설

▶**정답** ③ Railways faced infrastructure-related challenges such as those related to stations, tracks, and other facilities.

이 글은 영국에서 철도 서비스가 시작되면서 골칫거리가 된 지역 간의 시간 차이를 Greenwich 천문대 시간에 맞추도록 동의하고 입법화한 과정을 담고 있다. 선택지 ③은 '철도가 여러 가지 기간 시설 관련 문제에 직면했다'는 내용으로, 글의 소재 중 지역 간 시간 차이 문제를 언급한 앞, 뒤 맥락과 연결되지 않는다. 따라서 글의 전체 흐름과 관계없는 문장은 ③이다.

▶**오답 피하기**

①은 지역 간 시간 차이 문제를 해결하기 위한 철도 회사들의 첫 합의점(Greenwich 시간으로의 조정)을 언급했고 ②는 더 많은 기관들의 동참, ④는 마침내 영국 정부의 입법화 단계, ⑤는 그런 단계가 역사에서 차지하는 의미를 설명했다. ③을 제외하고 모든 보기는 지역 간 시간 차이라는 문제점(소재)이 해결되는 과정을 통일성 있게 설명하고 있으므로, 논리적으로 자연스럽다.

예제 2 쿠키를 먹는 이유 정답 ①

지문 해석

왜 쿠키를 먹을까? 몇 가지 이유는 당신의 배고픔을 만족시키기 위해서, 당신의 당 수치를 증가시키기 위해서, 혹은 단지 씹을 거리를 갖기 위해서일지 모른다. 하지만 최근의 포장 쿠키 시장에서의 성공은 이것들이 유일한, 혹은 아마도 심지어 가장 중요한 이유는 아닐지도 모른다는 것을 시사한다. 쿠키 제조 회사들은 어떤 다른 영향들에 대해 깨닫고 있으며, 그 결과, 그들의 깨달음의 결과에서 오는 상품들을 시장에 내놓고 있는 것처럼 보인다. 이러한 상대적으로 새로운 상품 제공은 대개 '부드러운' 또는 '씹는 맛이 있는' 쿠키로 언급되는데, 그것들을 더 전형적인 바삭한 종류들과 구별하기 위해서이다. 왜 그것들의 도입에 대해 이 모든 소동이 일어날까? 분명히 그 매력의 많은 부분은 엄마에 의해 오븐에서 바로 내어진, 입에서 녹는 쿠키들을 그것들이 아직 부드러울 동안 게걸스럽게 먹으면서 뒷계단에 앉아 있던 어린 시절의 기억과 관련이 있다. 주제문 분명히, 부드러운 쿠키에 대한 이런 감정적이고 감각적인 매력은 적어도 그 상품이 만족시키는 신체적인 갈망이 그러한 것만큼 강하다.

지문 구조

이 글은 Unit 09 질문 - 답변의 구조가 두 번 반복되는 형태이다. 필자의 진짜 주장은 두 번째 답변에서 나오고, 이를 위해 중간에 반전시키는 문장(주어진 문장)이 추가된 형태이다. 결과를 먼저 언급한 후 원인을 묻는 질문이 반복된다는 점에서 Unit 06 원인 - 결과의 구조에서 결과가 먼저 언급되는 지문 구조로 이해할 수도 있다.

질문 1	왜 쿠키를 먹을까?
↓	
답변 1	1) 배고파서 2) 당 수치를 증가시키기 위해서 3) 단지 씹을 거리가 필요해서
↓	
반박	(반박) 하지만, 그것들은 가장 중요한 이유가 아닐지도 모른다. (근거, 예시) 쿠키 제조사들은 '부드러운' 또는 '씹는 맛이 있는' 쿠키를 만들고 있다.
↓	
질문 2	왜 그것들의 도입에 대해 이 모든 소동이 일어날까?
↓	
답변 2	분명히 그러한 쿠키의 매력은 어린 시절의 기억과 관련이 있다. 그러한 쿠키의 매력은 신체적 갈망만큼 강하다.

구문 분석

It appears [**that** cookie-producing companies {are becoming aware of some other influences} **and**, as a result, {are delivering to the market products (resulting from their awareness)}].
(It appears — 주어 동사)

→ 「It appears + that절」은 '~인 것처럼 보이다, ~인 것 같다'는 뜻으로, 이때 it은 비인칭주어로 해석하지 않으며, that절은 보어로서 동사의 의미를 보충한다. that절에는 두 개의 현재진행형 동사구 { }가 등위접속사 and로 병렬 연결되어 있다. ( )는 the market products를 수식하는 현재분사구이다.

Apparently much of their appeal has to do with childhood memories of [sitting on the back steps {devouring those melt-in-your-mouth cookies (that were delivered by Mom straight from the oven), (while they were still soft)}].
(much of their appeal — 주어, has to do with — 동사)

→ 여기서 much는 명사로 쓰여 '많은 부분'으로 해석한다. have[has] to do with는 '~와 관계가 있다'는 의미이다. [ ] 앞의 전치사 of는 동격의 명사구를 연결한다. [ ]는 앞에 있는 childhood memories와 동격인 동명사구(sitting 이하 전체)이다. { }는 분사구문으로 sitting의 동시동작을 나타내며, 첫 번째 ( )는 선행사 cookies를 수식하는 관계대명사절이다. 두 번째 ( )는 접속사 while이 이끄는 시간 부사절로 '~하는 동안, ~할 때'라는 의미를 나타낸다.

This emotional and sensory appeal [of soft cookies] is apparently at least **as strong as** [are the physical cravings {that the product satisfies}].
(This emotional and sensory appeal — 주어, is — 동사)

→ 첫 번째 [ ]는 This ~ appeal을 수식하는 전치사구이다. 수식어구를 뺀 명사 appeal이 단수이므로 동사도 단수형 is가 왔다. 「as + 원급 + as」는 '…만큼 ~한'이라는 의미의 원급 비교 구문이다. 두 번째 [ ]는 비교 대상으로 주어(the physical cravings ~)와 동사(are)가 도치된 절이 비교 대상으로 왔다. { }는 physical cravings를 수식하는 관계대명사절이다.

문항 해설

▶ 정답 ①

주어진 문장은 However로 시작하고, these(이것들), reasons(이유들)라는 복수명사가 나온다. 따라서 위의 내용과 '대조'되면서 '여러 가지 이유'가 거론되는 문장 뒤에 주어진 문장이 와야 한다. 바로 Some reasons(몇 가지 이유들)로 시작하며 세 가지 이유를 들고 있는 두 번째 문장이다. 또한 ① 이후부터 내용이 반전되어 쿠키 제조사들이 부드러운 쿠키를 만드는 이유가 본격적으로 설명되므로, However로 시작하는 주어진 문장은 ①에 위치하는 것이 가장 적절하다.

▶ 오답 피하기

It appears로 시작하는 문장에서 쿠키 회사들이 다른 영향력에 따른 제품들(products)을 내놓고 있다는 내용은 다음 문장의 These ~ new product offerings로 자연스럽게 이어지므로 ②에는 들어갈 수 없다. 또한 ③ 이후의 질문은 앞 문장에서 언급한 새로운 쿠키들을 쿠키 회사들이 도입하는 것에 대해 이유를 묻는 것이므로 흐름이 어색하지 않다. ④, ⑤ 이후 문장은 둘 다 apparently 라는 부사를 사용하여 필자의 진짜 주장을 강조하는 문장으로 어린 시절의 기억과 관련된 것이 부드러운 쿠키의 매력이며, 그 매력이 신체적 갈망만큼 강하다는 내용으로 서로 자연스럽게 연결된다.

예제 3 타인의 목적을 방해할 자격을 부여하는 게임 정답 ⑤

지문 해석

당신이 방금 만난 몇몇 사람들과 식사를 하고 있다고 상상해 보라. 당신이 소금통에 손을 뻗는데, 갑자기 다른 손님들 중 한 명이, 그를 Joe라고 부르자, 당신을 뚱하게 쳐다보더니 그 소금을 낚아채서 당신의 손이 닿지 않는 곳에 놓는다. (C) 이후에 당신이 식당을 나서고 있을 때, Joe가 당신 앞으로 돌진해서 밖에서 출구 문을 막는다. Joe는 무례하게 굴고 있다. 당신이 다른 사람이 하려고 하는 것을 이해할 때, 그 사람이 그것을 못하게 막는 것은 공격적이거나 최소한 맞서는 것이다. (B) 하지만, 당신이 보드게임을 하기 위해 똑같은 사람들을 만나고 있다면, 똑같은 Joe가 당신이 게임을 이기지 못하게 막는 것은 완전히 받아들여질 것이다. 게임에서뿐만 아니라 레스토랑에서도 Joe는 당신의 의도를 알아채고 Joe는 당신이 하려고 하는 것을 못하게 당신을 막는다. (A) 식당에서 이것은 무례하다. 방금 언급된 게임에서는 이것은 예상되고 받아들여지는 행동이다. 주제문 분명히 게임은 우리에게 분쟁에 가담하고 다른 사람들이 목적을 못 이루게 막을 자격을 준다.

지문 구조

이 글은 '예시 - 주제문' 구조로, Unit 01 주제문 - 예시 1 - 예시 2 구조에서 예시가 주제문보다 먼저 나오는 형태이다. 예시의 내용이 길어지므로, 예시에 대한 설명이 중간에 추가되었다.

예시	1) 식당에서의 상황 2) 보드게임에서의 상황
↓	
설명	식당에서 Joe의 행동은 무례하지만 게임에서는 그런 행동이 예상되고 받아들여진다.
↓	
주제문	게임은 우리에게 다른 사람의 목적을 못 이루게 막을 자격을 준다.

구문 분석

Imagine [**that** you are dining with some people {you have just met}].
(Imagine — 동사)

→ [ ]는 that이 이끄는 명사절로 동사 Imagine의 목적어 역할을 한다. { }는 선행사 some people을 수식하는 목적격 관계대명사절로, you 앞에 목적격 관계대명사가 생략되었다.

However, [**if** you were meeting the same people {to play a board game}] it would be completely acceptable **for** the same Joe [**to prevent** you **from** winning the game].
(it — 가주어, would be — 동사, for the same Joe to prevent you from winning the game — 진주어)

→ However 이후 「종속절 + 주절」 구조가 왔다. 첫 번째 [ ]는 if가 이끄는 조건 부사절이다. { }는 부사적 용법의 to부정사구로 '~하기 위하여'라는 목적의 의미

를 나타낸다. 두 번째 [ ]는 진주어인 to부정사구, 앞에 있는 for 전치사구는 to부정사의 의미상 주어이다. 「prevent A from V-ing」는 'A가 ~하는 것을 막다'라는 의미이다.

> Joe is being rude — [**when** you understand {**what** another
> 주어　　　동사
> person is trying to do}], it is offensive, or at least confrontational,
> 　　　　　　　　　　가주어 동사
> **to prevent** that person from doing it.
> 　　　　진주어

➜ 두 개의 문장이 대시(—)로 연결되어, 앞 문장에 대한 보충 설명을 뒤 문장에서 한다. [ ]는 뒤 문장의 주절을 수식하는 시간 부사절이다. { }는 부사절 동사 understand의 목적어 역할을 하는 관계대명사절로, 선행사를 포함하는 관계대명사 what이 쓰였다. 뒤 문장의 주절은 가주어(it) - 진주어(to부정사구) 구문이다.

문항 해설

▶정답 ⑤ (C) - (B) - (A)
식당에서의 상황을 묘사한 주어진 글 뒤에 식사 후 상황을 언급하는 내용인 (C)가 오는 것이 자연스럽고, 게임이라는 새로운 상황이 언급된 (B) 뒤에 식당에서의 식사와 게임이라는 두 상황을 비교하는 (A)가 오는 것이 논리적이다. 따라서 주어진 글 다음에 이어질 가장 적절한 글의 순서는 ⑤ '(C) - (B) - (A)'이다.

▶오답 피하기
①, ③, ④는 (A)에 the game just mentioned라는 표현이 있으므로 반드시 바로 앞에 게임이 먼저 언급되어야 하는데, 식사 관련 상황만 거론되는 주어진 글이나 (C) 바로 다음 순서에 (A)를 배치하였으므로 오답이다. ②는 (B)에서 역접 연결사(However)로 새로운 상황(게임)을 소개한 뒤 두 상황을 비교하고 있어, 얼핏 보면 주어진 글 다음으로 무리가 없어 보인다. 하지만 (B) 뒤에 다시 식사 상황으로 돌아가 Joe의 무례한 상황을 소개하는 (C)가 오는 것은 글의 흐름상 어색하므로 정답이 될 수 없다.

예제 4　타인이 지켜볼 때 일어나는 두 가지 상반된 효과　정답 ③

지문 해석

주제문 재미있게도, 다른 사람이 지켜보는 것은 성과에 있어서 두 가지 아주 다른 효과를 가진다. 어떤 경우에는 성과가 아무것도 없는 정도로까지 감소된다. 이것의 극단적인 형태는 대중 공연에서의 갑작스러운 공포인, 무대 공포증이다. **(B)** 경력을 쌓아가던 도중에 무대 공포증이 생겨서 전혀 공연을 할 수 없는 유명한 배우들의 많은 사례가 있다. 나머지 다른 극단적인 형태는 다른 사람이 지켜보는 것이 성과를 높이는 것인데, 사람들은 다른 사람들이 지켜보고 있다는 것을 알면 그것이 무엇이든 더 잘한다. **(C)** 일반적인 원칙은 만약 누군가가 새롭거나 처음 하는 일을 한다면, 그렇다면 그것을 하는 동안 다른 사람이 지켜보는 것은 성과를 감소시키게 되는 것 같다. 반면에, 익숙하거나 숙련된 어떤 작업을 하거나 어떤 활동에 참여하는 동안 다른 사람이 지켜보는 것은 성과를 향상시키는 경향이 있다. **(A)** 그래서 만약 당신이 새로운 운동을 하는 법을 배우고 있다면 그것을 혼자 시작하는 것이 더 좋지만, 당신이 그것에 능숙해졌을 때는 그렇다면 당신은 아마 관중이 있을 때 더 잘 해낼 것이다.

지문 구조

이 글은 '주제문 - 예시1 - 예시2 - 결론' 구조인데, 두 예시가 상반된다. 한마디로, Unit 01 주제문 - 예시1 - 예시2 구조와, Unit 08 비교/대조 구조가 합쳐진 형태이다. 예시가 서로 반대되므로 끝에 두 예시를 종합하는 결론이 추가되었다.

주제문	다른 사람이 지켜보는 것은 두 가지 아주 다른 효과를 가진다.
↓	
예시 1, 2 (대조)	1) 무대 공포증(성과를 낮추는 예시) 2) 다른 사람이 지켜볼 때 더 잘하는 것(성과를 높이는 예시)
↓	
결론	새로운 것을 배울 경우 혼자 하는 것이 좋지만, 능숙해지면 관중이 있을 때 더 잘 해낼 것이다.

구문 분석

> The other extreme is [**that** being observed enhances performance,
> 　　　　　주어　　 동사
> {**people doing** (whatever it might be) better **when** they know
> (that others are watching)}].

➜ 「주어＋동사＋보어」로 구성된 2형식 문장이다. [ ]는 is의 보어 역할을 하는 명사절로, that은 명사절 접속사이다. { }는 주어가 생략되지 않은 분사구문이다. 분사구문의 주어(people)와 that절의 주어(being observed)가 다르므로, 분사 앞에 주어를 생략하지 않았다. people doing은 and people do로 바꿔 쓸 수 있다. 첫 번째 ( )는 doing의 목적어 역할을 하는 명사절로, 복합관계대명사 whatever가 접속사 역할을 한다. when 이하는 분사구문에 속하는 시간 부사절, 두 번째 ( )는 시간 부사절 동사 know의 목적어 역할을 하는 명사절이다.

> The general rule **seems to be** [**that** if one is doing something
> 　　　주어　　　　　　　동사
> new or for the first time, then {being observed (while doing it)}
> decreases performance].

➜ 「seem to V」는 '~인 것처럼 보이다, ~인 것 같다'는 뜻이다. [ ]로 표시된 부분은 be의 보어 역할을 하는 명사절이다. 명사절 접속사로 that이 쓰였다. 이 절에서 { }로 표시된 부분은 that절의 주어이며 동명사 주어는 단수 취급하므로 단수 동사 decreases가 왔다. if one is ~ first time은 if가 이끄는 조건 부사절이다. ( )는 접속사(while)가 생략되지 않은 분사구문이다.

> On the other hand, being observed [while **doing** some task **or**
> 　　　　　　　　　　　　　　 주어
> **engaging** in some activity {that is well known or well
> practiced}] tends to enhance performance.
> 　　　　　　　　동사

➜ [ ]는 접속사(while)가 생략되지 않은 분사구문이다. while 이후 두 개의 현재분사구(doing ~, engaging ~)가 등위접속사 or로 병렬 연결되었다. { }는 선행사 some task와 some activity를 동시에 수식하는 관계대명사절이다.

문항 해설

▶정답 ③ (B) - (C) - (A)
무대 공포증을 언급한 주어진 글 다음에 무대 공포증을 겪은 배우들의 사례를 제시한 (B)가 온다. (B)의 마지막에서 다른 사람이 지켜보는 것이 성과를 높이는 경우를 설명한 내용에 이어 새롭거나 처음 하는 일을 하는 경우와 숙달된 경우의 성과 차이를 설명한 (C)가 오며, 결과적으로(So) 새로 운동을 배울 때와 숙달되었을 때 각각 어떻게 하는 것이 더 좋은지 이야기하는 (A)가 오는 것이 자연스럽다. 따라서 ③ '(B) - (C) - (A)'가 정답이다.

▶오답 피하기
상반된 효과를 나타내는 두 가지의 극단적 사례를 얘기하는 주어진 글과 (B)는 순서상 연결되어야 한다. 그런데 ①은 (A)가 첫 순서로 나오고 ④, ⑤는 (B)가 셋째, 둘째 순서로 나와서 오답이다. 또한 새로운 일과 익숙한 일을 비교하여 두 경우의 성과 차이를 설명한 (C) 다음 구체적으로 내용을 종합하는 (A)가 뒤에 와야 한다. ②는 (A)와 (C)의 순서가 반대이므로 정답이 될 수 없다.

전략 적용 1 디지털 세계의 다양한 신원 도용 유형 정답 ③

첫 문장 키워드

Identity theft

첫 문장의 주어에 주목하자. 신원 도용은 일단 '문제점'이므로 이것에 대해 해결책을 제시하거나, 문제가 발생한 배경, 원인 등을 분석하는 글이 될 것이다.

끊어읽기 해석

Identity theft can take many forms / in the digital world. // That's
신원 도용은 많은 유형을 띨 수 있다   디지털 세계에서   그것은 (~

because / many of the traditional clues about identity / — someone's
하기) 때문이다 신원에 대한 많은 전통적인 단서들이   즉 어떤 사람의

physical appearance and presence — / are replaced / by machine-
신체적 모습과 존재가   대체되기 (때문이다) 기계에 기반을 둔 '신

based checking of "credentials". //
용 증명물'을 확인하는 것에 의해

① Someone is able to acquire / your credentials — / sign-on names,
어떤 사람이 습득할 수 있다   당신의 신용 증명물을   즉 로그인 이름, 비밀번

passwords, cards, tokens — / and in so doing / is able to convince an
호, 카드, 증거와 같은   그리고 그렇게 해서   전자 시스템을 확신시킬 수 있다

electronic system / that they are you. // ② This is an ingredient in
그들이 당신이라고   이것이 상당수의 사이버 관련 사기의

large numbers of cyber-related fraud, / and cyber-related fraud is by
요소이다   그리고 사이버 관련 사기는 단연코 가장 흔한

far the most common form of crime / that hits individuals. // ③
범죄 형태이다   개인들을 공격하는

Thanks to advances in cyber security systems, / reports of this crime
사이버 보안 시스템에서의 발전 덕분에   이런 범죄에 대한 보고가 급격히

have lowered dramatically. // ④ For example, / identity thieves can
줄어들었다   예를 들어   신원 도용자들은 재화와 용역을

buy goods and services / which you will never see but will pay for, /
구입할 수 있다   당신이 결코 보지 않겠지만 지불하게 될

intercept payments, / and, more drastically, / empty your bank
지불금을 가로챈다   그리고 더 심하게는   당신의 은행 계좌를 텅 비운다

account. // ⑤ Although the victims of identity theft are usually
신원 도용의 희생자들이 보통 개인이라고 여겨지긴 하지만

thought of as individuals, / small and large businesses are often
크고 작은 사업체들도 또한 종종 곤경에 빠진다

caught out as well. //

지문 해석

주제문 **신원 도용은 디지털 세계에서 많은 유형을 띨 수 있다.** 그것은 신원에 대한 많은 전통적인 단서들, 즉 어떤 사람의 신체적 모습과 존재가 기계에 기반을 둔 '신용 증명물'을 확인하는 것으로 대체되기 때문이다. 어떤 사람이 당신의 신용 증명물, 즉 로그인 이름, 비밀번호, 카드, 증거 같은 것을 습득할 수 있고 그렇게 해서 그들이 당신이라고 전자 시스템을 확신시킬 수 있다. 이것이 상당수의 사이버 관련 사기의 요소이며, 사이버 관련 사기는 개인들을 공격하는 단연코 가장 흔한 범죄 형태이다. (사이버 보안 시스템에서의 발전 덕분에, 이런 범죄에 대한 보고가 급격히 줄어들었다.) 예를 들어, 신원 도용자들은 당신이 결코 보지 않겠지만 지불하게 될 재화와 용역을 구입할 수 있고, 지불금을 가로챌 수 있고, 더 심하게는 당신의 은행 계좌를 텅 비울 수 있다. 신원 도용의 희생자들이 보통 개인이라고 여겨지긴 하지만 크고 작은 사업체들도 또한 종종 곤경에 빠진다.

지문 구조

이 글은 '주제문 - 부연 설명 - 예시' 구조이다. Unit 01 주제문 - 예시 1 - 예시 2에서 배운 것처럼, 주제문을 글 앞에 두괄식으로 제시한 다음, 현상의 원인을 부연 설명하고 예시를 들었다.

주제문	신원 도용은 디지털 세계에서 많은 유형을 띨 수 있다.
↓ 부연 설명	**신원 도용의 원인 및 과정** 전통적 단서들이 기계에 기반을 둔 증명물 확인으로 대체되면서, 로그인 이름, 비밀번호 등 각종 신용 증명물을 도용하는 사이버 관련 사기가 발생함
↓ 예시	**사이버 관련 사기 유형** 1) 신원 도용자들이 재화와 용역 구입함 2) 지불금을 가로챔 3) 은행 계좌 잔고를 비움 **사이버 관련 사기 대상** 보통 개인이라고 여겨지지만, 사업체들도 당함

STEP BY STEP 문제 풀이

STEP❶ 도입부에서 주제, 소재 파악하기

· **주제**: 신원 도용은 디지털 세계에서 많은 유형을 띨 수 있다.

· **소재**: Identity theft

STEP❷ 주제와 상반되거나 새로운 소재가 등장하는 문장 찾기

① Someone ~ acquire your credentials (주제, 소재 ○)

② cyber-related fraud ~ the most common form of crime that hits individuals (주제, 소재 ○)

③ Thanks to advances in cyber security systems ~ crime have lowered dramatically (주제 ✕, 새로운 소재)

④ identity thieves can buy ~ bank account (주제, 소재 ○)

⑤ Although the victims of identity theft ~ caught out as well (주제, 소재 ○)

STEP❸ 글의 흐름이 자연스러운지 확인하기

❍ ①, ②는 신원 도용 과정과 사이버 관련 범죄의 관계를 설명하고 있고 ④, ⑤는 구체적인 범죄 유형과 대상을 예로 들고 있다. ③을 빼고도 글의 흐름이 자연스러우므로 정답을 확정한다.

전략 적용

Unit 13-1 '주제와 상반되거나 새로운 소재가 등장하는 문장이 답이다'

첫 문장에서 제시된 '디지털 세계의 다양한 신원 도용 유형'이 이 글의 주제이자 소재이다. 이어 두 번째 문장에서는 신원 도용의 원인을 밝혔으며(That's because ~), 사이버 관련 사기가 개인들을 공격하는 범죄 형태라고 말하며 부정적 분위기를 이어가고 있다.

그런데 ③은 생뚱맞게 Thanks to(~덕분에)라는 긍정적 표현으로 시작한다. 범죄가 급감한다는 내용은 신원 도용이 많은 유형을 띤다는 글의 주제와도 상반된다. 문장의 주어도 reports of this crime인데 '보고'와 관련된 내용은 다른 부분 어디에도 없다. 주제와 소재가 일치하지 않는 무관한 문장이다.

구문 분석

That's [**because** {many of the traditional clues about identity}
주어 동사
— someone's physical appearance and presence — are replaced
by machine-based checking of "credentials"].

→ That's because는 '그것은 ~하기 때문이다'라는 의미로 be동사(is)의 보어 자리에 because가 이끄는 절 [ ]가 온 형태이다. 이때 that은 앞 문장의 내용을 가리킨다. { }는 because가 이끄는 절의 주어로, 대시(—)로 삽입된 명사구가 주어에 대한 예시로 들어갔다.

Someone is able to acquire your credentials — sign-on names,
주어   동사1
passwords, cards, tokens — **and** [in so doing] is able to convince
동사2
an electronic system [that they are you].

→ 하나의 주어(Someone)에 두 개의 동사가 and로 병렬 연결되었다. 첫 번째 [ ]는 부사 역할의 전치사구로 '그렇게 함으로써'라는 뜻이다. 두 번째 [ ]는 convince의 직접목적어로 쓰인 명사절이다. 「convince+간접목적어+직접목적어」는 '~에게 …을 확신시키다'라는 뜻이다.

For example, identity thieves can buy goods and services [**which**
주어   can+동사원형1
you will never see **but** will pay for], intercept payments, **and,**
동사원형2
more drastically, empty your bank account.
동사원형3

→ 조동사 can에 연결되는 세 개의 동사원형이 콤마(,)와 and로 병렬 연결되어 있다. [ ]는 선행사 goods and services를 수식하는 목적격 관계대명사절이다. 관계대명사절 내에는 「will+동사원형」 형태의 두 동사구가 but으로 병렬 연결되었으며, 각각의 목적어를 관계대명사 which가 동시에 대신한다.

문항 해설

▶**정답 ③** Thanks to advances in cyber security systems, reports of this crime have lowered dramatically.

③에서 언급한 '사이버 보안 시스템(cyber security systems)', '이런 범죄에 대한 보고(reports of this crime)'는 글의 다른 부분에서 언급된 바 없으며, 신원 도용 문제를 부정적으로 설명하고 있는 글의 전체 흐름과 어울리지 않는다.

▶**오답 피하기**

①은 신원 도용의 과정을 설명하며 ②는 이러한 사이버 관련 사기는 개인을 공격하는 가장 흔한 범죄 형태(유형)임을 알려주고 ④는 구체적인 신원 도용 범죄 유형을 설명한다. ⑤는 개인뿐 아니라 사업체도 피해 대상이 된다는 점을 추가 언급했다. 모두 이 글의 주제(소재)인 신원 도용의 다양한 유형에 관한 설명이다.

전략 적용 2 개인의 성향과 책임감이 학습에 미치는 영향 정답 ⑤

첫 문장 키워드

personality, learning

개인의 성향(personality)이 학습 능력과 방식에 영향을 미친다는 내용이다. 상관접속사 not only ~ but also … 구문으로 강조한 것으로 보아 이 문장이 주제문일 확률이 높다.

끊어읽기 해석

They	are	more likely to benefit	/ from	the assistance of a formal
그들은		이득을 볼 가능성이 더 크다		형식적인 교육 환경의 도움으로부터
teaching environment.				

Your personality and sense of responsibility affect / not only your
당신의 성향과 책임감은 영향을 준다   당신의 다른 사람들과의
relationships with others, your job, and your hobbies, / but also your
관계, 직업, 그리고 취미뿐만 아니라   당신의 학습 능력과
learning abilities and style. // (①) Some people are very self-
방식에도   어떤 사람들은 매우 자기 주도적이다
driven. // (②) They are more likely to be lifelong learners. // (③)
그들은 평생 학습자가 될 가능성이 더 크다
Many tend to be independent learners / and do not require structured
많은 사람들은 독립적인 학습자인 경향이 있다   그리고 구조화된 수업을 필요로 하지 않는다
classes / with instructors to guide them. // (④) Other individuals
자신들을 가르칠 강사들이 있는   다른 사람들은 동료 지향적이다

are peer-oriented / and often follow the lead of another / in
그리고 자주 다른 사람의 지도를 따른다
unfamiliar situations. // (⑤) They may be less likely to pursue
익숙하지 않은 상황에서　　　　　　　그들은 학습을 추구할 가능성이 더 낮을 수도 있다
learning / throughout life / without direct access to formal learning
평생에 걸쳐　　　　　형식적인 학습 계획을 직접 접하지 않거나
scenarios / or the influence of a friend or spouse. //
　　　　　또는 친구나 배우자의 영향이 (없이는)

지문 해석

주제문 당신의 성향과 책임감은 당신의 다른 사람들과의 관계, 직업, 그리고 취미 뿐만 아니라 당신의 학습 능력과 방식에도 영향을 준다. 어떤 사람들은 매우 자기 주도적이다. 그들은 평생 학습자가 될 가능성이 더 크다. 많은 사람들은 독립적인 학습자인 경향이 있고 자신들을 가르칠 강사들이 있는 구조화된 수업을 필요로 하지 않는다. 다른 사람들은 동료 지향적이며 익숙하지 않은 상황에서 자주 다른 사람의 지도를 따른다. 그들은 형식적인 교육 환경의 도움으로부터 이득을 볼 가능성이 더 크다. 그들은 형식적인 학습 계획을 직접 접하지 않거나 친구나 배우자의 영향이 없이는 평생에 걸쳐 학습을 추구할 가능성이 더 낮을 수도 있다.

지문 구조

지문 구조 유형 중 가장 기본적인 구조인 Unit 01 주제문 - 예시1 - 예시2 지문 구조이다. 예시1과 예시2의 내용이 대조를 이루므로, Unit 08 비교/대조의 지문 구조로 접근할 수도 있다.

주제문	당신의 성향과 책임감은 학습 능력과 방식에도 영향을 준다.
↓	
예시 1	**자기 주도적인 학습자**: 평생 학습 가능성이 크다. 독립적인 학습자이며, 구조화된 수업을 필요로 하지 않는다.
↓	
예시 2 (대조)	**동료 지향적인 학습자**: 타인의 지도를 따른다. 형식적 학습 계획이나 친구, 배우자 영향 없이는 평생 학습 가능성이 낮다.

STEP BY STEP 문제 풀이

STEP ❶ 주어진 문장을 읽고 글의 전개 예상하기

· **주어진 문장**: 그들(They)은 형식적인 교육 환경의 도움(the assistance ~ teaching environment)으로부터 이득을 볼 가능성이 더 크다(more likely to benefit).

· **예상되는 전개**: 비교/대조

STEP ❷ 나머지 문장의 지문 구조 분석하기

Your personality and sense of responsibility affect ~ your learning abilities and style. (주제문)

(①) Some people are very self-driven. (비교 집단 1)

(②) They are more likely to be lifelong learners.

(③) Many tend to be independent …

(④) Other individuals are peer-oriented and often follow the lead … (비교 집단 2)

(⑤) They may be less likely to pursue learning throughout life …

①~③ 이후는 Some people(자기 주도적, 평생 학습자, 독립적)에 대한 언급, ④~⑤ 이후는 Other individuals(동료 지향적, 지도를 따름, 평생 학습 가능성 낮음)에 대한 언급이다. 내용상 주어진 문장은 후자에 속하므로 ⑤의 위치가 적절하다.

STEP ❸ 글의 흐름이 자연스러운지 확인하기

(앞)Other individuals → (주어진 문장)They → (뒤)They

❍ ⑤의 앞뒤에서 주어진 문장의 '그들'에 해당하는 복수명사(Other individuals)와 대명사가 등장하며, '그들'은 타인의 지도나 도움, 접촉이 필요하

다는 일관된 내용이 앞뒤에 이어지므로 ⑤가 정답이다.

> **전략 적용**
>
> **Unit 13-2 '주어진 문장 속 연결사와 명사를 주목한다'**
> 주어진 문장 넣기 유형에서 가장 큰 단서는 연결사와 명사이다. 그런데 이 지문처럼 주어진 문장에 연결사가 없는 경우, 대명사나 핵심 어구 등의 명사에 집중해야 한다. 특히 영어에서는 앞에서 언급한 내용을 대명사나 Paraphrasing(바꾸어 말하기)한 어휘로 반드시 다시 말하기 때문에 명사를 중심으로 내용이 연결되는지 확인해야 한다.

구문 분석

Your personality and sense of responsibility affect [**not only** your
　　　　　　주어　　　　　　　　　　　　　동사
relationships with others, your job, and your hobbies, **but also**
your learning abilities and style].

→ [ ]는 동사 affect의 목적어이다. 목적어에 해당하는 여러 개의 명사구가 상관접속사 구문으로 연결되어 길이가 길어졌다. 「not only A but also B」는 'A뿐만 아니라 B도'라는 의미이다.

Many **tend to be** independent learners **and** do not require
주어　동사1　　　　　　　　　　　　　　　　　동사2
structured classes [with instructors {to guide them}].

→ 두 개의 동사구가 and로 병렬 연결되었다. 「tend to V」는 '~하는 경향이 있다, ~하기 쉽다'라는 뜻이다. [ ]는 structured classes를 수식하는 전치사구이며, { }는 instructors를 수식하는 형용사적 용법의 to부정사구이다.

문항 해설

▶**정답 ⑤**

주어진 문장이 3인칭 복수 대명사 They로 시작한다. 이들은 내용상 사물이나 개념이 아닌 사람들이다. 이들은 '형식적인 교육 환경의 도움으로부터 이득을 볼 가능성이 크다'고 언급했으므로, 지도자나 수업이 불필요하다고 언급했던 '자기 주도적인 학습자'에 대한 설명과는 상반된다. 따라서 Other individuals 이후에서 설명하는 또 다른 유형의 학습자 '동료 지향적인 학습자'에 해당하는 설명이다. 그러므로 주어진 문장이 들어가기에 가장 적절한 곳은 ⑤이다.

▶**오답 피하기**

①의 앞 문장에는 '그들'을 의미하는 주어진 문장의 They로 받을 대상이 없다. ②, ③, ④는 주도적이거나 독립적인 학습자들에 관한 글 뒤에 위치하므로, 주어진 문장의 설명이 들어가기에는 적합한 자리가 아니다.

전략 적용 3　타인의 반응은 자아 존중감을 결정하는 거울　정답 ③

첫 문장 키워드

treat children, a variety of ways

사람들은 다양한 방식으로 아이들을 대한다고 했다. 아이들을 대하는 방식이 아이들에게 미치는 영향이 주제가 될 가능성이 있으며 근거나 사례, 설명이 함께 제시될 것으로 예측할 수 있다.

끊어읽기 해석

People treat children / in a variety of ways: / care for them, /
사람들은 아이들을 대한다　　다양한 방법으로　　　　그들을 돌보고
punish them, / love them, / neglect them, / teach them. // If
그들을 벌주고　　그들을 사랑하고　그들을 방치하고　그들을 가르친다　　만
parents, relatives, and other agents of socialization / perceive a
약 부모, 친척, 그리고 사회화의 다른 행위자들이　　　　　아이를 똑똑하다

child as smart, / they will act toward him or her / that way. //
고 여기면, 그들은 그나 그녀에게 행동할 것이다 그런 방식으로

(A) Conversely, / if we detect unfavorable reactions, / our self-
반대로 만약 우리가 호의적이지 않은 반응을 감지하면 우리의 자아 개
concept will likely be negative. // Hence, / self-evaluative
념은 부정적일 가능성이 있을 것이다 그러므로 자기를 평가하는 감정들은
feelings / such as pride or shame / are always the product / of
자부심이나 수치심과 같이 항상 산물이다 다
the reflected appraisals of others. //
른 사람들의 평가가 반영된

(B) Thus, / the child eventually comes to believe / he or she is a
그래서 그 아이는 결국 믿게 된다 그나 그녀가 똑똑한 사
smart person. // One of the earliest symbolic interactionists, /
람이라고 초기의 상징적 상호작용주의자 중 한 명인
Charles Horton Cooley, argued / that we use the reaction of
Charles Horton Cooley는 주장했다 우리가 자신을 향한 다른 사람들의 반응을 이
others toward us / as mirrors / in which we see ourselves / and
용한다고 거울로 우리가 우리 자신을 바라보는 그리
determine our self-worth. //
고 우리의 자아 존중감을 결정하는

(C) Through this process, / we imagine / how we might look to
이 과정을 통해 우리는 상상한다 우리가 다른 사람들에게 어떻게 보일
other people, / we interpret their responses to us, / and we form
수 있는지를 우리는 우리에 대한 그들의 반응을 해석한다 그리고 우리는 자아
a self-concept. // If we think / people perceive us favorably, /
개념을 형성한다 만약 우리가 생각하면 사람들이 우리를 호의적으로 여긴다고
we're likely to develop / a positive self-concept. //
우리는 발달시킬 가능성이 있다 긍정적인 자아 개념을

지문 해석

사람들은 아이들을 다양한 방법으로 대한다. 그들을 돌보고, 그들을 벌주고, 그들을 사랑하고, 그들을 방치하고, 그들을 가르친다. 만약 부모, 친척, 그리고 사회화의 다른 행위자들이 아이를 똑똑하다고 여기면, 그들은 그나 그녀에게 그런 방식으로 행동할 것이다. (B) 그래서 그 아이는 결국 그나 그녀가 똑똑한 사람이라고 믿게 된다. 주제문 초기의 상징적 상호작용주의자 중 한 명인 Charles Horton Cooley는 우리가 자신을 향한 다른 사람들의 반응을 우리가 우리 자신을 바라보고 우리의 자아 존중감을 결정하는 거울로 이용한다고 주장했다. (C) 이 과정을 통해, 우리는 우리가 다른 사람들에게 어떻게 보일 수 있는지를 상상하고, 우리는 우리에 대한 그들의 반응을 해석하고, 그리고 우리는 자아 개념을 형성한다. 만약 우리가 사람들이 우리를 호의적으로 여긴다고 생각하면, 우리는 긍정적인 자아 개념을 발달시킬 가능성이 있다. (A) 반대로, 만약 우리가 호의적이지 않은 반응을 감지하면, 우리의 자아 개념은 부정적일 가능성이 있을 것이다. 그러므로 자부심이나 수치심과 같이 자기를 평가하는 감정들은 항상 다른 사람들의 평가가 반영된 산물이다.

배경지식

- **상징적 상호작용주의자(symbolic interactionist)**: 상징적 상호작용주의자는 인간을 문자나 언어 같은 상징을 통해 타인과 상호 작용하는 존재로 보는 학자들이다. 이러한 관점에서 상호 작용의 과정에서 발생하는 사회 현상들을 연구한다.

지문 구조

이 글은 도입 - 예시 - 주제문 - 설명 - 결론 구조로, Unit 02 도입 - 주제문 - 예시 - 결론에서 예시가 주제문보다 먼저 나오는 구조이다. 주제문의 내용을 두 가지 경우로 나누어 구체적으로 설명한 후 결론에서 종합하였다.

도입	사람들은 다양한 방식으로 아이들을 대한다.
↓ 예시	만약 어떤 아이를 똑똑하다고 여기면, 그들은 아이에게 그렇게 행동

↓ 주제문	할 것이다. 결국 아이는 스스로 똑똑하다고 믿게 된다. 우리는 다른 사람들의 반응을 우리 자신의 자아 존중감을 결정하는 거울로 이용한다.
↓ 설명	타인에게 어떻게 보일지를 상상하고, 반응을 해석하고, 자아 개념을 형성한다. 1) 타인의 반응이 호의적인 경우: 긍정적 자아 개념 발전 2) 타인의 반응이 호의적이지 않은 경우: 부정적 자아 개념 발전
↓ 결론	자기를 평가하는 감정(예: 자부심, 수치심)은 타인의 평가가 반영된 산물이다.

STEP BY STEP 문제 풀이

STEP 1 주어진 글을 읽고 글의 전개 예상하기
- **주어진 글 요약**: 사람들은 아이들을 다양한 방식으로 대하는데, 아이를 똑똑하다고 여기면(If) 그런 방식으로 아이에 대해 행동할 것이다. (도입＋예시)
- **예상되는 전개**: 예시에 대한 설명, 주제 도출

STEP 2 (A), (B), (C) 첫 문장(첫 부분)을 읽고 순서 파악하기
(A): 호의적이지 않은 반응을 보이는 경우를 Conversely로 대조
(B): 그 아이(the child, 앞에서 언급된 '그' 아이)가 자기 자신을 똑똑한 사람이라고 믿게 된다는 내용
(C): 이 과정(this process, 앞에서 언급된 어떤 과정)을 통해 우리는 다른 사람에게 어떻게 보이는지 상상한다는 내용

아이를 대하는 방식＋똑똑하다고 여기는 경우 예시(주어진 글)
→ 자신이 똑똑하다고 믿게 됨(B) → 이 과정에 관한 설명(C) → 호의적이지 않은 반응의 경우(A)

STEP 3 글의 흐름이 자연스러운지 확인하기
(주어진 글) → (B): 아이를 똑똑하다고 여긴다면(가정) 그 아이는 결국 자신이 똑똑한 사람이라고 믿게 된다(결과)고 말함
(B) → (C): 우리는 다른 사람들의 반응을 통해 자아 존중감을 결정한다고 언급 후 이 과정에서 자아 개념을 형성한다고 부연 설명
(C) → (A): 사람들이 우리를 호의적으로 여기면 긍정적인 자아 개념을, 반대로 호의적이지 않은 반응을 보이면 부정적인 자아 개념을 형성한다고 대조
○ (B) - (C) - (A)의 순서는 적절하다.

전략 적용

Unit 13-3 '(A), (B), (C)의 첫 문장으로 순서를 파악한다'
(B)의 첫 문장은 주어진 글의 예시에 이어지는 부분이므로 보자마자 주어진 글 다음 순서임을 알 수 있다. 반면 (A), (C)는 내용이 애매하다. 이 경우, 좀 더 말이 되는 순서로 일단 배열한 다음 전체 글을 읽으면서 각 단락의 마지막 부분과, 첫 부분이 이어지는지 확인하면 된다.
또한 (A), (C)의 첫 문장에 앞 내용의 힌트가 되는 연결사, (대)명사 표현이 등장하므로 이 단서들을 이용하는 것도 방법이다.

구문 분석

People treat children in a variety of ways: care for them, punish
주어 동사
them, love them, neglect them, teach them.

→ 콜론(:) 뒤에 treat children ~ ways에 대한 예시를 나열하여 앞 내용을 부연 설명하고 있다.

One of the earliest symbolic interactionists, [Charles Horton
주어

Cooley], argued [**that** we use the reaction of others toward us as
　　　동사
mirrors {**in which** we see ourselves and determine our self-
worth}].

→ 첫 번째 [ ]는 주어와 동격인 명사구로 주어와 동사 사이에 삽입되었다. 두 번째 [ ]는 that이 이끄는 명사절로, 동사 argued의 목적어 역할을 한다. { }는 선행사 mirrors를 수식하는 목적격 관계대명사절이다.

Through this process, we imagine [**how** we might look to other
　　　　　　　　　주어1　동사1
people], we interpret their responses to us, **and** we form a self-
　　　　　주어2　　동사2　　　　　　　　　　　　　　주어3　동사3
concept.

→ 독립된 세 개의 절이 콤마(,)와 접속사 and로 병렬 연결되었다. [ ]는 imagine의 목적어 역할을 하는 명사절로, 의문사 how가 이끄는 간접의문문이다. 「의문사＋주어＋동사」 어순에 주의한다.

문항 해설

▶정답③ (B) - (C) - (A)

아이를 똑똑하다고 여기면 그렇게 아이를 대한다는 주어진 글 뒤에는 '그래서' 아이가 스스로를 똑똑한 사람으로 믿게 된다는 (B)가 이어지는 것이 논리적이다. 타인의 반응을 거울 삼아 자아 존중감을 결정하게 된다는 (B) 뒷부분이 (C)에서 Through this process로 연결되고, 같은 의미의 구체적인 내용(타인의 반응을 상상, 해석하여 자아 개념을 형성)이 소개된다. 마지막으로 타인의 호의적 반응에 따른 긍정적 자아 개념을 언급한 (C) 뒷부분과 Conversely로 시작하는 (A)가 대조를 이루어 호의적이지 않은 반응에 따른 부정적 자아 개념을 설명하는 흐름이 자연스럽다. 따라서 주어진 글 뒤에 이어질 글의 순서로 가장 적절한 것은 ③ '(B) - (C) - (A)'이다.

▶오답 피하기

①은 대조의 연결사로 시작하는 (A)가 주어진 글 바로 다음 순서가 되려면 호의적인 반응과 자아 개념에 대한 언급이 주어진 글에 있어야 하는데 그렇지 못하므로 답이 될 수 없다. ②는 문맥상 호의적 반응 (C)가 먼저 나오고 그다음 반대되는 내용 (A)가 나와야 하는데, 순서가 그 반대이므로 오답이다. ④, ⑤는 주어진 글의 내용이 하나의 과정(process)으로 보기에는 적절하지 않으므로, 마찬가지로 정답이 될 수 없다.

전략 적용 4 　소비자 잡지의 특징　　　　　정답 ③

첫 문장 키워드

Most consumer magazines

대부분의 소비자 잡지가 가지는 특징을 설명하며 글을 시작하였다. '소비자 잡지'를 소재로 하는 설명 지문 구조일 확률이 높다.

끊어읽기 해석

　Most consumer magazines / depend on subscriptions and
　대부분의 소비자 잡지는　　　　정기 구독과 광고에 의존한다
advertising. // Subscriptions account for almost 90 percent / of
　　　　　　정기 구독은 거의 90퍼센트를 차지한다　　　　　전
total magazine circulation. // Single-copy, or newsstand, sales
체 잡지 판매 부수의　　　　　　낱권, 다시 말해 가판대 판매가 나머지를 차지한다
account for the rest. //

(A) For example, / the *Columbia Journalism Review* is marketed /
　　예를 들어　　　'Columbia Journalism Review'는 시장에 판매된다
toward professional journalists / and its few advertisements are
전문 언론인들을 대상으로　　　　그리고 그 잡지의 몇 안 되는 광고는 뉴스 기관, 출

---

news organizations, book publishers, and others. // A few
판사 등이다　　　　　　　　　　　　　　　　　　'Consumer
magazines, like *Consumer Reports*, work toward objectivity /
Reports'와 같은 몇몇 잡지는 객관성을 지향하여 일한다
and therefore contain no advertising. //
그리고 따라서 아무런 광고 싣지 않는다

(B) However, / single-copy sales are important: / they bring in more
하지만　　　낱권 판매는 중요하다　　　　그것들은 잡지 한 권당 더 많은
revenue per magazine, / because subscription prices are typically
수입을 가져온다　　　　　왜냐하면 정기 구독 가격이 보통 최소 50퍼센트는 더 싸기 때문
at least 50 percent less / than the price of buying single issues. //
이다　　　　　　　　　낱권을 사는 가격보다

(C) Further, / potential readers explore a new magazine / by buying
게다가　　　잠재적 독자들은 새로운 잡지를 탐색한다　　　　낱권의 발행물을
a single issue; / all those insert cards with subscription offers /
구매함으로써　　　정기 구독 할인이 있는 그 모든 삽입 광고 카드들은
are included in magazines / to encourage you to subscribe. //
잡지에 들어가 있다　　　　　당신에게 정기 구독하라고 독려하기 위해
Some magazines are distributed / only by subscription. //
일부 잡지들은 유통된다　　　　오로지 정기 구독에 의해서만
Professional or trade magazines are specialized magazines / and
전문가용 또는 업계 잡지는 특화된 잡지이다　　　　　　　그리
are often published / by professional associations. // They
고 흔히 출판된다　　　　전문가 협회에 의해　　　　그것들은
usually feature / highly targeted advertising. //
보통 특징으로 한다　매우 표적화된 광고를

지문 해석

대부분의 소비자 잡지는 정기 구독과 광고에 의존한다. 정기 구독은 전체 잡지 판매 부수의 거의 90퍼센트를 차지한다. 낱권, 다시 말해 가판대 판매가 나머지를 차지한다. **(B)** 하지만 낱권 판매는 중요한데, 왜냐하면 정기 구독 가격이 보통 낱권을 사는 가격보다 최소 50퍼센트는 더 싸기 때문에 그것들은 잡지 한 권당 더 많은 수입을 가져온다. **(C)** 게다가 잠재적 독자들은 낱권의 발행물을 구매함으로써 새로운 잡지를 탐색한다. 정기 구독 할인이 있는 그 모든 삽입 광고 카드들은 당신에게 정기 구독하라고 독려하기 위해 잡지에 들어가 있다. 일부 잡지들은 오로지 정기 구독에 의해서만 유통된다. 전문가용 또는 업계 잡지는 특화된 잡지이며 그리고 흔히 전문가 협회에 의해 출판된다. 그것들은 보통 매우 표적화된 광고를 특징으로 한다. **(A)** 예를 들어, 'Columbia Journalism Review'는 전문 언론인들을 대상으로 시장에 판매되며 그리고 그 잡지의 몇 안 되는 광고는 뉴스 기관, 출판사 등이다. 'Consumer Reports'와 같은 몇몇 잡지는 객관성을 지향하여 일하고 따라서 아무런 광고도 싣지 않는다.

배경지식

- **컬럼비아 저널리즘 리뷰(Columbia Journalism Review)**: 미국 컬럼비아 대학 언론 대학원에서 발행하는 전문 언론인 대상 잡지이다. 언론 보도에 대한 비평, 언론과 미디어 전반에 대한 전문적 지식을 제공한다.
- **컨슈머 리포트(Consumer Reports)**: 미국 뉴욕에 있는 비영리기관의 이름이자 그곳에서 발행하는 소비자 전문 잡지의 이름이다. 시장 공정성, 투명성 확보를 위해 시험 연구 및 조사 자료 등을 제공한다.

지문 구조

이 글은 소비자 잡지에 대한 설명문이다. 정기 구독과 광고를 기준으로 소비자 잡지를 분류하여 '설명 1 - 설명 2 - 설명 3'의 구조로 서술하고 있다. Unit 04 설명 1 - 설명 2 - 요약 구조에서 요약은 생략된 형태이다.

설명1	대부분의 소비자 잡지 1) 정기 구독과 광고에 의존한다. 2) 하지만, 낱권 판매는 중요하다. (이유) 잡지 한 권당 더 많은 수입을 가져오며, 낱권 판매가 정기 구독의 잠재적 독자를 확보한다.

	일부 잡지
설명 2	1) 정기 구독으로만 유통된다.
	2) 전문가용/업계 잡지로 특화된 잡지이다.
	3) 흔히 협회에 의해 출판된다.
	4) 매우 표적화된 광고를 한다.
	(예시) 'Columbia Journalism Review'
↓	몇몇 잡지
설명 3	객관성을 지향하는 잡지는 아무 광고도 싣지 않는다.
	(예시) 'Consumer Reports'

STEP BY STEP 문제 풀이

STEP① 주어진 글을 읽고 글의 전개 예상하기

· **주어진 글 요약**: 대부분의(Most) 소비자 잡지는 정기 구독과 광고에 의존한다.

· **예상되는 전개**: 예시 또는 구체적인 설명

STEP② (A), (B), (C) 첫 문장(첫 부분)을 읽고 순서 파악하기

(A): For example로 전문 언론인 잡지(광고가 몇 안 되는 잡지) 예시

(B): However로 반전 후, 낱권 판매의 중요성 언급

(C): Further(부연 설명, 또는 내용 추가)로 잠재적 독자가 낱권 발행물을 구매하는 상황

대부분의 잡지는 정기 구독과 광고에 의존(주어진 글)
→ 낱권 판매도 중요(B) → 낱권 발행물 구매(C) → 광고가 몇 안 되는 잡지(A)

STEP③ 글의 흐름이 자연스러운지 확인하기

(주어진 글) → (B): 낱권 판매의 적은 판매 비중(나머지, 약 10%)에 대해 언급 후, 이에 대한 반전으로 낱권 판매의 중요성 언급

(B) → (C): 낱권 판매가 잡지 한 권당 더 많은 수입을 가져오는 점에 이어, 잠재적 독자들은 낱권 발행물로 새로운 잡지를 탐색하는 점을 근거로 나열

(C) → (A): 매우 표적화된 광고를 하는 잡지 언급 후, 그 예시로 Columbia Journalism Review 언급

❍ (B) - (C) - (A)의 순서는 적절하다.

전략 적용

Unit 13-4 '(A), (B), (C)의 지문 구조 시그널로 예측 독해한다'

이 지문은 고맙게도 (A), (B), (C) 첫 문장에 연결사 시그널이 있다. 이 문항은 연결사의 의미만 알아도 절반은 성공한 셈이다.

먼저 (A)의 For example은 예시이다. 전문가용 잡지의 예를 들고 있으므로, 전문가용 잡지가 언급된 뒤에 들어가야 한다.

(B)는 However가 있으니 반박이다. 반박의 내용이 '낱권 판매가 중요하다'는 것이니, 앞에는 '낱권 판매가 중요하지 않다'와 같은 반대의 내용이 와야 한다. 따라서 낱권 판매 비중이 많지 않다고 언급한 주어진 글 뒤에 들어가면 된다.

(C)는 Further로 시작하니, 내용을 추가하는 연결사이다. 앞 내용이 계속해서 이어진다는 뜻이다. (C)에서 '낱권 판매가 중요하다'는 근거를 말하고 있으니 (B)에 이어지면 된다.

'주어진 문장 - (B) - (C)' 까지의 순서가 완성됐으니, (A)는 자동으로 마지막 순서가 된다.

구문 분석

> However, single-copy sales are important: they bring in more
> 　　　　　　주어1　　　　　동사1　　　　　　주어2　　동사2
> revenue per magazine, [**because** subscription prices are typically
> at least 50 percent **less than** the price of buying single issues].

→ 의미적 연관성이 깊은 두 문장을 콜론(:)으로 연결했다. 뒤 문장의 주어 they는 앞에 나온 single-copy sales(낱권 판매)를 가리킨다. 뒤 문장에서 [ ]는 부사절로, 접속사 because가 이유를 나타낸다. less than은 '~보다 (더) 적은, ~ 미만의'라는 의미이다.

문항 해설

▶ **정답 ③ (B) - (C) - (A)**

정기 구독과 광고에 의존하는 경향을 설명한 주어진 글 다음에, 이에 대한 상반된 의견인 낱권 판매의 중요성을 얘기한 (B)가 오고, 낱권 판매 중요성의 근거를 추가로 연결한 (C)가 그다음 순서이다. 또한 (C)에 언급된 정기 구독에 의해서 유통되는 잡지(전문가용/업계 잡지)의 설명에 이어서 그 예를 들고 있는 (A)가 오는 것이 자연스럽다. 따라서 ③ '(B) - (C) - (A)' 순서가 가장 적절하다.

▶ **오답 피하기**

(A)는 전문가용 잡지의 예시로 시작하는데, 이러한 잡지에 대한 설명은 (C)에 나오므로 '(C) - (A)'의 순서가 되어야 한다. 그런데 ①, ②, ⑤는 (C)와 (A)의 순서가 뒤바뀌어 있거나 바로 연결되어 있지 않으므로 답이 될 수 없다. ④는 However로 시작하는 (B)가 상반되지 않는 내용인 (A) 뒤에 이어지는 순서이므로 역시 오답이다.

UNIT 14 정확히 추론하라

정답 체크	예제	1④ 2④ 3② 4② 5④
	전략 적용 문제	1② 2④ 3① 4①

예제 1 음식의 겉모습이 맛에 대한 판단에 미치는 영향 정답 ④

지문 해석

주제문 맛에 대한 판단은 종종 음식의 겉모습에 기반한 예측에 의해 영향을 받는다. 예를 들어, 딸기 맛 음식은 빨간색이라고 예상될 것이다. 그러나 만약 초록색으로 색을 낸다면 초록색 음식과 라임 같은 맛의 연관성 때문에, 그것이 아주 강하지 않다면 그 맛을 딸기로 인식하는 것은 어려울 것이다. 색의 강도 또한 맛 인식에 영향을 미친다. 더 강한 색이 단순히 더 많은 식용 색소의 첨가 때문이라고 할지라도, 더 강한 색은 제품 속에서 더 강렬한 맛의 인식을 유발할 수도 있다. 질감 또한 오해하게 할 수 있다. 더 걸쭉한 제품은 더 풍부하거나 더 강렬한 맛이 난다고 인식될 수도 있는데, 이는 걸쭉하게 만드는 요소가 음식의 맛에 영향을 미치기 때문이 아니라 단지 그것이 더 걸쭉하기 때문이다.

배경지식

· 라임(lime): 껍질이 선명한 초록색을 띠며 신맛이 나는 달걀 모양의 과일이다. 아열대·열대 지방에서 자란다.

· 식용 색소(food coloring): 식품에 빛깔을 내기 위한 첨가제이다. 천연 재료를 이용한 것과 화학적으로 합성된 것이 있다.

지문 구조

이 글은 '주제문 – 설명 1 – 설명 2 – 설명 3' 구조로, Unit 04 설명 1 – 설명 2 – 요약 구조에서 주제문이 첨가되고 요약이 빠진 것이다.

주제문	맛에 대한 판단은 음식의 겉모습에 기반한 예측에 의해 영향을 받는다.
↓ 설명 1	맛 판단에 영향을 미치는 요인 1: 색
↓ 설명 2	맛 판단에 영향을 미치는 요인 2: 색의 강도
↓ 설명 3	맛 판단에 영향을 미치는 요인 3: 질감

구문 분석

However, [if colored green], **because of** the association of green foods with flavors such as lime, it would be difficult to identify

가주어   동사   진주어

the flavor as strawberry [**unless** it was very strong].

→ 첫 번째 [ ]는 접속사가 있는 분사구문으로, if 다음에 being이 생략되었다. if they(=strawberry-flavored foods) are colored green으로 바꿔 쓸 수 있다. because of(~ 때문에)는 구전치사로 뒤에 절이 아닌 명사구가 온다. 두 번째 [ ]는 접속사 unless가 이끄는 조건 부사절로, unless는 if ~ not으로 바꿔 쓸 수 있다. 주절에는 가주어 – 진주어 구문이 쓰여 진주어인 to부정사구를 주어로 해석하고 it은 해석하지 않는다.

A stronger color may cause perception of a stronger flavor in a

주어   동사

product, [**even if** the stronger color is {simply **due to** the addition of more food coloring}].

→ [ ]는 양보 부사절로, even if는 '비록 ~하더라도'라는 의미이다. 부사절 동사는 be동사 is로, due to(~때문에)가 이끄는 전치사구 { }가 is의 보어 역할을 한다.

A thicker product may be perceived as tasting richer or stronger

주어   동사

[simply **because** it is thicker], **and** [**not because** the thickening agent affects the flavor of the food].

→「perceive A as B」는 'A를 B로 인식하다'라는 의미이다. 여기서는 수동태로 쓰였으므로 '(주어)가 ~로 인식되다'라고 해석한다. 두 개의 [ ]는 because가 이끄는 이유 부사절로 and로 병렬 연결되어 있다. not because는 '~ 때문이 아니라'라는 뜻으로, 절 전체를 부정하는 것으로 해석한다.

문항 해설

① 기원
② 조리법
③ 영양
④ 겉모습
⑤ 배열

▶ **정답 ④ appearance**

우리가 맛을 판단할 때 영향을 받는 요인이 빈칸에 와야 하며 For example 이하 문장에서 음식의 색, 색의 강도, 질감을 요인으로 설명한다. 이 세 요인을 종합적으로 표현할 수 있는 단어는 ④ appearance(겉모습)가 가장 적절하다.

▶ **오답 피하기**

기원이나 조리법, 영양, 배열에 관한 내용은 지문에 전혀 등장하지 않으므로 ①, ②, ③, ⑤는 답이 될 수 없다.

예제 2 성공한 사람들의 한 가지 공통점 정답 ④

지문 해석

성공이라는 주제에 대한 가장 광범위한 연구 중 일부가 George와 Alec Gallup에 의해 수행되었다. 그들은 사업, 과학, 문학, 교육, 종교 등 아주 다양한 분야에서 성공적이라고 인정받는 사람들을 인터뷰했다. 연구자들의 목적은 높은 성취를 이룬 이 사람들이 공통적으로 가지고 있는 것이 무엇인지 밝히는 것이었다. 그들 모두가 공통적으로 가지고 있는 한 가지가 있었는데, 오랫동안 열심히 일하려는 의지였다. 그들 모두는 성공은 운이나 특별한 재주 때문에 그들에게 그냥 일어났던 것이 아니라는 것에 동의했다. 주제문 그것(성공)은 끊임없는 노력을 통해 그들이 그것을 일어나도록 만들었기 때문에 일어났다. 지름길과 힘든 일을 피하는 방법을 찾는 대신에 이 사람들은 과정의 필수적인 부분으로 그것을 기꺼이 받아들였다.

배경지식

· 조지 갤럽과 알렉 갤럽(George and Alec Gallup): 미국의 대표적인 상업적 여론 조사 기관 갤럽(Gallup)의 전신인 미국 여론 연구소(American Institute of Public Opinion)를 설립한 조지 H. 갤럽(George Horace Gallup)의 아들들이다.

지문 구조

이 글은 Unit 07 연구 내용 – 연구 결과 – 결론에서 배운 지문 구조이다. 글의 주제는 연구 결과가 의미하는 바가 무엇인지 정리하는 결론 부분에서 확인할 수 있다.

연구 내용	성공한 사람들의 공통점을 밝히기 위해 인터뷰 수행
↓	
연구 결과	성공한 사람들의 공통점: 오랫동안 열심히 일하려는 의지
↓	
결론	성공은 끊임없이 노력하고, 힘든 일을 기꺼이 받아들였기 때문에 일어났다.

구문 분석

They interviewed people [acknowledged as successful in a wide
　　주어　　동사
variety of areas]: business, science, literature, education, religion,
etc.

→ [ ]는 people을 수식하는 과거분사구로, be acknowledged as(~라고 인정되다)라는 숙어 표현을 과거분사구로 바꾸어 쓴 것이다. 주격 관계대명사절에서 who were가 생략된 형태로 볼 수도 있다. 콜론(:)은 a wide variety of areas의 구체적인 예시를 연결한다.

There was one thing [they all had in common]: the willingness **to**
　　　동사　　　　　　　　주어
work long, hard hours.

→ 「there+be동사+주어」는 '(주어)가 있다'라는 뜻으로 동사가 주어 앞으로 도치된 구문이다. [ ]는 선행사 one thing을 수식하는 목적격 관계대명사로, they 앞에 목적격 관계대명사가 생략되었다. 콜론(:) 이하는 앞에 나오는 one thing을 부연 설명하며 to work 이하는 the willingness를 수식하는 형용사적 용법의 to부정사구이다.

All of them agreed [**that** success wasn't something {**that** had
　　주어　　　동사
just happened to them **due to** luck or special talents}].

→ [ ]는 접속사 that이 이끄는 명사절로 동사 agreed의 목적어 역할을 한다. { }는 명사절 안에서 something을 수식하는 주격 관계대명사절로 주격 관계대명사 that이 쓰였다. due to는 이유를 나타내는 구전치사로, 관계대명사절의 동사구를 수식한다.

문항 해설

① 위험을 감수하다
② 미리 계획하다
③ 나쁜 습관을 제거하다
④ 오랫동안 열심히 일하다
⑤ 다른 사람들의 의견을 존중하다

▶**정답 ④**　work long, hard hours
빈칸 문장에서 성공한 사람들의 한 가지 공통점이 '~하려는 의지'라고 했고, 뒤이어서 성공한 사람들은 끊임없이 노력하며 성공의 필수 과정으로 힘든 일을 받아들였다는 내용이 나온다. 이를 종합해볼 때 빈칸에 들어갈 말로 가장 적절한 것은 ④ work long, hard hours(오랫동안 열심히 일하다)이다.

▶**오답 피하기**
①, ②는 지문에 위험, 계획 세우기에 관한 내용이 나오지 않았으므로 오답이다. ③의 경우 '지름길과 힘든 일을 피하는 방법을 찾는 것'이라는 본문 내용에서 나쁜 습관을 잘못 연상하여 빠질 수 있는 함정이다. ⑤는 지문에 등장한 동사 agreed, welcomed에서 잘못 연상할 수 있지만 다른 사람들의 의견 존중에 관한 내용은 주제와 무관하다.

예제 3　수화물 수취 시간에 대한 불평에 대처하는 과정 정답 ②

지문 해석

휴스턴 공항의 임원들은 수화물 찾는 데 걸리는 시간에 관한 많은 불평에 직면하여, 그들은 수화물 처리자들의 숫자를 늘렸다. 비록 그것은 평균 대기 시간을 8분으로 줄였지만 불평은 멈추지 않았다. 도착 게이트에서 수화물 찾는 곳까지 도달하는 것은 1분 정도 걸렸고 그래서 승객들은 가방을 기다리면서 7분을 더 보냈다. 해결책은 도착 게이트를 수화물 찾는 곳으로부터 멀리 옮기는 것이었고 그래서 승객들이 거기까지 걸어가는 것이 7분 정도 걸렸다. 그것은 불평이 거의 0으로 줄어드는 결과로 이어졌다. 주제문 연구는 차지된 시간이 차지되지 않은 시간보다 더 짧게 느껴진다는 것을 보여준다. 사람들은 대개 그들이 기다렸던 시간에 대해 과장하고 그들이 가장 성가시게 여기는 것은 차지되지 않은 시간이다. 그러므로 그들을 더 오래 걷게 함으로써 승객들의 시간을 차지하는 것은 그들에게 그들이 그렇게 오래 기다릴 필요가 없다는 생각을 주었다.

배경지식

· **휴스턴(Houston)**: 미국 텍사스주 남동부에 위치한 항구 도시이다. 석유 공업이 발달한 지역이며, 미국 항공 우주국(NASA)이 위치해 있다.

지문 구조

이 글은 '현상 - 문제 제기 - 해결책 - 부연 설명 - 결론'의 구조로, Unit 05 현상 - 문제 제기 - 해결책에서 배운 기본 구조에서 해결책에 대한 부연 설명과 결론이 추가되었다.

현상+ 문제 제기	수화물 찾는 데 걸리는 시간에 대한 많은 불평이 발생
	수화물 처리자를 늘려 대기 시간을 줄였지만 불평은 멈추지 않음
↓	
해결책	수화물 찾으러 걸어가는 데 더 많은 시간이 걸리게 함 → 불평 감소
↓	
부연 설명	사람들은 차지된 시간을 짧게 느끼고 차지되지 않은 시간을 성가시게 여김
↓	
결론	사람들을 더 오래 걷게 함으로써 그렇게 오래 기다릴 필요가 없다는 생각을 갖게 함

구문 분석

The solution was [**to move** the arrival gates away from the
　주어1　　동사1
baggage claim] so it took passengers about seven minutes [**to**
　　　　　　가주어(주어2) 동사2　　　　　　　　　　　진주어
walk there].

→ 주어, 동사가 다른 두 개의 절이 접속사 so로 병렬 연결되어 있다. 첫 번째 [ ]는 명사적 용법의 to부정사구로 be동사 was의 보어로 쓰였다. 두 번째 [ ]도 명사적 용법의 to부정사구이다. 가주어 it이 대신 주어 자리에 오고 진주어인 to부정사구는 맨 끝에 왔다.

Thus, **occupying** the passengers' time [by **making** them **walk**
　　　　　　　　　　　　　　　　　　　　주어
longer] gave them the idea [they didn't have to wait as long].
　　　　동사

→ 주어 자리에 목적어와 전치사구를 수반하는 동명사구가 쓰여 주어의 길이가 길어졌다. 첫 번째 [ ]는 by 전치사구로 방법·수단을 나타낸다. making은 사역동사로서 「make+목적어+목적격보어(동사원형)」 구조를 이룬다. '~를 …하게 만들다'라는 뜻이다. 두 번째 [ ]는 앞에 나온 명사 the idea와 동격을 이루는 명사절로, they 앞에 명사절 접속사 that은 생략되었다.

① 그들을 줄 서서 기다리게 함
② 그들을 더 오래 걷게 함
③ 더 많은 광고를 생산함
④ 그들을 불평으로 괴롭힘
⑤ 가방을 처리할 더 많은 직원을 고용함

▶**정답 ②** making them walk longer

수화물 찾는 곳과 도착 게이트의 거리를 더 멀어지게 함으로써 승객들의 시간을 걷는 데 사용하게 만든 것이 해결책이므로 ② making them walk longer(그들을 더 오래 걷게 함)가 빈칸에 들어갈 말로 가장 적절하다.

▶**오답 피하기**

①은 지문에서 제시한 도착 게이트를 옮겼다는 내용과 해결책의 방향이 일치하지 않는다. ③은 지문과 무관한 광고라는 소재를 사용하였기에 오답이다. ④의 경우 불만을 제기하는 측은 공항이 아니라 승객들이므로, 공항 측에서 선택한 해결책으로는 어울리지 않는다. ⑤는 첫 문장에 제시된 내용이지만 실패한 해결책으로 언급된 것이므로 불평이 줄어들었다는 내용 뒤에 오기에 적합하지 않다.

예제 4 불안함이 자극에 대한 인지된 위협 가능성에 미치는 영향
정답 ②

지문 해석

주제문 당신이 불안할 때 불안함과 관련된 자극의 인지된 위협 가능성이 증가할 수 있다. 그러므로 일반적으로 당신이 마주치는 것들, 보통은 공포를 유발하지 않을 수도 있는 것들이 이제는 그렇게 한다. (A) 예를 들어, 만약 당신이 하이킹 도중에 뱀을 마주친다면, 아무 해가 오지 않더라도 불안함이 생기고 당신이 경계 태세를 취하게 될 가능성이 있다. 만약 오솔길을 더 따라가다가 보통이라면 당신이 무시했을 물체인 어둡고, 가늘고, 구부러진 나뭇가지를 땅에서 발견한다면, 당신은 이제 순간적으로 그것을 뱀으로 보고 그것이 두려움의 감정을 유발할 가능성이 있을지도 모른다. (B) 마찬가지로, 만약 당신이 테러 경보가 흔한 어느 장소에 산다면 무해한 자극도 잠재적인 위험이 될 수 있다. 뉴욕시에서 경보 수준이 오를 때 빈 지하철 좌석 아래에 놓인 소포나 종이 봉투가 많은 염려를 유발할 수 있다.

지문 구조

이 글은 '주제문 - 예시 1 - 예시 2'의 가장 기본적인 구조로 도입부에 나온 주제를 두 개의 예시가 뒷받침하는 구조이다. 주제문의 내용이 어려우므로 예시를 시작하기 전에 부연 설명을 추가했다. **참고** Unit 01 주제문 - 예시 1 - 예시 2

주제문 + 부연 설명	당신이 불안할 때 그와 관련된 자극의 인지된 위협 가능성은 증가할 수 있다.
↓ 예시 1	나뭇가지를 뱀으로 잘못 보고, 그것이 두려움을 유발할 수 있음
↓ 예시 2	빈 지하철 좌석 아래의 소포, 종이 가방이 많은 염려를 유발할 수 있음

구문 분석

Thus, things [you typically encounter] [that might not usually
<u>주어</u>
trigger fear] now do so.
동사

→ 두 개의 [ ]는 각각 목적격, 주격 관계대명사절로 모두 하나의 선행사 things

를 수식한다. you typically encounter 앞에 목적격 관계대명사가 생략되었다. 두 개의 관계대명사절이 이중으로 앞에 있는 명사를 수식할 때, 보통 먼저 오는 절의 관계대명사는 생략한다.

For example, [**if** you encounter a snake in the course of a hike],
[**even if** no harm comes], <u>anxiety</u> <u>is</u> <u>likely aroused</u>, **putting** you
주어 be동사 과거분사
on alert.

→ 첫 번째 [ ]는 조건 부사절이며, 두 번째 [ ]는 양보 부사절이다. 각각 '~한다면, ~할지라도'라고 해석한다. putting you on alert는 연속상황을 나타내는 분사구문이다.

If farther along the trail you notice a dark, slender, curved branch
on the ground, [an object {you would normally ignore}], <u>you</u>
주어
might now momentarily be likely to view it as a snake, triggering
조동사 동사원형
a feeling of fear.

→ 접속사 If가 조건 부사절을 이끈다. [ ]는 부사절의 목적어 a dark ~ branch와 동격인 명사구이다. { }는 선행사 an object를 수식하는 관계대명사절로 목적격 관계대명사가 생략되었다.

Similarly, [**if** you live in a place {**where** terror alerts are
common}], <u>harmless stimuli</u> <u>can become</u> potential threats.
주어 동사

→ [ ]는 접속사 if가 이끄는 조건 부사절이다. { }는 조건 부사절에 속하는 관계부사절로 장소를 나타내는 선행사 a place를 수식한다. 관계부사 where는 in which로 바꾸어 쓸 수 있다.

문항 해설

① 예를 들어 - 하지만
② 예를 들어 - 마찬가지로
③ 그러므로 - 하지만
④ 대조적으로 - 마찬가지로
⑤ 대조적으로 - 다시 말해서

▶**정답 ②** For example …… Similarly

불안할 때 관련 자극의 인지된 위협 가능성이 증가해 두려움을 유발할 수 있다는 주제의 글이다. 빈칸 (A) 앞은 주제가 나오고 뒤에는 뱀을 마주치는 경우 불안이 증가하는 구체적 예가 왔다. 따라서 (A)에는 예시 연결사가 와야 한다. (B) 뒤에는 테러가 흔한 뉴욕시에서 지하철의 소포, 종이 가방이 염려를 유발할 수 있다는 예가 왔다. (A)처럼 예시 연결사가 올 수 있지만 선택지 (B)에 예시 연결사는 없다. 대신에 (B) 앞뒤가 동일 주제의 유사한 내용이므로, 유사한 내용을 첨가할 때 쓰는 연결사가 올 수 있다. 따라서 빈칸 (A), (B)에 들어갈 말로 가장 적절한 것은 ② For example …… Similarly(예를 들어 - 마찬가지로)이다.

▶**오답 피하기**

①은 역접 연결사 However가 유사한 앞뒤 문장을 연결하는 (B)에 적절하지 않아 오답이다. ③은 (A)의 앞뒤 관계가 인과 관계라기보다는 주장 - 예시 관계로 보는 것이 더 적절하므로 결과 연결사 therefore가 오기에 어색하다. ④는 대조 연결사 In contrast가 유사한 내용의 문장 사이에 오는 것이 적절하지 않으므로 오답이다. ⑤의 In other words는 앞 내용을 다른 표현으로 재진술할 때 쓰는 연결사로, 새로운 사례를 언급하는 문장 앞에 오기에는 적절치 않다.

지문 해석

대부분의 사람들은 그들의 의식적인 정신이 그들이 하는 모든 것을 통제한다고 생각한다. 그들은 일반적으로 의식적인 정신이 그들의 행동을 끊임없이 지시한다고 믿는다. 주제문 이러한 믿음들은 틀렸다. 예를 들어, 대부분의 사람들이 반복적으로 하루 종일 행하는 걷기를 고려해보라. 당신은 당신의 다리와 발의 움직임을 의식적으로 통제하는가? 당신의 의식적인 정신이 "자, 왼쪽 발을 들어 올려, 그것을 앞으로 내밀어, 그것이 땅에 닿지 않도록 그것을 충분히 높이 들어, 뒤꿈치를 내려, 앞으로 발을 굴러, 뒷발로부터 무게를 이동시켜" 등의 말을 해야 하는가? 물론 그렇지 않다. 대부분의 시간 동안 걷기는 의식적인 생각이나 의도 없이 행해진다.

↓

우리가 일반적으로 믿는 것과 (A) 달리, 우리의 행동 중 일부는 (B) 자동적으로 행해진다.

지문 구조

이 글은 '통념 – 반박 – 예시 – 결론' 구조로, Unit 03에서 배운 '통념 – 반박'과 Unit 02에서 배운 '도입 – 주제문 – 예시 – 결론'이 합쳐진 지문 구조이다.

도입(통념)	대부분의 사람들은 의식적인 정신이 모든 행동을 통제한다고 믿는다.
↓	
주제문(반박)	그런 일반적인 믿음은 틀렸다.
↓	
예시	의식이 통제하지 않는 행동의 예시 – 걷기
↓	
결론	걷기 같은 행동은 무의식적으로 일어난다.

구문 분석

Most people think [their conscious minds control everything
　주어　　　동사
{they do}].

→ [ ]는 동사 think의 목적어 역할을 하는 명사절이며 their 앞에 명사절 접속사 that이 생략되었다. { }는 선행사 everything을 수식하는 관계대명사절로, they 앞에 목적격 관계대명사가 생략되어 있다.

Consider walking, **for example**, [**which** is something {that most
　동사
people do over and over all day long}].

→ for example은 문장 앞에 오기도 하지만 문장 가운데 삽입구로 쓰이기도 한다. [ ]는 관계대명사절로, which는 walking을 선행사로 한다. { }는 선행사 something을 수식하는 관계대명사절로, 목적격 관계대명사 that이 절을 이끌고 있다.

Does your conscious mind have to say, ["Now pick up the left
Do동사　　주어　　　　have to + 동사원형
foot, swing it forward, hold it high enough {**so** it doesn't touch
the ground}, set down the heel, roll forward, shift weight off the
back foot,"] and so on?

→ 이 문장은 의문문으로 「Does + 주어 + 동사 …?」 구조를 이룬다. 동사구는 「have to + 동사원형」이 쓰여, say의 목적어 [ ]가 따옴표로 직접 인용되었다. 인용된 문장은 명령문으로, 6개의 동사(pick up, swing, hold, set down, roll, shift)가 콤마(,)로 연결되어 있다. { }는 목적(~하도록, ~하기 위해)을 나타내는 so that이 이끄는 절로, so 뒤에 that이 생략되었다.

문항 해설

① ~와 같이 – 감정적으로
② ~와 같이 – 자동적으로
③ ~와 달리 – 감정적으로
④ ~와 달리 – 자동적으로
⑤ ~와 달리 – 비정기적으로

▶**정답 ④**　Unlike …… automatically

지문의 앞부분에서 대부분의 사람들의 생각을 밝힌 다음 그것이 잘못되었다고 단언한 후 그 이유를 설명했다. 따라서 빈칸 (A)에는 Unlike(~와 달리)가 들어가 '일반적인 믿음과 달리'라는 뜻이 되어야 하며, (B)에는 행동이 무의식적으로 행해진다는 지문 내용과 통하도록 automatically(자동적으로)가 들어가는 것이 자연스럽다.

▶**오답 피하기**

①, ②는 대부분의 사람들이 생각하는 것과 우리 행동 중 일부가 행해지는 과정이 다르므로 '~와 같이'라는 뜻의 Like가 빈칸 (A)에 올 수 없어 오답이다. ③의 emotionally(감정적으로)와 ⑤의 irregularly(불규칙하게)는 지문의 설명과 무관한 표현이므로 정답이 될 수 없다.

전략 적용 1 사회적 장벽을 허무는 데 도움이 되는 튼튼한 경제 정답 ②

첫 문장 키워드

opportunities, plentiful, jobs go begging

기회는 많고 일할 사람은 부족한 사회에서 생길 수 있는 일이 빈칸에 와야 한다. 빈칸이 도입부에 있고 It is not hard의 단정적 어투로 보아 빈칸 문장이 주제문일 가능성이 높다.

끊어읽기 해석

It is not hard to see / that a strong economy, / where opportunities
이해하기는 어렵지 않다　　호황 경제가　　기회는 풍부하고 일자리를 원하
are plentiful and jobs go begging, / _____. //
는 사람은 없는　　　　　　　_____한다는 것을
Biased employers may still dislike / hiring members of one group or
편향된 고용주들은 여전히 싫어할 수도 있다　　어떤 한 집단 혹은 다른 집단의 구성원을 고용
another, / but when nobody else is available, / discrimination most
하는 것을　　　하지만 다른 아무도 구할 수 없을 때는　　차별은 아주 흔히 자리를 양보한
often gives way / to the basic need to get the work done. // The same
다　　　　일을 완수해야 하는 기본적인 필요성에　　　똑같은 것이 편
goes for employees with prejudices / about whom they do and do
견을 가진 피고용자들에게도 해당된다　　　그들이 정말 함께 일하고 싶어 하고 함께 일하기
not like working alongside. // In the American construction boom of
싫어하는 사람들에 관한 (편견)　　1990년대 후반 미국의 건설 호황기에
the late 1990s, / for example, / even the carpenters' union / — long
　　　　예를 들면　　목수 노조조차도　　오랫동
known as a "traditional bastion of white men, / a world where a
안 '백인들의 전통적 요새'로 알려졌던　　　　　'부러움을 사는 노조 회원 카
coveted union card was handed down / from father to son" — /
드가 물려지던 세계였던　　　아버지에게서 아들로
began openly encouraging women, blacks, and Hispanics / to join
공개적으로 여성, 흑인 그리고 히스패닉들에게 권장하기 시작했다　　자기네 인턴 프
its internship program. // At least in the workplace, / jobs chasing
로그램에 들어오라고　　최소한 직장에서는　　사람들을 쫓아다니는
people obviously does more / to promote a fluid society / than
일자리는 분명히 더 많은 것을 한다　　유동적 사회를 조성하는 데　　일자리
people chasing jobs. //
를 쫓아다니는 사람들보다

지문 해석

주제문 기회는 풍부하고 일자리를 원하는 사람은 없는 호황 경제가 <u>사회적 장벽을 무너뜨리는 데 도움이 된다</u>는 것을 이해하기는 어렵지 않다. 편향된 고용주들은 어떤 한 집단 혹은 다른 한 집단의 구성원들을 고용하는 것을 여전히 싫어할 수도 있지만, 다른 아무도 구할 수 없을 때는 차별은 일을 완수해야 하는 기본적인 필요성에 아주 흔히 자리를 양보한다. 똑같은 것이 그들이 정말 함께 일하고 싶어 하고 함께 일하기 싫어하는 사람들에 관한 편견을 가진 피고용자들에게도 해당된다. 예를 들면 1990년대 후반 미국의 건설 호황기에, 오랫동안 '부러움을 사는 노조 회원 카드가 아버지에게서 아들로 물려지던 세계였던 백인들의 전통적 요새'로 알려졌던, 목수 노조조차도 공개적으로 여성, 흑인 그리고 히스패닉들에게 자기네 인턴 프로그램에 들어오라고 권장하기 시작했다. 최소한 직장에서는 사람들을 쫓아다니는 일자리는 일자리를 쫓아다니는 사람보다 유동적 사회를 조성하는 데 분명히 더 많은 것을 한다.

배경지식

- **인턴 프로그램(internship program)**: 정규 채용 전, 교육 기관에서 배운 이론을 실무에 적용해 볼 수 있게 하는 훈련 프로그램이다. 기업은 인턴 기간에 구직자의 직무 적합성을 판단하여 정식으로 채용할 수 있다.
- **히스패닉(Hispanic)**: 멕시코, 콜롬비아, 푸에르토리코 등 스페인어권 중남미

국가에서 미국으로 이주해온 사람들과 그 후손들을 말한다. 히스패닉은 인종적으로 분류되는 집단은 아니며 언어와 고유의 문화를 고수하려는 경향이 강하다. 미국 내 히스패닉 인구는 백인 다음으로 가장 많으며, 급격하게 증가하는 추세이다.

지문 구조

이 글은 Unit 06 원인 - 결과에서 배운 지문 구조 중 결과가 원인보다 먼저 나온 구조이다. 뒤에는 '예시 - 결론'이 추가되었다.

결과(주제문)	기회와 일자리가 풍부한 호황 경제는 _____한다.
↓ 원인	편향적인 고용주나 직원이라도 일을 완수하기 위해 차별하거나 싫어하는 집단의 구성원들과 일해야 하기 때문이다.
↓ 예시	1990년대 후반 백인들의 전통적인 요새로 알려졌던 미국 목수 노조에서 여성, 흑인, 히스패닉에게 인턴 프로그램을 권장했다.
↓ 결론	일자리가 사람을 쫓아다니는 것이 사람이 일자리를 쫓아다니는 것보다 유동적 사회 조성에 더 기여한다.

STEP BY STEP 문제 풀이

STEP 1 빈칸 문장 먼저 읽기

- **빈칸 문장**: 기회는 풍부하고 일자리를 원하는 사람은 없는 호황 경제가 _____한다는 것을 이해하기는 어렵지 않다.

빈칸에 들어갈 말은 호황 경제에서 볼 수 있는 현상이다.

STEP 2 글의 구조와 흐름 파악하기

위 <지문 구조>를 참고하면 빈칸이 위치한 곳이 주제문이자 결과이므로 원인, 예시, 결론을 종합하여 빈칸에 들어갈 말을 추론해야 한다.

- **빈칸에 들어갈 내용의 단서**:
  discrimination most often gives way(차별은 아주 흔히 자리를 양보한다), began openly encouraging women, blacks, and Hispanics to join its internship program(공개적으로 여성, 흑인, 그리고 히스패닉들에게 자기네 인턴 프로그램에 들어오라고 권장하기 시작했다), promote a fluid society(유동적 사회를 조성하다)

STEP 3 문맥에 맞는 선택지 고르기

차별이 무너지고 유동적인 사회가 된다는 내용을 포괄하는 선택지를 고른다.

discrimination → social barriers
promote a fluid society → helps break down

➋ ② helps break down social barriers가 정답이다.

전략 적용

Unit 14-1 '초반부 빈칸은 보통 주제문이다'

초반부 빈칸은 보통 주제문일 확률이 높은데, 첫 문장에 단정적 표현(It is not hard to see ~)까지 나왔으니 거의 주제문일 거라 예측하며 지문 구조를 파악해 나갈 수 있다. 주제문에 뚫린 빈칸은 예시나 결론에서 빈칸 단서를 찾을 수 있다.

구문 분석

It is not hard to see [**that** a strong economy, {**where** opportunities
가주어 동사　　　　　　　　　　　　　　　　진주어
are plentiful **and** jobs go begging}, **helps break** down social
barriers].

→ 가주어 - 진주어 구문이 쓰인 문장으로, to see 이하 전체가 진주어에 해당하는 to부정사구이다. [ ]는 see의 목적어 역할을 하는 명사절이며, that은 접속사

이다. { }는 명사절의 주어와 동사 사이에 삽입된 관계부사절로, 선행사 a strong economy를 수식한다. 관계부사 where 뒤에 두 개의 완전한 절이 and로 병렬 연결되어 있다. 「help+(to) V」는 '~하도록 돕다'라는 뜻이며 help 뒤에 to부정사가 오는 경우 to는 보통 생략된다.

> Biased employers may still dislike hiring members of one group
> 주어1 　　　　조동사 　　動詞원형(동사1)
> or another, but [when nobody else is available], discrimination
> 　　　　　　　　　　　　　　　　　　　　　　　　　　주어2
> most often gives way to the basic need [to get the work done].
> 동사2

→ 주어, 동사가 다른 두 개의 절이 but으로 병렬 연결되어 있다. 첫 번째 [ ]는 but 이후 절을 수식하는 시간 부사절이다. 두 번째 [ ]는 the basic need를 수식하는 to부정사구로 형용사적 용법으로 쓰였다.

> The same goes for employees with prejudices about [whom they
> 　　주어　　 동사
> do and do not like working alongside].

→ The same goes for는 '똑같은 것이 ~에도 해당되다'라는 의미로 「the+형용사」가 명사 역할을 한다. [ ]는 전치사 about의 목적어인 의문사절로 의문사 whom은 working alongside의 목적어를 대신한다.

> In the American construction boom of the late 1990s, for example, even the carpenters' union — long known as [a
> 　　　　　　　　　　　　　　　　　　　주어
> "traditional bastion of white men], [a world {where a coveted union card was handed down from father to son}]" — began
> 　　　　　　　　　　　　　　　　　　　　　　　　　　　　　　　　　　　동사
> openly encouraging women, blacks, and Hispanics to join its internship program.

→ 주어와 동사 사이에 대시(—)로 주어를 수식하는 과거분사구가 삽입되었다. 두 개의 [ ]는 서로 동격인 명사구이다. { }는 관계부사절로 선행사 a world를 수식한다. 관계부사 where 이후에는 완전한 절이 온다. encouraging 이하는 동사 began의 목적어인 동명사구로 「begin+V-ing」는 '~하는 것을 시작하다'라는 의미이다. 「encourage+목적어+목적격보어(to부정사)」는 '~에게 …하도록 권장하다/격려하다'라는 의미이다.

문항 해설

① 피고용자들이 더 많은 소득을 얻게 해 준다
② 사회적 장벽을 무너뜨리는 데 도움이 된다
③ 채용 과정을 단순화한다
④ 급여 차별을 증가시킨다
⑤ 회사의 생산성을 향상시킨다

▶정답 ② helps break down social barriers
구직자보다 일자리가 더 많을 정도로 호황인 경제 상황에서는 백인 남성들의 요새라 여겨졌던 목수 노조에서조차 여성과 흑인, 히스패닉에게도 함께 일하기를 권장했다고 했다. 따라서 빈칸에 들어갈 말로 가장 적절한 것은 ② helps break down social barriers(사회적 장벽을 무너뜨리는 데 도움이 된다)이다.

▶오답 피하기
①은 경제 호황이라는 소재에서 예측할 수 있을 법한 소득 증가라는 말이 등장했으나 본문에서 찾을 수 없는 내용이므로 오답이다. ③, ④는 각각 지문에 언급된 단어인 hiring, discrimination을 이용해 오답을 유도한 함정으로, 지문에 채용 절차나 급여 차별에 대한 내용은 없으므로 오답이다. ⑤는 지문과 무관한 생산성 향상에 관한 내용이다.

전략 적용 2 사건의 발생 가능성과 크기에 대한 반응 관찰 실험　　　　　정답 ④

첫 문장 키워드

experiment, two groups

실험에서 참가자를 두 집단으로 나눴다는 내용만 나와 있다. experiment라는 연구 지문의 키워드로 보아 이후 실험 내용과 결과 등이 나올 것임을 예측할 수 있다.

끊어읽기 해석

In a classic experiment from 1972, / participants were divided into
1972년의 한 고전적인 실험에서　　　　　　　참가자들은 두 집단으로 나뉘었다
two groups. // The members of the first group were told / that they
　　　　　　　　　　첫 번째 집단의 구성원들은 들었다　　　　그들이 작은
would receive a small electric shock. // In the second group, /
전기 충격을 받을 것이라고　　　　　　　　두 번째 집단에서
subjects were told / that the risk of this happening was only 50
피실험자들은 들었다　　　 이 일이 일어날 위험성이 불과 50퍼센트라고
percent. // The researchers measured physical anxiety (heart rate,
　　　　　 연구자들은 신체적 불안(심박 수, 초조함, 땀이 나는 것 등)을 측정했다
nervousness, sweating, etc.) / shortly before starting. // The result
　　　　　　　　　　　　　　시작하기 직전에　　　　그 결과는 꽤 충
was, well, shocking: / There was absolutely no difference. //
격적이었다　　　　　　　전혀 차이가 없었다
Participants in both groups were equally stressed. // Next, / the
두 집단 모두에서 참가자들은 똑같이 스트레스를 받았다　　　다음으로　 연구
researchers announced a series of reductions / in the probability of a
자들은 연속적인 감소를 알렸다　　　　　　　충격 가능성의
shock / for the second group: / from 50 percent to 20 percent, then
　　　두 번째 집단에게　　　　50퍼센트에서 20퍼센트, 그 다음에는 10퍼센트, 그 다음
10 percent, then 5 percent. // The result: / still no difference! //
에는 5퍼센트로　　　　　　그 결과　　　 여전히 차이가 없었다
However, / when they declared / they would increase the strength of
하지만　　　그들이 발표했을 때　　 그들이 예상되는 전류의 강도를 증가시킬 것이라고
the expected current, / both groups' anxiety levels rose / — again,
　　　　　　　　　　　　두 집단 모두의 불안 수준은 상승했다　　　또 다시 같
by the same degree. // This illustrates / that we respond to the
은 정도로　　　　　　이것은 보여준다　　 우리가 어떤 사건의 예상되는 크기에 반
expected magnitude of an event, / but not to its _____. //
응하는 것이라고　　　　　　　하지만 그것의 ____에 (반응하는 것이) 아니라

지문 해석

1972년의 한 고전적인 실험에서, 참가자들은 두 집단으로 나뉘었다. 첫 번째 집단의 구성원들은 그들이 작은 전기 충격을 받을 것이라고 들었다. 두 번째 집단에서, 피실험자들은 이 일이 일어날 위험성이 불과 50퍼센트라고 들었다. 연구자들은 시작하기 직전에 신체적 불안(심박 수, 초조함, 땀이 나는 것 등)을 측정했다. 그 결과는 꽤 충격적이었는데, 전혀 차이가 없었다. 두 집단 모두에서 참가자들은 똑같이 스트레스를 받았다. 다음으로, 연구자들은 두 번째 집단에게 50퍼센트에서 20퍼센트, 그 다음에는 10퍼센트, 그 다음에는 5퍼센트로, 충격 가능성의 연속적인 감소를 알렸다. 그 결과, 여전히 차이가 없었다! 하지만 그들이 예상되는 전류의 강도를 증가시킬 것이라고 발표했을 때, 두 집단 모두의 불안 수준은 또 다시 같은 정도로 상승했다. **주제문 이것은 우리가 어떤 사건의 예상되는 크기에 반응하지만, 그것의 가능성에 반응하는 것은 아님을 보여준다.**

지문 구조

이 글은 '도입 - 실험 1 - 실험 2 - 실험 3 - 결론'의 구조로, Unit 07 연구 내용 - 연구 결과 - 결론에서 실험 내용과 결과가 세 차례에 걸쳐 각각 설명된 지문 구조이다.

| 도입 | 1972년 참가자들을 두 집단으로 나눠 실험했다. |

↓ 실험 1	**집단 1**: 전기 충격을 받을 가능성 100% **집단 2**: 전기 충격을 받을 가능성 50% → 집단 1, 2가 받은 스트레스는 똑같음
↓ 실험 2	집단 2에게만 전기 충격을 받을 가능성이 50%에서 20%, 10%, 5%로 차차 감소 예정이라고 알림 → 집단 1, 2가 받은 스트레스는 똑같음
↓ 실험 3	첫 번째 집단과 두 번째 집단 모두에게 예상하는 전류의 강도를 증가시킬 거라고 알림 → 집단 1, 2 모두 불안 수준이 상승함
↓ 결론	우리는 사건의 예상되는 크기에 반응하는 것이지, 그 _____에 반응하는 것이 아니다.

STEP BY STEP 문제 풀이

STEP 1 빈칸 문장 먼저 읽기

• **빈칸 문장**: 이것(This)은 우리가 사건의 예상되는 크기에 반응하는 것이지, 그 _____에 반응하는 것은 아님을 보여준다.

앞에서 This의 구체적인 내용을 찾고 사건의 예상되는 크기와 대비되는 내용이 무엇인지 파악해야 한다.

STEP 2 글의 구조와 흐름 파악하기

위 <지문 구조>를 참고하면 빈칸 문장의 역할은 세 차례의 실험 결과를 종합한 결론이다. 빈칸 문장에서 but 이전에는 세 번째 실험에 대한 내용이 왔으므로, but 이후 빈칸의 단서는 앞선 실험에서 두 실험 집단이 별다른 차이를 보이지 않았다는 내용에서 찾아야 한다.

• **빈칸에 들어갈 내용의 단서**:

the risk of this happening(이 일이 일어날 위험성), a series of reductions in the probability of a shock(충격 가능성의 연속적인 감소)

STEP 3 문맥에 맞는 선택지 고르기

전기 충격을 받을 가능성이 달라져도 두 실험 집단이 받은 스트레스의 크기가 변하지 않았다는 내용을 반영하는 선택지를 고른다.

❍ ④ likelihood(가능성)가 정답이다.

전략 적용

Unit 14-3 '후반부 빈칸은 전체 글의 요약인 경우가 대부분이다'

빈칸 문장이 지문 맨 마지막일 때는 해당 문장이 주제문을 재진술한 결론이거나 전체 글의 요약일 가능성이 크다. 이 지문은 연구 지문이므로 마지막 문장에서 여러 실험 결과를 종합하여 결론이 나올 가능성이 크다. 연구 지문의 결론 부분에 들어갈 말을 찾는 데에는 앞서 제시된 연구 결과들이 중요한 단서가 된다.

구문 분석

The members of the first group were told [**that** they would receive a small electric shock].
(주어 / 동사)

→ 이 문장은 수동태 문장으로, 「주어＋be동사＋과거분사＋목적어(that절)」로 구성된 3형식 문장이다. 4형식 능동태 문장 'They told the members of the first group that they would receive a small electric shock.'에서 간접목적어에 해당하는 the members of the first group이 주어가 되어 수동태로 전환되면서 직접목적어인 that절 [ ]는 「be동사＋과거분사」 뒤에 그대로 남았다.

However, [**when** they declared {they would increase the strength of the expected current}], both groups' anxiety levels rose —
(주어 / 동사)
[again, by the same degree].

→ 첫 번째 [ ]는 접속사 when이 이끄는 시간 부사절로 주절을 수식한다. 부사절 안의 { }는 부사절 동사 declared의 목적어인 명사절로 접속사 that은 생략되었다. 대시(—)로 연결된 두 번째 [ ]는 부사(구)로 앞 내용을 보충 설명한다.

문항 해설

① 유용성
② 근원
③ 참신함
④ **가능성**
⑤ 지속 시간

▶ **정답 ④ likelihood**

빈칸에는 사람들이 무엇에 반응하지 않는지가 들어가야 한다. 앞선 실험에서 두 집단이 반응의 차이를 보이지 않은 것은 첫 번째 실험에서 두 번째 집단에게 전기 충격 가능성이 50퍼센트라고 이야기했을 때와 두 번째 실험에서 전기 충격의 가능성을 줄인다고 이야기했을 때다. 전기 충격을 받을 가능성이 줄어들어도 스트레스는 변하지 않았으므로 빈칸에 들어갈 말로 가장 적절한 것은 ④ likelihood(가능성)이다.

▶ **오답 피하기**

①, ②, ③은 지문에서 유용성이나 근원, 참신함에 반응한다는 언급은 찾아볼 수 없어 오답이다. ⑤는 전기 충격의 강도, 세기를 달리 했을 뿐, 지속 시간은 조절하지 않았으므로 빈칸에 적합하지 않다.

전략 적용 3 새로운 매체의 특징   정답 ①

첫 문장 키워드

New media, four characteristics

새로운 매체의 네 가지 특징을 정의했다. 각각의 특징을 구체적으로 설명하거나 예전 것과 비교하는 내용이 오리라 예상할 수 있다.

끊어읽기 해석

New media can be defined / by four characteristics / simultaneously:
새로운 매체는 정의될 수 있다   네 가지 특징에 의해   동시에
/ they are media at the turn of the 20th and 21st centuries / which are
그것들은 20세기와 21세기 전환기의 매체이다   그것들은 둘 다
both integrated and interactive / and use digital code and hypertext /
통합적이고 쌍방향이다   그리고 디지털 코드와 하이퍼텍스트를 사용한다
as technical means. // It follows that / their most common alternative
기술적 수단으로   결과적으로 (~라고) 할 수 있다 그것들의 가장 일반적인 다른 이름들은
names / are multimedia, interactive media and digital media. // By
다중 매체, 쌍방향 매체, 그리고 디지털 매체라고   이정
using this definition, / it is easy / to identify media as old or new. //
의를 사용함으로써   쉽다   매체가 구식인지 신식인지를 구별하는 것은
_(A)_ , traditional television is integrated / as it contains images,
(A) , 전통적인 텔레비전은 통합적이다   그것이 이미지, 소리, 그리고 글을
sound and text, / but it is not interactive or based on digital code. //
포함하기 때문에   하지만 그것은 쌍방향이 아니거나 디지털 코드에 기반하지 않는다
The plain old telephone was interactive, / but not integrated / as it
평범한 구식 전화는 쌍방향이다   하지만 통합적이지는 않았다   그것은
only transmitted speech and sounds / and it did not work with digital
오로지 말과 소리만 전송했기 때문에   그리고 그것은 디지털 코드로 작동하지 않았다
code. // In contrast, / the new medium of interactive television adds
대조적으로   쌍방향 텔레비전이라는 새로운 매체는 더한다
/ interactivity and digital code. // _(B)_ , the new generations of
쌍방향성과 디지털 코드를   (B) , 새로운 세대의 이동식 또는 고정식 전화 통신

<u>mobile or fixed telephony</u> / are fully digitalized and integrated / as
은   완전히 디지털화되어 있으며 통합적이다   그
they add text, pictures or video / and they are connected to the
것들은 글, 그림 또는 영상을 추가하기 때문에   그리고 그것들은 인터넷과 연결되기 (때문에)
Internet. //

지문 해석

주제문 새로운 매체는 네 가지 특징에 의해 동시에 정의될 수 있는데, 그것들은 둘
다 통합적이고 쌍방향이며 기술적 수단으로 디지털 코드와 하이퍼텍스트를 사용
하는, 20세기와 21세기 전환기의 매체이다. 결과적으로 그것들의 가장 일반적인
다른 이름들은 다중 매체, 쌍방향 매체, 그리고 디지털 매체라고 할 수 있다. 이 정
의를 사용함으로써 매체가 구식인지 신식인지를 구별하는 것은 쉽다. (A)예를
들어, 전통적인 텔레비전은 그것이 이미지, 소리, 그리고 글을 포함하기 때문에
통합적이지만, 그것은 쌍방향이 아니거나 디지털 코드에 기반하지 않는다. 평범
한 구식 전화는 쌍방향이었지만, 그것은 오로지 말과 소리만 전송했기 때문에 통
합적이지 않았으며 디지털 코드로 작동하지 않았다. 대조적으로 쌍방향 텔레비
전이라는 새로운 매체는 쌍방향성과 디지털 코드를 더한다. (B)게다가, 새로운
세대의 이동식 또는 고정식 전화 통신은 글, 그림 또는 영상을 추가하고 인터넷
과 연결되기 때문에 완전히 디지털화되어 있으며 통합적이다.

배경지식

- **디지털 코드(digital code)**: 전자 통신에서 컴퓨터가 인식할 수 있는 이진법
  (0과 1, 두 개의 숫자만을 이용하여 수를 나타내는 방식)을 이용하여 텍스트, 이
  미지, 소리를 디지털 정보로 변환한 것이다. 디지털 부호, 디지털 신호라고도
  한다.
- **하이퍼텍스트(hypertext)**: 개별로 존재하는 텍스트들을 링크를 이용해 연
  결해 놓은 것을 말한다. 전통적인 텍스트는 텍스트를 읽는 단 하나의 선형적
  순서가 있는 반면에, 하이퍼텍스트는 사용자가 필요와 관심에 따라 다양한 경
  로로 문서 속을 움직일 수 있다. 웹 문서를 읽다가 마우스 커서가 손가락 모양
  으로 바뀌는 부분을 클릭하면, 관련된 정보가 있는 페이지로 즉시 이동하는 것
  이 일상에서 접하는 하이퍼텍스트의 예이다.

지문 구조

이 글은 '주제문 - 부연 설명 - 예시 1 - 예시 2'의 구조로, Unit 01에서 배운 '주제
문 - 예시 1 - 예시 2' 기본 구조에 부연 설명이 추가되었으며, 예시 1의 내용과 예
시 2의 내용이 대조된다.

주제문 + 부연 설명	새로운 매체는 통합적, 쌍방향성, 디지털 코드, 하이퍼텍스트 사용이라는 네 가지 특성에 의해 정의될 수 있다.
↓	
예시 1	구식 매체의 예 1) 전통적 텔레비전 2) 구식 전화
↓	
예시 2 (대조)	새로운 매체의 예 1) 쌍방향 텔레비전 2) 새로운 세대의 이동식 또는 고정식 전화 통신

STEP BY STEP 문제 풀이

STEP❶ 글의 구조와 흐름 파악하기

도입부에 나온 새로운 매체에 관한 정의를 구식 매체와 새로운 매체의 예시를 대
조하여 뒷받침하는 구조이다. 첫 문장에서 새로운 매체에 대한 포괄적 정의가 나
오고 뒤이어서 그에 따른 부연 설명이 나오므로, 첫 문장이 주제문일 가능성이
높다. 위 <지문 구조>를 참고하라.

STEP❷ 빈칸 앞뒤 문장 관계 분석하기

2-1 (A): 빈칸 앞에서 주제 및 주제와 관련된 포괄적 내용이 나왔고, 빈칸 뒤부
터 구체적인 매체 예시가 시작되었다. (A)는 예시 연결사 자리이다.

2-2 (B): 빈칸 (B)는 새로운 매체의 예시들 사이에 위치하므로, 비슷한 내용을
이어주는 첨가 연결사 자리이다.

STEP❸ 문맥에 맞는 선택지 고르기

① 예시 - 첨가
② 역접 - 환언
③ 결과 - 첨가
④ 예시 - 환언
⑤ 역접 - 결과

❍ 빈칸 (A)에 들어갈 예시 연결사와 빈칸 (B)에 들어갈 첨가 연결사가 알맞게 짝
지어진 것은 ①이다.

전략 적용
Unit 14-4 '앞뒤 문장의 논리적 관계가 연결사를 결정한다' 연결사 문제에서는 연결사가 연결하는 두 문장의 논리적 관계를 파악하는 것이 중요하다. (A)를 중심으로 '주제문 - 예시' 관계의 문장이 나왔고, (B)의 경우 앞 문장과 뒤 문장이 둘 다 새로운 매체의 예시이며 그에 관한 비슷한 설명이 이어진다. (A)에는 주제문에 예시를 이어주는 연결사, (B)에는 비슷한 내용을 첨가해주는 연결사를 고르면 된다.

구문 분석

New media can be defined by four characteristics
주어1   동사1

simultaneously: they are media at the turn of the 20th and 21st
           주어2 동사2

centuries {**which** are both integrated and interactive **and** use
digital code and hypertext as technical means}.

→ 콜론(:) 뒤의 절이 앞 내용을 부연 설명한다. they는 New media를 가리킨다
(media는 복수명사). { }는 선행사 media ~ centuries를 수식하는 주격 관계대
명사절이다. 관계대명사절 내의 동사 두 개(are, use)가 and로 병렬 연결되어 있
다.

For example, traditional television is integrated [**as** it contains
                 주어1   동사1

images, sound and text], **but** it is not interactive or **based on**
                      주어2 동사2

digital code.

→ 두 개의 대등한 절이 but으로 병렬 연결되어 있다. [ ]는 but 앞 절의 종속절
로, 이유를 나타내는 접속사 as(~때문에)가 쓰였다. based on은 '~에 기반한'이
라는 의미이다.

문항 해설

① **예를 들어 - 게다가**
② 그럼에도 불구하고 - 다시 말해
③ 그러므로 - 게다가
④ 예를 들어 - 다시 말해
⑤ 그럼에도 불구하고 - 결과적으로

▶정답 ①   For example …… Additionally

(A) 앞 문장은 '이 정의를 사용해서 매체를 구식, 신식으로 구별하기 쉽다'는 일반
적 서술이며 빈칸 문장은 전통적 텔레비전을 예로 들어 구식 매체의 특성을 구체
적으로 알려준다. 따라서 (A)에는 예시 연결사가 온다. (B)는 앞 문장에서 '대조적
으로 새 매체인 쌍방향 텔레비전은 쌍방향성과 디지털 코드를 더한다'고 하며, 빈

칸 문장은 '새로운 세대의 이동식 또는 고정식 전화가 완전히 디지털화되어 있으며 통합적'이라고 했다. 새로운 매체에 대한 예시가 추가된 것이므로 (B)에는 첨가 연결사가 와야 한다. 따라서 빈칸 (A), (B)에 들어갈 말로 가장 적절한 것은 ① For example …… Additionally(예를 들어 - 게다가)이다.

▶오답 피하기

②, ⑤의 Nevertheless는 앞뒤 내용이 상반되거나 대조될 때 쓰는 연결사이며 ②, ④의 In other words는 앞에서 한 말을 표현만 바꿔서 다시 진술할 때 쓰는 연결사로, 앞뒤 내용이 똑같아야 한다. ③의 Therefore, ⑤의 Consequently는 앞 내용에 따른 결과(결론)를 소개할 때 사용하는 연결사이다.

전략 적용 4   동시 과업이 기억에 미치는 영향   정답 ①

첫 문장 키워드

researchers, memorize, recall

단어 목록을 암기하고 추후 기억해내는 실험을 언급했으므로, 이후 내용에는 실험의 목적이나 진행 과정, 결과 등이 나올 것임을 예측할 수 있다.

끊어읽기 해석

In 2006, / researchers at the University of Missouri took twenty-
2006년에   Missouri 대학의 연구자들은 28명의 학부생들을 데려갔다
eight undergraduates / and asked them to memorize lists of words /
           그리고 그들에게 단어 목록들을 암기할 것을 요청했다
and then recall these words / at a later time. // To test whether
그러고 나서 이 단어들을 기억해 낼 것을   나중에   주의를 흐트러뜨리는 것이
distraction affected their ability to memorize, / the researchers asked
그들의 암기 능력에 영향을 주었는지를 시험하기 위해   연구자들은 그 학생들에게 요청했
the students / to perform a simultaneous task / — placing a series of
다   동시에 일어나는 과업을 수행할 것을   즉 일련의 글자들을 순서대로
letters in order / based on their color / by pressing the keys on a
배열하는 (과업을)   색에 따라   컴퓨터 키보드의 키들을 눌러
computer keyboard. // This task was given under two conditions: /
이 과업은 두 가지 상황하에 주어졌는데
when the students were memorizing the lists of words / and when
학생이 단어 목록들을 암기하고 있을 때   그리고 학생들이
the students were recalling those lists / for the researchers. // The
그 목록들을 기억해 내고 있을 때였다   연구자들에게   Missouri
Missouri scientists discovered / that concurrent tasks affected / both
대학 과학자들은 발견했다   동시에 행해지는 과업이 영향을 주었다는 것을   암기와
memorizing and recalling. // When the keyboard task was given /
기억해 내기 모두에   키보드 과업이 주어졌을 때
while the students were trying to recall / the previously memorized
학생들이 기억해 내려고 노력하는 동안   이전에 암기한 단어를
words, / there was a 9 to 26 percent decline / in their performance.
9에서 26퍼센트 하락이 있었다   그들의 수행에서
// The decline was even more / if the concurrent task occurred /
그 하락은 훨씬 더 컸는데   동시에 행해지는 과업이 일어난 경우
while they were memorizing, / in which case / their performance
그들이 암기하고 있는 동안   이 경우   그들의 수행은 감소했다
decreased / by 46 to 59 percent. //
46에서 59퍼센트만큼

↓

When undergraduate participants were asked / to carry out a
학부생 참가자들은 요청받았을 때   동시에 행해지는 과업을
simultaneous task / to make them ___(A)___ , / they showed a(n)
수행하려고   그들을 __(A)__ 만들기 위해   그들은 __(B)__ 를 보였다
___(B)___ / in their ability / to memorize words and to recall them. //
           자신들의 능력에서   단어들을 암기하고 그것들을 기억해 내는

지문 해석

2006년에 Missouri 대학의 연구자들은 28명의 학부생들을 데려가서 그들에게 단어 목록들을 암기하고 그러고 나서 나중에 이 단어들을 기억해 낼 것을 요청했다. 주의를 흐트러뜨리는 것이 그들의 암기 능력에 영향을 주었는지를 시험하기

위해 연구자들은 그 학생들에게 동시에 일어나는 과업, 즉 컴퓨터 키보드의 키들을 눌러 색에 따라 일련의 글자들을 순서대로 배열하는 과업을 수행할 것을 요청했다. 이 과업은 두 가지 상황하에 주어졌는데, 학생들이 단어 목록들을 암기하고 있을 때와 학생들이 연구자들에게 그 목록들을 기억해 내고 있을 때였다. 주제 문 Missouri 대학 과학자들은 동시에 행해지는 과업이 암기와 기억해 내기 모두에 영향을 주었다는 것을 발견했다. 학생들이 이전에 암기한 단어를 기억해 내려고 노력하는 동안 키보드 과업이 주어졌을 때, 그들의 수행에서 9에서 26퍼센트 하락이 있었다. 그들이 암기하고 있는 동안 동시에 행해지는 과업이 일어난 경우 그 하락은 훨씬 더 컸는데, 이 경우 그들의 수행은 46에서 59퍼센트만큼 감소했다.

↓

학부생 참가자들이 그들을 (A)주의가 흐트러지게 만들기 위해 동시에 행해지는 과업을 수행하라고 요청받았을 때, 그들은 단어들을 암기하고 그것들을 기억해 내는 자신들의 능력에서 (B)감소를 보였다.

지문 구조

이 글은 '실험 내용 - 실험 결과' 구조로, Unit 07에서 배운 '연구 내용 - 연구 결과 - 결론' 구조에서 결론이 생략되었다.

실험 내용	주의를 흐트러뜨리는 것이 암기력에 영향을 주는지 알아보기 위해 단어 목록을 암기하거나 나중에 단어를 기억해 낼 때 동시에 다른 작업을 수행하도록 요청함
↓	
실험 결과	동시에 행해지는 과업이 암기와 기억해 내기 모두에 영향을 주어 수행이 감소했다. 1) 학생들이 암기한 단어를 기억해 내려고 하는 동안 그들의 수행에서 9~26퍼센트 하락이 있었다. 2) 학생들이 암기하고 있는 동안 그들의 수행은 46~59퍼센트 감소했다.

STEP BY STEP 문제 풀이

STEP❶ 글의 구조와 흐름 파악하기

위 <지문 구조>에서 각 구조별 내용을 요약하고 합쳐 지문 전체의 요약문을 만든다. researchers, To test, discovered라는 어휘에서 이 지문이 연구 지문 구조임을 알 수 있다.

❖ 지문 요약: 주의를 흐트러뜨리는 것이 암기력에 영향을 주는지 알아보는 실험을 한 결과, 동시에 행해지는 과업이 암기와 기억해 내기 모두에 영향을 주어 수행이 감소했다.

STEP❷ 요약문 분석하기

2-1 (A): participants were asked to carry out a simultaneous task to make them ___(A)___

참가자들은 그들을 ___(A)___ 만들기 위해 동시에 행해지는 과업을 수행하도록 요청받았다

(실험 내용) To test whether distraction affected their ability to memorize, the researchers asked the students to perform a simultaneous task

주의를 흐트러뜨리는 것이 그들의 암기 능력에 영향을 주었는지를 실험하기 위해, 연구자들은 그 학생들에게 동시에 일어나는 과업을 수행할 것을 요청했다

2-2 (B): they showed a(n) ___(B)___ in their ability to memorize words and to recall them

그들은 단어들을 암기하고 기억해 내는 능력에서 ___(B)___ 를 보였다

(실험 결과 1) while the students were trying to recall ~ there was a 9 to 26 percent decline in their performance 학생들이 기억해 내려고 노력하는

동안 ~ 그들의 수행에서 9에서 26퍼센트 하락이 있었다
(실험 결과 2) while they were memorizing, in which case their performance decreased by 46 to 59 percent. 그들이 암기하고 있는 동안 이 경우 그들의 수행은 46에서 59퍼센트만큼 <u>감소했다</u>

STEP ❸ 요약문 완성하기

(A)에는 '주의가 흐트러진다', (B)에는 '하락/감소'와 의미가 통하는 단어가 들어가야 한다.

❍ ① distracted와 reduction이 정답이다.

전략 적용

Unit 14-5 '글을 두세 부분으로 나누어 핵심 내용을 요약한다'
지문 구조 패턴대로 실험 내용과 결과에 대한 내용, 두 부분이 요약문에 등장했다. 세부적으로 실험 목적 부분과 결과 부분이므로, 지문에서 해당되는 부분(To test whether distraction affected ~, decline, decreased)에 유의하여 읽어보고 대체 표현을 생각해본다. 여기서는 명사형 distraction을 distracted라는 과거분사 형태로 바꾸었고, decline, decreased 대신 reduction이라는 유사한 의미를 가진 단어의 명사형을 사용했다.

구문 분석

[To test {**whether** distraction affected their ability to memorize}], the researchers asked the students to perform a
주어   동사
simultaneous task — [**placing** a series of letters in order based on their color {**by** pressing the keys on a computer keyboard}].

→ 첫 번째 [ ]는 부사적 용법의 to부정사구로, '~하기 위해서'라는 의미이다. 첫 번째 { }는 접속사 whether(~인지)가 이끄는 명사절로, test의 목적어 역할을 한다. 두 번째 [ ]는 a simultaneous task를 구체적으로 설명하는 동격의 동명사구(placing 이하 전체)로 대시(—)로 연결되었다. 동명사구 내 { }는 by 전치사구로 방식(~함으로써)을 나타낸다.

This task was given under two conditions: [**when** the students
주어   동사
were memorizing the lists of words] **and** [**when** the students were recalling those lists for the researchers].

→ 콜론(:) 뒤에 two conditions(두 가지 상황)에 해당하는 내용을 구체적으로 제시했다. 접속사 when으로 시작하는 두 개의 절 [ ]가 and로 병렬 연결되었다.

The decline was **even more** [**if** the concurrent task occurred
주어   동사
{**while** they were memorizing}], [**in which case** their performance decreased by 46 to 59 percent].

→ 비교급(more) 앞의 even은 '훨씬'이라는 의미로 비교급을 강조한다. 첫 번째 [ ]는 종속 접속사 if(~하는 경우)가 이끄는 조건 부사절이다. 부사절 내에 다시 접속사 while(~하는 동안)로 시작하는 시간 부사절이 왔다. in which case는 '그런 경우에는, 그렇다면'이라는 의미이다. which가 콤마 앞에 있는 전체 내용을 가리키며, 동시에 뒤에 오는 절에서 형용사 역할(명사 case 수식)을 하므로 두 번째 [ ]는 계속적 용법의 관계형용사절이 된다.

문항 해설

① 주의가 흐트러진 - 감소
② 주의가 흐트러진 - 향상
③ 집중된 - 하락
④ 도전을 받은 - 증가
⑤ 도전을 받은 - 안정성

▶**정답 ① distracted ······ reduction**
실험의 목적은 학생들의 주의력이 분산되는 상황에서 암기력과 기억력이 어떤 영향을 받는지를 알아보기 위한 것이므로 빈칸 (A)에는 '주의가 흐트러진'이라는 의미의 단어가 들어가야 한다. 빈칸 (B)에는 동시 과업을 수행하는 상황에서 학생들의 능력이 어떤 영향을 받았는지 결과가 들어가야 한다. 지문에 따르면 기억과 암기 모두에서 수행이 감소(하락)했다고 나와 있으므로, (B)에는 '감소'와 관련된 표현이 들어가야 한다. 따라서 ① distracted ······ reduction(주의가 흐트러진 - 감소)이 빈칸 (A), (B)에 들어갈 말로 가장 적절하다.

▶**오답 피하기**
②의 improvement는 동시에 행해지는 과업이 수행을 감소시켰다는 지문 내용과 정반대되는 요약문을 만드는 오답이다. ③의 경우 학생들을 '집중하게' 만들었을 때 단어를 암기하고 기억해 내는 능력이 '감소'했다는 것은 지문 내용과 일치하지 않는다. ④, ⑤는 다른 단어를 외우는 동시에 다른 과업을 수행하도록 요청받은 상황이 '도전을 받은' 것이라고도 볼 수 있겠지만, 그 결과 학생들의 능력이 '증가'한 것도 아니고 '안정'된 것도 아니므로 둘 다 정답이 될 수 없다.

UNIT 15 세부 내용을 찾아라

정답	예제	1 ③ 2 ④ 3 ⑤ 4 ①
체크	전략 적용 문제	1 ⑤ 2 ③ 3 ⑤ 4 ②

예제 1 정치 만화가 Thomas Nast의 삶 · 정답 ③

지문 해석

Thomas Nast는 1840년 9월 27일에 독일 Landau에서 태어났고, 그의 어머니와 여자 형제와 함께 1846년에 뉴욕으로 이사했다. 어린 Nast는 부진한 학생으로, 읽거나 쓰는 것을 배운 적이 전혀 없었지만, 그림에 대한 일찍부터의 재능을 보였다. 그가 약 13세일 때, 그는 정규 학교를 그만두고 다음 해 사진가이자 화가인 Theodore Kaufmann과 함께 예술을 공부했다. 1862년에 그는 'Harper's Weekly' 직원으로 들어갔고, 그곳에서 정치 만화에 그의 노력을 집중했다. Nast는 미국의 정치적 그리고 문화적 장면에 길이 남을 공헌을 했다. 그는 공화당의 상징으로 코끼리와 현대판 산타클로스를 만들었다. 그는 또한 1864년에 Abraham Lincoln의 선거에서 중요한 역할을 했다.

지문 구조

이 글은 '설명 1 - 설명 2 - 설명 3' 구조로, Unit 04 설명 1 - 설명 2 - 요약에서 요약이 빠진 지문 구조이다. 한 인물(주인공)의 일대기가 시간순으로 전개된다는 점에서 Unit 10 도입 - 전개 - 결말(시간순) 구조로 볼 수도 있다.

설명 1 (도입)	**인물의 탄생** Thomas Nast는 1840년에 독일에서 태어나 1846년에 뉴욕으로 이사했음
↓	
설명 2 (전개)	**성장/학창 시절** 일찍부터 그림에 재능을 보임 약 13세일 때 정규 학교를 그만두고 다음 해 Theodore Kaufmann과 예술을 공부
↓	
설명 3 (결말)	**성인기/전성기** 1862년 'Harper's Weekly'에 입사, 정치 만화에 집중 1864년 Lincoln의 선거에서 중요한 역할을 함

배경지식

· **하퍼스 위클리(Harper's Weekly)**: 미국 뉴욕에서 1857년부터 1916년까지 간행된 정치 잡지이다. 국내외 뉴스 및 다양한 주제에 대한 글을 삽화와 함께 실었다.

구문 분석

In 1862 <u>he</u> <u>joined</u> the staff of *Harper's Weekly*, [**where** he
　　　　주어　동사
focused his efforts on political cartoons].

→ [ ]는 앞에 있는 명사 *Harper's Weekly*를 수식하는 관계부사절로 계속적 용법으로 쓰였다. 관계부사 where는 and there로 바꿔 쓸 수 있다.

문항 해설

▶ **정답 ③ 1862년에 Harper's Weekly에서 퇴사했다.**

1862년에 'Harper's Weekly' 직원으로 들어갔다(In 1862 he joined the staff of *Harper's Weekly*)고 언급하고 있으므로 '퇴사했다'고 언급한 ③은 본문의 내용과 일치하지 않는다.

▶ **오답 피하기**

①은 첫 문장에 언급된 내용이다. 구체적인 연도와 도시는 생략하고 출생 국가, 이주 국가만 언급했다. ②는 두 번째 문장의 but 이후 내용과 정확히 일치한다. ④는 끝에서 두 번째 문장에 He created ~ the modern version of Santa Claus를 요약한 것이며 ⑤는 마지막 문장에 played an important role in the election of Abraham Lincoln이라고 말한 내용과 일치한다.

예제 2 갈색 나무 뱀의 특징 및 환경에 대한 영향 · 정답 ④

지문 해석

갈색 나무 뱀은 툭 튀어나온 눈과 함께 큰 머리를 가지고 있다. 머리는 좁은 목과 구별된다. 그것의 몸은 일반적으로 밝은 갈색 바탕을 가지며 그 위에는 더 짙은 색의 얼룩이나 띠가 이어져 있다. 이 뱀은 알에서 나올 때 약 38센티미터이고, 보통 1~2미터의 길이에 이른다. 이 뱀은 Guam에 있는 대다수의 토종 조류종을 멸종시킨 것으로 악명이 높다. 제2차 세계 대전 직후에, 갈색 나무 뱀은 아마도 배나 비행기에 탄 불청객으로서 그것의 남태평양 토착 지역으로부터 Guam으로 우연히 들어오게 되었다. 그것은 Guam에 있는 어떤 다른 동물들에게도 사냥 당하거나 잡아먹히지 않으며 그러한 이유로 먹이 사슬 최상위에 있는데, 이는 그 뱀이 수적으로 엄청나게 증가하는 결과를 야기했다.

배경지식

· **괌(Guam)**: 서태평양 북마리아나제도에 있는 섬. 미국 자치령으로 미국의 해군, 공군 기지가 위치해 있다. 열대 해양성 기후이며, 태풍과 해일이 빈번하다. 경제는 주로 관광 산업과 미군의 소비에 의존한다.
· **먹이 사슬(food chain)**: 생태계에서 생물들 사이에 잡아먹고 먹히는 관계가 사슬처럼 서로 연결돼 있는 것을 말한다.

지문 구조

이 글은 '설명 1 - 설명 2' 구조로, Unit 04 설명 1 - 설명 2 - 요약에서 요약이 빠진 지문 구조이다.

설명 1	**외형 및 크기** (생김새) 툭 튀어나온 눈과 큰 머리, 좁은 목 (색깔) 밝은 갈색 바탕에 더 짙은 색의 얼룩이나 띠 (크기) 부화 시 약 38센티미터, 보통 1~2미터
↓	
설명 2	**서식 환경, 문제점** 1) Guam에 유입된 과정 2) Guam 먹이 사슬의 최상위에 있게 된 이유와 결과

구문 분석

<u>It</u> <u>is not hunted</u> **or** eaten by any other animals in Guam **and** is
주어　　동사1　　　　　　　　　　　　　　　　　　　　　　　　동사2
therefore at the top of its food chain, [**which** has led the snake to
increase dramatically in number].

→ 두 개의 동사(구)가 등위접속사 and로 병렬 연결되어 있다. 첫 번째 동사구는 수동태로 be동사(is)에 연결되는 두 개의 과거분사(hunted, eaten)가 or로 병렬 연결되었다. [ ]는 계속적 용법의 관계대명사절로, which는 콤마(,) 앞 내용 전체를 가리킨다.

▶정답 ④ 제2차 세계 대전 이전에 Guam으로 우연히 유입되었다.

제2차 세계 대전 직후에 Guam으로 우연히 들어오게 되었다(Shortly after World War II, ~ brought into Guam)고 언급했으므로, 제2차 세계 대전 '이전에'라고 진술한 ④는 글의 내용과 일치하지 않는다.

▶오답 피하기

①은 첫 문장에 그대로 언급되어 있다. ②는 세 번째 문장의 앞부분(Its body usually has a light brown background)을 우리말로 풀어 쓴 것이다. ③은 네 번째 문장에 나와 있는 내용이다. 언급된 두 가지 크기 중 '알에서 나올 때(when it comes out of its egg)' 크기가 무엇인지 헷갈리지 않도록 주의한다. ⑤는 마지막 문장의 and 이후 부분(and is therefore at the top of its food chain)에 나온다.

예제 3 제한된 색을 사용하는 화가들   정답 ⑤

지문 해석

화가들은 원칙적으로 그들이 원하는 대로 쓸 수 있는 무한한 범위의 색을 가지고 있는데, 합성 화학에서 유채색의 ①**폭발적 증가**가 있던 현대에는 특히 그렇다. **주제문** 하지만 화가들은 모든 색을 한 번에 사용하지 않으며, 실제로는 많은 이들은 상당히 ②**제한된 선택지**를 사용해 왔다. Mondrian은 검정색 줄선으로 된 격자무늬를 채우기 위해 대부분 빨간색, 노란색, 파란색 3원색으로 스스로를 제한했고, Kasimir Malevich는 스스로가 정한 비슷한 제한 사항을 가지고 작업했다. Yves Klein의 경우 한 가지 색은 ③**충분**했고, Franz Kline의 예술품은 전형적으로 흰색 바탕 위에 검정색이었다. 이것에는 ④**새로울** 것이 없었는데, 그리스와 로마 사람들은 단지 빨간색, 노란색, 검정색 그리고 흰색만을 사용하는 경향이 있었다. 왜일까? 일반화하는 것은 불가능하지만, 고대와 현대 모두에 아마도 ⑤**확장된(→제한된 limited)** 팔레트가 명확성과 이해 가능성에 도움을 주었고, 중요한 구성 요소인 모양과 형태에 주의를 집중할 수 있도록 도왔던 것처럼 보인다.

배경지식

- **몬드리안(Piet Mondrian)**: (1872-1944) 추상 회화의 선구자로 불리는 네덜란드 화가이다. 직선, 삼원색과 무채색만을 사용하여 가시적 세계 뒤에 있는 근본적 진실을 포착하는 그림을 그리고자 했다.
- **카지미르 말레비치(Kasimir Malevich)**: (1879-1935) 러시아의 추상화가이다. 대상의 불필요한 세부 묘사를 배제하고 사각형, 원 등의 기본적인 형태로만 그림을 구성하였으며, 색채도 엄격하게 제한하였다. 하얀 바탕 위에 검은색 정사각형 하나만 그려 넣은 '검은 사각형(Black Square)'이라는 작품으로 큰 파장을 불러일으켰다.
- **이브 클라인(Yves Klein)**: (1928-1962) 커다란 캔버스를 하나의 색채로 균일하게 칠한 그림들을 선보였던 프랑스 화가이다. 푸른색을 특히 좋아했던 화가로, 고유한 울트라 마린 색에 '인터내셔널 클라인 블루(International Klein Blue)'라고 자신의 이름을 붙여 특허 등록을 할 정도였다.
- **프란츠 클라인(Franz Kline)**: (1910-1962) 미국의 추상화가이다. 커다란 캔버스에 거칠고 두꺼운 붓질로 휘갈긴 듯한 검은색 선을 그린 흑백 추상화 작품들로 유명하다.

지문 구조

이 글은 Unit 02 도입 - 주제문 - 예시 - 결론에서 배운 기본 구조이다. 도입과 주제문의 내용이 상반되므로, Unit 03 통념 - 반박의 구조를 활용해서 '도입 - 주제문'을 이해할 수도 있다.

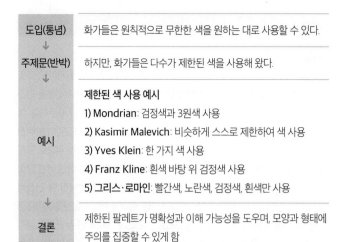

도입(통념)	화가들은 원칙적으로 무한한 색을 원하는 대로 사용할 수 있다.
↓	
주제문(반박)	하지만, 화가들은 다수가 제한된 색을 사용해 왔다.
↓	
예시	제한된 색 사용 예시 1) Mondrian: 검정색과 3원색 사용 2) Kasimir Malevich: 비슷하게 스스로 제한하여 색 사용 3) Yves Klein: 한 가지 색 사용 4) Franz Kline: 흰색 바탕 위 검정색 사용 5) 그리스·로마인: 빨간색, 노란색, 검정색, 흰색만 사용
↓	
결론	제한된 팔레트가 명확성과 이해 가능성을 도우며, 모양과 형태에 주의를 집중할 수 있게 함

구문 분석

Mondrian limited himself mostly to the three primaries red,
　　주어1　동사1
yellow and blue [to fill his black-ruled grids], **and** Kasimir
　　　　　　　　　　　　　　　　　　　　　　　　　　　주어2
Malevich worked [with similar self-imposed restrictions].
　　　　　　동사2

→ 주어, 동사가 다른 두 개의 절이 and로 병렬 연결되었다. the three primaries와 red, yellow and blue는 서로 동격인 명사구이다. 첫 번째 [ ]는 부사적 용법의 to부정사구로 목적(~하기 위해서)을 나타내며, 두 번째 [ ]는 부사 역할의 전치사구로 수단, 방식(~을 가지고)을 나타낸다.

　동사1
It's impossible to generalize, **but** both in antiquity and modernity
가주어(주어1)　　진주어
it seems likely [**that** the expanded palette aided clarity and
주어2 동사2
comprehensibility, and helped to focus attention on the
components {that mattered}: shape and form].

→ 두 개의 절이 but으로 병렬 연결되었다. 첫 번째 절의 it은 가주어이므로 to부정사(to generalize)를 진주어로 해석한다. 두 번째 절의 it은 비인칭주어로 「it seems +that절」은 '~인 것처럼 보인다'라고 해석한다. 여기서는 부사 likely(아마도)를 추가하여 추측의 의미를 강조했다. that절 [ ] 안에 있는 { }는 the components를 선행사로 하는 주격 관계대명사절이다. 뒤에 콜론(:)은 the components that mattered에 해당하는 명사구를 연결한다.

문항 해설

▶정답 ⑤ expanded

⑤가 포함된 문장은 앞의 예시에 이어 색을 제한적으로 사용하는 이유를 설명한다. '제한한' 색이 명확성과 이해 가능성에 도움을 준 것처럼 보인다는 의미가 되어야 하므로 ⑤ expanded(확장된)는 문맥에 적합하지 않다.

▶오답 피하기

①은 화가들이 무한한 범위의 색을 가지고 있다는 내용과 이어지려면 유채색이 많아졌다는 의미가 되어야 하므로 '폭발, 폭발적 증가'를 나타내는 explosion은 적절하다. 반면 다음 문장은 화가들이 한 번에 모든 색을 쓰지 않았다는 내용이다. 따라서 ②의 '제한된' 선택지를 사용해 왔다는 의미를 완성하는 restrictive도 적절하다. ③은 제한된 색을 쓰는 화가들의 사례 중 하나이므로, 한 가지 색만으로 '충분했다'는 의미의 enough는 적절하다. ④는 이러한 경향이 고대 그리스·로마에도 있었다는 내용에 이어지므로, nothing과 함께 '새롭지' 않다는 의미를 만드는 new도 적절하다.

예제 4 거짓말의 부정적 영향과 긍정적 영향 　정답 ①

지문 해석

거짓말이 어느 특정한 경우에 어떤 해로운 영향도 미치지 않는다 할지라도, 그것은 여전히 도덕적으로 잘못되었는데 왜냐하면 (그것이) 밝혀지면 거짓말은 인간 의사소통이 기대하는 진실을 말하는 일반적인 관행을 약화시키기 때문이다. 예를 들어, 내가 허영심 때문에 나이에 대해 거짓말을 해서 나의 거짓말이 밝혀진다면, 비록 아무런 심각한 손해가 벌어지지 않았을지라도, 나는 일반적으로 당신의 신뢰를 (A)약화시켰을 것이다. 그 경우에 당신은 미래에 내가 하는 어떤 말이든 믿을 가능성이 훨씬 더 낮다. 따라서 모든 거짓말은 그것이 밝혀질 때, 간접적인 해로운 영향을 준다. 주제문 그러나 아주 가끔 이러한 해로운 영향들이 어쩌면 거짓말에서 발생하는 (B)이점에 의해 압도될 수도 있다. 예를 들면, 누군가가 심각하게 아프다면, 그들의 예상 수명에 대해 그들에게 거짓말하는 것은 아마도 그들에게 더 오래 살 기회를 줄 수도 있다. 반면에, 그들에게 진실을 말하는 것은 어쩌면 그들의 신체적 쇠퇴를 (C)가속할 우울함을 유발할 수도 있다.

지문 구조

이 글은 '주장 - 예시'가 두 번 반복되는 구조로, 두 주장이 서로 반대되는 내용이다. Unit 01 주제문 - 예시 1 - 예시 2 구조와 Unit 03 통념 - 반박 구조가 합쳐진 구조이다.

주장 1 (통념)	거짓말은 인간 의사소통이 기대하는 진실을 말하는 일반적인 관행을 약화시키므로 도덕적으로 잘못되었다.
↓	
예시 1	나이에 대한 거짓말은 심각한 손해가 없더라도 상대방의 신뢰를 약화시킨다.
↓	
주장 2 (반박)	하지만, 거짓말로 인한 이점에 의해 해로운 영향이 압도될 수도 있다.
↓	
예시 2	심각하게 아픈 환자에게 예상 수명에 대해 거짓말하는 것은 그들에게 더 오래 살 기회를 줄 수도 있다.

구문 분석

[**Even if** lying doesn't have any harmful effects in a particular case], it is still morally wrong [**because**, {if discovered}, lying
　　　　　주어 동사
weakens the general practice of truth telling {**on which** human communication relies}].

→ 첫 번째 [ ]는 접속사 Even if가 이끄는 양보 부사절이다. 두 번째 [ ]는 접속사 because가 이끄는 이유 부사절이다. 첫 번째 { }는 삽입절로, if it(=lying) is discovered에서 「주어+be동사」가 생략된 형태이다. 두 번째 { }는 목적격 관계대명사절이다. 구동사 rely on(~에 기대하다)의 전치사 on이 관계대명사와 함께 주어 앞으로 나왔다.

For instance, **if** I **were** to lie about my age on grounds of vanity, **and** my lying **were** discovered, [**even though** no serious harm would have been done], I **would have undermined** your trust
　　　　　　　　　　　　　주어　　　　　　　동사
generally.

→ 이 문장은 if절에 과거형(were), 주절에 would have V-ed가 쓰인 혼합 가정법 문장이다. 현재 시점에서 과거의 결과를 다시 판단하고 있음을 나타내어 '만약 ~한다면, ~했을 텐데'와 같이 해석한다. if절 안에는 두 개의 절이 and로 병렬 연결되어 두 개의 연속된 상황을 가정한다. [ ]는 even though가 이끄는 양보 부사절이다. 주절의 내용을 수식하므로 주절과 동일하게 가정법 시제(would have

문항 해설

▶정답 ①　undermined ······ benefits ······ accelerate

(A)는 거짓말을 하는 것의 부정적 영향에 대한 예시이므로, 신뢰를 '약화시켰다'는 의미의 (have) undermined가 와야 한다. (B)는 앞 문장에 대한 반박으로, 거짓말의 긍정적 영향에 관한 내용이 되어야 한다. 따라서 거짓말로 초래되는 '이점'이라고 해야 문맥에 맞는다. (C) 역시 큰 맥락에서는 거짓말의 긍정적 영향에 대한 예시이므로, 그 반대 행위인 진실을 말하는 것은 부정적으로 언급되어야 한다. 따라서 신체적 퇴행을 '가속한다'는 의미가 되어야 거짓말의 긍정적 영향을 언급하고 있는 맥락에 일치한다. 이를 종합했을 때 문맥에 맞는 낱말로 가장 적절한 것은 ①이다.

▶오답 피하기

②는 (B) 거짓말의 '단점'이 거짓말의 해로운 영향을 압도한다는 의미가 되어 논리적으로 맞지 않고 ③은 (C)가 '신체적 퇴행의 속도를 둔화하는 우울함'이란 의미가 되므로 내용상 적절하지 않다. ④, ⑤는 (A)에서 거짓말이 밝혀져도 상대에 대한 신뢰가 높아질 것이라는 의미가 되므로 정답이 될 수 없다.

전략 적용 1 사진사 James Van Der Zee의 일생   정답 ⑤

첫 문장 키워드

James Van Der Zee, born

한 사람의 출생 연도와 장소가 나온 것으로 보아 인물의 일대기 지문임을 예상할 수 있다. 시간순으로 설명을 나열하는 지문 구조일 확률이 높다.

끊어읽기 해석

James Van Der Zee was born / on June 29, 1886, / in Lenox,
James Van Der Zee는 태어났다   1886년 6월 29일에   Massachusetts주
Massachusetts. // The second of six children, James / grew up / in a
Lenox에서   여섯 명의 아이들 중 둘째였던 James는   성장했다   창의적
family of creative people. // At the age of fourteen / he received his
인 가족들 사이에서   열네 살에   그는 그의 첫 번째 카메
first camera / and took hundreds of photographs of his family and
라를 받았다   그리고 수백 장의 가족 및 마을 사진을 찍었다
town. // By 1906, / he had moved to New York, married, / and was
1906년 즈음에   그는 뉴욕으로 이사해서 결혼했다   그리고 여러
taking jobs / to support his growing family. // In 1907, / he moved to
가지 일을 하고 있었다 늘어나는 가족을 부양하기 위해   1907년에   그는 Virginia주
Phoetus, Virginia, / where he worked in the dining room of the
Phoetus로 이사했다   거기서 그는 Chamberlin 호텔의 식당에서 일했다
Hotel Chamberlin. // During this time / he also worked as a
        이 시기에   그는 또한 사진사로 일했다
photographer / on a part-time basis. // He opened his own studio / in
        시간제 형태로   그는 자신의 스튜디오를 열었다   1916
1916. // World War I had begun / and many young soldiers came to
년에   제1차 세계 대전이 시작되었다   그리고 많은 젊은 군인들이 스튜디오로 왔다
the studio / to have their pictures taken. // In 1969, / the exhibition,
자신들의 사진을 찍기 위해   1969년에   전시회 'Harlem On My
Harlem On My Mind, / brought him international recognition. // He
Mind'는   그에게 국제적인 인정을 가져다주었다   그는
died in 1983. //
1983년에 사망하였다

배경지식

• **할렘 온 마이 마인드(Harlem On My Mind):** 미국 최대의 미술관인 뉴욕 메트로폴리탄 미술관에서 열린 1900년대 뉴욕 할렘가를 조명한 전시회이다.

지문 해석

James Van Der Zee는 1886년 6월 29일에 Massachusetts주 Lenox에서 태어났다. 여섯 명의 아이들 중 둘째였던 James는 창의적인 가족들 사이에서 성장했다. 열네 살에 그는 그의 첫 번째 카메라를 받았고 수백 장의 가족 및 마을 사진을 찍었다. 1906년 즈음에 그는 뉴욕으로 이사해서 결혼했고, 늘어나는 가족을 부양하기 위해 여러 가지 일을 하고 있었다. 1907년에 그는 Virginia주 Phoetus로 이사했고 거기서 Chamberlin 호텔의 식당에서 일했다. 이 시기에 그는 또한 시간제 형태로 사진사로 일했다. 그는 1916년에 자신의 스튜디오를 열었다. 제1차 세계 대전이 시작되었고 많은 젊은 군인들이 자신들의 사진을 찍기 위해 스튜디오로 왔다. 1969년에 전시회 'Harlem On My Mind'는 그에게 국제적인 인정을 가져다주었다. 그는 1983년에 사망하였다.

지문 구조

이 글은 '설명 1 - 설명 2 - 설명 3' 구조로, Unit 04 설명 1 - 설명 2 - 요약에서 요약이 빠진 지문 구조이다. 한 인물(주인공)의 일대기가 시간순으로 전개된다는 점에서 Unit 10 도입 - 전개 - 결말 (시간순) 구조로 볼 수도 있다.

설명 1 (도입)	**인물의 탄생, 성장** James Van Der Zee는 1886년 Massachusetts주에서 태어나 창의적인 가족들 사이에서 성장함 열네 살에 첫 카메라를 받았고, 수백 장의 가족과 마을 사진을 촬영함	
↓		
설명 2 (전개)	**성인기** 1906년 뉴욕으로 이사해 결혼 1907년 Virginia주로 이사, 식당 일을 하며 시간제 사진사로 일함 1916년 스튜디오를 열었고, 제1차 세계 대전 때 군인들을 촬영함	
↓		
설명 3 (결말)	**이후** 1969년 전시회 'Harlem On My Mind'에서 국제적 인정을 받음 1983년 사망함	

STEP BY STEP 문제 풀이

STEP ① 선택지에서 소재, 키워드 파악하기

• **소재:** James Van Der Zee라는 인물의 일대기

• **선택지 키워드:** ① 둘째
② 첫 번째 카메라
③ Chamberlin 호텔
④ 스튜디오
⑤ 전시회

STEP ② 키워드가 속한 문장 집중해서 읽기

① The second of six children, James grew up

② At the age of fourteen he received his first camera

③ where he worked in the dining room of the Hotel Chamberlin

④ He opened his own studio in 1916.

⑤ In 1969, the exhibition ~ brought him international recognition.

STEP ③ 일치/불일치하는 단어가 포함된 선택지 고르기

⑤ 'the exhibition'이 들어간 문장에서 1969년이라는 시간은 맞지만, 국제적 '비난'이 아니라 '인정(recognition)'을 받았다고 했으므로 불일치한다.

전략 적용
Unit 15-1 '선택지를 먼저 읽고 설명 대상에 대해 파악한다' 보통 선택지 순서대로 글이 전개되므로, 선택지를 먼저 읽고 선택지 키워드를 지문에서 순서대로 찾아 대조한다. 이 글은 지문의 '인정(recognition)'을 '비난'으로 바꿔 오답을 유도하였는데, 이는 불일치 선택지의 4가지 유형 중 지문의 단어 뜻을 반대로 서술한 경우에 해당한다. 이처럼 키워드가 속한 문장의 한두 단어로 정오답이 갈리므로, 반드시 선택지의 모든 단어가 맞는지 지문과 하나씩 대조해본다.

구문 분석

In 1907, he moved to Phoetus, Virginia, [**where** he worked in the
        주어 동사
dining room of the Hotel Chamberlin].

→ [ ]는 계속적 용법의 관계부사절로, 앞 내용 중 Phoetus, Virginia를 선행사로 한다. 관계부사 where는 and there로 바꿔 쓸 수 있다.

World War I had begun **and** many young soldiers came to the
주어1   동사1   주어2   동사2
studio [to **have** their pictures **taken**].

→ 두 개의 절이 and로 병렬 연결되었다. [ ]는 부사적 용법의 to부정사로 '~하기 위해서'라는 의미이다. 여기서 have는 사역동사로서 「have + 목적어 + 목적격보

어」 구조를 이룬다. their pictures와 take의 관계가 수동이므로 목적격보어 자리에 과거분사가 쓰였다. 직역하면 '자신들의 사진이 찍히게 하다'라는 뜻이 된다.

문항 해설

▶ 정답 ⑤ 1969년에 전시회로 인해 국제적인 비난을 받았다.

끝에서 두 번째 문장에서 1969년에 전시회가 그에게 국제적인 인정을 가져다주었다(In 1969, the exhibition ~ brought him international recognition.)는 내용이 나오므로 글의 내용과 일치하지 않는 것은 ⑤이다.

▶ 오답 피하기

①은 두 번째 문장에 The second of six children, ②는 세 번째 문장에 At the age of fourteen he received his first camera와 일치한다. ③은 중반부에 worked in the dining room of the Hotel Chamberlin이라고 언급된 부분에서 확인할 수 있다. ④는 그 뒤에 나오는 He opened his own studio in 1916.이라는 문장의 내용과 일치한다.

전략 적용 2 **멸종 위기에 처한 saola 소의 특징** 정답 ③

첫 문장 키워드

The saola, ox

saola는 동물종의 명칭이므로 모를 수 있다. 모른다고 당황할 필요 없다. 보통 일반적으로 누구나 모르는 명사는 알 수 있는 단어로 반드시 다시 설명된다. 여기서는 ox라는 명사 표현이 있어 이것이 어떤 '소'에 대한 설명문임을 유추하게 해 준다.

끊어읽기 해석

The saola, also known as the Vu Quong ox, / is an endangered,
Vu Quong 소라고도 알려진 saola는   멸종 위기에 처한, 야행성인 숲

nocturnal forest-dwelling ox / weighing about 100 kilograms. // Its
에 사는 소다   무게가 100킬로그램 정도 나가는   그것

habitat is the dense mountain forests / in the Annamite Mountains, /
의 서식지는 울창한 산악림이다   Annamite 산맥에 있는

which run through the Lao PDR and Vietnam. // The saola is
Lao PDR(라오스)과 베트남에 걸쳐 있는   saola는 일반적으로

generally considered / the greatest animal discovery of recent times.
여겨진다   최근의 가장 위대한 동물 발견으로

// First documented in Vietnam in 1992, / it is so different / from
1992년 베트남에서 처음 기록될 때   그것은 아주 다르다   알려진

any other known species / that a separate genus had to be created for
어떠한 다른 종과도   그래서 그것을 위한 별도의 속(屬)이 만들어져야 했다

it. // The saola stays at higher elevations / during the wetter summer
saola는 더 높은 고도에 머무른다   더 습한 여름철 동안

season, / when streams at these altitudes have plenty of water, / and
그 시기는 이런 고도에서 개울에 물이 많을 때이다   그리

moves down to the lowlands in winter, / when the mountain streams
고 겨울에는 아래 저지대로 이동한다   그 시기는 산의 개울이 말라버리는 때이다

dry up. // They are said to travel / mostly in groups of two or three
그것들은 다닌다고 알려져 있다   주로 두세 마리씩 무리지어

animals. // Hunting and the loss of forest habitat / due to logging and
사냥 그리고 삼림 서식지의 감소가   벌목과 농경지 전환으로 인한

conversion to farmland / threaten its survival. //
그것의 생존을 위협한다

지문 해석

Vu Quong 소라고도 알려진 saola는 무게가 100킬로그램 정도 나가는 멸종 위기에 처한, 숲에 사는 야행성 소다. 그것의 서식지는 Annamite 산맥에 있는 울창한 산악림이며, 그 산맥은 Lao PDR(라오스)과 베트남에 걸쳐 있다. saola는 일반적으로 최근의 가장 위대한 동물 발견으로 여겨진다. 1992년 베트남에서 처음 기록될 때, 그것은 알려진 어떠한 다른 종과도 아주 달라서 그것을 위한 별도의 속(屬)이 만들어져야 했다. saola는 더 습한 여름철 동안 더 높은 고도에 머무

는데, 그 시기는 이런 고도에서 개울에 물이 많을 때이며, 겨울에는 아래 저지대로 이동하는데, 그 시기는 산의 개울이 말라버리는 때이다. 그것들은 주로 두세 마리씩 무리지어 다닌다고 알려져 있다. 사냥, 그리고 벌목과 농경지 전환으로 인한 삼림 서식지의 감소가 그것의 생존을 위협한다.

지문 구조

이 글은 Unit 04 설명 1 - 설명 2 - 요약에서 요약이 빠진 지문 구조이다. 소재에 대한 각각의 설명이 병렬식으로 나열되어 있다.

설명 1	**기본 정보(분류, 크기, 사는 곳)** saola는 숲에 사는 야행성 소로, 멸종 위기에 처해 있다. 무게가 100킬로그램이다. Annamite 산맥의 울창한 산악림에 산다.
↓	
설명 2	**특징** 1992년 베트남에서 처음 기록될 때, 알려진 어떤 다른 종과도 아주 달라서 별개 속이 만들어졌다.
↓	
설명 3	**서식 환경** 물을 찾아 여름에는 고지대에 머물고, 겨울에는 저지대로 이동한다. 이동 시에는 두세 마리씩 무리지어 다닌다.
↓	
설명 4	**문제점** 사냥, 삼림 서식지 감소로 생존을 위협받는다.

STEP BY STEP 문제 풀이

STEP ① 선택지에서 소재, 키워드 파악하기

- **소재**: saola라는 동물(소)
- **선택지 키워드**: ① 무게
　　　　　　　　 ② 베트남
　　　　　　　　 ③ 여름, 겨울
　　　　　　　　 ④ 무리지어
　　　　　　　　 ⑤ 생존이 위협

STEP ② 키워드가 속한 문장 집중해서 읽기

설명 1 기본 정보(분류, 크기, 사는 곳)

① ox weighing about 100 kilograms

설명 2 특징

② First documented in Vietnam in 1992

설명 3 서식 환경

③ stays at higher elevations ~ summer season ~
moves down to the lowlands in winter

④ travel mostly in groups of two or three animals

설명 4 문제점

⑤ Hunting and the loss of forest habitat ~ threaten its survival.

STEP ③ 일치/불일치하는 단어가 포함된 선택지 고르기

➡ ③에서 '이동'은 맞지만 이동 방향이 저지대에서 머물다가 고지대로 이동하는 것이 아니라 고지대에서 머물다가(stays at higher elevations) 저지대로 이동하는(moves down to the lowlands) 것이므로 내용이 반대이다. 따라서 ③이 불일치한다.

전략 적용

Unit 15-2 '설명 지문 구조로 예측 독해하면 된다'

선택지를 먼저 읽었다면 지문의 소재가 동물(소)임을 알 수 있다. 설명 대상이

동물일 경우 보통 기본 정보(분류, 외형 등) - 주변 정보(서식 환경, 주변 관계, 문제점 등) 순으로 내용이 전개된다. 이러한 순서와 선택지 키워드를 활용하여 지문에서 필요한 정보를 빠르게 찾아내야 한다.

구문 분석

The saola, [also **known** as the Vu Quong ox,] is an endangered, nocturnal forest-dwelling ox [**weighing** about 100 kilograms].
주어 / 동사

→ 첫 번째 [ ]는 주어 The saola를 보충 설명하는 삽입된 과거분사구로, 계속적 용법의 관계대명사절에서 앞에 which is가 생략된 형태로도 볼 수 있다. 두 번째 [ ]는 앞에 있는 ox를 수식하는 현재분사구이다.

[First documented in Vietnam in 1992], it **is** **so** different from any other known species **that** a separate genus had to be created for it.
주어 동사

→ 「분사구문+it is so ~ that절」 구조의 문장이다. [ ]는 시간(~할 때)을 나타내는 분사구문으로, documented 앞에 being이 생략되었다. 「so 형용사+that절」은 '아주 ~해서 …하다'는 의미로, that절에는 결과에 해당하는 내용이 온다.

[Hunting] **and** [the loss of forest habitat {due to logging and conversion to farmland}] threaten its survival.
주어 / 동사

→ 주어에 두 개의 명사(구) [ ]가 and로 병렬 연결되어 있다. 주어의 수가 복수이므로 동사도 복수동사(threaten)로 수 일치했다. { }는 이유를 나타내는 전치사구로 the loss ~ habitat을 수식하는 형용사 역할을 한다. due to는 '~로 인한'으로 해석된다.

문항 해설

▶ 정답 ③ 여름에는 저지대에 머물고 겨울에는 고지대로 이동한다.
글 중반부에 습한 여름철엔 고지대에 머무르고 겨울에는 저지대로 이동한다는 내용이 나오므로, 글의 내용과 일치하지 않는 것은 ③이다.

▶ 오답 피하기
①은 첫 문장의 weighing about 100 kilograms라는 내용과 일치하며 ②는 네 번째 문장에서 First documented in Vietnam in 1992라고 나와 있는 부분이다. ④는 뒷부분에서 travel mostly in groups of two or three animals라는 설명과 일치하며 ⑤는 마지막 문장의 Hunting and the loss of forest habitat ~ threaten its survival.에 설명되어 있다.

전략 적용 3 창의성을 집단 현상으로 봐야 하는 이유 정답 ⑤

첫 문장 키워드

Most people, creativity
첫 문장이 Most people로 시작하므로 '통념 - 반박' 구조일 가능성이 높다. 창의성(creativity)은 수능을 비롯한 영어 시험에 자주 등장하는 소재로, 문화나 예술, 철학과 관련된 배경지식을 많이 쌓아 두면 해당 소재를 다룬 지문을 풀 때 도움이 된다.

끊어읽기 해석

Most people are confident / that creativity is an individual
대부분의 사람들은 확신한다 / 창의성은 개인의 소유라고
possession, / not a collective phenomenon. // Despite some notable
집단 현상이 아니라 / 예술과 과학에서 몇몇 주목할 만한

①collaborations in the arts and sciences, / the most impressive acts
합작품들에도 불구하고 / 창의적 사고의 가장 인상적인 활동들은
of creative thought / — from Archimedes to Jane Austen — / appear
창의적 사고의 / Archimedes부터 Jane Austen까지 / 개인들의
to have been the products of individuals / (and often isolated and
산물이었던 것으로 보인다 / (그리고 흔히 고립되고 기이한 개인들
eccentric individuals / who reject commonly held beliefs). // I think /
일반적으로 받아들여지는 믿음을 거부하는) / 나는 생각한다
that this perception is something of an ②illusion, / however. // It
이러한 인식이 다소 착각이라고 / 하지만 / 부
cannot be denied / that the primary source of ③novelty / lies in the
정될 수 없다 / 참신함의 주요한 원천이 / 정보의 재조합에
recombination of information / within the individual brain. // But I
있다는 것은 / 개인의 뇌 속에 있는 / 그러나
suspect / that as individuals, / we would and could accomplish little /
나는 추측한다 / 개인으로서 / 우리는 거의 성취하지도 성취할 수도 없었을 것이라고
in the way of creative thinking / ④outside the context of the super-
창의적으로 사고하는 방식으로는 / 슈퍼 브레인의 맥락을 벗어나서
brain, / the integration of individual brains. // The heads of
개인 지능을 통합한 / Archimedes, Jane Austen,
Archimedes, Jane Austen, and all the other original thinkers / who
그리고 모든 다른 독창적인 사상들의 머리는 / 아프리
stretch back into the Middle Stone Age in Africa / were
카 중기 석기 시대로 거슬러 올라가는 / 다른 이
⑤disconnected with the thoughts of others / from early childhood
들의 생각과 단절되어 있었다 / 아주 어린 시절부터 계속해서
onward, / including the ideas of those long dead or unknown. // How
오래전에 죽었거나 알려지지 않은 사람들의 생각을 포함한 / 어떻게
could they have created / without the collective constructions of
그들이 창조할 수 있었겠는가 / 수학, 언어, 예술의 집단적 구성체 없이
mathematics, language, and art? //

지문 해석

창의성은 개인의 소유이지 집단 현상이 아니라고 대부분의 사람들은 확신한다. 예술과 과학에서 몇몇 주목할 만한 합작품들에도 불구하고 Archimedes부터 Jane Austen까지 창의적 사고의 가장 인상적인 활동들은 개인들(그리고 흔히 일반적으로 받아들여지는 믿음을 거부하는, 고립되고 기이한 개인들)의 산물이었던 것으로 보인다. 주제문 하지만 나는 이러한 인식이 다소 착각이라고 생각한다. 참신함의 주요한 원천이 개인의 뇌 속에 있는 정보의 재조합에 있다는 것은 부정될 수 없다. 그러나 개인으로서 우리는 개인 지능을 통합한 슈퍼 브레인의 맥락을 벗어나서 창의적으로 사고하는 방식으로는 거의 성취하지도 성취할 수도 없었을 것이라고 나는 추측한다. Archimedes, Jane Austen, 그리고 아프리카 중기 석기 시대로 거슬러 올라가는 모든 다른 독창적인 사상가들의 머리는 아주 어린 시절부터 계속해서, 오래전에 죽었거나 알려지지 않은 사람들의 생각을 포함한 다른 이들의 생각과 단절되어(→연결되어 connected) 있었다. 수학, 언어, 예술의 집단적 구성체 없이 어떻게 그들이 창조할 수 있었겠는가?

배경지식

- **아르키메데스(Archimedes):** (?-BC212) 고대 그리스의 수학자이자 물리학자이다. 액체 속 물체는 그 물체가 밖으로 밀어낸 액체 총량의 무게와 같은 힘을 받는다는 '아르키메데스의 원리'를 발견하였다.
- **제인 오스틴(Jane Austen):** (1775-1817) 18-19세기에 활동한 영국 소설가로, 『오만과 편견』의 저자이다. 주로 한적한 시골을 배경으로 젊은이들의 사랑과 결혼을 둘러싼 일상생활을 주축으로 하는 소설을 썼다. 오스틴의 작품에는 날카로운 관찰력과 간결한 표현, 풍자적인 시각이 돋보인다.

지문 구조

이 글은 Unit 02 도입 - 주제문 - 예시 - 결론에서 배운 기본 구조이다. 도입과 주제문의 내용이 상반되므로, Unit 03 통념 - 반박의 구조를 활용해서 지문을 이해할 수도 있다. 결론이 How 의문문의 형태로 제시되고 있으나, 내용을 보면 질문이 아니라 결론임을 금방 알 수 있다.

도입 (통념)	대부분의 사람들은 창의성은 개인의 소유이지 집단 현상이 아니라고 확신한다. (부연 설명) Archimedes, Jane Austen 등 가장 인상적인 창의적 활동은 개인의 산물이었던 것으로 보인다.
↓	
주제문 (반박)	하지만, 이러한 인식은 착각이다. (부연 설명) 개인 지능을 통합한 슈퍼 브레인의 맥락을 벗어나서는 성취할 수 있는 것이 거의 없다.
↓	
예시	Archimedes, Jane Austen, 다른 모든 독창적인 사상가들의 머리는 어릴 때부터 다른 사람들의 생각과 연결되어 있었다.
↓	
결론	수학, 언어, 예술의 집단적 구성체 없이 그들은 창조할 수 없었을 것이다.

STEP BY STEP 문제 풀이

STEP① 도입부에서 주제, 소재 파악하기
- **주제**: 창의성은 집단 현상이다.
- **소재**: creativity

STEP② 선택지 어휘가 속한 문장 집중해서 읽기

도입(통념)+부연 설명 대부분의 사람들은 창의성은 개인의 소유이지 집단 현상이 아니라고 확신한다.

① Despite some notable collaborations in the arts and sciences

주제문(반박)+부연 설명 하지만, 이러한 인식은 착각이다.

② this perception is something of an illusion, however

③ the primary source of novelty lies in the recombination ~ within the individual brain

④ But ~ accomplish little in the way of creative thinking outside the context of the super-brain, the integration of individual brains

예시 다른 사람들의 사고와 연결돼 있던 독창적인 사상가들

⑤ were disconnected with the thoughts of others

⑤의 disconnected(단절된)는 '개인 지능의 집대성인 슈퍼 브레인의 맥락을 벗어나서는 성취할 수 있는 게 거의 없다'는 바로 앞의 문장과 흐름이 일치하지 않는다.

STEP③ 정반대 어휘를 넣어 정답 확정하기

❖ ⑤의 disconnected(단절된) 대신 정반대의 어휘인 connected나 linked, combined(연결된)를 넣어봤을 때 의미가 통하므로 정답은 ⑤이다.

전략 적용

Unit 15-3 '어휘 유형에도 주제와 지문 구조를 활용하라'

⑤가 포함된 문장은 however 전후에 등장하는 주장(반박)의 예시에 해당한다. 그러므로 예시를 이해하기에 앞서, 반박의 내용을 먼저 이해해야 하는데, '개인 지능을 통합한 슈퍼 브레인의 맥락을 벗어나서 성취할 수 없었을 것이다'라는 말을 단번에 이해하기는 정말 어렵다.

그래서 지문 구조를 활용해야 한다. 우리는 첫 문장 'Most people'과 중반부 'however'라는 시그널을 통해 이 지문이 '통념 - 반박' 구조임을 알았다. 통념에서 '창의성이 개인의 소유'라고 언급했으므로 이것에 대한 반박은 '창의성이 집단의 소유'라는 내용이다. 따라서 사상가들의 머리가 다른 사람들의 사고와 '단절됐다'가 아니라 '연결됐다'고 해야 집단 소유를 주장하는 맥락에 일치한다.

구문 분석

[Despite some notable collaborations in the arts and sciences],

---

the most impressive acts of creative thought — from Archimedes
　　　　　　　　　　　　　　　　　　　　　　주어
to Jane Austen — appear **to have been** the products of individuals
　　　　　　　　　　　동사
(and often isolated and eccentric individuals [**who** reject commonly held beliefs]).

→ 첫 번째 [ ]는 전치사구로 주절 전체를 수식하는 부사 역할을 한다. 문장의 동사구에는 「appear + to부정사」가 쓰여 '~인 것으로 보이다'라는 의미이다. 이때 완료형 to부정사가 쓰여 동사(appear)의 시점보다 앞선 시점에 일어난 일임을 나타낸다. 두 번째 [ ]는 who가 이끄는 주격 관계대명사절로 선행사 isolated and eccentric individuals를 수식한다.

The heads [of Archimedes, Jane Austen, and all the other original
　　　　　　　　　　　　　　　　　주어
thinkers {**who** stretch back into the Middle Stone Age in Africa}]
were disconnected with the thoughts of others from early
　　　동사
childhood onward, **including** the ideas of **those** long dead or unknown.

→ 주어부의 The heads를 of 전치사구 [ ]가 수식한다. 수를 결정하는 명사가 복수(heads)이므로 동사구에도 복수형(were)이 쓰였다. { }는 all ~ thinkers를 수식하는 주격 관계대명사절이다. including은 여기서 전치사로 쓰여 '~을 포함하여'라는 뜻이 된다. 지시대명사 those는 뒤에 있는 형용사구의 수식을 받아 '~한 사람들'이라는 뜻이 된다.

문항 해설

▶ **정답 ⑤ disconnected**

'사상가들의 머리는 아주 어린 시절부터 계속해서 다른 이들의 생각과 단절되어 있었다'는 말은 창의성이 집단 현상이라는 주장과 상반되므로 해당 주장을 뒷받침하는 예시 문장에 나오기에 적절하지 않다. 따라서 문맥상 낱말의 쓰임이 적절하지 않은 것은 ⑤ disconnected(단절된)이다.

▶ **오답 피하기**

①이 포함된 문장에서 전치사 Despite는 '~에도 불구하고'라는 말로, 주절과 배치되는 내용을 이끈다. 따라서 주절의 '개인들의 산물'과 의미적으로 배치되는 collaborations(합작품)는 논리적으로 적절하다. ②는 역접 연결사 however가 문장 끝에 있으므로, 앞 문장과 상반되는 내용이어야 한다. 따라서 앞 내용을 지칭하는 this perception이 '착각', 즉 잘못되었다고 말하는 것은 문맥상 적절하다. ③ novelty(참신함)는 글의 소재인 '창의성'의 다른 표현으로 문맥상 적절하다. ④가 포함된 문장은 참신함의 주요 원천이 개인임을 부정할 수 없다는 내용 뒤에 But으로 연결된 문장이므로 슈퍼 브레인(집단 현상)의 맥락 '밖에서'는 거의 성취할 수 없다고 말하는 것은 문맥상 적절하다.

전략 적용 4　아이들을 겨냥하는 TV 광고　　정답 ②

첫 문장 키워드

programming, tends to, be aimed at children

첫 문장에서 아이들이 혼자 보는 프로그램이 아이들을 겨냥하는 '경향이 있다(tends to)'고 했다. '현상 - 문제 제기' 지문 구조에서 배웠던 현상의 시그널이다. 뒤에 현상의 문제점이나 해결책이 제시될 것을 예측할 수 있다.

끊어읽기 해석

Although [children] watch television at various times, / the
아이들은 다양한 시간에 텔레비전을 시청하지만　　　　　　　　　　　그들
programming that they view alone / tends to be specifically aimed at
이 혼자 보는 프로그램은　　　　　특히 아이들을 겨냥하는 경향이 있다

children. // In the United States particularly, / most of the advertising / during this segment / consists of ads for food, / particularly sugared food. // During the run-up to Christmas, / (A) increasing / decreasing numbers of ads concern toys and games. //
미국에서는 특히 / 광고의 대부분이 / 이러한 부문[프로그램] 중에 / 식품을 위한 광고로 구성된다 / 특히 설탕을 넣은 식품 / 크리스마스 준비 기간에는 / (A) 증가하는 / 감소하는 수의 광고가 장난감 및 게임용품과 관련된다

Such practices are believed to put pressure on parents / to yield to what the media have dubbed "pester power." // This has led to calls for legislation / to (B) promote / regulate advertising / in Europe and the United States. //
그러한 관행이 부모에게 압력을 가한다고 여겨진다 / 대중 매체가 '부모를 졸라 구매하게 하는 힘'이라고 별명 붙인 것에 굴복하라고 / 이것은 법률 제정에 대한 요구로 이어졌다 / 광고를 (B) 증진하는 / 규제하는 / 유럽과 미국에서

Indeed, / the Swedish government has outlawed television advertising / of products aimed at children under 12, / and recently in the United States, / 50 psychologists (C) rejected / signed a petition / calling for a ban / on the advertising of children's goods. //
실제로 / 스웨덴 정부는 텔레비전 광고를 불법화했다 / 12세 미만 아이들을 겨냥하는 제품의 / 그리고 최근 미국에서는 / 50명의 심리학자가 탄원서에 (C) 거부했다 / 서명했다 / 금지를 요구하는 / 아동 상품 광고의

지문 해석

아이들은 다양한 시간에 텔레비전을 시청하지만, 그들이 혼자 보는 프로그램은 특히 아이들을 겨냥하는 경향이 있다. 특히 미국에서는, 이러한 부문[프로그램] 중에 광고의 대부분이 식품, 특히 설탕을 넣은 식품을 위한 광고로 구성된다. 크리스마스 준비 기간에는, (A)증가하는 수의 광고가 장난감 및 게임용품과 관련된다. 그러한 관행이 대중 매체가 '부모를 졸라 구매하게 하는 힘'이라고 별명 붙인 것에 굴복하라고 부모들에게 압력을 가한다고 여겨진다. 이것은 유럽과 미국에서 광고를 (B)규제하는 법률 제정에 대한 요구로 이어졌다. 실제로 스웨덴 정부는 12세 미만 아이들을 겨냥하는 제품의 텔레비전 광고를 불법화했고, 최근 미국에서는 50명의 심리학자가 아동 상품 광고의 금지를 요구하는 탄원서에 (C)서명했다.

지문 구조

이 글은 '현상 - 예시 - 문제 제기 - 해결책 - 예시' 구조로, Unit 05 현상 - 문제 제기 - 해결책에서 현상과 해결책에 대한 예시가 각각 추가된 지문 구조이다.

현상 ↓	아이들이 혼자 보는 프로그램은 아이들을 겨냥하는 경향이 있다.
예시 ↓	1) 이러한 프로그램 중에 광고는 대부분 설탕을 넣은 식품 광고로 구성된다. 2) 크리스마스 준비 기간에는 장난감 및 게임용품 광고가 증가한다.
문제 제기 ↓	부모들에게 상품을 사주도록 압력을 가한다고 여겨진다.
해결책 ↓	유럽, 미국에서는 광고를 규제하는 입법 요구로 이어졌다.
예시	1) 스웨덴: 12세 미만 아이들을 겨냥하는 제품 TV 광고의 불법화 2) 미국: 50명의 심리학자가 아동 상품 광고 금지를 요구하는 탄원서에 서명함

STEP BY STEP 문제 풀이

STEP 1 도입부에서 주제, 소재 파악하기
- **주제**: 아이들을 겨냥하는 텔레비전 프로그램과 광고가 있다.
- **소재**: advertising(→ads), children

STEP 2 선택지 어휘가 속한 문장 집중해서 읽기
현상+예시 아이들을 겨냥하는 프로그램 광고의 특징과 예시

(A) increasing / decreasing numbers of ads concern toys and games

문제 제기+해결책+예시 이러한 광고의 문제점, 해결책, 예시

(B) calls for legislation to promote / regulate advertising

(C) 50 psychologists rejected / signed a petition calling for a ban on the advertising of children's goods

주제와 지문 구조를 고려할 때 (A) increasing, (B) regulate, (C) signed가 문맥에 더 적절하다.

STEP 3 정반대 어휘를 넣어 정답 확정하기
(A) **증가하는** / 감소하는 　(B) 증진하다 / **규제하다**
(C) 거부했다 / **서명했다**

↻ 각 보기의 상반되는 두 단어 중 decreasing, promote, rejected를 넣었을 때 각각의 문장이 의미가 통하지 않는다. 따라서 increasing, regulate, signed가 문맥상 적절하므로 정답은 ②이다.

전략 적용

Unit 15-4 '처음 보는 반의어, 혼동어는 어원으로 추론한다'

(A)에서 increasing은 increase에서 파생된 말로, in은 '안으로', crea(se)는 '자라다'라는 의미이다. 안으로 자꾸 집어넣어서 자란다(커진다)는 뜻이니 '증가하는' 것을 의미한다. 반면 de는 '아래로'라는 뜻이니 decrease는 아래로 자라는 것, 즉 '감소하는' 것이다. 크리스마스 준비 기간에는 장난감 및 게임용품 광고의 수가 '증가한다'고 해야 내용상 적절하다.

(B)에서 promote의 pro는 '앞으로', mote는 '움직이다'라는 뜻. 어떤 일을 '앞으로' '움직이게' 하는 것은 더 잘 되도록 '홍보하다, 증진하다'라는 의미가 된다. regulate의 경우 regul이 '통치하다', ate가 '~하게 하다'니까, 통치가 되게 하다, 즉 '규제하다'라는 의미가 된다. 아이들을 겨냥하는 광고의 문제점 뒤에 이어지는 해결책이니 그러한 광고를 '규제한다'고 해야 문맥상 적절하다.

(C)에서 reject의 re는 '뒤로'라는 의미이고 ject는 '던지다'라는 의미. 뒤로 던지는 것은 다시 돌려보내는 것, 즉 '거절하다'가 되며, sign은 단어 자체가 '표시'라는 어원에서 온 말로, 청원서에 표시를 한다는 것은 자신의 이름으로 표시하는 것 즉, '서명한다'는 의미가 된다. 앞에서 광고를 불법화했다는 내용이 나오므로, 금지를 요구하는 탄원서에 '서명했다'고 해야 흐름이 이어진다.

구문 분석

[**Although** children watch television at various times], the programming [**that** they view alone] **tends to be** specifically **aimed** at children
　　　　　　　　　　　　　　　주어　　　　　　　동사

→ 첫 번째 [ ]는 접속사 Although(~이긴 하지만)가 이끄는 양보 부사절이다. 두 번째 [ ]는 선행사 the programming을 수식하는 목적격 관계대명사절로 that은 목적격 관계대명사이다. 「tend+to부정사」는 '~하는 경향이 있다'라는 뜻이다. 주어 the programming이 스스로 겨냥하는 것이 아니라 사람들에 의해 겨냥되는 것이므로 수동태 to부정사(to be aimed)가 쓰였다.

Such practices are believed to put pressure on parents [**to yield** to
　주어　　　　　　동사
{**what** the media have dubbed "pester power."}]

→ [ ]는 부사적 용법의 to부정사구로 '~하기 위해서'라는 목적을 나타낸다. { }는 선행사를 포함하는 관계대명사 what이 이끄는 명사절로, 관계대명사절 자체가 전치사 to의 목적어 역할을 한다. 관계대명사절에서 media는 복수형 명사로 뒤에 복수동사(have)가 온다.

▶정답 ②   increasing …… regulate …… signed

(A)는 크리스마스 준비 기간에 장난감 및 게임용품 관련 광고의 수가 '증가한다'
고 해야 내용상 적절하다. (B)는 아이들을 겨냥하는 광고의 문제점을 간접적으로
말한 이후에 나오는 해결책에 해당하므로, 그러한 광고를 '규제한다'고 해야 내용
상 적절하다. (C)는 앞에서 말한 해결책의 예시에 해당하는 부분으로 미국에서
아동 상품 광고 금지를 요구하는 탄원서에 '서명했다'고 해야 내용상 적절하다.
따라서 문맥에 맞는 낱말로 가장 적절한 것은 ②이다.

▶오답 피하기

decreasing은 '감소하는'이라는 의미이며 promote는 '증진하다, 장려하다',
reject는 '거절하다, 거부하다'라는 의미이다. 이들 단어를 넣었을 때 각각의 문장
이 문맥에 맞지 않으므로 ①, ③, ④, ⑤는 정답이 될 수 없다.

UNIT 16   자료를 예리하게 분석하라

정답 체크	예제	1 ④ 2 ⑤ 3 ④ 4 ③
	전략 적용 문제	1 ④ 2 ④ 3 ③ 4 ③

예제 1   도서전 안내문   정답 ④

지문 해석

> **제16회 Springvale 도서 축제**
> 6월 4일 토요일, 오전 10시 - 오후 5시
> Springvale 공립 도서관
> (위스콘신 주, Springvale, Main Street 4536)
>
> 달력에 제16회 Springvale 도서 축제를 표시하세요. 이것은 국내 '최고의'
> 작가들을 만나보고 그들의 작품에 대해 토론할 엄청난 기회입니다.
> 작가들은 오후 2시에서 오후 4시까지 2층에 있는 대강당에서 강연할 것입니다.
> **주목하세요**: 작가들은 로비에서 책에 사인할 예정이니, 개인 책을 가지고
> 오시거나, 아니면 현장에서 책을 사실 수도 있습니다.
> 우리 웹 사이트(www.spvbf.org)에서 축제 앱을 내려 받음으로써 여러분
> 의 중요한 날을 최대한 활용하세요. 그것은 모든 행사와 위치에 관한 완전한
> 목록, 지도, 그리고 소셜 미디어를 통해 그것 모두를 공유할 방법을 특별히 포
> 함합니다.
> *모든 프로그램은 '무료'입니다!*
> 축제에 관한 더 많은 정보를 위해서 우리 웹 사이트를 방문해 주세요.

지문 구조

이 글은 도입에서 간략하게 행사를 소개한 후, 본론에서 행사 세부 내용을 자세
히 설명하는 구조의 안내문이다.

도입 ↓	행사명, 일시, 장소 소개
본론 (세부 사항)	1) 작가 강연 2) 사인회 개최 3) 행사 앱 내려 받을 경로 4) 입장료

구문 분석

> Authors will be signing books in the lobby, **so** please bring your
> 주어1 ___ 동사1 ___ 동사2(명령문 주어 생략)
> own personal copies **or** you can purchase books on site.
> 주어3 ___ 동사3

→ 등위접속사 so, or로 세 개의 절이 대등하게 연결되어 있다. 두 번째 절은 명령
문으로 bring 앞에 주어 you가 생략되었다. 「명령문+or+주어+동사」는 '~하라
그렇지 않으면 …하다'라는 의미이다.

> It features [a complete list of all events & locations], [maps], **and**
> 주어 동사
> [ways {to share it all via social media}].

→ 동사 features의 목적어인 세 개의 명사(구) [ ]가 콤마(,)와 and로 병렬 연결
되어 있다. { }는 ways를 수식하는 형용사적 용법의 to부정사구이다.

문항 해설

▶정답 ④   웹 사이트에서 행사 정보 앱(app)을 내려 받을 수 있다.

안내문 뒷부분에 행사와 위치 목록, 장소, 지도 등 다양한 정보를 담은 앱을 웹 사이트에서 내려 받으라고 밝혔다. 따라서 내용과 일치하는 것은 ④이다.

▶오답 피하기
①은 제목 아랫줄에 6월 4일 토요일이라고 나와 있으므로 단 하루 행사임을 알 수 있다. ②는 안내문에서 작가들이 오후 2-4시에 강연할 것이라고 한 것과 일치하지 않는다. ③은 참여자 개인 책을 가지고 오거나 현장에서 구매할 수 있다고 한 부분과 일치하지 않는다. ⑤는 안내문 끝에서 둘째 줄에 모든 프로그램이 무료라고 밝혔으므로 정답이 될 수 없다.

예제 2 연례 시 행사 안내문   정답 ⑤

지문 해석

> **공원에서 시를**
> 10월 13일 토요일, 오전 11시 - 오후 6시
> 이제 여섯 번째 해인 이 연례 축제는 Riverside 공립 도서관의 후원으로 개최됩니다.
>
> ◈ **시 워크숍**
> • 저명한 시인들을 만나 그들의 시에 대해 이야기 나누세요.
>   Jane Kenny(오전 11시 30분), Michael Weil(오후 12시 30분)
> • 당신의 감정을 시적으로 표현하는 방법을 배우세요.
>
> ◈ **시 콘테스트**
> • 올해 콘테스트의 주제는 '도착과 출발'입니다.
> • 한 참가자당 시 한 편만 (제출)
> • 오후 3시 마감
> • 수상자는 현장에서 당일 오후 5시에 발표될 것입니다.
> 축제에 대한 질문을 위해서
> 저희 웹 사이트 www.poetryinthepark.org로 방문해주세요.

지문 구조
이 글은 도입에서 행사 개요를 제시한 후, 본론에서 행사의 구체적인 내용을 알려주는 행사 안내문이다.

도입 ↓ 본론 (세부 사항)	행사명, 일시, 후원 단체 소개 1) 시 워크숍 - 참여 작가, 시간, 내용 2) 시 콘테스트 - 주제, 참가 조건(작품 수, 마감 기한), 수상자 발표 일시

구문 분석

> Learn [how to express your feelings poetically].
> 동사(명령문 주어 생략)

→ 동사로 시작하는 명령문이다. [ ]는 「의문사 how + to부정사」 구조로 이루어진 to부정사구로, 명사적 용법으로 쓰였다. 여기서는 동사 learn의 목적어 역할을 하며, '~하는 방법, 어떻게 ~해야 할지'라는 의미이다.

문항 해설
▶정답 ⑤ 행사 다음 날 오전에 콘테스트의 수상자를 발표한다.
시 콘테스트 항목 중 마지막 줄에 수상자는 당일 현장에서 발표한다고 했다. 따라서 내용과 일치하지 않는 것은 ⑤이다.

▶오답 피하기
①은 첫 문장에서 안내하고 있는 행사가 연례 행사이며, 이번이 여섯 번째라고 한 부분에서 확인할 수 있다. ②는 시 워크숍 항목 중 첫 줄에 저명한 시인들을 만나 그들의 시에 관해 이야기 나누는 행사임을 밝혔다. ③ 역시 시 워크숍 항목에서 감정을 시적으로 표현하는 방법을 배운다고 안내하였다. ④는 시 콘테스트 항목 둘째 줄에 한 참가자당 한 작품이라고 되어 있다. 따라서 모두 지문의 내용과 일치한다.

예제 3 중국, 인도, 세계의 스마트폰 평균 가격 비교   정답 ④

지문 해석
위의 그래프는 2010년에서 2015년 사이의 중국과 인도의 스마트폰 평균 가격을 같은 기간의 세계 스마트폰 평균 가격과 비교하여 보여준다. ① 세계 스마트폰 평균 가격은 2010년에서 2015년까지 하락했지만, 여전히 셋 중에 가장 높게 유지되었다. ② 중국의 스마트폰 평균 가격은 2010년에서 2013년 사이에 떨어졌다. ③ 인도의 스마트폰 평균 가격은 2011년에 정점에 이르렀다. ④ 2013년부터 중국의 스마트폰 평균 가격이 하락(→상승)하고 인도 것은 상승(→하락)하면서 중국과 인도는 정반대 길을 걸었다. ⑤ 세계 스마트폰 평균 가격과 중국에서의 스마트폰 평균 가격 사이의 차이는 2015년에 가장 작았다.

지문 구조
이 글은 '도입 - 설명 1 - 설명 2 - 설명 3' 구조로, Unit 04에서 배운 기본 구조에서 요약이 생략되고 앞에 도입이 추가되었다.

도입	스마트폰 평균 가격을 나타내는 그래프 소개
↓ 설명 1	세계 스마트폰 평균 가격 변동 추이
↓ 설명 2	중국과 인도의 스마트폰 평균 가격 비교
↓ 설명 3	세계와 중국의 스마트폰 평균 가격 차이

구문 분석

> The above graph shows the smartphone average prices in China
>   주어   동사
> and India between 2010 and 2015, [**compared with** the global
> smartphone average price during the same period].

→ [ ]는 분사구문으로 compared 앞에 being이 생략되었다. compared with는 '~와 비교하여'라는 뜻이다.

> From 2013, China and India took opposite paths, [with {China's
>   주어   동사
> smartphone average price} **going** down **and** {India's} **going** up].

→ [ ]는 「with + 목적어 + V-ing」 구조로 이루어진 분사구문이다. '~이 …하면서/…한 채로'라는 의미로 부대 상황을 나타낸다. with에 연결되는 두 개의 목적어 { }가 각각 현재분사(V-ing)를 동반하여 and로 병렬 연결되어 있다.

문항 해설

▶정답 ④ From 2013, China and India took opposite paths, with China's smartphone average price going down and India's going up.
도표를 보면 2013년부터 중국은 평균 가격 선이 계속 상승하는 반면 인도는 하락을 보인다. 따라서 중국의 스마트폰 평균 가격은 하락하고 인도는 상승한다는 지문 설명은 도표와 일치하지 않는다.

▶오답 피하기
①은 도표에서 세계 스마트폰 평균 가격을 나타내는 맨 위 선이 2010-2015년 계속 아래를 향하는 동시에 다른 비교 대상 선보다 위에 있는 것을 통해 확인할 수 있다. ②는 중국을 나타내는 중간 선이 2010년에서 2013년 사이에 계속 하락 추세이므로 도표와 일치한다. ③은 인도를 나타내는 맨 아래 선이 2011년에 제일 높은 위치에 있으므로 맞는 표현이다. ⑤는 도표에서 맨 위 선과 중간 선의 차이가 가장 좁혀진 때가 2015년이므로 지문의 내용과 일치한다.

예제 4 5개국의 2030년 출생 시 기대 여명 비교　　정답 ③

지문 해석
위 표는 선택된 5개 국가의 2030년 출생 시 기대 여명을 보여준다. ① 선택된 5개국 각각에서, 여성의 기대 여명이 남성의 것보다 더 높을 것으로 예측된다. ② 여성의 경우 대한민국의 기대 여명이 5개국 중에서 가장 높을 것으로 예상되며, 그다음은 오스트리아의 기대 여명이다. ③ 남성의 경우는 대한민국과 싱가포르(→스웨덴)가 5개국의 기대 여명에서 각각 첫 번째와 두 번째로 가장 높은 순위에 오를 것이다. ④ 슬로바키아 여성과 남성 둘 다 5개국 중에서 각각 82.92년과 76.98년으로 성별로 가장 낮은 기대 여명을 가질 것이다. ⑤ 5개국 중에서, 남성과 여성 사이의 기대 여명에서 가장 큰 차이는 6.75년인데, 대한민국에서 발견될 것으로 예측되며, 가장 작은 차이는 3.46년이고 스웨덴에서 발견될 것으로 예측된다.

배경지식
· **기대 여명(life expectancy):** 기대 수명, 평균 여명이라고도 한다. 특정 연령대에 속한 사람이 앞으로 몇 세까지 살 수 있는지 예상한 수치이다. 기대 여명은 보건/의료 정책 수립, 인명 피해 보상비 산정 등 다양한 곳에 활용되며, 평균 기대 여명이 높을수록 국민의 건강 수준과 인적 자본의 질이 높다는 것을 의미한다.

지문 구조
이 글은 '도입 - 설명 1 - 설명 2 - 설명 3 - 설명 4 - 설명 5' 구조이다. 설명이 나열되는 구조는 Unit 04 설명 1 - 설명 2 - 요약에서 학습하였다.

도입 ↓	5개국의 2030년 출생 시 기대 여명을 나타낸 표 소개
설명 1 ↓	5개국 모두, 여성의 기대 여명이 남성보다 더 높음
설명 2 ↓	여성의 경우, 대한민국 여성의 기대 여명이 가장 높고, 그다음은 오스트리아
설명 3 ↓	남성의 경우, 대한민국 - 싱가포르 순으로 기대 여명이 가장 높음
설명 4 ↓	슬로바키아 여성과 남성의 기대 여명이 5개국 중 가장 낮음
설명 5	여성과 남성 간 차이가 가장 큰 곳은 대한민국, 가장 작은 곳은 스웨덴

구문 분석

In each of the five selected countries, it is predicted [**that** the life
　　　　　　　　　　　　　　　가주어　동사　　　진주어
expectancy of women will be **higher than that** of men].

→ 가주어 - 진주어 구문이 쓰였다. [ ]로 표시된 부분이 진주어인 that절이다.

that절에서 보어 자리에는 형용사의 비교급이 쓰여 「비교급(higher)+than」 형태로 비교 대상을 함께 표시했다. than 뒤의 that은 앞에 나온 명사 the life expectancy를 가리키는 대명사이다. 이처럼 하나의 절 안에서 반복되는 명사는 that/those로 받는다.

Among the five countries, the largest difference in life
　　　　　　　　　　　　　　주어1
expectancy between women and men is 6.75 years, [predicted to
　　　　　　　　　　　　　　　　　동사1
be found in the Republic of Korea], **and** the smallest difference
　　　　　　　　　　　　　　　　　　　　　　주어2
is 3.46 years, [in Sweden].
동사2

→ 두 개의 절이 and로 병렬 연결되었다. 첫 번째 [ ]는 앞 절에 연결되는 분사구문으로, 과거분사 predicted 앞에 being이 생략되었다. 두 번째 절에서 the smallest difference 뒤에는 반복되는 in life expectancy between women and men이 생략되었다. 두 번째 [ ]는 and 뒤에 나오는 절에 연결된 전치사구로 in 앞에는 predicted to be found가 생략되었다.

문항 해설

▶**정답 ③** As for men, the Republic of Korea and Singapore will rank the first and the second highest, respectively, in life expectancy in the five countries.
표를 보면 남자의 기대 여명에서는 대한민국이 1위, 스웨덴이 2위를 차지했다. 따라서 싱가포르가 2위를 차지할 것이라고 설명한 ③은 표와 일치하지 않는다.

▶오답 피하기
표를 보면 가로는 국가(왼쪽부터 대한민국 - 오스트리아 - 스웨덴 - 싱가포르 - 슬로바키아 순서), 세로는 성별이다. 표와 선택지를 대조해보니 ①은 5개국 모두 여성이 남성보다 수치가 높고, ②는 대한민국의 경우 남녀 모두 5개국에서 가장 높은 수치이며, ④ 역시 슬로바키아는 남녀 모두 가장 낮은 수치를 보이므로 표와 내용이 일치한다. 표의 제일 아래 행은 여성과 남성의 기대 여명 차이를 나타내는데 대한민국과 스웨덴의 수치는 각각 6.75, 3.46이므로 ⑤도 표와 내용이 일치한다.

전략 적용 1　무선 충전 패드 사용 설명서　　　정답 ④

charging pad

무선 충전 패드의 사용법을 안내하는 글이다. 관련된 세부 사항이 이어질 것이다.

끊어읽기 해석

Wireless Charging Pad
무선 충전 패드
- Instructions -
사용 안내

Wireless Smartphone Charging:
무선 스마트폰 충전:

1. Connect the charging pad / to a power source. //
충전 패드를 연결하세요　전원에

2. Place your smartphone / on the charging pad / with the display
당신의 스마트폰을 놓으세요　충전 패드 위에　화면을 위로 향하게 해서
facing up. //

3. Place your smartphone / on the center of the charging pad / (or it
당신의 스마트폰을 놓으세요　충전 패드의 중앙에　(그렇지
will not charge). //
않으면 그것은 충전되지 않을 것입니다)

Charge Status LED:
충전 상태 LED

• Blue Light: / Your smartphone is charging. // If there's a problem, /
파란 빛　당신의 스마트폰이 충전되는 중입니다　문제가 있으면
the blue light will flash. //
파란 빛이 깜박일 것입니다

• White Light: / Your smartphone is fully charged. //
흰 빛　당신의 스마트폰이 완전히 충전된 것입니다

Caution:
주의 사항

• Do not place anything / between your smartphone and the charging
어떤 것도 놓지 마세요　당신의 스마트폰과 충전 패드 사이에
pad / while charging. //
충전하는 동안에는

• The charging pad is not water-resistant. // Keep it dry. //
충전 패드는 방수가 안 됩니다　그것을 건조하게 유지하세요

지문 해석

무선 충전 패드

- 사용 안내 -

무선 스마트폰 충전:

1. 충전 패드를 전원에 연결하세요.

2. 당신의 스마트폰을 화면을 위로 향하게 해서 충전 패드 위에 놓으세요.

3. 당신의 스마트폰을 충전 패드의 중앙에 놓으세요(그렇지 않으면 그것은 충전되지 않을 것입니다).

충전 상태 LED:

• 파란 빛: 당신의 스마트폰이 충전되는 중입니다. 문제가 있으면 파란 빛이 깜박일 것입니다.

• 흰 빛: 당신의 스마트폰이 완전히 충전된 것입니다.

주의 사항:

• 충전하는 동안에는 당신의 스마트폰과 충전 패드 사이에 어떤 것도 놓지 마세요.

• 충전 패드는 방수가 안 됩니다. 그것을 건조하게 유지하세요.

• **LED(Light Emitting Diode):** '빛을 내는 다이오드(반도체 소자)'라는 뜻으로 발광 다이오드라고도 한다. 다이오드에 전류가 흐르면 전자들이 한 쪽에서 다른 쪽으로 이동하게 되며, 이 과정에서 빛이 발생한다. 발열량과 전력 소비량 측면에서 효율이 뛰어나 TV, 스마트폰 액정 같은 영상 표시 장치와 조명 장치에 널리 활용된다.

지문 구조

이 글은 '설명 1 - 설명 2 - 설명 3' 구조이다. 설명이 나열되다가 마지막에 요약 없이 마무리된다.

설명 1	무선 스마트폰 충전법
↓	
설명2	LED 불빛 색깔에 따른 충전 상태
↓	
설명 3	주의 사항

STEP BY STEP 문제 풀이

STEP ❶ 제목과 첫 문장 확인하기

• **소재**: 무선 충전 패드

STEP ❷ 선택지 분석하기

• **확인해야 할 항목**: ① 스마트폰 화면을 두는 방향
② 스마트폰을 두어야 하는 위치
③ 흰 빛이 의미하는 충전 상태
④ 스마트폰과 충전 패드 접촉 시 주의 사항
⑤ 충전 패드 방수 여부

STEP ❸ 선택지 내용과 지문 대조하기

① 스마트폰의 화면을 아래로 향하게 두어야 한다.
　≠ with the display facing up

② 스마트폰을 충전 패드 중앙에 놓지 않아도 된다.
　≠ on the center of the charging pad

③ LED 빛이 흰색이면 스마트폰이 완전히 충전되지 않은 것이다.
　≠ White Light: Your smartphone is fully charged

④ 스마트폰과 충전 패드 사이에 어떤 것도 놓지 않아야 한다.
　= Do not place anything between your smartphone and the charging pad

⑤ 충전 패드는 방수가 된다.
　≠ not water-resistant

❍ 지문과 일치하는 선택지는 ④ '스마트폰과 충전 패드 사이에 어떤 것도 놓지 않아야 한다'이다.

전략 적용

Unit 16-1 '선택지만 읽어도 실용문 흐름 파악 완료다'

이 글은 제품의 사용 설명서이다. 선택지 속 키워드를 살펴보면 설명서에 등장할 정보 순서를 대략적으로 알 수 있다. 먼저 스마트폰 화면의 방향(①)에 대한 설명이 오고 스마트폰을 두는 위치(②), LED 불빛 색깔이 나타내는 충전 상태(③), 스마트폰과 패드 사이에 대한 설명(④), 그리고 충전 패드의 방수 여부에 대한 설명(⑤)으로 지문이 이어질 것을 알 수 있다.

구문 분석

Place your smartphone on the charging pad [**with** the display
동사 (명령문 주어 생략)
facing up].

→ [ ]는 「with + 목적어 + V-ing」 구조로 이루어진 분사구문이다. '~이 …한 채로' 라는 의미이다. 목적어와 분사의 관계가 능동이므로 현재분사(facing)가 왔다.

> Do not place anything [**between** your smartphone **and** the 동사 (명령문 주어 생략)
> charging pad] [**while** charging].

→ 첫 번째 [ ]는 위치를 나타내는 전치사구로 「between A and B」 구조이다. 두 번째 [ ]는 동시 상황을 나타내는 분사구문으로 '~하는 동안에'라는 의미이다. 접속사 while이 생략되지 않아 의미를 명확히 나타낸다.

문항 해설

▶ 정답 ④ 스마트폰과 충전 패드 사이에 어떤 것도 놓지 않아야 한다.

설명서의 내용과 일치하는 것을 고르는 문제이다. '주의 사항' 항목에서 충전하는 동안 스마트폰과 충전 패드 사이에 어떤 것도 놓지 말라고 하였으므로 정답은 ④이다.

▶ 오답 피하기

①은 '무선 스마트폰 충전' 항목 2번에서 화면을 위로 향하게 두라고 나와 있고 ②는 같은 항목 3번에 스마트폰을 충전 패드 중앙에 두라고 하였다. ③은 '충전 상태 LED' 항목에 흰 빛은 스마트폰이 완전히 충전되었음을 나타낸다고 설명되어 있고, ⑤는 맨 아랫줄에 충전 패드가 방수되지 않는다는 내용이 나와 있다.

전략 적용 2 스포츠 센터 이름 공고문   정답 ④

첫 문장 키워드

brand-new sports center, don't have a name

새 스포츠 센터에 맞는 이름이 없다고 했으므로, 이름 짓기 공모에 대한 세부 내용이 나올 것이다.

끊어읽기 해석

Name Our Sports Center! //
우리 스포츠 센터의 이름을 지어 주세요

The grand opening / of our brand-new sports center / is on
성대한 개장이   우리의 완전히 새로운 스포츠 센터의   11월 30

November 30th, / but we still don't have a name! // Please take this
일에 있습니다   하지만 우리는 아직도 이름을 갖고 있지 않습니다   부디 이 기회를 잡으십시

opportunity / to be part of Watford Community history, / and help us
오   Watford 커뮤니티 역사의 일부가 되는   그리고 우리가 그

name it! //
것의 이름을 짓도록 도와주십시오

Entry Submission
응모작 제출

• September 1st–30th / on our website (www.watfordcc.org) //
9월 1일부터 30일까지   우리 웹사이트(www.watfordcc.org)에서

The three best entries will be selected / by the Watford volunteer
세 개의 최우수 응모작이 선정될 것입니다   Watford 자원봉사단에 의해서

group / and will be made available online / for voting to decide the
그룹   그리고 온라인에서 열람 가능하게 될 것입니다 승리자를 결정하기 위한 투표를 할 수

winner. //
있도록

Vote
투표

• October 15th–31st / on our website //
10월 15일부터 31일까지   우리 웹사이트에서

Winner Announcement
우승자 발표

• November 3rd / on our website //
11월 3일   우리 웹사이트에서

• Prize: a one-year sports center membership //
상품   스포츠 센터 1년 회원권

We're looking for / the most dynamic and fun names, / so get your
우리는 찾고 있습니다   가장 역동적이고 재미있는 이름들을   그러니 여러분의

entries in / now! //
응모작을 제출하십시오   지금

Watford Community Council //
Watford 커뮤니티 위원회

지문 해석

> **우리 스포츠 센터의 이름을 지어 주세요!**
>
> 우리의 완전히 새로운 스포츠 센터의 성대한 개장이 11월 30일에 있지만, 우리는 아직도 이름을 갖고 있지 않습니다! Watford 커뮤니티 역사의 일부가 되는 이 기회를 잡으셔서 우리가 그것의 이름을 짓도록 도와주십시오!
>
> **응모작 제출**
> • 우리 웹사이트(www.watfordcc.org)에서 9월 1일부터 30일까지
> Watford 자원봉사단에 의해서 세 개의 최우수 응모작이 선정되며 우승자를 결정하기 위한 투표를 할 수 있도록 온라인에서 열람 가능하게 될 것입니다.
>
> **투표**
> • 우리 웹사이트에서 10월 15일부터 31일까지
>
> **우승자 발표**
> • 우리 웹사이트에서 11월 3일에
> • 상품: 스포츠 센터 1년 회원권
> 우리는 가장 역동적이고 재미있는 이름들을 찾고 있으니, 지금 여러분의 응모작을 제출하십시오!
> Watford 커뮤니티 위원회

지문 구조

이 글은 '도입 - 설명 1 - 설명 2 - 설명 3 - 결말' 구조로, Unit 04에서 배웠던 설명 1 - 설명 2 - 요약 지문 구조에서 설명 앞에 짧은 소개글(도입)이 추가되었고, 요약 대신 안내문을 마무리하는 결말이 들어갔다.

도입	지역 스포츠 센터 이름 공모 취지 소개
↓	
설명 1	응모작 제출 방법
↓	
설명 2	최우수 응모작 투표 기간, 장소
↓	
설명 3	우승자 발표일, 장소, 상품
↓	
결말	공모 독려

STEP BY STEP 문제 풀이

STEP ❶ 제목과 첫 문장 확인하기
• 소재: 스포츠 센터 이름 공모

STEP ❷ 선택지 분석하기
• 확인해야 할 항목: ① 스포츠 센터 개장일
                  ② 응모작 제출처
                  ③ 투표 대상
                  ④ 투표 기간, 장소
                  ⑤ 우승 상품

STEP ❸ 선택지 내용과 지문 대조하기
① 스포츠센터 개장일은 11월 30일이다.
  = The grand opening ~ is on November 30th.
② 응모작 제출은 웹사이트에서 진행된다.
  = (Entry Submission) on our website

③ 최상위 응모작 세 개가 온라인 투표 대상이 된다.

= The three best entries, ~ available online for voting

④ 투표는 두 달 동안 웹사이트에서 진행된다.

≠ (Vote) October 15th-31st

⑤ 우승 상품은 스포츠센터 1년 회원권이다.

= Prize: a one-year sports center membership

○ 지문과 일치하지 않는 선택지 ④ '투표는 두 달 동안 웹사이트에서 진행된다.'
가 정답이다.

전략 적용

Unit 16-2 '실용문 구성 항목은 정해져 있다'

이 글은 스포츠 센터 이름을 지어달라는 공고문이다. 공고문에 나올 법한 내용
은 공모 내용, 공모 취지, 공모 기간, 응모 방법, 응모작 선정에 따른 특전(상금,
상품 등) 등이 있다. 이 글에서는 '공모 취지 - 응모작 제출 - 투표 - 우승자 발표
- 공모 독려' 순으로 구성되었다.

구문 분석

Please <u>take</u> this opportunity [to be part of Watford Community
　　　동사1 (명령문 주어 생략)
history], **and help** us **name** it!
　　　　　　동사2

→ 명령문으로 주어는 생략되고, 동사 자리에는 동사원형이 왔다. 두 개의 동사구
가 and로 병렬 연결되었다. [ ]는 형용사적 용법으로 쓰인 to부정사구로, 앞에
있는 명사 opportunity를 수식한다. and 이후에는 「help+목적어+목적격보어
(동사원형)」 구조가 쓰여 '~을 …하도록 돕다'라는 의미가 된다.

The three best entries <u>will be selected</u> by the Watford volunteer
　　주어　　　　　　　　동사1
group **and** <u>will be made</u> available online [for voting {to decide
　　　　　　　동사2
the winner}].

→ 수동태 문장에서 두 개의 동사구가 and로 병렬 연결되었다. [ ]는 for 전치사
구(~을 위하여)로, 전치사의 목적어로 동명사구(voting ~ winner)가 왔다. { }는
voting을 수식하는 to부정사구이다.

문항 해설

▶정답 ④ **투표는 두 달 동안 웹사이트에서 진행된다.**

투표 항목에서 October 15th-31st on our website를 보면 투표 기간이 두 달
이 아니라 10월 15일에서 31일까지이다. 따라서 내용이 일치하지 않는 것은 ④이
다.

▶**오답 피하기**

①은 첫 문장에 스포츠 센터의 성대한 개장이 11월 30일이라고 나와 있다. ②는
'응모작 제출' 항목에 웹사이트 제출을 명시해 두었고, ③은 같은 항목에서 세 개
의 최우수 항목을 선정한다는 내용이 나왔으며, 아래의 '투표' 항목에서 그 장소
가 웹사이트라고 밝혔다. ⑤는 '우승자 발표' 항목에 스포츠 센터 1년 회원권이 상
품이라고 하였다.

전략 적용 3　검색 엔진을 사용해 얻은 정보에 대한 인식　정답 ③

첫 문장 키워드

information, search engines, accurate or trustworthy

검색 엔진에서 발견한 정보의 정확성, 신뢰성을 비교하는 도표이다. 응답자의 응
답 비율과 응답 내용을 비교하는 글이 뒤에 올 것이다.

끊어읽기 해석

The two pie charts above show / how much of the information found
위 두 개의 원그래프는 보여준다　　　　검색 엔진을 사용해서 발견된 정보 중 얼마나 많은 양이
using search engines / is considered to be accurate or trustworthy /
정확하거나 신뢰할 만하다고 여겨지는지를
by two groups of respondents (AP & NWP teachers and U.S. adult
두 집단의 응답자들(AP와 NWP 교사들 및 미국 성인 검색 사용자들)에 의해
search users) / in 2012. // ① As for AP & NWP teachers, / five
2012년에　　　　　　　AP와 NWP 교사들의 경우　　　　　5퍼센
percent say / that "All / Almost all" of the information found using
트가 말한다　　검색 엔진을 사용해서 발견된 정보 중 '모두 / 거의 모두'가
search engines / is accurate or trustworthy, / while 28 percent of
정확하거나 신뢰할 만하다고　　　　반면에 미국 성인 검색 사용자들
U.S. adult search users / say the same. // ② The largest percentage /
의 28퍼센트가　　　　동일한 것을 말한다　　가장 큰 비율은
of both AP & NWP teachers and U.S. adult search users / answer /
AP와 NWP 교사들 및 미국 성인 검색 사용자들 둘 다의　　　　응답한다
that "Most" of the information is accurate or trustworthy. // ③ In
정보의 '대부분'이 정확하거나 신뢰할 만하다고　　　　　게
addition, / 40 percent of AP & NWP teachers say / that "Some" of
다가　　AP와 NWP 교사들의 40퍼센트가 말한다　그 정보의 '일부'가 정확
the information is accurate or trustworthy, / and more than 30
하거나 신뢰할 만하다고　　　　그리고 미국 성인 검색 사용자
percent of U.S. adult search users / respond the same. // ④ U.S.
들의 30퍼센트보다 많은 수가　　동일한 것을 응답한다　　미국 성
adult search users / saying that "Very little / None" of the
인 검색 사용자들은　　검색 엔진을 사용해서 발견된 정보 중 '매우 적은 양 / 없음'이 정확하거
information found using search engines is accurate or trustworthy /
나 신뢰할 만하다고 말하는
account for less than five percent. // ⑤ The percentage of U.S. adult
5퍼센트 미만을 차지한다　　　　미국 성인 검색 사용자들의 비율은
search users / who answer "Don't know" / is only one percent. //
'모른다'라고 응답하는　　　　단지 1퍼센트이다

지문 해석

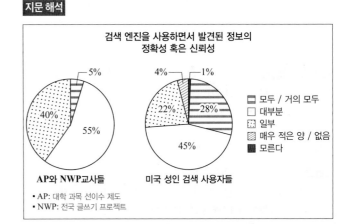

검색 엔진을 사용하면서 발견된 정보의
정확성 혹은 신뢰성

- 모두 / 거의 모두
- 대부분
- 일부
- 매우 적은 양 / 없음
- 모른다

AP와 NWP교사들　　　미국 성인 검색 사용자들

- AP: 대학 과목 선이수 제도
- NWP: 전국 글쓰기 프로젝트

위 두 개의 원그래프는 2012년에 검색 엔진을 사용해서 발견된 정보 중 얼마나
많은 양이 두 집단의 응답자들(AP와 NWP 교사들 및 미국 성인 검색 사용자들)
에 의해 정확하거나 신뢰할 만하다고 여겨지는지를 보여준다. ① AP와 NWP 교
사들의 경우, 5퍼센트가 검색 엔진을 사용해서 찾은 정보 중 '모두 / 거의 모두'가
정확하거나 신뢰할 만하다고 말하는 반면에, 미국 성인 검색 사용자들의 28퍼센
트가 동일한 것을 말한다. ② AP와 NWP 교사들 및 미국 성인 검색 사용자들 둘
다의 가장 큰 비율이 그 정보의 '대부분'이 정확하거나 신뢰할 만하다고 답한다.
③ 게다가 AP와 NWP 교사들의 40퍼센트가 그 정보의 '일부'가 정확하거나 신
뢰할 만하다고 말하고, 미국 성인 검색 사용자들의 30퍼센트보다 많은 수(→22
퍼센트)가 동일한 것을 응답한다. ④ 검색 엔진을 사용해서 발견된 정보 중 '매우
적은 양 / 없음'이 정확하거나 신뢰할 만하다고 말하는 미국 성인 검색 사용자들
은 5퍼센트 미만을 차지한다. ⑤ '모른다'라고 응답하는 미국 성인 검색 사용자들
의 비율은 단지 1퍼센트이다.

배경지식

• **검색 엔진(search engine)**: 인터넷에 흩어져 있는 수많은 자료 중, 사용자의

요구에 맞춰 필요한 자료를 찾아주는 프로그램이다. 대표적인 인터넷 검색 엔진으로는 구글(Google), 네이버, 다음이 있다.

- **AP(Advanced Placement)**: 대학 과목 선이수 제도. 미국 고등학교에서는 우수한 학생들이 대학 과정을 미리 들을 수 있도록 대학 수준의 과정인 AP 코스를 개설하고 있다. 미국 대학 협의회(College Board)에서 1955년 처음 시작했다. 미국 대학들은 입시 평가 항목으로 AP 과목 이수 여부와 성적을 고려하기도 하며, 입학 후에는 보통 교양 학점으로 인정해준다.
- **NWP(The National Writing Project)**: 전국 글쓰기 프로젝트. 유치원에서 대학까지의 모든 학생들의 글쓰기 교육을 개선하기 위하여 미국 대학, 유치원, 초/중/고등학교 등 다양한 교육 기관이 연합하여 만든 네트워크이다. 글쓰기 교수 학습법 개발, 다양한 글쓰기 수업 자료 공급, 훈련 제공 등을 한다.

지문 구조

이 글은 '도입 - 설명 1 - 설명 2 - 설명 3 - 설명 4' 구조로 도표가 나타내는 자료에 대해 설명하고 있다.

도입	검색 엔진 정보의 정확성 및 신뢰성에 관한 도표 소개
↓	
설명 1	'모두 / 거의 모두' 정확하거나 신뢰할 만하다: AP & NWP 교사들의 5%, 미국 성인 검색 사용자들의 28%
↓	
설명 2	'대부분'이 정확하거나 신뢰할 만하다: AP & NWP 교사들과 미국 성인 검색 사용자들의 가장 큰 비율
↓	
설명 3	'일부'가 정확하거나 신뢰할 만하다: AP & NWP 교사들의 40%와 미국 성인 검색 사용자들의 30% 이상
↓	
설명 4	'매우 적은 양 / 없음' 응답: 미국 성인 검색 사용자들의 5% 미만 '모른다'는 응답: 미국 성인 검색 사용자들의 1%

STEP BY STEP 문제 풀이

STEP① 제목과 첫 문장 확인하기

- **소재**: 검색 엔진, 정보, 정확성과 신뢰성
- **비교 대상**: AP와 NWP 교사들, 미국 성인 검색 사용자들
- **응답 항목**: 모두 / 거의 모두, 대부분, 일부, 매우 적은 양 / 없음, 모른다

STEP② 증감/비교 표현 정확히 해석하기

① AP와 NWP 교사들의 5퍼센트, 미국 성인 검색 사용자들의 28퍼센트가 '모두 / 거의 모두' 정확하거나 신뢰할 만하다고 말함

② AP와 NWP 교사들, 미국 성인 검색 사용자들 집단 둘 다의 가장 큰 비율이 '대부분'이라고 답함

③ AP와 NWP 집단의 40퍼센트, 미국 성인 검색 사용자들의 30퍼센트보다 많은 수가 '일부'라고 답함

④ 미국 성인 검색 사용자들의 5퍼센트 미만이 '매우 적은 양/없음'이라고 말함

⑤ '모른다'라고 응답한 미국 성인 검색 사용자들의 비율은 단지 1퍼센트

STEP③ 선택지 내용과 도표 대조하기

❍ 도표에 따르면 검색 엔진을 사용해 발견한 정보 중 '일부'가 신뢰할 만하다고 답한 미국 성인 검색 사용자들은 22퍼센트로 30퍼센트보다 적어 ③의 내용과 일치하지 않는다.

전략 적용

Unit 16-3 '도표 지문에서는 증가나 감소가 주로 답이 된다'
이 글은 동일한 주제에 대한 두 집단의 응답률을 비교한 원그래프를 설명한다. 각각의 항목에 대한 두 집단의 응답률 차이나 한 집단 내 여러 항목 간의 비교가 선택지로 등장할 수 있다. 출제 원리는 수치를 실제 도표 수치보다 줄이거나 늘리거나 하는 것이다. 선택지 ③에서는 한 집단의 응답률은 도표와 일치하게

기술하고, 다른 집단의 응답률은 수치를 늘려 그래프와 일치하지 않게 했다.

구문 분석

The two pie charts above show [**how much** of the information {found using search engines} is considered to be accurate or trustworthy **by** two groups of respondents ~ in 2012].

→ [ ]는 show의 목적어인 명사절로, 의문사 how가 접속사 역할을 한다. { }는 the information을 수식하는 과거분사구이다. 명사절 내의 동사구는 수동태(is considered)로, 뒤의 by는 수동태 동작의 행위자를 나타낸다. 「의문사 how+much」는 '얼마나 많은 양'이라는 뜻으로, 양은 단수 취급하므로 동사에 단수형 is가 왔다.

As for AP & NWP teachers, five percent say [**that** "All / Almost all" of the information {found using search engines} is accurate or trustworthy], [**while** 28 percent of U.S. adult search users say **the same**].

→ 첫 번째 [ ]는 주절의 동사 say의 목적어인 명사절이다. { }는 the information을 수식하는 과거분사구이다. 두 번째 [ ]는 접속사 while이 이끄는 대조 부사절이다. 여기서 same은 the와 함께 대명사로 쓰여, 첫 번째 [ ]로 표시된 명사절의 내용과 '똑같은 것'을 지칭한다.

U.S. adult search users [saying {**that** "Very little / None" of the information (found using search engines) is accurate or trustworthy}] account for less than five percent.

→ U.S. adult ~ trustworthy가 문장의 주어이다. 수식어구를 제외한 명사(users)의 수가 복수이므로 동사도 복수형(account for)이 왔다. [ ]는 앞 명사구 전체를 수식하는 현재분사구로 '~라고 말하는'이라고 능동의 의미로 해석한다. { }는 saying의 목적어인 명사절로 명사절을 이끄는 접속사 that이 쓰였다. ( )는 the information을 수식하는 과거분사구이다.

문항 해설

▶정답 ③ In addition, 40 percent of AP & NWP teachers say that "Some" of the information is accurate or trustworthy, and more than 30 percent of U.S. adult search users respond the same.
지문 위의 원그래프에서 검색 엔진 정보에 대한 정확성과 신뢰성을 묻는 설문에서 '일부' 정보가 그렇다고 응답한 미국 성인 검색 사용자들의 비율은 22퍼센트이다. 따라서 30퍼센트보다 많은 사람들이 '일부'라고 말했다는 ③은 그래프와 일치하지 않는다.

▶오답 피하기
두 개의 원그래프 중 왼쪽이 AP와 NWP 교사들의 응답, 오른쪽이 미국 성인 검색 사용자들의 응답이다. ①은 그래프에서 '모두 / 거의 모두'라고 답한 교사는 5%, 성인 검색 사용자들은 28%이므로 일치한다. ②는 '대부분'이라고 답한 교사가 55%로 전체 응답 항목들 중 가장 높고, 성인 검색 사용자의 경우에도 45%로 가장 높으므로 도표의 내용과 일치한다. ④는 '매우 적은 양 / 없음'이라고 답한 성인 검색 사용자가 4%, ⑤는 '모른다'라고 답한 성인 검색 사용자가 1%이므로 모두 도표와 지문 내용이 일치한다.

첫 문장 키워드

origin countries, the number, international students

표에서 국제 학생의 출신국 및 수를 보여준다고 했다. 이후에는 표에 나온 수치를 분석하고 비교하는 내용이 올 것으로 예상할 수 있다.

끊어읽기 해석

The tables above show / the top ten origin countries and the number
위 표들은 보여준다   국제 학생들의 상위 10개 출신국과 수를

of international students / enrolled in U.S. colleges and universities /
국제 학생들의   미국의 대학과 종합 대학에 등록된

in two school years, 1979-1980 and 2016-2017. // ① The total
1979-1980 및 2016-2017, 두 학년도에   국제 학생 총수

number of international students / in 2016-2017 / was over three
는   2016-2017에   3배 넘게 더 많았다

times larger / than the total number of international students / in
국제 학생 총수보다   1979

1979-1980. // ② Iran, Taiwan, and Nigeria / were the top three
-1980에   이란, 대만, 그리고 나이지리아는   국제 학생들의 상위 3개 출신국

origin countries of international students / in 1979-1980, / among
이었다   1979-1980에   그 중 오직

which only Taiwan was included / in the list of the top ten origin
대만이 포함되었다   상위 10개 출신국 목록에

countries / in 2016-2017. // ③ The number of students from India /
2016-2017에   인도 학생 수는

was over twenty times larger / than in 1979-1980, / and India ranked
20배 넘게 더 많았고   1979-1980보다

and India ranked higher / than China / in 2016-2017. // ④ South
그리고 인도는 더 높은 순위에 올랐다   중국보다   2016-2017에   대한민국

Korea, / which was not included / among the top ten origin
은   포함되지 않았는데   상위 10개 출신국에

countries / in 1979-1980, / ranked third / in 2016-2017. // ⑤
1979-1980에   3위에 올랐다   2016-2017에

Although the number of students from Japan / was larger / in 2016-
비록 일본 출신 학생 수는   더 많았지만   2016-2017에

2017 / than in 1979-1980, / Japan ranked lower / in 2016-2017 /
1979-1980보다   일본은 더 낮은 순위에 올랐다   2016-2017에

than in 1979-1980. //
1979-1980보다

지문 해석

상위 10개 국제 학생 출신국
(1979-1980학년도와 2016-2017학년도)

1979-1980학년도		2016-2017학년도	
국가	수	국가	수
이란	51,000	중국	351,000
대만	18,000	인도	186,000
나이지리아	16,000	대한민국	59,000
캐나다	15,000	사우디아라비아	53,000
일본	12,000	캐나다	27,000
홍콩	10,000	베트남	22,000
베네수엘라	10,000	대만	22,000
사우디아라비아	10,000	일본	19,000
인도	9,000	멕시코	17,000
태국	7,000	브라질	13,000
기타 국가	129,000	기타 국가	311,000
합계	**286,000**	**합계**	**1,079,000**

• 주의: 어림수 처리로 세부 정보는 합계에 더해지지 않았을 수 있음.

위 표들은 1979-1980 및 2016-2017, 두 학년도에 미국의 대학과 종합 대학에 등록된 국제 학생들의 상위 10개 출신국과 수를 보여준다. ① 2016-2017에 국제 학생 총수는 1979-1980 국제 학생 총수보다 3배 넘게 많았다. ② 이란, 대만, 그리고 나이지리아는 1979-1980 국제 학생들의 상위 3개 출신국이었는데, 그 중 오직 대만이 2016-2017에 상위 10개 출신국 목록에 포함되었다. ③ 인도 출신 학생 수는 1979-1980보다 2016-2017에 20배 넘게 더 많았으며, 인도는 2016-2017에 중국보다 더 높은(→낮은) 순위에 올랐다. ④ 대한민국은 1979-1980에는

상위 10개 출신국에 포함되지 않았는데, 2016-2017에는 3위에 올랐다. ⑤ 비록 일본 출신 학생 수는 1979-1980보다 2016-2017에 더 많았으나 일본은 1979-1980보다 2016-2017에 더 낮은 순위에 올랐다.

지문 구조

이 글은 '도입 - 설명 1 - 설명 2 - 설명 3 - 설명 4 - 설명 5' 구조로, 도표에 관해 간략하게 소개한 후, 자료에서 확인할 수 있는 주요 변화에 대한 설명을 나열하였다.

도입	1979-1980학년도와 2016-2017학년도에 미국 (종합) 대학에 등록된 국제 학생들의 상위 10개 출신국과 수를 비교한 표를 소개
↓ 설명 1	국제 학생 총수는 1979-1980에 비해 2016-2017에 3배 넘게 더 많음
↓ 설명 2	1979-1980 상위 3개 국제 학생 출신국 중 대만만 2016-2017에 상위 10개 출신국 목록에 포함됨
↓ 설명 3	인도 출신 학생 수는 1979-1980보다 2016-2017에 20배 넘게 더 많았고, 같은 해 중국보다 순위가 더 높음
↓ 설명 4	대한민국은 1979-1980에는 상위 10개 출신국에 없었으나 2016-2017에는 3위를 차지함
↓ 설명 5	일본의 경우 2016-2017에 출신 학생 수는 1979-1980보다 더 많아졌지만 순위는 더 낮아짐

STEP BY STEP 문제 풀이

STEP ❶ 제목과 첫 문장 확인하기
• **소재**: 출신국별 국제 학생 수
• **비교 대상**: 1979-1980학년도와 2016-2017학년도의 학생 수

STEP ❷ 증감/비교 표현 정확히 해석하기
① 2016-2017학년도 국제 학생 총수가 1979-1980학년도보다 3배 넘게 더 많음
② 1979-1980학년도 상위 3개 출신국인 이란, 대만, 나이지리아 중 대만만 2016-2017학년도에 상위 10개 출신국 목록에 포함됨
③ 인도 출신 학생 수는 2016-2017학년도가 1979-1980학년도보다 20배 넘게 더 많았고, 중국보다 순위가 더 높음
④ 1979-1980학년도에 상위 10개 출신국에 없던 대한민국은 2016-2017학년도에 3위를 차지함
⑤ 일본은 2016-2017학년도 학생 수가 1979-1980학년도보다 더 많았지만 순위는 더 낮아짐

STEP ❸ 선택지 내용과 도표 대조하기

❷ 표에 따르면 2016-2017학년도 인도 출신 학생 수는 186,000명으로 1979-1980학년도의 9,000보다 20배가 넘긴 하지만, 순위는 중국보다 낮다. 따라서 ③의 내용은 표와 일치하지 않는다.

전략 적용

Unit 16-4 '함정은 수치 비교 표현에 숨어있다'
둘 이상의 대상을 비교할 때 쓸 수 있는 수치 표현은 둘 간의 비교(…보다 ~한)와 셋 이상의 비교(최상급 표현, 가장 ~한)가 있다. 또 하나는 몇 배인지를 나타내는 배수 표현으로, 이 글에서는 「수치+times+비교급+than」의 형식으로 쓰였다. 순위를 나타내는 경우, 「rank+서수」나, 「rank+higher/lower+than」으로 나타낼 수 있다.

구문 분석

The tables above <u>show</u> the top ten origin countries and the
　　　주어　　　동사
number of international students [**enrolled** in U.S. colleges and
universities in two school years, {1979-1980 and 2016-2017}].

→ [ ]는 앞에 있는 international students를 수식하는 과거분사구로, '~에 등록된'이라는 의미이다. { }는 two school years와 동격인 명사구로, 앞 내용을 구체적으로 설명하기 위해 쓰였다.

<u>Iran, Taiwan, and Nigeria</u> <u>were</u> the top three origin countries of
　　　　　주어　　　　　　　동사
international students in 1979-1980, [among **which** only Taiwan
was included in the list of the top ten origin countries in 2016-2017].

→ [ ]는 계속적 용법의 관계대명사절이다. 관계대명사 which가 전치사 among의 목적어 역할과 절의 접속사 역할을 동시에 한다. 선행사는 앞에 있는 the top three origin countries이다. 전치사 뒤에 나오는 목적격 관계대명사는 생략할 수 없다.

문항 해설

▶**정답 ③** The number of students from India was over twenty times larger in 2016-2017 than in 1979-1980, and India ranked higher than China in 2016-2017.
인도 출신 국제 학생 수는 1979-1980학년도에 9,000명, 2016-2017학년도에 186,000명으로, 20배 넘게 많은 것이 맞다. 하지만 2016-2017학년도의 순위에서 인도는 2위, 중국은 1위이므로, 인도가 중국보다 순위가 더 높다는 내용은 표와 일치하지 않는다. 따라서 정답은 ③이다.

▶**오답 피하기**
전체 국제 학생 수는 2016-2017학년도에 1,079,000명, 1979-1980학년도에 286,000명이다. 따라서 ①의 내용처럼 전자가 후자보다 3배가 넘는다. ②에서 말한 바와 같이 1979-1980학년 표에서 1, 2, 3위는 이란, 대만, 나이지리아 순이며, 2016-2017학년도 표에서 이란, 나이지리아는 없고, 대만만 6위를 차지했다. ④의 설명과 일치하게 1979-1980학년도 표에서 대한민국은 등장하지 않았으나 2016-2017학년도 표에서 대한민국은 59,000명으로 3위에 올랐다. ⑤의 내용처럼 일본의 경우 1979-1980학년도에는 12,000명이었다가 2016-2017학년도에 19,000으로 증가하였으나 순위는 하락했다.

UNIT 17 긴 글을 잡아라

정답 체크

예제	1① 2① 3② 4③ 5⑤ 6⑤ 7③	
	8⑤ 9④ 10③	
전략 적용 문제	1⑤ 2① 3① 4⑤ 5④ 6⑤ 7⑤	
	8③ 9④ 10③	

예제 1 [1~2] 효과적이지 않은 오래된 음식 강요 습관
정답 1 ① 2 ①

지문 해석

당신의 자녀가 먹는 음식에 변화를 주는 것은 쉽지 않을 것이며, 심지어 가장 주의 깊고 인내심이 많은 부모라 하더라도 어린 아이들이 어느 시점에서 그리고 어느 정도로 저항할 것이라는 것을 아마도 알게 될 것이다. 문제는 우리 중 많은 사람들이 아이였을 때 건강한 방식으로 먹도록 강요받았다는 것인데, 우리는 어렵게 배웠다. 그리고 우리 자녀에게 이러한 부모의 관습을 계속하려는 유혹은 강하다. 만약 당신이 접시를 다 비울 때까지 식탁에 앉아있도록 강요되었다면 당신은 혼자가 아닌데, 성인 인구 대부분이 어느 시점에서는, 집에서가 아니라면 학교에서, 이런 일을 겪었다. 주제문 특히 그들이 접시 위에 놓인 것을 좋아하지 않는다면 당신 자녀에게 먹도록 강요하는 것은 완전히 역효과를 낳는다. "끝낼 때까지 거기에 앉아 있어."가 우리가 배운 방식일지도 모르며, 또한 당신이 목표를 달성할 수 있다고 느끼는 유일한 방법일지도 모르지만, 그들이 메스꺼움을 느낄 때까지 원하지 않는 양배추 한 더미를 먹는 경험은 다음번에 그것이 제공될 때 좀처럼 아이들을 기뻐 날뛰게 만들지는 않을 것이라는 것을 생각해 봐라.
이 엄격한 접근법은 아주 구식이라서, 당신이 전투를 이길지는 모르지만 분명히 전쟁을 이기지는 못할 것이다. 푸딩을 뒤로 미루는 것은 마찬가지로 좋은 생각으로 간주되었지만, 이건 아시는지? 그것도 효과가 없다. "주 요리를 다 먹을 때까지 푸딩은 없어"는 오늘날 대부분의 부모들이 어렸을 때 일반적인 말이었고 여전히 흔히 사용되지만, 그것은 오직 단 것을 더욱 호감이 가는 것처럼 보이게 만들 뿐이다.

지문 구조

이 글은 '도입 - 주제문 - 예시 1 - 주제 재진술 - 예시 2' 구조로, Unit 02에서 배운 '도입 - 주제문 - 예시 - 결론' 구조에 결론 대신 주제 재진술과 예시를 추가하여 주제가 더 명확하게 전달되도록 했다.

도입 ↓	우리는 부모에게 건강에 좋은 방식으로 먹도록 강요받았으며, 같은 방식을 자녀에게도 적용한다.
주제문 ↓	좋아하지 않는 음식을 먹게 하는 것은 완전히 역효과를 낳는다.
예시1 ↓	**식습관 강요의 예시 1** 원하지 않는 양배추를 먹게 하면 다음번에 그것이 제공될 때 기뻐하지 않을 것이다.
주제 재진술 ↓	이런 엄격한 접근법은 아주 구식이며 효과가 없다.
예시2	**식습관 강요의 예시 2** 푸딩을 뒤로 미루는 전략은 단 것을 더 호감이 가 보이게 만들 뿐이다.

It isn't going to be easy making changes to the food [your children eat], and even the most careful, patient parents will probably find [that the little ones will resist at some point and to some degree].

가주어(주어1) / 동사1 / 진주어 / and / 주어2 / 동사2 / (조동사+동사원형)

→ 두 개의 절이 and로 병렬 연결되어 있다. 첫 번째 절에서 it은 가주어, making 이하 동명사구가 진주어이다. 첫 번째 [ ]는 앞의 the food를 수식하는 목적격 관계대명사절이다. 두 번째 [ ]는 find의 목적어인 명사절로, 접속사 that이 생략되지 않고 절 앞에 남았다.

[If you were made to sit at the table {until you had cleaned your plate}], you are not alone: most of the adult population have suffered this [at some point] — [at school {if not at home}].

주어1 / 동사1 / 주어2 / 동사2

→ 콜론(:)으로 두 개의 문장이 연결되어 있다. 앞 문장에서 [ ]는 If(~한다면)가 이끄는 조건 부사절, 첫 번째 { }는 until(~할 때까지)이 이끄는 시간 부사절이다. 뒤 문장에서 두 개의 [ ]는 at 전치사구로 각각 시간, 장소를 나타낸다. 두 번째 { }로 표시된 부분은 조건 부사절로 반복되는 주어, 동사가 생략된 형태이다.

"Sit there until you finish" may be [how we learned], and may also be the only way [you feel able to achieve your goal] ~.

주어 / 동사1 / 동사2

→ 하나의 주어에 이어지는 두 개의 동사구가 and로 병렬 연결되어 있다. 첫 번째 [ ]는 be의 보어에 해당하는 명사절로, 의문사 how가 절을 이끌어 '~하는 방법'이라는 뜻이다. 두 번째 [ ]는 선행사 the only way를 수식하는 관계부사절로 선행사와 함께 '~하는 유일한 방법'이라는 뜻이 된다. 방법/방식을 나타내는 선행사와 관계부사 how는 동시에 쓰일 수 없으므로, you 앞에 how가 생략되었다.

~ but think about it: [the experience] of [eating a pile of unwanted cabbage {until they feel sick}] is hardly going to make children jump for joy the next time [it is served].

동사1(명령문 주어 생략) / 주어2 / 동사2

→ 콜론(:)으로 연결된 문장의 주어는 「명사구+of+명사구」의 형태로, 주어부에 [ ]로 표시된 부분은 서로 동격 관계이다. { }는 접속사 until이 이끄는 시간 부사절이다. the next time 뒤의 [ ]는 시간을 나타내는 관계부사절로 it 앞에 관계부사 when이 생략되었다. 관계부사 how와 달리 when은 선행사와 동시에 쓰일 수도 있다.

1. 제목 찾기

① 오래된 밥 먹이기 관습이 효과가 있는가?
② 아이들에게 인스턴트 음식은 이제 그만
③ 오늘날 아이들은 식탁 예절이 필요하다
④ 유기농 음식으로 전환할 시간!
⑤ 집에서 만든 푸딩은 우리를 완벽하게 한다

▶정답 ① Do Old Feeding Habits Work?

건강에 좋다는 이유로 아이들에게 강제로 음식을 먹이는 방식은 효과적이지 못하다는 내용이다. 따라서 글의 제목으로 가장 적절한 것은 ①이다.

▶오답 피하기

②는 인스턴트 음식의 유해성에 관한 글이 아니므로 정답이 될 수 없다. ③은 '끝 낼 때까지 앉아 있어라'라고 언급된 부분에서 식탁 예절을 연상할 수는 있으나, 아이들에게 억지로 식습관을 강요하는 것은 소용이 없다는 지문의 흐름과 맞지 않

다. ④는 글에 유기농 음식, 혹은 그와 관련된 내용이 등장하지 않았으므로 제목으로 적절하지 않다. ⑤는 글 속에 나온 어휘 pudding을 이용한 보기로, 집에서 만든 푸딩이나, 푸딩의 장점에 관한 내용은 등장하지 않으므로 답이 될 수 없다.

2. 빈칸 추론

① 역효과를 낳는
② 유익한
③ 매우 유용한, 귀중한
④ 인습에 얽매이지 않는, 독특한
⑤ 건설적인

▶정답 ① counterproductive

빈칸 문장은 '아이들에게 좋아하지 않는 음식을 먹도록 강요하는 것이 완전히 ~하다'는 것이다. 빈칸 문장 뒤에 오는 예시와 주제 재진술 문장을 보면 아이에게 원치 않는 음식을 강요하는 것은 아이가 그 음식을 좋아하는 계기가 되기보다 단 것을 더 좋아하게 만들 뿐이라고 했다. 따라서 빈칸에 들어갈 말로 가장 적절한 것은 ① '역효과를 낳는'이다.

▶오답 피하기

빈칸은 부정적인 말이 들어와야 한다. 그런데 ②, ③, ⑤는 긍정적인 낱말들로 문맥에 어울리지 않는다. ④는 억지로 밥 먹이는 방식은 성인 인구의 대부분이 겪은 관습이며 아주 구식이라고 했으므로 정반대 의미의 unconventional은 논리적으로 어울리지 않는다.

예제 2 [3~4] 연구 결과의 타당성에 대한 의문
정답 3 ② 4 ③

지문 해석

주제문 우리는 주어진 연구의 결과가 타당성을 가질 것이라고 당연하게 여길 수 없다. 어느 연구자가 일탈적인 행동을 연구하고 있는 상황을 생각해봐라. 특히 그녀는 시험에서 대학생들에 의한 부정행위가 일어나는 정도를 조사하고 있다. 시험을 감독하는 사람들이 더 작은 수업에서보다 큰 수업에서 학생들을 감독하에 두는 것이 더 (a)어렵다고 추론하였기 때문에 그녀는 더 높은 부정행위 비율이 작은 수업에서보다 큰 수업의 시험에서 발생할 것이라고 가정한다. 이 가설을 검증하기 위해 그녀는 큰 수업과 작은 수업 모두에서 부정행위에 대한 자료를 모으고 자료를 분석한다. 그녀의 결과는 더 큰 수업에서 학생당 (b)더 많은 부정행위가 발생한다는 것을 보여준다. 그러므로 자료는 명백하게 그 연구자의 연구 가설을 (c)거부한다(→지지한다 support). 그러나 며칠 후 한 동료가 그녀의 연구에서 모든 큰 수업들은 선다형 시험을 사용했고 반면에 모든 작은 수업들은 단답형과 서술형 시험을 사용했다고 지적한다. 그 연구자는 외부 변인(시험 형식)이 독립 변인(수업 크기)을 간섭하고 있고, 그녀의 자료에서 한 (d)원인으로 작용하고 있을지도 모른다는 것을 즉시 깨닫는다. 그녀의 연구 가설에 대한 명백한 지지는 가공물에 불과할 수도 있다. 아마도 진짜 영향은 수업 (e)크기에 상관없이 서술형 시험보다 선다형 시험에서 더 많은 부정행위가 일어난다는 것이다.

배경지식

• 외부 변인(extraneous variable): 독립 변인 이외의 변인을 말하며, 실험을 설계할 때 조작 또는 통제하지 않는 변인이다.
• 독립 변인(independent variable): 실험하는 사람이 특정 효과를 살펴보기 위해 실험에서 조작하거나 통제하는 변인이다.

지문 구조

이 글은 '주제문 - 예시 - 부연 설명' 구조로, Unit 01 주제문 - 예시 1 - 예시 2에서, 끝부분에 예시에 대한 부연 설명이 추가된 지문 구조이다.

주제 ↓	연구 결과가 타당성을 가질 것이라고 당연하게 여길 수 없음
예시	**시험에서 발생하는 부정행위에 대한 연구** 1) 연구 가설: 큰 수업에서 더 높은 비율로 부정행위가 발생 2) 연구 결과: 실제로 더 큰 수업에서 더 많은 부정행위가 발생 3) 추가 발견: 모든 큰 수업은 선다형 시험을, 모든 작은 수업은 단답형과 서술형 시험을 사용 4) 결론: 수업 크기가 아니라 시험 형식이 연구 결과의 원인일 수도 있음
↓ 부연 설명	연구 가설에 대한 명백한 지지는 가공물에 불과할 수도 있음

구문 분석

In particular, <u>she</u> <u>is investigating</u> the extent [to **which** cheating
　　　　　　　주어　　동사
{by college students} occurs on exams].

→ [ ]는 선행사 the extent를 수식하는 목적격 관계대명사로, 전치사 to가 목적격 관계대명사 which 앞에 왔다. to the extent는 '그 정도까지'라는 의미이다. { }는 by가 이끄는 전치사구로 cheating을 수식한다.

[Reasoning {**that it** is more difficult (for people monitoring an exam) **to keep** students under surveillance in large classes than in smaller ones}], <u>she</u> <u>hypothesizes</u> [**that** a higher rate of cheating
　　　　　　　　　　　　　　　　　　주어　　동사
will occur on exams in large classes than in small].

→ 첫 번째 [ ]는 이유를 나타내는 분사구문으로, As she reasons ~로 바꾸어 쓸 수 있다. { }는 접속사 that이 이끄는 명사절로 Reasoning의 목적어 역할을 하며, 명사절 내에는 가주어(it) - 진주어(to부정사구) 구문이 쓰였다. ( )는 to부정사의 의미상 주어이며, monitoring an exam은 people을 수식하는 현재분사구이다. 두 번째 [ ]는 문장의 동사 hypothesizes의 목적어 역할을 하는 명사절로, 접속사 that이 절을 이끌고 있다.

A few days later, however, <u>a colleague</u> <u>points out</u> [**that** all the
　　　　　　　　　　　　　주어　　동사
large classes in her study used multiple-choice exams], [**whereas** all the small classes used short answer and essay exams].

→ 첫 번째 [ ]는 접속사 that이 이끄는 명사절로 points out의 목적어 역할을 한다. 두 번째 [ ]는 종속 접속사 whereas(~인 반면에)가 이끄는 대조 부사절이다.

문항 해설

3. 제목 찾기

① 연구자의 태도: 주관적 vs. 객관적
② 잘못된 실험 설계에서 오는 연구 오류
③ 학술적 지지를 얻기 위해 당신의 가설을 검증하라
④ 큰 수업에서 선다형 시험의 한계
⑤ 학생들이 부정행위 할 의욕을 꺾는 방법이 있는가?

▶**정답② Research Error from Wrong Experimental Design**
이 글의 주제는 연구의 결과가 타당성이 있다고 당연하게 여길 수 없다는 것으로, 그런 주장을 뒷받침하기 위해 연구 가설이 잘못된 연구 상황을 예로 들어 설명한다. 따라서 글의 제목으로 가장 적절한 것은 ②이다.

▶**오답 피하기**

①은 연구자의 주관적이거나 객관적인 태도에 관한 내용은 지문에 없고, ③은 hypothesis, support라는 지문 속 어휘를 사용했으나, 가설에 대한 명백한 지지가 가공물에 불과할 수도 있다는 중심 내용과는 관련이 없으므로 오답이다. ④의 선다형 시험의 한계에 관한 내용은 지문에서 다루지 않았다. ⑤ 역시 글의 주제와 전혀 관련 없는 내용이다.

4. 문맥 속 어휘 추론

▶**정답③ (c)**
중반부 however 이후에 연구와 관련된 추가 발견(시험 형식에 관한 내용)이 언급되면서, 수업 크기를 기준으로 했던 연구자의 가설이 잘못되었을 수 있음을 암시한다. 따라서 however 이전에는 연구자의 가설을 긍정하는 내용이 나와야 하므로, '거부한다'는 말은 적절하지 않으며 '지지한다(support), 인정한다(confirm)'와 같은 긍정적 어휘가 와야 한다. 따라서 정답은 ③ (c)이다.

▶**오답 피하기**
연구 가설의 내용은 '큰 수업에서 학생들을 감시하는 것이 더 어렵다'는 것이었고 실제로 연구 결과가 가설에 일치했으므로 '더 많은' 부정행위가 큰 수업에서 발생했다고 하는 (a), (b)는 적절하다. (d)는 and 앞에서 외부 변인의 독립 변인에 대한 간섭을 말하고 있으므로, 그녀가 결론을 내린 자료에 대한 '원인'이 되어야 흐름이 이어진다. (e)는 연구가 큰 수업과 작은 수업의 부정행위를 조사했으므로, 수업의 '크기'라는 의미의 size가 적절하다. 따라서 ①, ②, ④, ⑤는 문맥과 일치하는 보기이다.

예제 3 [5~7] 미국 체조 선수 Bart Conner의 성공
정답 5 ⑤ 6 ⑤ 7 ③

지문 해석

(A) 미국의 체조 선수 Bart Conner는 아이일 때 많은 스포츠에 적극적이었고 열 살 때 체조 경력을 시작했으며 빠르게 발전하여 몬트리올 하계 경기에서 미국 올림픽 팀의 최초소 일원이 되었다. (a)그는 오클라호마 대학에 다녔고 체조 코치 Paul Ziert와 함께 훈련했다. 그 코치의 비판적인 의견은 Conner가 상대적으로 부족한 유연성과 제한된 텀블링 기술을 가지고 있다는 것이었다.

(D) 코치의 부정적인 관점에도 불구하고 Conner는 (e)그가 지적했던 그러한 한계를 받아들이길 거부했다. 다른 신체적 능력과 결합된 Conner의 의욕은 그가 빠르게 발전하도록 도왔다. Conner는 그가 그것을 시도한 최초였기 때문에 'Conner Spin'이라고 불린 독창적인 복합 동작으로 세계 선수권 대회에서 평행봉 경기를 이겼다. 그의 조국이 로스앤젤레스에서 올림픽을 개최하기 9달 전에 Conner는 이두박근이 찢어졌다.

(C) 사람들은 Conner가 올림픽에서 경기하도록 제시간에 회복하지 못할 것이라고 믿었다. 그는 건강을 되찾기 위한 시도로 수술과 집중적인 물리치료를 받았다. 자격을 얻기 위해 남겨진 단 한 번의 기회로 (c)그는 올림픽 팀에 간신히 합류했다. Conner는 그의 경쟁력 있는 수준을 되찾기 위해 강도 높은 훈련을 받았다. 이 훈련을 견딤으로써 Conner는 미국 팀이 체조 단체전 금메달을 따는 것을 도왔다. (d)그의 주특기인 평행봉 경기에서 그는 '10점 만점'을 기록하여 개인전 금메달도 땄다.

(B) 나중에 한 인터뷰에서 Conner는 그의 부모님께 감사했다. 인터뷰하는 사람은 "이봐요 Bart, 모두가 금메달을 따면 부모님께 감사해요."라고 말했다. 그러나 Conner는 그에게 이것은 다르다고 말했다. (b)그는 "매일 밤 잠들기 전 제 부모님은 저에게 그날 제 성공은 무엇인지 묻곤 하셨습니다. 부상당했을 때 저는 제가 다시 회복할 것을 알았습니다. 왜냐하면 저는 매일 제 삶에서 성공한 사람이었으니까요."라고 말했다. Conner의 이야기는 우리에게 말한다. 사람들은 자기가 잘 하고 있는 것에 초점을 맞출 때 그들은 더 많은 것을 잘 한다.

이 글은 '도입 - 전개 1 - 전개 2 - 결말' 구조로, Unit 10 도입 - 전개 - 결말(시간순)에서 배운 기본 구조이다.

도입	Bart Conner는 체조 경력을 시작했으며 최연소 미국 올림픽 대표팀 일원이 됨
↓	
전개 1	Paul Ziert 코치의 비판적인 의견에도 불구하고, 세계 선수권 대회의 평행봉 경기에서 이겼으나, 올림픽을 앞두고 부상을 입음
↓	
전개 2	건강을 되찾기 위해 수술과 물리치료를 받고 가까스로 올림픽 팀에 합류하여 단체전과 개인전에서 금메달 획득
결말	인터뷰에서 부모님이 성공에 초점을 맞출 수 있게 도와주셨던 일화를 소개하며 감사함 (교훈: 사람은 잘 하고 있는 것에 초점을 맞출 때 더 많은 것을 잘 한다.)

구문 분석

American gymnast Bart Conner was active in many sports as a
<u>주어</u> <u>동사</u>
child, [**starting** his gymnastics career at the age of ten] **and**
[**progressing** quickly **to become** the youngest member of the
United States Olympic team at the Summer Games in Montreal].

→ 두 개의 [ ]는 연속 상황을 나타내는 분사구문으로 and로 병렬 연결되어 있다. 「progress +to부정사」는 '발전해서 ~하다'라는 의미로 여기서는 to부정사가 결과를 나타낸다.

Every night before bed <u>my parents</u> <u>would ask</u> me [**what** my
<u>주어</u> <u>동사</u>
success of the day was].

→ 주어 앞에 시간을 나타내는 부사구가 왔다. 동사구에서 조동사 would는 과거의 반복적인 행동을 나타내어 '~하곤 했다'라는 의미이다. 「ask A(간접목적어) B(직접목적어)」는 'A에게 B를 묻다'라는 의미로, 직접목적어 자리에 의문사 what이 이끄는 간접의문문 [ ]가 왔다. 「의문사 + 주어 + 동사」어순에 주의한다.

[**With** just one chance left to qualify], he **managed to squeeze**
<u>주어</u> <u>동사</u>
into the Olympic team.

→ [ ]는 부대 상황을 나타내는 전치사구로, 「with +목적어 +과거분사」구조이다. '~이 …하게 된 상태로'라는 의미이다. 「manage +to부정사」는 '간신히[가까스로] ~하다'라는 의미이다.

문항 해설

5. 글의 순서 배열

▶정답 ⑤ (D) - (C) - (B)

코치의 비판적 의견으로 마무리된 글 다음에 그 한계를 받아들이길 거부했다는 Conner의 반응이 나오는 (D)가 오고, (D)의 이두박근 부상에 이어 그에 대한 사람들의 반응인 (C)가 오는 것이 자연스럽다. (C) 마지막 부분에는 부상을 회복하고 올림픽에서 금메달을 땄다는 내용이 나오므로, 이후 감사 인터뷰를 하는 (B)가 그 다음에 와야 한다. 따라서 가장 적절한 순서는 ⑤ (D) - (C) - (B)이다.

▶오답 피하기

(D)의 이두박근 부상과 (C)의 Conner가 회복할 수 있을지에 대한 사람들의 회의적 시각, Conner의 재활을 위한 노력은 인과관계 및 시간 순서상 바로 이어져 나와야 한다. 따라서 ②, ③, ④는 논리에 맞지 않는다. ①은 코치의 비판적 의견을 언

급한 주어진 글 뒤에 인터뷰에서 부모님께 감사하다고 말했다는 내용과 이야기의 교훈이 언급되는 것은 흐름상 자연스럽지 않다.

6. 지칭 대상 추론

▶정답 ⑤ (e)

(e) he는 Conner의 '한계를 지적한 사람'이어야 한다. 따라서 유연성 부족과 텀블링 기술이 제한적이라는 비판적 의견을 가진 코치 Paul Ziert를 가리킨다. 나머지 (a)~(d)는 Conner를 가리키므로, 가리키는 대상이 다른 것은 ⑤ (e)이다.

▶오답 피하기

(a) He는 오클라호마 대학을 다녔고 Paul Ziert코치와 함께 훈련한 사람이므로, Conner를 가리킨다. (b) He는 매일 밤 부모님에게서 그날의 성공이 무엇이었는지 질문을 받았던 사람이므로, 인터뷰에 답하는 Conner를 가리킨다. (c) he는 겨우 올림픽 팀에 합류했다고 했으므로 체조 선수인 Conner를 가리킨다. (d) his는 앞 문장에서 Conner가 미국 팀의 금메달 획득을 도왔다는 말 뒤에 '그의 주특기인 평행봉에서 ~ 개인 금메달도 땄다'고 했으므로 Conner가 되어야 한다. 따라서 (a)~(d)는 모두 동일 인물을 가리킨다.

7. 세부 내용 파악

▶정답 ③ 인터뷰에서 자신이 속한 대표팀의 동료에게 감사를 표했다.

(B) 첫 문장에 Conner thanked his parents라고 나와 있을 뿐 동료는 언급되지 않았으므로, 동료에게 감사를 표했다는 것은 틀린 내용이다. 따라서 Bart Conner에 관한 내용으로 적절하지 않은 것은 ③이다.

▶오답 피하기

①은 (A) 첫 문장 끝부분에 언급한 내용이다. ②는 (A) 마지막 문장의 내용과 일치한다. ④는 (C) 두 번째 문장 He underwent surgery and intensive physical therapy, in an attempt to regain fitness를 요약한 것이며, ⑤는 (D) 뒷부분에서 Conner won the parallel bars event at the World Championship ~ move called the 'Conner Spin'이라고 말한 내용과 일치한다.

예제 4 [8~10] 유학을 떠난 낯선 도시에서의 첫 날
정답 8 ⑤ 9 ④ 10 ③

지문 해석

(A) 내가 말레이시아 Kuching에 착륙했을 때는 저녁이었다. 나는 외로움과 향수를 느꼈다. 나는 대학에서 기계 공학 공부를 시작하기 위해 처음으로 집에서 멀리 떠난, 두바이에서 길러진 19살짜리 아이였다. 나는 짐을 챙겨서 공항 출구로 향했다. 나는 주변을 둘러보았고 내 운전기사가 내 대학교 이름이 붙어 있는 (a)그의 회색 밴 앞에서 나를 기다리고 있는 것을 발견했다.

(D) 우리가 공항을 떠날 때, 그는 도시와 도시 사람들에 대해 이야기하기 시작했다. 내가 운전하는 것을 무척 좋아했기 때문에 우리는 차와 Kuching에서 운전하는 것에 대해 이야기하는 것으로 넘어 갔다. "절대 Kuching 사람들을 화나게 하지 마세요"라고 (e)그는 경고했다. "난폭 운전은 안 돼요. 매우 위험해요!" 그는 그런 다음 난폭 운전에 대한 자기 경험을 늘어놓았고, 나에게 아주 주의해서 운전하라고 조언했다. 조금 후에 뒤차가 우리에게 조명을 비추기 시작했다.

(C) 이것은 더 공격적으로 계속되었고, 내 운전기사는 극심한 겁에 질리기 시작했다. 경적과 더 많은 조명이 뒤따랐고, 그래서 (c)그는 밴을 길가에 세웠다. 뒤차의 남자가 우리에게 접근했을 때 내 심장은 쿵쾅거리고 있었다. 그가 내 창문에 다가왔을 때 나는 그것을 내리고 (d)그의 손을 내려다보았고, 그가 내 지갑을 쥐고 있는 것을 보았다. 나는 그것을 공항에 두고 왔고 우리가 공항을 떠난 이후로 계속 그가 나에게 그것을 돌려주려고 애쓰고 있었음을 깨달았다.

(B) 안도의 한숨을 쉬며 나는 지갑을 받고 그에게 감사하다고 했다. 나는 만약 그

가 그것을 돌려주지 않았을 경우의 끔찍한 시나리오를 상상할 수 있었다. 그는 내가 Kuching에 온 것을 환영했고 운전해서 떠났다. 내 운전기사가 나를 내려줄 때, (b)그는 미소 지으며 내 대학 공부에 행운을 빌어주었다. 이 낯선 사람들의 친절 덕분에 집에서 멀리 떠나 공부하기로 한 결정에 대한 내가 가졌던 처음의 의구심은 희망과 흥분으로 바뀌었다.

지문 구조

이 글은 Unit 10에서 학습한 기본 구조 '도입 - 전개 - 결말(시간순)'을 따르고 있다.

도입 ↓	'나'는 말레이시아 공항에 도착해서 나를 기다리고 있던 운전기사와 만났다.
전개 1 ↓	운전기사와 이야기를 나누며 공항을 떠나는 도중 뒤차가 '내'가 탄 차에 조명을 비추며 따라왔다.
전개 2 ↓	뒤차는 더 공격적으로 계속 따라왔고, 내가 탄 차의 운전기사는 마침내 차를 세웠다.
결말	뒤차 운전자가 '내'가 공항에 놓고 온 지갑을 돌려주었다. '나'는 안도하였고, 멀리 떠나 공부하기로 한 것에 대한 의구심은 희망과 흥분으로 바뀌었다.

구문 분석

Thanks to the kindness of these strangers, the initial doubt [I had (주어) had about my decision {to study away from home}] was replaced (동사) with hope and excitement.

→「Thanks to + 명사」는 '~ 덕분에'라는 의미로 긍정적인 이유/원인을 나타낸다. 주어부에서 [ ]는 선행사 the initial doubt를 수식하는 목적격 관계대명사절로 목적격 관계대명사가 I 앞에 생략되어 있다. { }는 형용사적 용법의 to부정사구로 앞에 있는 my decision을 수식한다.

[**As** he reached my window], I lowered it **and** then looked down (주어) (동사1) (동사2) at his hands [to see {that he was holding my wallet}].

→ 첫 번째 [ ]는 시간 부사절로, 여기서 접속사 as는 '~할 때'라고 해석된다. 주절의 두 동사구는 and로 병렬 연결되어 있다. 두 번째 [ ]는 부사적 용법의 to부정사구로 '(그래서) ~하다'라는 결과를 나타낸다. { }는 to see의 목적어 역할을 하는 명사절이다.

문항 해설

8. 글의 순서 배열

▶정답 ⑤ (D) - (C) - (B)

(A)는 공항에 도착한 '나'가 자신을 태워줄 운전기사를 발견한 장면이다. (B)는 안도하며 지갑을 받고 희망과 흥분으로 기분이 바뀌며 (C)는 누군가의 공격적인 행동에 두려움을 느끼다가 남자가 자신의 지갑을 돌려주려 했다는 것을 알게 된다는 내용이다. (D)는 공항을 떠나면서 운전기사와 이야기하는 도중 뒤차가 조명을 비추는 상황이다. 시공간적 배경의 변화와 사건의 전개를 살펴볼 때 자연스러운 순서는 (A) - (D) - (C) - (B)이다. 따라서 순서에 맞게 배열한 것으로 가장 적절한

것은 ⑤ (D) - (C) - (B)이다.

▶**오답 피하기**

공항 도착 상황과 공항을 떠나는 상황은 바로 이어져야 하므로 그렇지 않은 ①, ②, ③은 오답이다. 마찬가지로 공격적인 행동에 겁을 먹는 상황 뒤에 문제가 해소되고 안심하는 상황이 오는 것이 자연스러우므로 그 반대 순서를 제시하고 있는 ④는 오답이다.

9. 지칭 추론

▶**정답 ④ (d)**

(d)가 속한 문장은 뒤차의 남자가 주인공의 창문에 다가왔을 때 주인공이 그 남자의 손에서 자신의 지갑을 발견하는 상황이다. looked down at his hands에서 his는 뒤차의 남자를, 다른 선택지는 모두 주인공이 탄 차의 운전기사를 지칭하므로 가리키는 대상이 나머지 넷과 다른 것은 ④ (d)이다.

▶**오답 피하기**

(a) his는 '그의' 회색 밴이라고 했으므로, 주인공을 기다린 운전기사이며, (b) he는 '나'를 내려준 사람이므로 앞에 나온 my driver를 가리킨다. (c) he는 밴을 길가에 세운 주체이므로, 당연히 운전기사를 가리키고 (e) he는 주인공에게 난폭 운전의 위험성을 경고한 사람으로, 이 단락에서는 주인공과 운전기사만 등장하므로, 운전기사를 지칭한다. 따라서 (a), (b), (c), (e)는 모두 같은 인물을 가리킨다.

10. 세부 내용 파악

▶**정답 ③ 지갑을 자동차에 두고 내렸다.**

(C) 마지막 문장에 I had left it in the airport라고 나오는데 여기서 it은 앞문장의 my wallet, 즉 주인공의 지갑을 가리킨다. 지갑을 두고 내린 장소는 자동차가 아니라 공항이므로, 'I'에 관한 내용으로 적절하지 않은 것은 ③이다.

▶**오답 피하기**

①은 (A) 세 번째 문장의 away from home ~ to start my university studies in mechanical engineering 부분과 일치하며, ②는 (B) 마지막 문장의 the initial doubt I had had about my decision to study away 부분과 일치한다. ④는 (D) 두 번째 문장에서 As I loved driving very much라고 언급하였고, ⑤는 (D) 끝부분에서 advised me to drive very cautiously라고 언급하였으므로 모두 본문의 내용과 일치한다.

전략 적용 [1~2] 예술 연구 발전을 위한 용어 변경 필요성

정답 1 ⑤ 2 ①

첫 문장 키워드

the study of what our society calls 'art', progress, terminology

예술에 대한 연구가 발전하려면 용어를 바꿔야 한다는 주장이 제기되었다. 전문가의 의견을 인용한 것으로 보아 주제문일 확률이 높고 이후에는 이 주장을 뒷받침하는 근거나 예시가 전개될 것이다.

끊어읽기 해석

According to many sociologists, / the study of what our society calls
여러 사회학자들에 따르면   우리 사회가 '예술'이라고 부르는 것에 대한 연구는
'art' / can only really progress / if we drop the highly specific and
오직 진정으로 발전할 수 있다   만약 우리가 매우 특정적이며 관념적인 의미로 가득한
ideologically loaded terminology / of 'art', 'artworks' and 'artists', /
전문 용어를 버린다면   '예술', '예술품', 그리고 '예술가'라는
and replace these / with the more neutral and less historically
그리고 이것들을 대체한다면   더 중립적이고 덜 역사적으로 특정한 용어인
specific terms / 'cultural forms', 'cultural products' and 'cultural
                '문화적 형식', '문화적 산물', 그리고 '문화 생산자'로
producers'. // These cultural products / — be they paintings,
                이 문화적 산물들은   그것들이 그림, 조각, 음악 형태
sculptures, forms of music or whatever — / should be regarded / as
혹은 무엇이든 간에   간주되어야 한다   일
being made by certain types of cultural producer, / and as being used
정한 유형의 문화 생산자에 의해 만들어지는 것으로   그리고 특정한 집단의 사람
by particular groups of people / in particular ways / in specific social
들에 의해 사용되는 것으로   특정한 방식으로   특정한 사회적 맥락에서
contexts. // By using the more neutral term 'cultural products' / for
                더 중립적인 용어 '문화적 산물'을 사용함으로써   특정
particular objects, / and 'cultural producers' / for the people who
한 사물들에 대해   그리고 '문화 생산자'(를)   그러한 사물들을 만들어내는 사
make those objects, / the sociologist seeks to break with a view / that
람들에 대해   사회학자는 어떤 견해와 결별을 모색한다   그녀/
she/he sees / as having dominated the study of cultural forms / for
그가 여기는   문화적 형식에 대한 연구를 지배해온 것으로   너무
too long, / namely trying to understand everything / in terms of the
오랫동안   즉 모든 것을 이해하려는   '예술'의 범주에서
category 'art'. // This is a category / that is too limited and context-
                이것은 범주이다   너무 제한적이고 맥락에 한정적이어서 포괄할 수
specific to encompass / all the different cultural products / that
없는   그 모든 다양한 문화적 산물들을   다양한
people in different societies make and use. // It is a term / that is also
사회의 사람들이 만들어내고 사용하는   그것은 용어이다   또한 (특정한
too loaded to take at face value / and to use naively in study of our
의미가) 너무 많아서 액면대로 받아들일 수 없는   그리고 우리 자신의 사회에 대한 연구에서 순진하게 사
own society. // Since it is in the interests of certain social groups / to
용할 수 없는   특정한 사회 집단들에게 이익이 되므로   어
define somethings as 'art' and others as not, / the very term 'art'
떤 것들을 '예술'로 그리고 다른 것들을 아니라고 규정하는 것은   '예술'이라는 바로 그 용어 자
itself cannot be uncritically used / by the sociologist / who wishes to
체는 무비판적으로 사용될 수 없다   사회학자에 의해   그러한 이름을 붙이는
understand how and why such labelling processes occur. // Quite
과정이 어떻게 그리고 왜 일어나는지 이해하고자 하는   그렇다면
simply, then, / in order to study cultural matters, / many sociologists
간단히 말해서   문화적 문제를 연구하기 위해   많은 사회학자들은 믿는다
believe / one has to _____ the terms 'art', 'artwork' and 'artist'
우리가 '예술', '예술품', 그리고 '예술가'라는 용어들을 ___해야 한다고
/ as the basis for our analysis. // Instead, / these terms become
우리의 분석에 대한 근거로서   대신에   이러한 용어들은 중요한 분석의 대
important objects of analysis / themselves. //
상이 된다   그 자체가

지문 해석

주제문 여러 사회학자들에 따르면 만약 우리가 매우 특정적이며 관념적인 의미로 가득한 '예술', '예술품', 그리고 '예술가'라는 전문 용어를 버리고 이것들을 더 중립적이고 덜 역사적으로 특정한 용어인 '문화적 형식', '문화적 산물', 그리고 '문화 생산자'로 대체한다면, 우리 사회가 '예술'이라고 부르는 것에 대한 연구는 오직 진정으로 발전할 수 있다. 이 문화적 산물들은 그것들이 그림, 조각, 음악 형태, 혹은 무엇이든 간에 일정한 유형의 문화 생산자에 의해 만들어지는 것으로, 그리고 특정한 집단의 사람들에 의해 특정한 방식으로 특정한 사회적 맥락에서 사용되는 것으로 간주되어야 한다. 특정한 사물들에 대해 더 중립적인 용어인 '문화적 산물'을, 그리고 그러한 사물들을 만들어내는 사람들에 대해 '문화 생산자'를 사용함으로써, 사회학자는 너무 오랫동안 문화적 형식에 대한 연구를 지배해온 것으로 그녀/그가 여기는 견해, 즉 모든 것을 '예술'의 범주에서 이해하려 하는 견해와 결별을 모색한다. 이것은 너무 제한적이며 맥락에 한정적이어서 다양한 사회의 사람들이 만들어내고 사용하는 그 모든 다양한 문화적 산물들을 포괄할 수 없는 범주이다. 그것은 또한 (특정한 의미가) 너무 많아서 우리 자신의 사회에 대한 연구에서 액면대로 받아들이고 순진하게 사용할 수 없는 용어이다. 어떤 것들을 '예술'로 그리고 다른 것들을 아니라고 규정하는 것은 특정한 사회 집단들에게 이익이 되므로, '예술'이라는 바로 그 용어 자체는, 그러한 이름을 붙이는 과정이 어떻게 그리고 왜 일어나는지 이해하고자 하는 사회학자에 의해 무비판적으로 사용될 수 없다. 그렇다면 간단히 말해서 문화적 문제를 연구하기 위해 많은 사회학자들은 우리가 우리의 분석에 대한 근거로서 '예술', '예술품', 그리고 '예술가'라는 용어들을 거부해야 한다고 믿는다. 대신에 이러한 용어들은 그 자체가 중요한 분석의 대상이 된다.

지문 구조

이 글은 '도입 - 주제문 - 설명 - 결론' 구조로, 첫 문장(도입＋주제문)에서 전문가의 의견을 인용하여 독자의 흥미를 유발함과 동시에 주제를 설득력 있게 말했다. Unit 02 도입 - 주제문 - 예시 - 결론 구조에서 예시 대신 주제에 대한 구체적 설명이 들어갔다.

도입＋주제문	'예술', '예술품', '예술가'라는 용어 대신 더 중립적인 용어인 '문화적 형식', '문화적 산물', '문화 생산자'를 사용해야 예술 연구가 진정으로 발전할 수 있다.
↓	
설명	1) '문화적 산물'이라는 용어의 의미, 가져올 효과 2) '예술'이라는 용어의 한계, 문제점
↓	
결론 (요약)	문화적 문제를 연구하기 위해 사회학자들은 예술, 예술품, 예술가라는 말을 거부해야 하며 이런 용어 자체가 분석 대상이다.

STEP BY STEP 문제 풀이

STEP ① 문단 내용 요약하기

하나의 문단: (지문 구조에 따라 내용을 요약)

- **도입＋주제문:** '예술, 예술품, 예술가'라는 전문 용어를 '문화적 형식, 문화적 산물, 문화 생산자'라는 용어로 대체한다면, 해당 연구는 진정으로 발전한다.

- **설명 1: '문화적 산물'이라는 용어의 의미/가져올 효과**
  문화 생산자에 의해 만들어진 모든 것을 의미하며, 사회적 맥락에서 사용되는 것으로 간주된다. 사회학자들이 이러한 용어를 사용하면 모든 것을 예술의 범주에서 이해하려는 견해를 버릴 수 있다.

- **설명 2: '예술'이라는 용어의 한계/문제점**
  너무 제한적이고, 맥락에 있어 한정적이다.
  특정한 의미가 너무 많아서 연구에서 그대로 사용하기 어렵다.
  예술이라고 규정하는 것은 특정한 사회 집단에 이익이 될 수 있다.

- **결론(요약):** '예술, 예술품, 예술가'라는 용어를 _____ 하며, 이러한 용어들은

그 자체가 중요한 분석 대상이다.

STEP 2 제목 찾기 전략 적용하기

1) 주제 소재 파악하기

- **주제**: 진정한 예술 연구 발전을 위해 '예술'이라는 관념적 용어 대신 더 중립적이며 덜 역사적으로 특정한 '문화적 산물'이라는 용어를 써야 한다.
- **소재**: art, cultural products, term(terminology), study

2) 주제와 가장 비슷한 선택지 고르기

- **패러프레이징**: basis for our analysis → Basis of Understanding what our society calls 'art' → the Concept of Art
- ◑ ⑤ Culture as a Basis of Understanding the Concept of Art
  '예술이라는 개념을 이해하기 위한 토대로서의 문화'

STEP 3 빈칸 추론 전략 적용하기

1) 지문 구조 이해를 통한 단서 확보하기

빈칸이 위치한 곳은 결론이다. 결론은 주제를 다시 한번 정리해주는 부분이니, 주제문을 중심으로 빈칸에 들어갈 말을 고른다.

- **빈칸에 들어갈 내용의 단서:**
  (주제문) if we drop the ~ terminology of 'art', 'artworks' and 'artists', and replace these with the more neutral ~ terms
  (설명 2) the very term 'art' itself cannot be uncritically used by the sociologist

2) 문맥에 맞는 선택지 고르기

'예술'이라는 용어를 버리고 '문화'를 중심으로 하는 더 중립적인 말로 대체하자는 주제에 일치하는 선택지

- ◑ ① reject(거부하다)

전략 적용

Unit 17-1 '문제를 먼저 읽고 알맞은 풀이 전략을 적용하라'

제목 찾기와 빈칸 추론 유형 문제가 나왔다.

먼저 제목 찾기 유형은 지문 구조를 파악하고 주제를 찾아서 가장 관련성이 깊은 것을 고른다. 단, 패러프레이징 되는 어휘에 유의해야 한다. 이 지문의 첫 문장처럼 전문가의 의견을 인용한 경우, 해당 문장이 주제일 가능성이 높다. 이 글에서는 사회학자들의 의견을 인용하여 용어 대체에 대한 자신의 주장을 대변했다.

빈칸 추론의 경우, 빈칸이 있는 문장을 지문 구조와 주제라는 큰 틀 안에서 분석해야 하는데, 이 지문에서는 빈칸 문장이 결론(요약)에 해당하므로 주제와 같은 맥락이 완성되어야 한다. 따라서 주제문의 drop, replace 대신 쓸 수 있는 reject가 빈칸에 와야 한다.

구문 분석

According to many sociologists, <u>the study of</u> [**what** our society <u>주어</u>
calls 'art'] can only really <u>progress</u> [**if** we {drop the highly <u>조동사</u> <u>동사원형</u>
specific and ideologically loaded terminology of 'art', 'artworks' and 'artists'}, **and** {**replace** these **with** the more neutral and less historically specific terms 'cultural forms', 'cultural products' and 'cultural producers'}].

→ 첫 번째 [ ]는 주어부에서 전치사 of의 목적어 역할을 하는 관계대명사절로, 선행사를 포함하는 관계대명사 what이 이끄는 명사절이다. 「call+A(목적어)+B(목적격보어)」는 'A를 B라고 부르다'라는 뜻으로, 목적어 대신 관계대명사 what이 쓰였으며, 'art'는 목적격보어에 해당한다.

두 번째 [ ]는 if가 이끄는 조건 부사절로, { }로 표시된 두 개의 if절 동사구가 and로 병렬 연결되어 있다. 「replace A with B」는 'A를 B로 대체하다'라는 의미

로, B에 해당하는 명사구는 the more neutral 이하 전체이다.

These cultural products — **be they** paintings, sculptures, forms <u>주어</u>
of music or whatever — <u>should be</u> **regarded** [**as** being made by <u>동사</u>
certain types of cultural producer], **and** [**as** being used {by particular groups of people} {in particular ways} {in specific social contexts}].

→ 대시(—)로 연결된 부분은 주어를 부연 설명하는 부사절이다. 양보 부사절 접속사 whether(~이든 간에)가 이끄는 절 whether they be paintings ~ or whatever에서 접속사가 생략되면서 주어(they)와 동사(be)가 도치되었다. 양보 부사절 동사에 가정법 현재(동사원형) 시제가 쓰인 표현이다.

주절에는 「regard A as B」의 수동태가 쓰여, 목적어는 주어 자리로 가고, 나머지 성분은 그대로 뒤에 남았다. be regarded에 연결되는 두 개의 as 전치사구 [ ]가 and로 병렬 연결되어 있다. 세 개의 { }는 being used를 수식하는 부사 역할의 전치사구이다.

[**By** using {the more neutral term 'cultural products'} for particular objects, **and** {'cultural producers'} for the people (who make those objects)], <u>the sociologist</u> <u>seeks</u> to break with a view <u>주어</u> <u>동사</u>
[**that** she/he sees as having dominated the study of cultural forms for too long], [namely **trying** to understand everything in terms of the category 'art'].

→ 첫 번째 [ ]는 방법(~함으로써)을 나타내는 by 전치사구로, by의 목적어로 동명사구(using ~ those objects)가 왔다. 두 개의 { }는 using의 목적어로 and로 병렬 연결되어 있다. ( )는 선행사 the people을 수식하는 주격 관계대명사절이다. 두 번째 [ ]는 선행사 a view를 수식하는 목적격 관계대명사절이다. 관계대명사절 내에는 「see A as B(A를 B로 여기다)」 구문이 쓰여 sees의 목적어를 목적격 관계대명사 that이 대신한다. 세 번째 [ ]는 앞에 있는 관계대명사절의 내용을 보충 설명하는 분사구문이다.

This is a category [**that** is **too** limited and context-specific **to** <u>주어</u> <u>동사</u>
encompass all the different cultural products {**that** people in different societies make and use}].

→ [ ]는 선행사 a category를 수식하는 관계대명사절로, that은 주격 관계대명사이다. 「too 형용사+to부정사」는 '너무 ~해서 …할 수 없다'라는 의미이다. { }는 선행사 all the different cultural products를 수식하는 관계대명사절로 여기서 that은 목적격 관계대명사이다.

문항 해설

1. 제목 찾기

① 예술: 문화 격차를 극복하기 위한 수단
② 맥락의 안과 밖에서 문화를 해석하기
③ 문화계 내의 다양한 예술 형태
④ 문화적 다양성: 문명의 주춧돌
⑤ 예술이라는 개념을 이해하기 위한 토대로서의 문화

▶정답 ⑤ **Culture as a Basis of Understanding the Concept of Art**

진정한 예술 연구 발전을 위해 '예술, 예술품, 예술가'라는 용어를 '문화적 형식, 문화적 산물, 문화 생산자'로 대체해야 하며, 예술은 그 자체가 연구 대상이 되어야 한다는 내용이다. 따라서 글의 제목으로 가장 적절한 것은 ⑤이다.

▶ 오답 피하기

지문에서 문화적 격차를 언급하거나 문화적 다양성과 문명에 대한 언급은 없으므로 ①, ④는 적절하지 않다. ②, ③은 context(맥락), different cultural products(다양한 문화적 산물들) 등 지문에 언급된 일부 어휘를 이용한 함정으로, 글의 중심 생각을 반영하지 못하므로 제목이 될 수 없다.

2. 빈칸 추론

① 거부하다
② 빌리다
③ 도입하다
④ 강조하다
⑤ 되살리다

▶ 정답 ① reject

Quite simply로 시작하는 빈칸 문장은 앞 내용을 요약하는 문장이다. 도입부에서 예술, 예술품, 예술가 같은 관념적인 용어들을 버리고 좀 더 중립적인 말로 대체하자고 했으며, 이후 설명에서 기존 용어들의 문제점 및 대체 용어를 사용할 때의 유용성을 언급했으므로, 빈칸에 들어갈 말로 가장 적절한 것은 ① '거부하다'이다.

▶ 오답 피하기

이 글에서 주장하는 것은 예술, 예술품, 예술가라는 용어를 바꾸자는 것인데 ②, ③, ④, ⑤는 이런 용어들을 긍정적으로 보고 활용하자는 입장이므로 적절하지 않다.

전략 적용 [3~4]　뇌 크기와 사회성의 관계　정답 3 ① 4 ⑤

첫 문장 키워드

human brain, larger than expected

인간의 뇌가 예상되는 것보다 더 크다고 했으므로, 이후로는 그러한 사실의 이유나 근거, 사례 등이 내용을 뒷받침하기 위해 나오리라 예상할 수 있다.

끊어읽기 해석

At around 1.5kg, / the human brain is thought to be around five to
대략 1.5킬로그램인　　인간의 뇌는 약 다섯 배에서 일곱 배 더 크다고 여겨진다
seven times larger / than expected for a mammal of our body size. //
　　　　　　우리 신체 크기의 포유동물에게 예상되는 것보다
Why do humans have such big brains? // Although they only
왜 인간은 그렇게 큰 뇌를 가질까?　　　　　뇌는 일반적인 체중의 2퍼센트만
account for 2 percent of typical body weight, / they use up 20
차지함에도 불구하고　　　　　　　　그것들은 신진대사 에너지
percent of metabolic energy. // What could justify such a
의 20퍼센트를 써버린다　　　무엇이 그렇게 생물학적으로 값비싼 장기를 정당
biologically (a) expensive organ? // An obvious answer is / that we
화할 수 있을까?　　　분명한 대답은　　　우리는 사고
need big brains to reason. // After all, a big brain equals more
하기 위하여 큰 뇌를 필요로 한다는 것이다　결국, 큰 뇌는 더 많은 지적 능력과 동일하다
intelligence. // But evolutionary psychologist Robin Dunbar has
　　　　　그러나 진화 심리학자인 Robin Dunbar는 또 다른 대답을 강력하게 주장해 오고 있다
been pushing another answer / — one that has to do with being
　　　　　　　　　　사교적인 것과 관계가 있다는 대답
sociable. // He makes the point / that big brains seem to be (b)
　　　　　그는 주장한다　　　큰 뇌가 전문화되어 있는 것처럼 보인다는 점을
specialized / for dealing with problems / that must arise out of large
　　　　　문제들을 다루는 데　　　　큰 집단에서 틀림없이 발생하는
groups / in which an individual needs to interact with others. //
　　　　한 개인이 다른 사람들과 상호 작용을 할 필요가 있는
This is (c) true for many species. // For example, / birds of species
이것은 많은 종들에게 사실이다　　　예를 들면　　　무리 짓는 종의 새들은
that flock together / have comparatively larger brains / than those
　　　　　　비교적 더 큰 뇌를 가진다　　　　고립되어 있는 새
that are isolated. // A change in brain size can even occur / within the
들보다　　　　뇌 크기의 변화는 심지어 일어날 수 있다　　　개별 동물의 생
lifespan of an individual animal / such as the locust. // Locusts are
애 내에서도　　　　　　메뚜기와 같은　　　　메뚜기는 보통 단독

normally solitary / and avoid each other / but become 'gregarious' /
생활을 한다　　　　그리고 서로를 피한다　　　하지만 '군생'하게 된다
when they enter the swarm phase. // This swarm phase of the locust
그것들이 무리 단계로 들어갈 때　　　　메뚜기의 이러한 무리 단계는 유발된다
is triggered / by the build up of locusts / as their numbers multiply, /
　　　　메뚜기들이 쌓이면서　　　　그것들의 수가 크게 증가함에 따라
threatening food supply, / which is why they swarm to move to a
식량 공급을 위협하는데　　　이것이 그것들이 모두 함께 새로운 장소로 무리 지어 이동하는 이
new location all together. // In the process, / they rub against each
유이다　　　　　　그 과정에서　　　그것들이 서로에게 비빈다
other, / and this stimulation sets off a trigger in their brain / to (d)
서로에게　　그리고 이러한 자극이 그것들의 뇌에 있는 방아쇠를 가동시킨다　　　서로에게
start paying attention to each other. // As they swarm and become
주목하는 것을 시작하도록　　　　그것들이 무리 짓고 그것들 주변의 다른 메뚜
more tuned in to other locusts around them, / their brain size (e)
기들과 더 잘 맞춰가게 되면서　　　　그것들의 뇌 크기가 어느 정도
shrinks by some degrees. //
줄어든다

지문 해석

대략 1.5킬로그램인 인간의 뇌는 우리 신체 크기의 포유동물에게 예상되는 것보다 약 다섯 배에서 일곱 배 더 크다고 여겨진다. 왜 인간은 그렇게 큰 뇌를 가질까? 뇌는 일반적인 체중의 2퍼센트만 차지함에도 불구하고 그것들은 신진대사 에너지의 20퍼센트를 써버린다. 무엇이 그렇게 생물학적으로 (a)값비싼 장기를 정당화할 수 있을까? 분명한 대답은 우리는 사고하기 위하여 큰 뇌를 필요로 한다는 것이다. 결국, 큰 뇌는 더 많은 지적 능력과 동일하다. 주제문 그러나 진화 심리학자인 Robin Dunbar는 사교적인 것과 관계가 있다는 또 다른 대답을 강력하게 주장해 오고 있다. 그는 큰 뇌가 한 개인이 다른 사람들과 상호 작용을 할 필요가 있는 큰 집단에서 틀림없이 발생하는 문제들을 다루는 데 (b)전문화되어 있는 것처럼 보인다는 점을 주장한다.

이것은 많은 종들에게 (c)사실이다. 예를 들면, 무리 짓는 종의 새들은 고립되어 있는 새들보다 비교적 더 큰 뇌를 가진다. 뇌 크기의 변화는 심지어 메뚜기와 같은 개별 동물의 생애 내에서도 일어날 수 있다. 메뚜기는 보통 단독 생활을 하고 서로를 피하지만 그것들이 무리 단계로 들어갈 때 '군생'하게 된다. 메뚜기의 이러한 무리 단계는 그것들의 수가 크게 증가함에 따라 메뚜기들이 쌓이면서 유발되며 식량 공급을 위협하는데, 이것이 그것들이 모두 함께 새로운 장소로 무리 지어 이동하는 이유이다. 그 과정에서 그것들이 서로에게 비비며, 이러한 자극이 서로에게 주목하는 것을 (d)시작하도록 뇌에 있는 방아쇠를 가동시킨다. 그것들이 무리 짓고 그것들 주변의 다른 메뚜기들과 더 잘 맞춰가게 되면서 그것들의 뇌 크기가 어느 정도 (e)줄어든다(→ 커진다).

배경지식

- **포유동물(mammal)**: 척추동물문(門)의 한 강(綱)을 이루는 동물로 새끼에게 젖을 먹이는 동물을 말한다. 대부분의 포유동물은 알이 아닌 새끼를 낳아 번식한다. 털이나 두꺼운 피부로 체온을 유지하며, 다른 동물에 비해 뇌가 발달했다.
- **진화 심리학자(evolutionary psychologist)**: 동물·인간의 마음과 행동을 진화론적 관점에서 분석하는 학자들이다.

지문 구조

Unit 02 도입 - 주제문 - 예시 - 결론에서 결론이 생략된 구조이다. 도입부에서는 질문으로 독자의 흥미를 유발하였으며, 일반적인 이론을 제시한 후, 다른 관점의 의견을 추가하는 방식으로 주제를 제시하였다.

도입	인간의 뇌는 지적 능력을 위해 크게 발달하였으며, 에너지를 많이 소비한다.

주제문	진화심리학자 Robin Dunbar는 큰 뇌가 사교적인 것과 관련이 있

예시	다고 주장한다. ↓ 1) 무리 짓는 종의 새가 고립된 종의 새보다 뇌가 더 크다. 2) 메뚜기는 단독 생활을 하다가 무리 단계에 들어가면 주변의 다른 메뚜기들과 맞춰가게 되면서 뇌가 더 커진다.

STEP BY STEP 문제 풀이

STEP ① 문단 내용 요약하기

· 첫 번째 문단

도입: 인간이 큰 뇌를 가지는 이유

(사실 1+질문 1) 왜 인간은 다른 포유동물보다 다섯 배에서 일곱 배 큰 뇌를 가질까?

(사실2+질문2) 인간의 뇌는 신진대사 에너지의 20퍼센트를 써버린다. 무엇이 그렇게 생물학적으로 (a) 값비싼(expensive) 장기를 정당화할 수 있을까?

(답변(통념)) 우리는 사고하기 위하여 큰 뇌를 필요로 한다.

주제문: 인간 뇌 크기와 사교적인 것의 연관성

(반박) 그러나, 진화 심리학자인 Robin Dunbar는 뇌 크기가 사교적인 것과 관계가 있다며 큰 뇌가 큰 집단에서 틀림없이 발생하는 문제들을 다루는 데 (b) 전문화되어 있는(specialized) 것처럼 보인다는 주장을 한다. (글쓴이의 동조) 이것은 많은 종들에게 (c) 사실이다(true).

· 두 번째 문단

예시: 뇌의 크기가 사교적인 것과 관련 있다는 것의 예시

1) 무리 짓는 종의 새가 고립된 종의 새보다 뇌가 더 크다.
2) 메뚜기는 단독 생활을 하다가 무리 단계에 들어가면 서로에게 주목하기 (d) 시작하고(start) 주변의 다른 메뚜기들과 맞춰가게 되면서 뇌가 더 (e) 줄어든다(shrinks).

STEP ② 제목 찾기 전략 적용하기

1) 주제, 소재 파악하기

- **주제:** 뇌 크기는 사교적인 것과 관련이 있다.
- **소재:** being sociable, big brains

2) 주제와 가장 비슷한 선택지 고르기

- **패러프레이징:** Why, another answer → Secret
  big brains → Brain Size
  sociable → Social Interaction

  ○ ① The Secret Behind Brain Size: Social Interaction
  '뇌 크기 뒤의 비밀: 사회적 상호 작용'

STEP ③ 문맥 속 어휘 추론 전략 적용하기

1) 선택지 어휘가 속한 문장 집중해서 읽기

(a) such a biologically <u>expensive</u> organ

(b) big brains seem to be <u>specialized</u> for dealing with problems

(c) This is <u>true</u> for many species.

(d) their brain to <u>start</u> paying attention to each other

(e) As they swarm ~ their brain size <u>shrinks</u> by some degrees.

(d), (e)가 속한 문장은 주제에 대한 예시로서, 크기가 큰 인간의 뇌는 사교적인 것과 관련이 있다는 주제와 맥락을 같이 해야 한다. 그런데 그것들(메뚜기들)이 무리 짓고 서로 맞춰 가게 되는 과정에서 뇌 크기가 (e) '줄어든다(shrinks)'는 내용은 적절하지 않다.

2) 정반대 어휘를 넣어 정답 확정하기

○ (e) shrinks(줄어든다) 대신 enlarges(커진다) 같은 반대 뜻을 가진 어휘가 들어가야 의미가 통하므로 정답은 ⑤ (e)이다.

전략 적용

Unit 17-2 '속독과 정독을 적재적소에 활용하라'

지문을 속독하여 지문 구조를 파악하고, 정독으로 세부 사항 관련 문제를 해결한다. 이 글은 크게 두 단락으로 돼 있는데, 첫 번째 단락 중간쯤에 But이 있다. 내용을 읽어보니 역시나 역접 접속사 But 뒤가 주제문이다.

두 번째 단락은 첫째 줄에 있는 For example로 보아 예시에 해당함을 알 수 있다. 예시는 주제문을 뒷받침하므로, 주제문과 예시의 내용을 종합하여 제목을 선택하고, 개별 어휘가 맞는지 틀리는지는 선택지가 포함된 문장과 앞뒤 문맥을 통해 확인한다.

구문 분석

At around 1.5kg, <u>the human brain</u> <u>is thought</u> to be around five to
　　　　　　　　　주어　　　　　　　　동사
seven **times larger than** expected for a mammal of our body size.

→ 「배수사(~ times)+비교급+than」은 '(…보다) 몇 배 더 ~한'이라는 뜻이다.

He <u>makes</u> the point [**that** big brains seem to be specialized for
주어　동사
dealing with problems {**that** must arise out of large groups (**in which** an individual needs to interact with others)}].

→ [ ]는 접속사 that이 이끄는 명사절로 the point와 동격 관계이다. { }는 선행사 problems를 수식하는 주격 관계대명사절로 여기서 that은 주격 관계대명사이다. ( )는 선행사 large groups를 수식하는 관계대명사절로, which가 전치사 in의 목적어로 쓰인 목적격 관계대명사절이다.

For example, <u>birds of species [that flock together]</u> <u>have</u>
　　　　　　　　　　주어　　　　　　　　　　　동사
comparatively larger brains than **those** [**that** are isolated].

→ 두 개의 [ ]는 앞에 있는 명사(구)를 수식하는 주격 관계대명사절로, 둘 다 주격 관계대명사 that이 쓰였다. 각각 선행사 birds of species, those를 수식한다. those는 한 문장 내에서 반복되는 복수명사 birds를 대신한다.

<u>This swarm phase of the locust</u> <u>is triggered</u> by the build up of
　　　　　주어　　　　　　　　　　　동사
locusts [**as** their numbers multiply, **threatening** food supply, {**which** is why they swarm to move to a new location all together}].

→ [ ]는 시간 부사절로, as는 '~할 때, ~함에 따라'라고 해석한다. threatening food supply는 연속 상황을 나타내는 분사구문이다. { }는 계속적 용법의 관계대명사절로, which는 앞 내용 their numbers ~ food supply를 가리킨다.

문항 해설

3. 제목 찾기

① 뇌 크기 뒤의 비밀: 사회적 상호 작용
② 집단 지성은 생존을 위해 어떻게 작동하는가
③ 생물 다양성: 진화를 위한 새로운 기회
④ 사교적인 것의 밝은 면과 어두운 면
⑤ 무엇이 사교적인 것을 그토록 어렵게 만드는가?

▶정답 ①　The Secret Behind Brain Size: Social Interaction

이 글의 주제는 인간의 뇌 크기가 사교적인 것과 관련이 있다는 것으로, 큰 집단에서 발생하는 문제를 처리하기 위해 큰 뇌를 필요로 한다는 전문가의 의견을 제시하였고, 무리 짓는 조류 및 메뚜기의 사례로 설명하고 있다. 따라서 글의 제목으로 가장 적절한 것은 ①이다.

▶오답 피하기

②, ③은 각각 지문 속에 등장한 intelligence, biologically/evolutionary라는 단어를 이용해 오답을 유도한 함정으로, 집단 지성과 생물 다양성은 언급된 바 없으므로 답이 될 수 없다. ④, ⑤는 소재(being sociable)는 일치하지만 주제를 관통하지 못하므로 오답이다.

4. 문맥 속 어휘 추론

▶정답 ⑤ (e)

메뚜기들이 무리 짓고 주변의 다른 메뚜기들과 잘 맞춰가게 되면서 뇌 크기가 줄어든다는 것은 글의 주제에서 벗어난다. 따라서 문맥상 낱말의 쓰임이 적절하지 않은 것은 ⑤ (e)이다.

▶오답 피하기

(a) expensive(값비싼)는 앞에서 체중의 2퍼센트에 불과한 인간의 뇌가 신진대사 에너지의 20퍼센트를 소모한다고 했으므로, '생물학적으로 값비싼' 장기라고 하는 것이 문맥에 어울린다. (b) specialized(전문화된)는 '개인이 타인과 상호작용할 필요가 있는 큰 집단에서 발생하게 되는 문제들을 처리하는 데 큰 뇌가 전문화된 것 같다'는 뜻이다. 바로 앞에 제시된 반박 주장과 일치하는 내용이므로 문맥에 적절하다. (c) true(사실의) 문장은 '이것(앞 내용)은 다수 생물종에게 사실이다'라고 했다. 이후 주제를 뒷받침하는 사례들로 보아 true는 적절하다. (d) start(시작하다)는 메뚜기들의 자극이 서로에게 주목하기 '시작하도록' 메뚜기들의 뇌에 있는 방아쇠를 작동시킨다는 뜻이 된다. trigger(촉발 요인, 방아쇠)라는 말과 '시작한다'는 말이 서로 잘 연결된다. 따라서 ①~④는 적절하다.

전략 적용 [5~7] 파산 위기의 중역과 한 노인

정답 5 ④ 6 ⑤ 7 ⑤

첫 문장 키워드

executive, in debt, no way out

첫 문장에 빚을 져서 출구가 없는 중역이 나왔다. 한 주인공의 이야기가 시간순으로 진행되는 지문임을 알 수 있다. 이후에는 중역이 빚을 지게 된 과정이나 그의 심경, 빚에 대한 그의 대응 같은 것이 나올 것을 예상할 수 있다.

끊어읽기 해석

(A) There was a business executive / who was deep in debt and
한 회사 중역이 있었다   많은 빚을 져서 아무런 출구도 볼 수 없는
could see no way out. // He couldn't borrow more money from
                        그는 어떠한 은행에서도 더 많은 돈을 빌릴 수 없었고
any bank, / and couldn't pay his suppliers. // One day, / (a) he
그리고 공급업체들에 돈을 지불할 수 없었다   어느 날   그는
sat on a park bench, / head in hands, / wondering if anything
공원 벤치에 앉아 있었다   머리를 감싸 쥔 채   회사를 구할 무언가가 있을까 생각하
could save his company / from bankruptcy. //
며   파산으로부터

(B) The executive saw in his hand a check for $500,000, / signed by
그 중역은 오십만 달러짜리 수표가 자기 손에 있는 것을 보았다   John D.
John D. Rockefeller, / then one of the richest men in the world!
Rockefeller가 서명한   그 당시 세계에서 가장 부유한 사람 중 하나인
// "I can erase my money worries in an instant!" / he thought. //
   "나는 즉시 내 돈 걱정을 없앨 수 있다!"   그는 생각했다
But instead, / the executive decided to put the check in his safe.
그러나 대신에   그 중역은 수표를 자신의 금고에 넣어두기로 결심했다
// Just knowing it was there / might give him the strength / to
   단지 그것이 거기 있다는 것을 아는 것은   그에게 힘을 줄 수도 있다고   그
work out a way to save (b) his business, / he thought. // Within a
의 회사를 구할 방법을 찾아낼   그는 생각했다   몇 달 이내에
few months, / he was out of debt / and making money once
그는 빚에서 벗어났다   그리고 다시 한번 돈을 벌게 되었다
again. //

(C) Exactly one year later, / (c) he returned to the park / with the
정확히 일 년 후에   그는 공원으로 다시 갔다   그 수표를 가

---

check. // At the agreed-upon time, / the old man appeared. // But
지고   약속된 시간에   그 노인이 나타났다   그러
just then, / a nurse came running up and grabbed the old man. //
나 바로 그때   한 간호사가 달려와 그 노인을 붙잡았다
"I hope / he hasn't been bothering you. // He's always escaping
"나는 바랍니다 그가 당신을 성가시게 하고 있지 않았기를   그는 항상 요양원을 탈출합니다
from the rest home / and telling people / he's John D.
                    그리고 사람들에게 말합니다   자신이 John D.
Rockefeller, " / the nurse said. // The surprised executive just
Rockefeller라고"   간호사가 말했다   놀란 중역은 그저 거기에 서 있었다
stood there. // Suddenly, (d) he realized / that it wasn't the
                    갑자기 그는 깨달았다   그 돈이 아니었다는 것을
money, / real or imagined, / that had turned his life around. // It
진짜이든 상상이든   자신의 인생을 전환시킨 것이   바
was his new found self-confidence / that enabled him to achieve
로 그의 새로 발견한 자신감이었다   그가 어떤 것이든 성취할 수 있게 해 준 것은
anything / he went after. //
            그가 추구한

(D) Suddenly an old man appeared before him. // "I can see / that
갑자기 한 노인이 그의 앞에 나타났다   나는 볼 수 있어요 무엇
something is troubling you, " / he said. // After listening to the
인가 당신을 괴롭히고 있다는 것을   그는 말했다   그 중역의 고민을 듣고 난 후
executive's worries, / the old man said, / "I believe I can help
                    그 노인은 말했다   내가 당신을 도울 수 있다고 나는
you." // (e) He asked the man his name, wrote out a check, and
믿습니다   그는 그 남자에게 이름을 물었고, 수표를 써서 그의 손에 밀어 넣었다
pushed it into his hand. // He said, "Take this money. // Meet
                        그는 말했다   이 돈을 가져가시오   오늘로부
me here exactly one year from today, / and you can pay me back
터 정확히 일 년 뒤에 여기서 나를 만나요   그리고 그때 내게 돈을 갚으면 됩니다
at that time." // Then he turned / and disappeared / as quickly as
            그리고 나서 그는 돌아섰다   그리고 사라졌다   그가 왔던 것만큼이나
he had come. //
빠르게

지문 해석

(A) 많은 빚을 져서 아무런 출구도 볼 수 없는 한 회사 중역이 있었다. 그는 어떠한 은행에서도 더 많은 돈을 빌릴 수 없었고, 공급업체들에 돈을 지불할 수 없었다. 어느 날 (a)그는 파산으로부터 회사를 구할 무언가가 있을까 생각하며 머리를 감싸 쥔 채 공원 벤치에 앉아 있었다.

(D) 갑자기 한 노인이 그의 앞에 나타났다. 그는 "무엇인가 당신을 괴롭히고 있다는 것을 나는 볼 수 있어요."라고 말했다. 그 중역의 고민을 듣고 난 후 그 노인은 "내가 당신을 도울 수 있다고 나는 믿습니다."라고 말했다. (e)그는 그 남자에게 이름을 묻고, 수표를 써서 그의 손에 밀어 넣었다. 그는 "이 돈을 가져가시오. 오늘로부터 정확히 일 년 뒤에 여기서 나를 만나 그때 내게 돈을 갚으면 됩니다."라고 말했다. 그러고 나서 그는 돌아섰고 그가 왔던 것만큼이나 빠르게 사라졌다.

(B) 그 중역은 그 당시 세계에서 가장 부유한 사람 중 하나인 John D. Rockefeller가 서명한 오십만 달러짜리 수표가 자기 손에 있는 것을 보았다. 그는 "나는 즉시 내 돈 걱정을 없앨 수 있다!"라고 생각했다. 그러나 대신에, 그 중역은 수표를 자신의 금고에 넣어두기로 결심했다. 단지 그것이 거기 있다는 것을 아는 것만으로도 (b)그의 회사를 구할 방법을 찾아낼 힘을 그에게 줄 수도 있다고 그는 생각했다. 몇 달 이내에 그는 빚에서 벗어났고 다시 한번 돈을 벌게 되었다.

(C) 정확히 일 년 후에 (c)그는 그 수표를 가지고 공원으로 다시 갔다. 약속된 시간에 그 노인이 나타났다. 그러나 바로 그때, 한 간호사가 달려와서 그 노인을 붙잡았다. "나는 그가 당신을 성가시게 하고 있지 않았기를 바랍니다. 그는 항상 요양원을 탈출해서 사람들에게 자신이 John D. Rockefeller라고 말합니다."라고 간호사가 말했다. 놀란 중역은 그저 거기에 서 있었다. 갑자기 (d)그는 자신의 인생을 전환시킨 것이 진짜이든 상상이든 그 돈이 아니었다는 것을 깨달았다. 그가 추구한 것이 어떤 것이든 성취할 수 있게 해 준 것은 바로 그의 새로 발견한 자신감이었다.

배경지식

· **록펠러(John D. Rockefeller)**: (1839-1937) 미국의 석유 사업가. 한때 미국 정유 사업의 95%를 독점하였으며, 이로써 막대한 부를 벌어들여 '석유 왕'이라고 불릴 정도였다. 후에는 재산을 사회에 환원하기 위해 자선 사업에 힘썼다.

지문 구조

이 글은 시간순 지문으로 '도입 - 전개 1 - 전개 2 - 결말' 구조이다. Unit 10에서 배운 도입 - 전개 - 결말(시간순)의 기본 구조이다.

도입	많은 빚을 진 회사 중역이 공원 벤치에서 회사를 구할 방법을 고민함
↓ 전개 1	한 노인이 나타나 회사 중역의 고민을 듣고 수표를 써서 준 뒤, 1년 뒤 만나 갚으라고 함
↓ 전개 2	John D. Rockefeller라고 서명된 오십만 달러짜리 수표를 금고에 넣어두고 회사를 구할 방법을 찾을 힘을 얻은 중역은 열심히 노력하여 빚에서 벗어났고 다시 돈을 벌게 됨
↓ 결말	1년 뒤 수표를 가지고 공원으로 다시 갔으나, 사실 그 노인은 John D. Rockefeller가 아니라 요양원 환자일 뿐임을 알게 되고, 자신의 삶을 전환시킨 것은 그 돈이 아닌 자신감이었음을 깨달음

STEP BY STEP 문제 풀이

STEP① 글의 순서 배열 전략 적용하기

1) (A)를 읽고 전개 예상하기

· **주어진 글(A)**: 회사 중역이 빚을 지고 은행 대출도 더 안 되고 공급업체에 돈을 지불하지 못하는 상황에서 회사를 구할 방법을 고민하며 공원에 앉아 있었다.

· **예상되는 전개**: 회사 중역이 위기를 극복하는 과정

2) (B), (C), (D) 첫 문장(첫 부분)을 읽고 순서 파악하기

(B): John D. Rockefeller가 서명한 50만 달러짜리 수표를 봄

(C): 정확히 1년 후 수표를 들고 공원에 다시 갔음

(D): 갑자기 한 노인이 앞에 나타남

공원 벤치에서 회사를 구할 고민에 빠진 중역(A) → 갑자기 노인이 나타남(D) → 50만 달러짜리 수표가 생김(B) → 1년 후 공원에 다시 감(C)

3) 글의 흐름이 자연스러운지 확인하기

(A) - (D) - (B) - (C) 순서대로 각 단락의 마지막 부분과 첫 부분이 자연스럽게 이어지는지 확인한다.

(A) → (D): 절망에 빠져 벤치에 앉아있는 중역 앞에 갑자기 한 노인이 나타남

(D) → (B): 노인은 중역에게 수표를 주고 재빨리 사라졌고 중역이 손에 있는 50만 달러 수표를 보는 장면으로 전환

(B) → (C): 몇 달 이내에 빚을 갚고 다시 돈을 벌게 되었고, 정확히 일 년 후에 그 수표를 가지고 공원에 다시 감

❍ (D) - (B) - (C)의 순서는 적절하다

STEP② 지칭 추론 전략 적용하기

1) 지칭 대상 후보 선정하기

등장인물 중 밑줄 친 대명사 he로 받을 수 있는 것을 찾는다.

· **밑줄 친 대명사**: he → 3인칭, 단수, 남성

· **지칭 대상 후보**: a business executive(○)
　　　　　　　　　　an old man(○)
　　　　　　　　　　a nurse(△, 알 수 없음)

2) 등장 인물의 상황과 특징 파악하기

· **a business executive**: 파산 위기의 회사 중역

· **an old man**: 자신을 세계적인 부자 Rockefeller라 칭하며, 수표를 써 줌

3) 밑줄 친 대명사들이 지칭하는 대상 확인하기

① (a) he(=a business executive):

아직 a business executive 외의 등장인물이 나타나지 않았으므로 당연히 he는 a business executive를 가리킨다.

② (b) his(=a business executive):

회사를 구해야 하는 사람은 파산 위기에 처한 a business executive이다.

③ (c) he(=a business executive):

수표를 가지고 공원으로 다시 간 사람은 수표를 받았던 사람이므로 a business executive이다.

④ (d) he(=a business executive):

자신의 삶을 바꾼 것이 '그 돈'이 아니라는 깨달음을 얻은 사람은 '그 돈' 즉 수표를 가지고 있었던 사람이므로, a business executive이다.

⑤ (e) He(=an old man):

이름을 묻고 수표를 써 준 사람은 중역의 고민을 듣고 난 후 도와줄 수 있다고 말한 사람이므로 an old man이다

❍ (e)만 회사 중역이 아닌 그를 도운 노인을 가리키므로 ⑤가 정답이다.

STEP③ 세부 내용 파악 전략 적용하기

1) 선택지에서 키워드 파악하기

· **선택지 키워드**: ① 은행, 돈 빌리기
　　　　　　　　　　② 수표, 금고
　　　　　　　　　　③ 간호사, 노인, 이야기
　　　　　　　　　　④ 자신감, 성취
　　　　　　　　　　⑤ 노인, 고민 털어놓지 않음

2) 키워드가 속한 문장 집중해서 읽기

① He couldn't borrow more money from any bank

② decided to put the check in his safe

③ ~ He(=the old man)'s always escaping ~ he's John D. Rockefeller, " the nurse said

④ It was his new found self-confidence that enabled him to achieve anything he went after.

⑤ After listening to the executive's worries, the old man said

3) 일치/불일치하는 단어가 포함된 선택지 고르기

❍ (D)의 세 번째 문장을 통해 노인이 중역의 고민을 들었다는 사실을 알 수 있으므로, ⑤에서 중역이 노인에게 고민을 털어놓지 않았다는 내용은 지문 내용과 반대이다. 따라서 ⑤가 불일치한다.

전략 적용

Unit 17-3 '세부 내용 파악 문제의 선택지는 해설지나 다름없다'

마지막 문제 '세부 내용 파악' 유형의 선택지를 보면 간호사, 노인, 중역(주인공), 세 인물이 등장하며, 주인공에게 돈과 관련된 어려움이 있지만 결국에는 자신감으로 원하는 바를 성취하는 내용임을 대략적으로 그려볼 수 있다. 세부 내용 파악 문제에서 선택지 순서는 보통 시험지에 인쇄된 순서대로 나오므로, 선택지 키워드(핵심이 될 만한 명사나 동사)를 기억해서 지문에서 해당 표현이 언급된 부분을 꼼꼼하게 확인한다.

구문 분석

The executive saw [in his hand] a check for $500,000, [signed by
　　　주어　　동사
John D. Rockefeller, then {one of the richest men in the world}]!

→ 첫 번째 [ ]는 동사와 목적어 사이에 삽입된 전치사구이다. 두 번째 [ ]는 a check for $500,000를 수식하는 과거분사구로, 계속적 용법의 관계대명사절에서 앞에 which was가 생략된 것으로도 볼 수 있다. { }는 John D. Rockefeller와 서로 동격 관계에 있는 명사구이다.

Just knowing [it was there] might give him the strength [to work
　　　　주어　　　　　　　　동사
out a way {to save his business}], he thought.

→ 동명사 주어가 왔다. 첫 번째 [ ]는 knowing의 목적어 역할을 하는 명사절로
접속사 that이 it 앞에 생략되었다. 두 번째 [ ]와 { }는 둘 다 형용사적 용법의 to
부정사구로, 각각 앞에 오는 the strength와 a way를 수식한다.

Suddenly, he realized [that it wasn't the money, {real or
　　　　　주어　동사
imagined}, that had turned his life around].

→ [ ]는 동사 realized의 목적어 역할을 하는 명사절로, 접속사 that 뒤에 「it
was ~ that」강조 구문이 왔다. '…한 것은 바로 ~이다'라는 의미로, 여기서는 명
사 the money가 강조되었다. { }는 the money를 수식해주는 삽입구이다.

문항 해설

5. 글의 순서 배열

▶정답 ④ (D) - (B) - (C)

주어진 글은 파산 위기의 중역이 공원에서 고민 중인 상황을 보여준다. 갑자기
나타난 노인이 수표를 써 준 내용이 나오는 (D), 수표를 통해 힘을 얻은 중역이 빚
을 갚고, 돈을 버는 내용이 나오는 (B), 1년 뒤 수표를 들고 다시 공원으로 와서 깨
달음을 얻는 (C) 순서가 자연스럽다. 따라서 정답은 ④ (D) - (B) - (C)이다.

▶오답 피하기

주어진 글 뒤에 올 단락들의 시간적인 배경을 살펴보면 (B)는 중역이 노인을 만
난 날로부터 몇 달 이내의 상황, (C)는 1년 뒤 상황이다. 따라서 (B)가 (C)보다 앞
서 와야 하는데, ②, ③, ⑤는 그렇지 못하므로 오답이다. ①은 (B)가 (C)보다 먼저
오긴 했지만 중역의 고민을 듣고 수표를 써 주며 1년 뒤 만남을 제안하는 (D)가
(A) 바로 다음에 와야 하므로 답이 될 수 없다.

6. 지칭 추론

▶정답 ⑤ (e)

(e) He는 수표를 상대에게 써 주는 사람이다. 중역은 돈이 필요해서 고민하던 상
황이므로, 여기서 He가 지칭하는 대상은 an old man이 되어야 한다. 나머지
(a)~(d)는 a business executive를 가리키므로, 가리키는 대상이 다른 것은 ⑤
(e)이다.

▶오답 피하기

(a) he는 벤치에 앉아 파산 걱정을 하는 a business executive를 가리킨다. (b)
his는 자신의 회사를 구할 방법을 찾아야 하는 사람이므로 a business
executive를 가리킨다. (c) he는 받았던 수표를 가지고 다시 공원에 간 사람이므
로 a business executive를 가리킨다. (d) he는 자신의 삶을 바꾼 것이 '그 돈'이
아니라는 깨달음을 얻은 사람이므로 수표를 받은 a business executive가 되어
야 한다. 따라서 (a)~(d)는 모두 a business executive를 가리킨다.

7. 세부 내용 파악

▶정답 ⑤ 노인에게 자신의 고민을 털어놓지 않았다.

(D) 세 번째 문장에서 After listening to the executive's worries라고 나와 있
으므로, 노인에게 고민을 털어놓지 않았다는 것은 사실이 아니다. 따라서
business executive에 관한 내용과 일치하지 않는 것은 ⑤이다.

▶오답 피하기

①은 (A)의 두 번째 문장 He couldn't borrow more money from any bank,
②는 (B)의 세 번째 문장 중 decided to put the check in his safe와 일치한다.
③은 (C)의 중간에 나오는 "~ He's always escaping from the rest home and
telling people he's John D. Rockefeller," the nurse said에서 알 수 있는 내
용이다. ④는 (C) 마지막 문장에서 It was his new found self-confidence that

enabled him to achieve anything he went after라고 언급하는 부분에서 확
인할 수 있다.

첫 문장 키워드

first day, new semester

새 학기의 첫날이라는 짤막한 문장이 왔다. 학교 생활에 관한 이야기임을 알 수
있다. 새 학기가 시작될 때 일어날 수 있는 일들을 떠올리며 글을 읽어간다.

끊어읽기 해석

(A) It was the first day / of the new semester. // Steve and Dave were
　　첫날이었다　　　　　새 학기의　　　　　　　Steve와 Dave는 흥분해 있었다
excited / that they would be back at school again. // They rode
　　　　그들이 다시 학교에 돌아간다는 사실에　　　　그들은 자전거를
their bicycles to school together / that morning, / as they usually
타고 함께 등교했다　　　　　　　그날 아침　　　　그들이 대체로 그랬던 것
did. // Dave had math on the first floor, / and Steve was on the
처럼　　Dave는 수학 수업이 일층에 있었다　　　그리고 Steve는 역사 수업으로 이
second with history. // On his way to the classroom, / Steve's
층에 있었다　　　　　　교실로 가는 도중에　　　　　　Steve의 선
teacher came up to him / to ask if (a) he wanted to run for
생님이 그에게 다가왔다　　　　그래서 그가 학생회장에 출마하기를 원하는지
student president. // Steve thought for a moment and answered,
물었다　　　　　　　Steve는 잠시 생각하다가 대답했다
"Sure, it'll be a great experience." //
"그럼요, 그것은 큰 경험이 될 겁니다."라고

(B) Steve won the election. // Upon hearing the result, / Dave went
　　Steve는 선거에서 이겼다　　　　결과를 듣자마자　　　Dave는 Steve에
over to Steve / and congratulated (b) him, / shaking his hand. // It
게 갔다　　　그리고 그에게 축하를 했다　　　악수를 하면서
Steve could still see the disappointment burning in his eyes. // It
Steve는 여전히 그의 눈에서 실망감이 불타고 있는 것을 볼 수 있었다　　　그
wasn't until later that evening, / on the way home, / that Dave
날 저녁 늦게서야 비로소　　　　집으로 가는 길에　　　Dave는 사과하
said apologetically, / "I'm so sorry, Steve! // This election hasn't
며 말했다　　　　"정말 미안해, Steve　　이번 선거가 우리의 우정을 해친
damaged our friendship, has it?" // "Of course not, Dave. //
건 아니지, 그렇지?"라고　　　　"물론 아니야, Dave
We're friends as always!" // Steve responded with a smile. // As
우린 언제나처럼 친구야!"　　　Steve는 미소 지으며 응답했다　　　Steve
Steve arrived home, / his dad was proudly waiting for him / and
가 집에 도착했을 때　　　그의 아버지는 자랑스럽게 그를 기다리고 있었다　　그리
said, / "Congratulations on the win! / How did Dave take it?" //
고 말했다　"이긴 것을 축하해!　　Dave는 그것을 어떻게 받아들였니?"
Steve replied, / "We're fine now, / best friends for life!" // (c) His
Steve는 대답했다　"우린 이제 괜찮아요　평생의 최고의 친구니까!"라고　　그의
dad laughed, / "Sounds like / you won two battles today!" //
아버지는 웃었다　"~처럼 들리는구나　넌 오늘 두 번의 싸움에서 이긴 것(처럼)!"

(C) After class, / Steve spotted Dave in the hallway / and ran to him
　　수업 후에　　　Steve는 복도에서 Dave를 발견했다　　　그리고 그에게 신나게
excitedly, / "I've got good news! / I'm going for student president
달려갔다　　　"나 좋은 소식이 있어!　　내가 학생회장에 출마할 거야
/ and I think mine will be the only nomination." // Dave cleared
그리고 내 생각에는 내가 유일한 후보일 것 같아."　　　Dave는 목청을 가다
his throat / and replied with surprise, / "Actually, I've just
듬었다　　　그리고 놀라면서 대답했다　　　"사실은, 나도 방금 내 이름을
registered my name, too!" // (d) He continued sharply, / "Well,
등록했어!"　　　그는 날카롭게 이어갔다　　　"그래, 행
best of luck! // But don't think / you'll win the election, Steve."
운을 빌어!　　하지만 생각하지 마　네가 선거에서 이길 거라고, Steve."
// Dave walked quickly away / and from that moment on, / there
　　Dave는 재빨리 떠났다　　　　그리고 그 순간부터 계속해서　　　　불편한
was an uncomfortable air of tension / between the two friends. //
긴장의 분위기가 있었다　　　　　두 친구 사이에
Steve tried to be friendly toward Dave, / but he just didn't seem
Steve는 Dave에게 다정하려고 애썼다　　　하지만 그는 전혀 신경 쓰는 것 같지

to care. //
않았다
(D) When the election day came, / Steve found / that his bicycle had
선거일이 다가왔을 때   Steve는 발견했다   자신의 자전거 타이어가 펑크
a flat tire, / so he started to run to school. // Just as he reached
난 것을   그래서 그는 학교로 뛰어가기 시작했다   그가 막 도로 끝에 이르렀을 때
the end of the street, / Dave's dad, / who was driving Dave to
도로 끝에   Dave의 아버지는   Dave를 학교에 태워다 주고 있었는데
school, / pulled over to give him a ride. // The dead silence in
그를 태워주기 위해 차를 세웠다   차 안의 죽음과 같은 정적인 차를
the car made the drive painful. // Noticing the bad atmosphere, /
타고 가는 것을 고통스럽게 했다   안 좋은 분위기를 알아차리고
Dave's dad said, / "You know, only one of you can win. // You
Dave의 아버지가 말했다   "너희도 알겠지만 너희 중 단 한 명만 이길 수 있단다   너희는
have known each other / since birth. // Don't let this election
서로 알고 지냈잖아   태어날 때부터   이 선거가 너희의 우정을 망치게 하지
ruin your friendship. // Try to be happy / for each other!" // His
말거라   기뻐하도록 해 보렴   서로를 위해!"   그의
words hit Dave hard. // Looking at Steve, / Dave felt the need /
말은 Dave에게 큰 충격을 주었다   Steve를 보면서   Dave는 필요를 느꼈다
to apologize to (e) him / later that day. //
그에게 사과해야 할   그날 늦게

지문 해석

(A) 새 학기의 첫날이었다. Steve와 Dave는 그들이 다시 학교에 돌아간다는 사실에 흥분해 있었다. 그날 아침 그들은 대체로 그랬던 것처럼 자전거를 타고 함께 등교했다. Dave는 수학 수업이 일층에서 있었고 Steve는 역사 수업으로 이층에 있었다. 교실로 가는 도중에 Steve의 선생님이 그에게 다가와 (a)그가 학생회장에 출마하기를 원하는지 물었다. Steve는 잠시 생각하다가 "그럼요, 그것은 큰 경험이 될 겁니다."라고 대답했다.

(C) 수업 후에 Steve는 복도에서 Dave를 발견하고는 그에게 신나게 달려갔다. "나 좋은 소식이 있어! 내가 학생회장에 출마할 건데 내 생각에는 내가 유일한 후보일 것 같아." Dave는 목청을 가다듬고 놀라면서 대답했다. "사실은, 나도 방금 내 이름을 등록했어!" (d)그는 날카롭게 이어갔다. "그래, 행운을 빌어! 하지만 네가 선거에서 이길 거라고 생각하지 마, Steve." Dave는 재빨리 떠났고 그 순간부터 계속해서 두 친구 사이에 불편한 긴장의 분위기가 있었다. Steve는 Dave에게 다정하려고 애썼지만 그는 전혀 신경 쓰는 것 같지 않았다.

(D) 선거일이 다가왔을 때 Steve는 자신의 자전거 타이어가 펑크 난 것을 발견했고 그래서 학교로 뛰어가기 시작했다. 그가 막 도로 끝에 이르렀을 때 Dave의 아버지는 Dave를 학교에 태워다 주고 있었는데 그를 태워주기 위해 차를 세웠다. 차 안의 죽음과 같은 정적은 차를 타고 가는 것을 고통스럽게 했다. 안 좋은 분위기를 알아차리고 Dave의 아버지가 말했다. "너희도 알겠지만 너희 중 단 한 명만 이길 수 있단다. 너희는 태어날 때부터 서로 알고 지냈잖아. 이 선거가 너희의 우정을 망치게 하지 말거라. 서로를 위해 기뻐하도록 해 보렴!" 그의 말은 Dave에게 큰 충격을 주었다. Steve를 보면서 Dave는 그날 늦게 (e)그에게 사과해야 할 필요를 느꼈다.

(B) Steve는 선거에서 이겼다. 결과를 듣자마자 Dave는 Steve에게 가서 악수를 하면서 (b)그에게 축하를 했다. Steve는 여전히 그의 눈에서 실망감이 불타고 있는 것을 볼 수 있었다. 그날 저녁 늦게 집으로 가는 길에서야 비로소 Dave는 사과하며 말했다. "정말 미안해, Steve! 이번 선거가 우리의 우정을 해친 건 아니지, 그렇지?" "물론 아니지, Dave. 우린 언제나처럼 친구야!" Steve는 미소 지으며 응답했다. Steve가 집에 도착했을 때 그의 아버지는 자랑스럽게 그를 기다리고 있다가 말했다. "이긴 것을 축하해! Dave는 그것을 어떻게 받아들였니?" Steve는 "우린 평생의 최고의 친구니까 이제 괜찮아요!"라고 대답했다. (c)그의 아버지는 웃었다. "넌 오늘 두 번의 싸움에서 이긴 것처럼 들리는구나!"

지문 구조

이 글은 '도입 - 전개 1 - 전개 2 - 결말' 구조로, Unit 10 도입 - 전개 - 결말 (시간 순)의 기본 구조를 따르고 있다.

도입	새 학기 첫날 선생님이 Steve에게 학생회장 출마 의사를 물었고 Steve는 멋진 경험이 될 거라고 대답함
↓	
전개 1	수업 후 Steve와 Dave가 둘 다 학생회장에 출마 예정임을 알게 되면서 불편한 긴장의 분위기가 생김
↓	
전개 2	선거 당일 Steve의 자전거 타이어가 펑크 나 Dave의 아버지가 Dave가 타고 있던 차에 Steve를 태워주었고, Dave는 차 안에서 아버지의 충고를 듣고 그날 늦게 Steve에게 사과할 필요를 느낌
↓	
결말	Steve가 선거를 이기고 Dave는 실망감 속에 Steve를 축하해주었지만, 그날 저녁 집으로 가는 길에 Dave가 Steve에게 사과하고 두 사람의 우정을 확인함

STEP BY STEP 문제 풀이

STEP ① 글의 순서 배열 전략 적용하기

1) (A)를 읽고 전개 예상하기
- **주어진 글(A)**: 새 학기 첫날 Dave의 친구인 Steve는 선생님에게 권유를 받고 학생회장 선거에 출마하기로 결정했다.
- **예상되는 전개**: 학생회장 출마를 둘러싼 Steve와 Dave의 일화

2) (B), (C), (D) 첫 문장(첫 부분)을 읽고 순서 파악하기
- **(B)**: Steve가 선거에서 이김
- **(C)**: 수업 후 Steve가 Dave를 발견하고 학생회장 출마 소식을 알림
- **(D)**: 선거일 Steve는 자전거 타이어가 펑크 나서 학교로 뛰어감

Steve가 출마를 결심함(A) → Dave에게 출마 소식 알림(C) → 선거일에 Steve의 자전거가 펑크 나 학교로 뛰어감(D) → Steve는 선거에서 이김(B)

3) 글의 흐름이 자연스러운지 확인하기

(A) - (C) - (D) - (B) 순서대로 각 단락의 마지막 부분과 첫 부분이 자연스럽게 이어지는지 확인한다.
- **(A) → (C)**: Steve가 선거 출마를 결심하고, Dave를 만나 소식을 알림
- **(C) → (D)**: Dave도 선거에 출마하기로 해 긴장의 분위기가 있었으나, 다정하게 대하려는 Steve와 달리 Dave는 신경 쓰지 않았고, 선거일에 자전거 바퀴가 펑크 난 Steve는 학교로 달려가는 길에 Dave 아버지의 차에 함께 타게 됨
- **(D) → (B)**: Dave는 Steve를 보며 사과할 필요성을 느꼈고, Steve가 선거에서 이기자 축하해줌

○ (C) - (D) - (B)의 순서는 적절하다.

STEP ② 지칭 추론 전략 적용하기

1) 지칭 대상 후보 선정하기

등장인물 중 밑줄 친 대명사 he로 받을 수 있는 것을 찾는다.
- **밑줄 친 대명사**: he → 3인칭, 단수, 남성
- **지칭 대상 후보**: Steve(○)

  Steve's teacher(△, 알 수 없음)

  Dave(○)

  Dave's dad(○)

  Steve's dad(○)

2) 등장인물의 상황과 특징 파악하기
- **Steve**: Dave의 친구이며 학생회장에 출마함
- **Dave**: Steve의 친구이며 학생회장에 출마함
- **Steve's dad**: Steve의 학생회장 당선을 축하한 사람
- **Dave's dad**: 학교로 뛰어가는 Steve를 차에 태워준 사람

3) 밑줄 친 대명사들이 지칭하는 대상 확인하기

① (a) he(=Steve):

　　선생님에게서 학생회장 출마를 원하는지 질문을 받은 사람은 Steve이다.

② (b) him(=Steve):

　　선거에서 이겨 축하를 받는 사람은 Steve이다.

③ (c) His(=Steve):

　　Steve가 집에 도착했을 때 그와 대화하는 사람은 Steve의 아빠이다.

④ (d) He(=Dave):

　　Steve에게 선거에서 이길 거라고 생각하지 말라고 날카롭게 말한 사람은 함께 출마한 Dave이다.

⑤ (e) him(=Steve):

　　둘의 우정을 망치지 말라는 아빠 말을 듣고 Dave가 나중에 사과해야 할 필요를 느낀 대상은 Steve이다.

　➥ (d)만 Dave를 가리키므로 ④가 정답이다.

STEP ❸ 세부 내용 파악 전략 적용하기

1) 선택지에서 키워드 파악하기

- 선택지 키워드: ① 개학 날 아침
　　　　　　　　② Steve, 학생회장, 당선
　　　　　　　　③ Steve, 출마 사실, 숨김
　　　　　　　　④ Dave의 아버지, Steve를 차에 태움
　　　　　　　　⑤ Dave의 아버지, 우정, 충고

2) 키워드가 속한 문장 집중해서 읽기

① It was the first day of the new semester. ~ They rode their bicycles to school together that morning, ~

② Steve won the election.

③ Steve spotted Dave ~, "I(=Steve)'ve got good news! I'm going for student president ..."

④ Dave's dad, who was driving Dave to school, pulled over to give him a ride.

⑤ Dave's dad said, "~ Don't let this election ruin your friendship. ~"

3) 일치/불일치하는 단어가 포함된 선택지 고르기

　➥ ③의 키워드가 속한 문장에서 Steve가 Dave에게 좋은 소식이 있다며 출마 소식을 전했으므로, 출마 사실을 '숨겼다'는 내용은 지문과 불일치한다.

전략 적용

Unit 17-4 '스토리의 전개에 초점을 두고 읽어라'

주어진 글에서 두 명의 주인공(Steve, Dave)을 등장시켜 학생회장 선거 출마라는 소재를 시간의 흐름에 따라 전개했다. Steve가 Dave에게 출마 소식을 알리고, Dave가 자신의 등록 소식을 알리며 긴장이 조성되었다. 선거 당일 아버지께 우정에 관한 충고를 들은 Dave가 사과를 결심하면서 사건 해결의 실마리가 제공된다. 승리한 Steve에게 Dave가 축하와 사과를 하면서 긴장이 점차 해소되고 마지막으로 Steve의 아버지가 아들이 거둔 두 가지 승리에 대해 언급하며 글이 마무리된다. 지문에 등장하는 시간 표현과 사건의 전개 상황에 집중해 읽는다.

구문 분석

On his way to the classroom, Steve's teacher came up to him [to
　　　　　　　　　　　　　　　　주어　　　　　동사
ask {if he wanted to run for student president}].

➥ on one's way to는 '~가 …로 가는 도중에'라는 의미이다. [ ]는 목적을 나타내는 부사적 용법의 to부정사구로 '~하기 위해서'라는 의미이다. { }는 ask의 목적어 역할을 하는 명사절로, 여기서 접속사 if는 '~인지 (아닌지)'라는 의미이다.

It wasn't until later that evening, on the way home, [that Dave
　주어　동사
said apologetically, {"I'm so sorry, Steve!"}]

➥ 「It wasn't until ~ that 주어+동사」는 '~(시간)이 되어서야 비로소 …했다'는 의미의 관용 표현이다. { }는 that절의 동사 said의 목적어이다.

Just as he reached the end of the street, Dave's dad, [who was
　　　　　　　　　　　　　　　　　　　　　　　주어
driving Dave to school], pulled over to give him a ride.
　　　　　　　　　　　　　동사

➥ Just as는 '~하는 바로 그때'라는 의미로 시간 접속사 as(~할 때)를 부사 just가 강조한다. [ ]는 관계대명사의 계속적 용법으로 선행사는 Dave's dad이다.

문항 해설

8. 글의 순서 배열

▶정답③ (C) - (D) - (B)

(A)에서 개학 첫날 Steve가 학생회장 출마 의사를 물어보는 선생님에게 긍정적으로 대답하고 (B)에서는 Steve가 선거에서 이기고 Dave가 사과하며 둘의 우정을 확인한다. (C)에서는 수업 후 Steve와 Dave가 서로의 학생회장 출마 사실을 알게 되고 Dave가 날카로운 반응을 보인다. (D)에서는 선거일 Dave 아버지의 차에 타게 된 Steve와 Dave에게 Dave의 아버지가 충고를 한다. 시간과 이야기 흐름을 볼 때 자연스러운 순서는 (A) - (C) - (D) - (B)이다. 주된 사건인 학생회장 선거를 중심으로 선거 전(출마, 후보 등록), 선거 당일, 선거 후(선거 결과)로도 글의 순서를 배열할 수 있다. 따라서 정답은 ③ (C) - (D) - (B)이다.

▶오답 피하기

'개학 첫날' 각자 수업을 들었다는 내용의 (A) 뒤에는 '수업 후'로 시작하는 (C)가 와야 자연스럽다. ①, ④, ⑤는 그렇지 못하므로 오답이다. ②는 선거를 중심으로 순서를 살펴봤을 때 '선거에서 이겼다'로 시작하는 (B)보다 '선거일이 다가왔을 때'로 시작하는 (D)가 먼저 일어나는 순서인데, 그 반대로 배열하였으므로 오답이다.

9. 지칭 추론

▶정답④ (d)

(d)의 He는 날카로운 목소리로 뒤에 나오는 인용문을 말하는 사람이며, 인용문 끝에서 Steve라고 상대의 이름을 부르므로, Steve의 대화 상대인 Dave가 되어야 한다. 다른 선택지는 문맥상 모두 Steve를 지칭하므로 가리키는 대상이 나머지 넷과 다른 것은 ④ (d)이다.

▶오답 피하기

(a) he는 학생회장에 출마 의사가 있는지 질문받는 대상이어야 한다. 따라서 선생님의 질문을 받고 대답하는 Steve를 가리킨다. (b) him은 축하를 받는 대상이다. Steve가 선거에서 이겼고 결과를 들은 Dave가 Steve에게 와서 악수하며 'him'을 축하했다고 하므로, 당연히 Steve를 지칭한다. Steve에게 두 번의 싸움에서 이긴 것처럼 들린다고 말한 사람은 Steve의 아버지이므로 (c) His는 Steve's를 가리킨다. (e) him은 Dave가 사과할 필요를 느낀 대상이므로 Steve가 적절하다.

10. 세부 내용 파악

▶정답③ Steve는 Dave에게 선거 출마 사실을 숨겼다.

(C) 첫 문장에 "I've got good news! I'm going for student president"라고 Steve가 Dave에게 출마 사실을 전하고 있다. 따라서 ③ 'Steve는 Dave에게 선거 출마 사실을 숨겼다'는 지문 내용과 반대된다.

▶**오답 피하기**

①은 (A)의 첫 문장과 세 번째 문장 the first day of the new semester(개학 첫날), They rode their bicycles to school together that morning이라고 한 부분에서 확인할 수 있다. ②는 (B)의 첫 문장에 Steve won the election.이라고 한 부분과 일치한다. ④는 (D)의 두 번째 문장에서 Dave's dad, who was driving Dave to school, pulled over to give him(=Steve) a ride.라고 언급된 부분과 일치한다. ⑤는 (D) 뒷부분에서 Don't let this election ruin your friendship.이라고 한 부분을 풀어 쓴 것으로 지문 내용과 일치한다.